NIELIT 'O' Level Revised Syllabus of Year 2020 for M2-R5

वर्ष 2020 के NIELIT 'O' लेवल का नवीनतम सिलेबस M2-R5

'O' Level Made Simple Module - 2

Web Designing and Publishing

वेब डिजाइनिंग और पब्लिशिंग

(Also covers syllabus for A2-R5 paper of NIELIT 'A' Level Examination)

(NIELIT-A' लेवल की परीक्षा और A2-R5 पेपर के सिलेबस को भी कवर करता है)

Satish Jain

B.Sc., B.E.(IISc), M.E.(IISc), M.Tech.(IIT Kanpur), Wing Commander (Retd.)
Ex-Professor of Information Technology, IITM
GGS Indraprastha University, Delhi.

सतीश जैन

बी.अस सी., बी.ई. (आई.आई.अससी.), ऍम. ई. (आई.आई.अससी.), एम.टेक. (आई.आई.टी. कानपुर),
विंग कमांडर (रिटा.), सूचना प्रौद्योगिकी के पूर्व प्रोफेसर, आई आई टी एम
जीजीएस इंद्रप्रस्थ विश्वविद्यालय, दिल्ली

M. Geetha

B. Com., Dipl. Computer Science

एम. गीता

बी. कॉम., डिप्लोमा. कंप्यूटर विज्ञान

www.bpbonline.com

REPRINTED 2024
REPRINT 2025
THIRD REVISED AND UPDATED EDITION 2023

FIRST EDITION 2021

ISBN: 978-93-89845-75-4

Distributors:

BPB PUBLICATIONS
20, Ansari Road, Darya Ganj
New Delhi-110002
Ph: 23254990/23254991

DECCAN AGENCIES
4-3-329, Bank Street,
Hyderabad-500195
Ph: 24756967/24756400

MICRO MEDIA
Shop No. 5, Mahendra Chambers,
150 DN Rd. Next to Capital Cinema,
V.T. (C.S.T.) Station, MUMBAI-400 001
Ph: 22078296/22078297

NIELIT is in no way connected with this book. This book is written solely for the benefit and guidance of students appearing of NIELIT Examination

Published by Manish Jain for BPB Publications, 20 Ansari Road, Darya Ganj, New Delhi-110002 and Printed at Manipal Technologies Limited, Manipal

www.bpbonline.com

Dedicated to (समर्पित)

Lord Ganesha, Lord Murgan, Sri Raja Rajeshwari and Sri Sai Baba

whose blessings overcome all hurdles in life

भगवान गणेश, भगवान मुरगन, श्री राजा राजेश्वरी और श्री साई बाबा

जिनके आशीर्वाद से जीवन में सभी बाधाएँ दूर होती हैं

Preface/ प्रीफेस

This book is an up-to-date revised edition. It is based on NIELIT `O' Level Module-2 syllabus for Web Designing and Publishing. Our objective in bringing out this book in this form is to explain to the students, technical concepts in an easy-to-understand language and in a simple manner. The purpose of this module is to provide skill to students in designing layouts of web sites by using a combination of HTML, CSS, and JavaScript to create web pages. We have pressed into service all our Teaching and Professional experience in writing this book in an easy-to-understand Language along with use of examples and Figures. A very useful feature of this book is that different types of HTML tag are explained with practical examples, so as to enable a reader to understand them without any outside help.
पुस्तक वेब डिजाइनिंग और पब्लिशिंग NIELIT 'O' लेवल मॉडयूल -2 सिलेबस पर आधाारित है। इस रूप में इस पुस्तक को लाने का हमारा उद्देश्य छात्रें को तकनीकी अवधारणाओं को आसान और सरल तरीके से समझाना है। इस मॉडयूल का उद्देश्य छात्रों को वेब पेज बनाने के लिए HTML, CSS और JavaScript के संयोजन का उपयोग करके वेब साइट के लेआउट डिजाइन करने में कौशल प्रदान करना है। हमने इस पुस्तक को आसानी से समझने वाली भाषा में उदाहरण और चित्र के उपयोग करके समझाया है। इस पुस्तक की एक बहुत ही उपयोगी विशेषता यह है कि विभिन्न प्रकार के HTML टैग को व्यावहारिक उदाहरणों के साथ समझाया गया है, ताकि पाठक उसे आसानी से समझने में सक्षम हो।

Changes in the field of computer science including Web designing are taking place very fast and many new concepts/terminologies are added from time to time. Hence, the scope for the questions set in the examinations will be much wider. This has led us to add latest topics and concepts. These new topics include HTML5 new elements, CSS Framework and Angular JS. This book includes current trends on Internet such as Client and Server side scripting languages, types of websites and AngularJS. It is a client side JavaScript MVC framework to develop a dynamic web application. It is hoped that these topics will also be useful for students taking any other professional examinations related to Web Designing.
वेब डिजाइनिंग सहित कंप्यूटर विज्ञान के क्षेत्र में बदलाव बहुत तेजी से हो रहे हैं और समय-समय पर कई नई अवधारणाएं / शब्दावली जोड़ी जाती हैं। इसलिए, परीक्षाओं में निर्धारित प्रश्नों का दायरा बहुत व्यापक होगा। इसने हमें नवीनतम विषयों और अवधारणाओं को सम्मिलित करने के लिए प्रेरित किया है। इन नए विषयों में HTML5, CSS फेमवर्क और AngularJS शामिल हैं। इस पुस्तक में इंटरनेट पर वर्तमान रुझान जैसे क्लाइंट और सर्वर साइड स्क्रिप्टिंग लैंग्वेज, वेबसाइट के प्रकार और AngularJS शामिल हैं। डायनेमिक वेब एप्लिकेशन विकसित करने के लिए यह क्लाइंट साइड जावास्क्रिप्ट MVC फ्रेमवर्क है। यह आशा की जाती है कि ये विषय वेब डिजाइनिंग से संबंधित किसी अन्य व्यावसायिक परीक्षा देने वाले छात्रों के लिए भी उपयोगी होंगे।

We shall feel obliged to the readers if they send us their critical opinion regarding the presentation, readability and coverage in this book and give us suggestions to ***sales@bpbonline.com***, if any, to improve the subject matter.
अगर आप हमे इस पुस्तक में प्रस्तुति, पठनीयता, कवरेज और विषय वस्तु को बेहतर बनाने के लिए हमें सुझाव देना चाहते है तो हमे ***sales@bpbonline.com*** पर ई-मेल करे।

Authors

27th नवम्बर 2020 लेखक

विषय_सूची

OTHER TITLES OF INTEREST

Exploring Web Components
ISBN: 9789389423976

Advanced Web Development with **React**
ISBN: 9789389423594

JavaScript for Modern Web Development
ISBN: 9789389328721

A Python Guide for **Web Scraping**
ISBN: 9789390684991

Building Modern Serverless Web APIs
ISBN: 9789390684786

Web Designing and **Development** Training Guide
ISBN: 9788183335799

Building Web Apps with **Python** and **Flask**
ISBN: 9789389898835

Hands-on **Penetration Testing** for **Web Applications**
ISBN: 9789389328547

Building Production-ready Web Apps with **Node.js**
ISBN: 9789391392338

DTP, Web Page Development And **Digital Photography**
ISBN: 9788183335836

Web Applications using **JSP** (Java Server Page)
ISBN: 9789388176200

MASTERING HTML, CSS & **JavaScript** Web Publishing
ISBN: 9788183335157

Building a **Web App** with **Blazor** and **ASP.Net Core**
ISBN: 9789389845457

Building Websites with **Django**
ISBN: 9789389328288

Building Modern Web Applications with **Jakarta EE, NoSQL Databases and Microservices**
ISBN: 9789389423341

Decoding JavaScript
ISBN: 9789390684816

Getting started with **RPA** using **Automation Anywhere**
ISBN: 9789389898286

Web Enabled Commercial Application Development Using **HTML, JavaScript, DHTML** and **PHP**
ISBN: 9788183330084

Designing User Interfaces
ISBN: 9789389898743

Learn Penetration Testing with Python 3.x
ISBN: 9789390684915

In Easy Steps Series

Want to master the latest technology, improve skills?
Then, In Easy Steps Series is ideal for Students.
It is easy to follow, having jargon-free content
for fast and productive learning.

in easy steps

Features of IN EASY STEP Books :

- Over **5 Million copies sold world-wide**.
- **Easy to follow** and written in simple English
- Fully **Illustrated** and Fantastic value for money
- Master the **essentials** in easy steps
- **Perfect companion** for fast and productive learning.
- Covering business, **professional skills** and all key areas of computing, internet and digital lifestyle, they offer **unbeatable value**.
- Each chapter takes you **step-by-step** through the functions and uses of a program.
- Every page is **packed with visual guides** so that what you see on your screen is exactly the same in the book – you simply **can't go wrong!**

Coding for Beginners

Python

C++ Programming

Java

Photoshop Tips, Tricks & Shortcuts

R for Data Analysis

Office 2019

Office 2016

HTML5

Windows 10

PHP & MySQL

Excel 2019

Excel 2016

Scrum

Agile Project Management

Excel VBA

C# Programming

Linux

1 Introduction to Web Design
वेब डिजाइन का परिचय

Structure (संरचना)

Introduction to Internet and WWW (इंटरनेट और डब्ल्यूडब्ल्यूडब्ल्यू का परिचय) ❖ Working of Websites (वेबसाइट का कार्य) ❖ Web pages and Front and Back End (वेब पेज और फ्रंट/बैक एंड) ❖ Client and Server Side Scripting Languages (क्लाइंट और सर्वर साइड स्क्रिप्टिंग लैंग्वेज) ❖ Responsive Web Designing (रेस्पॉन्सिव वेब डिजाइनिंग) ❖ Types of Websites such as Static and Dynamic (स्टेटिक और डायनामिक वेबसाइट्स) ❖ Downloading Editors like Notepad++, Sublime Text Editor (नोटपैड, सबलाइन टेक्स्ट एडिटर एडिटर्स को डाउनलोड करना) ❖ Make use of Editors (एडिटर्स का उपयोग) ❖ File creation editing and saving (फाइल निर्माण संपादन और सेविंग)

Objectives (उद्देश्य)

The reader will be able to understand the following: (पाठक निम्नलिखित को समझने में सक्षम होगाः) ❖ Types of website (वेबसाइट के प्रकार) ❖ Understand the role of front end and back end application (फ्रंट एंड और बैक एंड एप्लिकेशन) ❖ Understand the concept of client side scripting and server side scripting (क्लाइंट साइड स्क्रिप्टिंग और सर्वर साइड स्क्रिप्टिंग) ❖ Difference editors available for writing code (कोड लिखने के लिए एडिटर्स) ❖ Understand working of editors (एडिटर्स के काम को समझना)

1.1 Introduction (परिचय)

Web Design is the process of publishing content on the Internet. It includes creating and uploading Websites, updating the associated Web Pages, and posting content to these Web pages online. The content meant for Web publishing can include text, videos, digital images, artwork, and other forms of media.

वेब डिजाइन इंटरनेट पर कंटेंट प्रकाशित करने की प्रक्रिया है। इसमें वेबसाइट्स को बनाना, अपलोड करना, संबंधित वेब पेज को अपडेट करना और इन वेब पेज पर कंटेंट पोस्ट करना शामिल है। वेब प्रकाशन के लिए कंटेंट में टेक्स्ट , वीडियो, डिजिटल चित्र, कलाकृति, मीडिया; अन्य रूप शामिल हो सकते हैं।

Publishers must possess a Web server, a Web publishing software, and the Internet connection to carry out Web publishing. Web publishing is also known as online publishing.

प्रकाशकों के पास एक वेब सर्वर, एक वेब प्रकाशन सॉफ्टवेयर और इंटरनेट प्रकाशन के लिए इंटरनेट कनेक्शन होना चाहिए। वेब पब्लिशिंग को ऑनलाइन प्रकाशन के रूप में भी जाना जाता है।

1.2 Introduction to Internet (इंटरनेट का परिचय)

Internet is an interconnection between several computers of different types belonging to various networks across the world. It is a network of networks. Millions of people use the Internet to search and share information and ideas, etc. It has grown into an important infrastructure supporting a widespread, multi-disciplinary community. This community now consists of students, scientists and researchers, large corporations, non-profit organizations, government agencies, and individual consumers.

इंटरनेट दुनिया भर में विभिन्न नेटवर्क से संबंधित विभिन्न प्रकार के कंप्यूटर के बीच एक इंटर–कनेक्शन है। यह नेटवर्क का नेटवर्क है। लाखों लोग जानकारी और विचारों को सर्च और शेयर करने के लिए इंटरनेट का उपयोग करते हैं, आदि यह एक व्यापक, बहु–विषयक समुदाय का समर्थन करने वाले एक महत्वपूर्ण बुनियादी ढांचे में विकसित हुआ है। इस समुदाय में अब छात्र, वैज्ञानिक और शोधकर्ता, बड़े निगम, गैर–लाभकारी संगठन, सरकारी एजेंसियां और व्यक्तिगत उपभोक्ता शामिल हैं।

The Internet is an immensely complex combination of thousands of technologies and dozens of services used by millions of people around the world each day. Figure 1.1 shows a Web of computers which is laid around the globe. The Internet links thousands of computer networks. Every network and every computer in these networks exchange information according to certain rules called protocols.

इंटरनेट हजारों प्रौद्योगिकियों और प्रत्येक दिन दुनिया भर के लाखों लोगों द्वारा उपयोग की जाने वाली दर्जनों सेवाओं का एक बेहद जटिल संयोजन है। चित्र 1.1 कंप्यूटर का वेब दिखाता है जो दुनिया भर में रखा गया है। इंटरनेट हजारों कंप्यूटर नेटवर्क को जोड़ता है। इन नेटवर्क में हर नेटवर्क और हर कंप्यूटर प्रोटोकॉल नामक कुछ नियमों के अनुसार सूचनाओं का आदान–प्रदान करता है।

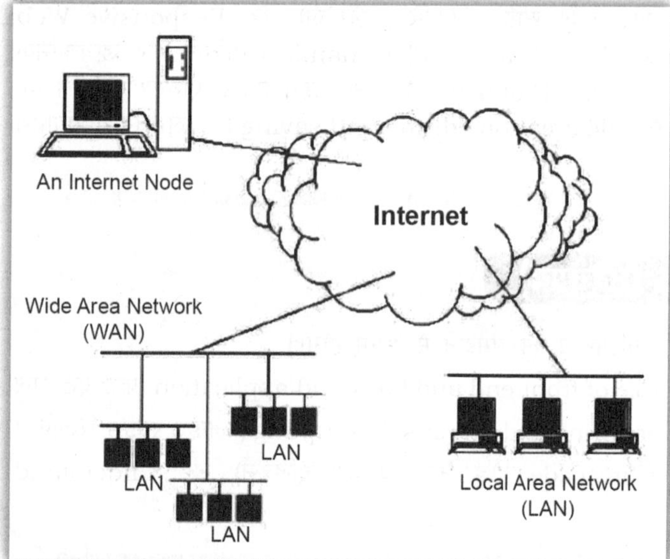

Figure 1.1: Interne is the network of computer connected with one another all over the world (इंटरनेट पूरी दुनिया में एक दूसरे से जुड़े कंप्यूटर का नेटवर्क है)

These different computers and networks are united with the common thread of two protocols, i.e., Internet Protocol (IP) and Transmission Control Protocol (TCP).

ये अलग–अलग कंप्यूटर और नेटवर्क दो प्रोटोकॉल के सामान्य लाइन, यानी, इंटरनेट प्रोटोकॉल (IP) और ट्रांसमिशन कंट्रोल प्रोटोकॉल (TCP) के साथ एकजुट होते हैं।

> Internet is a computer-based worldwide information network. It is the network of computers connected with one another all over the world.
>
> इंटरनेट एक कंप्यूटर आधारित दुनिया भर में सूचना नेटवर्क है। यह दुनिया भर में एक दूसरे से जुड़े कंप्यूटर का नेटवर्क है।

1.2.1 History of Internet (इंटरनेट का इतिहास)

The Internet started as a U.S. government project in the year 1969 called the ARPANET (Advanced Research Projects Administration Network) which supervised it in the beginning. The ARPANET reached universities, research laboratories and some military labs.

इंटरनेट की शुरुआत 1969 में ARPANET (एडवांस्ड रिसर्च प्रोजेक्ट्स एडमिनिस्ट्रेशन नेटवर्क) नामक अमेरिकी सरकारी परियोजना के रूप में हुई, जिसने शुरुआत में इसकी देखरेख की। ARPANET विश्वविद्यालयों, अनुसंधान प्रयोगशालाओं और कुछ सैन्य प्रयोगशालाओं में पहुंचा।

In the late 1980s, the National Science Foundation of U.S funded the development of a network (using the Internet protocols), named NSFNET, to connect super computer centers in the U.S. Many colleges and universities were encouraged to connect to that network. The number of sites increased rapidly.

1980 के दशक के उत्तरार्ध में, यू.एस. के नेशनल साइंस फाउंडेशन ने एक नेटवर्क के विकास (इंटरनेट प्रोटोकॉल का उपयोग करके) को वित्त घोषित किया, जिसका नाम NSFNET था, जो यू.एस. में सुपर कंप्यूटर केंद्रों को जोड़ने के लिए प्रोत्साहित किया गया था। कई कॉलेजों और विश्वविद्यालयों को उस नेटवर्क से जुड़ने के लिए प्रोत्साहित किया गया था। साइट की संख्या तेजी से बढ़ी।

There were more than 10,000 sites in 1987 and more than 100,000 in 1989. Similar activity, although not on such a large scale, was taking place in other countries as well. This large worldwide collection of networks and computer systems communicating according to the same protocols has come to be what is called the Internet.

1987 में 10,000 से अधिक साइट और 1989 में 100,000 से अधिक थीं। समान गतिविधि, हालांकि इतने बड़े पैमाने पर नहीं, अन्य देशों में भी हो रही थी। एक ही प्रोटोकॉल के अनुसार संचार करने वाले नेटवर्क और कंप्यूटर सिस्टम के दुनिया भर में इस संग्रह में इंटरनेट कहा जाता है।

In 1990, ARPANET was dismantled, and the public network in the U.S. was turned over to NSFNET. In the early 1990s, commercial networks with their own Internet exchanges or gateways were allowed to conduct business on the Internet, and in 1993 the NSF created the InterNIC to provide the Internet services.

1990 में, ARPANET को विघटित कर दिया गया, और अमेरिका में सार्वजनिक नेटवर्क को NSFNET के रूप में बदल दिया गया। 1990 के दशक की शुरुआत में, अपने स्वयं के इंटरनेट एक्सचेंज या गेटवे के साथ वाणिज्यिक नेटवर्क को इंटरनेट पर व्यापार करने की अनुमति दी गई थी, और 1993 में NSF ने इंटरनेट सेवाएं प्रदान करने के लिए InterNIC का निर्माण किया।

The exponential growth of the Internet along with the inclusion of commercial networks and services has been accompanied by an astounding increase in the population of Internet users. The Internet is reaching the size and importance of an infra-structure. From a mere research project, the Internet has grown rapidly into something that involves millions of people worldwide.

वाणिज्यिक नेटवर्क और सेवाओं को शामिल करने के साथ–साथ इंटरनेट की घातीय वृद्धि इंटरनेट उपयोगकर्ताओं की आबादी में आश्चर्यजनक

वृद्धि के साथ हुई है। इंटरनेट एक इन्फ्रा–स्ट्रक्चर के आकार और महत्व तक पहुंच रहा है। एक मात्र शोध परियोजना से, इंटरनेट का तेजी से विकास हुआ है, जिसमें दुनिया भर में लाखों लोग शामिल हैं।

The backbone of the Internet is made up of highspeed communication links owned by companies like **AT&T (American Telephone and Telegraph Company)**, Sprint or VSNL (Videsh Sanchar Nigam Limited) in India. Connections to the backbone are made by Internet Service Providers (ISPs) who then sell access bandwidth to individuals or commercial organizations.

इंटरनेट की बैकबोन भारत में **एटी एंड टी** (अमेरिकन टेलिफोन एंड टेलीग्राफ कंपनी), स्प्रिंट या **वी.एस.एन.एल.** (विदश संचार निगम लिमिटेड) जैसी कंपनियों के स्वामित्व वाले हाईस्पीड संचार लिंक से बनी है। बैकबोन के कनेक्शन इंटरनेट सेवा प्रदाताओं (आईएसपी) द्वारा किए जाते हैं जो तब व्यक्तियों या वाणिज्यिक संगठनों के लिए एक्सेस बैंडविड्थ बेचते हैं।

1.2.2 Features of Internet (इंटरनेट की विशेषताएं)

World Wide Web: It is a part of the internet,

वर्ल्ड वाइड वेबः यह इंटरनेट का एक हिस्सा है,

- E-mail (ईमेल)
- News (समाचार)
- Telnet (टेलनेट)
- FTP (एफटीपी)

E-mail: Electronic mail is the most reason to use the Internet. You need an e-mail program and an account on an Internet mail server with a domain name to create, send and receive e-mail messages.

ई–मेलः इलेक्ट्रॉनिक मेल इंटरनेट इस्तेमाल करने का सबसे बड़ा कारण है। ई–मेल संदेश बनाने, भेजने और प्राप्त करने के लिए आपको डोमेन नाम के साथ इंटरनेट मेल सर्वर पर एक ई–मेल प्रोग्राम और एक खाते की आवश्यकता होती है।

News: One Internet based service called news, includes tens of thousands of newsgroups. Each newsgroup hosts discussion on a specific topic. It is a system of special interest discussion groups, called newsgroups, to which readers can send, or Post messages which are then distributed to other computer in the network.

समाचारः इंटरनेट आधारित सेवा जिसे समाचार कहा जाता है, में हजारों समाचार समूह शामिल हैं। प्रत्येक समाचार समूह एक विशिष्ट विषय पर चर्चा होस्ट करता है। यह विशेष रुचि चर्चा समूहों की एक प्रणाली है, जिसे समाचार समूह कहा जाता है, जिससे पाठक संदेश भेज या पोस्ट कर सकते हैं जो नेटवर्क में अन्य कंप्यूटर पर वितरित किए जाते हैं।

Telnet: It is a specialized service that lets you use one computer to access the contents of another computer a telnet host. A telnet program creates a Window into the host, so you can access files, issue commands and exchange data.

टेलनेटः यह एक विशिष्ट सेवा है जो आपको एक कंप्यूटर का उपयोग दूसरे कंप्यूटर के कंटेट को टेलनेट होस्ट तक पहुंचाने के लिए करती है। एक टेलनेट प्रोग्राम होस्ट में एक विंडो बनाता है, जिससे आप फाइल्स तक पहुंच सकते हैं, कमांड जारी कर सकते हैं और डेटा का आदान–प्रदान कर सकते हैं।

File Transfer Protocol: It is the internet tool used to copy files from one computer to another. Using a FTP program or a web browser, you can log into an ETP host computer over the internet and copy files on to your computer.

फाइल ट्रांस्फर प्रोटोकॉलः यह एक इंटरनेट टूल है जिसका इस्तेमाल फाइल्स को एक कंप्यूटर से दूसरे कंप्यूटर में कॉपी करने के लिए किया जाता है। एफटीपी प्रोग्राम या वेब ब्राउजर का उपयोग करके, आप इंटरनेट पर ईटीपी होस्ट कंप्यूटर में लॉग इन कर सकते हैं और अपने कंप्यूटर पर फाइल्स की प्रतिलिपि बना सकते हैं।

Internet Relay Chat: It is a service that allows users to communicate in real time by typing text in a special window. You can use a special IRC program to participate in chat room discussion but many chat rooms are set up in websites, to chat directly in their browser Window.

इंटरनेट रिले चैटः यह एक सेवा है जो उपयोगकर्ताओं को एक विशेष विंडो में पाठ लिखकर वास्तविक समय में संवाद करने की अनुमति देती है। आप चैट रूम चर्चा में भाग लेने के लिए एक विशेष आईआरसी कार्यक्रम का उपयोग कर सकते हैं लेकिन कई चैट रूम वेबसाइट में स्थापित किए गए हैं, सीधे अपने ब्राउजर विंडो में चैट करने के लिए।

Internet has the following characteristics:

इंटरनेट में निम्नलिखित विशेषताएं हैंः

a. **A Complex Network:** With the simplified definition as a "network of networks," that comprises over 150 million computers.

   जटिल नेटवर्कः सरलीकृत परिभाषा के साथ "नेटवर्क ऑफ नेटवर्क" के रूप में, जिसमें 150 मिलियन से अधिक कंप्यूटर शामिल हैं।

b. **Disorganized:** The Internet can be cumbersome and confusing, even for experienced users.

   अव्यवस्थितः अनुभवी उपयोगकर्ताओं के लिए इंटरनेट बोझिल और भ्रमित हो सकता है।

c. **A Decentralized System:** Millions of individual networks and over 140 million individual computers connected throughout the world.

   विकेन्द्रीकृत प्रणालीः लाखों व्यक्तिगत नेटवर्क और दुनिया भर में 140 मिलियन से अधिक व्यक्तिगत कंप्यूटर जुड़े हुए हैं।

d. **Composed of billions of Files:** Files pertaining to thousands of subjects, disciplines and professions are available in different file formats.

   अरबों फाइल्स से बनाः हजारों विषयों, विषयों और व्यवसायों से संबंधित फाइल्स विभिन्न फाइल स्वरूपों में उपलब्ध हैं।

e. **Widely Used:** More than 147 million people use the Internet, over 40 million of whom use it daily.

व्यापक रूप से उपयोग किया जाता है: 147 मिलियन से अधिक लोग इंटरनेट का उपयोग करते हैं, जिनमें से 40 मिलियन से अधिक लोग इसका दैनिक उपयोग करते हैं।

f. **International in Scope:** This global network is accessed by people in approximately 140 countries; people in over 155 countries use Internet for electronic mail purpose.

अंतर्राष्ट्रीय स्कोप: यह वैश्विक नेटवर्क लगभग 140 देशों में लोगों द्वारा पहुँचा जाता है; 155 से अधिक देशों के लोग इलेक्ट्रॉनिक मेल उद्देश्य के लिए इंटरनेट का उपयोग करते हैं।

g. **Expanding Exponentially:** The Internet is growing at the rate of 12% per month.

विस्तार से विस्तार: इंटरनेट प्रति माह 12% की दर से बढ़ रहा है।

1.2.3 Applications of Internet (इंटरनेट के अनुप्रयोग)

With the help of Internet, you can:

(इंटरनेट की मदद से आप:)

- Exchange messages using e-mail (Electronic mail). ई-मेल (इलेक्ट्रॉनिक मेल) का उपयोग करके संदेशों का आदान-प्रदान करें।
- Transfer files as well as software. फाइल के साथ-साथ सॉफ्टवेयर भी ट्रांसफर कर सकते हैं।
- Browse through information on any topic on web. वेब पर किसी भी विषय पर जानकारी के माध्यम से ब्राउज कर सकते हैं।
- Communicate in real time (chat) with others connected to the Internet.

  इंटरनेट से जुड़े अन्य लोगों के साथ वास्तविक समय में बातचीत कर सकते हैं।
- Search databases of government, individuals and organizations.

  सरकार, व्यक्तियों और संगठनों के डेटाबेस खोज सकते हैं।
- Read news available from leading news groups. प्रमुख समाचार समूहों से उपलब्ध समाचार पढ़ सकते हैं।
- Send or receive animation and picture files from distant places

  दूर स्थानों से एनीमेशन और चित्र फाइल्स को भेजें या प्राप्त करें।
- Set up a site with information about your company's products and services.

  अपनी कंपनी के उत्पादों और सेवाओं के बारे में जानकारी के साथ एक साइट स्थापित कर सकते हैं।

Advantages of Internet (इंटरनेट के लाभ)

The Internet provides opportunities and can be used for a variety of things. Some of the things that you can do via the Internet are:

इंटरनेट अवसर प्रदान करता है और विभिन्न चीजों के लिए इसका उपयोग किया जा सकता है। कुछ चीजें जो आप इंटरनेट के माध्यम से कर सकते हैं वे हैं:

a. **E-mail:** E-mail is an online correspondence system. With e-mail, you can send and receive instant electronic messages, which works like writing letters. Your messages are delivered instantly to people anywhere in the world.

ई-मेल: ई-मेल एक ऑनलाइन पत्राचार प्रणाली है। ई-मेल के साथ, आप त्वरित इलेक्ट्रॉनिक संदेश भेज और प्राप्त कर सकते हैं, जो पत्र लिखने की तरह काम करता है। आपके संदेश दुनिया में कहीं भी लोगों तक तुरंत पहुंचाए जाते हैं।

b. **Access Information:** The Internet is a virtual treasure trove of information. Any kind of information on any topic under the sun is available on the Internet. The `search engines' on the Internet can help you to find data on any subject that you need.

एक्सेस की जानकारी: इंटरनेट सूचना का एक आभासी खजाना है। सूर्य के अंतर्गत किसी भी विषय पर किसी भी प्रकार की जानकारी इंटरनेट पर उपलब्ध है। इंटरनेट पर सर्च इंजन आपको किसी भी विषय पर डेटा खोजने में मदद कर सकता है जिसकी आपको आवश्यकता है।

c. **Shopping:** Along with getting information on the Internet, you can also shop online. There are many online stores and sites that can be used to look for products as well as buy them using your credit card. You do not need to leave your house and can do all your shopping from the convenience of your home.

शॉपिंग: इंटरनेट पर जानकारी हासिल करने के साथ-साथ आप ऑनलाइन शॉपिंग भी कर सकते हैं। कई ऑनलाइन स्टोर और साइट हैं जिनका उपयोग उत्पादों को देखने के लिए किया जा सकता है और साथ ही उन्हें आपके क्रेडिट कार्ड का उपयोग करके खरीदा जा सकता है। आपको अपना घर छोड़ने की आवश्यकता नहीं है और आप अपने घर की सुविधा से अपनी सारी खरीदारी कर सकते हैं।

d. **Online Chat:** There are many chat rooms on the Web that can be accessed to meet new people, make new friends, as well as to stay in touch with friends.

ऑनलाइन चैट: वेब पर कई चैट रूम हैं जो नए लोगों से मिलने, नए दोस्त बनाने, साथ ही पुराने दोस्तों के संपर्क में रहने के लिए पहुँचा जा सकता है।

e. **Downloading Software:** This is one of the most happening and fun things to do via the Internet. You can download innumerable, games, music, videos, movies, and a host of other entertainment software from the Internet.

सॉफ्टवेयर डाउनलोड करना: यह इंटरनेट के माध्यम से सबसे ज्यादा होने वाली और मजेदार चीजों में से एक है। आप इंटरनेट से असंख्य, गेम, संगीत, वीडियो, मूवी और अन्य मनोरंजन सॉफ्टवेयर डाउनलोड कर सकते हैं।

Disadvantages of Internet (इंटरनेट का नुकसान)

There are certain dangers related to use of the Internet. These are as follows:

इंटरनेट के उपयोग से संबंधित कुछ नुकसान हैं। ये इस प्रकार हैं:

a. **Theft of Personal Information:** If you use the Internet, you may be facing grave danger as your personal information, such as name, address, credit card number, etc., can be accessed by other culprits to make your problems worse.

व्यक्तिगत जानकारी की चोरी: यदि आप इंटरनेट का उपयोग करते हैं, तो आपको गंभीर खतरे का सामना करना पड़ सकता है क्योंकि आपकी व्यक्तिगत जानकारी, जैसे कि नाम, पता, क्रेडिट कार्ड नंबर, आदि को अन्य दोषियों द्वारा एक्सेस किया जा सकता है ताकि आपकी समस्याएं बदतर हो सकती हैं।

b. **Spamming:** Spamming refers to sending unwanted e-mails in bulk, which provide no purpose and needlessly obstruct the entire system.

स्पैमिंग: स्पैमिंग का तात्पर्य थोक में अवांछित ई–मेल भेजने से है, जो कोई उद्देश्य नहीं प्रदान करते हैं और पूरी प्रणाली को अनावश्यक रूप से बाधित करते हैं।

c. **Virus Threat:** Virus is nothing but a program which disrupts the normal functioning of your computer systems. Computers attached to the Internet are more prone to virus attacks and they can end up into crashing your whole hard disk, causing you considerable headache.

वायरस थ्रेट: वायरस और कुछ नहीं बल्कि एक प्रोग्राम है जो आपके कंप्यूटर सिस्टम के सामान्य कामकाज को बाधित करता है। इंटरनेट से जुड़े कंप्यूटर पर वायरस के हमलों का खतरा अधिक होता है और वे आपकी पूरी हार्ड डिस्क को क्रेश कर सकते हैं, जिससे आपको काफी परेशानी हो सकती है।

d. **Pornography:** This is perhaps the biggest threat related to your children's healthy mental life. A very serious issue concerning the Internet. There are thousands of pornographic sites on the Internet, which can be easily found and can be a detrimental factor to letting children use the Internet.

पोर्नोग्राफी: यह आपके बच्चों के स्वस्थ मानसिक जीवन से जुड़ा सबसे बड़ा खतरा है। इंटरनेट से संबंधित एक बहुत गंभीर मुद्दा है यह। इंटरनेट पर हजारों पोर्नोग्राफिक साइट हैं, जो आसानी से मिल सकती हैं और बच्चों को इंटरनेट का उपयोग करने देने के लिए एक हानिकारक कारक हो सकती हैं।

How the Internet Works? (इंटरनेट कैसे काम करता है?)

Computers need specific software to use TCP/IP. This software, often called the TCP/IP stack, is included in Windows Operating system. The following points see how the internet works.

टीसीपी/आईपी का उपयोग करने के लिए कंप्यूटर को विशिष्ट सॉफ्टवेयर की आवश्यकता होती है। यह सॉफ्टवेयर, जिसे अक्सर टीसीपी/आईपी स्टैक कहा जाता है, विंडोज ऑपरेटिंग सिस्टम में शामिल है। निम्नलिखित देखते हैं कि इंटरनेट कैसे काम करता है:

a. All computers on the internet use a protocol called TCP/IP (Transmission Control Protocol/Internet Protocol). A protocol is a set of rules that describes how computers communicate.

इंटरनेट पर सभी कंप्यूटर टीसीपी/आईपी (ट्रांसमिशन कंट्रोल प्रोटोकॉल/इंटरनेट प्रोटोकॉल) नामक एक प्रोटोकॉल का उपयोग करते हैं। प्रोटोकॉल नियमों का एक सेट है जो बताता है कि कंप्यूटर कैसे संवाद करते हैं।

b. When you send a message across the Internet to another use, TCP divides the data into units called packets and attaches to each packet. The information is necessary to reassemble the data and check for errors. IP then labels all the packets with a header containing the address of the destination and sends them on their way.

जब आप किसी अन्य उपयोग के लिए इंटरनेट पर एक संदेश भेजते हैं, तो टीसीपी डेटा को पैकेट नामक इकाइयों में विभाजित करता है और प्रत्येक पैकेट को संलग्न करता है। डेटा को फिर से इकट्ठा करने और त्रुटियों की जांच करने के लिए जानकारी आवश्यक है। आईपी तब सभी पैकेट्स को एक हेडर के साथ लेबल करता है जिसमें गंतव्य का पता होता है और उन्हें अपने रास्ते पर भेजता है।

c. Once the packets reach their destination, the computer on the receiving end removes the IP header and uses the data that TCP attached to each packet to make use none of the packets have been lost or damaged. The packets are then reassembled into the original message.

एक बार जब पैकेट अपने गंतव्य तक पहुंच जाता है, तो प्राप्त छोर पर मौजूद कंप्यूटर आईपी हेडर को हटा देता है और डेटा का उपयोग करता है जो कि प्रत्येक पैकेट से टीसीपी जुड़ी होती है ताकि कोई भी पैकेट खो या क्षतिग्रस्त न हो। पैकेट्स को फिर मूल संदेश में बदल दिया जाता है।

d. Computers need specific software to use TCP/IP.

टीसीपी/आईपी का उपयोग करने के लिए कंप्यूटर को विशिष्ट सॉफ्टवेयर की आवश्यकता होती है।

e. The hardware used to connect computers to the internet varies. If you access the Internet from home, you most likely use a modem.

कंप्यूटर को इंटरनेट से जोड़ने के लिए उपयोग किया जाने वाला हार्डवेयर भिन्न होता है। यदि आप घर से इंटरनेट एक्सेस करते हैं, तो आप सबसे अधिक मॉडेम का उपयोग करते हैं।

f. If you browser the Internet from a computer, you are probably connecting through a company LAN with an Internet gateway. A gateway is a special computer on a LAN that communicates with the Internet.

यदि आप कंप्यूटर से इंटरनेट ब्राउजर करते हैं, तो आप शायद एक कंपनी के माध्यम से इंटरनेट गेटवे से जुड़ रहे हैं। एक गेटवे लैन पर एक विशेष कंप्यूटर है जो इंटरनेट के साथ संचार करता है।

g. The speed at which you can send and receive information depends on both the speed on modem and the available bandwidth. Bandwidth is the capacity of data lines to carry Internet traffic.

जिस गति से आप सूचना भेज और प्राप्त कर सकते हैं वह मोडेम और उपलब्ध बैंडविड्थ दोनों की गति पर निर्भर करता है। बैंडविड्थ इंटरनेट ट्रैफिक को ले जाने के लिए डेटा लाइनों की क्षमता है।

1.3 World Wide Web (WWW) (वर्ल्ड वाइड वेब)

The World Wide Web, or simply the "Web" is a global information system that is the fastest-growing area of the Internet. In other words World Wide Web is a series of servers that are interconnected through hypertext. Hypertext is a method of presenting information in which certain text are highlighted, that, when selected, isplays more information on that particular 2topic (Figure 1.2).

वर्ल्ड वाइड वेब, या "वेब" एक वैश्विक सूचना प्रणाली है जो इंटरनेट का सबसे तेजी से बढ़ने वाला क्षेत्र है। दूसरे शब्दों में वर्ल्ड वाइड वेब उन सर्वरों की एक श्रृंखला है जो हाइपरटेक्स्ट के माध्यम से जुड़े हुए हैं। हाइपरटेक्स्ट पेश करने की एक विधि है। ऐसी जानकारी जिसमें कुछ टैक्स्ट हाइलाइट किए जाते हैं, जिसे चयनित करते समय, उस विशेष विषय पर अधिक जानकारी प्रदर्शित करता है (चित्र 1.2)।

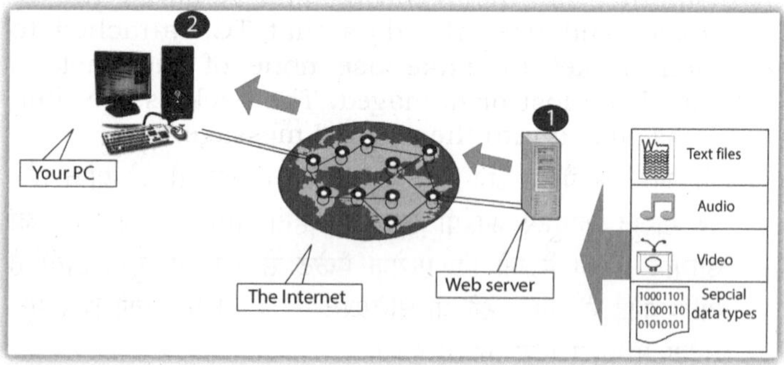

Figure 1.2: Some data types available on the Web (वेब पर उपलब्ध डेटा के प्रकार).

The WWW is an Internet-based global information system. It makes available multimedia information from over 4 million computers around the world. The Web offers video, interactive multimedia and live audio, in addition to more basic data types, such as text documents and still photographs (Figure 1.2).

WWW एक इंटरनेट–आधारित वैश्विक सूचना प्रणाली है। यह दुनिया भर के 4 मिलियन से अधिक कंप्यूटर से मल्टीमीडिया जानकारी उपलब्ध कराता है। वेब अधिक बुनियादी डेटा प्रकार के अलावा वीडियो, इंटरैक्टिव मल्टीमीडिया और लाइव ऑडियो प्रदान करता है, जैसे कि टेक्स्ट दस्तावेज और तस्वीरें (चित्र 1.2)।

1.3.1 Evolution of the WWW (WWW का विकास)

The WWW is a huge collection of hypertext pages on the Internet. The concept of WWW was developed in Switzerland at the European Particle Research Centre (known as CERN), in the year 1989. The first textbased prototype was operational in 1991. In the month of December 1991, a public demonstration was given at Hypertext '91 conference in San Antonio, Texas (USA). In the year 1993, the first graphical interface software package called Mosaic was released.

WWW इंटरनेट पर हाइपरटेक्स्ट पृष्ठों का एक विशाल संग्रह है। WWW की अवधारणा को स्विट्जरलैंड में यूरोपीय कण अनुसंधान केंद्र (सर्न के रूप में जाना जाता है) में वर्ष 1989 में विकसित किया गया था। पहला टेक्स्ट आधारित प्रोटोटाइप 1991 में चालू हुआ था। दिसंबर 1991 में, हाइपरटेक्स्ट में एक सार्वजनिक प्रदर्शन दिया गया था सैन एंटोनियो, टेक्सास (यूएसए) में '91 सम्मेलन। वर्ष 1993 में, मोजेक नामक पहला ग्राफिकल इंटरफेस सॉफ्टवेयर पैकेज जारी किया गया था।

Hypertext enables you to read and navigate text and visual information in a non-linear way based on what you want to know next, unlike a textbook where the subject is described continuously or linearly.

हाइपरटेक्स्ट आपको पाठ्यपुस्तक के विपरीत गैर–रेखीय तरीके से पाठ और दृश्य जानकारी को पढ़ने और नेविगेट करने में सक्षम बनाता है, जहां एक पाठ्यपुस्तक के विपरीत विषय का वर्णन निरंतर या रैखिक रूप से किया जाता है।

The Mosaic became so popular that a year later, the author of Mosaic, namely, Marc Andressen left the National Center for Supercomputing Applications, where Mosaic was developed, forming a company called Netscape Communications Corporation. This company developed the clients, servers and other Web software.

मोजेक इतना लोकप्रिय हो गया कि एक साल बाद, मोजेक के लेखक, अर्थात्, मार्क एंड्रेसेन ने सुपरकंप्यूटिंग एप्लिकेशन के लिए राष्ट्रीय केंद्र छोड़ दिया, जहाँ मोजेक विकसित किया गया था, जिसने नेटस्केप कम्युनिकेशंस कॉर्पोरेशन नामक एक कंपनी बनाई। इस कंपनी ने क्लाइंट, सर्वर और अन्य वेब सॉफ्टवेयर विकसित किए।

In the year 1994, CERN and MIT of USA signed an agreement setting up the World Wide Web Consortium, an organization devoted to further developing the Web, standardizing protocols, and interoperability between sites. Since then time, hundreds of universities and companies have joined the Consortium.

वर्ष 1994 में, संयुक्त राज्य अमेरिका के सर्न एंड एमआईटी ने वर्ल्ड वाइड वेब कंसोर्टियम की स्थापना के लिए एक समझौते पर हस्ताक्षर किए, जो वेब को विकसित करने, प्रोटोकॉल को मानकीकृत करने और साइट के बीच अंतर करने के लिए समर्पित संगठन है। तब से, सैकड़ों विश्वविद्यालय और कंपनियां कंसोर्टियम में शामिल हो गई हैं।

In the first year after Mosaic was released, the number of WWW servers grew from 100 to 7000. The growth is expected to be exponential in the years to come and will probably be the force driving the technology and use of the Internet into every walk of life.

मोजेक जारी होने के बाद पहले वर्ष में, डब्ल्यू.डब्ल्यू.डब्ल्यू. सर्वर की संख्या 100 से बढ़कर 7000 हो गई। आने वाले वर्षों में वृद्धि के तेजी से बढ़ने की उम्मीद है और संभवतः हर चाल में इंटरनेट की तकनीक और इंटरनेट का उपयोग करने वाला बल होगा।

Web servers on the Internet are collectively referred to as the World Wide Web. The W3C is the closest anyone gets to set the standards for and enforcing rules about the WWW. You can visit the Consortium's home page at http://www.w3c.org/. The second group of organizations that influences the Web is the browser developers, most notably Netscape Communications Corporation and Microsoft Corporation of USA.

इंटरनेट पर वेब सर्वर को सामूहिक रूप से वर्ल्ड वाइड वेब के रूप में जाना जाता है। W3C निकटतम है जो डब्ल्यूडब्ल्यूडब्ल्यू के बारे में नियमों को लागू करने के लिए मानकों को निर्धारित करता है। आप कंसोर्टियम के होम पेज पर http://www.w3c.org/ पर जा सकते हैं। वेब को प्रभावित करने वाले संगठनों का दूसरा समूह ब्राउजर डेवलपर्स, सबसे विशेष रूप से नेटस्केप कम्युनिकेशंस कॉर्पोरेशन और यूएसए के माइक्रोसॉफ्ट कॉर्पोरेशन है।

To access the Web server, the user use a client software called a browser program. With a browser, you can choose an element on the web page, which can then cross-link us to a computer animation, or play sound, or show another web page. Browsers can even contact another Web server located across the world.

वेब सर्वर तक पहुंचने के लिए, उपयोगकर्ता क्लाइंट प्रोग्राम का उपयोग करता है जिसे ब्राउजर प्रोग्राम कहा जाता है। ब्राउजर के साथ, आप वेब पेज पर एक तत्व चुन सकते हैं, जो तब हमें कंप्यूटर एनीमेशन से क्रॉस–लिंक कर सकता है, या ध्वनि चला सकता है, या दूसरा वेब पेज दिखा सकता है। ब्राउजर दुनिया भर में स्थित किसी अन्य वेब सर्वर से भी संपर्क कर सकते हैं।

1.4 What is Website? (वेबसाइट क्या है?)

A Web site is a collection of Web pages associated with a particular person, business, government, school and organization. Website are stored on a Web server, a special computer that makes Web pages available for people to browser. Websites can consist of only a few Web pages or many hundreds of Web pages.

वेब साइट एक विशेष व्यक्ति, व्यवसाय, सरकार, स्कूल और संगठन से जुड़े वेब पृष्ठों का संग्रह है। वेबसाइट एक वेब सर्वर पर संग्रहीत की जाती है, एक विशेष कंप्यूटर जो वेब पेज को ब्राउजर के लिए लोगों के लिए उपलब्ध करता है। वेबसाइट में केवल कुछ वेब पेज या कई सैकड़ों वेब पेज शामिल हो सकते हैं।

1.4.1 How the Website Works? (वेबसाइट कैसे काम करती है?)

A website is a collection of web pages. These web pages are usually located on a web server that is connected to the Internet. The web server is a computer that has been built specifically to host websites, and contains web server software. The web server is usually located with a web hosting provider. The web server is usually located with a web hosting provider (i.e. a company that provides web hosting to its customers).

वेबसाइट वेब पेज का एक संग्रह है। ये वेब पेज आमतौर पर एक वेब सर्वर पर स्थित होते हैं जो इंटरनेट से जुड़ा होता है। वेब सर्वर एक कंप्यूटर है जिसे विशेष रूप से वेबसाइट को होस्ट करने के लिए बनाया गया है, और इसमें वेब सर्वर सॉफ्टवेयर शामिल है। वेब सर्वर आमतौर पर एक वेब होस्टिंग प्रदाता के साथ स्थित होता है।

Before you being creating your own website and launch it to the Internet, it is important to know how websites work.

इससे पहले कि आप अपनी खुद की वेबसाइट बनाकर इंटरनेट पर लॉन्च करें, यह जानना जरूरी है कि वेबसाइट कैसे काम करती हैं।

- A website is simply a collection of web pages of code that describes the layout, format and content on a page.

  वेबसाइट केवल कोड के वेब पृष्ठों का एक संग्रह है जो एक पृष्ठ पर लेआउट, प्रारूप और कंटेट का वर्णन करता है।

- The web server is an internet-connected computer that receives the request for a web page sent by your browser.

  वेब सर्वर एक इंटरनेट से जुड़ा कंप्यूटर है जो आपके ब्राउजर द्वारा भेजे गए वेब पेज के लिए अनुरोध प्राप्त करता है।

- The browser connects the computer to the server through an IP address. The IP address is obtained by translating the domain name.

  ब्राउजर आईपी पते के माध्यम से कंप्यूटर को सर्वर से जोड़ता है। आईपी नाम डोमेन नाम का अनुवाद करके प्राप्त किया जाता है।

In order to display your website on the Internet, you will need:

इंटरनेट पर अपनी वेबसाइट प्रदर्शित करने के लिए, आपको निम्न की आवश्यकता होगी:

- A Website (वेबसाइट)
- A domain name (डोमेन नाम)
- A server (सर्वर)

Website (वेबसाइट)

A website is typically a collection of web pages, images and other elements that are linked together to form a larger, structured document. A website can be made up of a single page or it could have thousands of pages. Each page will have its own text, images and other elements. All web pages and elements are then placed in a folder and stored on your web host server.

वेबसाइट आम तौर पर वेब पेज, चित्र और अन्य तत्वों का एक संग्रह होती है जो एक बड़े, संरचित दस्तावेज बनाने के लिए एक साथ जुड़े होते हैं। वेबसाइट एक पेज से बनी हो सकती है या उसमें हजारों पेज हो सकते हैं। प्रत्येक पृष्ठ का अपना पाठ, चित्र और अन्य तत्व होंगे। सभी वेब पृष्ठों और तत्वों को एक फोल्डर में रखा जाता है और आपके वेब होस्ट सर्वर पर संग्रहीत किया जाता है।

Each web page is written in codes and these codes describe the layout, format and content on the page. The most common coding language used to create web page is HTML.

प्रत्येक वेब पेज कोड में लिखा जाता है और ये कोड पृष्ठ पर लेआउट, प्रारूप और कंटेट का वर्णन करते हैं। वेब पेज बनाने के लिए उपयोग की जाने वाली सबसे आम कोडिंग भाषा HTML है।

Steps for connecting to Website are explained below: (वेबसाइट से जुड़ने के चरण नीचे दिए गए हैं)

1. Type the URL for a Web site say www.yahoo.com into your Web browser.

   वेब साइट के लिए URL टाइप करें www.yahoo.com अपने वेब ब्राउजर में।
2. Your browser attempts to make a connection to the Web server.

   आपका ब्राउजर वेब सर्वर से कनेक्ट करने का प्रयास करता है।
3. The Web server receives the request.

   वेब सर्वर अनुरोध प्राप्त करता है।
4. The Web site home page is downloaded from the Web server to your PC.

   वेब साइट होम पेज को वेब सर्वर से आपके पीसी में डाउनलोड किया जाता है।
5. The Web page is displayed by your Web browser and the connection between the server and your browser is closed.

   वेब पेज आपके वेब ब्राउजर द्वारा प्रदर्शित किया जाता है और सर्वर और आपके ब्राउजर के बीच कनेक्शन बंद हो जाता है।

Domain name (डोमेन नाम)

A domain name is the address that you type into your web browser address bar to get to a website. An example of a domain name is www.Google.com. A domain name is unique to a website. In other words, no two websites can have the same domain name.

डोमेन नाम वह एड्रेस है जिसे आप वेबसाइट पर प्राप्त करने के लिए अपने वेब ब्राउजर एड्रेस बार में टाइप करते हैं। डोमेन नाम का एक उदाहरण www.google.com है। डोमेन नाम, वेबसाइट के लिए अद्वितीय है। दूसरे शब्दों में, किसी भी दो वेबसाइट का एक ही डोमेन नाम नहीं हो सकता है।

Web server (वेब सर्वर)

Web servers are computers whose job is to respond to a browser's request for a web page and deliver it through the Internet. Pages hosted on a web server can be displayed to anyone all over the world. It is like a hard drive that stores your website files and images. In order to host your page on a web server, you need to pay a hosting charge.

वेब सर्वर वे कंप्यूटर हैं जिनका काम किसी वेब पेज के लिए ब्राउजर के अनुरोध का जवाब देना और इंटरनेट के माध्यम से वितरित करना है। वेब सर्वर पर होस्ट किए गए पृष्ठ पूरे विश्व में किसी को भी दिखाए जा सकते हैं। यह एक हार्ड ड्राइव की तरह है जो आपकी वेबसाइट फाइल्स और छवियों को संग्रहीत करता है। वेब सर्वर पर अपने पृष्ठ को होस्ट करने के लिए, आपको एक होस्टिंग चार्ज देना होगा।

First open your web browser and type in a domain name, your browser will display the web pages of the domain name you have entered. How your web browser know what information to display?

पहले अपना वेब ब्राउजर खोलें और डोमेन नाम टाइप करें, आपका ब्राउजर आपके द्वारा दर्ज डोमेन नाम के वेब पेज प्रदर्शित करेगा। आपका वेब ब्राउजर कैसे जानता है कि किस सूचना को प्रदर्शित करना है?

Each website will have a website address, or a domain name and each domain name is tied to the IP address of the web server it resides on. When you type in a domain name in your web browser, your web browser is actually conducting a series of inquiries that include looking up the IP address of the domain name, locating the web server that hosts the web pages of the domain name, submitting a request to that server for a copy of the web page(s), receiving the web page(s) from the server and finally translating the codes on the web page to present the information on your screen.

प्रत्येक वेबसाइट का एक वेबसाइट पता या एक डोमेन नाम होगा और प्रत्येक डोमेन नाम उस वेब सर्वर के आईपी पते से जुड़ा होता है जिस पर वह रहता है। जब आप अपने वेब ब्राउजर में एक डोमेन नाम टाइप करते हैं, तो आपका वेब ब्राउजर वास्तव में पूछताछ की एक श्रृंखला का संचालन करता है, जिसमें डोमेन नाम का आईपी पता देखना, वेब सर्वर का पता लगाना, जो डोमेन नाम के वेब पेज को होस्ट करता है, सबमिट करना वेब पेज की एक प्रति के लिए उस सर्वर से अनुरोध, सर्वर से वेब पेज को प्राप्त करना और अंत में अपनी स्क्रीन पर जानकारी प्रस्तुत करने के लिए वेब पेज पर कोड का अनुवाद करना।

Types of Website (वेबसाइट के प्रकार)

A website can be of two types (वेबसाइट दो प्रकार की हो सकती है):

Static Website (स्टेटिक वेबसाइट)

Static website is the basic type of website that is easy to create. Static website has webpages with constant or fixed content which cannot be changed by the user who visits the site. Static webpages are built using the HTML code and the content is static, it does not change automatically until the webmaster makes changes. These websites are the fundamental or primary websites built using the HTML coding and connected to a web server.

स्टेटिक वेबसाइट बेसिक प्रकार की वेबसाइट है जो बनाना आसान है। स्टेटिक वेबसाइट में स्थिर या निश्चित कंटेंट के साथ वेबपेज होते हैं जिन्हें साइट पर जाने वाले उपयोगकर्ता द्वारा नहीं बदला जा सकता है। HTML कोड का उपयोग करके स्टेटिक वेबपेज बनाए जाते हैं और कंटेट स्थिर है, यह तब तक स्वचालित रूप से नहीं बदलता है जब तक कि वेबमास्टर परिवर्तन नहीं करता है। ये वेबसाइट एचटीएमएल कोडिंग का उपयोग करके बनाई गई मौलिक या प्राथमिक वेबसाइट हैं और एक वेब सर्वर से जुड़ी हैं।

A static website looks and feels very basic and fundamental. These websites are cost efficient to develop and host which is a perfect fit for small companies. The changes or updates are done by the designer and the changes are replaced with the original site on the Internet. (Figure 1.3)

स्टेटिक वेबसाइट बहुत बुनियादी और मौलिक दिखती है और महसूस करती है। इन वेबसाइटों को विकसित करने और होस्ट करने के लिए लागत प्रभावी है जो छोटी कंपनियों के लिए एकदम सही है। परिवर्तन या अद्यतन डिजाइनर द्वारा किए जाते हैं और परिवर्तन को इंटरनेट पर मूल साइट के साथ बदल दिया जाता है। (चित्र 1.3)

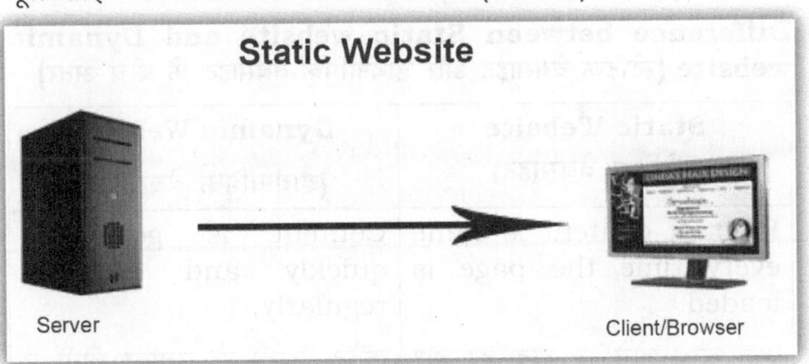

Figure 1.3: Static Website (स्टेटिक वेबसाइट)

Advantages (लाभ)

Some of the advantages of a static website are:

स्टेटिक वेबसाइट के कुछ लाभ हैं:

1. **Time Saving:** The big advantage of a static website is that it is quick to develop website much faster than a dynamic by web developer.

   समय की बचत: स्टेटिक वेबसाइट का बड़ा फायदा यह है कि वेब डेवलपर द्वारा डायनामिक की तुलना में वेबसाइट को बहुत तेजी से विकसित करना जल्दी होता है।

2. **Cost Effective:** Cheaper to develop.

   लागत प्रभावी: विकसित करने के लिए सस्ता।

3. **Inexpensive hosting:** It can get dedicated servers at a cheaper price

   सस्ती होस्टिंग: यह सस्ती कीमत पर समर्पित सर्वर प्राप्त कर सकती है।

4. **Easy Indexing:** Search engines like Google, Bing etc. can easily index a static website as they are just a series of coded HTML or CSS files

   आसान अनुक्रमण: गूगल, बिंग आदि जैसे सर्च इंजन एक स्टेटिक वेबसाइट को आसानी से अनुक्रमित कर सकते हैं क्योंकि वे कोडित HTML या CSS फाइल्स की एक श्रृंखला मात्र हैं।

5. **Fast Transferring:** Static websites do not have complex structures like a dynamic website and can be easily and quickly transferred from server to client without much processing time.

   फास्ट ट्रांसफरिंग: स्टैटिक वेबसाइट्स में डायनामिक वेबसाइट जैसी जटिल संरचनाएं नहीं होती हैं और इन्हें बहुत प्रसंस्करण प्रक्रिया के बिना आसानी से और जल्दी सर्वर से क्लाइंट में स्थानांतरित किया जा सकता है।

Disadvantages (नुकसान)

Some of the disadvantages of a static website are:

स्टैटिक वेबसाइट के कुछ नुकसान इस प्रकार हैं:

1. **Difficult to Change:** The big disadvantage of a static website is that its content cannot be changed easily. Any novice cannot update the content. It requires the expertise of a web developer to update, add or change any content on a static website. All the HTML files would need to individually change even for a slight change made to the website.

   बदलने में मुश्किल: स्टैटिक वेबसाइट का बड़ा नुकसान यह है कि इसकी कंटेट को आसानी से नहीं बदला जा सकता है। कोई भी नौसिखिया कंटेट को अपडेट नहीं कर सकता है। स्टैटिक वेबसाइट पर किसी भी कंटेट को अपडेट करने, जोड़ने या बदलने के लिए वेब डेवलपर की विशेषज्ञता की आवश्यकता होती है। वेबसाइट पर किए गए थोड़े से बदलाव के लिए भी सभी HTML फाइल्स को व्यक्तिगत रूप से बदलना होगा।

2. **Not Good for the Long Run:** A static website is not apt for the long run as any business would need to make a number of updates to be in sync with the latest trends.

   लॉन्ग रन के लिए अच्छा नहीं: स्टैटिक वेबसाइट लंबे समय के लिए उपयुक्त नहीं है क्योंकि किसी भी व्यवसाय को नवीनतम रुझानों के साथ सिंक करने के लिए कई अपडेट करने की आवश्यकता होगी।

3. **Limited Functionality:** It does not offer all the functionalities that a dynamic website can. One can add text, images, videos, and hyperlinks in the content but there are no other special functions that a static website can perform.

   लिमिटेड फंक्शनलिटी: यह सभी फंक्शंस की पेशकश नहीं करता है जो एक डायनामिक वेबसाइट कर सकती है। कंटेट में टेक्स्ट, चित्र, वीडियो और हाइपरलिंक जोड़ सकता है लेकिन कोई अन्य विशेष कार्य नहीं हैं जो एक स्थिर वेबसाइट कर सकती है।

Dynamic Website (डायनामिक वेबसाइट)

Dynamic website is a collection of dynamic web pages whose content changes dynamically. It accesses content from a database or Content Management system (CMS). Therefore, when you alter or update the content of the database, the content of the website is also altered or updated. It is built and developed using server-side coding language such as PHP, ASP, JSP, Ruby etc. In a dynamic website the content is taken from other databases as and when required by the users. (Figure 1.4)

डायनामिक वेबसाइट डायनामिक वेब पेज का एक संग्रह है जिसके कंटेंट गतिशील रूप से बदल जाती है। यह एक डेटाबेस या कंटेंट प्रबंधन प्रणाली (CMS) से कंटेट तक पहुँचता है। इसलिए, जब आप डेटाबेस की कंटेंट को बदलते या अपडेट करते हैं, तो वेबसाइट की कंटेंट को भी बदल दिया जाता है या अपडेट किया जाता है। यह सर्वर–साइड कोडिंग लैंग्वेज जैसे PHP, ASP, JSP, Ruby आदि का उपयोग करके बनाया और विकसित किया गया है। डायनेमिक वेबसाइट में कंटेंट को अन्य डेटाबेस से यूजर्स द्वारा आवश्यकतानुसार और तब लिया जाता है। (चित्र 1.4)

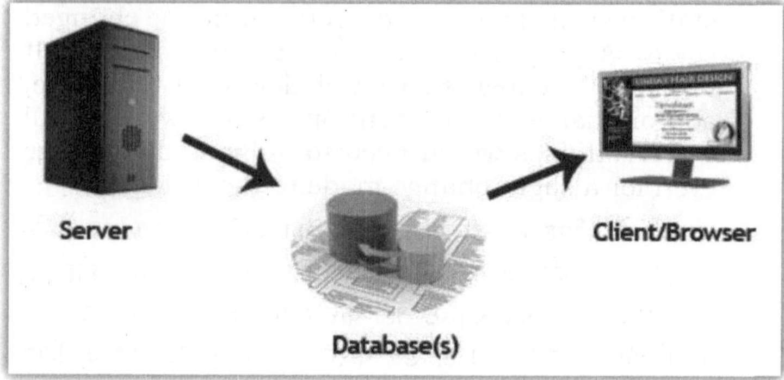

Figure 1.4: Dynamic Website (डायनामिक वेबसाइट)

It uses client-side scripting or server-side scripting. Client side scripting generates content at the client computer based on user input. The web browser downloads the web page from the server and processes the code within the page to render information to the user. In server side scripting, the software runs on the server and processing is completed in the server then plain pages are sent to the user.

यह क्लाइंट–साइड स्क्रिप्टिंग या सर्वर–साइड स्क्रिप्टिंग का उपयोग करता है। क्लाइंट साइड स्क्रिप्टिंग उपयोगकर्ता इनपुट के आधार पर क्लाइंट कंप्यूटर पर कंटेट उत्पन्न करता है। वेब ब्राउजर सर्वर से वेब पेज को डाउनलोड करता है और उपयोगकर्ता को जानकारी प्रदान करने के लिए पेज के भीतर कोड को संसाधित करता है। सर्वर साइड स्क्रिप्टिंग में, सॉफ्टवेयर सर्वर पर चलता है और सर्वर में प्रोसेसिंग पूरी हो जाती है फिर उपयोगकर्ता को सादे प्लेन भेजे जाते हैं।

Advantages of Dynamic Websites (डायनामिक वेबसाइट के लाभ)

1. **Easy to update:** The biggest advantage of a dynamic website is that it can be easily updated.

   अपडेट करने में आसान: डायनामिक वेबसाइट का सबसे बड़ा फायदा यह है कि इसे आसानी से अपडेट किया जा सकता है।

2. **Interactive:** It interact with the users and changes according to their behavior.

   इंटरएक्टिव: यह उपयोगकर्ताओं के साथ बातचीत करता है और उनके व्यवहार के अनुसार बदलता है।

3. **Smooth Navigation:** It offers a smoother navigation and lets the user jump from one page to the other without any problem.

   स्मूथ नेविगेशन: यह एक स्मूथ नेविगेशन प्रदान करता है और उपयोगकर्ता को बिना किसी समस्या के एक पेज से दूसरे पेज पर जाने की सुविधा देता है।

Disadvantages of Dynamic website:
डायनामिक वेबसाइट के नुकसान:

1. **Higher cost:** It can cost big cash in their development and even the hosting cost is high.

   उच्च लागत: यह उनके विकास में बड़ी नकदी खर्च कर सकता है और यहां तक कि होस्टिंग लागत भी अधिक है।

2. **Slow Processing:** Having a number of functions to perform with complex technology, the dynamic websites becomes slower to process and load.

   धीमी प्रसंस्करण: जटिल प्रौद्योगिकी के साथ प्रदर्शन करने के लिए कई कार्य करने के बाद, गतिशील वेबसाइट प्रक्रिया और लोड करने के लिए धीमी हो जाती हैं।

Difference between Static website and Dynamic website (स्टेटिक वेबसाइट और डायनामिक वेबसाइट के बीच अंतर)

Static Website (स्टेटिक वेबसाइट)	Dynamic Website (डायनामिक वेबसाइट)
Prebuilt content is same every time the page is loaded. पृष्ठ लोड होने के बाद हर बार प्रीबिल्ट कंटेंट समान होता है।	Content is generated quickly and changes regularly. कंटेंट जल्दी से उत्पन्न होती है और नियमित रूप से बदलती है।
It uses the HTML code for developing a website. यह एक वेबसाइट को विकसित करने के लिए HTML कोड का उपयोग करता है।	It uses the server side languages such as PHP, Servlet, JSP, and ASP. net etc. for developing website. यह वेबसाइट के विकास के लिए सर्वर साइड भाषाओं जैसे PHP, सर्वलेट, JSP और ASP.net आदि का उपयोग करता है।
It sends exactly the same response for every request. यह हर अनुरोध के लिए समान प्रतिक्रिया भेजता है।	It may generate different HTML for each of the request. यह प्रत्येक अनुरोध के लिए अलग HTML उत्पन्न कर सकता है।

Flexibility is the main advantage of static website. फ्लेक्सिबिलिटी स्टैटिक वेबसाइट का मुख्य लाभ है।	Content Management System is the main advantage of dynamic website. कंटेंट प्रबंधन प्रणाली गतिशील वेबसाइट का मुख्य लाभ है।
Information are change rarely. जानकारी शायद ही कभी बदलती है।	Information are change frequently. जानकारी बार–बार बदलती रहती है।
In static website, database is not used. स्टैटिक वेबसाइट में, डेटाबेस का उपयोग नहीं किया जाता है।	In dynamic website, database is used. डायनामिक वेबसाइट में, डेटाबेस का उपयोग किया जाता है।

Web Pages (वेब पृष्ठ)

World Wide Web information is presented on Web pages, which you download to your computer using a Web browser such as Internet Explorer. Each Web page can combine text with images, sound, music and video.

वर्ल्ड वाइड वेब जानकारी वेब पेज पर प्रस्तुत की जाती है, जिसे आप इंटरनेट एक्सप्लोरर जैसे वेब ब्राउजर का उपयोग करके अपने कंप्यूटर पर डाउनलोड करते हैं। प्रत्येक वेब पेज छवियों, ध्वनि, संगीत और वीडियो के साथ टेक्स्ट को जोड़ सकता है।

A web page is an electronic document written in computer language called HTML (Hypertext Markup Language). Each web page has a unique address, called a URL (Uniform Resource Locator) that identifies its location on the network.

वेब पेज एक इलेक्ट्रॉनिक दस्तावेज है जिसे कंप्यूटर भाषा HTML (हाइपरटेक्स्ट मार्कअप लैंग्वेज) में लिखा जाता है। प्रत्येक वेब पेज का एक अनूठा पता होता है, जिसे URL (यूनिफॉर्म रिसोर्स लोकेटर) कहा जाता है जो नेटवर्क पर उसके स्थान की पहचान करता है।

A website has one or more related web pages. Web pages on a site are linked together through a system of hyperlinks to jump between them by clicking on a link. On the web, you navigate through pages of information according to your interests.

वेबसाइट में एक या अधिक संबंधित वेब पेज होते हैं। किसी साइट पर वेब पेज एक लिंक पर क्लिक करके उन दोनों के बीच जम्प के लिए हाइपरलिंक की एक प्रणाली के माध्यम से एक साथ जुड़े हुए हैं। वेब पर, आप अपनी रुचियों के अनुसार जानकारी के पन्नों के माध्यम से नेविगेट करते हैं।

The first page of the web site is called the Home page. The home page provides an overview of what you will find at the website. A site can have one page or many pages. If there is a lot of information, the home page may be the only page. But usually, you will find at least a few other pages.

वेब साइट के पहले पेज को होम पेज कहा जाता है। होम पेज आपको वेबसाइट पर जो मिलेगा, उसका अवलोकन प्रदान करता है। एक साइट में एक पेज या कई पेज हो सकते हैं। यदि बहुत सारी जानकारी है, तो होम पेज एकमात्र पेज हो सकता है। लेकिन आमतौर पर, आपको कम से कम कुछ अन्य पेज मिलेंगे।

1.5 Front End and Back End Application (फ्रंट एंड और बैक एंड एप्लीकेशन)

Frontend and backend are the two most popular terms used in web development. These are very crucial for web development but are quite different from each other.

फ्रंट एंड बैकेंड वेब विकास में उपयोग किए जाने वाले दो सबसे लोकप्रिय शब्द हैं। ये वेब विकास के लिए बहुत महत्वपूर्ण हैं लेकिन एक दूसरे से काफी अलग हैं।

1.5.1 Front End Development (फ्रंट एंड डेवलपमेंट)

Front end development manages everything that users visually see first in their browser or application. It is a part of website that users interacts with directly is termed as front end. It is also referred to as the `client side' of the application. It is built using a combination of technologies such as Hypertext Markup Language (HTML), JavaScript and Cascading Style sheets (CSS). Front-end Developers design and construct users experience elements on the web page including buttons, menus, pages, links, graphics and more.

फ्रंट एंड डेवलपमेंट उन सभी चीजों का प्रबंधन करता है जो उपयोगकर्ता अपने ब्राउजर या एप्लिकेशन में नेत्रहीन रूप से देखते हैं। यह वेबसाइट का एक हिस्सा है जिसे उपयोगकर्ता सीधे बातचीत करते हैं जिसे फ्रंट एंड कहा जाता है। इसे एप्लिकेशन के 'क्लाइंट साइड' के रूप में भी जाना जाता है। इसे हाइपरटेक्स्ट मार्कअप लैंग्वेज (HTML), जावास्क्रिप्ट और कैस्केडिंग स्टाइल शीट (CSS) जैसी तकनीकों के संयोजन का उपयोग करके बनाया गया है। फ्रंट–एंड डेवलपर्स वेब पेज पर बटन, मेनू, पेज, लिंक, ग्राफिक्स और अधिक सहित तत्वों का अनुभव और डिजाइन करते हैं।

- **HTML:** Hypertext Markup Language is the core of a website, providing the overall design and functionality. It is the combination of Hypertext of Hypertext and Markup language. Hypertext defines the link between the web pages. The markup language is used to define the text documentation within tag, which defines the structure of web pages.

  HTML: हाइपरटेक्स्ट मार्कअप लैंग्वेज एक वेबसाइट का मूल है, जो समग्र डिजाइन और कार्यक्षमता प्रदान करती है। यह हाइपरटेक्स्ट और मार्कअप लैंग्वेज का संयोजन है। हाइपरटेक्स्ट वेब पृष्ठों के

बीच की कड़ी को परिभाषित करता है। मार्कअप भाषा का उपयोग टैग के भीतर पाठ प्रलेखन को परिभाषित करने के लिए किया जाता है, जो वेब पृष्ठों की संरचना को परिभाषित करता है।

- **CSS:** Cascading Style sheets referred to, as CSS is simply designed language intended to simply the proves of making web pages presentable. It allow you to apply styles to web pages. More importantly, CSS enables you to do this independent of the HTML that makes up each web page.

  सीएसएसः कैस्केडिंग स्टाइल शीट को संदर्भित किया जाता है, क्योंकि सीएसएस को केवल वेब पेज को प्रस्तुत करने योग्य साबित करने के उद्देश्य से बनाई गई भाषा है। यह आपको वेब पृष्ठों पर शैलियों को लागू करने की अनुमति देता है। इससे भी महत्वपूर्ण बात, सीएसएस आपको HTML से स्वतंत्र करने में सक्षम बनाता है जो प्रत्येक वेब पेज बनाता है।

- **JavaScript:** This event-based language is useful for creating dynamic elements on static HTML web pages.

  जावास्क्रिप्टः यह इवेंट बेस्ड लैंग्वेज स्टैटिक पृष्ठों पर गतिशील तत्व बनाने के लिए उपयोगी है।

- It allows developers to access elements separate from the main HTML page, as well as respond to server-side events.

  यह डेवलपर्स को मुख्य HTML पृष्ठ से अलग तत्वों का उपयोग करने की अनुमति देता है, साथ ही साथ सर्वर–साइड घटनाओं पर प्रतिक्रिया देता है।

Front End Frameworks and Libraries (फ्रंट एंड फ्रेमवर्क और लाइब्रेरी)

Frond-end frameworks such as Augular, Ember, Backbone and React are also popular.

न्यूट्रल, एम्बर, बैकबोन और रिएक्ट जैसे फ्रैंड–एंड फ्रेमवर्क लोकप्रिय हैं।

- **Angular JS:** It is a JavaScript opens source front-end framework that is mainly used to develop single page web applications. It is continuously growing and expanding framework which provides better ways for developing web applications. It changes the static HTML to dynamic HTML. It is an open source project, which can be freely used and changed by anyone.

  एंगुलर जेएसः यह एक जावास्क्रिप्ट ओपन सोर्स फ्रंट–एंड फ्रेमवर्क है जो मुख्य रूप से सिंगल पेज वेब एप्लिकेशन विकसित करने के लिए उपयोग किया जाता है। यह लगातार बढ़ रहा है और ढांचे का विस्तार कर रहा है जो वेब अनुप्रयोगों के विकास के लिए बेहतर तरीके प्रदान करता है। यह स्थिर HTML को गतिशील HTML में बदलता है। यह एक ओपन सोर्स प्रोजेक्ट है, जिसे स्वतंत्र रूप से किसी के द्वारा भी इस्तेमाल और बदला जा सकता है।

- **React JS:** It is a declarative, efficient, and flexible JavaScript library for building user interfaces. It is an open-source component based front end library responsible for the view layer of the application and it maintained by Facebook. Bootstrap is a free and open-source for creating responsive websites and web application. It is the most popular HTML, CSS and JavaScript framework for developing mobile websites.

  रिएक्टिव जेएसः यह उपयोगकर्ता इंटरफेस के निर्माण के लिए एक घोषणात्मक, कुशल और फ्लेक्सिबिलिटी जावास्क्रिप्ट पुस्तकालय है। यह एक ओपन–सोर्स घटक आधारित फ्रंट एंड लाइब्रेरी है जो एप्लिकेशन की दृश्य परत के लिए जिम्मेदार है और यह फेसबुक द्वारा बनाए गया है। रेस्पॉन्सिब वेबसाइट और वेब एप्लिकेशन बनाने के लिए बूटस्ट्रैप एक स्वतंत्र और खुला स्रोत है। यह मोबाइल वेबसाइटों को विकसित करने के लिए सबसे लोकप्रिय HTML, सीएसएस और जावास्क्रिप्ट ढांचा है।

- **JQyery:** jQuery is an open source JavaScript library that simplifies the interactions between HTML/CSS document.

  JQuery: रफनमतल एक खुला स्रोत जावास्क्रिप्ट पुस्तकालय है जो HTML / CSS के बीच की बातचीत को सरल करता है।

1.5.2 Backend Development (बैकएंड डेवलपमेंट)

Back end development refers to the server side of an application and everything that communicates between the database and the browser. It stores and arranges data, and makes everything on the client-side of the website and it is the part of the website, which you cannot see and interact. Back-end developers are responsible for creating the logic on which an app or a website works. It should have certain skills in-depth knowledge of the back-end programming language or framework, accessibility and security compliance, a fair understanding of front-end technologies like HTML, CSS and the ability to manage a hosting.

बैक एंड डेवलपमेंट से तात्पर्य किसी एप्लिकेशन के सर्वर साइड और डेटाबेस और ब्राउजर के बीच संवाद स्थापित करने से है। यह डेटा को संग्रहीत और व्यवस्थित करता है, और वेबसाइट के क्लाइंट–साइड पर सब कुछ बनाता है और यह वेबसाइट का हिस्सा है, जिसे आप देख पर इंटरैक्ट नहीं कर सकते हैं। बैक–एंड डेवलपर्स तर्क बनाने के लिए जिम्मेदार हैं, जिस पर एक ऐप या वेबसाइट काम करती है। इसमें बैक–एंड प्रोग्रामिंग लैंग्वेज या फ्रेमवर्क, एक्सेसिबिलिटी और सिक्योरिटी कंप्लायंस, एचटीएमएल, सीएसएस जैसी फ्रंट–एंड टेक्नोलॉजी की निष्पक्ष समझ और होस्टिंग को मैनेज करने की क्षमता के बारे में कुछ कौशल होना चाहिए।

- **Back end Languages:** The back end portion is built by using some languages which are discussed below:

  बैक एंड लैंग्वेजेसः बैक एंड पार्ट कुछ भाषाओं का उपयोग करके बनाया गया है; जो हैं:

- **PHP:** It is a server-side scripting language designed specifically for web development. PHP code executed on the server side so, it is called server-side scripting language.

  PHP: यह एक सर्वर–साइड स्क्रिप्टिंग भाषा है जिसे विशेष रूप से वेब विकास के लिए डिजाइन किया गया है। PHP कोड को सर्वर साइड पर निष्पादित किया जाता है, इसलिए इसे सर्वर–साइड स्क्रिप्टिंग भाषा कहा जाता है।
- **C++:** It is a general purpose programming language and widely used for competitive programming. It is also used as backend language.

  सी++: यह एक सामान्य उद्देश्य प्रोग्रामिंग भाषा है और व्यापक रूप से प्रतिस्पर्धी प्रोग्रामिंग के लिए उपयोग किया जाता है। इसका उपयोग बैकएंड भाषा के रूप में भी किया जाता है।
- **Java:** It is one of the most popular and widely used programming language and platform.

  जावा: यह सबसे लोकप्रिय और व्यापक रूप से उपयोग की जाने वाली प्रोग्रामिंग भाषा और प्लेटफॉर्म में से एक है।
- **Python:** It is programming language that lets you work quickly and integrate systems more efficiently.

  पायथन: यह प्रोग्रामिंग भाषा है जो आपको जल्दी से काम करने देती है और सिस्टम को अधिक कुशलता से एकीकृत करती है।
- **JavaScript:** It can be used as both (front end and back end) programming languages.

  जावास्क्रिप्ट: इसका उपयोग दोनों (फ्रंट एंड/बैक एंड) प्रोग्रामिंग भाषाओं के रूप में किया जा सकता है।

These languages are used to create dynamic sites which are different from static sites in that these types of websites store database information. Content on the site is constantly changing and updating. Examples of dynamic sites include Facebook, Twitter and Google Maps.

इन भाषाओं का उपयोग डायनेमिक साइट्स बनाने के लिए किया जाता है, जो स्टैटिक साइट से भिन्न होती हैं, इस प्रकार की वेबसाइट्स डेटाबेस की जानकारी संग्रहीत करती हैं। साइट पर कंटेट लगातार बदल रही है और अपडेट हो रही है। डायनामिक साइट के उदाहरणों में फेसबुक, ट्विटर और गूगल मैप शामिल हैं।

1.6 Client and Server Scripting Languages (क्लाइंट और सर्वर स्क्रिप्टिंग लैंग्वेज)

Scripting languages, which can be embedded within HTML, commonly are used to add functionality to a Web page, such as different menu styles or graphic displays. These types of languages are client-side scripting languages; affecting the data, that end user seems in a browser window. Other scripting languages are server-side scripting languages that manipulate the data, usually in a database on the server.

स्क्रिप्टिंग भाषाएं, जिन्हें HTML के भीतर एम्बेड किया जा सकता है, आमतौर पर वेब पेज में कार्यक्षमता जोड़ने के लिए उपयोग की जाती हैं, जैसे विभिन्न मेनू शैलियों या ग्राफिक डिस्प्ले। इस प्रकार की भाषाएँ क्लाइंट–साइड स्क्रिप्टिंग भाषाएँ हैं; डेटा को प्रभावित करना, वह अंतिम उपयोगकर्ता ब्राउजर विंडो में लगता है। अन्य स्क्रिप्टिंग भाषा सर्वर–साइड स्क्रिप्टिंग भाषाएं होती हैं जो डेटा में हेरफेर करती हैं, आमतौर पर सर्वर पर एक डेटाबेस में।

1.6.1 Client-side Scripting (क्लाइंट-साइड स्क्रिप्टिंग)

It is performed to generate a code that can run on the client end (browser) without needing the server side processing. These types of scripts are placed inside an HTML document. The client-side scripting can be used to examine the user's form for the errors before submitting it and for changing the content according to the user. The web requires three elements for its functioning which are, client database and server. For example, when a user makes a request via browser for a webpage to the server, it just sent the HTMl and CSS, and the browser interprets and renders the web content in the client end.

यह एक कोड उत्पन्न करने के लिए किया जाता है जो सर्वर साइड प्रोसेसिंग की आवश्यकता के बिना क्लाइट एंड (ब्राउजर) पर चल सकता है। इस प्रकार की स्क्रिप्ट को HTML डॉक्यूमेंट के अंदर रखा जाता है। क्लाइंट–साइड स्क्रिप्टिंग का उपयोग उपयोगकर्ता के फॉर्म को जांचने से पहले त्रुटियों के लिए और उपयोगकर्ता के अनुसार कंटेट को बदलने के लिए किया जा सकता है। वेब को अपने कामकाज के लिए तीन तत्वों की आवश्यकता होती है जो क्लाइंट, डेटाबेस और सर्वर हैं। उदाहरण के लिए, जब कोई उपयोगकर्ता वेब पेज के लिए ब्राउजर के माध्यम से सर्वर से अनुरोध करता है, तो वह सिर्फ HTML और CSS भेजता है, और ब्राउजर क्लाइंट अंत में वेब कंटेट की व्याख्या और प्रतिपादन करता है।

1.6.2 Server-side Scripting (सर्वर-साइड स्क्रिप्टिंग)

It is a technique of programming for producing the code which can run software on the server side. Any scripting or programming that can run on the web server is known as server-side scripting. The server-side scripting constructs a communication link between a server and client (user). Earlier the server side scripting is implemented by the CGI scripts. The CGI was created and execute the scripts from programming languages such as C++ or Perl on the websites.

यह कोड के उत्पादन के लिए प्रोग्रामिंग की एक तकनीक है जो सर्वर साइड पर सॉफ्टवेयर चला सकती है। कोई भी स्क्रिप्टिंग या प्रोग्रामिंग जो वेब सर्वर पर चल सकती है, सर्वर–साइड स्क्रिप्टिंग के रूप में जानी जाती है। सर्वर–साइड स्क्रिप्टिंग सर्वर और क्लाइंट (उपयोगकर्ता) के बीच संचार लिंक का निर्माण करती है। पहले सर्वर साइड स्क्रिप्टिंग

CGI स्क्रिप्ट द्वारा कार्यान्वित की जाती है। CGI को वेबसाइट पर प्रोग्रामिंग भाषाओं जैसे C ++ या पर्ल से स्क्रिप्ट्स को बनाया और निष्पादित किया गया।

Difference between Client-side scripting and server-side scripting

क्लाइंट-साइड स्क्रिप्टिंग और सर्वर-साइड स्क्रिप्टिंग के बीच अंतर

For web pages they are instructions either to the web server (server-side scripting) or to the Web browser(client-side scripting). Let us look how they differ from each other. (Figure 1.5)

वेब पृष्ठों के लिए वे या तो वेब सर्वर (सर्वर–साइड स्क्रिप्टिंग) या वेब ब्राउजर (क्लाइंट–साइड स्क्रिप्टिंग) के लिए निर्देश हैं। आइए हम देखें कि वे एक दूसरे से कैसे भिन्न हैं। (चित्र 1.5)

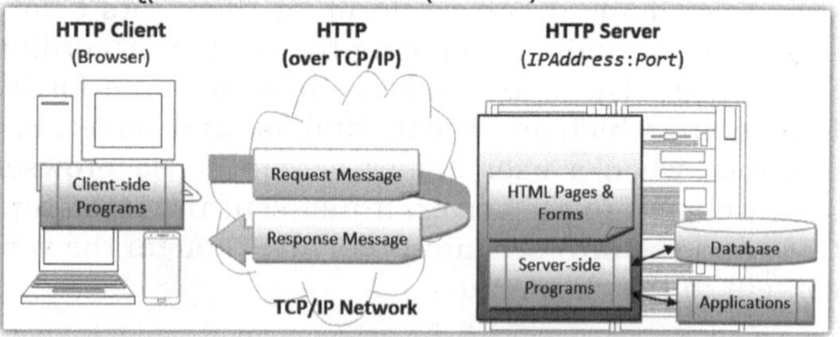

Figure 1.5: Client-side and Server-side Scripting
(क्लाइंट–साइड और सर्वर–साइड स्क्रिप्टिंग)

Server Side Scripting (सर्वर साइड स्क्रिप्टिंग)

a. It is used to create dynamic pages based a number of conditions when the users browser makes a request to the server.

   जब उपयोगकर्ता ब्राउजर सर्वर से अनुरोध करता है, तो कई स्थितियों के आधार पर डायनामिक पेज बनाने के लिए इसका उपयोग किया जाता है।

b. The Web server executes the server side scripting that produces the page to be sent to the browser.

   वेब सर्वर उस सर्वर साइड स्क्रिप्टिंग को निष्पादित करता है जो ब्राउजर को भेजे जाने वाले पृष्ठ का उत्पादन करता है।

c. Server executes server-side scripts to send out a page but it does not execute client-side scripts.

   सर्वर एक पृष्ठ भेजने के लिए सर्वर–साइड स्क्रिप्ट निष्पादित करता है, लेकिन यह क्लाइंट–साइड स्क्रिप्ट निष्पादित नहीं करता है।

d. It is used to connect to the databases that reside on the web server.

   इसका उपयोग वेब सर्वर पर रहने वाले डेटाबेस से जुड़ने के लिए किया जाता है।

e. It can access the file system residing at the web server.
   यह वेब सर्वर पर रहने वाले फाइल सिस्टम तक पहुंच सकता है।

f. It cannot be blocked by the user.
   इसे उपयोगकर्ता द्वारा ब्लॉक नहीं किया जा सकता है।

g. Relatively secure (अपेक्षाकृत सुरक्षित).

h. Examples of Server side scripting languages are: PHP, JSP, ASP, ASP.Net, Ruby, Perl etc.
   सर्वर साइड स्क्रिप्टिंग भाषाओं के उदाहरणः PHP, JSP, ASP, ASP-Net, Ruby, Perl आदि।

Client-side scripting (क्लाइंट-साइड स्क्रिप्टिंग)

a. It is used when the user's browser already has all the code and the page is altered on the basis of the users input.

   इसका उपयोग तब किया जाता है जब उपयोगकर्ता के ब्राउजर में पहले से ही सभी कोड होते हैं और पृष्ठ को उपयोगकर्ता इनपुट के आधार पर बदल दिया जाता है।

b. The Web browser executes the client side scripting that resides at the user's computer.

   वेब ब्राउजर क्लाइंट साइड स्क्रिप्टिंग को निष्पादित करता है जो उपयोगकर्ता के कंप्यूटर पर रहता है।

c. The browser receives the page sent by the server and executes the client-side scripts.

   ब्राउजर सर्वर द्वारा भेजे गए पृष्ठ को प्राप्त करता है और क्लाइंट–साइड स्क्रिप्ट निष्पादित करता है।

d. It cannot be used to connect to the databases on the web server.

   इसका उपयोग वेब सर्वर पर डेटाबेस से कनेक्ट करने के लिए नहीं किया जा सकता है।

e. It cannot access the file system that resides at the web server.
   यह वेब सर्वर पर रहने वाले फाइल सिस्टम तक नहीं पहुँच सकता है।

f. It is possible to be blocked by the user.
   उपयोगकर्ता द्वारा अवरुद्ध किया जाना संभव है।

g. It is insecure (यह असुरक्षित है।).

h. Examples of Client side scripting languages are: JavaScript, CSS, HTML, etc.
   क्लाइंट साइड स्क्रिप्टिंग भाषाओं के उदाहरण हैंः जावास्क्रिप्ट, सीएसएस, एचटीएमएल, आदि।

1.7 Responsive Web Designing (रेस्पॉन्सिव वेब डिजाइनिंग)

Responsive web design is an approach whereby a designer creates a web page that responds to or resizes itself depending on the type of device. That could be an oversized desktop computer monitor, a laptop or devices with small screens such as smartphones and tablets.

रेस्पॉन्सिववेब डिजाइन एक दृष्टिकोण है जिससे एक डिजाइनर एक वेब पेज बनाता है जो डिवाइस के प्रकार के आधार पर खुद को प्रतिक्रिया देता है या उसका आकार बदलता है। यह एक ओवरसाइज्ड डेस्कटॉप कंप्यूटर मॉनीटर, लैपटॉप या छोटी स्क्रीन जैसे स्मार्टफोन और टैबलेट हो सकता है।

Responsive Web design has become an essential tool for anyone with a digital presence. With the growth of smartphones, tablets and other mobile computing devices, more people are using small-screens to view web pages.

रेस्पॉन्सिब वेब डिजाइन एक डिजिटल उपस्थिति के साथ किसी के लिए एक आवश्यक उपकरण बन गया है। स्मार्टफोन, टैबलेट और अन्य मोबाइल कंप्यूटिंग उपकरणों के विकास के साथ, अधिक लोग वेब पेज देखने के लिए छोटे–स्क्रीन का उपयोग कर रहे हैं।

The purpose of responsive design is to have one site, but with different elements that respond differently when viewed on devices of different sizes. When views on desktop computer, for instance, the website might show three columns. But when you view that same layout on a smaller tablet, it might force you to scroll horizontally. Or elements might be hidden from view or look distorted. The impact is also complicated by the fact that many tablets can be viewed either in portrait orientation or turned sideways for landscape view.

रेस्पॉन्सिब डिजाइन का उद्देश्य एक साइट है, लेकिन विभिन्न तत्वों के साथ जो विभिन्न आकारों के उपकरणों पर देखे जाने पर अलग–अलग प्रतिक्रिया देते हैं। उदाहरण के लिए, डेस्कटॉप कंप्यूटर पर विचार करने पर, वेबसाइट तीन कॉलम दिखा सकती है। लेकिन जब आप एक छोटे टैबलेट पर उसी लेआउट को देखते हैं, तो यह आपको क्षैतिज रूप से स्क्रॉल करने के लिए मजबूर कर सकता है। या तत्व दृश्य से छिपे हो सकते हैं या विकृत दिख सकते हैं। प्रभाव इस तथ्य से भी जटिल है कि कई टैबलेट को या तो पोर्ट्रेट ओरिएंटेशन में देखा जा सकता है या परिदृश्य दृश्य के लिए बगल में देखा जा सकता है।

On a small smartphone screen, websites can be even more challenging to see. Large images may break the layout. Sites can be slow to load on smartphones if they are graphics heavy. However, if a site uses responsive design, the tablet version might automatically adjust to display just two columns. That way, the content is readable and easy to navigate. On a smartphone, the content might appear as a single column, perhaps stacked vertically. Or possibly the user would have the ability to swipe over to view other columns. Images will resize instead of distorting the layout or getting cut off.

छोटी स्मार्टफोन स्क्रीन पर, वेबसाइट और भी अधिक चुनौतीपूर्ण हो सकती हैं। बड़ी छवियां लेआउट को तोड़ सकती हैं। यदि वे ग्राफिक्स भारी हैं तो साइट स्मार्टफोन पर लोड करने के लिए धीमी हो सकती हैं। हालाँकि, यदि कोई साइट रेस्पॉन्सिब डिजाइन का उपयोग करती है, तो टेबलेट संस्करण स्वचालित रूप से केवल दो कॉलम प्रदर्शित करने के लिए समायोजित हो सकता है। इस तरह, कंटेट पठनीय और नेविगेट करने में आसान है। एक स्मार्टफोन पर, कंटेट एकल स्तंभ के रूप में दिखाई दे सकती है। या संभवतः उपयोगकर्ता को अन्य कॉलम देखने के लिए स्वाइप करने की क्षमता होगी। लेंआउट को विकृत करने या कट जाने के बजाय छवियां आकार देंगी।

Three Main Components of Responsive Design
रेस्पॉन्सिव डिजाइन के तीन मुख्य घटक

Responsive website design consists of the following three main components:

रेस्पॉन्सिव वेबसाइट डिजाइन में निम्नलिखित तीन मुख्य घटक होते हैं:

- **Flexible layouts:** Using a flexible grid to create the website layout that will dynamically resize to any width.

  फ्लेक्सिबल लेआउट: वेबसाइट लेआउट बनाने के लिए एक लचीली ग्रिड का उपयोग करना जो गतिशील रूप से किसी भी चौड़ाई का आकार देगा।
- **Media queries:** An extension to media types when targeting and including styles. It allow designers to specify different styles for specific browser.

  मीडिया प्रश्न: लक्ष्यीकरण और शैलियों सहित मीडिया प्रकारों का विस्तार। यह डिजाइनर को विशिष्ट ब्राउजर के लिए विभिन्न शैलियों को निर्दिष्ट करने की अनुमति देता है।
- **Flexible media:** Makes media (images, video and other formats) scalable, by changing the size of the media as the size of the viewport changes.

  फ्लेक्सिबल मीडिया: मीडिया का आकार, व्यूपोर्ट में परिवर्तन के आकार में परिवर्तन करके, मीडिया (चित्र, वीडियो और अन्य प्रारूप) को स्केलेबल बनाता है।

Responsive Web Design vs. Traditional Web Design
रेस्पॉन्सिव वेब डिजाइन बनाम पारंपरिक वेब डिजाइन

An example of a non-responsive web design page is one that reads well on desktop browsers but has very small, unreadable text on smartphones, often due to having too many columns or images that are too large to fit within a smartphone's limited viewport display width.

नॉन–रेस्पॉन्सिव वेब डिजाइन पृष्ठ का एक उदाहरण वह है जो डेस्कटॉप ब्राउजर पर अच्छी तरह से पढ़ता है, लेकिन स्मार्टफोन पर बहुत छोटा, अपठनीय पाठ होता है, अक्सर कई कॉलम या चित्र होने के कारण जो स्मार्टफोन के सीमित व्यूपोर्ट डिस्प्ले चौड़ाई में फिट होने के लिए बहुत बड़े होते हैं।

How Does Responsive Web Design Work?

Responsive sites use liquid grids. All page elements are sized by proportion, rather than pixels. For example, if you have three columns, you would not say exactly how wide each should be in relation to the other columns. Column 1 should take up half the page, column 2 should take up 30%, and column 3 should take up 20%. Media such as images is also resized relatively. That way an image can stay within its column or relative design element.

The goal of responsive design is to avoid the unnecessary resizing, scrolling, zooming, or panning that occurs with sites that have not been optimized for different devices. It is often very difficult to navigate these sites, and it may even cost you potential customers who become frustrates to figure out. It also need to design a dedicated mobile website for smartphone users. Instead of designing multiple websites for different screen sizes, you can design just one website that scales up or down automatically to match the device it is being viewed on.

The benefits of choosing responsive design for your website include:

आपकी वेबसाइट के लिए रेस्पॉन्सिव डिजाइन चुनने के लाभों में शामिल हैं:

- Cost effectiveness (लागत प्रभावशीलता)
- Flexibility (फ्लेक्सिबिलिटी)
- Improved user experience (बेहतर उपयोगकर्ता अनुभव)
- Search engine optimization gains (सर्च इंजन अनुकूलन लाभ)
- Ease of management (प्रबंधन में आसानी)

Cost effectiveness: Maintaining separate sites for your mobile and non-mobile audiences can get expensive. By using responsive design, you can save money by eliminating the cost of paying for a mobile site. You will need to invest in a single site design to appeal to all visitors and all devices.

लागत प्रभावशीलता: आपके मोबाइल और गैर–मोबाइल दर्शकों के लिए अलग–अलग साइट को बनाए रखना महंगा हो सकता है। रेस्पॉन्सिब डिजाइन का उपयोग करके, आप मोबाइल साइट के लिए भुगतान की लागत को समाप्त करके पैसे बचा सकते हैं। आपको सभी आगंतुकों और सभी उपकरणों के लिए अपील करने के लिए एकल साइट डिजाइन में निवेश करने की आवश्यकता होगी।

Flexibility: When you have a website with responsive design, you can make changes quickly and easily. You do not need to worry about making changes on websites.

फ्लेक्सिबिलिटी: जब आपके पास रेस्पॉन्सिब डिजाइन वाली वेबसाइट होती है, तो आप जल्दी और आसानी से बदलाव कर सकते हैं। आपको वेबसाइट पर बदलाव करने के लिए चिंता करने की आवश्यकता नहीं है।

Improved use experience: User experience is crucial to website owners. You want people to like your site, and you want it to be easy to use to convince them to come back. If someone visits your website on a mobile device, and it takes forever to load or your pictures do not have the proper resolution, it can make your company appear unprofessional. No one want to do business with a place that is unprofessional. But responsive design, which offers a much better user experience, can help convince people to give your company a chance. Because zooming and scrolling will be eliminated, content can be viewed quicker, and the overall impression that visitors have will be much more positive.

बेहतर प्रयोग अनुभव: वेबसाइट मालिकों के लिए उपयोगकर्ता का अनुभव महत्वपूर्ण है। आप चाहते हैं कि लोग आपकी साइट को पसंद करें, और आप चाहते हैं कि उन्हें वापस आने के लिए मनाने के लिए उपयोग करना आसान हो। अगर कोई मोबाइल डिवाइस पर आपकी वेबसाइट पर जाता है, और इसे लोड करने के लिए लग जाता है या आपके चित्रों में उचित रिजॉल्यूशन नहीं है, तो यह आपकी कंपनी को अव्यवसायिक दिख सकता है। कोई भी ऐसी जगह के साथ व्यापार नहीं करना चाहता है जो लाभहीन हो। लेकिन रेस्पॉन्सिब डिजाइन, जो बहुत बेहतर उपयोगकर्ता अनुभव प्रदान करता है, लोगों को आपकी कंपनी को मौका देने में मदद कर सकता है। क्योंकि ज़ूमिंग और स्क्रॉलिंग को समाप्त कर दिया जाएगा, इसलिए कंटेट को जल्दी देखा जा सकता है, और आगंतुकों को जो समग्र प्रभाव दिखाई देगा वह अधिक सकारात्मक होगा।

Search engine optimization: Search engine optimization is a strategy used by many companies to help boost themselves in Google's search page ranking. Responsive design can help with SEO becausc Google, gives preference to websites that are mobile-friendly and also give you a big boost in search engine results.

सर्च इंजन ऑप्टिमाइजेशन: सर्च इंजन ऑप्टिमाइजेशन एक ऐसी रणनीति है जिसका इस्तेमाल कई कंपनियां गूगल के सर्च पेज रैंकिंग में खुद को बढ़ाने में मदद करती हैं। रेस्पॉन्सिब डिजाइन एसईओ के साथ मदद कर सकता है क्योंकि गूगल, उन वेबसाइट को वरीयता देता है जो मोबाइल–अनुकूल हैं और आपको सर्च इंजन परिणामों में एक बड़ा बढ़ावा देती हैं।

Ease of Management: Most businesses, especially smaller ones, do not have a lot of time to update or refresh the way their website looks. But rather than having to hire a designer to handle every aspect of your website, responsive design allows you to make the changes yourself, quickly and easily.

प्रबंधन में आसानी: अधिकांश व्यवसाय, विशेष रूप से छोटे वाले, अपनी वेबसाइट को अपडेट करने या ताजा करने के लिए बहुत समय नहीं देते हैं। लेकिन अपनी वेबसाइट के हर पहलू को संभालने के लिए एक डिजाइनर को काम पर रखने के बजाय, रेस्पॉन्सिब डिजाइन आपको जल्दी और आसानी से बदलाव करने की अनुमति देता है।

1.8 Downloading Free Editors

(मुफ्त एडिटर को डाउनलोड करना)

Microsoft introduced Multi-Tool Notepad, a mouse-based text editor written by Richard Brodie, in May 1983 at the Spring COMDEX computer expo in Atlanta.

माइक्रोसॉफ्ट ने मल्टी–टूल नोटपैड, माउस–आधारित टेक्स्ट एडिटर, जो रिचर्ड ब्रॉडी द्वारा लिखा गया था, मई 1983, में अटलांटा में स्प्रिंग COMDEX कंप्यूटर एक्सपो में पेश किया था।

Notepad is a simple text editor for Microsoft Windows and a basic text-editing program which enables computer users to create documents. It was first released as a mouse-based MS-DOS program in 1983, and has been included in all versions of Windows since Windows 1.0 in 1985. Notepad allows you create, open and read plaintext files. If the file contains special formatting or is not a plain text file, it will not be able to be read in Notepad.

नोटपैड माइक्रोसॉफ्ट विंडोज के लिए एक सरल टेक्स्ट एडिटर और एक मूल पाठ–संपादन कार्यक्रम है जो कंप्यूटर उपयोगकर्ताओं को दस्तावेज बनाने में सक्षम बनाता है। यह पहली बार 1983 में माउस–आधारित मस –दोस प्रोग्राम के रूप में जारी किया गया था, और 1985 में विंडोज 1.0 के बाद से विंडोज के सभी संस्करणों में शामिल किया गया है। नोटपैड आपको प्लेटेक्स्ट फाइल्स को बनाने, खोलने और पढ़ने की अनुमति देता है। यदि फाइल में विशेष स्वरूपण है या यह एक सादा पाठ फाइल नहीं है, तो यह नोटपैड में पढ़ा नहीं जा सकेगा।

Notepad Features (नोटपैड की विशेषताएं)

Notepad in Windows 10 have the following features:

विंडोज 10 में नोटपैड की निम्नलिखित विशेषताएं हैं:

Shortcut to delete previously typed word (पहले टाइप किए गए शब्द को हटाने के लिए शॉर्टकट)

- Status bar (स्टेटस बार)
- Wrap-Around (रैप–अराउंड)
- Text zooming (टेक्स्ट जूमिंग)
- Search text with Bing in Notepad (नोटपैड में बिंग के साथ टेक्स्ट को खोज करना)
- **Shortcut to delete previously typed word:** Firstly, you can use a simple shortcut Ctrl + Backspace to delete a previous word you typed or entered.

  पहले टाइप किए गए शब्द को हटाने के लिए शॉर्टकट: सबसे पहले, आप अपने द्वारा लिखे गए या दर्ज किए गए पिछले शब्द को हटाने के लिए एक सरल शॉर्टकट Ctrl + बैकस्पेस का उपयोग कर सकते हैं।
- **Status bar:** It is visible at the bottom of the Notepad screen and displays the ending line of the text file in use. Alongside it, you can find information related to column and line number with word-wrapping and current zoom level. The Status bar itself is enabled by default.

  स्टेटस बार: यह नोटपैड स्क्रीन के निचले भाग में दिखाई देता है और उपयोग में आने वाली टेक्स्ट फाइल की एंडिंग लाइन को प्रदर्शित करता है। इसके साथ, आप वर्ड–रैपिंग और वर्तमान जूम स्तर के साथ कॉलम और लाइन नंबर से संबंधित जानकारी पा सकते हैं। डिफॉल्ट रूप से स्थिति पट्टी स्वयं सक्षम है।
- **Wrap-Around:** Earlier, Notepad had certain limitations. For instance, you could only search or replace text using a single word. However, now you can find a new wraparound option visible under Find tool to search a fragment of a text. Notepad will save previously typed values and checkboxes and automatically apply them when you re-open the Find dialog box.

  रैप-अराउंड: इससे पहले, नोटपैड की कुछ सीमाएं थीं। उदाहरण के लिए, आप केवल एकल शब्द का उपयोग करके टेक्स्ट को खोज या बदल सकते हैं। हालाँकि, अब आप टेक्स्ट को खोजने के लिए फाइंड टूल के तहत एक नया रैपराउंड विकल्प देख सकते हैं। नोटपैड पहले से टाइप किए गए मान और चेकबॉक्स को बचाएगा और जब आप डायलॉग बॉक्स को फिर से खोलेंगे तो वे स्वचालित रूप से लागू होंगे।
- **Text zooming:** It has also added options to quickly zoom text in Notepad. So, when you attempt to change the text layout, you can notice the zoom percentage on its status bar.

  टेक्स्ट जूमिंग: इसने नोटपैड में टेक्स्ट को जल्दी से जूम करने के विकल्प भी जोड़े हैं। इसलिए, जब आप टेक्स्ट लेआउट को बदलने का प्रयास करते हैं, तो आप इसकी स्थिति पट्टी पर जूम प्रतिशत को नोटिस कर सकते हैं।
- **Search with Bing in Notepad:** The new Notepad enables Windows 10 users quickly find the meaning or spelling of a word within the app.

  नोटपैड में बिंग के साथ सर्च: नोटपैड विंडोज 10 उपयोगकर्ताओं को ऐप के भीतर एक शब्द का अर्थ या वर्तनी जल्दी से ढूंढने में सक्षम बनाता है।

1.8.1 Notepad++ (नोटपैड ++)

Notepad++ is a text editor and source code editor for use with MS Windows. Its supports tabbed editing, which allows working with multiple open files in a single window. Running in the MS Windows environment, its use is governed by GPL License. Based on the powerful editing component Scintilla. The Notepad++ is one of the best editing desktop application written in C++ and officially uses the pure Win32 API & STL which ultimately make sure that the users experiences the best execution speed and ultimate small size of the users program. This all has been done by optimizing daily routines of the application without compromising the user-friendly nature of the application. It is just like reducing pollution of the environment. It uses fewer resources like low of CPU usage, reduction of CPU power consumption, and ultimately contributing better towards the greener environment.

नोटपैड ++ एमएस विंडोज के साथ उपयोग के लिए एक टेक्स्ट एडिटर और सोर्स कोड एडिटर है। यह टैब्ड संपादन का समर्थन करता है, जो एक ही विंडो में कई खुली हुए फाइल्स के साथ काम करने की अनुमति देता है। एमएस विंडोज वातावरण में चल रहा है, इसका उपयोग जीपीएल लाइसेंस द्वारा शासित है। स्ट्रांग एडिटर घटक सिंटिला पर आधारित है। नोटपैड ++ C ++ में लिखा गया सबसे अच्छा संपादन डेस्कटॉप एप्लिकेशन में से एक है और आधिकारिक रूप से Win32 एपीआई और एसटीएल का उपयोग करता है जो अंततः यह सुनिश्चित करता है कि उपयोगकर्ता प्रोग्राम के सर्वश्रेष्ठ निष्पादन की गति और अंतिम छोटे आकार का अनुभव करते हैं। यह सब एप्लिकेशन के उपयोगकर्ता के अनुकूल स्वभाव से समझौता किए बिना आवेदन के दैनिक दिनचर्या को अनुकूलित करके किया गया है। यह पर्यावरण के प्रदूषण को कम

करने जैसा है। यह कम संसाधनों का उपयोग करता है जैसे सीपीयू का कम उपयोग, सीपीयू बिजली की खपत में कमी, और अंततः हरियाली के माहौल के लिए बेहतर योगदान देता है।

Undoubtedly, it is one of the best and powerful tools, equipped with the best features which can easily replace the Notepad. It also features the 27 programming languages, support searching of regular expressions, folding, syntax highlighting, edits, views of code, etc.

निस्संदेह, यह सबसे अच्छे और शक्तिशाली उपकरणों में से एक है, जो सबसे अच्छी सुविधाओं से लैस है जो आसानी से नोटपैड को बदल सकता है। इसमें 27 प्रोग्रामिंग लैंग्वेज, नियमित एक्सप्रेशन की खोज, फोल्डिंग, सिंटैक्स हाइलाइटिंग, एडिट्स, कोड के विचार आदि का भी फीचर है।

Notepad++ also support a number of languages. You can easily translate the user interface of the application into your native language. You can also add Translation Binary in the Translation Binary page in order to transform the user interface of Notepad++ in your native language.

नोटपैड++ भी कई भाषाओं का समर्थन करता है। आप एप्लिकेशन के उपयोगकर्ता इंटरफेस को अपनी मूल भाषा में आसानी से अनुवादित कर सकते हैं। आप अपनी मूल भाषा में नोटपैड. के यूजर इंटरफेस को बदलने के लिए ट्रांसलेशन बाइनरी पेज में ट्रांसलेशन बाइनरी भी जोड़ सकते हैं।

Features of Notepad++ version (नोटपैड ++ संस्करण की विशेषताएं)

Let us have a look at the features of Notepad++.

नोटपैड ++ की सुविधा:

a. Notepad++ supports syntax highlighting and syntax folding.
नोटपैड ++ सिंटैक्स हाइलाइटिंग और सिंटैक्स फोल्डिंग का समर्थन करता है।

b. The user can also customize the syntax highlighting feature.
उपयोगकर्ता सिंटैक्स हाइलाइटिंग सुविधा को भी अनुकूलित कर सकता है।

c. It also supports auto-completion.
यह ऑटो–पूर्ति का भी समर्थन करता है।

d. You can easily open multiple documents in different tabs.
आप विभिन्न टैब में आसानी से कई दस्तावेज खोल सकते हैं।

e. You can easily see the multiple views of multiple sites.
आप आसानी से कई साइट्स के कई दृश्य देख सकते हैं।

f. The latest version of the application also comes up with the Drag and Drop functional.
एप्लिकेशन का नवीनतम संस्करण ड्रैग एंड ड्रॉप फंक्शनल के साथ भी आता है।

g. It also equipped with the file status auto detection.
यह फाइल स्टेटस ऑटो डिटेक्शन से भी लैस है।

h. You can easily zoom in and zoom out the document.
आप दस्तावेज को आसानी से जूम इन और जूम आउट कर सकते हैं।

i. You can also do macro recordings & playback in the Notepad++.
आप Notepad ++ में मैक्रो रिकॉर्डिंग और प्लेबैक भी कर सकते हैं।

Notepad++ is a very well-known desktop-based text editor. The authorities are regularly working on fixing bugs and introducing the best features to increase the user experience. You can easily download the version of the Notepad++ from their website.

नोटपैड++ एक बहुत प्रसिद्ध डेस्कटॉप–आधारित टेक्स्ट एडिटर है। अधिकारी नियमित रूप से बग को ठीक करने और उपयोगकर्ता अनुभव को बढ़ाने के लिए सर्वोत्तम सुविधाओं को पेश करने पर काम कर रहे हैं। आप उनकी वेबसाइट से आसानी से नोटपैड++ का संस्करण डाउनलोड कर सकते हैं।

1. Open the download page of the official website in your browser.
अपने ब्राउजर में आधिकारिक वेबसाइट का डाउनलोड पृष्ठ खोलें।

2. Download the latest Notepad++ version to your desktop i.e. https://notepad-plus-plus.org/.
अपने डेस्कटॉप पर नवीनतम नोटपैड ++ संस्करण डाउनलोड करें यानी https://notepad-plus-plus.org/ ।

3. Open the folder with the downloaded package on your computer. Click the .exe file to run the Installer.
अपने कंप्यूटर पर डाउनलोड किए गए पैकेज के साथ फोल्डर खोलें। इंस्टॉलर को चलाने के लिए .exe फाइल पर क्लिक करें।

4. Follow all installation steps (सभी स्थापना चरणों का पालन करें):

   a. Select installation language that you want to use as shown in Figure 1.6. After clicking OK, Welcome to Notepad++ version Setup page appears. Click Next.
   स्थापना भाषा का चयन करें जिसे आप चित्र 1.6 में दिखाए गए अनुसार उपयोग करना चाहते हैं। ओके पर क्लिक करने के बाद, नोटपैड ++ संस्करण में आपका स्वागत है सेटअप पृष्ठ दिखाई देता है। नेक्स्ट पर क्लिक करें।

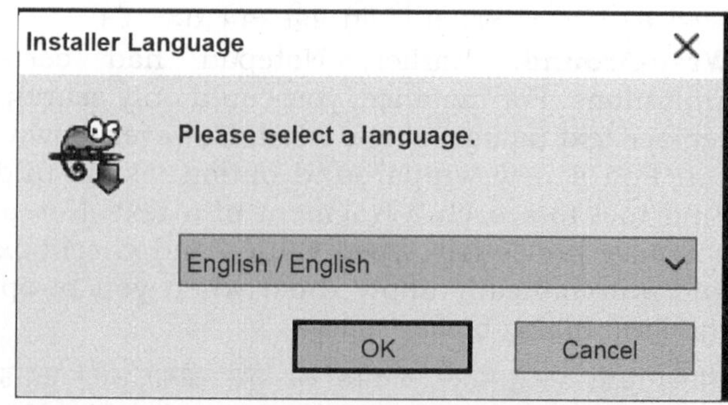

Figure 1.6: Select langu1age (भाषा का चयन करें)

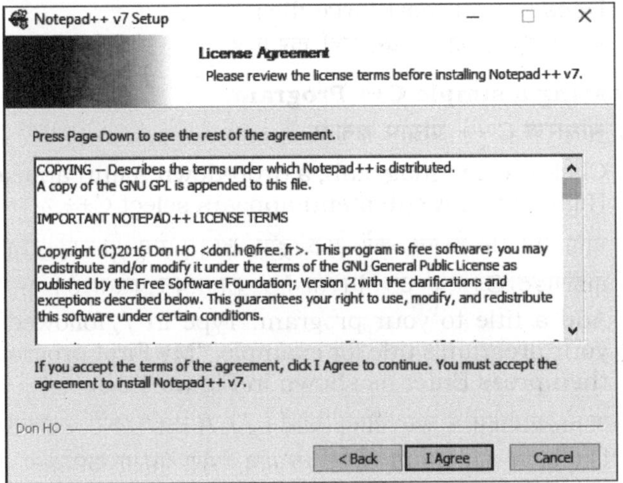

Figure 1.7: License Agreement (लाइसेंस एग्रीमेंट)

b. Agree to the terms of the License Agreement as shown in Figure 1.7. Click Next.

   लाइसेंस एग्रीमेंट की शर्तों से सहमत जैसा कि चित्र 1.7 में दिखाया गया है। नेक्स्ट पर क्लिक करें।

c. Click Browser... button to choose the Location of installation on your computer as shown in Figure 1.8. Click Next.

   दिखाए गए अनुसार आपके कंप्यूटर पर स्थापना का स्थान चुनने के लिए ब्राउजर ... बटन पर क्लिक करें (चित्र 1.8); अगला पर क्लिक करें।

d. Select the type of installation. To recommend to use a Custom one as shown in Figure 1.9. Click Next.

   स्थापना के प्रकार का चयन करें। जैसा कि चित्र 1.9 में दिखाया गया है, कस्टम का उपयोग करने की सिफारिश करने के लिए। नेक्स्ट पर क्लिक करें।

e. Choose the components for your Notepad++ installation and click install to confirm as shown in Figure 1.10.

   अपने नोटपैड. इंस्टॉलेशन के लिए घटक चुनें और पुष्टि करें कि जैसा दिखाया गया है वैसा ही इंस्टॉल करें पर क्लिक करें (चित्र 1.10)।

f. Please wait when the system finish installation as shown in Figure 1.11. Now, you are ready to use Notepad++ software for editing codes.

   कृपया प्रतीक्षा करें, जब तक सिस्टम इंस्टॉलेशन खत्म कर देता है (चित्र 1.11)। अब, आप एडिटर कोड के लिए नोटपैड. सॉफ्टवेयर का उपयोग करने के लिए तैयार हैं।

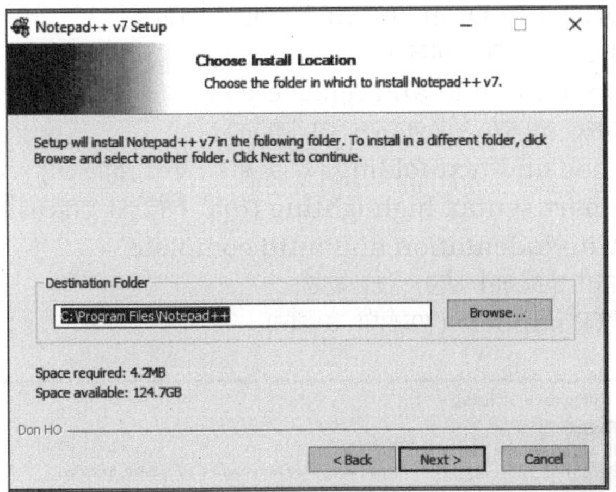

Figure 1.8: Choose to install location (स्थान स्थापित करने के लिए चुनें)

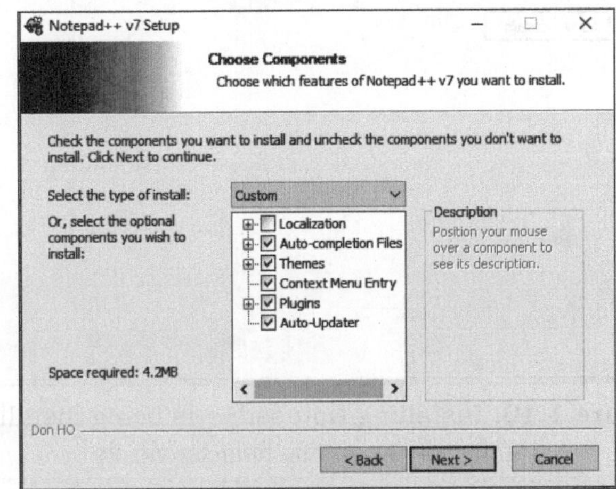

Figure 1.9: Choose customtype to install (स्थापित करने के लिए कस्टम प्रकार)

Pros and Cons of Notepad++ (नोटपैड ++ के प्रो और कोन्स)

Pros of Notepad++ (नोटपैड ++ के प्रो)

1. Being built for the Windows platform, it can also run on Linux, Unix, Mac OS X.

   विंडोज प्लेटफॉर्म के लिए बनाया जा रहा है, यह लिनक्स, यूनिक्स, मैक ओएस एक्स पर भी चल सकता है।
2. It is a lightweight application and launches quickly.
   यह एक लाइटवेट अनुप्रयोग है और जल्दी से लॉन्च होता है।
3. It supports external plugins including macros.
   यह मैक्रोज सहित बाहरी प्लगइन्स का समर्थन करता है।
4. The interface supports tabbed editing.
   इंटरफेस टैब्ड एडिटिंग का समर्थन करता है।
5. Add bookmarks for future concerns.
   भविष्य की चिंताओं के लिए बुकमार्क जोड़ें।

6. Drag and Drop option for beginners.
   ड्रैग और ड्रॉप विकल्प।
7. Option to find and replace text
   टेक्स्ट खोजने और बदलने का विकल्प।
8. Code and text folding (कोड और टेक्स्ट फोल्डिंग)
9. Smart syntax highlighting (स्मार्ट सिंटैक्स हाइलाइटिंग)
10. Auto indentation and auto complete
    ऑटो इंडेंटेशन और ऑटो कप्लीट
11. FTP support (एफटीपी समर्थन).

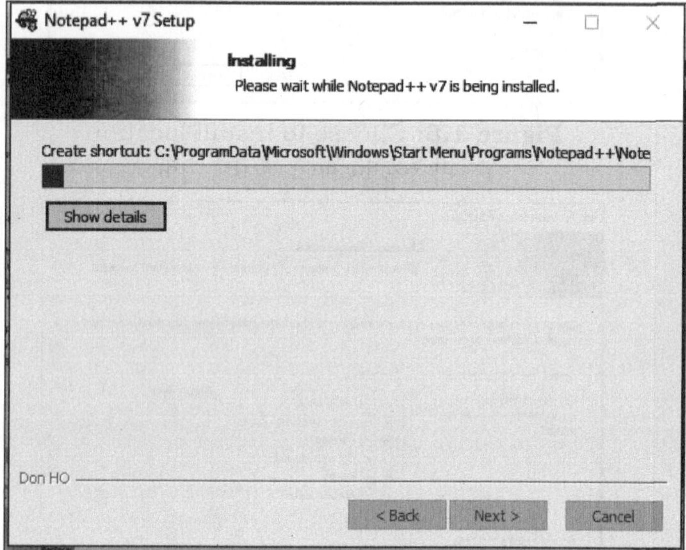

Figure 1.10: Installing Notepad++ is being installed (नोटपैड ++ को स्थापित किया जा रहा है)

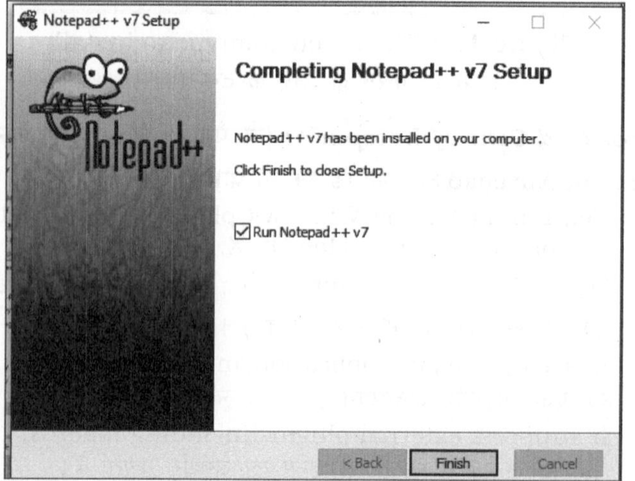

Figure 1.11: Completing Notepad++ Setup (नोटपैड ++ सेटअप पूरा करना)

Cons of Notepad++ (नोटपैड ++ के कोन्स)

1. Remote file editing does not support HTTP, SSH or WebDAV

   दूरस्थ फाइल संपादन HTTP, SSH या WebDAV का समर्थन नहीं करता है।

2. Does not support large files.

   बड़ी फाइल्स का समर्थन नहीं करता है।

Creating a simple C++ Program

एक साधारण C ++ प्रोग्राम बनाना

1. Click the Language tab, a drop-down menu appears. Highlight C. A sub menu appears select C++.

   भाषा टैब पर क्लिक करें, एक ड्रॉप–डाउन मेनू दिखाई देता है। हाइलाइट C। एक उप मेनू सी + + का चयन करता है।

2. Add a title to your program. Type in //followed by your program's title for example, "My First program", then press Enter as shown in Figure 1.12.

   अपने कार्यक्रम में एक शीर्षक जोड़ें। // में टाइप करें, उदाहरण के लिए अपने कार्यक्रम के शीर्षक के बाद, "मेरा पहला कार्यक्रम", फिर एंटर की दबाएं। (चित्र 1.12)

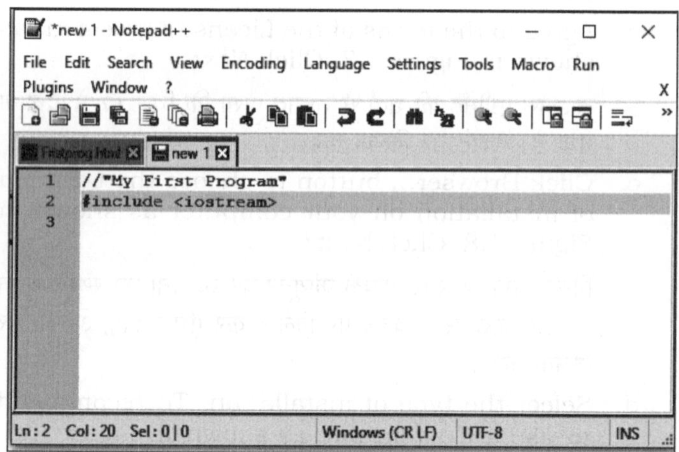

Figure 1.12: Type a prgram in Notepad++ (नोटपैड. में प्रोग्राम टाइप करें)

3. Type #include <iostream> into Notepad++, the press Enter. This command instructs C++ to run the following lines of code as a program as shown in Figure 1.12.

   नोटपैड ++ में #include <iostream> टाइप करें, एंटर दबाएं। यह कमांड C ++ को एक प्रोग्राम के रूप में कोड की निम्न पंक्तियों को चलाने का निर्देश देता है जैसा कि चित्र 1.12 में दिखाया गया है।

4. Type int main() into Notepad++, to declare the program function then press Enter.

   कार्यक्रम फंक्शन घोषित करने के लिए पदज उंपद () नोटपैड. में टाइप करें, फिर एंटर दबाएं।

5. Type { to add an open bracket, then press Enter. Your program main code will go between this open bracket and a closed bracket }.

   ओपन ब्रैकेट जोड़ने के लिए टाइप करें, फिर एंटर दबाएं। आपका प्रोग्राम मुख्य कोड इस खुले ब्रैकेट {और बंद ब्रैकेट } के बीच जाएगा।

6. Type std::count << "Hello World!"; to enter execution code and press Enter as shown in Figure 1.13.

   टाइप करें std :: count << "Hello World!"; निष्पादन कोड दर्ज करने के लिए और एंटर की दबाएं (चित्र 1.13)।

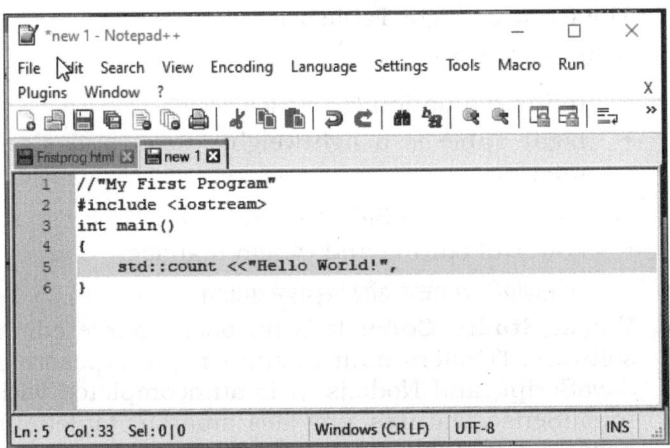

Figure 1.13: Enter function and complet the program (फंक्शन दर्ज करें और प्रोग्राम को पूरा करें)

7. Click File menu and choose Save As... The Save As dialog box appears as shown in Figure 1.14. Enter a name for the program, and then select a save location and click Save.

   फाइल मेनू पर क्लिक करें और सहेजें के रूप में चुनें ... इस रूप में सहेजें संवाद बॉक्स चित्र 1.14 में दिखाया गया है। प्रोग्राम के लिए एक नाम दर्ज करें और फिर एक सेव लोकेशन चुनें और सेव पर क्लिक करें।

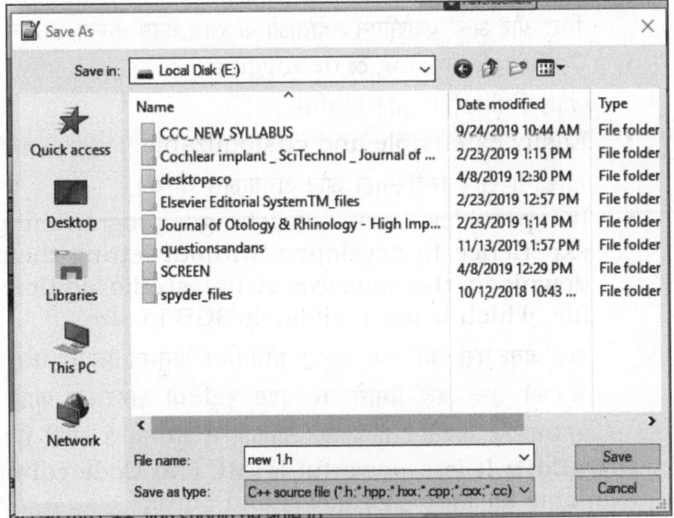

Figure 1.14: Save As dialog box (संवाद बॉक्स के रूप में सेव करें)

8. After saving that can run C++, you should be able to open your "Hello World!" program in it.

   सेव करने के बाद जो C ++ प्रोग्राम को रन कर सकते हैं, आपको अपना "Hello World" का प्रोग्राम इसमें खोजने में सक्षम होना चाहिए!

Different Editors available for writing Code

कोड लिखने के लिए अलग-अलग एडिटर हैं:

There are number of good text editors with different feature features available, they all have the same goal to make writing code easier for you.

विभिन्न फीचर के साथ कई अच्छे टेक्स्ट एडिटर उपलब्ध हैं, इन सभी का एक ही लक्ष्य है कि आपके लिए राइटिंग कोड को आसान बनाया जाए।

1. **Atom:** It is useful code editor for programmers due to its simple interface compared to the other editors. The features of Atom are:

   एटम: यह अन्य एडिटर की तुलना में अपने सरल इंटरफेस के कारण प्रोग्रामर्स के लिए उपयोगी कोड संपादक है। एटम की विशेषताएं हैं:

   - Package manger integrated for Plugins support.

     प्लग–इन समर्थन के लिए एकीकृत पैकेज।
   - The feature of smart auto completion.

     स्मार्ट ऑटो पूरा होने की सुविधा।
   - Supports Command Palette.

     कमांड पैलेट का समर्थन करता है।
   - Allow cross-platform editing.

     क्रॉस–प्लेटफॉर्म संपादन की अनुमति देता है।

2. **TextWrangler:** TextWrangler is a powerful and feature rich text editor. This powerful and feature rich text editor is a freeware. The features of TextWrangler are:

   टेक्स्ट रैंगलर: टेक्स्ट रैंगलर एक शक्तिशाली और सुविधा संपन्न टेक्स्ट एडिटर है। यह शक्तिशाली और सुविधा संपन्न टेक्स्ट एडिटर एक फ्रीवेयर है। टेक्स्ट रैंगलर की विशेषताएं हैं:

   - It comes with a very intuitive user interface that makes it super easy to browser files and work on projects.

     यह एक बहुत ही सहज उपयोगकर्ता इंटरफेस के साथ आता है जो ब्राउजर फाइल्स और परियोजनाओं पर काम करना आसान बनाता है।
   - It has advances search and replace tools, and it can directly edit and save files to FTP, SFTP serves.

     इसमें उपकरणों को खोजने और बदलने की सलाह दी गई है, और यह फाइल्स को सीधे एफटीपी, एसएफटीपी में संपादित और सेव कर सकते हैं।
   - It offers syntax highlighting for many programing languages, supports UTF-8, and allows you to convert character encoding of text documents.

     यह कई प्रोग्रामिंग भाषाओं के लिए सिंटैक्स हाइलाइटिंग प्रदान करता है, UTF-8 का समर्थन करता है, और आपको टेक्स्ट दस्तावेजों के करैक्टर एन्कोडिंग को बदलने की अनुमति देता है।

3. **Bluefish:** It is a cross-platform editor is a speedy tool, which can handle dozens of files simultaneously. The tool allows developers to conduct remote editing. This code editor tool offers many options to programmers and web developers, to write websites, scripts, and programming code.

ब्लूफिश: यह एक क्रॉस–प्लेटफॉर्म एडिटर और एक तेज उपकरण है, जो एक साथ दर्जनों फाइल्स को संभाल सकता है। उपकरण डेवलपर्स को दूरस्थ संपादन करने की अनुमति देता है। यह कोड एडिटर टूल प्रोग्रामर्स और वेब डेवलपर्स को वेबसाइट, स्क्रिप्ट और प्रोग्रामिंग कोड लिखने के लिए कई विकल्प प्रदान करता है।

The Features of Bluefish are (ब्लूपिफश की विशेषताएं):

- Load hundreds of files within seconds.

  सेकंड के भीतर सैकड़ों फाइल्स लोड कर सकते है।
- Auto-recovery of changes in modified documents after a crash, or shutdown.

  क्रैश, या शटडाउन के बाद एडिटिड दस्तावेजों में परिवर्तन की ऑटो–रिकवरी।
- Project support feature helps you to work efficiently on multiple projects.

  परियोजना समर्थन सुविधा आपको कई परियोजनाओं पर कुशलता से काम करने में मदद करती है।
- Unlimited undo/redo functionality.

  असीमित पूर्ववत करें / पुनः कार्यक्षमता।

4. **Brackets:** It is a lightweight tool developed by Adobe. It is an open source text editor which is free to download. It allows you to a toggle between your source code and the browser view.

   ब्रैकेट: यह एडोब द्वारा विकसित एक लाइट वेट उपकरण है। यह एक ओपन सोर्स टेक्स्ट एडिटर है जो डाउनलोड करने के लिए स्वतंत्र है। यह आपको अपने स्रोत कोड और ब्राउजर दृश्य के बीच टॉगल करने की अनुमति देता है।

   The Features of Brackets are:

   कोष्ठक की विशेषताएं हैं:

   - Quick Edit UIfeature puts context-specific code and tools inline.

     त्वरित संपादन UI feature संदर्भ–विशिष्ट कोड और उपकरण इनलाइन डालता है।
   - It offers live preview, preprocessor support, and inline editors.

     यह लाइव प्रीव्यू, प्रीप्रोसेसर सपोर्ट और इनलाइन एडिटर्स प्रदान करता है।
   - It comes with the inbuilt extension manager for fast and effective extension management.

     यह तेज और प्रभावी विस्तार प्रबंधन के लिए इनबिल्ट एक्सटेंशन मैनेजर के साथ आता है।

5. **Light Table:** It is an IDE and text editor for software development. The tool offers fast feedback and allowing instant execution, debugging and access to documentation.

   लाइट टेबल: यह सॉफ्टवेयर विकास के लिए एक आईडीई और टेक्स्ट एडिटर है। उपकरण तेजी से प्रतिक्रिया प्रदान करता है और त्वरित निष्पादन, डिबगिंग और प्रलेखन तक पहुंच की अनुमति देता है।

   The features Light Table are:

   लाइट टेबल की विशेषताएं:

   - Inline evaluation (इनलाइन मूल्यांकन).
   - Light Table is a lightweight, clean and sleek interface.

     लाइट टेबल एक हल्का, साफ और स्लीक इंटरफेस है।
   - Powerful editing and plugin manager.

     शक्तिशाली संपादन और प्लगइन प्रबंधक।

6. **Visual Studio Code:** It is an open source editor software. IT offers built-in support for Typescript, JavaScript, and Node.js. It is autocompleted with IntelliSense features provides smart completions based on variable types, essential modules, and function definitions.

   विजुअल स्टूडियो कोड: यह एक ओपन सोर्स एडिटर सॉफ्टवेयर है। आईटी टाइपस्क्रिप्ट, जावास्क्रिप्ट और Node.js. के लिए अंतर्निहित समर्थन प्रदान करता है यह ऑटोकम्पलेटेड सुविधाओं के साथ स्वतरू पूर्ण है, वेरिएबल प्रकार, आवश्यक मॉड्यूल और फंक्शन परिभाषाओं के आधार पर स्मार्ट पूर्णता प्रदान करता है।

   The Features of Visual Studio Code are:

   विजुअल स्टूडियो कोड की विशेषताएं:

   - Easy working with Git and other SCM providers.

     गिट और अन्य एससीएम प्रदाताओं के साथ काम करना आसान।
   - Code refactoring & debugging.

     कोड रिफैक्टरिंग और डिबगिंग।
   - Easily extensible and customizable.

     आसानी से एक्स्टेंसिबल और अनुकूलन योग्य।
   - It provides an enriching programming experience to developers without letting them download the massive visual studio editions file, which is approximately 3GB in size.

     यह डेवलपर्स को एक समृद्ध प्रोग्रामिंग अनुभव प्रदान करता है, जो उन्हें बड़े पैमाने पर दृश्य स्टूडियो संस्करण फाइल डाउनलोड करने देता है, जो आकार में लगभग 3 जीबी है।

7. **UltraEdit:** It is a powerful HTML and Code editor available for Mac, Windows, and Linux.

   अल्ट्राएडिट: यह मैक, विंडोज और लिनक्स के लिए उपलब्ध एक शक्तिशाली HTML और कोड संपादक है।

   The Features of UltraEdit are (अल्ट्राएडिट की विशेषताएं हैं):

   - It comes with a built-in file comparison utility, auto-completion, advanced layout, multi-tab, multi-pane editors, and syntax highlighting for the most popular programming languages

     यह सबसे लोकप्रिय प्रोग्रामिंग भाषाओं के लिए अंतर्निहित फाइल तुलना उपयोगिता, ऑटो–पूर्णता, उन्नत लेआउट, मल्टी–टैब, मल्टी–पेन एडिटर और सिंटैक्स हाइलाइटिंग के साथ आता है।

1.8.2 Sublime Text Editors (सबलाइम टेक्स्ट एडिटर)

Sublime Text is a cross-platform source code editor with a Python application programming interface. It natively supports many programming languages and markup languages, and functions can be added by users with plugins, typically community-built and under free-software licenses.

सबलाइम टेक्स्ट एडिटर एप्लिकेशन प्रोग्रामिंग इंटरफेस के साथ एक क्रॉस–प्लेटफॉर्म सोर्स कोड एडिटर है। यह मूल रूप से कई प्रोग्रामिंग भाषाओं और मार्कअप भाषाओं का समर्थन करता है, और फंक्शन प्लगइन्स के साथ उपयोगकर्ताओं द्वारा जोड़ा जा सकता है, आमतौर पर समुदाय–निर्मित और मुफ्त–सॉफ्टवेयर लाइसेंस के तहत।

Various features that are supported by Sublime are as follow:

सबलाइम की विशेषताएं हैं:

- Syntax Highlight (सिंटेक्स हाइलाइट)
- Auto indentation (ऑटो इंडेंटेशन)
- File Type Recognition (फाइल प्रकार मान्यता)
- Macros (मैक्रो)
- Plug-in and Packages (प्लग–इन और पैकेज)

Sublime Text editor is used as an Integrated Development Editor like Visual Studio code and NetBenas. The current version of Sublime Text editor is 3.0 and is compatible with various operating systems like Windows, Linux and MacOS.

सबलाइम टेक्स्ट एडिटर का उपयोग विजुअल स्टूडियो कोड और नेटबीन्स जैसे एकीकृत विकास एडिटर के रूप में किया जाता है। सबलाइम टेक्स्ट एडिटर का वर्तमान संस्करण 3.0 है और विंडोज, लिनक्स और मैकओएस जैसे विभिन्न ऑपरेटिंग सिस्टम के साथ संगत है।

Why Use Sublime Text? (सबलाइम टेक्स्ट का उपयोग क्यों करें?)

When you use suitable text editor, you can enjoy its rich beneficial features. It offers its users the following benefits:

जब आप उपयुक्त टेक्स्ट एडिटर का उपयोग करते हैं, तो आप इसकी समृद्ध लाभकारी सुविधाओं का आनंद ले सकते हैं। यह अपने उपयोगकर्ताओं को निम्नलिखित लाभ प्रदान करता है:

- Ability to solve linker errors.
  लिंकर त्रुटियों को हल करने की क्षमता।
- Keeping track of all files and folders to work.
  काम करने के लिए सभी फाइल्स और फोल्ड्रस का ट्रैक रखना।
- Problem solving capabilities.
  समस्या सुलझाने की क्षमता।
- Keeping color combination for syntax combination.
  सिंटैक्स संयोजन के लिए रंग संयोजन रखना।

Downloading Sublime Text Editor
सबलाइम टेक्स्ट एडिटर डाउनलोड करना

Sublime Text Editor is supported by major operating system:

सबलाइम टेक्स्ट एडिटर प्रमुख ऑपरेटिंग सिस्टम द्वारा समर्थित है:

- Window (विंडो)
- Linux and its distributions (लिनक्स और उसके वितरण)
- OS X (ओएस एक्स)

You can download Sublime Text from its official website www.sublimetext.com.

आप सबलाइम टेक्स्ट एडिटर इसकी आधिकारिक वेबसाइट www.sublimetext.com से डाउनलोड कर सकते हैं।

Installation on Windows (विंडोज पर इंस्टालेशन)

You will have to follow the steps to install sublime Text on Windows:

विंडोज पर सबलाइम टेक्स्ट को स्थापित करने के लिए आपको दिए गए चरणों का पालन करना होगा:

1. Download the .exe package from the official website i.e. https://www.sublimetext.com/3 as shown in Figure 1.15.
   आधिकारिक वेबसाइट https://www.sublimetext.com/3 से .exe पैकेज डाउनलोड करें: (चित्र 1.15)।

Sublime Text

Download

Sublime Text 3 is the current version of Sublime Text. For bleeding-edge releases, see the dev builds.

Version: Build 3143
- OS X (10.7 or later is required)
- Windows - also available as a portable version
- Windows 64 bit - also available as a portable version
- Linux repos - also available as a 64 bit or 32 bit tarball

Sublime Text may be downloaded and evaluated for free, however a license must be purchased for continued use. There is currently no enforced time limit for the evaluation.

Figure 1.15: Download page of Sublime text (सबलाइम टेक्स्ट का डाउनलोड पृष्ठ)

2. Now, run the executable file. This defines the environment variables. When you run the executable file, you can observe the following window on your screen. Click Next. (Figure 1.16)
   अब, निष्पादन योग्य फाइल रन करें। यह एनवायरनमेंट वेरिएबल्स को परिभाषित करता है। जब आप निष्पादन योग्य फाइल रन करते हैं, तो आप अपनी स्क्रीन पर निम्न विंडो का निरीक्षण कर सकते हैं। नेक्स्ट पर क्लिक करें। (चित्र 1.16)

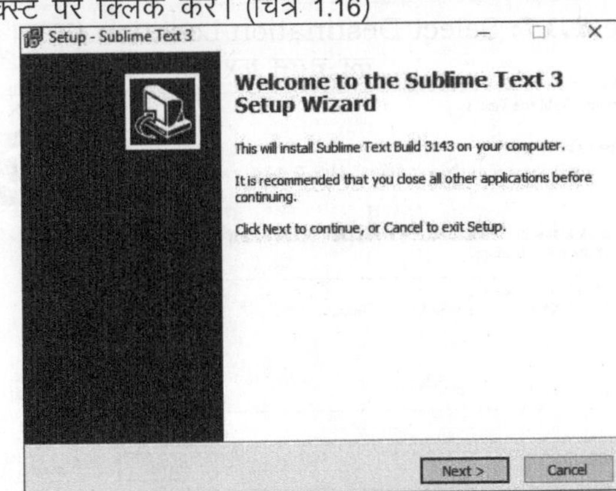

Figure 1.16: Welcome of Sublime Text setup wizard page (सबलाइम टेक्स्ट सेटअप विजार्ड पृष्ठ पर आपका स्वागत है)

3. Now, choose a destination location to install Sublime Text3 and click Next. (Figure 1.17)
   अब, सबलाइम Text3 को स्थापित करने के लिए एक गंतव्य स्थान चुनें और नेक्स्ट पर क्लिक करें। (चित्र 1.17)
4. Verify the destination folder and click Install. (Figure 1.18)
   गंतव्य फोल्डर सत्यापित करें और इंस्टॉल पर क्लिक करें। (चित्र 1.18)
5. Now, click Finish to complete the installation. (Figure 1.19)
   अब, इंस्टालेशन को पूरा करने के लिए समाप्त पर क्लिक करें। (चित्र 1.19)
6. Now, upon a successful installation, your editor will appear as shown in Figure 1.20.
   अब, एक सफल स्थापना पर, आपका संपादक दिखाई देगा। (चित्र 1.20)

Pros and Cons of Sublime Text Editor

सबलाइम टेक्स्ट एडिटर के प्रो और कोन्स

The Pros of Sublime text editor are as follow:
सबलाइम टेक्स्ट एडिटर के प्रो हैं:

1. Multi-Line select and editing.
   मल्टी–लाइन का चयन और एडिटिंग।
2. It offers a cross-platform support.
   यह एक क्रॉस–प्लेटफॉर्म समर्थन प्रदान करता है।
3. Instant file switching.
   त्वरित फाइल स्विचिंग।
4. Black screen support distraction free editing mode.
   ब्लैक स्क्रीन समर्थन व्याकुलता मुक्त एडिटिंग मोड।

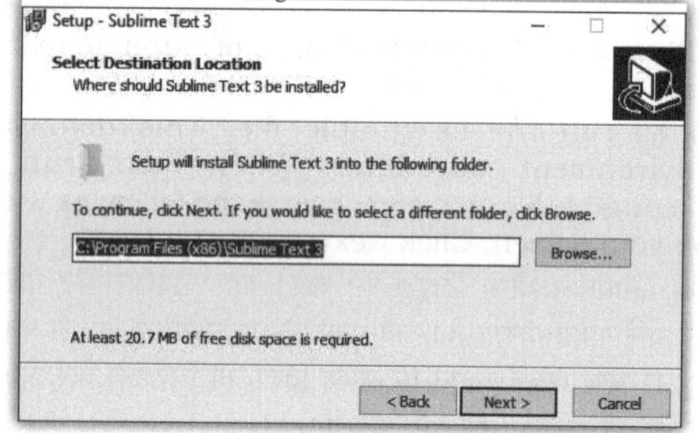

Figure 1.17: Select Destination Location (गंतव्य स्थान का चयन करें)

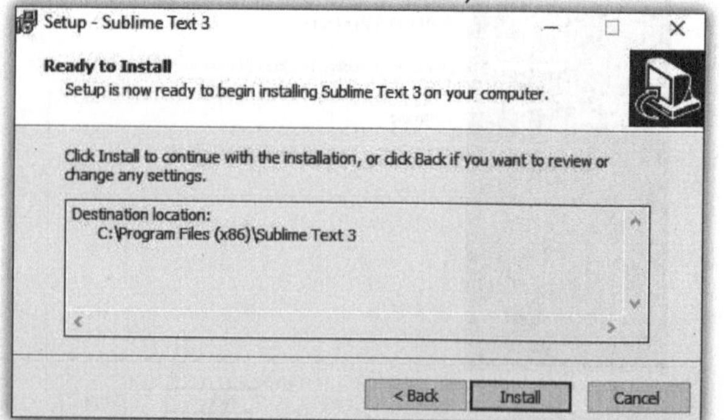

Figure 1.18: Click Install button to install the Sublime text 3 (सबलाइम टेक्स्ट 3 को स्थापित करने के लिए स्थापित करें बटन पर क्लिक करें)

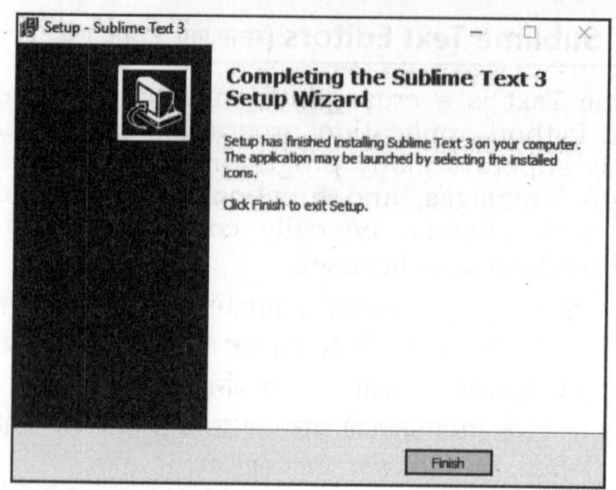

Figure 1.19: Complete the installation and click Finish (स्थापना को पूरा करें और समाप्त पर क्लिक करें)

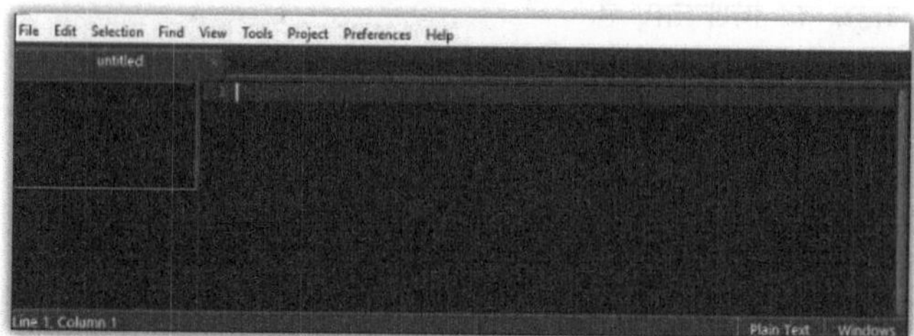

Figure 1.20: Sublime Text editor window (सबलाइम टेक्स्ट एडिटर विंडो)

5. Fully customizable
   पूरी तरह से अनुकूलन
6. Support for TextMate and Windows Decoration themes.
   टेक्स्ट मात और विंडोज डेकोरेशन थीम के लिए सपोर्ट।
7. Haxe and Open FL Integration via plugin support.
   प्लगइन समर्थन के माध्यम से हेक्स और ओपन FL एकीकरण।
8. Syntax detection and highlighting the error.
   सिंटैक्स का पता लगाना और त्रुटि को उजागर करना।

The cons of sublime text editor are as follows:
सबलाइम टेक्स्ट एडिटर के कोन्स:

1. Poor support for Linux (लिनक्स के लिए खराब समर्थन।)
2. Opening big files takes times.
   बड़ी फाइल्स को खोलने में समय लगता है।
3. Crashes Frequently (अक्सर क्रैश हो जाता है).
4. No toolbar of its own (अपना कोई टूलबार नहीं).

Making use of Editors (एडिटर का उपयोग करना)

Text editors are used by a wide variety of people, for a wide variety of purposes. Software programmers and web developers use text editors to write and edit in programming and markup languages. This is one of the primary purposes of text editors, and many of the features of text editing software are built to help these users read and write code. However, text editors are ideal tools for anyone who needs to write quickly and simply, read source code, or create text tiles.

टेक्स्ट एडिटर का उपयोग विभिन्न प्रकार के लोगों द्वारा किया जाता है, विभिन्न प्रकार के उद्देश्यों के लिए। सॉफ्टवेयर प्रोग्राम, वेब डेवलपर्स प्रोग्रामिंग और मार्कअप भाषाओं में लिखने और संपादित करने के लिए टेक्स्ट एडिटर्स का उपयोग करते हैं। यह टेक्स्ट एडिटर के प्राथमिक उद्देश्यों में से एक है, और इन उपयोगकर्ताओं को कोड पढ़ने और लिखने में मदद करने के लिए टेक्स्ट एडिटर सॉफ्टवेयर की कई विशेषताएं निर्मित हैं। हालाँकि, टेक्स्ट एडिटर किसी के लिए भी आदर्श उपकरण हैं, जिन्हें जल्दी और सरल रूप से लिखने, सोर्स कोड पढ़ने या टेक्स्ट टाइल्स बनाने की आवश्यकता होती है।

With more advanced text editors such as sublime text editor is a sophisticated text editor which is used among developers. It includes wide features such as Syntax highlight, Auto Indentation, File type recognition, Sidebar, Plug-in and Packages that makes it easy for working with code base. It also makes you comfortable to use it in your software development projects.

अधिक उन्नत टेक्स्ट एडिटर के साथ जैसे उदात्त टेक्स्ट एडिटर एक परिष्कृत पाठ संपादक है जो डेवलपर्स के बीच उपयोग किया जाता है। इसमें सिंटैक्स हाइलाइट, ऑटो इंडेंटेशन, फाइल प्रकार मान्यता, साइडबार, प्लग–इन और पैकेज जैसी व्यापक विशेषताएं शामिल हैं जो कोड आधार के साथ काम करना आसान बनाता है। यह आपको अपने सॉफ्टवेयर डेवलपमेंट प्रोजेक्ट्स में इसका उपयोग करने के लिए आरामदायक बनाता है।

Examples of text editors (टेक्स्ट एडिटर के उदाहरण)

- **Notepad and WordPad:** Windows included text editors.

  नोटपैड और वर्डपैड: विंडोज में टेक्स्ट एडिटर शामिल थे।
- **Writer:** Text editor and word processor

  राइटर: टेक्स्ट एडिटर और वर्ड प्रोसेसर।
- **Notepad++:** Our favorite free text editor, Notepad++ is a powerful alternative to Windows Notepad.

  नोटपैड ++: हमारा पसंदीदा मुफ्त टेक्स्ट एडिटर, नोटपैड ++ विंडोज नोटपैड का एक शक्तिशाली विकल्प है।

File creation and Editing in Sublime Text Editor सबलाइम टेक्स्ट एडिटर में फाइल को बनाना और एडिट करना

1. To create a file in Sublime Text editor use the New File or Ctrl+N together as shown in Figure 1.21.

   सबलाइम टेक्स्ट एडिटर में फाइल बनाने के लिए नई फाइल या Ctrl + N का उपयोग करें (चित्र 1.21)।
2. Once the new file is available, you can insert the code, similar to any other text editor, and save the file in your working directory. (Figure 1.22)

   नई फाइल उपलब्ध होने के बाद, आप किसी भी अन्य टेक्स्ट एडिटर के समान कोड डाल सकते हैं, और फाइल को अपनी कार्यशील निर्देशिका में सेव कर सकते हैं। (चित्र 1.22)
3. Once you save the related file, Sublime Text editor provides a variety of options based on the type of file, for example .php for PHP scripts, .py for Python scripts and .java for java code.

   संबंधित फाइल सेव करने के बाद, सबलाइम टेक्स्ट एडिटर फाइल के प्रकार के आधार पर विभिन्न प्रकार के विकल्प प्रदान करता है, उदाहरण: PHP; PHP स्क्रिप्ट के लिए; Py; पाइथन स्क्रिप्ट और .java; जावा कोड के लिए।

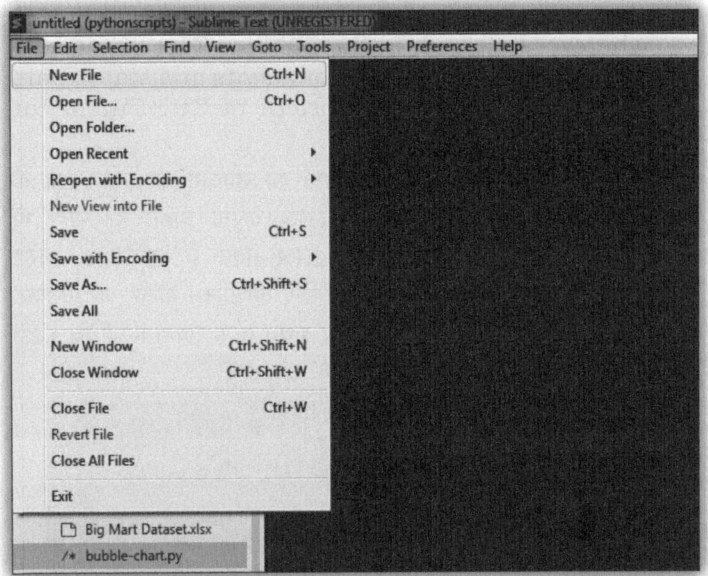

Figure 1.21: Select New File in the File menu (फाइल मेनू में नई फाइल का चयन करें)

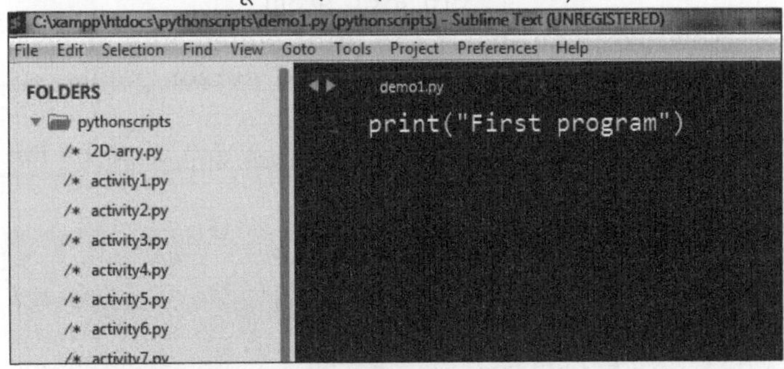

Figure 1.22: Insert the code (कोड को इन्सर्ट करें)

4. As your code is on Python project, we will save the file as demo1.py as shown in Figure 1.22.

   जैसा कि आपका कोड पायथन प्रोजेक्ट पर है, हम फाइल को demol.py के रूप में सेव करेंगे (चित्र 1.22)।

Editing Text Document (टेक्स्ट डॉक्यूमेंट को एडिट करना)

Code editors allow the users to edit the code scripts and text documents with various shortcut keys. In this example, you will see how to add print statements at two locations.

कोड एडिटर्स उपयोगकर्ताओं को कोड स्क्रिप्ट और टेक्स्ट डॉक्यूमेंट को विभिन्न शॉर्टकट कुंजियों के साथ एडिट करने की अनुमति देते हैं। इस उदाहरण में, आप देखेंगे कि दो स्थानों पर प्रिंट स्टेटमेंट कैसे जोड़ें।

1. The first script of Python with the following code in it.

   इसमें निम्नलिखित कोड के साथ पायथन की पहली स्क्रिप्ट।

```
first.py
for i in [1,2,3,4,5]:
    print (i)
```

2. In the given script, you want to mention the starting and ending point of the loop, using simple statements. You can write the print statement wherever required. In the Sublime Text editor, you can simultaneously add comments and statements in two places with a shortcut of Ctrl+Cursor for Windows. (Figure 1.23)

   दी गई स्क्रिप्ट में, आप सरल कथनों का उपयोग करते हुए लूप के शुरुआती और अंतिम बिंदु का उल्लेख करना चाहते हैं। जहां भी आवश्यकता हो आप प्रिंट स्टेटमेंट लिख सकते हैं। सबलाइम टेक्स्ट एडिटर में, आप एक साथ विंडोज के लिए कण्ट्रोल + कर्सर के शॉर्टकट के साथ दो स्थानों पर टिप्पणियां और कथन जोड़ सकते हैं। (चित्र 1.23)

```
first.py
for i in [1,2,3,4,5]:

    |
    print (i)
    |
```

Figure 1.23: Insert space for comments (कमैंट्स के लिए स्पेस इन्सर्ट करना)

3. Now, you can insert the print statements at both the locations of the mentioned cursor points, as shown in Figure 1.24.

   अब, आप उल्लेख किए गए कर्सर बिंदुओं के दोनों स्थानों पर प्रिंट स्टेटमेंट डाल सकते हैं। (चित्र 1.24)

```
first.py
for i in [1,2,3,4,5]:

    |
    print (i)
    |
```

Figure 1.24: Insert comments (कमैंट्स इन्सर्ट करे)

Finding Occurrences (अवसरों का पता लगाना)

Sublime Text editor includes a feature to find the occurrences of the keywords included in the scripts. If you want search for a keyword, say print from the given code, you can use Ctrl+D as shown in Figure 1.25.

सबलाइम टेक्स्ट एडिटर में स्क्रिप्ट में शामिल कीवर्ड की घटनाओं को खोजने के लिए एक सुविधा शामिल है। यदि आप किसी कीवर्ड की खोज करना चाहते हैं, तो दिए गए कोड से प्रिंट करें, आप कण्ट्रोल + D का उपयोग कर सकते हैं (चित्र 1.25)।

```
first.py
for i in [1,2,3,4,5]:

    print("First script of python|")
    print (i)
    print("First script of python|")
```

Figure 1.25: Find keywords (खोजशब्द खोजें)

Appending Comments in Line (लाइन में कमैंट्स लागू करना)

We can append comments at the end of line using the shortcut key Ctrl+Shift+L for Windows operating system after selecting the code section where you actually need the comment.

हम उस कोड अनुभाग का चयन करने के बाद विंडोज ऑपरेटिंग सिस्टम के लिए शॉर्टकट की कंट्रोल + शिफ्ट + L का उपयोग करके लाइन के अंत में कमैंट्स जोड़ सकते हैं, जहां आपको वास्तव में कमेंट की आवश्यकता है।

Splitting the Selection into Lines

चयन को लाइनों में विभाजित करना

The key combination Ctrl+Shift+L allows you to select the block of lines and split them on Windows as shown below:

कण्ट्रोल + शिफ्ट + L की आपको लाइन्स के ब्लॉक का चयन करने और उन्हें नीचे दिखाए अनुसार विंडोज पर विभाजित करने की अनुमति देता है:

```
first.py
for i in [1,2,3,4,5]:

    print("First script of python")#this is first script of python
    print (i)#this is first script of python
    print("First script of python")
```

Wrapping Complete Paragraph in HTML File

HTML फाइल में पूर्ण अनुच्छेद व्रैप करना

The key combination Alt+Shift+w for Windows, allows the user to spit the section of code and create various paragraphs. It is known as a wrap selection with html tag. This also allows you to include HTML tag using Sublime editor. After wrapping the text, the text wrapped with a HTML tag as shown below.

विंडोज के लिए की ऑल्ट + शिफ्ट + w, उपयोगकर्ता को कोड के अनुभाग को स्पिट और विभिन्न पैराग्राफ बनाने की अनुमति देता है। इसे html टैग के साथ रैप सलेक्शन के रूप में जाना जाता है। यह आपको सबलाइम एडिटर का उपयोग करके HTML टैग को भी शामिल करने की अनुमति देता है। टेक्स्ट को व्रैप के बाद, नीचे दिखाए गए अनुसार HTML टैग के साथ टेक्स्ट व्रैप किया जाता है।

```
first.html
<p>This is demonstration of first html file</p>
```

Finding all Occurrences (सभी अकरेन्सेस का पता लगाना)

The key pattern Ctrl+Shift+F allows you to find a keyword in a given project as shown in Figure 1.26.

The shortcut key opens a window with three options included in it, namely, find, where and replace.

की पैटर्न कण्ट्रोल + शिफ्ट + F आपको किसी दिए गए प्रोजेक्ट में एक कीवर्ड खोजने की अनुमति देता है जैसा कि चित्र 1.26 में दिखाया गया है। शॉर्टकट की एक विंडो खोलता है जिसमें तीन विकल्प शामिल हैं, अर्थात, ढूंढें, कहां और बदलें।

- Find refers to the search of the particular keyword.

  Find विशेष कीवर्ड की खोज को संदर्भित करता है।
- Where mentions the section as to which repository is searched.

  Where उस अनुभाग का उल्लेख है जिसके अनुसार रिपॉजिटरी की खोज की जाती है।
- Replace mentions the keyword, which is replaced instead of find keyword.

  Replace कीवर्ड का उल्लेख करता है, जिसे खोजने वाले कीवर्ड के बजाय प्रतिस्थापित किया जाता है।

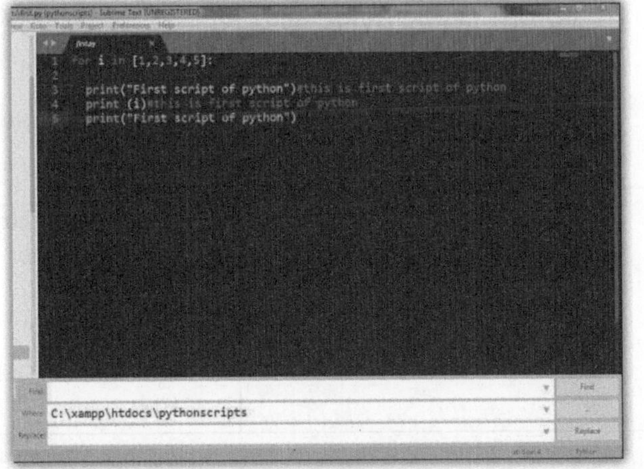

Figure 1.26: Options of finding keywords (खोजशब्द खोजने के विकल्प)

Conclusion (निष्कर्ष)

This chapter begins; with internet is a network of global exchanges - including private, public, business, academic and government networks - connected by guided, wireless and fiber-optics technologies. Next, we discusses, the World Wide Web is a collectioin of various pages written in HTMl markup language. Each page available on the website is called a web page and the first page of any website is called home page for that site. Next, we discusses the two most popular terms used in web development Front end and back end. next, we discusses about client and server side scripting languages. Next, you will learn Responsive Web designing is an approach whereby a designer creates a web page that responds to or resizes iteself depending on the type of deveice. Then, we wil learn types of Websites Static and Dynamic websites. Finally, you will learn, basic text-editing program such as Notepad++ and sublime Text Editor to make writing code easier and how to create and editing the file and save the file.

यह अध्याय शुरू होता है; इंटरनेट निजी, सार्वजनिक, व्यावसायिक, शैक्षणिक और सरकारी नेटवर्क सहित – आदान–प्रदान का एक नेटवर्क है – जो निर्देशित, वायरलेस और फाइबर–ऑप्टिक तकनीकों द्वारा जुड़ा हुआ है। आगे, हम चर्चा करते हैं, वर्ल्ड वाइड वेब, HTML मार्कअप लैंग्वेज में लिखे गए विभिन्न पृष्ठों का एक संग्रह है। वेबसाइट पर उपलब्ध प्रत्येक पेज को वेब पेज कहा जाता है और किसी भी वेबसाइट के पहले पेज को उस साइट के लिए होम पेज कहा जाता है। इसके बाद, हम वेब डेवलपमेंट फ्रंट एंड बैक एंड में उपयोग किए जाने वाले दो सबसे लोकप्रिय शब्दों पर चर्चा करते हैं। अगला, हम क्लाइंट और सर्वर साइड स्क्रिप्टिंग भाषाओं के बारे में चर्चा करते हैं। इसके बाद, आप सीखेंगे कि रेस्पॉन्सिव वेब डिजाइनिंग एक दृष्टिकोण है जिसके तहत एक डिजाइनर एक वेब पेज बनाता है जो डिवाइस के प्रकार के आधार पर खुद को प्रतिक्रिया देता है या उसका आकार बदलता है। फिर, हम वेबसाइट्स स्टेटिक और डायनामिक वेबसाइट्स के प्रकारों को जानेंगे। अंत में, आप सीखेंगे, मूल टेक्स्ट–एडिटिंग कार्यक्रम जैसे नोटपैड ++ और सबलाइम टेक्स्ट एडिटर, लेखन कोड को आसान बनाने के लिए और फाइल बनाने और एडिट करने और फाइल को सेव कैसे करें।

REVIEW QUESTIONS WITH ANSWERS (रिव्यू प्रश्न और उत्तर)

A. Multiple Choice Questions (बहुविकल्पीय प्रश्न)

1. To make your website mobile friendly, you can make your website.

   a. Responsive b. Reactive
   c. Fast Loading d. Light

   अपनी वेबसाइट को मोबाइल के अनुकूल बनाने के लिए, आप अपनी वेबसाइट बना सकते हैं।

   क. रेस्पॉन्सिव ख. रिएक्टिव
   ग. फास्ट लोडिंग ग. लाइट

2. Which of the following the use of small programs that are executed based on user interaction with a web page is referred to as:

   निम्नलिखित में से कौन सा वेब पेज के साथ उपयोगकर्ता बातचीत के आधार पर निष्पादित किए जाने वाले छोटे प्रोग्राम्स के उपयोग के लिए संदर्भित है:

a. Web scripting b. Client-side scripting
c. Server-side scripting d. HTML
क. वेब स्क्रिप्टिंग ख. क्लाइंट–साइड स्क्रिप्टिंग
ग. सर्वर–साइड स्क्रिप्टिंग घ. एचटीएमएल

3. Server side scripting websites consists of two main parts, one is scripting languages and other is:
   a. Server interaction mode
   b. User interaction mode
   c. Scripting engine d. None of these

   सर्वर साइड स्क्रिप्टिंग वेबसाइट के दो मुख्य भाग होते हैं, एक स्क्रिप्टिंग भाषा है और दूसरी है:
   क. सर्वर इंटरैक्शन मोड ख. उपयोगकर्ता सहभागिता मोड
   ग. स्क्रिप्टिंग इंजन घ. इनमें से कोई नहीं

4. Connecting websites to backend servers, processing data and controlling behavior of higher layers, all these things are done by:
   a. HTML language b. JavaScripts
   c. CSS scripts d. None of the above

   वेबसाइट को बैकएंड से कनेक्ट करना, डेटा को प्रोसेस करना और उच्चतर परतों के व्यवहार को नियंत्रित करना, ये सभी काम निम्न द्वारा किए जाते हैं:
   क. एचटीएमएल लैंग्वेज ख. जावा स्क्रिप्ट्स
   ग. CSS स्क्रिप्ट घ. इनमें से कोई भी नही

5. Server side scripts is:
   a. A visible to the end user
   b. Defined to user
   c. Invisible to the end user
   d. Both (b) and (c)

   सर्वर साइड स्क्रिप्ट है:
   क. अंतिम उपयोगकर्ता के लिए दृश्यमान
   ख. उपयोगकर्ता के लिए परिभाषित
   ग. अंत उपयोगकर्ता के लिए अदृश्य
   घ. दोनों (क) और (ख)

B. State whether the following statements True or False. (निम्नलिखित कथन सही हैं या गलत)

1. When a client browser requests a web page and the page is sent back, a direct physical connection between client and server is formed while the information is being sent.
   जब कोई क्लाइंट ब्राउजर एक वेब पेज का अनुरोध करता है और पृष्ठ को वापस भेजा जाता है, तो क्लाइंट और सर्वर के बीच एक जानकारी भेजने क लिए कनेक्शन बनता है।
2. It is extremely expensive and difficult for private individuals to post information to the World Wide Web.
   निजी व्यक्तियों के लिए वर्ल्ड वाइड वेब पर जानकारी पोस्ट करना बेहद महंगा और मुश्किल है।
3. The Internet is considered a very dynamic network.
   इंटरनेट एक बहुत ही गतिशील नेटवर्क माना जाता है।
4. TextMate is the name of the application that allows us to work in both code and design views
   टेक्स्ट मेट उस एप्लिकेशन का नाम है जो हमें कोड और डिजाइन दृश्य दोनों में काम करने की अनुमति देता है।
5. Creating a website is a complex process.
   वेबसाइट बनाना एक जटिल प्रक्रिया है।

C. Match the following: (निम्नलिखित का मिलान करें:)

1.	An Internet address is (इंटरनेट एड्रेस है)	a.	WAP (वैप)
2.	The process of trading goods over the Internet is known as (इंटरनेट पर सामानों के व्यापार की प्रक्रिया को कहा जाता है:)	b.	HTML, Javascript an CSS (HTML, जावास्क्रिप्ट CSS)
3.	Most world wide web pages contain commands in the language (अधिकांश विश्व व्यापी वेब पृष्ठों में भाषा में आदेश होते हैं:)	c.	32 bits in length (लंबाई में 32 बिट्स)
4.	World Wide Web was proposed by (वर्ल्ड वाइड वेब किसके द्वारा प्रस्तावित किया गया था)	d.	E-commerce (ई–कॉमर्स)
5.	Front-end is built using a combination of फ्रंट–एंड को एक कॉम्बिनेशन के उपयोग से बनाया गया है:	e.	Internet infrastructure and Service providers (इंटरनेट का बुनियादी ढांचा और सेवा प्रदाता)

D. Fill in the blanks (रिक्त स्थान भरें)

a.	Sublime Text (सबलाइम टेक्स्ट)	b.	Internet (इंटरनेट)
c.	Applications /Web server (एप्लिकेशन्स/वेब सर्वर)	d.	ISP (आईएसपी)
e.	Hyperlink (हाइपरलिंक)		

1. The vast network of computers that connects millions of people all over the world is called __________.
   कंप्यूटर एक विशाल नेटवर्क है, जो दुनिया भर के लाखों लोगों को जोड़ता है इसे ________ कहा जाता है।
2. A word in a web page that, when clicked, opens another document is called ____________.

एक वेब पेज में एक शब्द, जिसे क्लिक करने पर, एक और दस्तावेज खोलता है, जिसे ______ ______ कहा जाता है ।

3. A website main page is called its ___________.
   वेबसाइट के मुख्य पृष्ठ को _________ कहा जाता है।
4. ________ is a cross-platform source code editor with a Python application programming interface.
   पायथन एप्लिकेशन प्रोग्रामिंग इंटरफेस के साथ ________ एक क्रॉस–प्लेटफॉर्म स्रोत कोड एडिटर है।
5. For a small website, one needs to by space from the _______.
   एक छोटी वेबसाइट के लिए, _______ से स्पेस खरीदने की आवश्यकता होती है।

Answer/उत्तर

A.	1. a	2. a	3. c	4. b	5. c
B.	1. False	2. False	3. True	4. False	5. True
C.	1. c	2. d	3. a	4. e	5. b
D.	1. b	2. e	3. c	4. a	5. d

E. SHORT ANSWER QUESTIONS (शॉर्ट प्रश्न और उत्तर)

1.(a) What is Sublime and why use Sublime Text? (सबलाइम क्या है और सबलाइम टेक्स्ट का उपयोग क्यों करते हैं?)

Ans. Sublime Text editor is a full highlighted Text editor for altering documents or a code base. It incorporated different features for altering code base which causes developers to monitor changes. Different features that are supported by sublime are as follows:

सबलाइम टेक्स्ट एडिटर दस्तावेजों या एक कोड आधार को बदलने के लिए एक पूर्ण हाइलाइट किया गया टेक्स्ट एडिटर है। इसमें कोड आधार को बदलने के लिए अलग–अलग विशेषताएं शामिल थीं जो डेवलपर्स को परिवर्तनों की निगरानी करने का कारण बनाती हैं। उदात्त द्वारा समर्थित विभिन्न विशेषताएं इस प्रकार हैं:

- Syntax highlight (सिंटेक्स हाइलाइट)
- Auto indentation (ऑटो इंडेंटेशन)
- File type recognition (फाइल प्रकार मान्यता)
- Plug-in and Packages (प्लग–इन और पैकेज)
- Macros (मैक्रो)
- It is utilized as an Integrated Development Editor like Visual Studio code and NetBeans.
  इसे Visual Studio कोड और NetBeans जैसे इंटीग्रेटेड डेवलपमेंट एडिटर के रूप में उपयोग किया जाता है।

When you utilize a reasonable Text editor, you can make the most of its helpful features. It offers its users the below advantages:

जब आप एक उचित टेक्स्ट एडिटर का उपयोग करते हैं, तो आप इसकी सबसे अधिक उपयोगी विशेषताएं बना सकते हैं। यह अपने उपयोगकर्ताओं को निम्न लाभ प्रदान करता है:

- Ability to solve linker errors.
  लिंकर त्रुटियों को हल करने की क्षमता।
- Keeping track of all files and folders to work with.
  काम करने के लिए सभी फाइल्स और फोल्डर्स का ध्यान रखना।
- Connectivity with version control systems like Git.
  Git जैसी संस्करण नियंत्रण प्रणालियों के साथ कनेक्टिविटी।
- Problem solving capabilities (समस्या सुलझाने की क्षमता).
- Keeping color combination for syntax combination.
  सिंटैक्स संयोजन के लिए रंग संयोजन रखना।

1.(b) What is Internet and mention some uses of Internet? (वेबसाइट और वेब-सर्वर को परिभाषित करें?)

Ans. Internet, computer-based global information system. The Internet is composed of many interconnected computer networks. Each network may link tens, hundreds, or even thousands of computers, enabling them to share information and processing power. The Internet has made it possible for people all over the world to communicate with one another effectively and inexpensively.

इंटरनेट, कंप्यूटर आधारित वैश्विक सूचना प्रणाली है। इंटरनेट कई इंटरकनेक्टेड कंप्यूटर नेटवर्क से बना है। प्रत्येक नेटवर्क दसियों, सैकड़ों, या यहां तक कि हजारों कंप्यूटर को लिंक कर सकता है, जिससे उन्हें सूचना और प्रसंस्करण शक्ति साझा करने में सक्षम किया जा सकता है। इंटरनेट ने दुनिया भर के लोगों के लिए एक दूसरे के साथ प्रभावी ढंग से और सस्ते में संवाद करना संभव बना दिया है।

Companies, individuals, and institutions use the Internet in many ways.

कंपनियां, व्यक्ति और संस्थाएं कई तरह से इंटरनेट का उपयोग करती हैं।

1. Companies use the Internet for electronic commerce, also called e-commerce, including advertising, selling, buying, distributing products, and providing customer service. In addition, companies use the Internet for business-to-business transactions, such as exchanging financial information and accessing complex databases.
   कंपनियां इलेक्ट्रॉनिक कॉमर्स के लिए इंटरनेट का उपयोग करती हैं, जिसे ई–कॉमर्स भी कहा जाता है, जिसमें विज्ञापन, बिक्री, खरीद, उत्पादों का वितरण और ग्राहक सेवा प्रदान करना शामिल है। इसके अलावा, कंपनियां व्यापार–से–व्यापार लेनदेन के लिए इंटरनेट का उपयोग करती हैं, जैसे कि वित्तीय जानकारी का आदान–प्रदान और जटिल डेटाबेस तक पहुंच।
2. Businesses and institutions use the Internet for voice and video conferencing and other forms of communication that enable people to telecommute (work away from the office using a computer).
   व्यवसाय और संस्थान आवाज और वीडियो कॉन्फ्रेंसिंग और संचार के अन्य रूपों के लिए इंटरनेट का उपयोग करते हैं जो लोगों को दूरसंचार (कंप्यूटर का उपयोग करके कार्यालय से दूर काम करने में सक्षम) करते हैं।

3. The use of e-mail on internet has greatly speeds communication between companies, and among other individuals.

   इंटरनेट पर ई–मेल के उपयोग से कंपनियों और अन्य व्यक्तियों के बीच संचार में बहुत तेजी आई है।

4. Scientists and scholars use the Internet to communicate with colleagues, perform research, distribute lecture notes and course materials to students, and publish papers and articles.

   वैज्ञानिक और विद्वान इंटरनेट का उपयोग सहयोगियों के साथ संवाद करने, अनुसंधान करने, छात्रों को व्याख्यान नोट्स और पाठ्यक्रम कंटेट वितरित करने; कागजात और लेख प्रकाशित करने के लिए करते हैं।

5. Individuals use the Internet for communication, entertainment, finding information, and buying and selling goods and services.

   व्यक्ति संचार, मनोरंजन, जानकारी प्राप्त करने और वस्तुओं और सेवाओं को खरीदने और बेचने के लिए इंटरनेट का उपयोग करते हैं।

1.(c) Define Website and Web-Server?
वेबसाइट और वेब-सर्वर को परिभाषित करें?

Ans. A web site is a related collection of World Wide Web files that includes a beginning file called a home page. For example, the website Yahoo has the home page address of http://www.yahoo.com. A website may consist of thousands of files spread out over many servers in worldwide locations.

वेब साइट वर्ल्ड वाइड वेब फाइल्स का एक संबंधित संग्रह है जिसमें एक शुरुआत फाइल शामिल है जिसे होम पेज कहा जाता है। उदाहरण के लिए, वेबसाइट याहू के पास http://www.yahoo.com का होम पेज एड्रेस है। एक वेबसाइट में दुनिया भर के स्थानों में कई सर्वरों पर फैली हजारों फाइल्स शामिल हो सकती हैं।

A Web server is simply a computer with an Internet connection that runs software designed to send out HTML pages and other file formats.

वेब सर्वर एक इंटरनेट कनेक्शन वाला एक कंप्यूटर है जो HTML पृष्ठों और अन्य फाइल स्वरूपों को भेजने के लिए डिजाइन किया गया सॉफ्टवेयर चलाता है।

2.(a) A What are different types of Website?
विभिन्न प्रकार की वेबसाइट क्या हैं?

Ans. A website is a collection of linked web pages that share a unique domain name. Each web page of a given website provides links in the form of clickable portion of text that allows the user to move from one page of the website to another.

वेबसाइट लिंक्ड वेब पेज का एक संग्रह है जो एक अद्वितीय डोमेन नाम साझा करता है। किसी दिए गए वेबसाइट का प्रत्येक वेब पेज टेक्स्ट के क्लिक करने योग्य हिस्से के रूप में लिंक प्रदान करता है जो उपयोगकर्ता को वेबसाइट के एक पेज से दूसरे पेज पर जाने की अनुमति देता है।

To access a website, type its domain name in your browser address bar, and the browser will display the website's main web page or home page.

किसी वेबसाइट तक पहुंचने के लिए, अपने ब्राउजर का एड्रेस बार में उसका डोमेन नाम लिखें, और ब्राउजर वेबसाइट के मुख्य वेब पेज या होम पेज को प्रदर्शित करेगा।

There are main types of websites are as follows:
मुख्य प्रकार की वेबसाइट हैं:

1. **Brochure:** A brochure website is the type of websites typically have a few pages, and will be used by small businesses. For example, a small company would only need a brochure website with a homepage displaying contact information and have a couple of photos of their work. It is like an online business card for potential customers.

   ब्रोशर: ब्रोशर वेबसाइट उन वेबसाइट का प्रकार है जिनमें आमतौर पर कुछ पृष्ठ होते हैं, और उनका उपयोग छोटे व्यवसायों द्वारा किया जाएगा। उदाहरण के लिए, एक छोटी सी कंपनी को केवल एक ब्रोशर वेबसाइट की आवश्यकता होगी जिसमें संपर्क जानकारी प्रदर्शित करने वाले मुखपृष्ठ हों और उनके काम की कुछ तस्वीरें हों। यह संभावित ग्राहकों के लिए एक ऑनलाइन व्यवसाय कार्ड की तरह है।

2. **e-Commerce:** It is a website through which users are able to pay for a product or service online. This will normally involve one company selling to multiple users, but can also take the form of a multi-vendor ecommerce website also known as marketplace websites. Examples of eBay and Etsy.

   ई-कॉमर्स: यह एक वेबसाइट है जिसके माध्यम से उपयोगकर्ता किसी उत्पाद या सेवा के लिए ऑनलाइन भुगतान कर सकते हैं। यह आमतौर पर एक कंपनी को कई उपयोगकर्ताओं को बेचने में शामिल होगा, लेकिन एक बहु–विक्रेता ईकॉमर्स वेबसाइट का रूप भी ले सकता है जिसे बाजार की वेबसाइट के रूप में भी जाना जाता है। EBay और Etsy के उदाहरण।

3. **Portal:** A portal website brings together information from lots of different sources on the web. Most of the portals to offer these free services such as search engine, news, sports and weather. Web publishing reference tools such as yellow pages, stock quotes, and maps, shopping and e-mail and other communications services.

   पोर्टल: पोर्टल वेबसाइट वेब पर कई अलग–अलग स्रोतों से एक साथ जानकारी लाती है। अधिकांश पोर्टल इन मुफ्त सेवाओं जैसे कि सर्च इंजन, समाचार, खेल और मौसम की पेशकश करते हैं। येलो पेज, स्टॉक कोट्स, और मैप्स, शॉपिंग और ई–मेल और अन्य संचार सेवाओं जैसे वेब प्रकाशन संदर्भ उपकरण।

4. **Social media:** Social media websites are platforms which allows the sharing of images or ideas. They encourage online interaction and sharing. The most popular social media website is Facebook. Other social media sites include YouTube, Twitter, Instagram and LinkedIn.

   सोशल मीडिया: सोशल मीडिया वेबसाइट्स प्लेटफॉर्म हैं जो छवियों या विचारों को साझा करने की अनुमति देता है। वे ऑनलाइन

बातचीत और साझा करने को प्रोत्साहित करते हैं। सबसे लोकप्रिय सोशल मीडिया वेबसाइट फेसबुक है। अन्य सोशल मीडिया साइट्स में यू ट्यूब, ट्विटर, इंस्टाग्राम और लिंक्डइन शामिल हैं।

5. **Blog:** A blog short for Weblog, is an informal Web site consisting of timestamp, or post articles, or journal format, usually listed in reverse chronological order. A blog that contains video clips called a video blog. A microblog allows users to posrt short messages, usually between 100 and 200 characters, for others to read. Twitter is a popular microblog.

   ब्लॉग: वेबलॉग के लिए एक ब्लॉग शॉर्ट, एक अनौपचारिक वेब साइट है जिसमें टाइमस्टैम्प, या पोस्ट लेख, या जर्नल प्रारूप शामिल हैं, जो आमतौर पर रिवर्स कालानुक्रमिक क्रम में सूचीबद्ध होते हैं। ब्लॉग जिसमें वीडियो क्लिप होती है, उसे वीडियो ब्लॉग कहा जाता है। एक माइक्रोब्लॉग उपयोगकर्ताओं को छोटे संदेश प्रस्तुत करने की अनुमति देता है, आमतौर पर 100 और 200 वर्णों के बीच, दूसरों को पढ़ने के लिए। ट्विटर एक लोकप्रिय माइक्रोब्लॉग है।

2.(b) What is a Responsive website?
(रेस्पॉन्सिव वेबसाइट क्या है?)

Ans. A responsive website is based on the technology of computing device used by the visitor to display the site. It is basically website design that will looks good at any size — from a large desktop LCD monitor to the smaller screens and also used on smartphones and tablets.

रेस्पॉन्सिव वेबसाइट साइट को प्रदर्शित करने के लिए आगंतुक द्वारा उपयोग किए जाने वाले कंप्यूटिंग डिवाइस की तकनीक पर आधारित है। यह मूल रूप से वेबसाइट डिजाइन है जो किसी भी आकार में अच्छा लगेगा – एक बड़े डेस्कटॉप एलसीडी मॉनिटर से लेकर छोटी स्क्रीन, स्मार्टफोन और टैबलेट पर भी उपयोग किया जाता है।

Responsive website design (RWD) enables site designers to create once and publish the same content for all devices. It is a website development of rendering web pages in an efficient, optimized and easy-to-read format across a variety of devices and web browsers on different platforms.

रेस्पॉन्सिव वेबसाइट डिजाइन (RWD) साइट डिजाइनर को एक बार बनाने और सभी उपकरणों के लिए एक ही कंटेंट प्रकाशित करने में सक्षम बनाता है। यह विभिन्न प्लेटफार्मों पर विभिन्न उपकरणों और वेब ब्राउजरों में एक कुशल, अनुकूलित और आसानी से पढ़ने के लिए प्रारूप में वेब पृष्ठों को प्रस्तुत करने का एक वेबसाइट विकास है।

Rather than the old-style approach of designing web pages for viewing on just desktop or laptop PCs, responsive design utilizes a variety of newer web development features and functionality to deliver an optimal view to users on mobile devices like smartphones and tablets as well as on traditional PCs and other electronic devices.

सिर्फ डेस्कटॉप या लैपटॉप पीसी पर देखने के लिए वेब पेज डिजाइन करने के पुराने–शैली के दृष्टिकोण के बजाय, रिस्पॉन्सिव डिजाइन विभिन्न प्रकार के नए वेब विकास सुविधाओं और कार्यक्षमता का उपयोग करके स्मार्टफोन और टैबलेट जैसे मोबाइल उपकरणों पर उपयोगकर्ताओं को एक इष्टतम दृश्य प्रदान करता है। पारंपरिक पीसी और अन्य इलेक्ट्रॉनिक उपकरण।

Because of their smaller display size, mobile devices typically require a modified layout for content to help users navigate through the website more efficiently, and with responsive design, web developers are able to code their web pages with the flexibility to render readable content at a variety of display sizes. This is due largely in part to websites that can continually and fluidly change, based on factors such as the viewport width.

अपने छोटे प्रदर्शन आकार के कारण, मोबाइल उपकरणों को आम तौर पर वेबसाइट के माध्यम से उपयोगकर्ताओं को अधिक कुशलता से नेविगेट करने में मदद करने के लिए कंटेंट के लिए एक संशोधित लेआउट की आवश्यकता होती है, और रेस्पॉन्सिव डिजाइन के साथ, वेब डेवलपर्स विभिन्न प्रकार में पठनीय कंटेंट को प्रस्तुत करने के लिए फ्लेक्सिबिलिटी के साथ अपने वेब पृष्ठों को कोड करने में सक्षम होते हैं।

2.(c) What is Internet? Explain evolution of Internet.
इंटरनेट क्या है? इंटरनेट के विकास की व्याख्या करें।

Ans. The Internet is a global system of interconnected computer networks that use the standard Internet protocol suite(TCP/IP) to link several billion devices worldwide. It is a network of networks that consists of millions of private, public, academic, business, and government networks, of local to global scope, that are linked by a broad array of electronic, wireless, and optical networking technologies. The Internet carries an extensive range of information resources and services, such as the inter-linked hypertext documents and applications of the World Wide Web (WWW), the infrastructure to support email, and peer-to-peer networks for file sharing and telephony. The origins of the Internet date back to research commissioned by the United States government in the 1960s to build robust, fault-tolerant communication via computer networks. While this work, together with work in the United Kingdom and France, led to important precursor networks, they were not the Internet. There is no consensus on the exact date when the modern Internet came into being, but sometime in the early to mid-1980s is considered reasonable. From that point, the network experienced decades of sustained exponential growth as generations of institutional, personal, and mobile computers were connected to it.

इंटरनेट इंटरकनेक्टेड कंप्यूटर नेटवर्क की एक वैश्विक प्रणाली है जो दुनिया भर में कई अरब उपकरणों को जोड़ने के लिए मानक इंटरनेट प्रोटोकॉल सूट (टीसीपी / आईपी) का उपयोग करती है। यह नेटवर्क का एक नेटवर्क है जिसमें लाखों, निजी, सार्वजनिक, अकादमिक, व्यावसायिक और सरकारी नेटवर्क होते हैं, जो स्थानीय से वैश्विक दायरे में होते हैं,

जो इलेक्ट्रॉनिक, वायरलेस और ऑप्टिकल नेटवर्किंग तकनीकों की एक विस्तृत सरणी से जुड़े होते हैं। इंटरनेट सूचना संसाधनों और सेवाओं की एक विस्तृत श्रृंखला को वहन करता है, जैसे कि इंटर–लिंक किए गए हाइपरटेक्स्ट दस्तावेज और वर्ल्ड वाइड वेब (डब्ल्यू डब्ल्यू डब्ल्यू) के अनुप्रयोग, ईमेल का समर्थन करने के लिए बुनियादी ढांचा, और फाइल साझाकरण और टेलीफोनी के लिए पीयर–टू–पीयर नेटवर्क। 1960 के दशक में संयुक्त राज्य अमेरिका सरकार द्वारा कंप्यूटर नेटवर्क के साथ मजबूत, दोष–सहिष्णु संचार का निर्माण करने के लिए इंटरनेट तिथि की उत्पत्ति हुई। हालांकि इस काम ने यूनाइटेड किंगडम और फ्रांस में काम के साथ–साथ महत्वपूर्ण अग्रदूत नेटवर्क का नेतृत्व किया, वे इंटरनेट नहीं थे। आधुनिक इंटरनेट के अस्तित्व में आने पर सटीक तारीख पर कोई सहमति नहीं है, लेकिन 1980 के दशक के मध्य के कुछ समय में इसे उचित माना जाता है। उस बिंदु से, संस्थागत, व्यक्तिगत और मोबाइल कंप्यूटर की पीढ़ियों के रूप में नेटवर्क ने निरंतर घातीय वृद्धि के दशकों का अनुभव किया।

Most communications media including telephone, music, film, and television are being reshaped by the Internet, giving birth to new services such as voice over Internet Protocol (VoIP) and Internet Protocol television (IPTV). Newspaper, book, and other print publishing are adapting to website technology, or are reshaped into blogging and web feeds. The Internet has enabled and accelerated new forms of human interactions through instant messaging, and social networking. Online shopping has boomed both for major retail outlets and small artisans and traders. Business-to-business and financial services on the Internet affect supply chains across entire industries.

इंटरनेट, वॉइस ओवर इंटरनेट प्रोटोकॉल (वीओआईपी) और इंटरनेट प्रोटोकॉल टेलीविजन (आईपीटीवी) जैसी नई सेवाओं को जन्म देते हुए इंटरनेट, टेलीफोन, म्यूजिक, फिल्म और टेलीविजन सहित अधिकांश संचार माध्यम को इंटरनेट द्वारा नया रूप दिया जा रहा है। समाचार पत्र, पुस्तक, और अन्य प्रिंट प्रकाशन वेबसाइट प्रौद्योगिकी के लिए अनुकूल हैं, या ब्लॉगिंग और वेब फीड में बदल दिए गए हैं। इंटरनेट ने इंस्टेंट मैसेजिंग और सोशल नेटवर्किंग के माध्यम से मानव संबंधों के नए रूपों को सक्षम और त्वरित किया है। ऑनलाइन खरीदारी ने प्रमुख खुदरा दुकानों और छोटे कारीगरों और व्यापारियों दोनों के लिए बूम किया है। इंटरनेट पर व्यापार से व्यवसाय और वित्तीय सेवाएं पूरे उद्योगों में आपूर्ति श्रृंखलाओं को प्रभावित करती हैं।

The Internet has no centralized governance in either technological implementation or policies for access and usage; each constituent network sets its own policies. Only the overreaching definitions of the two principal name spaces in the Internet, the Internet Protocol address space and the Domain Name System, are directed by a maintainer organization, the Internet Corporation for Assigned Names and Numbers (ICANN). The technical underpinning and standardization of the core protocols (IPv4 and IPv6) is an activity of the Internet Engineering Task Force (IETF), a non-profit organization of loosely affiliated international participants that anyone may associate with by contributing technical expertise.

इंटरनेट का उपयोग के लिए तकनीकी कार्यान्वयन या नीतियों में कोई केंद्रीकृत प्रशासन नहीं है; प्रत्येक घटक नेटवर्क अपनी नीतियां निर्धारित करता है। इंटरनेट में दो प्रमुख नाम रिक्त स्थान, इंटरनेट प्रोटोकॉल एड्रेस स्पेस और डोमेन नेम सिस्टम की केवल ओवररचिंग परिभाषाएँ, एक अनुरक्षक संगठन, असाइनमेंट नेम्स एंड नंबर्स (ICANN) के लिए निर्देशित की जाती हैं। कोर प्रोटोकॉल (IPv4 और IPv6) का तकनीकी अंडरपिनिंग और मानकीकरण, इंटरनेट इंजीनियरिंग टास्क फोर्स (IETF) की एक गतिविधि है, जो कि बहुत ही संबद्ध अंतर्राष्ट्रीय प्रतिभागियों का एक गैर–लाभकारी संगठन है जो किसी को भी तकनीकी विशेषज्ञता में योगदान देकर संबद्ध कर सकती है।

3.(a) What are the disadvantages of the Internet?
इंटरनेट के नुकसान क्या हैं?

Ans.

1. There is a lot of wrong information on the Internet. Important files can be easily taken by the hackers.
   इंटरनेट पर बहुत सारी गलत जानकारी है। हैकर्स द्वारा महत्वपूर्ण फाइल्स आसानी से ली जा सकती हैं।
2. The unnecessary e-mails, advertisements etc. sometimes are said to be spam because they have the ability to show down the system and makes the users to face lots of problems.
   अनावश्यक ई–मेल, विज्ञापन आदि को कभी–कभी स्पैम कहा जाता है क्योंकि उनमें सिस्टम को दिखाने की क्षमता होती है और उपयोगकर्ताओं को बहुत सारी समस्याओं का सामना करना पड़ता है।
3. Pornography that can get in the hands of young children too easily.
   पोर्नोग्राफी जो छोटे बच्चों के हाथों में भी आसानी से आ सकती है।
4. Easy to waste a lot of time on the Internet. You can start surfing, and then realize far more time has passed than your realized.
   इंटरनेट पर बहुत समय बर्बाद करना आसान है। आप सर्फिंग शुरू कर सकते हैं, और फिर महसूस कर सकते हैं कि आपके एहसास की तुलना में अधिक समय बीत चुका है।
5. There are a lot of unscrupulous businesses that have sprung up on the Internet to take advantage of people.
   बहुत सारे ऐसे बेईमान व्यवसाय हैं जो लोगों का फायदा उठाने के लिए इंटरनेट पर उछले हैं।
6. The malware or virus threats are so deadly that affects the system to a greater extend. It immediately deletes all important files and the system ends up being crashed.
   मैलवेयर या वायरस का खतरा इतना घातक होता है जो सिस्टम को अधिक विस्तार से प्रभावित करता है। यह तुरंत सभी महत्वपूर्ण फाइल्स को हटा देता है और सिस्टम क्रैश हो जाता है।
7. The people using internet often will forget the difference between virtual and real world. This causes the people to get depressed quickly and it leads to social isolation and obesity problem due to

lack of any physical exercises. So its better to play outdoor rather in the Internet.

इंटरनेट का उपयोग करने वाले लोग अक्सर आभासी और वास्तविक दुनिया के बीच अंतर को भूल जाएंगे। इससे लोग जल्दी से उदास हो जाते हैं और यह किसी भी शारीरिक व्यायाम की कमी के कारण सामाजिक अलगाव और मोटापे की समस्या का कारण बनता है। इसलिए इंटरनेट की बजाय में आउटडोर खेल खेलना बेहतर है।

3.(b) Difference between Frontend and Backend

फोरेंटेन्ड और बैकेंड के बीच अंतर बताएं।

Ans.

Frontend (फ्रंट एंड)	**Backend (बैक एंड)**
It refers to the client-side of the application. यह एप्लिकेशन के क्लाइंट–साइड को संदर्भित करता है।	It refers to the server-side of the application. यह एप्लिकेशन के सर्वर–साइड को संदर्भित करता है।
Users can see and interact with a part of website. उपयोगकर्ता वेबसाइट के एक हिस्से को देख और बातचीत कर सकते हैं।	Everything that happens behind the scenes. वह सब कुछ जो पर्दे के पीछे होता है।
It includes everything that attributes to the visual aspects of websites. इसमें वह सब कुछ शामिल है जो वेबसाइट के दृश्य पहलुओं के लिए विशेषता है।	It includes a web server that communicates with a database to serve request that the frontend presents. इसमें एक वेब सर्वर शामिल है जो अनुरोध को पूरा करने के लिए डेटाबेस के साथ संचार करता है जो फ्रंट एंड प्रस्तुत करता है।
It forms the basis of what users can touch and experience on their web browsers. यह उन आधार बनाता है जो उपयोगकर्ता अपने वेब ब्राउजर को अनुभव कर सकते हैं।	The website that is never visible to the end users. वह वेबसाइट जो एंड यूजर को कभी दिखाई नहीं देती है।
The essentials of frontend web development include HTML, CSS and JavaScript फ्रंटएंड वेब डेवलपमेंट की अनिवार्यताओं में HTML, CSS और JavaScript शामिल हैं	The essentials of backend development include Ruby, Python, Java, Net etc. बैकएंड डेवलपमेंट की अनिवार्यताओं में Ruby, Python, Java, Net आदि शामिल हैं।

4.(a) What is Web Browser? Name any two type of web browser.

वेब ब्राउजर क्या है? किसी भी दो प्रकार के वेब ब्राउजर को नाम दें।

Ans. Web browser is a software application that allows us to see the information on the web. When a user requests a particular website, the web browser retrieves the necessary content from a web server and then display the resulting web page.

वेब ब्राउजर एक सॉफ्टवेयर एप्लिकेशन है जो हमें वेब पर जानकारी देखने की अनुमति देता है। जब कोई उपयोगकर्ता किसी विशेष वेबसाइट का अनुरोध करता है, तो वेब ब्राउजर वेब सर्वर से आवश्यक कंटेट प्राप्त करता है और फिर परिणामी वेब पेज प्रदर्शित करता है।

Web browser can show text, audio, video, animation etc. It is the responsibility of a web browser to interpret text and commands contained in the web page.

वेब ब्राउजर टेक्स्ट, ऑडियो, वीडियो, एनीमेशन आदि दिखा सकता है। वेब पेज में निहित टेक्स्ट और कमांड्स की व्याख्या करना एक वेब ब्राउजर की जिम्मेदारी है।

a. **Internet Explorer:** This browser was made by Microsoft Corporation and bundled together into Windows operating system. The latest operating system, Windows comes with Microsoft latest web browser named Internet Explorer 11. Internet Explorer supports HTML 4.01, CSS Level 1, XML 1.0, and DOM Level. Microsoft Edge replaced IE as the Windows default browser beginning with Windows 10, but IE is still a popular browser for users running older versions of windows.

   इंटरनेट एक्सप्लोरर: यह ब्राउजर माइक्रोसॉफ्ट कॉर्पोरेशन द्वारा बनाया गया था और विंडोज ऑपरेटिंग सिस्टम में एक साथ बंडल किया गया था। नवीनतम ऑपरेटिंग सिस्टम, विंडोज इंटरनेट एक्सप्लोरर 11 नामक माइक्रोसॉफ्ट के नवीनतम वेब ब्राउजर के साथ आता है। इंटरनेट एक्सप्लोरर एचटीएमएल 4.01, सीएसएस लेवल 1, एक्सएमएल 1.0 और डोम स्तर का समर्थन करता है। Microsoft एज ने IE को Windows 10 के साथ शुरू होने वाले विंडोज डिफॉल्ट ब्राउजर के रूप में बदल दिया, लेकिन IE अभी भी विंडोज के पुराने संस्करणों को चलाने वाले उपयोगकर्ताओं के लिए एक लोकप्रिय ब्राउजर है।

b. **Microsoft Edge:** Microsoft Edge is the new browser built into Windows 10. Internet Explorer 11 remains available alongside Edge on Windows 10 for compatibility. The browser includes an integrated Adobe Flash player and a PDF reader. It also integrates with online platforms in order to provide voice control, search functionality, and dynamic information related to searches within the address bar. Users can make annotations to web pages that can be stored with One Drive but cannot save HTML pages and does not support ActiveX.

   Microsoft Edge: Microsoft Edge विंडोज 10 में बनाया गया नया ब्राउजर है। संगतता के लिए Windows 10 : Internet Explorer 11 एज पर उपलब्ध है। ब्राउजर में एक एकीकृत एडोब फ्लैश प्लेयर और एक पीडीएफ रीडर शामिल है। यह एड्रेस बार के भीतर वॉयस कंट्रोल, सर्च फंक्शनालिटी और सर्च से संबंधित डायनामिक जानकारी देने के लिए ऑनलाइन प्लेटफॉर्म के साथ

इंटीग्रेट करता है। उपयोगकर्ता वेब पृष्ठों पर एनोटेशन कर सकते हैं जिन्हें वन ड्राइव के साथ संग्रहीत किया जा सकता है, लेकिन HTML पृष्ठों को सेव नहीं कर सकता है।

4.(b) Write down the difference between Static and Dynamic web site.

स्टेटिक और डायनामिक वेब साइट के बीच अंतर लिखिए।

Ans. The difference between of static and dynamic website are as follows:

स्थैतिक और डायनामिक वेबसाइट के बीच अंतर इस प्रकार है:

a. Dynamic websites can be easily upgraded by end users. Static websites is difficult to upgrade.

डायनामिक वेबसाइट को आसानी से एंड यूजर्स द्वारा अपग्रेड किया जा सकता है। स्थैतिक वेबसाइट को अपग्रेड करना मुश्किल है।

b. The theme of website and content of website are fixed. Website designs and content can be changed on runtime.

वेबसाइट का विषय और वेबसाइट की विषय–वस्तु तय हो गई है। वेबसाइट डिजाइन और कंटेट को रनटाइम पर बदला जा सकता है।

c. With the help of markup language, static websites load quickly whereas dynamic websites delays to load because of more processing time.

मार्कअप लैंग्वेज की मदद से स्टैटिक वेबसाइट्स जल्दी लोड होती हैं जबकि डायनेमिक वेबसाइट्स ज्यादा प्रोसेसिंग टाइम की वजह से लोड होने में देरी करती हैं।

d. Static website provides information to their clients like an organization website. Dynamic website is where content changes frequently, like an Electronic-commerce site etc.

स्टेटिक वेबसाइट अपने ग्राहकों को एक संगठन वेबसाइट की तरह जानकारी प्रदान करती है। डायनामिक वेबसाइट वह है जहां कंटेट अक्सर बदलती रहती है, जैसे इलेक्ट्रॉनिक–कॉमर्स साइट आदि।

e. Static website directly run on browser and does not require other internet application language. This website can be created from HTML and CSS. Dynamic website run the application on server and the result will be display on webpage. So, this requires server application language like PHP, JSP etc.

स्टेटिक वेबसाइट सीधे ब्राउजर पर चलती है और इसके लिए अन्य इंटरनेट एप्लिकेशन भाषा की आवश्यकता नहीं होती है। यह वेबसाइट HTML और CSS से बनाई जा सकती है। डायनामिक वेबसाइट सर्वर पर एप्लिकेशन चलाती है और परिणाम वेबपेज पर प्रदर्शित होगा। तो, इसके लिए सर्वर एप्लीकेशन लैंग्वेज जैसे PHP, JSP आदि की आवश्यकता होती है।

f. Static websites are easy to develop and an experienced person can develop it. But in case of Dynamic websites, it cannot be developed easily because it requires qualify developers to create it, manage it, test it and maintain security of application and database.

स्टेटिक वेबसाइट विकसित करना आसान है और एक अनुभवी व्यक्ति इसे विकसित कर सकता है। लेकिन डायनामिक वेबसाइट के मामले में, इसे आसानी से विकसित नहीं किया जा सकता है क्योंकि इसे बनाने, इसे प्रबंधित करने, इसका परीक्षण करने और एप्लिकेशन और डेटाबेस की सुरक्षा बनाए रखने के लिए इसे योग्य बनाने वाले डेवलपर्स की आवश्यकता होती है।

g. In Static website, if you want to change the page content then we have to upload that page on server many times. Dynamic sites provide some facilities that it possible to change the page content using server application. There is no need to upload the page on server.

स्टेटिक वेबसाइट में, यदि आप पेज कंटेंट को बदलना चाहते हैं तो हमें उस पेज को कई बार सर्वर पर अपलोड करना होगा। डायनामिक साइटें कुछ सुविधाएं प्रदान करती हैं जो सर्वर एप्लिकेशन का उपयोग करके पेज के कंटेट को बदलना संभव बनाती हैं। सर्वर पर पेज अपलोड करने की कोई आवश्यकता नहीं है

5.(a) What are Web publishing tools? What is the meaning of document management in context of Web publishing?

वेब प्रकाशन उपकरण क्या हैं? वेब प्रकाशन के संदर्भ में दस्तावेज प्रबंधन का अर्थ क्या है?

Ans. Web publishing tools consist of tools and resources like programming languages, designing software, animation software etc. which help to create and develop web pages. There are a number of Web Publishing Tools developed by various corporations.

वेब पब्लिशिंग टूल्स में प्रोग्रामिंग लैंग्वेज, डिजाइनिंग सॉफ्टवेयर, एनीमेशन सॉफ्टवेयर आदि जैसे टूल और संसाधन होते हैं जो वेब पेज बनाने और विकसित करने में मदद करते हैं। विभिन्न निगमों द्वारा विकसित कई वेब प्रकाशन उपकरण हैं।

A web content management system (WCMS) is a software system that provides website authoring, collaboration, and administration tools designed to allow users with little knowledge of web programming languages or markup languages to create and manage website content with relative ease.

वेब कंटेट प्रबंधन प्रणाली (WCMS) एक सॉफ्टवेयर प्रणाली है जो वेबसाइट संलेखन, सहयोग और प्रशासन उपकरण प्रदान करती है, जो उपयोगकर्ताओं को वेब प्रोग्रामिंग भाषाओं या मार्कअप भाषाओं के थोड़े से ज्ञान के साथ वेबसाइट की कंटेट बनाने और सापेक्ष आसानी से प्रबंधित करने की अनुमति देती है।

Most systems use a content repository or a database to store page content, metadata, and other information assets that might be needed by the system. Most systems use server side scripting to improve performance. A web content management system is used to control a dynamic collection of web material, including HTML documents, images, and other forms of media. A CMS facilitates document control, auditing, editing, and timeline management. A WCMS typically has the following features:

अधिकांश सिस्टम पृष्ठ कंटेट, मेटाडेटा और अन्य सूचना परिसंपत्तियों को संग्रहीत करने के लिए एक कंटेट भंडार या डेटाबेस का उपयोग करते

हैं जो सिस्टम द्वारा आवश्यक हो सकते हैं। अधिकांश सिस्टम प्रदर्शन को बेहतर बनाने के लिए सर्वर साइड स्क्रिप्टिंग का उपयोग करते हैं। वेब कंटेट प्रबंधन प्रणाली का उपयोग वेब कंटेट के गतिशील संग्रह को नियंत्रित करने के लिए किया जाता है, जिसमें दस्तावेज, चित्र और मीडिया के अन्य रूप शामिल हैं। CMS दस्तावेज नियंत्रण, ऑडिटिंग, संपादन की सुविधा देता है, और समय प्रबंधन। WCMS में आमतौर पर निम्नलिखित विशेषताएं होती हैं:

Automated templates: Create standard output templates (usually HTML and XML) that can be automatically applied to new and existing content, allowing the appearance of all content to be changed from one central place.

स्वचालित टेम्प्लेट: मानक आउटपुट टेम्प्लेट (HTML XML) बनाएं जो स्वचालित रूप से नई और मौजूदा कंटेट पर लागू हो सकते हैं, जिससे सभी कंटेट की उपस्थिति एक केंद्रीय स्थान से बदल सकती है।

Access control: Some WCMS systems support user groups. User groups allow you to control how registered users interact with the site. A page on the site can be restricted to one or more groups. This means an anonymous user (someone not logged on), or a logged on user who is not a member of the group a page is restricted to, will be denied access to the page.

अभिगम नियंत्रण: कुछ WCMS सिस्टम उपयोगकर्ता समूहों का समर्थन करते हैं। उपयोगकर्ता समूह आपको यह नियंत्रित करने की अनुमति देते हैं कि पंजीकृत उपयोगकर्ता साइट के साथ कैसे बातचीत करते हैं। साइट पर एक पृष्ठ को एक या अधिक समूहों तक सीमित किया जा सकता है। इसका मतलब है कि एक अनाम उपयोगकर्ता (किसी ने लॉग ऑन नहीं किया है), या एक लॉग ऑन उपयोगकर्ता जो उस समूह का सदस्य नहीं है जिसे पृष्ठ प्रतिबंधित है, को पृष्ठ तक पहुंच से वंचित कर दिया जाएगा।

Easily editable content: Once content is separated from the visual presentation of a site, it usually becomes much easier and quicker to edit and manipulate. Most WCMS software includes WYSIWYG editing tools allowing non-technical users to create and edit content.

आसानी से संपादन योग्य कंटेट: एक बार किसी साइट की दृश्य प्रस्तुति से कंटेट अलग हो जाने के बाद, यह आमतौर पर संपादित और हेरफेर करने के लिए बहुत आसान और तेज हो जाती है। अधिकांश WCMS सॉफ्टवेयर में WYSIWYG संपादन उपकरण शामिल हैं जो गैर–तकनीकी उपयोगकर्ताओं को कंटेट बनाने और संपादित करने की अनुमति देते हैं।

Scalable feature sets: Most WCMS software includes plug-ins or modules that can be easily installed to extend an existing site's functionality.

स्केलेबल फीचर सेट: अधिकांश WCMS सॉफ्टवेयर में प्लग–इन या मॉड्यूल शामिल होते हैं जिन्हें आसानी से मौजूदा साइट की कार्यक्षमता को बढ़ाने के लिए स्थापित किया जा सकता है।

Document management: CMS software may provide a means of collaboratively managing the life cycle of a document from initial creation time, through revisions, publication, archive, and document destruction.

दस्तावेज प्रबंधान: CMS सॉफ्टवेयर प्रारंभिक निर्माण समय से दस्तावेज के जीवन चक्र को संशोधित करने, प्रकाशन, संग्रह और दस्तावेज विनाश के माध्यम से सहयोग के साधन प्रदान कर सकता है।

Versioning: Like document management systems, CMS software may allow the process of versioning by which pages are checked in or out of the WCMS, allowing authorized editors to retrieve previous versions and to continue work from a selected point. Versioning is useful for content that changes over time and requires updating, but it may be necessary to go back to or reference a previous copy.

वर्जनिंग: डॉक्यूमेंट मैनेजमेंट सिस्टम की तरह, सीएमएस सॉफ्टवेयर वर्जनिंग की प्रक्रिया को अनुमति दे सकता है जिसके द्वारा पेजों को डब्ल्यूसीएमएस के अंदर या बाहर चेक किया जाता है, जिससे अधिकृत संपादकों को पिछले संस्करणों को पुनः प्राप्त करने और एक चयनित बिंदु से काम जारी रखने की अनुमति मिलती है। वर्जनिंग उस कंटेट के लिए उपयोगी है जो समय के साथ बदलती है और अपडेट करने की आवश्यकता होती है, लेकिन पिछली कॉपी पर वापस जाना या उसका संदर्भ लेना आवश्यक हो सकता है।

5.(b) List various features of web browser.

वेब ब्राउजर की विभिन्न विशेषताओं को सूचीबद्ध करें।

Ans. There are many web browsers available having different features. Some of the basic features mentioned below:

विभिन्न विशेषताओं वाले कई वेब ब्राउजर उपलब्ध हैं। नीचे बताई गई कुछ बुनियादी विशेषताएं:

It handles requests for HTML files, interprets links, and deals with embedded images, audio, and video elements.

- यह HTML फाइल्स के लिए अनुरोधों को संभालता है, लिंक की व्याख्या करता है, और एम्बेडेड छवियों, ऑडियो और वीडियो तत्वों से संबंधित है।

It keeps the history of the websites visited.

यह वेबसाइट का इतिहास रखता है।

It provides a row of buttons at the top of the browser window for browsing the Internet conveniently.

यह आसानी से इंटरनेट ब्राउज करने के लिए ब्राउजर विंडो के शीर्ष पर बटन की एक पंक्ति प्रदान करता है।

It supports web standards currently in use such as HTML, HTTP, JavaScript, and Unicode.

यह वर्तमान में HTML, HTTP, जावास्क्रिप्ट और यूनिकोड जैसे वेब मानकों का समर्थन करता है।

It connects to an e-mail program for importing favorites/bookmarks and sending and receiving e-mails from the most commonly used applications and formats.

यह पसंदीदा / बुकमार्क आयात करने और सबसे अधिक उपयोग किए जाने वाले अनुप्रयोगों और प्रारूपों से ई–मेल भेजने और प्राप्त करने के लिए एक ई–मेल प्रोग्राम से जुड़ता है।

2 HTML Basics (HTML की मूल बातें)

Structure (संरचना)

Basic Structure of HTML (HTML की मूल संरचना)
❖ Formatting Tags (फोमेटिंग टैग) ❖ Tables (टेबल्स) ❖ Lists (लिस्ट्स) ❖ Frames (फ्रेम्स) ❖ HTML 5 Introduction and New Elements (HTML 5 परिचय और नए एलिमेंट्स) ❖ HTML embed multimedia (HTML एम्बेड मल्टीमीडिया) ❖ HTML Layout and Iframe (HTML लेआउट और आईफ्रेम)

Objectives (उद्देश्य)

The reader will be able to understand to develop static website using different HTML Controls.
(पाठक निम्नलिखित को समझने में सक्षम होगा)

❖ Basic structure of HTML (HTML की मूल संरचना) ❖ Formatting Tags (फोमेटिंग टैग) ❖ Tables (टेबल्स)
❖ Lists (लिस्ट्स) ❖ Frames (फ्रेम्स) ❖ HTML 5 Elements (एचटीएमएल 5 एलिमेंट्स)
❖ HTML Form Validations (HTML फॉर्म वैलिडेशन)

2.1 Introduction (परिचय)

HTML is the standard markup language for creating web pages developed by Tim Berners-Lee in 1991. It used by the browser to manipulate text, images and other content to display it in required format. Each page contains a series of connections to other pages called hyperlinks. The HTML standard and all other Web-related standards are developed under the authority of the World Wide Web Consortium (W3C). Standards, specifications, and drafts of new proposals found at http://www.w3.org/. The most recent work is the HTML 4.0 Specification, which is growing in support by major browsers.

1991 में टिम बर्नर्स–ली द्वारा विकसित वेब पेज बनाने के लिए HTML मार्कअप लैंग्वेज का विकास हुआ । इसका उपयोग ब्राउजर द्वारा आवश्यक प्रारूप में प्रदर्शित करने के लिए टेक्स्ट, इमेज और अन्य कंटेंट में हेरफेर करने के लिए किया जाता है। प्रत्येक पृष्ठ में हाइपरलिंक्स नामक अन्य पृष्ठों के कनेक्शन की एक श्रृंखला होती है। HTML मानक और अन्य सभी वेब–संबंधित मानक वर्ल्ड वाइड वेब कंसोर्टियम (W3C) के अधिकार के तहत विकसित किए गए हैं। Http://www/. w3.org/ पर मिले नए प्रस्तावों के मानक, विनिर्देश और ड्राफ्ट। सबसे हालिया काम HTML 4.0 विशिष्टता है, जो प्रमुख ब्राउजर द्वारा समर्थन में बढ़ रहा है।

2.2 Introduction to HTML Basics (HTML की मूल बातो का परिचय)

Hypertext Markup Language (HTML) is a language understood by your web browser like Internet Explorer or Netscape Navigator. All the documents available on the World Wide Web have written in HTML, which run on any type of computer having a Web browser. It has a collection of styles (indicated by tags) that define the various components of a World Wide Web document. An HTML document can be opened in any operating system or any hardware such as PC, Macintosh or UNIX operated machine.

हाइपरटेक्स्ट मार्कअप लैंग्वेज (HTML) आपके वेब ब्राउजर जैसे इंटरनेट एक्सप्लोरर या नेटस्केप नेविगेटर द्वारा समझी जाने वाली भाषा है। वर्ल्ड वाइड वेब पर उपलब्ध सभी दस्तावेजों को HTML में लिखा गया है, जो किसी भी प्रकार के कंप्यूटर पर वेब ब्राउजर के साथ चलते हैं। इसमें स्टाइल्स का एक संग्रह (टैग) है जो वर्ल्ड वाइड वेब दस्तावेज के विभिन्न घटकों को परिभाषित करता है। HTML दस्तावेज किसी भी ऑपरेटिंग सिस्टम या किसी भी हार्डवेयर जैसे PC, Macintosh या UNIX संचालित मशीन में खोला जा सकता है।

2.2.1 Basic Structure of HTML (HTML की मूल संरचना)

HTML stands for Hyper Text Markup Language and is the basic structural element that is used to create web pages.

HTML: हाइपर टेक्स्ट मार्कअप लैंग्वेज है; और यह मूल संरचनात्मक तत्व है जिसका उपयोग वेब पेज बनाने के लिए किया जाता है।

HTML Page Structure (HTML पृष्ठ संरचना)

An HTML page consists of the following tags:

HTML पृष्ठ में निम्नलिखित टैग शामिल हैं:

<!DOCTYPE>: A DOCTYPE declaration must be specified in the first line of each web document.

प्रत्येक वेब दस्तावेज की पहली पंक्ति में घोषणा निर्दिष्ट की जानी चाहिए।

<HTML>: This tag specifies the document as an HTML document.

यह टैग दस्तावेज को HTML दस्तावेज के रूप में निर्दिष्ट करता है।

<HEAD>: This tag contains information about the document, including its title, scripts used, style definitions and document descriptions.

इस टैग में दस्तावेज के बारे में जानकारी है, जिसमें इसका शीर्षक, उपयोग की गई स्क्रिप्ट, स्टाइल्स परिभाषाएँ और दस्तावेज विवरण शामिल हैं।

<TITLE>: This tag contains the document title. The title specified inside <Title> tag appears on the browser's title bar. You should be very careful while choosing the title because a title is also used to identify a Web page for search engines.

इस टैग में दस्तावेज का शीर्षक है। <TITLE> टैग के अंदर निर्दिष्ट शीर्षक ब्राउजर के शीर्षक पट्टी पर दिखाई देता है। शीर्षक चुनते समय आपको बहुत सावधान रहना चाहिए क्योंकि सर्च इंजन के लिए वेब पेज की पहचान करने के लिए एक शीर्षक का भी उपयोग किया जाता है।

<BODY>: This forms the largest part of the HTML document. The <Body> tag encloses all the tags, attributes and information to be displayed in the Web page. The information written within the body tag is displayed in the browser Window.

यह HTML दस्तावेज का सबसे बड़ा हिस्सा है। <Body> टैग वेब पेज में प्रदर्शित होने वाले सभी टैग, विशेषताओं और सूचनाओं को संलग्न करता है। बॉडी टैग के भीतर लिखी गई जानकारी ब्राउजर विंडो में प्रदर्शित होती है।

Different HTML Tags

Different HTML tags are explained in detail in the following sections.

निम्नलिखित अनुभागों में विभिन्न HTML टैग्स के बारे में विस्तार से बताया गया है।

The following example shows the tags that make up the standard skeletal structure of an HTML document:

निम्न उदाहरण एक HTML दस्तावेज के मानक स्केलेटल संरचना को बनाने वाले टैग दिखाता है:

```
<!DOCTYPE>
<HTML>
<HEAD>
<TITLE>Document Title</TITLE>
</HEAD>
<BODY>
Contents of Document
</BODY>
</HTML>
```

<!DOCTYPE> Type

The DOCTYPE tells the browser which version of HTML the page is written.

```
<!DOCTYPE html PUBLIC "-//W3C//DTD XHTML 1.o Transitional//EN"
http://www.w3.org/TR/xhtml1-transitional.dtd>
```

HTML elements <Html>

The HTML element tells the web browser that the file contains HTML-coded information. It is also called HTML root element and used to wrap all the code. Most elements are written with a start tag and an end tags with content in between. HTML documents are structured into two parts, the Head and Body. These are contained within the HTML element.

```
<HTML>
…
</HTML>
```

Head Elements<Head>

The <head> element is the container for all the head elements, which provide information about the page document such as meta-information and document type information. It is place before the <body> tag. The contents of the head are not displayed and a <body> element surrounds all the content (text, images, videos, link etc.) that will be displayed in a web browser.

<head> एलिमेंट सभी हेड एलिमेंट्स के लिए कंटेनर है, जो पेज डॉक्यूमेंट जैसे मेटा–इंफॉर्मेशन और डॉक्यूमेंट टाइप इंफॉर्मेशन की जानकारी देता है। यह <body> टैग से पहले का स्थान है। हेड के कंटेंट प्रदर्शित नहीं होती है और <body> तत्व सभी कंटेंट (टेक्स्ट, चित्र, वीडियो, लिंक आदि) को घेरता है जो एक वेब ब्राउजर में प्रदर्शित किया जाएगा।

```
<HTML>
  <HEAD>
     <TITLE>Document Title </TITLE>
  </HEAD>
</HTML>
```

TITLE Element <Title>

Title element contains the document's title and identifies its contents in a global context. The title is displayed somewhere in the browser window (usually at the top), but not within the text area. You should choose title head somewhat descriptive, unique and relatively short.

शीर्षक तत्व में दस्तावेज का शीर्षक होता है और वैश्विक संदर्भ में इसकी कंटेंट की पहचान करता है। शीर्षक को ब्राउजर विंडो में कहीं भी प्रदर्शित किया जाता है (आमतौर पर शीर्ष पर), लेकिन पाठ क्षेत्र के भीतर नहीं। आपको शीर्षक सिर को कुछ वर्णनात्मक, अद्वितीय और अपेक्षाकृत कम चुनना चाहिए।

```
<TITLE>Document Title</TITLE>
```

Body <Body>

The second and largest part of HTML document is the body, which contains the contents of the document (displayed within the text area of a browser window). The tags explained below are used within the body of the HTML document.

HTML दस्तावेज का दूसरा और सबसे बड़ा हिस्सा बॉडी है, जिसमें दस्तावेज की कंटेंट (ब्राउजर विंडो के पाठ क्षेत्र के भीतर प्रदर्शित) होती है। नीचे दिए गए टैग HTML दस्तावेज के मुख्य भाग के भीतर उपयोग किए जाते हैं।

The tags used to indicate the start and the end of the main body of textual information are:

पाठ सूचना के मुख्य निकाय के start और end को इंगित करने के लिए उपयोग किए जाने वाले टैग हैं:

```
<BODY>
...
</BODY
```

The default characteristics of a page, such as background color, text color, font size and font width, etc., can be specified as attributes of the <BODY> tag.

पृष्ठ की डिफॉल्ट विशेषताओं, जैसे कि पृष्ठभूमि का रंग, पाठ का रंग, फॉन्ट का आकार और फॉन्ट की चौड़ाई आदि, को <BODY> टैग की विशेषताओं के रूप में निर्दिष्ट किया जा सकता है।

The attributes for the <BODY> tag are as follows:

<BODY> टैग की विशेषताएँ इस प्रकार हैं:

a. BACKGROUND (पृष्ठभूमि)

b. BGCOLOR

c. TEXT (टेक्स्ट)

d. LINK, ALINK AND VLINK (LINK, ALINK और VLINK)

e. LEFT MARGIN (बायां मार्जिन)

f. TOP MARGIN (ऊपरी मार्जिन)

Head Section and Elements of Head Section
Head Section और Head Section के तत्व

The <head> element is a container for metadata. It contains other head elements such as <title>, <meta>, <link>, <style>, <script> and <base>.

<head> तत्व मेटाडेटा के लिए एक कंटेनर है। इसमें अन्य मुख्य तत्व शामिल हैं जैसे <title>, <meta>, <link>, <style>, <script> and <base>।

HTML<title> element

The <title> element is displayed in a bowser tab. An example of title element.(तत्व एक बॉलर टैब में प्रदर्शित होता है। शीर्षक तत्व का एक उदाहरण।)

```
<html>
<head>
    <title>A simple HTML document </title>
</head>
<body>
    <!–Document body..>
</body>
</html>
```

HTML <meta> Element

It is used to specify page description, author and keywords etc. It can also be used to refresh the page or set cookies. An example of meta element.

इसका उपयोग पृष्ठ विवरण, लेखक और कीवर्ड आदि को निर्दिष्ट करने के लिए किया जाता है। इसका उपयोग पृष्ठ को रीफ्रेश करने या कुकीज सेट करने के लिए भी किया जा सकता है। मेटा तत्व का एक उदाहरण।

```
<head>
   <title>Specifying Metadata</title>
      <meta charset=”utf-8”>
   <meta name=”Author” content=”Web Designing”>
      <meta name=”keywords” content=”JavaScript,
      CSS, HTML5”>
   <meta name="description" content=”HTML
   BASICS”>
</head>
```

HTML <link> Element

The <link> element is used to load an external style sheet into HTML document, but it can also be used for search engines by providing links to relevant resources on the website's navigational structure. An example of <link> element.

एक्सटर्नल link शीट को HTML दस्तावेज में लोड करने के लिए <link> तत्व का उपयोग किया जाता है, लेकिन इसका उपयोग सर्च इंजन के लिए वेबसाइट की नेविगेशनल संरचना पर संबंधित संसाधनों

के लिंक प्रदान करके भी किया जा सकता है। <link> तत्व का एक उदाहरण।

```
<head>
    <title>Linking StyleSheet</title>
    <link rel="CSS Stylesheet" href="Style.CSS">
</head>
```

The syntax is <link rel=" " href="">. The rel attributes specifies the relationship between the document containing the hyperlink and the destination resources. The href attributes specifies the address of the hyperlink.

वाक्य रचना <link rel=" " href=""> है। Rel विशेषताएँ हाइपरलिंक और गंतव्य संसाधनों वाले दस्तावेज के बीच संबंध निर्दिष्ट करती हैं। हाइपर विशेषताएँ हाइपरलिंक का पता निर्दिष्ट करती हैं।

HTML <style> Element

The <style> element is used to define embedded style information for an HTML document. The syntax is written as <style> </style>. An example of <style> element.

HTML दस्तावेज के लिए एम्बेडेड स्टाइल जानकारी को परिभाषित करने के लिए <style> तत्व का उपयोग किया जाता है। वाक्य रचना को <style> </style> लिखा जाता है। <style> तत्व का एक उदाहरण।

```
<head>
  <title>Embedding Style Sheets</title>
  <style type="text/css">
     H1 { font -size: 15px;
         color: blue; }
     P {font -weight: normal;
         color: green;}
  </style>
</head>
```

HTML <script> Element

The <script> element is used to define client-side script such as JavaScript within the document or embedded external JavaScript file through the SRC attribute. The syntax is written as <script> </script> with the script inserted between the start and end tags.

<script> तत्व का उपयोग क्लाइंट–साइड स्क्रिप्ट को परिभाषित करने के लिए किया जाता है जैसे कि SRC विशेषता के माध्यम से दस्तावेज के भीतर जावास्क्रिप्ट या एम्बेडेड बाहरी जावास्क्रिप्ट फाइल। सिंटैक्स को <script> </script> के साथ लिखा जाता है, जिसमें शुरुआत और अंत टैग के बीच सम्मिलित स्क्रिप्ट होती है।

```
<html>
<head>
   <title>Adding JavaScript</title>
   <script type="text/javascript" scr="script.
   js"> </script>
</head>
<body>
   <!–Document body>
</body>
</html>
```

HTML <base> Element

HTML <base> element specifies a base URL for all relative links contained in the document. The Syntax <base> is written as <base href="" target="">. It is used either a href attribute or target.

HTML <base> element दस्तावेज में निहित सभी रिलेटिव लिंक के लिए एक आधार URL निर्दिष्ट करता है। सिंटेक्स<base> को <base href = ""target = ">> लिखा जाता है। यह या तो एक href विशेषता या लक्ष्य का उपयोग किया जाता है।

```
<html>
<head>
   <title>Define a base URL</title>
   <base href="https://abc.tutorial.com/"
   target="_blank">
</head>
<body>
   <p>Go to <a href="html-Elements/">HTML
   Elements</a></p>
</body>
</html>
```

The <base> tag is inserted between the <head> tags, and there must be enter more than one <base> element in the document.

<base> टैग <head> टैग के बीच डाला जाता है, और दस्तावेज में एक से अधिक <base> तत्व दर्ज होना चाहिए।

2.3 Formatting Tags (फोर्मटिंग टैग)

HTML Formatting tags such as <b>, <i>, <u>, <strike> etc., are used to make some text on your web pages to appear differently than normal text.

HTML formating tags जैसे कि <b>, <i>, <u>, <strike> आदि, का उपयोग आपके वेब पृष्ठों पर कुछ टेक्स्ट बनाने के लिए किया जाता है जो सामान्य टेक्स्ट से अलग दिखाई देते हैं।

Boldface: The boldface tag <B> </B> is used to make the text you want to show in Boldface style.

बोल्डफेस: बोल्डफेस टैग <B> </ B> का उपयोग उस टेक्स्ट को बनाने के लिए किया जाता है जिसे आप बोल्डफेस स्टाइल में दिखाना चाहते हैं।

Italics: The italics tag <I> </I> is used to mark the text you want to display in Italics face style.

इटैलिक: इटैलिक टैग <I> </ I> का उपयोग उस टेक्स्ट को चिह्नित करने के लिए किया जाता है जिसे आप इटैलिक फेस स्टाइल में प्रदर्शित करना चाहते हैं।

Underline: The tag <U> </U> is used to make the text you want to display the text as Underlined.

अंडरलाइन: टैग <U> </U> का उपयोग उस टेक्स्ट को बनाने के लिए किया जाता है जिसे आप टेक्स्ट को अंडरलाइन के रूप में प्रदर्शित करना चाहते हैं।

Strikethrough: The tag <s> </s> is used to make the text to be strike out. The content of strikethrough tags would appear with a horizontal line over the text.

स्ट्राइकथ्रू: टेक्स्ट को स्ट्राइक आउट करने के लिए टैग <s> का उपयोग किया जाता है। स्ट्राइकथ्रू टैग की कंटेट टेक्स्ट पर एक क्षैतिज रेखा के साथ दिखाई देगी।

Example 1: The following Example 1 shows the text style formatting tags as applied to the HTML document and the output as shown in Figure 2.1.

उदाहरण 1: निम्न उदाहरण 1 HTML स्टाइल फार्मेटिंग टैग को HTML दस्तावेज और आउटपुट के रूप में चित्र 2.1 में दिखाया गया है।

```
<HTML>
<HEAD>
<TITLE>A Simple HTML Styles tags</TITLE>
</HEAD>
<body BGCOLOR=BLUE TEXT=WHITE>
<H1>Welcome to the World of HTML</H1>
<P><b>This text is displayed in Boldface</b></P>
<P><I>This text is displayed in Italics</I></P>
<P><U>This text is displayed in Underlined</U></P>
<P>This text is displayed in between <s>strikethrough </s> typeface</p>
</body>
<address>Created by Jain</address>
</HTML>
```

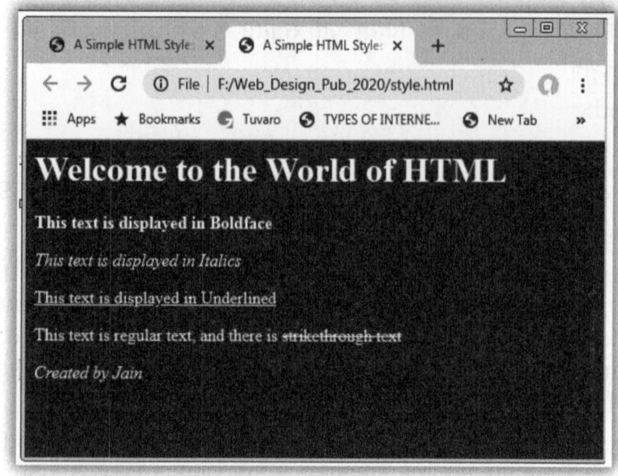

Figure 2.1: Viewing in the Chrome
(उदाहरण 1 का आउटपुट क्रोम में देखना)

HTML DIV TAG

The HTML <div> element (or HTML Document Division Element) element is a block level element, browsers will render a line break before and after its content. It can be used to group elements for styling purposes (using the class or id attributes), or because they share attribute values, such as lang.

HTML <div> एलिमेंट (या एचटीएमएल डॉक्यूमेंट डिवीजन एलिमेंट) तत्व एक ब्लॉक लेवल एलिमेंट है, ब्राउजर इसके कंटेंट से पहले और बाद में एक लाइन ब्रेक रेंडर करेगा। इसका उपयोग स्टाइल के उद्देश्यों के लिए समूह तत्वों के लिए किया जा सकता है (वर्ग या आईडी विशेषताओं का उपयोग करके), या क्योंकि वे विशेषता मान साझा करते हैं, जैसे कि lang।

The <DIV> tag using Styles and different attributes these are:

<DIV> स्टाइल्स और विभिन्न विशेषताओं का उपयोग करके टैग ये हैं:

- The <DIV> tag is for Division, as in dividing or sub-dividing a Page into many Sections or functional blocks, for example: Header, Footer, Navigation pane, Main Content pane, Right Pane etc.

  <DIV> टैग डिवीजन के लिए है, जिससे पेज को कई खंडों या कार्यात्मक ब्लॉक में विभाजित या उप–विभाजित किया जाता है। उदाहरण के लिए: हैडर, फुटर, नेविगेशन फलक, मुख्य सामग्री फलक, राइट पेन आदि।
- This HTML <DIV> tag is a container for other HTML items or elements. This HTML-Div Tag is used to layout HTML elements on a page, and can be used to group HTML Elements together. Ultimately, you can say that <DIV> tag is container unit that condenses other page elements and divides the HTML document into sections.

HTML <DIV> टैग अन्य HTML आइटम या तत्व के लिए एक कंटेनर है। इस HTML-Div टैग का उपयोग किसी पृष्ठ पर HTML तत्वों को लेआउट करने के लिए किया जाता है, और इसका उपयोग HTML तत्वों को एक साथ समूह में करने के लिए किया जा सकता है। अंततः, आप कह सकते हैं कि <DIV> टैग कंटेनर इकाई है जो अन्य पृष्ठ तत्वों को संघनित करती है और HTML दस्तावेज को खंडों में विभाजित करती है।

- You can use the <DIV> tag to layout your page, the other way to layout your HTML web page is table. I would like to suggest you to use Div tag for page payout.

  आप अपने पेज को लेआउट करने के लिए <DIV> टैग का उपयोग कर सकते हैं, अपने HTML वेब पेज को लेआउट करने का दूसरा तरीका टेबल है। Div टैग का उपयोग का पेज पे–आउट के लिए कर सकते हैं।

- Web designers use <DIV> elements to combine together HTML elements and implement CSS styles to many elements at once. For instance, by covering a set of paragraph elements into a <div> element, the designer can take advantage of CSS styles.

  वेब डिजाइनर HTML तत्वों को एक साथ मिलाने और CSS Style को एक साथ कई तत्वों को लागू करने के लिए <DIV> तत्वों का उपयोग करते हैं। उदाहरण के लिए, <div> तत्व में पैराग्राफ तत्वों के एक सेट को कवर करके, डिजाइनर CSS Style का इस्तेमाल कर सकते हैं।

- Designer can apply a design to all paragraphs at once by applying a design style to the <DIV> tag instead of coding the same style for each paragraph element.

  डिजाइनर एक बार में प्रत्येक पैराग्राफ तत्व के लिए एक ही style को कोड करने के बजाय <DIV> टैग के लिए एक डिजाइन style लागू करके सभी पैराग्राफों पर डिजाइन लागू कर सकता है।

- Within a <DIV>, you can you can nest and align Paragraphs, Headings Lists, Definitions, Pre-formatted text, Images and Tables etc. You can use the ALIGN attribute for Horizontal Text Alignment.

  <DIV> के भीतर, आप पैराग्राफ, हेडिंग लिस्ट, परिभाषाएँ, पूर्व–स्वरूपित पाठ, चित्र और टेबल आदि को नेस्ट और संरेखित कर सकते हैं। आप क्षैतिज पाठ संरेखण के लिए ALIGN विशेषता का उपयोग कर सकते हैं।

2.3.1. HTML <Div> Tag

The following section demonstrates, how to use div tag to layout your page. Simple script to display the content of <div> tag.

निम्न अनुभाग दर्शाता है, अपने पृष्ठ को लेआउट करने के लिए div टैग का उपयोग कैसे करें। <Div> टैग की कंटेंट को प्रदर्शित करने के लिए सरल स्क्रिप्ट।

Example 2 (उदाहरण 2):

```
<!DOCTYPE html>
<html>
<html>
<title>Example of HTML DIV TAG</title>
<body>
<div style="border:1px; background-color:black;
color: white; padding:5px">
<p>Welcome to BPB Publications, here you get on
latest books</p>
<p>All kinds IT related book</p>
</div>
</body>
</html>
```

The output of given coding in Example 2 as shown in Figure 2.2.

उदाहरण 2 में दिए गए कोडिंग का आउटपुट चित्र 2.2 में दिखाया गया है।

Attributes (एट्रिब्यूट)

id (name): The id attribute assigns an identifier to the related element. This identifier must be unique in the document and can be used to refer to that element in other instances (e.g., from client-side scripts).

आईडी (नाम): आईडी विशेषता संबंधित तत्व को एक पहचानकर्ता प्रदान करती है। यह पहचानकर्ता दस्तावेज में अद्वितीय होना चाहिए और इसका उपयोग अन्य उदाहरणों में उस तत्व को संदर्भित करने के लिए किया जा सकता है (जैसे, क्लाइंट–साइड स्क्रिप्ट से)।

Class (cdata): The class attribute assigns a class name (or a list of class names separated by spaces) to the container element. It is used together with style sheets and tells the browser the class (or classes) to which the element is related.

क्लास (सीडीटा): क्लास गुण कंटेनर तत्व को एक वर्ग नाम (या रिक्त स्थान द्वारा अलग किए गए वर्ग नामों की सूची) प्रदान करता है। यह स्टाइल शीट के साथ एक साथ उपयोग किया जाता है और ब्राउजर को क्लास (या कक्षाएं) को बताता है जिससे तत्व संबंधित है।

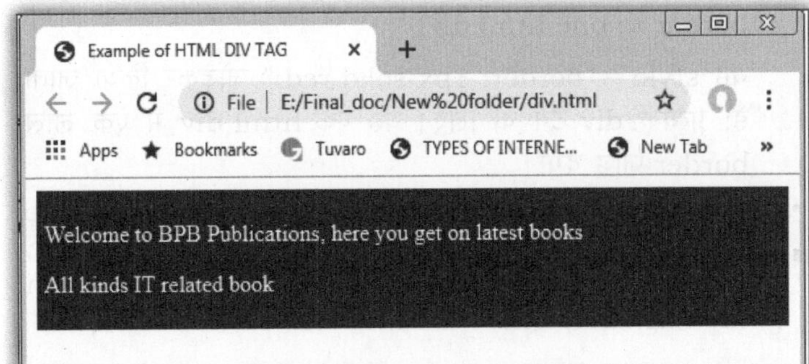

Figure 2.2: Previewing in chrome browser (क्रोम ब्राउजर में पूर्वावलोकन)

Style (style): This attribute is used to define presentational attributes for the containing element, and its value should be composed by style sheets properties. Although in some cases it is to place presentational attributes in external files, relating them to elements with the "class" attribute.

स्टाइल (स्टाइल): इस विशेषता का उपयोग युक्त तत्व के लिए प्रस्तुतिकरण विशेषताओं को परिभाषित करने के लिए किया जाता है, और इसके मूल्य को स्टाइल पत्रक गुणों द्वारा बनाया जाना चाहिए। यद्यपि कुछ मामलों में यह बाहरी फाइल्स में प्रस्तुति संबंधी विशेषताओं को रखना है, उन्हें "class" विशेषता वाले तत्वों से संबंधित है।

Align (सरेखित)

The align attribute specifies the horizontal alignment of the content inside a <div> element.

संरेखित विशेषता <div> तत्व के अंदर कंटेट के क्षैतिज संरेखण को निर्दिष्ट करती है। संरेखित करने का सिंटैक्स

```
<div align="left|right|center|justify">
```

The attribute value is (विशेषता):

- **Left:** Text is aligned to the left margin. (**बायाँ:** टेक्स्ट बाएँ हाशिये से संरेखित है।)
- **Right:** Text is aligned Text is aligned. (**राइट:** टेक्स्ट सही मार्जिन से संरेखित है।)
- **Center:** Text is centered. (**केंद्र:** टेक्स्ट केंद्रित है।)
- **Justify:** Text is justified to both margins. (**औचित्य:** टेक्स्ट दोनों हाशिये के लिए उचित है।)

HTML Div Tag - Alignment and Style संरेखण और स्टाइल

First of all, you will add border in each Div tag. You can do this by using in-line CSS. In-line CSS is CSS inside HTML which is used for adding style to page.

बसे पहले, आप प्रत्येक Div टैग में border जोड़ देंगे। आप इन–लाइन CSS का उपयोग करके ऐसा कर सकते हैं। इन–लाइन CSS HTML के अंदर CSS है जो पेज में style जोड़ने के लिए उपयोग किया जाता है।

- This is done by adding style="border: 1px solid red;" to each the div's tag. That will add a red border to one html div.

  यह style = "border: 1px solid red;" जोड़कर किया जाता है; प्रत्येक div टैग के लिए। यह एक html div में एक लाल border जोड़ देगा।

- It should be kept in mind while designing website that as per requirement, add the borders to HTML <div> tags. You should also take care: what each div contains, where it starts and ends.

  वेबसाइट को डिजाइन करते समय यह ध्यान में रखा जाना चाहिए कि आवश्यकता के अनुसार, HTML में border जोड़ें <div> टैग। आपको यह भी ध्यान रखना चाहिए प्रत्येक div में क्या है, जहां यह होता है और समाप्त होता है।

- HTML div's alignment can be changed by using the align attribute. To align a div using the align attribute.

  HTML div के संरेखण को एलायंस विशेषता का उपयोग करके बदला जा सकता है। संरेखित विशेषता का उपयोग करके एक div संरेखित करने के लिए।

- HTML Div tag can also be used to set layout width and Height, for example, <div width:100px; Height:100px;">

  HTML Div टैग का उपयोग लेआउट चौड़ाई और ऊँचाई सेट करने के लिए भी किया जा सकता है, उदाहरण के लिए, <div width:100px; Height:100px;">

Example 3: Script of HTML Div Tag Layout using the Align Attribute and adding Style.

उदाहरण 3: संरेखित गुण और स्टाइल का उपयोग करके HTML Div टैग लेआउट की स्क्रिप्ट।

```
<html>
<body>
<div style="width:400px;">
<divalign="center"width="200px;"style="border:
5px solid green;">This is first block</div>
<div align="left" width="200px;"style="border:
5px solid red;">This is second block</div>
<div align="right" width="200px;"style="border:
5px solid  blue;">This is third block</div>
<divalign="center"width="200px;"style="border:
5px solid pink;">This is fourth block</div>
<div align="center" bgcolor="green"
width="200px;align="center" style="border:5px
solid red;background:black;color:white;">Last
block ! Background is black</div>
</div>
</body>
</html>
```

The output of given coding in Example 3 as shown in Figure 2.3.

उदाहरण 3 में दिए गए कोडिंग का आउटपुट चित्र 2.3 में दिखाया गया है।

HTML-Div Inside of Div (HTML-Div के अंदर का भाग)

Placing <div> elements inside of other <div> elements allows these elements can been further subdivide in Example 4.

<div> तत्वों के अंदर <div> तत्वों को रखने से ये तत्व उदाहरण 4 में आगे उपविभाजित हो सकते हैं।

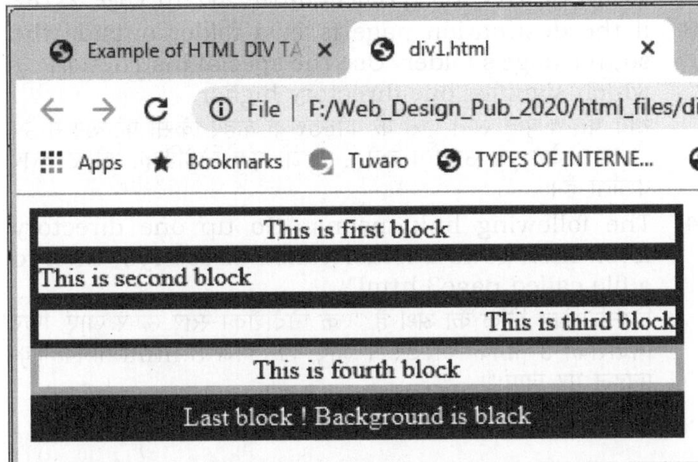

Figure 2.3: Previewing in Internet Explore (इंटरनेट एक्सप्लोरर में पूर्वावलोकन)

Example 4 (उदाहरण 4):

```
<html>
</body>
<div id="myDiv" name="myDiv" title="Example Div
Element" style="font-family: Helvetica; font-
size: 12pt; border: 2px solid black;">
    <div id="subDiv1" name="subDiv1" title=
    "Subdivision Div Element" style="color:
    #FF0000; border: 1px dotted green;">
        <h5>Paragraph 1</h5>
        <p>This is block of first paragraph</p>
        <p>Here is another paragraph.</p>
</div>
<br/>
<div id="subDiv2" name="subDiv2"
title="Subdivision Div Element" style="color:
#FF00FF;border: 1px dashed green;">
```

The output of given coding in Example 4 as shown in Figure 2.4.

उदाहरण 4 में दिए गए कोडिंग का आउटपुट चित्र 2.4 में दिखाया गया है।

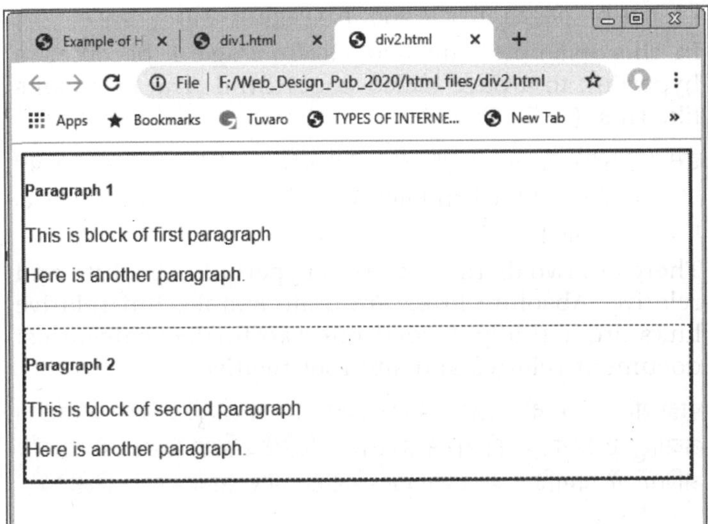

Figure 2.4: Previewing in chrome browser (क्रोम ब्राउजर में पूर्वावलोकन)

Preformat Element <PRE> </PRE> (प्रीफॉर्मेट तत्व)

The <PRE> tag stands for preformatted text. It allows you to include preformatted text in HTML document (including spaces and lines). The text contained in this tag is rendered in a fixed pitch font like the Courier font. Most browsers follow the HTML standard for block level elements and create a paragraph break before the <PRE> start tag and after the </PRE> closing tag.

<PRE> टैग पूर्वनिर्मित पाठ के लिए है। यह आपको HTML दस्तावेज (रिक्त स्थान और रेखाओं सहित) में पूर्वनिर्मित पाठ शामिल करने की अनुमति देता है। इस टैग में निहित पाठ कूरियर फॉन्ट की तरह एक निश्चित पिच फॉन्ट में प्रदान किया गया है। अधिकांश ब्राउजर ब्लॉक स्तर के तत्वों के लिए HTML मानक का पालन करते हैं और <PRE> स्टार्ट टैग से पहले एक पैरा विराम बनाते हैं और </ PRE> टैग बंद हैं।

Anchor links and Named Anchors Image Tag (एंकर लिंक और नामांकित एंकर इमेज टैग)

The HTML anchor tag defines a hyperlink that links one page to another page. It can create hyperlink to other web page as well as files, location, or any URL. The attribute href links to destination page or URL.

HTML एंकर टैग हाइपरलिंक को परिभाषित करता है जो एक पृष्ठ को दूसरे पृष्ठ से जोड़ता है। यह अन्य वेब पेज के साथ-साथ फाइल्स, स्थान या किसी भी URL पर हाइपरलिंक बना सकता है। विशेषता href लिंक गंतव्य पृष्ठ या URL के लिए है।

Hyperlinks are created with an href tag (hyperlink reference). The tag looks like this:

हाइपरलिंक एक href टैग (हाइपरलिंक रेफरेंस) के साथ बनाए जाते हैं। टैग इस तरह दिखता है:

```
<a href="page1.html">Go To Page 1</a>
```

In this example, the text Go To Page 1 becomes a hyperlink to a page called page1.html. The link looks like this: Go To Page 1.

इस उदाहरण में, पाठ 1 पृष्ठ पर जाएँ पृष्ठ 1 पर एक हाइपरलिंक बन जाता है, जिसे पृष्ठ 1.html कहा जाता है। लिंक इस तरह दिखता है: पेज 1 पर जाएं।

There are two distinct types of hyperlink: absolute and relative. Absolute links are quite simple, but relative links are actually divided into two further categories: document-relative and site-root-relative.

हाइपरलिंक के दो अलग–अलग प्रकार हैं: अब्सोलुएट और रिलेटिव। अब्सोलुएट लिंक काफी सरल हैं, लेकिन रिलेटिव लिंक वास्तव में दो और श्रेणियों में विभाजित हैं: दस्तावेज–रिलेटिव और साइट–रूट–रिलेटिव।

2.3.2 Absolute Links (अब्सोलुटे लिंक)

An absolute link (or absolute URL link) contains a complete internet address, just the same as if you typed the address into your browser's address bar. It does not matter where the source page is in relation to the destination page, the link will always work as long as the destination page exists. Most absolute links begin with "http://" and follow this simple format:

अब्सोलुटे लिंक (पूर्ण URL लिंक) में एक पूर्ण इंटरनेट पता होता है, ठीक उसी तरह जैसे कि आपने अपने ब्राउजर के एड्रेस बार में एड्रेस टाइप किया हो। इससे कोई फर्क नहीं पड़ता कि गंतव्य पृष्ठ के संबंध में स्रोत पृष्ठ कहां है, लिंक हमेशा तब तक काम करेगा जब तक गंतव्य पृष्ठ मौजूद है। अधिकांश पूर्ण लिंक "http: //" से शुरू होते हैं और इस सरल प्रारूप का पालन करते हैं:

```
<a href="http://www.mywebsite.com/index.html">Go To My Site</a>
```

Document-Relative Links (डॉक्यूमेंट -रिलेटिव लिंक)

Document-relative links use directions from the source page to the destination page.

डॉक्यूमेंट –रिलेटिव लिंक स्रोत पृष्ठ से गंतव्य पृष्ठ तक दिशाओं का उपयोग करते हैं।

There are three ways to do this - the method you use will depend on the location of the source and destination pages in relation to each other. To create hyperlinks from the page called sourcepage.html to other pages in the site.

ऐसा करने के तीन तरीके हैं – आपके द्वारा उपयोग की जाने वाली विधि एक दूसरे के संबंध में स्रोत और गंतव्य पृष्ठों के स्थान पर निर्भर करेगी। Sourcepage.html नामक पृष्ठ से साइट के अन्य पृष्ठों पर हाइपरलिंक बनाने के लिए।

1. If the destination page is in the same directory as the source page. All you need to specify is the source file name:

   यदि गंतव्य पृष्ठ स्रोत पृष्ठ के समान निर्देशिका में है। आपको केवल स्रोत फाइल नाम निर्दिष्ट करने की आवश्यकता है:

   ```
   <a href="page1.html">Go To Page 1</a>
   ```

2. If the destination page is in a folder inside the source page's folder. Specify the folder name and then the file name:

   यदि गंतव्य पृष्ठ स्रोत पृष्ठ के फोल्डर के अंदर एक फोल्डर में है। फोल्डर नाम और फिर फाइल नाम निर्दिष्ट करें:

   ```
   <a href="directory2/page2.html">Go To Page 2</a>
   ```

3. If the destination page is in a folder outside the source page's folder. Use the special instruction ../ which signifies one directory higher.

   यदि गंतव्य पृष्ठ स्रोत पृष्ठ के फोल्डर के बाहर किसी फोल्डर में है। विशेष निर्देश का उपयोग करें .. / जो एक निर्देशिका को उच्चतर दर्शाता है।

4. The following link means "Go up one directory level, then go to a folder called directory3, then to a file called page3.html":

   निम्नलिखित लिंक का अर्थ है "एक निर्देशिका स्तर ऊपर जाएं, फिर निर्देशिका 3 नामक फोल्डर में जाएं, फिर पेज 3.html नामक एक फाइल पर जाएं:"

   ```
   <a href="../directory3/page3.html">Go To Page 3</a>
   ```

Site-Root-Relative Links (साइट-रूट-रिलेटिव लिंक)

Site-root-relative links use a single forward-slash / to signify the instruction: "Start at the document root of the site and go down the directory path from there." The format is:

साइट–रूट–रिलेटिव लिंक निर्देश को दर्शाने के लिए एक एकल फॉरवर्ड–स्लैश / का उपयोग करते हैं: "साइट के दस्तावेज रूट पर शुरू करें और वहाँ से निर्देशिका पथ नीचे जाएं।" प्रारूप है:

```
<a href="/main-directory/directory4/page4.html">Go To Page 4</a>
```

Despite the cumbersome name, this method is quite simple. The link begins at the same level as your domain and works down from there. The link above is the same as:

बोझिल नाम के बावजूद, यह विधि काफी सरल है। लिंक आपके डोमेन के समान स्तर पर शुरू होता है और वहां से नीचे काम करता है। उपरोक्त लिंक इस प्रकार है:

```
<a href="http://www.mysite.com/main-directory/
  directory4/page4.html">Go To Page 4</a>
```

This method has the significant advantage of staying intact if you move the source page. The exact same link will work from any page anywhere in the site.

यदि आप स्रोत पृष्ठ को स्थानांतरित करते हैं, तो इस पद्धति का अक्षुण्ण बने रहने का महत्वपूर्ण लाभ है। ठीक वही लिंक साइट के किसी भी पेज से काम करेगा।

A link is specified using HTML tag <a>. This tag is called anchor tag and anything between the opening

<a> tag and the closing </a> tag becomes part of the link and a user can click that part to reach to the linked document. Following is the simple syntax to use <a> tag.

HTML टैग <a> का उपयोग करके एक लिंक निर्दिष्ट किया गया है। इस टैग को एंकर टैग कहा जाता है और start <a> टैग और end </a> टैग लिंक का हिस्सा बन जाता है और एक उपयोगकर्ता लिंक किए गए दस्तावेज तक पहुंचने के लिए उस हिस्से पर क्लिक कर सकता है। <a> टैग का उपयोग करने के लिए सरल वाक्यविन्यास निम्नलिखित है।

<a href = "दस्तावेज URL" ...। विशेषताएँ– सूचीझ लिंक पाठ </a>

Example 5 (उदाहरण 5):

```
<!DOCTYPE html>
<html>
<head>
<title>Hyperlink Example</title>
</head>
<body>
<p>Click following link</p>
<a href=" http: //www.bpbonline.com" target="_
self">Books Stores</a>
</body>
</html>
```

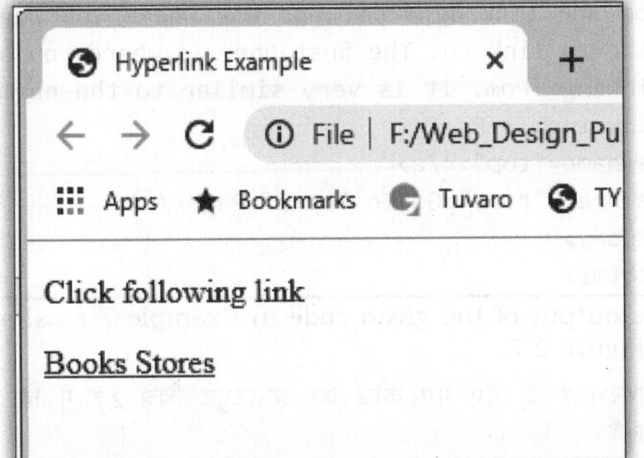

Figure 2.5: Viewing the file in Chrome of Example 5 (उदाहरण 5 की पफाइल को क्रोम में देखना)

This will produce following result, when you can click on the link generated Book Stores to reach to the home page of BPB Publications.

यह निम्नलिखित परिणाम देगा, जब आप BPB Publication के मुख पृष्ठ पर पहुंचने के लिए बुक के स्टोर के लिंग पर क्लिक कर सकते हैं।

The Target Attribute (टारगेट एट्रिब्यूट)

The target attribute specifies where to open the linked document. This attribute is used to specify the location where linked document is opened.

टारगेट एट्रिब्यूट निर्दिष्ट दस्तावेज को ओपन के लिए कहाँ निर्दिष्ट करती है। इस विशेषता का उपयोग उस स्थान को निर्दिष्ट करने के लिए किया जाता है जहां लिंक किए गए दस्तावेज को ओपन किया गया है।

This example will open the linked document in a new browser Window or in a new tab. The target window options are:

यह उदाहरण नए ब्राउजर विंडो में या नए टैब में लिंक किए गए दस्तावेज को खोल देगा। लक्ष्य विंडो विकल्प हैं:

Option (ऑप्शन)	Description (विवरण)
_blank (_ब्लेंक)	Opens the linked document in a new Window or tab. लिंक किए गए दस्तावेज को एक नई विंडो या टैब में खोलता है।
_self (_सेल्फ)	Opens the linked document in the same frame. लिंक किए गए दस्तावेज को उसी फ्रेम में खोलता है।
_parent (_पैरेंट)	Opens the linked document in the parent frame. पैरेंट के फ्रेम में लिंक किए गए दस्तावेज को खोलता है।
_top (_टॉप)	लिंक किए गए दस्तावेज को विंडो के पूर्ण निकाय में खोलता है। Opens the linked document in the full body of the window.
target frame (टारगेट फ्रेम)	Opens the linked document in a named targetframe. लिंक किए गए दस्तावेज को नामित लक्ष्य–सूची में खोलता है।

In example to understand basic difference in few options given for target, attribute.

Example 6 (उदाहरण 6):

```
<!DOCTYPE html>
<html>
<head>
<title>Hyperlink Example</title>
</head>
<body>
<p>Click any of the following links</p>
<a href="Rose Flowers.html" target=" _blank"
>Opens in New</a>
<a href="Rose Flowers.html" target=" _self"
>Opens in Self</a>
```

```
<a href="Rose Flowers.html" target=" _parent"
>Opens in Parent</a>
<a href="Rose Flowers.html" target=" _top"
>Opens in Body</a>
</body>
</html>
```

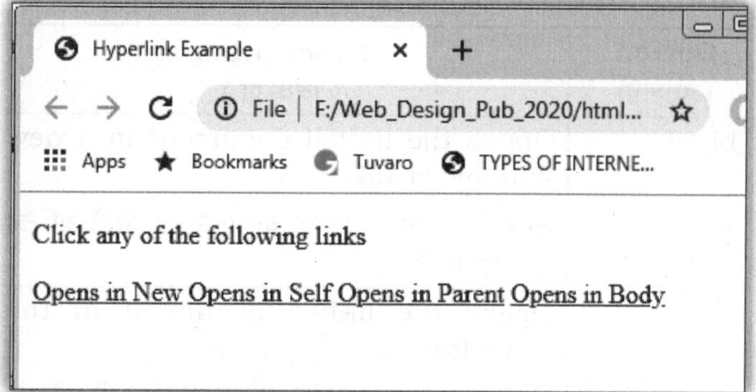

Figure 2.6: Viewing the file in Chrome of Example 6
(उदाहरण 6 की फाइल को क्रोम में देखना)

उदाहरण 6 में दिए गए कोडिंग का आउटपुट चित्र 2.6 में दिखाया गया है।

The output of given coding in Example 6 as shown in Figure 2.6.

Internal Hyperlink (इंटरनल हाइपरलिंक)

You can create a link to a particular section of a given webpage by using name attribute. An internal hyperlink is a link, which points to a particular part of a page. This can be useful in long pages with lots of sub-sections. For example, the links at the top of this page are internal links pointing to each sub-heading.

आप नाम विशेषता का उपयोग करके किसी दिए गए वेबपेज के एक विशेष खंड का लिंक बना सकते हैं। इंटरनल हाइपरलिंक एक लिंक है, जो किसी पृष्ठ के किसी विशेष भाग को इंगित करता है। यह कई उप-वर्गों के साथ लंबे पृष्ठों में उपयोगी हो सकता है। उदाहरण के लिए, इस पृष्ठ के शीर्ष पर स्थित इंटरनल लिंक प्रत्येक उप-शीर्षक की ओर इशारा करते हैं।

Internal hyperlinks require an anchor tag with the name attribute like so:

इंटरनल हाइपरलिंक के लिए एंकर टैग की आवश्यकता होती है, जैसे नाम विशेषता:

```
<a name="top"> </a>
```

Create an anchor like this at the place in the page you want to link to. It does not matter if there is anything between the open and close tags.

आप जिस पेज से लिंक करना चाहते हैं, उस जगह पर इस तरह से एक एंकर बनाएं। इससे कोई फर्क नहीं पड़ता कि open और close टैग के बीच कुछ है या नहीं।

Then create a hyperlink, which refers to this anchor with a hash (#) like so:

फिर एक हाइपरलिंक बनाएं, जो इस एंकर को हैश (#) के साथ संदर्भित करता है:

```
<a href="#top">Go To Top of Page</a>
```

This assumes that the name anchor is on the same page as the hyperlink. To link to an anchor on a separate destination page, simply create a normal link with the anchor name appended to the file name like so:

यह मानता है कि एंकर हाइपरलिंक के रूप में एक ही पृष्ठ पर है। एक अलग गंतव्य पृष्ठ पर एंकर से लिंक करने के लिए, बस एंकर नाम के साथ एक सामान्य लिंक बनाएं जो फाइल नाम से संलग्न है:

```
<a href="page1.html#part2">Go To Page 1, Part 2</a>
```

Example 7 (उदाहरण 7):

```
<! DOCTYPE html>
<html>
<head>
<title>Internal Link</title>
</head>
<body>
<H1>Anchors Tags</H1>
<p>To link to a specific spot on a web page,
you need to use a pair of anchors. One where
you are linking from, and one where you would
like to link to. The first one, is where you are
linking from. It is very similar to the normal
link tag. </P
<a name="top"></a>
<a href="#top">Go To Top of Page</a>
</body>
</html>
```

The output of the given code in Example 7 as shown in Figure 2.7.

उदाहरण 7 में दिए गए कोड का आउटपुट चित्र 2.7 में दिखाया गया है।

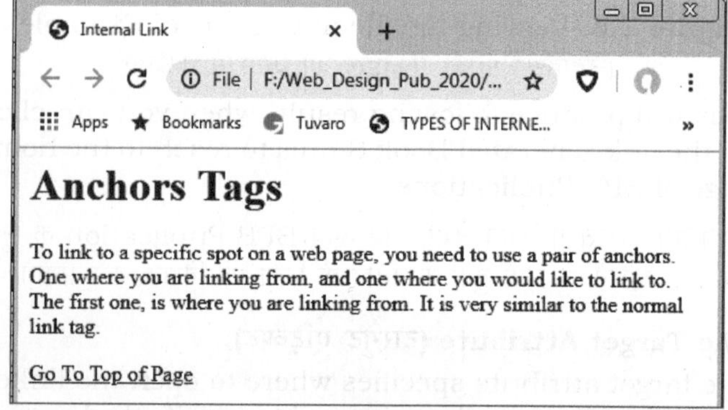

Figure 2.7: Viewing the file of Example 7 in Chrome
(उदाहरण 7 की फाइल को क्रोम में देखना)

Naming Sections with id (आईडी के साथ नामकरण अनुभाग)

A slightly more modern way of allowing links to be pointed at arbitrary parts of your page is to use the id attribute, which can be applied to any HTML element.

आपके पेज के आरबटरी भाग पर लिंक किए जाने की अनुमति देने का एक और अधिक आधुनिक तरीका आईडी विशेषता का उपयोग करना है, जिसे किसी भी HTML element पर लागू किया जा सकता है।

This means you do not need to keep setting up new empty elements throughout your page; you can simply add a unique id value to an existing element.

इसका मतलब है कि आपको अपने पूरे पृष्ठ में नए खाली तत्वों को सेट करने की आवश्यकता नहीं है; आप बस एक मौजूदा तत्व के लिए एक unique आईडी जोड़ सकते हैं।

Use the id attribute to mark the element to which you want to link. For example:

जिस तत्व को आप लिंक करना चाहते हैं, उसे चिह्नित करने के लिए आईडी विशेषता का उपयोग करें। उदाहरण के लिए:

```
<h1 id="heading1">heading 1</h1>
```

You can now create a link to that element by using # in the link attribute. The # must be followed by the id of the tag you want to link to. For example:

अब आप लिंक विशेषता में # का उपयोग करके उस तत्व का लिंक बना सकते हैं। जिस टैग को आप लिंक करना चाहते हैं, उस आईडी का # अनुसरण करना चाहिए। उदाहरण के लिए:

```
<a href="#heading1">Link to heading 1</a>
<a href="#heading1"> शीर्ष 1 से लिंक करें </a>
```

Example 8 (उदाहरण 8):

```
<html>
<head>
</head>
<body>
<p><a href="#Paragraph1">Link to Paragraph 1</
a></P>
<p><a href="#paragraph2">Link to paragraph 2</
a></p>
<h1 id="Paragraph1">Para 1</h1>
<p>Use the id attribute to mark the element to
which you want to link.</p>
<h1 id="Paragraph2">Para 2</h1>
<p>Use the id attribute to mark the element to
which you want to link. </p>
</body>
</html>
```

The output of the given code in Example 8 as shown in Figure 2.8.

उदाहरण 8 में दिए गए कोड का आउटपुट चित्र 2.8 में दिखाया गया है।

Use of Base Path (बेस पाथ का उपयोग)

When you link HTML documents related to the same website, it is not required to give a complete URL for every link. You can get rid of it if you use <base> tag in your HTML document header. This tag is used to give a base path for all the links. So your browser will concatenate given relative path to this base path and will make a complete URL.

जब आप एक ही वेबसाइट से संबंधित HTML दस्तावेजों को लिंक करते हैं, तो हर लिंक के लिए एक पूर्ण URL देना आवश्यक नहीं है। यदि आप अपने HTML डॉक्यूमेंट हैडर में <base> टैग का उपयोगे करने से छुटकारा पा सकते हैं। इस टैग का उपयोग सभी कड़ियों के लिए आधार मार्ग देने के लिए किया जाता है। तो आपका ब्राउजर इस आधार पथ के सापेक्ष पथ को समाप्त कर देगा और पूर्ण URL बना देगा।

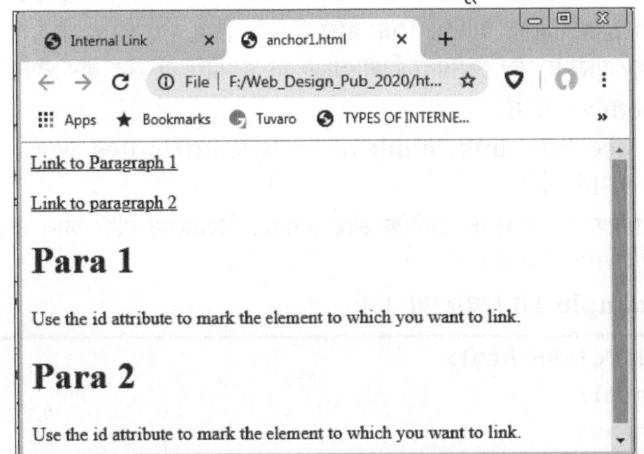

Figure 2.8: Viewing the file in Chrome (उदाहरण 8 की फाइल को क्रोम में देखना)

For example, makes use of <base> tag to specify base URL and later we can use relative path to all the links instead of giving complete URL for every link.

उदाहरण के लिए, बेस URL को निर्दिष्ट करने के लिए <base> टैग का उपयोग करता है और बाद में हम हर लिंक पर पूरा URL देने के बजाय सभी लिंक के सापेक्ष पथ का उपयोग कर सकते हैं।

Example 9 (उदाहरण 9):

```
<! DOCTYPE html>
<html>
<head>
<title>Hyperlink Example</title>
<base href=" http: //www.onlinetutorial.com/" >
</head>
<body>
<p>Click following link</p>
<a  href="/html/index.html"  target="  _blank"
>HTML Tutorial</a>
</body>
</html>
```

In Example 9, when you can click on the link generated HTML tutorial to reach to the HTML tutorial.

उदाहरण 9 में, जब आप HRML ट्यूटोरियल तक पहुंचने के लिए उत्पन्न HRML ट्यूटोरियल के लिंक पर क्लिक कर सकते हैं।

Now given URL <a href="/html/index.htm"> is being considered as

<a href="http://www.onlinetutorial.com/html/index.htm">.

अब दिया गया URL <a href="/html/index.htm"> माना जा रहा है।

Setting Link Colors (लिंक का रंग सेट करना)

You can set colors of your links, active links and visited links using link, alink and vlink attributes of <body> tag.

आप अपने लिंक, ऐक्टिव लिंक और विजिट किए गए लिंक के रंग को लिंक, एलिंक और असपदा विशेषताओं के उपयोग से सेट कर सकते हैं <body> टैग में।

To see how link, alink and vlink attributes work in Example 10.

उदाहरण 10 में लिंक, अलिंक और असपदा विशेषताएँ कैसे काम करती हैं दिखाया गया है।

Example 10 (उदाहरण 10):

```
<!DOCTYPE html>
<html>
<head>
<style>
a:link {
    color: green;
    background-color: transparent;
    text-decoration: none;
}
a:visited {
    color: pink;
    background-color: transparent;
    text-decoration: none;
}
a:hover {
    color: red;
    background-color: transparent;
    text-decoration: underline;
}
a:active {
    color: yellow;
    background-color: transparent;
    text-decoration: underline;
}
</style>
</head>
<body>
<p>You can change the default colors of links</p>
<a href="rose.jpg" target="_blank">HTML Images</a>
</body>
</html>
```

The output of the Example 10 as shown in Figure 2.9.

उदाहरण 10 का आउटपुट चित्र 2.9 में दिखाया गया है।

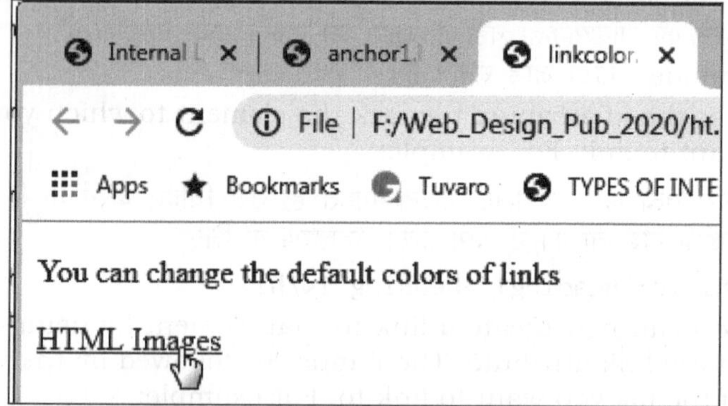

Figure 2.9: Viewing the file in Chrome of Example 10 (उदाहरण 10 की फाइल को क्रोम में देखना)

2.3.3 IMG (Image Element)

An image can be inserted into a Web page using the tag <IMG> </IMG>. This tag takes the name of the image file (filename.gif) as an attribute. In addition, HTML also allows control of the height, width, border, etc., of every image placed on Web page. The attributes are associated with <IMG> tag.

<IMG> </ IMG> टैग का उपयोग करके एक image वेब पेज में डाली जा सकती है। यह टैग एक विशेषता के रूप में image फाइल (फाइल नाम) का नाम लेता है। इसके अलावा, HTML वेब पेज पर रखी गई प्रत्येक छवि की ऊँचाई, चौड़ाई, सीमा आदि का नियंत्रण भी करता है। विशेषताएँ <IMG> टैग से संबद्ध हैं।

The IMG element is empty, meaning there is no closing </IMG>. It has several attributes:

IMG तत्व रिक्त है, जिसका अर्थ है कि कोई समापन </ IMG> नहीं है। इसकी कई विशेषताएं हैं:

SRC = "image_url"

SRC gives the URL of the image document. The URL points the location where the image is stored.

SRC छवि दस्तावेज का URL देता है। URL उस स्थान को इंगित करता है जहां छवि संग्रहीत है।

Aligning Image in Web Page (वेब पेज में छवि सरेखित करना)

ALIGN tells the browser how to align the image with the text. There are different types of alignments these are:

ALIGN ब्राउजर को बताता है कि टेक्स्ट के साथ इमेज को कैसे संरेखित करें। विभिन्न प्रकार के संरेखण हैं:

- **Top align:** It aligns the Top of the image with the top margin of the item in the line Align="TOP".

  टॉप संरेखित: यह पंक्ति में आइटम के शीर्ष मार्जिन के साथ छवि के शीर्ष को संरेखित करता है = "शीर्ष"।
- **Bottom align:** It aligns the Bottom of the image with the baseline of the text Algin="BOTTOM".

  बॉटम संरेखित: यह टेक्स्ट के आधार रेखा के साथ छवि के नीचे संरेखित करता है संरेखित करें = "BOTTOM"।
- **Middle align:** It aligns the Middle of the image with the baseline of the text Algin="MIDDLE".

  मध्य संरेखित: यह छवि के मध्य को संरेखित करता है टेक्स्ट के आधार रेखा के साथ संरेखित करें = "MIDDLE"।
- **Left and right align:** It supports left and right-aligned images. The image floats to the left or right margins, with the text following the image element flowing around the image, for example, `Align="Left" and Align='Right'`.

  बाएँ और दाएँ संरेखित: यह बाएँ और दाएँ–संरेखित चित्रों का समर्थन करता है। छवि बाएं या दाएं मार्जिन पर फलोट करती है, छवि के चारों ओर बहने वाले छवि तत्व के बाद पाठ के साथ, उदाहरण के लिए, Align = "Left" और Align = "Right"।
- **Border:** Specifies the size of the border to place around the image.

  बॉर्डर: छवि के चारों ओर बॉर्डर का आकार निर्दिष्ट करता है।
- **Width:** Specifies the height of the image in pixels.

  चौड़ाई: पिक्सेल में छवि की चौड़ाई निर्दिष्ट करता है।
- **Height:** Specifies the height of the image in pixels.

  ऊंचाई: पिक्सेल में छवि की ऊंचाई निर्दिष्ट करता है।
- **HSPACE:** Indicates the amount of space to the left and right of the image.

  HSPACE: छवि के बाईं और दाईं ओर अंतरिक्ष की मात्रा को दर्शाता है।
- **VSPACE:** Indicates the amount of space to the top and bottom of the image.

  VSPACE: छवि के ऊपर और नीचे स्थान की मात्रा को इंगित करता है।
- **ALT:** Indicates the text to be displayed in case the browser unable to display the image specified in the SRC attribute.

  ALT: SRC विशेषता में निर्दिष्ट छवि को प्रदर्शित करने में असमर्थ ब्राउजर के मामले में प्रदर्शित होने के लिए पाठ को इंगित करता है।

Creating Image Links (इमेज लिंक बनाना)

To add an image as a link, start by adding an image tag. The following steps need to be followed to add an image as a link in the HTML file program.

लिंक के रूप में एक इमेज को जोड़ने के लिए, एक इमेज टैग जोड़कर शुरू करें। HTML फाइल प्रोग्राम में लिंक के रूप में इमेज जोड़ने के लिए निम्नलिखित चरणों का पालन करने की आवश्यकता है।

a. Add an image tag and SRC=attribute to the document as shown below:
   नीचे दिखाए गए अनुसार एक इमेज और SRC = दस्तावेज में विशेषता जोड़ें:
   ```
   <IMG SRC="Roses.jpg">
   ```
b. Note that Roses.jpg is the file which will be used for linking.
   ध्यान दें कि Roses.jpg वह फाइल है जिसे लिंक करने के लिए उपयोग किया जाएगा।
c. Include an alternative text using the ALT=attribute as shown below:
   नीचे दिखाए गए अनुसार ALT = विशेषता का उपयोग करके एक वैकल्पिक टेक्स्ट शामिल करें:
   ```
   <IMG SRC = "Roses.jpgf" ALT = "About Roses">
   ```
d. Add the remaining attributes you want to include, such as the HEIGHT= and WIDTH = and BORDER = attributes as follows:
   शेष विशेषताओं को आप जोड़ना चाहते हैं, जैसे कि HEIGHT = और WIDTH = और BORDER = विशेषताएँ निम्नानुसार हैं:
   ```
   <IMG SRC="Roses.jpg" WIDTH="300" HEIGHT="80"
   BORDER="2" ALT="About Roses">
   ```
e. Add the link anchor tag, <A> before and after the image as shown below:
   नीचे दिखाए गए चित्र के पहले और बाद में लिंक एंकर टैग, <A> जोड़ें
   ```
   <A><IMG SRC="Roses.jpg" WIDTH="300" HEIGHT="80"
   BORDER="2" ALT ="About Roses"></A>
   ```

2.3.4 Paragraph <P> Tag

In the source file, there may be line breaks between sentences. A Web browser ignores the line breaks and starts a new paragraph only when it encounters another <P> tag. The Paragraph can be aligned left, right or centre by using the ALIGN attribute.

स्रोत फाइल में, वाक्यों के बीच लाइन विराम हो सकता है। वेब ब्राउजर लाइन ब्रेक को नजरअंदाज करता है और एक नया पैराग्राफ तभी शुरू करता है जब उसका दूसरे <P> टैग से सामना होता है। ALIGN एट्रीब्यूट का उपयोग करके पैराग्राफ को बाएँ, दाएँ या सेंटर एलाइन कर सके हैं।

Example 11 (उदाहरण 11):

```
<!DOCTYPE html>
<html>
<body>
<p>The image is a link. You can click on it.</p>
<a href="Rose Flowers.html">
<img src="Nature.jpg" alt="HTML tutorial"
style="width:42px;height:42px;border:1"> </a>
</body>
</html>
```

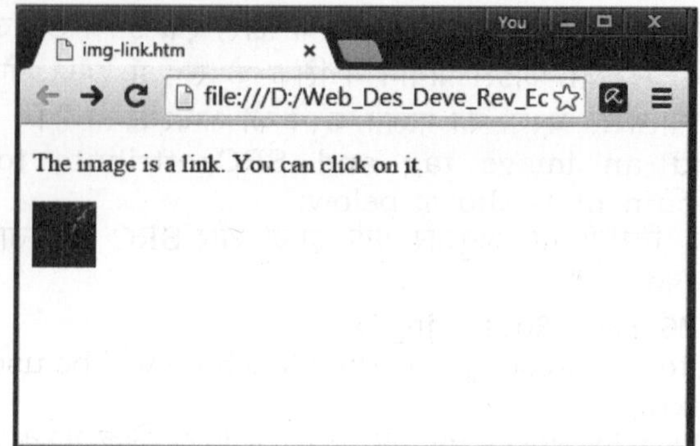

Figure 2.10: Viewing the file in the Chrome Example 11 (उदाहरण 11 की फाइल को क्रोम में देखना)

The output of the given code in Example 11 as shown in Figure 2.10. If you click the image, the link of the image opened.

उदाहरण 11 में दिए गए कोड का आउटपुट चित्र 2.10 में दिखाया गया है। यदि आप इमेज पर क्लिक करते हैं, तो इमेज का लिंक खुल जाएगा।

You must indicate paragraphs with <p> elements. The browser ignores any indentations or blank lines in the source text. Without <p> elements, the document becomes one large paragraph. The </p> closing tag is optional. This is because browser understands that when it encounters a <p> tag, it implies that there is an end to the paragraph.

आपको <p> तत्वों के साथ पैराग्राफ का संकेत देना चाहिए। स्रोत पाठ में ब्राउजर किसी भी इंडेंटेशन या रिक्त लाइनों को अनदेखा करता है। <P> तत्वों के बिना, दस्तावेज एक बड़ा पैराग्राफ बन जाता है। </ P> क्लोजिज टैग वैकल्पिक है। ऐसा इसलिए है क्योंकि ब्राउजर समझता है कि जब उसको <p> टैग दिखता है, तो इसका मतलब है कि पैराग्राफ का अंत है।

A sample HTML document contains the left alignment. Here, the line Welcome to the World of HTML would be shown to the left of the page when browsed by IE.

HTML दस्तावेज में बाएँ संरेखण शामिल है। यहां, IE में ब्राउज किए जाने पर HTML में वर्ल्ड में आपका स्वागत है।

To preserve readability in HTML files, you should put headings on separate lines. Use a blank line to identify the start of a new section and separate paragraphs with blank lines (in addition to the <P> tags). These extra spaces are needed to help you when you edit files. Note that the browser ignores the extra spaces because it has its own set of rules on spacing that do not depend on the spaces you put in your source file.

HTML फाइल्स में पठनीयता को बनाए रखने के लिए, आपको अलग–अलग लाइनों पर शीर्षक लगाना चाहिए। एक नए अनुभाग की शुरुआत की पहचान करने के लिए एक रिक्त लाइन का उपयोग करें और रिक्त लाइन के साथ अलग पैराग्राफ (<P> टैग के अलावा)। जब आप फाइल्स संपादित करते हैं, तो इन अतिरिक्त रिक्त स्थान की आपकी मदद करने की आवश्यकता होती है। ध्यान दें कि ब्राउजर अतिरिक्त रिक्त स्थान को अनदेखा करता है क्योंकि इसमें रिक्ति पर अपने स्वयं के नियम हैं जो आपके स्रोत फाइल में रखे गए स्थान पर निर्भर नहीं करते हैं।

Using the <P> and </P> as a paragraph container means that you can centre a paragraph by including the ALIGN = alignment attribute in source file.

पैराग्राफ कंटेनर के रूप में <P> और </ P> का उपयोग करने का अर्थ है कि आप स्रोत फाइल में ALIGN = संरेखण विशेषता को शामिल करके एक पैराग्राफ को केंद्र में रख सकते हैं।

Example 12 (उदाहरण 12):

```
<html>
<head>
<title>a simple html example of paragraph</
title>
</head>
<body bgcolor=blue text=white>
<h1>welcome to the world of html</h1>
<p>this is the first paragraph and it is left
aligned</p>
<p align=right>and this is the second paragraph
and it is right aligned.</p>
<p align=center>And this is the Third paragraph
and it is center aligned</P>
</body>
<address>Created by Jain</address>
</html>
```

The output of the given code as shown in Figure 2.11.

उदाहरण 12 का आउटपुट चित्र 2.11 में दिखाया गया है।

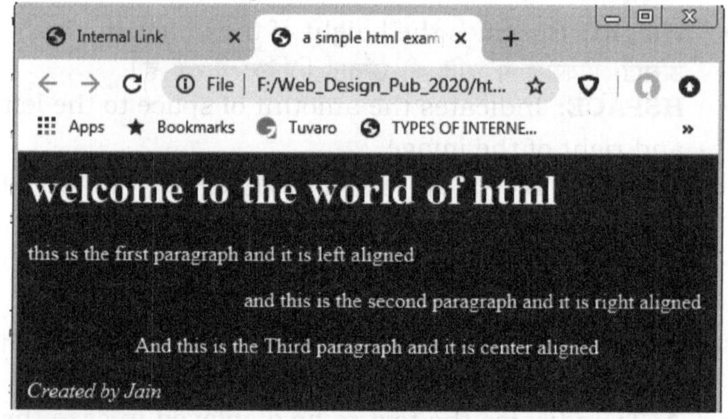

Figure 2.11: Viewing the file in Chrome Example 12 (उदाहरण 12 की फाइल को क्रोम में देखना)

Line Break Tag ()

The <br /> tag has a space between the characters br and the forward slash. This tag is an example of an empty element, where you do not need opening and closing tags, as there is nothing to go in between them.

 टैग में अक्षर br और आगे स्लैश के बीच एक स्थान है। यह टैग एक खाली तत्व का एक उदाहरण है, जहां आपको टैग ओपन और क्लोज करने की आवश्यकता नहीं है, क्योंकि उनके बीच जाने के लिए कुछ भी नहीं है।

Horizontal Lines (क्षैतिज रेखाएँ)

The <hr> tag creates a line from the current position in the document to the right margin and breaks the line accordingly. For example, <br> breaks a line and <hr> inserts a horizontal rule. These elements are called empty elements. Empty elements carry out their specific jobs and do not act on blocks of text.

<Hr> टैग दस्तावेज में वर्तमान स्थिति से सही मार्जिन तक एक रेखा बनाता है और तदनुसार रेखा को तोड़ता है। उदाहरण के लिए,
 एक पंक्ति को तोड़ता है और <hr> एक क्षैतिज नियम सम्मिलित करता है। इन तत्वों को एम्पटी तत्व कहा जाता है। एम्पटी तत्व अपने विशिष्ट कार्य करते हैं और पाठ के ब्लॉक पर कार्य नहीं करते हैं।

Preserve Formatting (संरूपण संरक्षित करें)

Sometimes, you want your text to follow the exact format of how it is written in the HTML document. In those cases, you can use the preformatted tag <pre>. Any text between the opening <pre> tag and the closing </pre> tag will preserve the formatting of the source document.

कभी–कभी, आप चाहते हैं कि आपका टेक्स्ट HTML दस्तावेज में लिखे गए सटीक प्रारूप का पालन करे। उन मामलों में, आप पूर्वनिर्मित टैग <pre> का उपयोग कर सकते हैं। उद्घाटन <पूर्व> टैग और समापन </ पूर्व> टैग के बीच कोई भी पाठ स्रोत दस्तावेज के स्वरूपण को संरक्षित करेगा।

Example 13:

```
<html>
<head>
<title>An example of Line, HR Line and Pre
tag</title>
</head>
<body bgcolor=blue text=white>
<h1>welcome to the world of html</h1>
<p>Hello<br />
I have received your e-mail<br />
Thanks<br />
John</p>
<p>This is first Line paragraph </p>
<hr />
<p>This is second line paragraph </p>
<p><b>Preserve Formatting</b></P><pre>
function testFunction( strText ){
  alert (strText)
}
```

The above example will display the output as shown in Figure 2.12.

उदाहरण 13 का आउटपुट चित्र 2.12 में दिखाया गया है।

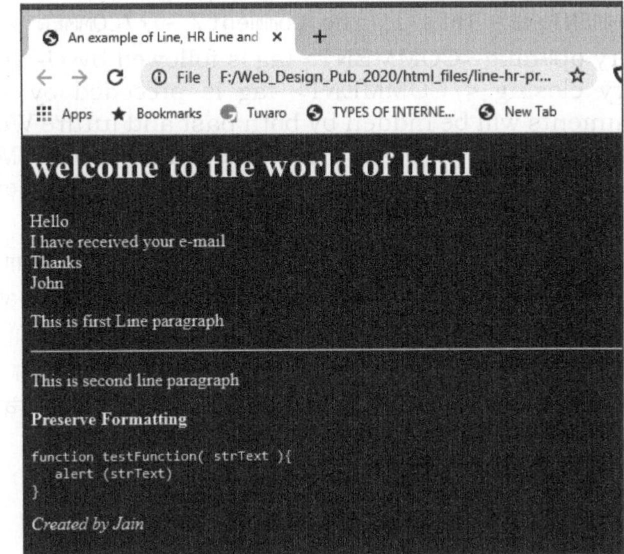

Figure 2.12: Viewing the file in Chrome of Example 13 (उदाहरण 13 का आउटपुट क्रोम में देखना)

2.3.5 Comments in Html Document (<!>) (Html दस्तावेज में टिप्पणियाँ (<!>))

Whenever you type an HTML page, keep in mind that you or someone else will almost certainly need to make changes to it someday. Simple text pages are easy to read and revise, but complex Web pages with graphics, tables, and other layout tricks can be quite difficult to understand.

जब भी आप एक HTML पेज टाइप करते हैं, तो ध्यान रखें कि आप या किसी और को किसी दिन इसमें बदलाव करने की लगभग निश्चित रूप से आवश्यकता होगी। सरल पाठ पृष्ठों को पढ़ना और संशोधित करना आसान है, लेकिन ग्राफिक्स, टेबल और अन्य लेआउट ट्रिक्स के साथ जटिल वेब पेज समझना काफी मुश्किल हो सकता है।

Those pages, which contains comment are likely to be very helpful to anyone who might need to make changes to this page in the future. Anything you type in an HTML file between the <COMMENT> and </COMMENT> tags will not appear on the actual Web page. Only when someone selects Source from View menu or edits the HTML file with a text editor will he/she will see the comments written in this page. For example,

उन पृष्ठों, जिनमें टिप्पणी शामिल है, उन लोगों के लिए बहुत उपयोगी होने की संभावना है, जिन्हें भविष्य में इस पृष्ठ में परिवर्तन करने की आवश्यकता हो सकती है। आप कुछ भी HTML फाइल में टाइप करें <COMMENT> और </ COMMENT> टैग वास्तविक वेब पेज पर दिखाई नहीं देंगे। केवल जब कोई व्यक्ति दृश्य मेनू से स्रोत का चयन

करता है या एक टेक्स्ट संपादक के साथ HTML फाइल को संपादित करता है, तो वह इस पृष्ठ में लिखी गई टिप्पणियों को देखेगा। उदाहरण के लिए,

```
<COMMENT><!- This is the Comment. -></COMMENT>
```

Every opening <COMMENT> tag is followed by <!- and every closing </COMMENT> tag is preceded by ->. Comments will be hidden by both past and future Web browsers. This is because previous versions of HTML used <!- and -> as comment tags, and older browsers will not recognize <COMMENT>.

प्रत्येक ओपनिंग <COMMENT> टैग के बाद <! – और हर समापन </ COMMENT> टैग से पहले –> होता है। टिप्पणियां अतीत और भविष्य दोनों वेब ब्राउजर द्वारा छिपाई जाएंगी। ऐसा इसलिए है क्योंकि HTML के पिछले संस्करण <-! और –> का उपयोग टिप्पणी टैग के रूप में किया गया है, और पुराने ब्राउजर <COMMENT> को पहचान नहीं पाएंगे।

2.4 HTML TABLES (HTML टेबल्स)

HTML Tables are contained within a TABLE element. The TABLE element denotes the range of the table, and uses attribute to define properties of it. For example, the BORDER attribute indicates the size of the border to draw around the table and between each of the table's cells. In the tables, each box within the table is called a cell. There are several other attributes besides BORDER.

HTML टेबल्स एक TABLE एलिमेंट के भीतर समाहित हैं। TABLE तत्व टेबल की श्रेणी को दर्शाता है, और इसके गुणों को परिभाषित करने के लिए विशेषता का उपयोग करता है। उदाहरण के लिए, BORDER विशेषता टेबल के चारों ओर और टेबल के प्रत्येक कक्षों के बीच आरेखित करने के लिए सीमा के आकार को इंगित करती है। टेबल के भीतर प्रत्येक बॉक्स को एक सेल कहा जाता है। बोर्डर के अलावा कई अन्य विशेषताएँ हैं।

2.4.1 Basic Table Tags (मूल टेबल टैग)

The table element in HTML is <Table> </Table>. Everything within a table is enclosed between these two tag which are both required.

HTML में टेबल एलिमेंट <Table> </Table> है। टेबल के भीतर सब कुछ इन दो टैगों के बीच संलग्न है जो दोनों की आवश्यकता है।

```
<Table>
.......
</Table>
```

There are a number of optional attributes to specify in the <TABLE> tag, but these are discusses after the creation of as simple table.

<TABLE> टैग में निर्दिष्ट करने के लिए कई वैकल्पिक विशेषताएँ हैं, लेकिन इनकी चर्चा साधारण टेबल के निर्माण के बाद की जाती है।

After the <TABLE>, the next thing you need is the <TR> tag. <TR> creates a table row, which contains one or more cells of information. To create these individual cells, you use the <TD> tag. <TD> stands for table data. You place the table information within the <TD> and </TD> tags. Within the table element, you use <TH> for table headers and the CAPTION element for the table's caption.

<TABLE> टैग में निर्दिष्ट करने के लिए कई वैकल्पिक विशेषताएँ हैं, लेकिन इनकी चर्चा साधारण टेबल के निर्माण के बाद की जाती है।

<TABLE> के बाद, अगली चीज जो आपको चाहिए वह है <TR> टैग। <TR> एक टेबल पंक्ति बनाता है, जिसमें सूचना की एक या अधिक कोशिकाएँ होती हैं। इन व्यक्तिगत कोशिकाओं को बनाने के लिए, आप <TD> टैग का उपयोग करते हैं। <TD> टेबल डेटा है। आप टेबल जानकारी को <TD> और </ TD> टैग में रखते हैं। टेबल तत्व के भीतर, आप उपयोग करते हैं टेबल शीर्षकों के लिए <TH> और टेबल के शीर्षक के लिए CAPTION तत्व।

2.4.2 Creating a Table (टेबल क्रिएट करना)

To create a simple Table in the HTML document.

HTML डॉक्यूमेंट में एक साधारण टेबल बनाने के लिए।

Example 14 (उदाहरण 14):

```
<HTML>
<HEAD>
<Title>An Example of Table Format</Title>
</head>
<body>
<table>
<caption>This is the caption of
Table</caption>
<TR> <TH> </TH>
<TH>Column 1</TH> <TH>Column 2</TH>
<TH>Column 3</TH> </TR>
<TR> <TH>ROW 1</TH>
<TD>row1 column1</TD> <TD>row1
column2</TD>
<TD>row1 column3</TD> </TR>
<TR> <TH>ROW 2</TH>
<TD>row2 column1</TD><TD>row2 column2</TD>
<TD>row2 column3</TD> </TR>
<TR> <TH>ROW 3</TH>
<TD>row 1 column1</TD>
<TD>row 2 column2</TD>
<TD>row 3 column3</TD></TR>
</TABLE>
</Body>
</HTML>
```

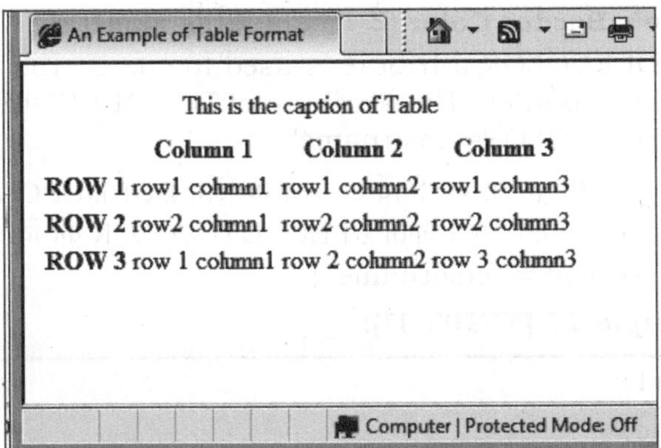

Figure 2.13: Viewing the file in the Chrome of Example 14 (उदाहरण 14 का आउटपुट क्रोम में देखना)

The above example will display the output as shown in Figure 2.13.

उपरोक्त उदाहरण 14 के आउटपुट को प्रदर्शित करेगा जैसा चित्र 2.13 में दिखाया गया है।

2.4.3 Table Attributes (टेबल विशेषताएँ)

Align (सरेखित)

To align table, ALIGN attribute of <TABLE> tag may be used. This can have values left, right and center indicating that the table should be placed.

टेबल संरेखित करने के लिए <TABLE> टैग की ALIGN विशेषता का उपयोग किया जा सकता है। इसमें बाएं, दाएं और केंद्र मान हो सकते हैं यह दर्शाता है कि टेबल कहां प्लेस की जानी चाहिए।

- **Left align:** Aligned at the left window border.
  बाई ओर सरेखित करें: बाईं खिड़की की सीमा पर संरेखित।
- **Right align:** Right-align table.
  राइट एलाइन: लेफ्ट–एलाइन टेबल।
- **Center align:** Center-align table.
  केंद्र सरेखित करें: केंद्र संरेखित टेबल।
- **Right align:** Right-align table.
  राइट एलाइन: राइट–एलाइन टेबल।

Example 15:

```
<Html>
<Head>
<Title>Table Alignment</Title>
</head>
<body>
<p> This is Left Alignment</p>
<Table Border="4" Align = "left">
<TR>
<TD>Data 1</TD>
<TD>Data 2</TD></TR>
<TR>
<TD>Data 1</TD>
<TD>Data 2</TD></TR>
</table>
<HR>
<p Align="Center">This is Center Alignment</p>
<Table Border="4" Align = "center">
<TR>
<TD>Data 1</TD>
<TD>Data 2</TD></TR>
<TR>
<TD>Data 1</TD>
<TD>Data 2</TD> </TR>
</table>
<HR>
<p>This is Right Alignment</p>
<Table Border="4" Align = "right">
<TR>
<TD>Data 1</TD>
<TD>Data 2</TD> </TR>
<TR>
<TD>Data 1</TD>
<TD>Data 2</TD>
</TR>
</table>
</Body>
</Html>
```

The output of Example 15 as shown in Figure 2.14.

उदाहरण 15 का आउटपुट चित्र 2.14 में दिखाया गया है।

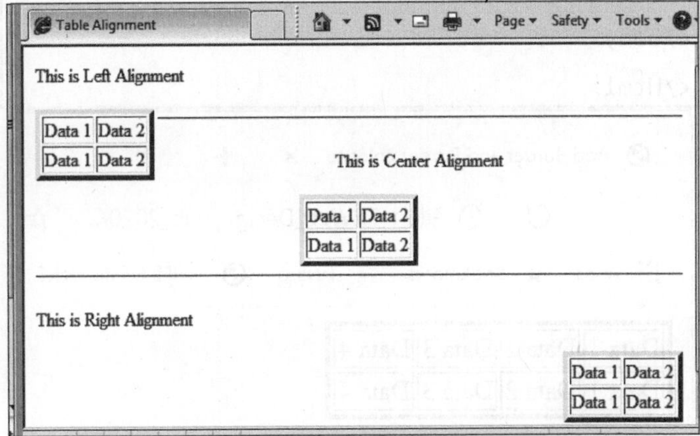

Figure 2.14: Viewing the file in the Chrome of Example 15 (उदाहरण 15 का आउटपुट क्रोम में देखना)

Table Border (टेबल बॉर्डर)

BORDER is an attribute of the table element, which specifies how wide a table border shall be. BORDER="0" specifies no border at all. The default value for the

BORDER attribute is 1. If you do not specify the value, the border will be one pixel wide. The attribute of BORDER="value".

बोर्डर टेबल तत्व का एक गुण है, जो निर्दिष्ट करता है कि टेबल बॉर्डर कितना चौड़ा होगा। बोर्डर = "0" कोई सीमा नहीं निर्दिष्ट करता है। BORDER विशेषता के लिए डिफॉल्ट मान है 1. यदि आप मान निर्दिष्ट नहीं करते हैं, तो सीमा एक पिक्सेल चौड़ी होगी।

Example 16 (उदाहरण 16):

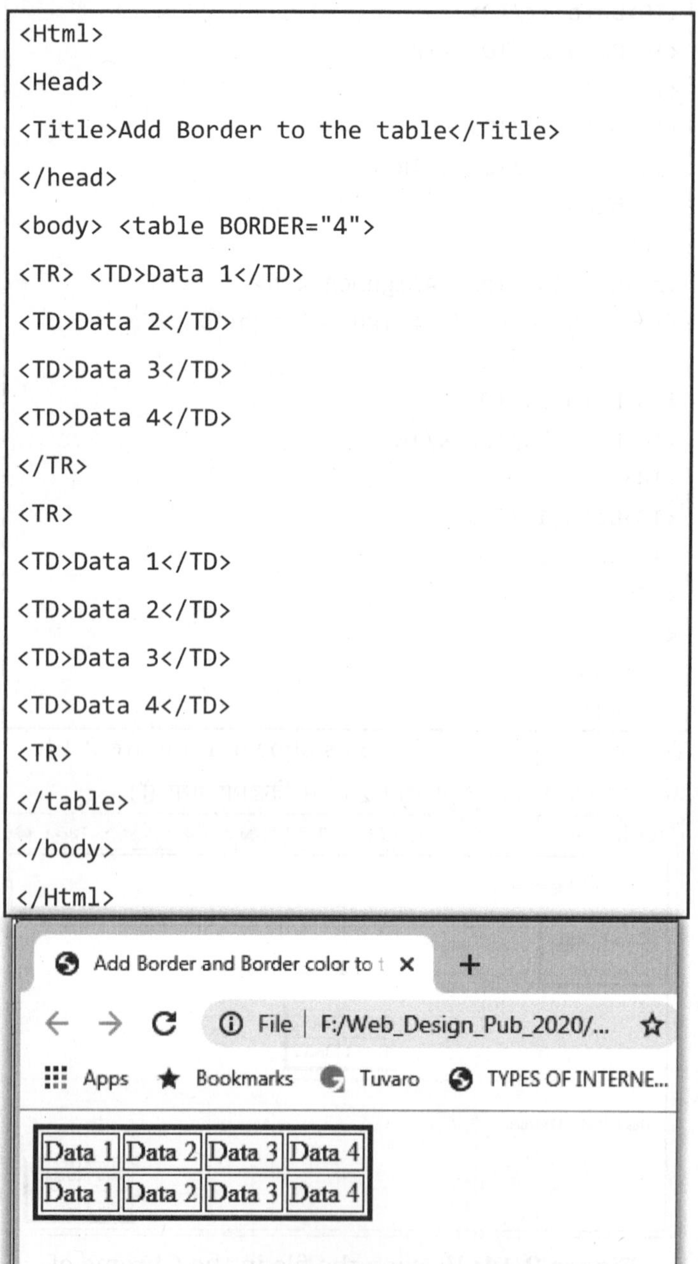

```
<Html>
<Head>
<Title>Add Border to the table</Title>
</head>
<body> <table BORDER="4">
<TR> <TD>Data 1</TD>
<TD>Data 2</TD>
<TD>Data 3</TD>
<TD>Data 4</TD>
</TR>
<TR>
<TD>Data 1</TD>
<TD>Data 2</TD>
<TD>Data 3</TD>
<TD>Data 4</TD>
<TR>
</table>
</body>
</Html>
```


Figure 2.15: Viewing the file in Chrome of Example 16 (उदाहरण 16 का आउटपुट क्रोम में देखना)

The output of Example 16 as shown in Figure 2.15.

उदाहरण 16 का आउटपुट चित्र 2.15 में दिखाया गया है।

Table's Border Color (टेबल का बॉर्डर कलर)

BORDERCOLOR attribute is used to specify the color of table's border. The attribute of BORDERCOLOR is BORDERCOLOR="colorname".

टेबल की सीमा के रंग को निर्दिष्ट करने के लिए BORDERCOLOR विशेषता का उपयोग किया जाता है। BORDERCOLOR की विशेषता है BorderColor = "colorname"।

Example 17 (उदाहरण 17):

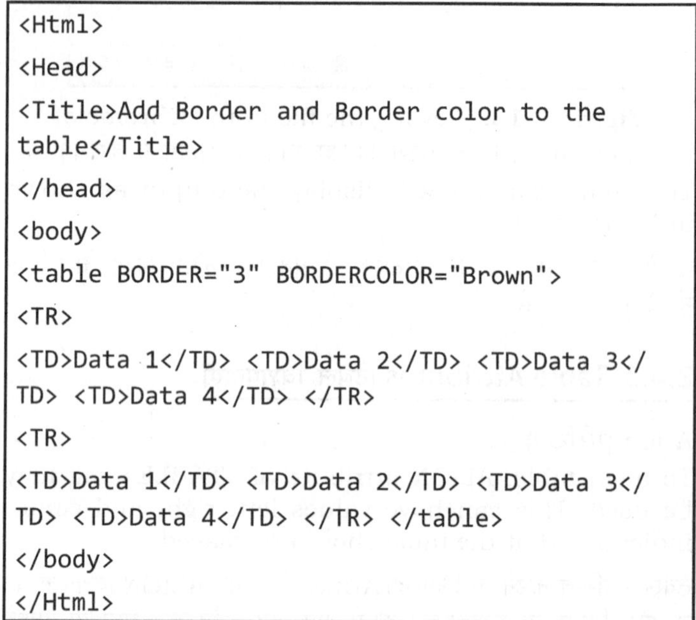

```
<Html>
<Head>
<Title>Add Border and Border color to the
table</Title>
</head>
<body>
<table BORDER="3" BORDERCOLOR="Brown">
<TR>
<TD>Data 1</TD> <TD>Data 2</TD> <TD>Data 3</
TD> <TD>Data 4</TD> </TR>
<TR>
<TD>Data 1</TD> <TD>Data 2</TD> <TD>Data 3</
TD> <TD>Data 4</TD> </TR> </table>
</body>
</Html>
```

The output of Example 17 as shown in Figure 2.16.

उदाहरण 17 का आउटपुट चित्र 2.16 में दिखाया गया है।

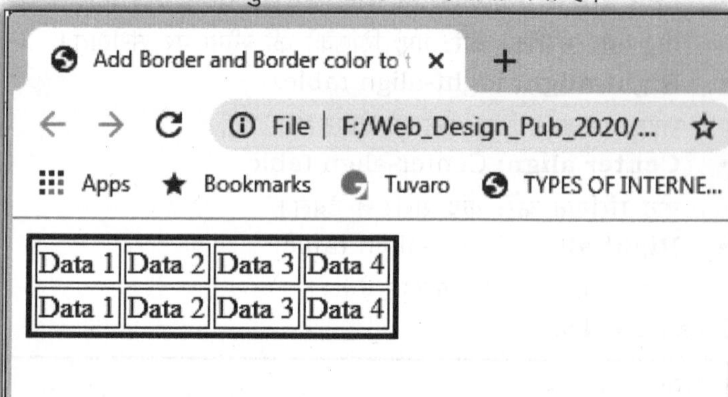

Figure 2.16: Viewing the file in Chrome of Example 17 (उदाहरण 17 का आउटपुट क्रोम में देखना)

Cellspacing and Cellpadding (सेलस्पेसिंग और सेलपैडिंग)

To control the spacing in cells, use CELLSPACING AND CELLPADDING attributes. Cellpadding refers, to the inner margins of free space that each cell of a table has as its padded border. On the other hand, cellspacing refers, to how space is left between each cell wall in a table.

कोशिकाओं में रिक्ति को नियंत्रित करने के लिए, CELLSPACING और CELLPADDING विशेषताओं का उपयोग करें। सेलपैडिंग संदर्भित करता है, मुक्त स्थान के आंतरिक मार्जिन के लिए जो एक टेबल के प्रत्येक सेल में इसकी गद्देदार सीमा होती है। दूसरी ओर, सेलस्पेसिंग से तात्पर्य है, टेबल में प्रत्येक कोशिका की वाल के बीच स्थान कैसे छोड़ा जाता है।

Example 18 (उदाहरण 18):

```
<!DOCTYPE html>
<Html>
<Head>
<Title>Table using border and cellpadding</
Title>
</head>
<body>
<table BORDER="3" cellpadding="20">
<caption>Good Food Timings</caption>
<TR>
<TH>Break Fast</TH>
<TH>Lunch </TH> <TH>Dinner</TH> </TR>
<TR>
<TD>8.00 AM</TD> <TD>1.00 PM</TD>
<TD>8.00 PM</TD> </TR>
</table>
</body>
</html>
```

The output of Example 18 as shown in Figure 2.17.

उदाहरण 18 का आउटपुट चित्र 2.17 में दिखाया गया है।

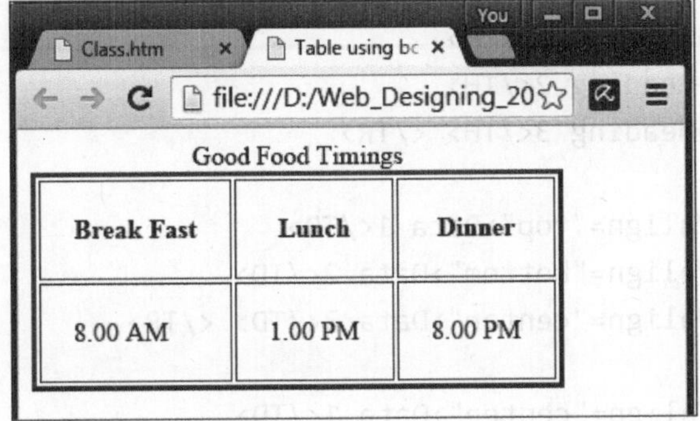

Figure 2.17: Viewing the file in Chrome of Example 18 (क्रोम में उदाहरण 18 की फाइल को देखना)

An HTML Table with a Caption and Cellspacing

कैप्शन और सेलस्पेसिंग के साथ HTML टेबल

Table contains two properties cellpadding and cellspacing. Padding is always space inside the cell while the cellspacing is the space between two cells. Table caption must place above the tables. This is because we generally read tables from the top down, and therefore want to see the caption at the top.

टेबल में दो प्राप्रटीः सेलपैडिंग और सेलस्पेसिंग शामिल हैं। पैडिंग सेल के अंदर स्पेस होता है जबकि सेलस्पेसिंग दो सेल्स के बीच का स्पेस होता है। टेबल कैप्शन टेबल के ऊपर होना चाहिए। ऐसा इसलिए है क्योंकि हम आम तौर पर ऊपर से नीचे की टेबल पढ़ते हैं, और इसलिए शीर्ष पर कैप्शन देखना चाहते हैं।

An HTML Table with a Caption and Cellspacing.

कैप्शन और सेलस्पेसिंग के साथ HTML टेबलः

Example 19 (उदाहरण 19):

```
<Html>
<Head>
<Title>Table using border and cellpadding</
Title>
</head>
<body>
<table BORDER="3" cellpadding="20"
cellspacing="20">
<caption>Good Food Timings</caption>
<TR>
<TH>Break Fast</TH> <TH>Lunch </TH>
<TH>Dinner</TH> </TR>
<TR>
<TD>8.00 AM</TD> <TD>1.00 PM</TD> <TD>8.00
PM</TD> </TR>
</table>
</body>
</html>
```

The output of Example 19 as shown in Figure 2.18.

उदाहरण 19 का आउटपुट चित्र 2.18 में दिखाया गया है।

Table Height and Width (टेबल की ऊँचाई और चौड़ाई)

You can also set the table's height and width in terms of pixels and percentage of browser Window. For instance, to set the width to 50% and height to 40% of the margins.

आप पिक्सल और ब्राउजर विंडो के प्रतिशत के संदर्भ में टेबल की ऊंचाई और चौड़ाई भी निर्धारित कर सकते हैं। उदाहरण के लिए, चौड़ाई को 50% और ऊंचाई को 40% तक निर्धारित करना।

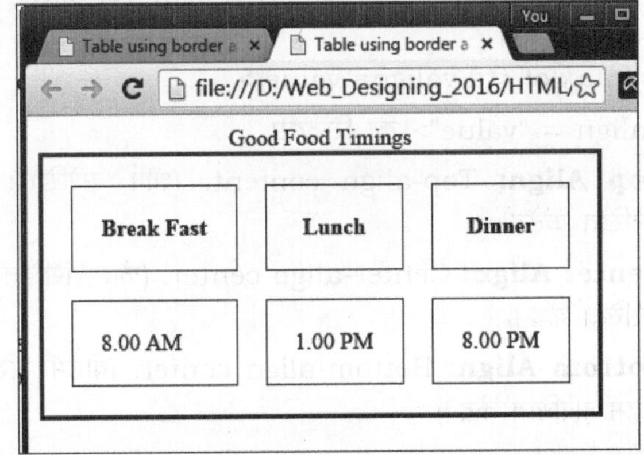

Figure 2.18: Viewing the file in Chrome of Example 19 उदाहरण 19 की फाइल को क्रोम में देखना ()

Example 20 (उदाहरण 20):

```
<Html>
<Head>
<Title>To set the height and width of a
table</Title>
</head>
<body>
<Table BORDER="3" Height=120, Width=150>
<TR>
<TD>Data 1</TD>
<TD>Data 2</TD> </TR>
<TR>
<TD>Data 1</TD>
<TD>Data 2</TD> </TR></Table>
<Table BORDER="3" Height=50%, Width=50%>
<TR>
<TD>Data 1</TD>
<TD>Data 2</TD> </TR>
<TR>
<TD>Data 1</TD>
<TD>Data 2</TD> </TR></table>
</body>
</Html>
```

The output of Example 20 as shown in Figure 2.19.

उदाहरण 20 का आउटपुट चित्र 2.19 में दिखाया गया है।

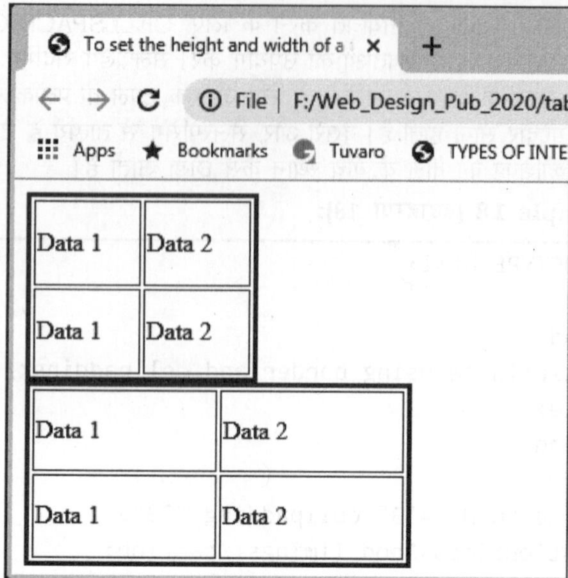

Figure 2.19: Viewing the file in the Chrome of Example 20 (उदाहरण 20 की फाइल को क्रोम में देखना)

Vertical Alignment of cell Contents (सेल सामग्री का कार्यक्षेत्र सरेखण)

VALIGN- "Top" | "Centre" | "Bottom"

It positions the data in each cell of a row at a specific location vertically within the cell.

यह पंक्ति के प्रत्येक सेल में डेटा को सेल के भीतर एक विशिष्ट स्थान पर स्थित करता है।

The syntax of <td valign="value">

<td valign = "value"> का सिंटैक्स

- **Top Align:** Top-align content. (शीर्ष संरेखित: शीर्ष संरेखित कंटेट।)
- **Center Align:** Center-align center. (केंद्र संरेखित: केंद्र संरेखित केंद्र।)
- **Bottom Align:** Bottom-align center. (बोटम संरेखित: बोटम संरेखित केंद्र।)

Example 21 (उदाहरण 21):

```
<Html>
<Head>
<Title>To set the VALIGN of a table</Title>
</head>
<body>
<Table BORDER="3" height="100%">
<TR>
<TH>Heading 1</TH>
<TH>Heading 2</TH>
<TH>Heading 3</TH> </TR>
<TR>
<TDValign="top">Data 1</TD>
<TDValign="bottom">Data 2</TD>
<TDValign="center">Data 3</TD> </TR>
<TR>
<TDValign="center">Data 1</TD>
<TD>Data 2</TD>
<TD>Data 3</TD> </TR>
<TR>
<TDValign="bottom">Data 1</TD>
<TDValign="bottom">Data 2</TD>
<TDValign="bottom">Data 3</TD> </TR>
</table>
</body>
</Html>
```

The output of the Example 21 as shown in Figure 2.20.

उदाहरण 21 का आउटपुट चित्र 2.20 में दिखाया गया है।

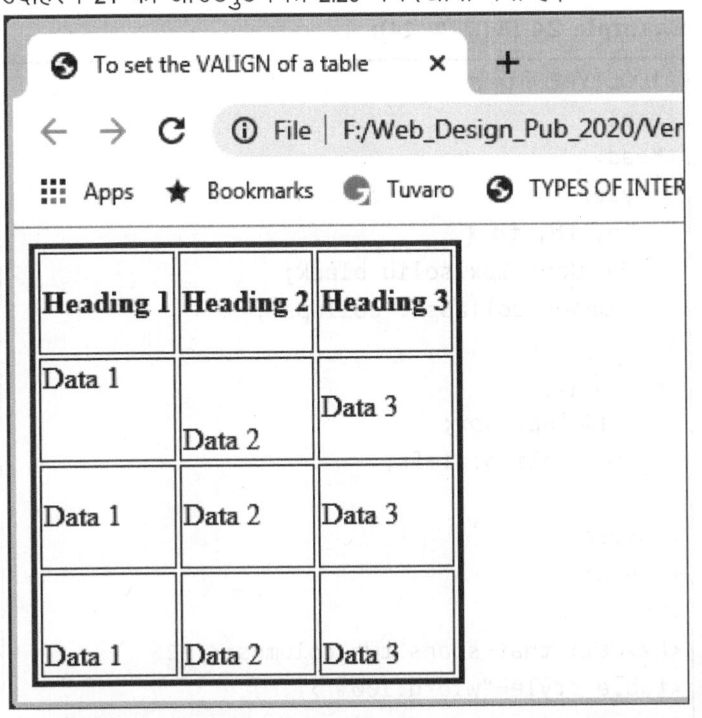

Figure 2.20: Viewing the file in the Chrome of Example 21 (उदाहरण 21 की फाइल को क्रोम में देखना)

TD and TH Attributes (TD और TH गुण)

- **Align:** It is used to align the data within the cell horizontally, according values of left, right and center.

  एलाइन: यह सेल के भीतर डेटा को क्षैतिज रूप से संरेखित करने के लिए उपयोग किया जाता है, बाएं, दाएं और केंद्र के मूल्यों के अनुसार।
- **Left:** Align content to the left of the cell.

  लेफ्ट: सेल के बाईं ओर कंटेट संरेखित करें।
- **Center:** Align content to the center of the cell.

  सेंटर: सेल के केंद्र के लिए कंटेट संरेखित करें।
- **Right:** Align content to the Right of the cell.

  राइट: सेल के अधिकार में कंटेट संरेखित करें।

Example 22 (उदाहरण 22):

```
<Html>
<Head>
<Title>Table Data Alignment</Title>
</head>
<body>
<table BORDER="3" cellspacing="3"
```

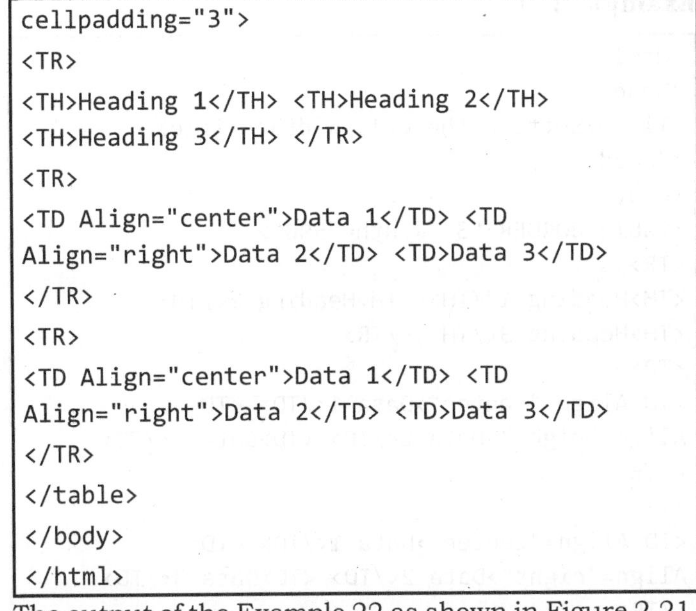

```
cellpadding="3">
<TR>
<TH>Heading 1</TH> <TH>Heading 2</TH>
<TH>Heading 3</TH> </TR>
<TR>
<TD Align="center">Data 1</TD> <TD
Align="right">Data 2</TD> <TD>Data 3</TD>
</TR>
<TR>
<TD Align="center">Data 1</TD> <TD
Align="right">Data 2</TD> <TD>Data 3</TD>
</TR>
</table>
</body>
</html>
```

The output of the Example 22 as shown in Figure 2.21.

उदाहरण 22 का आउटपुट चित्र 2.21 में दिखाया गया है।

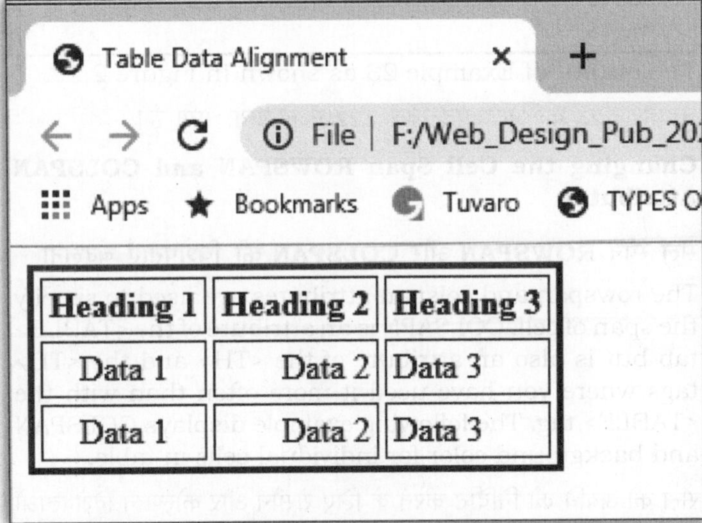

Figure 2.21: Viewing the file in the Chrome of Example 22 (उदाहरण 22 की पफाइल को क्रोम में देखना)

Setting the Cell Width (सेल चौड़ाई सेट करना)

The Width attribute of <TD> is used to define the width of a cell either in pixels or percentage value of table width. The WIDTH attribute of <TABLE> gives table-width and WIDTH attribute of <TD> specifies individual cell width.

<TD> की चौड़ाई विशेषता का उपयोग सेल की चौड़ाई को पिक्सेल में या टेबल की चौड़ाई के प्रतिशत मान को परिभाषित करने के लिए किया जाता है। <TABLE> की WIDTH विशेषता टेबल–चौड़ाई देती है और <TD> की WIDTH विशेषता व्यक्तिगत सेल चौड़ाई निर्दिष्ट करती है।

Example 23 (उदाहरण 23):

```
<Html>
<Head>
<Title>Setting the Cell Width</Title>
</head>
<body>
<table BORDER="3" width="500">
<TR>
<TH>Heading 1</TH> <TH>Heading 2</TH>
<TH>Heading 3</TH> </TR>
<TR>
<TD Align="center">Data 1</TD> <TD
Align="right">Data 2</TD> <TD>Data 3</TD>
</TR>
<TR>
<TD Align="center">Data 1</TD> <TD
Align="right">Data 2</TD> <TD>Data 3</TD>
</TR>
</table>
</body>
</Html>
```

The output of Example 23 as shown in Figure 2.22.

उदाहरण 23 का आउटपुट चित्र 2.22 में दिखाया गया है।

Changing the Cell Span ROWSPAN and COLSPAN Attributes

सेल स्पैन ROWSPAN और COLSPAN की विशेषताएँ बदलना

The rowspan and colspan attributes are used to specify the span of cell. COLSAPN is an attribute of the <TABLE> tab but is also an attribute of the <TH> and the <TD> tags where you have used it more often than with the <TABLE> tag. The following example displays COLSPAN and background color for individual cells in table.

सेल की अवधि को निर्दिष्ट करने के लिए रोस्पैन और कोल्प्सन विशेषताओं का उपयोग किया जाता है। COLSAPN <TABLE> टैब की एक विशेषता है, लेकिन <TH> और <TD> टैग्स की एक विशेषता भी है, जहां आपने इसका उपयोग <TABLE> टैग के बजाय अधिक बार किया है। निम्न उदाहरण टेबल में व्यक्तिगत कोशिकाओं के लिए COLSPAN और पृष्ठभूमि रंग प्रदर्शित करता है।

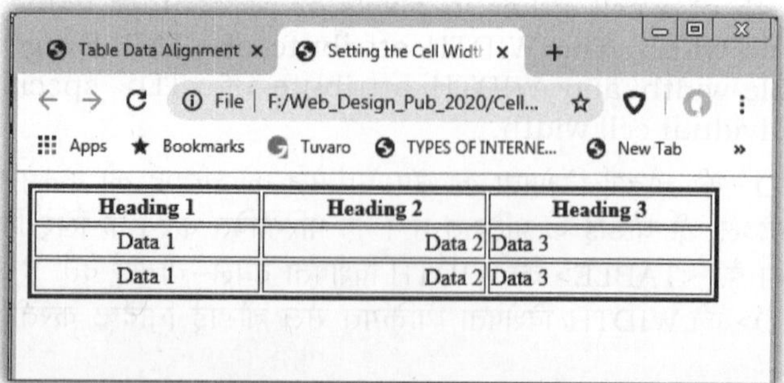

Figure 2.22: Viewing the file in Chrome (उदाहरण 23 की फाइल को क्रोम में देखना)

Table Cells that Span Many Columns.

टेबल कक्ष जो कई कॉलम को फैलाते हैं।

Example 24 (उदाहरण 24):

```
<!DOCTYPE html>
<html>
<head>
<style>
table, th, td {
    border: 1px solid black;
    border-collapse: collapse;
}
th, td {
    padding: 5px;
    text-align: left;
}
</style>
</head>
<body>
<h2>Cell that spans two columns:</h2>
<table style="width:100%">
<tr>
<th>Name</th>
<th colspan="2">Address</th> </tr>
  <tr>
     <td>Ahsok</td>
     <td>Dwarka Phase I</td>
     <td>Rohini Sec 10</td> </tr>
</table>
</body>
</html>
```

The output of the Example 24 as shown in Figure 2.23

उदाहरण 24 का आउटपुट चित्र 2.23 में दिखाया गया है।

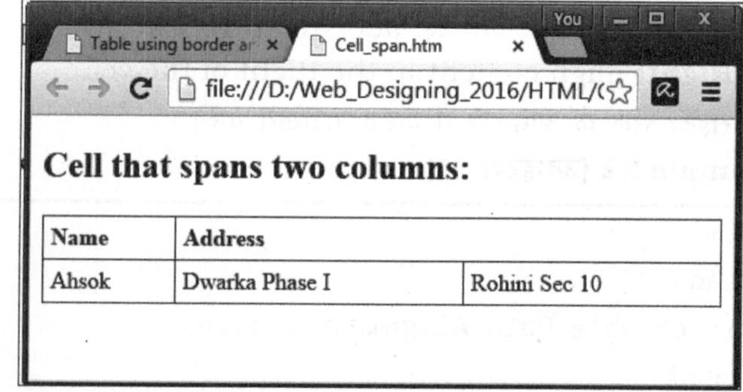

Figure 2.23: Table Cells that Span Many Columns (टेबल सेल जो कई रो में स्पैन है)

Table Cells that Span Many Rows.

टेबल सेल जो कई पंक्तियों को फैलाते हैं।

Example 25 (उदाहरण 25):

```
<!DOCTYPE html>
<html>
<head>
<style>
(Contd…)
table, th, td {
   border: 1px solid black;
   border-collapse: collapse;
}
th, td {
   padding: 5px;
   text-align: left;
}
</style>
</head>
<body>
<h2>Cell that spans two Rows:</h2>
<table style="width:100%">
  <tr>
     <th>Name</th> <td>Ashok</td> </tr>
  <tr>
     <th rowspan="2">Address</th> <td>Dwarka
     Phase I</td> </tr>
  <tr>
     <td>Rohini Sec 10</td> </tr>
</table>
</body>
</html>
```

The output of the Example 25 as shown in Figure 2.24.

उदाहरण 25 का आउटपुट चित्र 2.24 में दिखाया गया है।

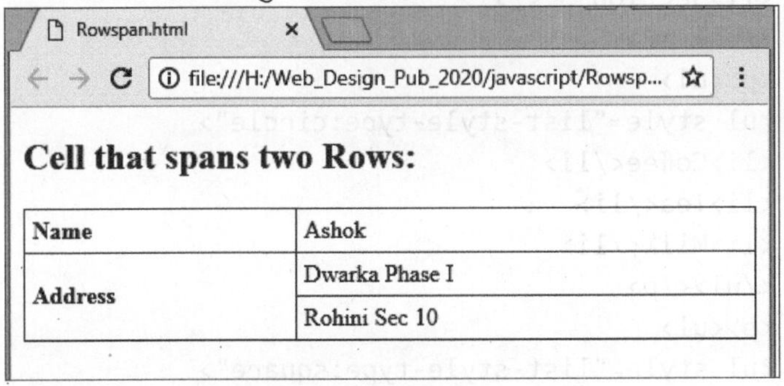

Rowspan.html

file:///H:/Web_Design_Pub_2020/javascript/Rowsp...

Cell that spans two Rows:

Name	Ashok
Address	Dwarka Phase I
	Rohini Sec 10

Figure 2.24: Table Cells that Span Many Rows (टेबल सेल जो कई रो में स्पैन हैं)

2.5 HTML Lists (HTML लिस्ट)

A list is a record of information, such as names of students, usually written on each line and ordered in a way that makes a particular thing easy to find.

लिस्ट जानकारी का एक रिकॉर्ड है, जैसे कि छात्रों के नाम, आमतौर पर प्रत्येक पंक्ति पर लिखा जाता है और इस तरह से आदेश दिया जाता है जो किसी विशेष चीज को खोजने में आसान बनाता है।

There are three different types of HTML lists:

HTML लिस्ट के तीन अलग–अलग प्रकार हैं:

- **Ordered List or Numbered List (ol):** Used to create a list of related items, in a specific order.

  आर्डर लिस्ट या नंबर लिस्ट (ol): एक निर्दिष्ट क्रम में संबंधित वस्तुओं की एक सूची बनाने के लिए उपयोग किया जाता है।
- **Unordered List or Bulleted List (ul):** Used to create a list of related items, in no particular order.

  अनआर्डर लिस्ट या बुलेटिड लिस्ट (ul): किसी विशेष क्रम में संबंधित वस्तुओं की सूची बनाने के लिए उपयोग किया जाता है।
- **Description List or Definition List (dl):** Used to create a list of related items, in a specific order.

  डिस्क्रप्टिव और डेफिनेशन लिस्ट (dl): एक निर्दिष्ट क्रम में संबंधित वस्तुओं की एक सूची बनाने के लिए उपयोग किया जाता है।

2.5.1 Ordered List (आर्डर लिस्ट <Ol>)

Ordered List is a list with numbers in an order ascending or descending. In this, each item (paragraph) is prefaced with a number. The tags used for this are <OL> </OL>. The browser applies the appropriate number to each line when it opens the page.

आर्डर लिस्ट सूची एक क्रम में एक सूची है जिसमें आरोही या अवरोही क्रम में संख्याएँ हैं। इसमें प्रत्येक आइटम (पैराग्राफ) को एक नंबर के साथ प्रीफेड किया जाता है। इसके लिए उपयोग किए जाने वाले टैग <OL> </ OL> हैं। जब यह पृष्ठ खुलता है तो ब्राउजर प्रत्येक पंक्ति में उपयुक्त संख्या को लागू करता है।

Ordered lists have additional attributes that you can use to specify the first number of the list, as well as to create hierarchical information. First, you can start a numbered list with a value other than 1 (or A, a, I or i).

ऑर्डर लिस्ट में अतिरिक्त विशेषताएँ हैं जिनका उपयोग आप लिस्ट की पहली संख्या को निर्दिष्ट करने के लिए कर सकते हैं, साथ ही साथ पदानुक्रमित जानकारी भी बना सकते हैं। सबसे पहले, आप 1 (A, a, I या i) के अलावा एक मान के साथ एक क्रमांकित सूची शुरू कर सकते हैं।

- A: Specifies a sequence of upppercase letters.

  A: अपरकेस अक्षरों के क्रम निर्दिष्ट करता है।
- a: Specifies a sequence of lowercase letters.

  a: लोअरकेस अक्षरों का एक क्रम निर्दिष्ट करता है।
- I: Specifies a sequence of uppercase Roman numerals.

  I: अपरकेस रोमन अंकों के अनुक्रम को निर्दिष्ट करता है।
- i: Specifies a sequence of lowercase Roman numerals.

  i: रोमन अंकों को कम करने का एक क्रम निर्दिष्ट करता है।

Simply include the START = attribute in the initial <OL> tag, as in <OL START = 51>. Or, you can even change specific numbers within a list by using the VALUE = attribute in the <L1> tag, as in <L1 VALUE = 7>. To use these attributes, include them in the <OL> tag.

<OL> टैग में START = attribute शामिल करें, जैसा कि <OL START = 51>। या, आप किसी सूची के भीतर <L1> टैग में VALUE = attribute का उपयोग करके भी विशिष्ट संख्या बदल सकते हैं, जैसा कि <L1 VALUE = 7> में है। इन विशेषताओं का उपयोग करने के लिए, उन्हें <OL> टैग में शामिल करें।

Example 26 (उदाहरण 26):

```
<html>
<head>
<TITLE> A Simple HTML Example</TITLE>
</head>
<body BGCOLOR = YELLOW>
<H1 ALIGN=LEFT>Sample Lists</H1>
<OL>
<LI>Lions <LI>Tigers <LI>Bears <LI>Oh, My! </
OL>
<OL TYPE=A>
<LI>Outlines use sequential lists with
letters.
<LI>So do some (unpopular) numbering schemes
for documentation.
</OL>
<OL START=51>
<LI>This is the fifty-first item. <LI>This is
the fifty second.
<LI TYPE=i VALUE=7>This item was renumbered to
be the seventh, using lowercase
roman numerals, just because we can. </OL>
</body>
</html>
```

The Example 26 will display the output as shown in Figure 2.25.

उदाहरण 26 आउटपुट चित्र 2.25 में दिखाया गया है।

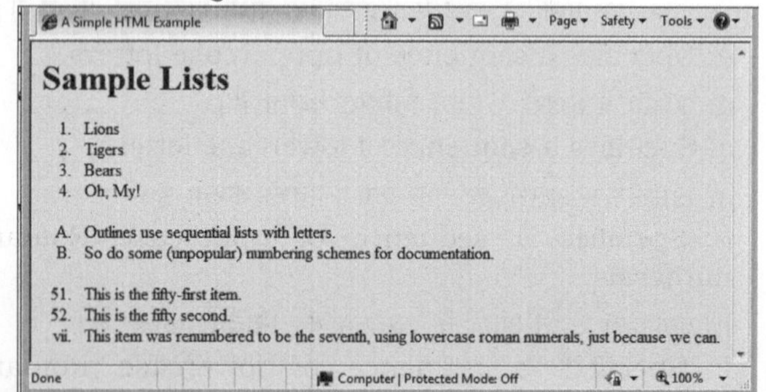

Figure 2.25: Viewing a file in the chrome of Example 26 (उदाहरण 26 की फाइल को क्रोम में देखना)

2.5.2 Unordered List <Ul> (अन-आर्डर लिस्ट <Ul>)

This is an unordered list. In this, each item (paragraph) is prefaced with a bullet. The tags used for this are <UL> and </UL>.

यह एक अन–आर्डर लिस्ट है। इसमें प्रत्येक आइटम (पैराग्राफ) को बुलेट के साथ प्रीफेड किया जाता है। इसके लिए उपयोग किए जाने वाले टैग हैं <UL> और </ UL>।

The basic bulleted list has a default progression of bullet types that changes as you move through indented levels. The TYPE attribute can be used in the <UL> element so that no matter what the indent level the bullet type can be specified thus:

मूल बुलेटेड सूची में बुलेट प्रकारों की एक डिफॉल्ट प्रगति होती है, जो आपके इंडेंट के माध्यम से चलते समय बदलती है। TYPE विशेषता का उपयोग <UL> तत्व में किया जा सकता है, ताकि कोई फर्क न पड़े कि इंडेंट स्तर क्या है। बुलेट प्रकार इस प्रकार निर्दिष्ट किया जा सकता है:

- TYPE = disc
- TYPE = circle
- TYPE = square

Example 27 (उदाहरण 27):

```
<!DOCTYPE html>
<head>
<TITLE> A Simple HTML Example</TITLE>
</head>
<body BGCOLOR = YELLOW>
<H3>Unordered list with different Styles</H3>
<P><ul>
<ul style="list-style-type:disc">
<li>Section 1 </li>
<li>Section 2 </li>
<li>Section 3 </li>
</ul></P>
<p><ul>
<ul style="list-style-type:circle">
<li>Coffee</li>
<li>Tea</li>
<li>Milk</li>
</ul></p>
<p><ul>
<ul style="list-style-type:square">
<li>Orange</li>
<li>Grapes</li>
<li>Mango</li>
</ul> </p>
</body>
</html>
```

The Example 27 will display the output as shown in Figure 2.26.

उदाहरण 27 आउटपुट को चित्र 2.26 में दिखाया गया है।

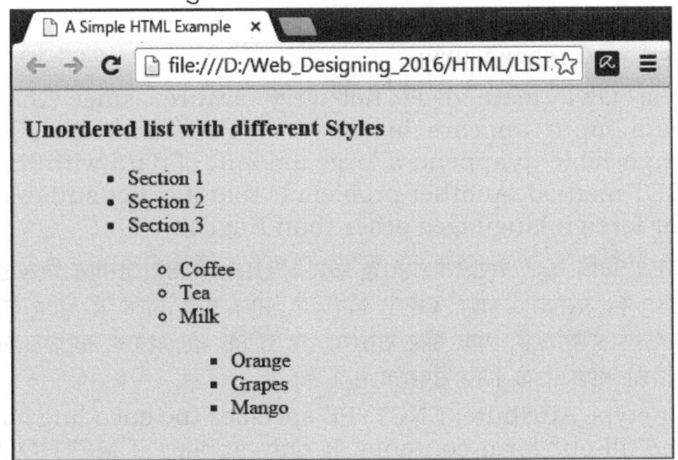

Figure 2.26: Result of Example 27 (उदाहरण 27 का आउटपुट क्रोम में देखना)

2.5.3 Definition List (डेफिनेशन लिस्ट)

The definition list is created with the <dl> element and usually consists of a series of terms and their definitions. Inside the <dl> element, you will usually see pairs of <dt> and <dd> elements.

डेफिफनेशन लिस्ट <dl> तत्व के साथ बनाई गई है और आमतौर पर शब्दों की एक श्रृंखला और उनके होते हैं <Dl> तत्व के अंदर, आप आमतौर पर <dt> और <dd> तत्वों के जोड़े देखेंगे।

Example 28 (उदाहरण 28):

```
<!DOCTYPE html>
<head>
<TITLE> A Simple HTML Example</TITLE>
</head>
<body BGCOLOR = YELLOW>
<H3>Definition List</H3>
<dl>
<dt>HTML</dt>
<dd>Hypertext Markup Language (HTML)
document are ASCII (American Standard Code
for Information Interchange) or plain text
documents that drive the World Wide Web.</dd>
<dt>Internet</dt>
<dd>The Internet is a combination of many of
networks, and a large number of databases and
other services.</dd>
</body>
</html>
```

The Example 28 will display the output as shown in Figure 2.27.

उदाहरण 28 आउटपुट चित्र 2.27 में दिखाया गया है।

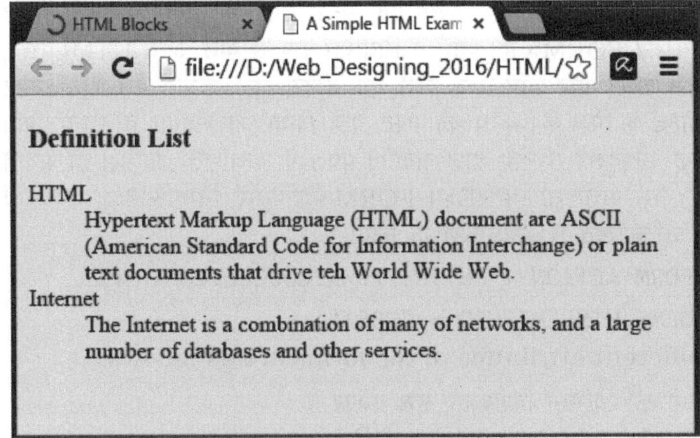

Figure 2.27: Result of the Example 28 (उदाहरण 28 का आउटपुट क्रोम में देखना)

2.6 HTML Forms (HTML फॉर्म)

Forms are such HTML tools, which allow readers to communicate with one another via the Web. Form is a collection of markup tags that work with Web servers to produce a means of obtaining whatever information; you need from visitors of our Website.

फॉर्म ऐसे HTML उपकरण हैं, जो पाठकों को वेब के माध्यम से एक दूसरे के साथ संवाद करने की अनुमति देते हैं। फॉर्म मार्कअप टैग का एक संग्रह है जो वेब सर्वर के साथ काम करता है जो कुछ भी जानकारी प्राप्त करने का साधन पैदा करता है; आप हमारी वेबसाइट के आगंतुकों से की जरूरत है।

It contain special elements called controls like inputbox, checkboxes, radio-buttons, submit buttons, etc. Users generally complete a form by modifying its controls for example. entering text, selecting items, etc. and submitting this form to a web server for further processing.

इसमें विशेष तत्व होते हैं जिन्हें कंट्रोलबॉक्स, चेकबॉक्स, रेडियो–बटन, सबमिट बटन आदि जैसे नियंत्रण कहते हैं। उपयोगकर्ता आमतौर पर उदाहरण के लिए इसके नियंत्रण को संशोधित करके एक फॉर्म को पूरा करते हैं। पाठ दर्ज करना, आइटम का चयन करना, आदि और आगे की प्रक्रिया के लिए इस फॉर्म को वेब सर्वर पर सबमिट करना।

<FORM> Tag (<फार्म> टैग)

A FORM tag is used in an HTML document just like any other element. It has a start tag, <FORM> and an end tag </FORM>. The form itself contains regular text, other HTML elements, such as tables and form elements, such as check boxes, pull-down menus and text fields. Forms cannot be nested, i.e., you cannot put one into another. Forms can include other elements, such as list or <PRE>. FORM attributes are mentioned in the following paragraphs. For example,

किसी अन्य तत्व की तरह ही HTML दस्तावेज में FORM टैग का उपयोग किया जाता है। इसमें एक स्टार्ट टैग, <FORM> और एक एंड टैग </ FORM> है। फॉर्म में नियमित रूप से पाठ, अन्य HTML तत्व, जैसे टेबल और फॉर्म तत्व, जैसे चेक बॉक्स, पुल–डाउन मेनू और टेक्स्ट फील्ड शामिल हैं। फॉर्म को नेस्ट नहीं किया जा सकता है, यानी, आप एक को दूसरे में नहीं डाल सकते। प्रपत्र में अन्य तत्व शामिल हो सकते हैं, जैसे सूची या <PRE>। FORM विशेषताएँ निम्नलिखित अनुच्छेदों में उल्लिखित हैं। उदाहरण के लिए,

```
<FORM ACTION = "HTTP://WWW.GOOGLE.COM\HTML\
FORMS.HTML"METHOD = "POST">
```

Different attributes of the forms are as follows:

रूपों की विभिन्न विशेषताएं इस प्रकार हैं:

(a) Action attribute (ऐक्शन विशेषता)

(b) Method attribute (मेथड विशेषता)

(c) Enctype attribute (Enctype विशेषता)

Action Attribute: It specifies the program or script that accepts the contents of the form for processing. If this attribute is absent, the base URL (URL where the form is located on the server) of the form is automatically used.

ऐक्शन विशेषता: यह प्रोग्राम या स्क्रिप्ट को निर्दिष्ट करता है जो प्रसंस्करण के लिए फॉर्म की कंटेट को स्वीकार करता है। यदि यह विशेषता अनुपस्थित है, तो आधार URL (URL जहाँ प्रपत्र सर्वर पर स्थित है) स्वचालित रूप से उपयोग किया जाता है।

Method Attribute: Method attribute specifies which method type will be used to submit the form data. The method we use depends on how our particular server works. The possible values are:

मेथड विशेषता: मेथड विशेषता निर्दिष्ट करती है कि फॉर्म डेटा जमा करने के लिए किस विधि प्रकार का उपयोग किया जाएगा। हमारे द्वारा उपयोग की जाने वाली विधि इस बात पर निर्भर करती है कि हमारा विशेष सर्वर कैसे काम करता है। संभावित मूल्य हैं:

(a) get

(b) post

These are the HTTP methods that a browser uses to talk to a server. GET is the default method for browsers to submit information. HTML pages are generally retrieved by requesting a single URL from a Web server using the GET method. For example, when we write

ये HTTP के तरीके हैं जो एक ब्राउजर एक सर्वर से बात करने के लिए उपयोग करता है। जानकारी प्राप्त करने के लिए ब्राउजर के लिए GET डिफॉल्ट विधि है। HTML पेज आमतौर पर GET विधि का उपयोग करके वेब सर्वर से एकल URL का अनुरोध करके पुनर्प्राप्त किए जाते हैं। उदाहरण के लिए, जब हम लिखते हैं

```
HTTP://WWW.GOOGLE.COM\HTML\FORMS.HTML
```

The above URL is translated into a valid HTTP GET request like the following:

उपरोक्त URL निम्न की तरह एक मान्य HTTP GET अनुरोध में अनुवादित है:

```
GET HTML/FORMS.HTML
```

The GET method is not very secure, since that data input appears in the URL. Furthermore, it is impossible to append a large amount of data with the GET method. Another problem is that it is not suitable for foreign languages other than English.

GET विधि बहुत सुरक्षित नहीं है, क्योंकि URL में डेटा इनपुट दिखाई देता है। इसके अलावा, GET विधि के साथ बड़ी मात्रा में डेटा को जोड़ना असंभव है। एक और समस्या यह है कि यह अंग्रेजी के अलावा विदेशी भाषाओं के लिए उपयुक्त नहीं है।

Enctype Attribute: ENCTYPE specifies the encoding for the fill-out form contents. It only applies if METHOD is set to POST. It identifies the media type. This media type is used for encoding the name/value pairs of the form's data.

Enctype Attribute: ENCTYPE फिल–आउट फॉर्म कंटेट के लिए एन्कोडिंग को निर्दिष्ट करता है। यह केवल तभी लागू होता है यदि METHOD POST पर सेट है। यह मीडिया प्रकार की पहचान करता है। इस मीडिया प्रकार का उपयोग फॉर्म के डेटा के नाम / मूल्य जोड़े को एन्कोडिंग के लिए किया जाता है।

2.7 Form's Elements (फार्म एलिमेंट)

The Form element consists of the following parts:

फॉर्म तत्व में निम्नलिखित भाग होते हैं:

(a) SELECT (सलेक्ट)

(b) OPTION (ऑप्शन)

(c) TEXTAREA (टेक्स्ट एरिया)

(d) INPUT Option (INPUT ऑप्शन)

SELECT: Inside <FORM> ... </FORM> tag, any number of SELECT tags are permitted freely intermixed with other HTML elements and text. This tag allows a user to choose one of the set of alternatives. SELECT element is used for query. The SELECT element is specialized for creating drop-down or scrollable lists of menus only.

SELECT: इनसाइड <FORM> ... </ FORM> टैग, सेलेक्ट टैग के किसी भी नंबर को अन्य HTML एलिमेंट्स और टेक्स्ट के साथ स्वतंत्र रूप से इंटरमिक्स करने की अनुमति है। यह टैग उपयोगकर्ता को विकल्पों में से एक को चुनने की अनुमति देता है। चयन तत्व का उपयोग क्वेरी के लिए किया जाता है। केवल मेनू के ड्रॉप–डाउन या स्क्रॉल करने योग्य सूची बनाने के लिए SELECT तत्व विशिष्ट है।

The basic structure of a SELECT element is mentioned as follows:

एक SELECT तत्व की मूल संरचना निम्नानुसार है:

```
<SELECT Name="select-menu">
```

```
<OPTION> View the product?
<OPTION> Call for help?
<OPTION> Request a catalogue?
<OPTION> Exit from this form?
</SELECT>
```

The attributes to SELECT tags are as follows:

टैग का चयन करने की विशेषताएँ इस प्रकार हैं:

- **Name:** This attribute is used to create a label for the SELECT data structure like ("select-menu") in the above example. Functionally, this is equivalent to the radio button possibility with the INPUT element of Type = "radio", where one, and only one, of a set of options can be made.

  नाम: इस विशेषता का उपयोग उपरोक्त उदाहरण में SELECT डेटा संरचना जैसे ("चयन–मेनू") के लिए एक लेबल बनाने के लिए किया जाता है। कार्यात्मक रूप से, यह टाइप = "रेडियो" के INPUT तत्व के साथ रेडियो बटन की संभावना के बराबर है, जहां एक, और केवल एक, विकल्पों में से एक सेट किया जा सकता है।

- **Size:** It determines that how many options are visible at a time. The default value of size is 1. If SIZE is 2 or more, the SELECT will be represented as a scrolled list.

  आकार: यह निर्धारित करता है कि एक समय में कितने विकल्प दिखाई देते हैं। आकार का डिफॉल्ट मान 1. यदि SIZE 2 या अधिक है, तो SELECT को स्क्रॉल की गई सूची के रूप में दर्शाया जाएगा।

- **Multiple/Single:** Because the default value of choosing options is SINGLE, therefore, user can choose only SINGLE. In both of the above examples of SELECT statements, the user can make one, and only one, choice. By adding the attribute MULTIPLE, the user will be able to choose more than one among several options.

  मल्टीपल/सिंगल: क्योंकि विकल्पों को चुनने का डिफॉल्ट मूल्य SINGLE है, इसलिए, उपयोगकर्ता केवल SINGLE का चयन कर सकता है। SELECT स्टेटमेंट के उपरोक्त दोनों उदाहरणों में, उपयोगकर्ता एक, और केवल एक, विकल्प बना सकता है। विशेषता मल्टीप्ले को जोड़कर, उपयोगकर्ता कई विकल्पों में से एक से अधिक का चयन करने में सक्षम होगा।

A select box, also called drop down box which provides option to list down various options in the form of drop down list, from where a user can select one or more options.

एक चयनित बॉक्स, जिसे ड्रॉप डाउन बॉक्स भी कहा जाता है, जो ड्रॉप डाउन सूची के रूप में विभिन्न विकल्पों को सूचीबद्ध करने का विकल्प प्रदान करता है, जहां से उपयोगकर्ता एक या अधिक विकल्पों का चयन कर सकता है।

Here is example HTML code for a form with one drop down box.

यहाँ एक ड्रॉप डाउन बॉक्स के साथ फॉर्म के लिए उदाहरण के लिए HTML कोड है।

Example 29 (उदाहरण 29):

```
<!DOCTYPE html>
<head>
<title>HTML Select Box</title>
</head>
<body>
<form>
<select>
  <optgroup label="Sports">
      <option value="baseball">Baseball</option>
      <option value="basketball">Basketball</
      option>
</optgroup>
  <optgroup label="Shopping">
      <option value="food">Food</option>
      <option value="gift">Gift</option>
  </optgroup>
</select>
</form>
</body>
</html>
```

The Example 29 will display the output as shown in Figure 2.28.

उदाहरण 29 का आउटपुट कि चित्र 2.28 में दिखाया गया है।

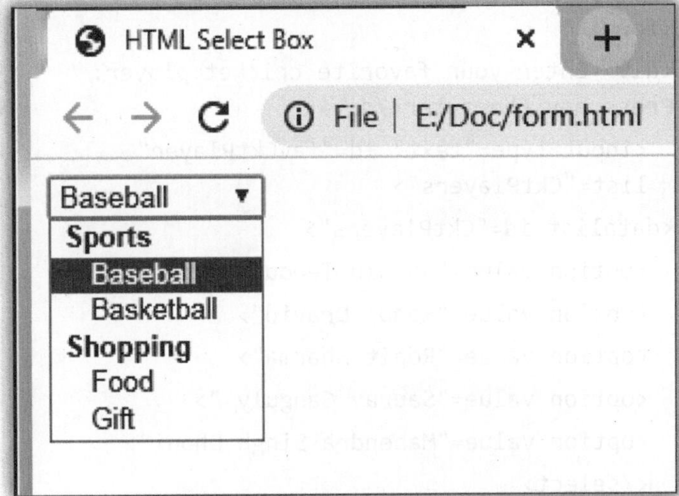

Figure 2.28: Result of the Example 29 (उदाहरण 29 का आउटपुट क्रोम में देखना)

OPTION: This tag occurs only within the SELECT element (described previously) and is used to represent each choice of the SELECT. The attributes of OPTION are:

विकल्प: यह टैग केवल SELECT तत्व (पहले वर्णित) के भीतर होता है और इसका चयन SELECT की प्रत्येक पसंद को दर्शाने के लिए किया जाता है। विकल्प की विशेषताएं हैं:

- **Selected:** It indicates that this option initially is selected.
  यह इंगित करता है कि यह विकल्प शुरू में चुना गया है।
- **Value:** If present, this is the value returned by SELECT if this option is chosen; otherwise, the value returned is that set by the OPTION element.

  यदि मौजूद है, तो यह विकल्प चुने जाने पर SELECT द्वारा लौटाया गया मान है; अन्यथा, जो मान लौटा है वह विकल्प तत्व द्वारा निर्धारित किया गया है।

The <option> tag comes in pairs; the closing tag (</option>) is required.

<option> टैग जोड़े में आता है; समापन टैग (</option>) आवश्यक है।

The <option> tag is generally used with the value attribute to specify which value should be sent to the server for the further processing.

<option> टैग का उपयोग आमतौर पर मूल्य विशेषता के साथ किया जाता है ताकि यह निर्दिष्ट किया जा सके कि आगे की प्रक्रिया के लिए कौन सा मूल्य सर्वर को भेजा जाना चाहिए।

Example 30 (उदाहरण 30):

```
<!DOCTYPE html>
<head>
<title>HTML option</title>
</head>
<body>
<form>
<div> Enter your favorite cricket player:
Press any character</div>
  <input type="text" id="favCktPlayer"
  list="CktPlayers">
<datalist id="CktPlayers">
  <option value="Sachin Tendulkar">
  <option value="Rahul Dravid">
  <option value="Rohit Sharma">
  <option value="Saurav Ganguly ">
  <option value="Mahendra Singh Dhoni">
  </select>
</datalist>
</form>
</body>
</html>
```

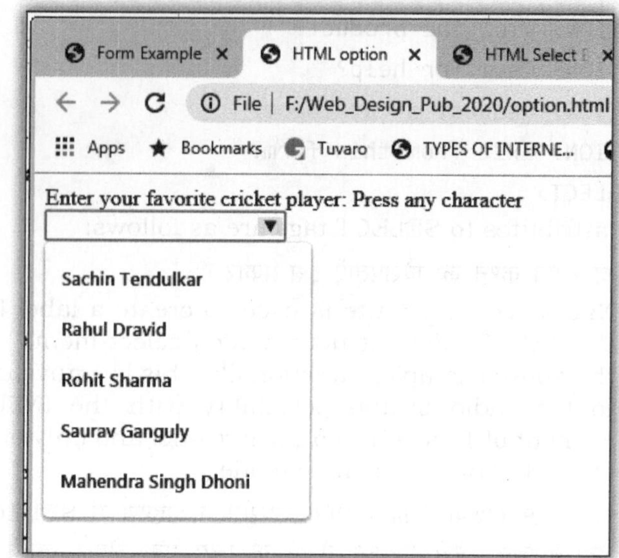

Figure 2.29: Result of the Example 30 (उदाहरण 30 का आउटपुट क्रोम में देखना)

The Example 30 will display the output as shown in Figure 2.29.

उदाहरण 30 को चित्र 2.29 में दिखाया गया है।

TEXTAREA (टेक्स्ट एरिया): TEXTAREA element is used to ask the user to enter several lines of text (as opposed to the single line with an INPUT element of Type="text"). A sample TEXTAREA tag is as follows:

TEXTAREA तत्व का उपयोग उपयोगकर्ता को पाठ की कई पंक्तियों में प्रवेश करने के लिए कहा जाता है (जैसा कि INPUT तत्व = "टेक्स्ट" के साथ एकल पंक्ति के विपरीत)। एक नमूना TEXTAREA टैग इस प्रकार है:

```
<TEXTAREA NAME="comments" ROWS=4 COLS=30></TEXTAREA>
```

This allows the user to enter any amount of text, with only four rows and 30 columns visible. The attributes associated with TEXTAREA are as follows:

यह उपयोगकर्ता को केवल चार पंक्तियों और 30 कॉलम के साथ टेक्स्ट की किसी भी राशि को दर्ज करने की अनुमति देता है। TEXTAREA से जुड़ी विशेषताएं इस प्रकार हैं:

- **Cols:** The number of columns that will be displayed (the user can use the scrollbar to move through more columns if necessary).

  Cols: प्रदर्शित किए जाने वाले कॉलम की संख्या (यदि आवश्यक हो, तो उपयोगकर्ता स्क्रॉलबार का उपयोग करने के लिए अधिक कॉलम से गुजर सकता है)।
- **Name:** The logical name associated with the returned text.

  नाम: लौटे हुए टेक्स्ट के साथ जुड़ा तार्किक नाम।
- **Rows:** The number of rows that will be displayed (note that the user can use more rows and scroll down to them).

पंक्तियाँ: प्रदर्शित होने वाली पंक्तियों की संख्या (ध्यान दें कि उपयोगकर्ता अधिक पंक्तियों का उपयोग कर सकता है और उन्हें नीचे स्क्रॉल कर सकता है)।

- **Maxlentgh:** The total number of characters allowed in the text area.

  मैक्सलेंथ: टेक्स्ट क्षेत्र में अनुमत कुल वर्णों की संख्या।
- **Placeholder:** Specifies a short hint that describes the expected value of a text area.

  प्लेसहोल्डर: एक छोटा संकेत निर्दिष्ट करता है जो एक टेक्स्ट क्षेत्र के अपेक्षित मूल्य का वर्णन करता है।

Example 31 (उदाहरण 31):

```
<!DOCTYPE html>
<html>
<head>
<title>HTML Textarea</title>
<body>
<form>
<label for="Textarea">Textarea:</label>
<textarea rows="4" cols="30" placeholder="Type
text here...">
</textarea>
</form>
</head>
</body>
</html>
```

Figure 2.30: Result of the Example 31
(उदाहरण 31 का परिणाम)

The Example 31 will display the output as shown in Figure 2.30.

उदाहरण 31 का आउटपुट चित्र 2.30 में दिखाया गया है।

INPUT: INPUT element is the basic way to get input from the user in a variety of situations. The reason is that an INPUT element can define many types of graphical user interface features. These are as follows:

INPUT: INPUT तत्व विभिन्न स्थितियों में उपयोगकर्ता से इनपुट प्राप्त करने का मूल तरीका है। कारण यह है कि एक INPUT तत्व कई प्रकार के चित्रमय उपयोगकर्ता इंटरफेस सुविधाओं को परिभाषित कर सकता है। ये इस प्रकार हैं:

- text (पाठ)
- checkbox (चेकबॉक्स)
- radio (रेडियो)
- password (पासवर्ड)
- submit (सबमिट करें)
- button बटन ()

A sample INPUT tag that queries the user for a name (using "text" as the value of the attribute Type) is given below:

INPUT टैग जो एक नाम के लिए उपयोगकर्ता से पूछताछ करता है (विशेषता प्रकार के मूल्य के रूप में "टेक्स्ट" का उपयोग नीचे दिया गया है:

```
<INPUT Type = "text" Size = 40 Name = "user-name">
```

Type identifies the text value of the attribute that will be displayed as 40 characters.

प्रकार 40 अक्षरों के रूप में प्रदर्शित की जाने वाली विशेषता के पाठ मूल्य की पहचान करता है।

The Name attribute of the INPUT element designates the variable name that will be used in the data structure sent to the query program. This name is used to identify the value of the user's response from this INPUT element.

INPUT तत्व का नाम विशेषता वैरिएबल नाम को निर्दिष्ट करता है जिसका उपयोग क्वेरी प्रोग्राम को भेजे गए डेटा संरचना में किया जाएगा। इस नाम का उपयोग इस INPUT तत्व से उपयोगकर्ता की प्रतिक्रिया के मूल्य की पहचान करने के लिए किया जाता है।

The INPUT tag is very versatile and can be used to create many kinds of user interface features.

INPUT टैग बहुमुखी है और इसका उपयोग कई प्रकार के उपयोगकर्ता इंटरफेस सुविधाएँ बनाने के लिए किया जा सकता है।

The INPUT element has the following attributes:

INPUT तत्व में निम्नलिखित विशेषताएं हैं:

- **Align:** Used only with the image Type. Possible values are top, middle, and bottom, and they define the relationship of the image to the text following it.

  संरेखित करें: केवल छवि प्रकार के साथ उपयोग किया जाता है। संभावित मान शीर्ष, मध्य और नीचे हैं, और वे छवि के संबंध को इसके बाद के पाठ में परिभाषित करते हैं।
- **Accept:** It specifies a filter for what file types the user can pick from the file input dialog box.

  स्वीकार करें: यह फिल्टर के लिए निर्दिष्ट करता है कि उपयोगकर्ता किस प्रकार के फाइल इनपुट डायलॉग बॉक्स से चुन सकता है।

- **Checked:** CHECKED (no value needed) specifies that this checkbox or radio button is checked by default. This is only appropriate for checkboxes and radio buttons.

  चेक किया गया: चेक किया गया (कोई मूल्य की आवश्यकता नहीं) निर्दिष्ट करता है कि यह चेकबॉक्स या रेडियो बटन डिफॉल्ट रूप से चेक किया गया है। यह केवल चेकबॉक्स और रेडियो बटन के लिए उपयुक्त है।
- **Maxlength:** MAXLENGTH is the maximum number of characters that are accepted as input. This is only appropriate for text entry fields and password entry fields (and only for single-line text entry fields at that). If this is not present, the default will be unlimited.

  Maxlength: MAXLENGTH अधिकतम वर्ण हैं जिन्हें इनपुट के रूप में स्वीकार किया जाता है। यह केवल पाठ प्रविष्टि फील्ड और पासवर्ड प्रविष्टि फील्ड (और उस पर केवल एकल–पंक्ति पाठ प्रविष्टि फील्ड के लिए) उपयुक्त है। यदि यह मौजूद नहीं है, तो डिफॉल्ट असीमित होगा।
- **Name:** Specifies a symbolic name used in transferring and identifying the output from this element of the form.

  नाम: फॉर्म के इस तत्व से आउटपुट को स्थानांतरित करने और पहचानने में प्रयुक्त एक प्रतीकात्मक नाम निर्दिष्ट करता है।
- **Size:** SIZE is the physical size of the input field in characters. This is only appropriate for text entry fields and password entry fields. If this is not present, the default is 20. Multiline text entry fields can be specified as follows:

  आकार: आकार वर्णों में इनपुट क्षेत्र का भौतिक आकार है। यह केवल पाठ प्रविष्टि फील्ड और पासवर्ड प्रविष्टि फील्ड के लिए उपयुक्त है। यदि यह मौजूद नहीं है, तो डिफॉल्ट 20 है। बहु–पाठ पाठ प्रविष्टि फील्ड को निम्नानुसार निर्दिष्ट किया जा सकता है:

  SIZE = WIDTH, HEIGHT
- **Src:** Defines the source file for the image when the attribute Type is set to image.

  Src: छवि के लिए स्रोत फाइल को परिभाषित करता है जब विशेषता प्रकार छवि पर सेट होता है।
- **Text:** A single-line, text-entry area (the TEXTAREA element is used for multiline text input). If the only element in the form has attribute Text, the user can submit the form by pressing key on the keyboard.

  टेक्स्ट: एक एकल–पंक्ति, पाठ–प्रवेश क्षेत्र (TEXTAREA तत्व का उपयोग बहुस्तरीय टेक्स्ट इनपुट के लिए किया जाता है)। यदि फॉर्म में एकमात्र तत्व में विशेषता टेक्स्ट है, तो उपयोगकर्ता कीबोर्ड पर कुंजी दबाकर फॉर्म सबमिट कर सकता है।
- **Type:** Defines what kind of input field is presented to the user.

  प्रकार: परिभाषित करता है कि उपयोगकर्ता को किस तरह का इनपुट क्षेत्र प्रस्तुत किया गया है।
- **Value:** Value can be used to specify the default contents of the field. For a checkbox or a radio button, VALUE specifies the value of the button when it is checked.

  मूल्य: क्षेत्र की डिफॉल्ट कंटेट को निर्दिष्ट करने के लिए मूल्य का उपयोग किया जा सकता है। चेकबॉक्स या रेडियो बटन के लिए, VALUE बटन की जाँच करने पर उसका मान निर्दिष्ट करता है।
- **Text:** Text is an input element which is used to give the single line input of text and is defined by <input type="text"> tag. The code below demonstrates the single line input text.

  टेक्स्ट: टेक्स्ट एक इनपुट तत्व है, जिसका उपयोग टेक्स्ट की सिंगल लाइन इनपुट देने के लिए किया जाता है और इसे इनपुट टाइप = "टेक्स्ट" टैग द्वारा परिभाषित किया जाता है। नीचे दिया गया कोड सिंगल लाइन इनपुट टेक्स्ट प्रदर्शित करता है।

Example 32 (उदाहरण 32):

```
<!DOCTYPE html>
<html>
<body>
<form action="action_page.php">
Name:<br>
<input type="text" name="Name">
<br>Father name:<br>
<input type="text" name="Father name">
<br><br>
<input type="submit">
</form>
<p>Deafult width of the form is 20
characters.</p>
</body>
</html>
```

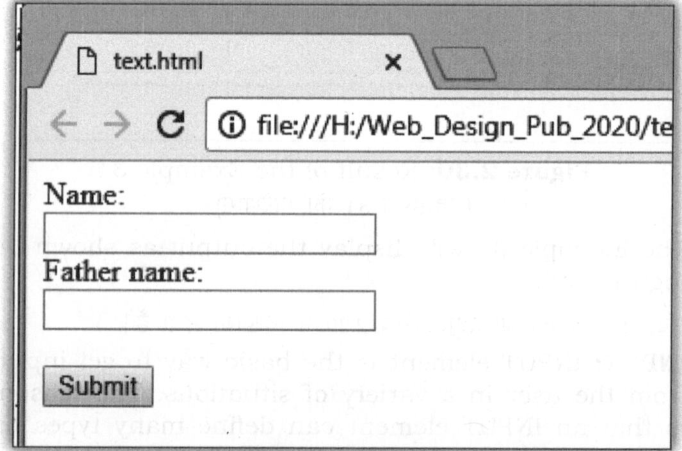

Figure 2.31: Result of the Example 32 (उदाहरण 32 का परिणाम)

The Example 32 will display the output as shown in Figure 2.31.

उदाहरण 32 का आउटपुट चित्र 2.31 में दिखाया गया है।

Checkbox: Check boxes are utilized when more than one option is required to be chosen and are defined by <input type="check box">. The code below demonstrates the use of check box.

चेकबॉक्स: चेक बॉक्स का उपयोग तब किया जाता है जब एक से अधिक विकल्प चुनने की आवश्यकता होती है और <input type="check box"> द्वारा परिभाषित किया जाता है। नीचे दिया गया कोड चेक बॉक्स के उपयोग को दर्शाता है।

Example 33 (उदाहरण 33):

```
<!DOCTYPE html>
<html>
<head>
<title>Checkbox Control</title>
</head>
<body>
<form>
<input type="checkbox" name="HTML" value="on"> HTML
<input type="checkbox" name="HTML5"
value="on"> XHTML5
</form>
</body>
</html>
```

The Example 33 will display the output as shown in Figure 2.32.

उदाहरण 33 का आउटपुट चित्र 2.32 में दिखाया गया है।

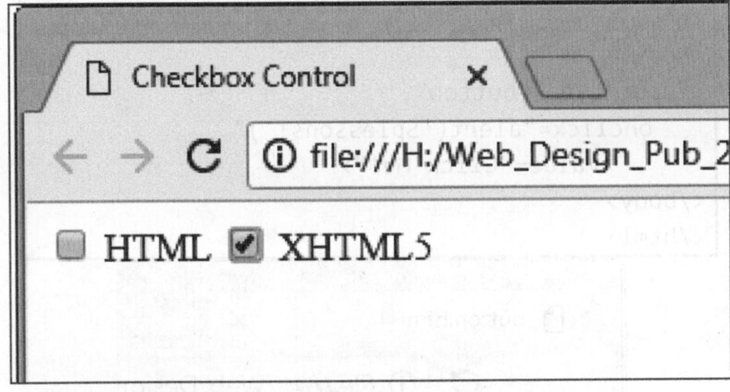

Figure 2.32: Result of the Example 33 (उदाहरण 33 का परिणाम)

Radio (रेडियो बटन): Radio button is an input element which is used to select only one option from the given options and defined by <input type="radio">. The code below demonstrates the use of radio button.

रेडियो बटन एक इनपुट तत्व है जिसका उपयोग दिए गए विकल्पों में से केवल एक विकल्प को चुनने के लिए किया जाता है और <input type= "radio"> द्वारा परिभाषित किया जाता है। नीचे दिया गया कोड रेडियो बटन के उपयोग को प्रदर्शित करता है।

Example 34 (उदाहरण 34):

```
<!DOCTYPE html>
<html>
<body>
<form action="action_page.php">
<input type="radio" name="gender" value="male"
checked> Male<br>
<input type="radio" name="gender" value="female">
Female<br>
<input type="radio" name="gender" value="other">
Other<br><br>
<input type="submit">
</form>
</body>
</html>
```

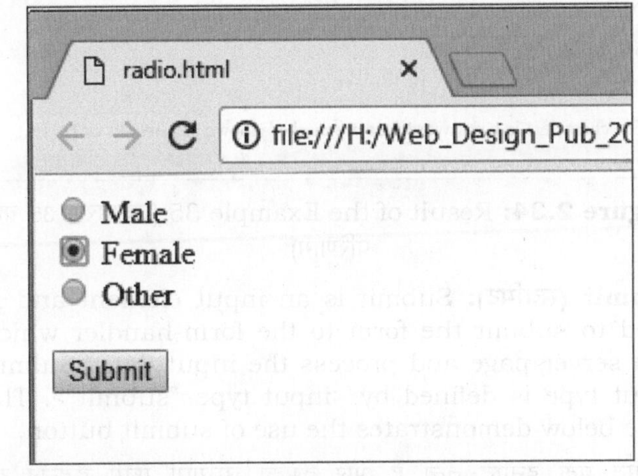

Figure 2.33: Result of the Example 34 (उदाहरण 34 का परिणाम)

The Example 34 will display the output as shown in Figure 2.33.

उदाहरण 34 का आउटपुट चित्र 2.33 में दिखाया गया है।

Password: Password is a single lined text box which display the characters as a dotted lines and defined by <input type="password">. The code below demonstrates the use of password field.

पासवर्ड एक पंक्तिबद्ध पाठ बॉक्स है जो वर्णों को एक बिंदीदार रेखाओं के रूप में प्रदर्शित करता है और <input type= "password"> द्वारा परिभाषित किया जाता है। नीचे दिया गया कोड पासवर्ड फील्ड के उपयोग को दर्शाता है।

Example 35 (उदाहरण 35):

```
<!DOCTYPE html>
<html>
<body>
<form action="password">
Name:<br>
<input type="text" name="userid">
<br>
Password:<br>
<input type="password" name="psw">
</form>
<p>The characters in a password field are
masked (shown as asterisks or circles).</p>
</body>
</html>
```

The Example 35 will display the output as shown in Figure 2.34.

उदाहरण 35 का आउटपुट चित्र 2.34 में दिखाया गया है।

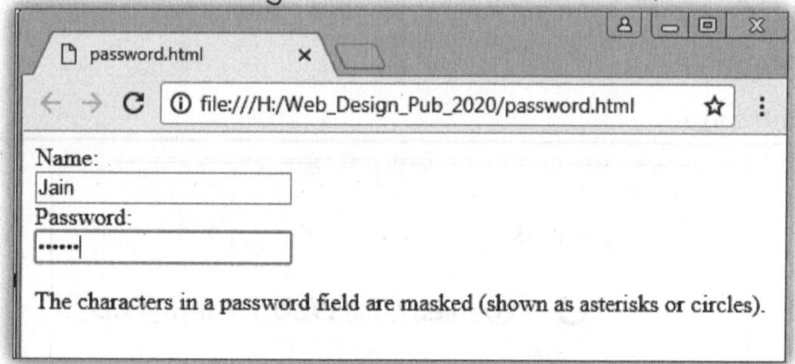

Figure 2.34: Result of the Example 35 (उदाहरण 35 का परिणाम)

Submit (सबमिट): Submit is an input element and is used to submit the form to the form-handler which is a server page and process the input data. Submit input type is defined by <input type="submit">. The code below demonstrates the use of submit button.

सबमिट एक इनपुट तत्व है और इसका उपयोग फॉर्म–हैंडलर को सबमिट करने के लिए किया जाता है जो एक सर्वर पेज है और इनपुट डेटा को प्रोसेस करता है। सबमिट इनपुट प्रकार को <input type="submit"> द्वारा परिभाषित किया गया है। नीचे दिया गया कोड सबमिट बटन के उपयोग को दर्शाता है।

Example 36 (उदाहरण 36):

```
<!DOCTYPE html>
<html>
  <body>
  <form action="action_page.php">
Name:<br>
<input type="text" name="Name" value="Mickey">
<br>
Father name:<br>
<input type="text" name="Fathername" value="Dany">
<br><br>
  <input type="submit" value="Submit">
</form>
  <p>If you click "Submit", the form-data
  will be sent to a page called "action_page.
  php".</p>
</body>
</html>
```

The Example 36 will display the output as shown in Figure 2.35.

उदाहरण 36 का आउटपुट चित्र 2.35 में दिखाया गया है।

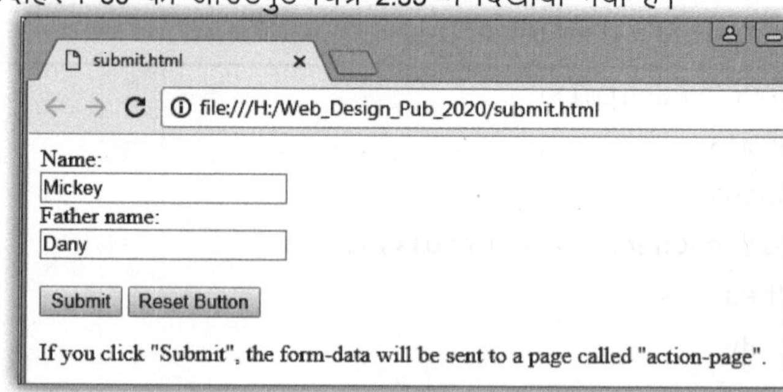

Figure 2.35: Result of the Example 36 (उदाहरण 36 का परिणाम)

Button: Button is an input element which is same like a submit button and defined by <input type="button">. The code below demonstrates the use of a button.

बटन: बटन एक इनपुट तत्व है जो सबमिट बटन के समान है और <input type= "button"> द्वारा परिभाषित है। नीचे दिया गया कोड एक बटन के उपयोग को दर्शाता है।

Example 37:

```
<!DOCTYPE html>
<html>
<body>
<input type="button"
    onclick="alert('Splessons!')"
        value="Click Me!">
</body>
</html>
```

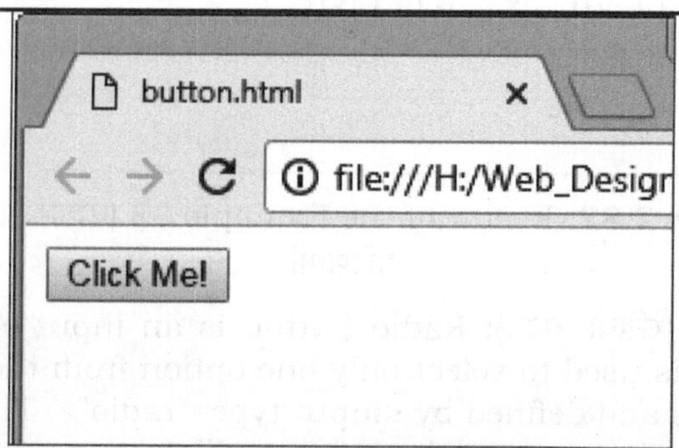

Figure 2.36: Result of the Example 37 (उदाहरण 37 का परिणाम)

2.8 HTML Form Program (HTML फॉर्म प्रोग्राम)

The HTML <form> tag is used for creating a form for user input. Example 38 gives an HTML program for a form design. The corresponding output as shown in Figure 2.37.

HTML <form> टैग का उपयोग उपयोगकर्ता इनपुट के लिए एक फॉर्म बनाने के लिए किया जाता है। उदाहरण 38 एक फॉर्म डिजाइन के लिए HTML प्रोग्राम देता है। चित्र 2.37 में दिखाए गए अनुसार संबंधित आउटपुट।

Syntax:

```
<form>
   form content goes here..
</form
```

A Form can contain textfields, checkboxes, radio-buttons and more. Text field creates a single line text.

फॉर्म में टेक्स्टफील्ड, चेकबॉक्स, रेडियो–बटन और बहुत कुछ हो सकता है। टेक्स्ट फील्ड एक पंक्ति पाठ बनाता है।

Example 38 (उदाहरण 38):

```
<!doctype html>
<html>
<head>
<meta charset="utf-8">
<title>Form Example</title>
</head>
<body bgcolor="#CCFF66">
<form align="center">
<FORM METHOD="POST" ACTION="http://www.mcp.com
/cgi-bin/post-query">
<h3 style="color:#F00">Personal Details</h3>
<strong>Name:</strong>
<input type="text" name="name"
id="name"><br><br>
<strong>Password:<strong>
<input type="password" name="password"
id="password"><br><br>
<strong>E-mail id:</strong><input type="text"
name="name" id="name"><br><br>
<strong>Gender:</strong> <input type="radio"
name="radiogroup1" value="radio"
id="radiogroup1"> Male
<input type="radio" name="radiogroup1"
value="radio" id="radiogroup2"> Female<br><br>
<strong>Contact#:</strong> <input type="text"
name="mobile" id="mobile">
<h3 style="color:#0000ff">Educational
Qualification</h3>
<strong>Degree:</strong> <select
name="degree" id="degree">
   <option selected>-- Select Group --</
option>
   <option>B.Com</option>
   <option>B.sc</option>
   <option>B.com Computers</option>
   <option>B.A</option>
 </select><br>
 <br>
<strong>Engineering:</strong> <select
name="eng" id="eng">
 <option selected>-- Select Group --</option>
   <option>CSE</option>
   <option>ECE</option>
   <option>CIVIL</option>
   <option>EEE</option>
 </select><br><br>
<strong>Hobbies:</strong>
<input type="checkbox"
name="CheckboxGroup1" value="checkbox"
id="CheckboxGroup1">Crosswords Puzzles
<input type="checkbox" name="CheckboxGroup1"
value="checkbox" id="CheckboxGroup2">Reading
Books<br><br>
<h3 style="color:#F00">Address</h3>
<textarea name="textarea" cols="35" rows="5"
id="textarea"></textarea><br>
<br>
Attch Resume: <input type="file"
name="fileField" id="fileField"><br><br>
<input type="submit" value="Submit">
<input type = "reset" name = "reset" value =
"Reset" />
</form>
</body>
</html>
```

The Example 38 will display the output as shown in Figure 2.37.

उदाहरण 38 का आउटपुट चित्र 2.37 में दिखाया गया है।

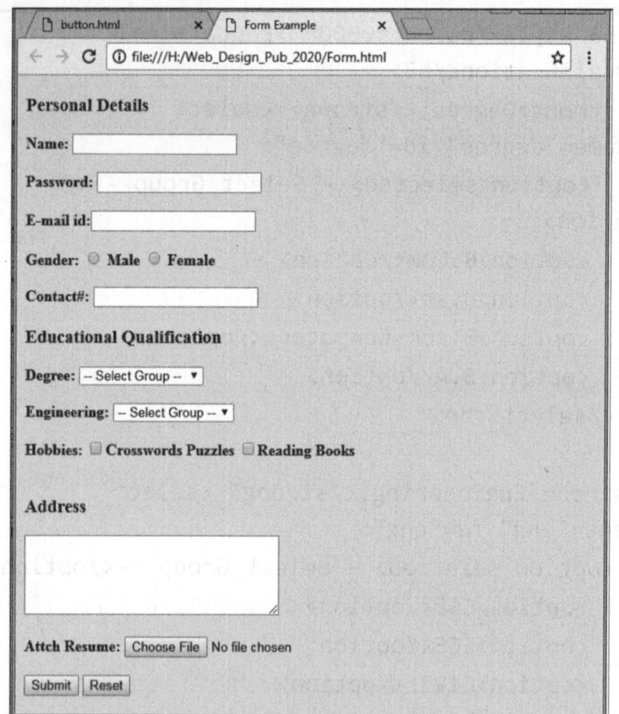

Figure 2.37: Result of the Example 38 (उदाहरण 38 का परिणाम)

2.9 HTML FRAMES (HTML फ्रेम)

Frames divide a single browser window into multiple, independent regions, each of which can display a different HTML document. You begin by created FRAMESET document, which sets up the layout by establishing the number of frames, their position and other characteristics.

फ्रेम एकल ब्राउजर विंडो को कई, स्वतंत्र क्षेत्रों में विभाजित करते हैं, जिनमें से प्रत्येक एक अलग HTML दस्तावेज प्रदर्शित कर सकता है। आप FRAMESET दस्तावेज बनाकर शुरू करते हैं, जो फ्रेम की संख्या, उनकी स्थिति और अन्य विशेषताओं को स्थापित करके लेआउट सेट करता है।

This frameset document is structural only and does not contain any of the content that will appear on the final web page. It does however, specify a URL reference for each frame, which will be the HTML document, or normal web page that will be displayed within it.

यह फरेमसेट दस्तावेज केवल संरचनात्मक है और इसमें कोई भी कंटेट नहीं है जो अंतिम वेब पेज पर दिखाई देगी। यह हालांकि, प्रत्येक फ्रेम के लिए एक URL संदर्भ निर्दिष्ट करता है, जो HTML दस्तावेज, या सामान्य वेब पेज होगा जो इसके भीतर प्रदर्शित होगा।

To use frames on a page, you use <frameset> tag instead of <body> tag. The <frameset> tag defines, how to divide the Window into frames. The rows attribute of <frameset> tag defines horizontal frames and cols attribute defines vertical frames. Each frame is indicated by <frame> tag and it defines which HTML document shall open into the frame.

किसी पृष्ठ पर फ्रेम का उपयोग करने के लिए, आप <frameset> टैग के बजाय <body> टैग का उपयोग करते हैं। <frameset> टैग परिभाषित करता है, विंडो को फ्रेम में कैसे विभाजित किया जाए। पंक्तियों की विशेषता <frameset> टैग क्षैतिज फ्रेम को परिभाषित करता है और कोला विशेषता ऊर्ध्वाधर फ्रेम को परिभाषित करता है। प्रत्येक फ्रेम को <frame> टैग द्वारा इंगित किया गया है और यह परिभाषित करता है कि कौन सा HTML दस्तावेज फरेम में खुलेगा।

The main advantage of using frames becomes apparent when a user clicks on one of the links of any frame, the other frames on the same Web page do not change at all, but a new page is loaded and displayed in the same frame.

फ्रेम का उपयोग करने का मुख्य लाभ तब स्पष्ट हो जाता है जब कोई उपयोगकर्ता किसी भी फ्रेम के लिंक पर क्लिक करता है, उसी वेब पेज पर अन्य Frame बिल्कुल नहीं बदलते हैं, लेकिन एक नया पेज लोड होता है और उसी फ्रेम में प्रदर्शित होता है।

<FRAMESET> TAG

To create a frame definition document, you use the <FRAMESET> tag. When you use <FRAMESET> tag in an HTML document, it is replacement for the <BODY> tag, as shown below:

फ्रेम डेफिनिशन दस्तावेज बनाने के लिए, आप <FRAMESET> टैग का उपयोग करें। जब आप HTML दस्तावेज में <FRAMESET> टैग का उपयोग करते हैं, तो यह <BODY> टैग के लिए प्रतिस्थापन है, जैसा कि नीचे दिखाया गया है:

```
<HTML>
<HEAD>
</HEAD>
<FRAMESET rows = "33%, 33%, 33%">
<FRAMESET cols = "50%, 50%">
<FRAME name = "frame1">
<FRAME name = "frame2">
</FRAMESET>
<FRAME name = "frame3">
<FRAME name = "frame4">
</FRAMESET>
<BODY>
..contents to display in non-frame-capable
user agent..
</BODY>
</HTML>
```

If you include a <FRAMESET> tag in an HTML document, you cannot include a <BODY> tag. Basically, the two tags are mutually exclusive. In addition, no other formatting tags, hyperlinks, or document text should be included in a frame definition document, except in one special case the <NOFRAME> tag. <FRAMESET> tags contain only the definitions for the frames in this document.

यदि आप एक HTML दस्तावेज में एक <FRAMESET> टैग शामिल करते हैं, तो आप <BODY> टैग को शामिल नहीं कर सकते। असल में, दो टैग परस्पर अनन्य हैं। इसके अलावा, किसी विशेष मामले <NOFRAME> टैग को छोड़कर, कोई अन्य फॉर्मेटिंग टैग, हाइपरलिंक या दस्तावेज पाठ को फ्रेम डेफिनिशन दस्तावेज में शामिल नहीं किया जाना चाहिए। <FRAMESET> टैग में इस दस्तावेज में फ्रेम के लिए केवल परिभाषाएँ हैं।

The attributes of the <frameset> tag:

<फ्रेमसेट> टैग की विशेषताएँ:

- **Cols:** The cols attribute is used to create vertical frames in web browser. This attribute is basically used to define the number of columns and its size inside the frameset tag. The size or width of the column is set in the frameset in the following ways: For example, to create three vertical frames, use cols = "100, 500, 100".
- वेब ब्राउजर में वर्टिकल फ्रेम बनाने के लिए कोल फीचर्स का उपयोग किया जाता है। यह विशेषता मूल रूप से फ्रेमसेट टैग के अंदर स्तंभों की संख्या और उसके आकार को परिभाषित करने के लिए उपयोग की जाती है। कॉलम का आकार या चौड़ाई निम्नलिखित तरीकों से फ्रेमसेट में सेट की गई है: उदाहरण के लिए, तीन ऊर्ध्वाधर फ्रेम बनाने के लिए, बवसे = "100, 500, 100" का उपयोग करें।
- **Rows:** The rows attribute is used to create horizontal frames in web browser. This attribute is used to define no of rows and its size inside the frameset tag. The size of rows or height of each row use the following ways:

  पंक्तियाँ: पंक्तियों की विशेषता का उपयोग वेब ब्राउजर में क्षैतिज फ्रेम बनाने के लिए किया जाता है। इस विशेषता का उपयोग तख्ते के टैग के अंदर पंक्तियों और उसके आकार को परिभाषित करने के लिए नहीं किया जाता है। पंक्तियों का आकार या प्रत्येक पंक्ति की ऊँचाई निम्न तरीकों का उपयोग करती है:

  For example, to create two horizontal frames, use rows = "10%, 90%".

  उदाहरण के लिए, दो क्षैतिज फ्रेम बनाने के लिए, पंक्तियों का उपयोग करें = "10%, 90%"।
- **Border:** This attribute of frameset tag defines the width of border of each frames in pixels. For example, <frameset border="4" frameset>

  बॉर्डर: फ्रेमसेट टैग की यह विशेषता पिक्सल में प्रत्येक फ्रेम की सीमा को परिभाषित करती है। उदाहरण के लिए, <फ्रेमसेट बॉर्डर = "4" फ्रेमसेट>
- **Frame border:** This attribute of frameset tag is used to specify whether the three-dimensional border should be displayed between the frames or not for this use two values 0 and 1, where 0 defines for no border and value 1 signifies for yes there will be border.

  फ्रेम बॉर्डर: फ्रेमसेट टैग की इस विशेषता का उपयोग यह निर्दिष्ट करने के लिए किया जाता है कि तीन आयामी बॉर्डर को फ्रेम के बीच प्रदर्शित किया जाना चाहिए या नहीं इस उपयोग के लिए दो मान 0 और 1, जहां 0 बिना सीमा के परिभाषित करता है और मान 1 हाँ के लिए संकेत देता है सीमा हो।
- **Framespacing:** This attribute of frameset tag is used to specify the amount of spacing between the frames in a frameset. This can take any integer value as an parameter which basically denotes the value in pixel.

  फ्रेमस्पेसिंग: फ्रेमसेट टैग की इस विशेषता का उपयोग फ्रेम में फ्रेम के बीच अंतर को निर्दिष्ट करने के लिए किया जाता है। यह किसी भी पूर्णांक मान को एक पैरामीटर के रूप में ले सकता है जो मूल रूप से पिक्सेल में मूल्य को दर्शाता है।

For example, framespacing = "10" means there should be 10 pixels spacing between each frames.

उदाहरण के लिए, तख्ते = "10" का अर्थ है कि प्रत्येक तख्ते के बीच 10 पिक्सेल का अंतर होना चाहिए।

To illustrate this, the following example will define a frameset with two columns and one row.

इसे समझने के लिए, निम्नलिखित उदाहरण दो कॉलम और एक पंक्ति के साथ एक फ्रेमसेट को परिभाषित करेगा।

First, define a frameset with two columns.

सबसे पहले, दो कॉलम के साथ एक फ्रेमसेट को परिभाषित करें।

Example 39 (उदाहरण 39):

```
<html>
<head>
<title>Frame Tag Example</title>
</head>
<frameset rows="100,*">
<frame src="FirstFrame.html">
<frameset cols="150,*">
<frame src="twocolums.html">
<frame src="twocolums1.html">
</frameset>
<noframes>
<body>
<p>Alternate content</p>
</body>
</noframes>
</frameset>
</html>
```

The Example 39 will display the output as shown in Figure 2.38.

उदाहरण 39 का आउटपुट चित्र 2.38 में दिखाया गया है।

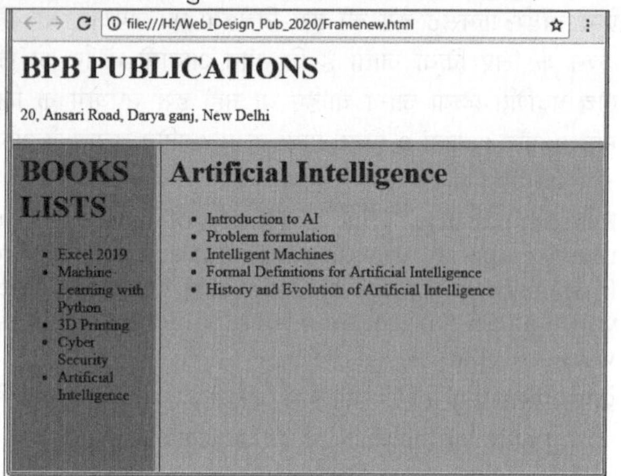

Figure 2.38: Result of the Example 39 (उदाहरण 39 का परिणाम)

Creating two or More Column (दो या दो से ज्यादा कॉलम क्रिएट करना)

When you define a <FRAMESET> tag, you must include one of the two attributes as part of the tag definition. The first of these attributes is the COLS attribute. The syntax of the COLS attribute is as follows:

जब आप एक <FRAMESET> टैग को परिभाषित करते हैं, तो आपको टैग परिभाषा के भाग के रूप में दो विशेषताओं में से एक को शामिल करना होगा। इनमें से पहला गुण COLS विशेषता है। COLS विशेषता का सिंटैक्स निम्नानुसार है:

```
<FRAMESET COLS = "column width, column width, ...">
```

The COLS attribute informs the browser to split the screen into a number of vertical frames whose widths are defined by column width values separated by commas. We define the width of each frame in three different ways:

COLS विशेषता स्क्रीन को कई ऊर्ध्वाधर फ्रेमों में विभाजित करने के लिए ब्राउजर को सूचित करती है जिनकी चौड़ाई कॉमा द्वारा अलग किए गए कॉलम चौड़ाई मानों द्वारा परिभाषित की जाती है। हम प्रत्येक फ्रेम की चौड़ाई को तीन अलग–अलग तरीकों से परिभाषित करते हैं:

a. Pixels (पिक्सल)
b. Percentage of the total width of the <FRAMESET> (<FRAMESET> की कुल चौड़ाई का प्रतिशत)
c. An asterisk (*) (तारांकन चिह्न (*))

When you use *, the browser uses as much space as possible for the specified frame. The following <FRAMESET> tag creates a screen with three vertical frames. The first frame is 100 pixels wide, the second is 50 percent of the width of the screen, and the third uses all the remaining space.

जब आप * का उपयोग करते हैं, तो ब्राउजर निर्दिष्ट फ्रेम के लिए अधिक से अधिक स्थान का उपयोग करता है। निम्नलिखित <FRAMESET> टैग तीन ऊर्ध्वाधर फ्रेम के साथ एक स्क्रीन बनाता है। पहला फ्रेम 100 पिक्सेल चौड़ा है, दूसरा स्क्रीन की चौड़ाई का 50 प्रतिशत है, और तीसरा सभी शेष स्थान का उपयोग करता है।

```
<FRAMESET COLS = "100, 50%, *">
```

The COLS attribute defines the number of vertical frames or columns in a frameset.

COLS विशेषता किसी फ्रेम में ऊर्ध्वाधर फ्रेम या कॉलम की संख्या को परिभाषित करती है।

To define a frameset with three equal-width columns, use COLS="*, *, *".

तीन समान–चौड़ाई वाले कॉलम के साथ एक फ्रेमसेट को परिभाषित करने के लिए, COLS = "*, *, *" का उपयोग करें।

Example 40 (उदाहरण 40):

```
<html>
<head>
<title>TAG index</title>
</head>
<frameset cols="130,*,130">
<frame src="linkcolor.html">
<frame src="section.html">
<frame src="paragraph.html">
<noframes>
<body>
<p>Alternate content</p>
</body>
</noframes>
</frameset>
</html
```

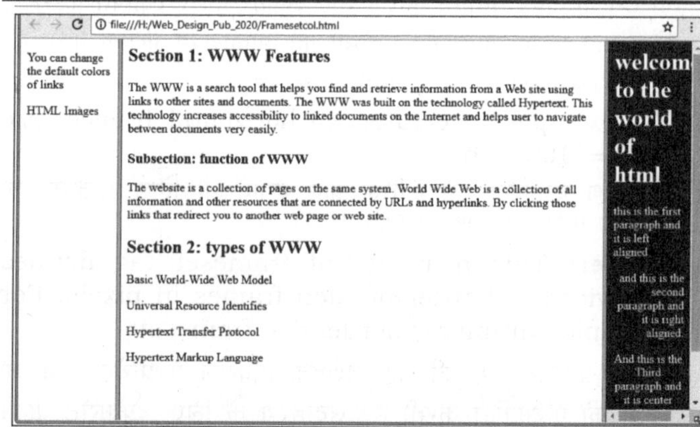

Figure 2.39: Result of the Example 40 (उदाहरण 40 का परिणाम)

The Example 40 will display the output as shown in Figure 2.39.

उदाहरण 40 का आउटपुट चित्र 2.39 में दिखाया गया है।

Creating Two or More Rows (<FRAMESET ROWS>)

दो या अधिक पंक्तियों का निर्माण (<FRAMESET ROWS>)

The ROWS attribute works in a similar way as the COLS attribute, except that it splits the screen into horizontal frames rather than vertical ones. For example, to split the screen into two equal-height frames, you write either of the following:

ROWS विशेषता COLS विशेषता के समान कार्य करती है, सिवाय इसके कि यह स्क्रीन को ऊर्ध्वाधर के बजाय क्षैतिज फ्रेम में विभाजित करती है। उदाहरण के लिए, स्क्रीन को दो समान ऊँचाई के फ्रेम में विभाजित करने के लिए, आप निम्नलिखित में से किसी एक को लिखते हैं:

```
<FRAMESET ROWS = "50%] 50%"> ;k <FRAMESET ROWS =
"*] *">
```

The ROWS attribute defines the number of horizontal frames or rows in a frameset.

ROWS विशेषता एक फरेमसेट में क्षैतिज फरेम या पंक्तियों की संख्या को परिभाषित करती है।

Example 41 (उदाहरण 41):

```
<html>
<head>
<title>TAG index</title>
</head>
<frameset rows="20%,80%">
<frame src="topfirst.html">
<frame src="bottom.html">
<noframes>
<body>
<p>Alternate content</p>
</body>
</noframes>
</frameset>
</html>
```

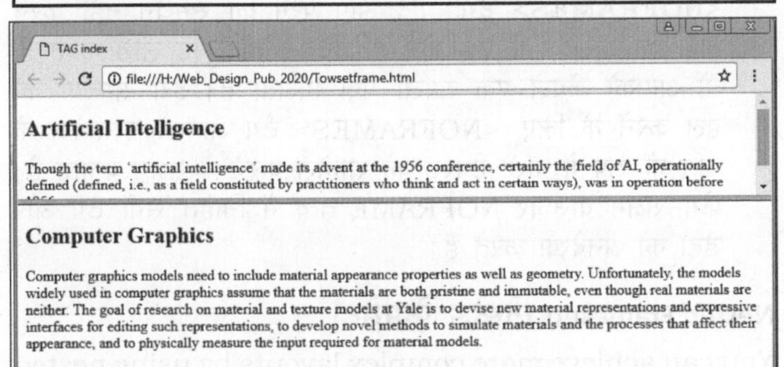

Figure 2.40: Result of the Example 41 (उदाहरण 41 का परिणाम)

The Example 41 will display the output as shown in Figure 2.40.

उदाहरण 41 का आउटपुट चित्र 2.40 में दिखाया गया है।

Attributes of Frame Tag (फ्रेम टैग की विशेषताएँ):

- **<FRAME SRC> Attribute:** The <FRAME SRC> attribute in each <FRAME> tag specifies the address of the document to be displayed in the frame. When omitted, the frame is displayed as a blank space. The syntax of the SRC attribute is shown below:

  <FRAME SRC> विशेषता: <FRAME SRC> प्रत्येक <FRAME> टैग में विशेषता दस्तावेज के पते को फ्रेम में प्रदर्शित करने के लिए निर्दिष्ट करती है। जब छोड़ा जाता है, तो फरेम को रिक्त स्थान के रूप में प्रदर्शित किया जाता है। SRC विशेषता का सिंटैक्स नीचे दिखाया गया है:

  ```
  <FRAME SRC="document URL">
  ```

- **<FRAME NAME> Attribute:** The NAME attribute is used to assign a name to a frame so that it can be targeted by links in other documents. The NAME attribute is optional. By default, all windows are unnamed. Names must begin with an alphabetic character.

  <FRAME NAME> विशेषता: NAME विशेषता का उपयोग किसी फ्रेम को नाम निर्दिष्ट करने के लिए किया जाता है ताकि इसे अन्य दस्तावेजों में लिंक द्वारा लक्षित किया जा सके। NAME विशेषता वैकल्पिक है। डिफॉल्ट रूप से, सभी विंडो अनाम हैं। नामों की शुरुआत वर्णमाला वर्ण से होनी चाहिए।

  ```
  <FRAME SRC = "main.htm" NAME = "main">
  ```

  This displays the main.htm page in that frame when the page loads, and names the frame main. (The frame name need not match the name of its contents. It is given so in this example).

  जब पृष्ठ लोड होता है, तो यह उस फ्रेम में मुख्य .htm पृष्ठ प्रदर्शित करता है और फरेम को मुख्य नाम देता है। (फ्रेम नाम को इसकी कंटेंट के नाम से मेल खाने की आवश्यकता नहीं है। यह इस उदाहरण में दिया गया है)।

- **<FRAME MARGINHEIGHT> Attribute:** To adjust the margin that appears above and below a document within a frame, set the MARGINHEIGHT to a number indicated by pixels. The general form of MARGINHEIGHT attribute is as follows:

  ```
  MARGINHEIGHT="VALUE"
  ```

  <FRAME MARGINHEIGHT> विशेषता: किसी फरेम के भीतर किसी दस्तावेज के ऊपर और नीचे दिखाई देने वाले मार्जिन को समायोजित करने के लिए, MARGINHEIGHT को पिक्सेल द्वारा इंगित संख्या में सेट करें। MARGINHEIGHT विशेषता का सामान्य रूप निम्नानुसार है:

- **<FRAME MARGINWIDTH> Attribute:** The MARGINWIDTH attribute enables you to adjust the margin on the left and right side of a frame to the number indicated by pixels. Margins cannot be less than one. This ensures that frame objects will not touch frame edges, and cannot be specified in a way that leaves no space for the document contents. MARGINWIDTH attribute is optional. The general form of MARGINWIDTH attribute is as follows:

<FRAME MARGINWIDTH> विशेषता: MARGINWIDTH विशेषता आपको पिक्सेल द्वारा इंगित संख्या के फ्रेम के बाईं और दाईं ओर के मार्जिन को समायोजित करने में सक्षम बनाती है। मार्जिन एक से कम नहीं हो सकता। यह सुनिश्चित करता है कि फ्रेम ऑब्जेक्ट फ्रेम किनारों को नहीं छूएगा, और इस तरह से निर्दिष्ट नहीं किया जा सकता है जो दस्तावेज कंटेट के लिए कोई स्थान नहीं छोड़ता है। ड ।त्ळप्फ्ॅप्क्ज्भ विशेषता वैकल्पिक है। ड ।त्ळप्फ्ॅप्क्ज्भ विशेषता का सामान्य रूप निम्नानुसार है:

MARGINWIDTH="VALUE"

- **<FRAME SCROLLING> Attribute:** The <FRAME SCROLLING> attribute allows you to control scrollbar as and when the scrollbars appear in the frame. Normally, scrollbars are added only if there is not enough room to display all the contents in a frame. The general form of SCROLLING attribute is given below:

  <FRAME SCROLLING> विशेषता: <FRAME SCROLLING> विशेषता आपको स्क्रॉलबार को उस समय और जब फ्रेम में दिखाई देती है, स्क्रॉलबार को नियंत्रित करने की अनुमति देती है। आम तौर पर, स्क्रॉलबार को केवल तभी जोड़ा जाता है, जब किसी फ्रेम में सभी कंटेट को प्रदर्शित करने के लिए पर्याप्त जगह न हो। SCROLLING विशेषता का सामान्य रूप नीचे दिया गया है:

  ```
  SCROLLING="YES|NO|AUTO"
  ```

  The SCROLLING attribute is optional. The default value is auto. Different parts of the SCROLLING attribute are as follows:

  स्कोरिंग विशेषता वैकल्पिक है। डिफॉल्ट मान ऑटो है। स्क्रोलिंग विशेषता के विभिन्न भाग इस प्रकार हैं:

- **AUTO (default):** By default, if the contents of a frame take up more space than the area available, the browser automatically adds scrollbars to either the side or the bottom of the frame so that the user can scroll through the document.

  AUTO (डिफॉल्ट): डिफॉल्ट रूप से, यदि फरेम की कंटेट उपलब्ध क्षेत्र की तुलना में अधिक स्थान लेती है, तो ब्राउजर स्वचालित रूप से स्क्रॉलबार्स को या तो साइड या फरेम के नीचे जोड़ता है ताकि उपयोगकर्ता दस्तावेज के माध्यम से स्क्रॉल कर सके।

- **NO:** Setting the value of SCROLLING to NO disables the use of scrollbars for the current frame. If you set SCROLLING = "NO" but there is more text in the document than can fit inside the frame, you will not be able to scroll the additional text into the frame view.

  NO: SCROLLING का मान NO पर सेट करना वर्तमान फ्रेम के लिए स्क्रॉलबार के उपयोग को अक्षम करता है। यदि आप SCROLLING = "NO" सेट करते हैं, लेकिन फ्रेम के अंदर फिट होने की तुलना में दस्तावेज में अधिक पाठ है, तो आप अतिरिक्त पाठ को फ्रेम दृश्य में स्क्रॉल नहीं कर पाएंगे।

- **YES:** If you set SCROLLING to YES, the scrollbars are included in the frame regardless of whether they are required or not.

  YES: यदि आप YES को SCROLLING सेट करते हैं, तो स्क्रॉलबार को फ्रेम में शामिल किया जाता है, भले ही उनकी आवश्यकता हो या न हो।

- **<NORESIZE> Attribute:** By default, users can move the position of borders around each frame on the current screen by grabbing the border and moving it with their mouse. To lock the borders of a frame and prevent them from being moved, you use the NORESIZE attribute. The NORESIZE attribute does not require a value. It can simply be used as a flag to indicate that the frame is not resizable by the user. The NORESIZE attribute is optional.

  <NORESIZE> विशेषता: डिफॉल्ट रूप से, उपयोगकर्ता बार्डर स्क्रीन पर प्रत्येक फ्रेम के चारों ओर सीमाओं की स्थिति को स्थानांतरित कर सकते हैं। फरेम की सीमाओं को लॉक करने और उन्हें स्थानांतरित होने से रोकने के लिए, आप NORESIZE विशेषता का उपयोग करते हैं। NORESIZE विशेषता को मान की आवश्यकता नहीं है। यह केवल यह इंगित करने के लिए एक ध्वज के रूप में उपयोग किया जा सकता है कि फ्रेम उपयोगकर्ता द्वारा पुनरू प्रयोज्य नहीं है। NORESIZE विशेषता वैकल्पिक है।

  However, all frames are resizable by default.

  हालाँकि, सभी फ्रेम डिफॉल्ट रूप से resizable हैं।

- **<NOFRAMES> Tag:** If you load a frame definition document into a Web browser that does not support frames, you get only a blank page. To get around this problem, the <NOFRAMES> tag enables you to include body text as part of the document. Frame-capable browsers ignore all tags and data contained in a NOFRAME element

  <NOFRAMES> टैग: यदि आप फरेम का समर्थन नहीं करने वाले वेब ब्राउजर में एक फ्रेम डेफिनिशन डॉक्यूमेंट लोड करते हैं, तो आपको केवल एक खाली पेज मिलता है। इस समस्या को हल करने के लिए, <NOFRAMES> टैग आपको दस्तावेज के भाग के रूप में बॉडी टेक्स्ट को शामिल करने में सक्षम बनाता है। फ्रेम–सक्षम ब्राउजर NOFRAME तत्व में निहित सभी टैग और डेटा को अनदेखा करते हैं।

Nested Framesets (नेस्टेड फ्रेमसेट)

You can achieve more complex layouts by using nested tags. Any frame within a frameset can contain another frameset.

नेस्टेड टैग का उपयोग करके आप अधिक जटिल लेआउट प्राप्त कर सकते हैं। एक फ्रेमसेट के भीतर किसी भी फ्रेम में एक और फ्रेमसेट हो सकता है।

For example, shows a layout of two columns, the first with two rows and the second with three rows. This is created by nesting two tags with row specifications within a top-level that specifies the columns.

उदाहरण के लिए, दो कॉलम का एक लेआउट दिखाता है, पहला दो पंक्तियों वाला और दूसरा तीन पंक्तियों वाला। यह कॉलम को निर्दिष्ट करने वाले शीर्ष–स्तर के भीतर पंक्ति विशिष्टताओं के साथ दो टैग बनाकर बनाया गया है।

Example 42 (उदाहरण 42):

```
<html>
<head>
<title>TAG index</title>
</head>
<frameset cols="50%,*">
<frameset rows="50%,*">
<frame src="H:/Web_Design_Pub_2020/Delhi.htm">
<frame src="H:/Web_Design_Pub_2020/global.htm">
</frameset>
<frameset rows="33%,33%,*">
<frame src="H:/Web_Design_Pub_2020/natural.
htm">
<frame src="H:/Web_Design_Pub_2020/kerala.htm">
<frame src="H:/Web_Design_Pub_2020/punjab.htm">
</frameset>
</frameset>
</html>
```

The Example 42 will display the output as shown in Figure 2.41.

उदाहरण 42 का आउटपुट चित्र 2.41 में दिखाया गया है।

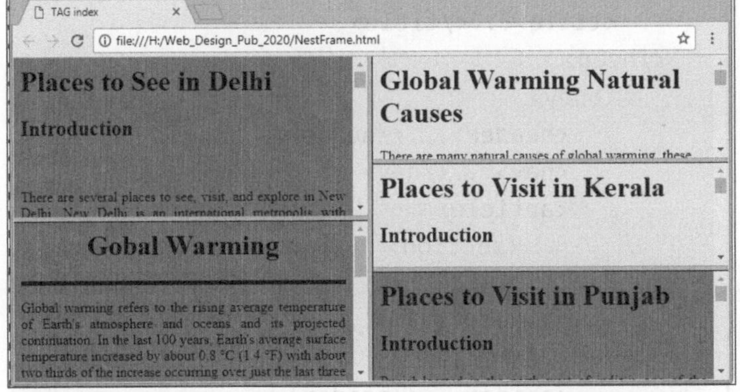

Figure 2.41: Result of the Example 42 (उदाहरण 42 का परिणाम)

2.10 HTML5 Introduction (HTML5 का परिचय)

HTML5 is the latest version of HTML. It is not a programming language, but relatively a markup language. The combination of hypertext and markup language used to design web pages. Hypertext defines the link between the web pages. Markup language is used to define the text document within tag which defines the structure of web pages. It has improved the markup available for documents and has introduced Application Programming Interfaces(API) and Document Object Model(DOM).

HTML5 HTML का नवीनतम संस्करण है। यह एक प्रोग्रामिंग भाषा नहीं है, बल्कि अपेक्षाकृत एक मार्कअप भाषा है। हाइपरटेक्स्ट और मार्कअप भाषा का संयोजन वेब पृष्ठों को डिजाइन करने के लिए उपयोग किया जाता है। हाइपरटेक्स्ट वेब पृष्ठों के बीच की कड़ी को परिभाषित करता है। मार्कअप भाषा का उपयोग टैग के भीतर टेक्स्ट दस्तावेज को परिभाषित करने के लिए किया जाता है जो वेब पृष्ठों की संरचना को परिभाषित करता है। इसने दस्तावेजों के लिए उपलब्ध मार्कअप में सुधार किया है और एप्लिकेशन प्रोग्रामिंग इंटरफेस (API) और दस्तावेज ऑब्जेक्ट मॉडल (DOM) की शुरुआत की है।

HTML Features (HTML विशेषताएं)

HTML 5 adds a lot of new features to the HTML specification, and it is easy to implement. These are:

HTML 5, HTML विनिर्देशन में बहुत सी नई सुविधाएँ जोड़ता है, और इसे लागू करना आसान है। ये हैं:

- It supports multimedia features controls by using <audio> and <video> tags.

  यह <ऑडियो> और <वीडियो> टैग का उपयोग करके मल्टीमीडिया सुविधाओं के नियंत्रण का समर्थन करता है।
- The new vector graphics elements tags.

  नए वेक्टर ग्राफिक्स तत्व टैग।
- Improve semantic content by including <header> <footer>, <article>, <section> and <figure> are added.

  <header> <footer> <article>] <section>] <figure> और शामिल करके अर्थ कंटेट में सुधार किया जाता है।
- Drag and Drop- The user can hold or drag an object it on a new location.

  –ड्रैग एंड ड्रॉप– उपयोगकर्ता किसी वस्तु को नए स्थान पर या खींच सकता है।
- It helps to locate the geographical location of a client.

  Locate यह एक ग्राहक की भौगोलिक स्थिति का पता लगाने में मदद करता है।
- It provides web application methods to store data on web browser.

  Application यह वेब ब्राउजर पर डेटा स्टोर करने के लिए वेब एप्लिकेशन मेथड प्रदान करता है।
- It uses SQL database to store data.

  यह डेटा संग्रहीत करने के लिए SQL डेटाबेस का उपयोग करता है।

- To draw various shapes like triangle, rectangle, circle, etc.

  विभिन्न आकृतियों को बनाने के लिए ट्राइएंगल, रेक्टएंगल, सर्कल आदि।
- Handling incorrect syntax (गलत सिंटैक्स संभालना।).
- DOCTYPE declaration i.e. <!doctype html>

  A DOCTYPE घोषणा यानी <! Doctype html>
- Character encoding i.e. <meta charset="UTF-8">

  Character एन्कोडिंग यानी declaration

2.11 HTML5 New Elements (HTML5 नए तत्व)

- **<article>:** The <article> tag is used to represent an independent piece of content of a document, such as a blog entry or newspaper article.

  <Article>: <article> टैग का उपयोग किसी दस्तावेज की सामग्री के स्वतंत्र टुकड़े का प्रतिनिधित्व करने के लिए किया जाता है, जैसे कि ब्लॉग प्रविष्टि या समाचार पत्र लेख।
- **<aside>:** The <aside> tag is used to describe the main object of the web page. It basically identifies the content that is related to the primary content of the web page. It used mainly author information, links, related content and so on.

  <Aside>: वेब पेज की मुख्य वस्तु का वर्णन करने के लिए <aside> टैग का उपयोग किया जाता है। यह मूल रूप से उस कंटेट की पहचान करता है जो वेब पेज की प्राथमिक कंटेट से संबंधित है। इसमें मुख्य रूप से लेखक की जानकारी, लिंक, संबंधित कंटेट आदि का इस्तेमाल किया गया।
- **<audio>:** It defines the music or audio content.

  <ऑडियो>: यह संगीत या ऑडियो कंटेट को परिभाषित करता है।
- **<video>:** It defines the video content.

  <वीडियो>: यह वीडियो कंटेट को परिभाषित करता है।
- **<section>:** It demarcates a thematic grouping of content.

  <खंड>: यह कंटेट के विषयगत समूह को सीमांकित करता है।
- **<Nav>:** Represents a section of the document intended for navigation.

  <Nav>: नेविगेशन के लिए इच्छित दस्तावेज के एक भाग का प्रतिनिधित्व करता है।

Advantages (लाभ):

The advantages of HTML5 are as follows:

एचटीएमएल 5 के लाभ हैं:

- All browsers supported (सभी ब्राउजरों ने समर्थन किया।).
- More device friendly (अधिक डिवाइस के अनुकूल।).
- Easy to use and implement (उपयोग और कार्यान्वयन में आसान।).
- HTML 5 in integration with CSS, JavaScript, etc. can help build beautiful websites (सीएसएस, जावास्क्रिप्ट, आदि के साथ एकीकरण में HTML 5 वेबसाइट के निर्माण में मदद कर सकता है।)

Disadvantages (नुकसान)

The disadvantages of HTML5 are as follows:

चटीएमएल 5 के नुकसान हैं:

- Long codes have to be written which is time consuming.

  लंबे कोड लिखने पड़ते हैं जो समय लेने वाले होते हैं।
- Only modern browsers support it.

  केवल आधुनिक ब्राउजर ही इसका समर्थन करते हैं।

The DOCTYPE

HTML 5 use simple syntax to specify DOCTYPE as follows:

DOCTYPE को निर्दिष्ट करने के लिए HTML 5 सरल वाक्यविन्यास का उपयोग करें:

```
<!DOCTYPE html>
```

The above syntax is case-insensitive.

उपरोक्त सिंटैक्स केस–असंवेदनशील है।

The character encoding declaration is:

वर्ण एन्कोडिंग घोषणा है:

```
<meta charset="UTF-8">
```

The markup for an HTML 5 document would look like the following:

HTML 5 डॉक्यूमेंट के लिए मार्कअप निम्न जैसा लगेगा:

```
<!DOCTYPE html>
<html>
    <head>
        <meta charset = "utf-8">
        <title>...</title>
    </head>
        <body>
            <header>...</header>
            <nav>...</nav>
            <article>
                <section>
                ...
                </section>
            </article>
            <aside>...</aside>
                <footer>...</footer>
        </body>
</html>
```

HTML 5 <article> Tag: The HTML <article> tag is an HTML5 element that defines a self-contained composition in the HTML document. This tag is also commonly referred to as the <article> element. This tag is generally used on Forum post, Blog post, News story, comment etc.

HTML 5 <article> टैग: HTML <article> टैग एक HTML5 का तत्व है जो HTML दस्तावेज में एक स्व–निहित संरचना को परिभाषित करता है। इस टैग को आमतौर पर <article> तत्व के रूप में भी जाना जाता है। यह टैग आमतौर पर फोरम पोस्ट, ब्लॉग पोस्ट, समाचार कहानी, टिप्पणी आदि पर उपयोग किया जाता है।

Example 43 (उदाहरण 43):

```
<!doctype html>
<html>
<head>
<meta charset="UTF-8">
<title>HTML5 ARTICLE TAG</title>
</head>
<body>
<article>
   <h1>Heading for Article</h1>
   <p>Text that appears under article</p>
</article>
</body>
</html>
```

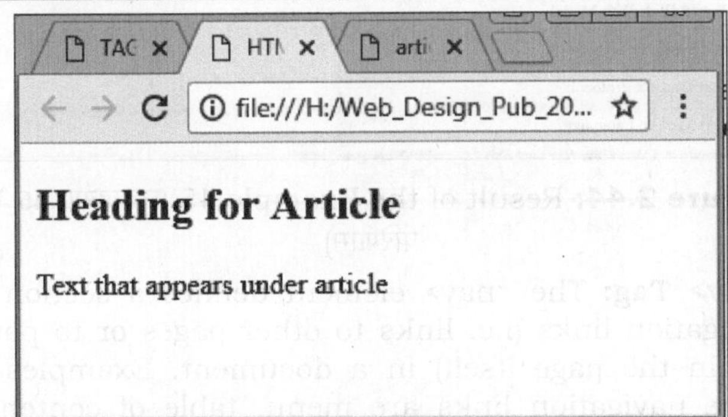

Figure 2.42: Result of the Example 43 (उदाहरण 43 का परिणाम)

The Example 43 will display the output as shown in Figure 2.42.

उदाहरण 43 का आउटपुट चित्र 2.42 में दिखाया गया है।

In this HTML5 Document example, we have created an <article> tag displays 2 tags - <h1> tag and <p> tag.

HTML5 दस्तावेज उदाहरण में, हमने एक <article> टैग 2 टैग – <h1> टैग और <p> टैग बनाया है।

<aside> tag: The HTML <aside> tag provides information about the main content. The aside element is new to HTML5 and it can be used in two different contexts. The context of the <aside> element is based on whether or not it inside or outside the article element.

<asicde> **टैग**: HTML <aside> टैग मुख्य कंटेट के बारे में जानकारी प्रदान करता है। HTML 5 के लिए अलग तत्व नया है और इसे दो अलग–अलग कॉलम में इस्तेमाल किया जा सकता है। <aside> तत्व का संदर्भ लेख तत्व के अंदर या बाहर है या नहीं पर आधारित है।

Example 44 (उदाहरण 44):

```
<html>
<head>
<meta charset="UTF-8">
<title>HTML NEW ELEMENTS </title>
</head>
<body>
<article>
    <h1>Expression of vascular endothelial growth factor in patients with premalignant lesions and squamous cell carcinoma of oral cavity.</h1>
    <p>AIMS:To evaluate and compare expression of VEGF in patients of premalignant lesions and squamous cell carcinoma of oral cavity.</p>
</article>
<aside style="font-size:larger;font-style:italic;color:orange;float:right;width:30%;padding-left:7px;">
In this study we concluded that VEGF expression increases as the lesion progresses from premalignant lesions to oral squamous cell carcinoma and is strongly associated with lymph node status (N staging).
</aside>
<aside>
    <p>Text that appears under aside</p>
</aside>
</body>
</html>
```

The Example 44 will display the output as shown in Figure 2.43. In this example, you have created an <article> tag and following that an <aside> tag.

उदाहरण 44 का आउटपुट चित्र 2.43 में दिखाया गया है। इस उदाहरण में, आपने एक <article> टैग बनाया है और उस <aside> टैग को फॉलो किया है।

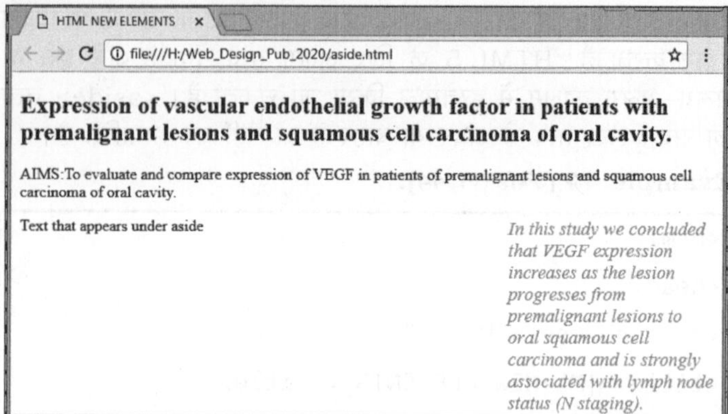

Figure 2.43: Result of the Example 44 (उदाहरण 44 का परिणाम)

<section> tag: The HTML <section> tag is an HTML5 element that defines a generic section in the HTML document. This tag is also commonly referred to as the <section> element.

<section> टैग: HTML <section> टैग HTML5 तत्व है जो HTML दस्तावेज में एक सामान्य अनुभाग को परिभाषित करता है। इस टैग को आमतौर पर <section> तत्व के रूप में भी जाना जाता है।

Example 45 (उदाहरण 45):

```
<html>
    <head>
        <title>Example of section tag</title>
    </head>
    <body>
        <section>
            <h1>Section 1: WWW Features</h1>
            <p>The WWW is a search tool that helps
            you find and retrieve information from
            a Web site using links to other sites
            and documents. The WWW was built on
            the technology called Hypertext. This
            technology increases accessibility
            to linked documents on the Internet
            and helps user to navigate between
            documents very easily.</p> <section>
            <h1>Subsection: function of WWW </h1>
            <p>The website is a collection of pages
            on the same system. World Wide Web is
            a collection of all information and
            other resources that are connected by
            URLs and hyperlinks. By clicking those
            links that redirect you to another web
            page or web site.</p> </section>
</section>
    <section>
```

```
    <h1>Section 2: types of WWW</h1>
<p> Basic World-Wide Web Model</p>
<p>Universal Resource Identifies</p>
<p>Hypertext Transfer Protocol</p>
<p>Hypertext Markup Language</p> </section>
</body>
</html>
```

The Example 45 will display the output as shown in Figure 2.44. In this HTML5 Document example, you have created a <section> tag that displays 2 tag - <h1> tag and <p> tag.

उदाहरण 45 का आउटपुट चित्र 2.44 में दिखाया गया है। इस HTML5 दस्तावेज उदाहरण में, आपने एक <section> टैग बनाया है जो 2 टैग प्रदर्शित करता है – <h1> टैग और <p> टैग।

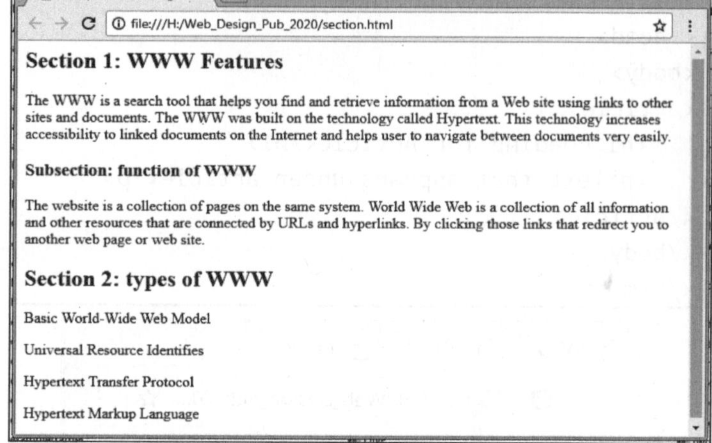

Figure 2.44: Result of the Example 45 (उदाहरण 45 का परिणाम)

<nav> Tag: The <nav> element defines a section of navigation links (i.e. links to other pages or to parts within the page itself) in a document. Examples of some navigation links are menu, table of contents, indexes, etc.

<nav> एलिमेंट एक डॉक्यूमेंट में नेविगेशन लिंक (यानी अन्य पेज या पेज के भीतर के हिस्सों से लिंक) के एक सेक्शन को परिभाषित करता है। कुछ नेविगेशन लिंक के उदाहरण मेनू, सामग्री की तालिका, सूचकांक आदि हैं।

Example 46 (उदाहरण 46):

```
<!doctype html>
<html>
<head>
<meta charset="UTF-8">
<title>Navigation Tag </title>
</head>
<body>
```

```
<p>Tourism is one of the fastest growing industries of the world. It plays vital role in the economic development of a country. India is one of the popular tourist destination in Asia.</p>
<nav>
<ul>
<li><a href="E:/html_files/Delhi.htm" target="_top">Delhi</a></li>
<li><a href=":/html_files/global.htm" target="_top">Tamilnadu</a></li>
<li><a href="E:/html_files/kerala.htm" target="_top">Kerala</a></li>
<li><a href="E:/html_files/punjab.htm" target="_top">Punjab</a></li>
</ul>
</nav>
</html>
```

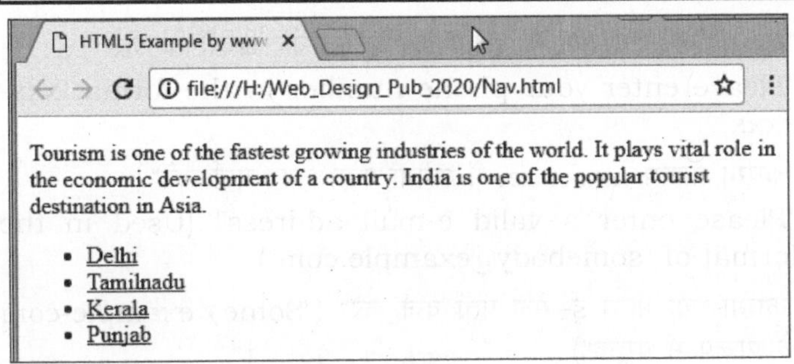

Figure 2.45: Result of the Example 46 (उदाहरण 46 का परिणाम)

The Example 46 will display the output as shown in Figure 2.45. In this HTML5 Document example, you have created a <nav> tag that has a <ul> tag with three <li> navigation links.

उदाहरण 46 चित्र 2.45 में दिखाए अनुसार आउटपुट प्रदर्शित करेगा। HTML5 दस्तावेज उदाहरण में, आपने एक <nav> टैग बनाया है जिसमें तीन <li> नेविगेशन लिंक के साथ एक <ul> टैग है।

<audio> Tag: The <audio> element is used to embed audio content in an HTML document without requiring any additional plug-in like Flash player.

<ऑडियो> टैग: <ऑडियो> तत्व का उपयोग फ्लैश प्लेयर जैसे किसी भी अतिरिक्त प्लग–इन की आवश्यकता के बिना HTML दस्तावेज में ऑडियो कंटेट एम्बेड करने के लिए किया जाता है।

With the use of HTML5, user can play audio, video and also play graphic files without using JavaScript. The below examples demonstrate the use of some HTML5 elements. The image below demonstrates HTML5 media controls.

HTML 5 के उपयोग के साथ, उपयोगकर्ता ऑडियो, वीडियो चला सकते हैं और जावास्क्रिप्ट का उपयोग किए बिना ग्राफिक फाइल्स भी खेल सकते हैं। नीचे दिए गए उदाहरण कुछ HTML5 तत्वों के उपयोग को प्रदर्शित करते हैं। नीचे दी गई छवि HTML5 मीडिया नियंत्रणों को प्रदर्शित करती है।

<video> Tag: HTML5 <video> element provides a standard way to embed video in web pages. However, the video element is relatively new, but it works in most of the modern web browsers. By using, the HTML5 user can insert the video files into the web page. The code below demonstrates how to insert the video file into the HTML document.

<video> टैग: एचटीएमएल 5 <video> तत्व वेब पृष्ठों में वीडियो एम्बेड करने का एक मानक तरीका प्रदान करता है। हालाँकि, वीडियो तत्व अपेक्षाकृत नया है, लेकिन यह अधिकांश आधुनिक वेब ब्राउजरों में काम करता है। उपयोग करके, HTML5 उपयोगकर्ता वीडियो फाइल्स को वेब पेज में सम्मिलित कर सकता है। नीचे दिया गया कोड दर्शाता है कि HTML दस्तावेज में वीडियो फाइल कैसे डालें।

Example 47 (उदाहरण 47):

```
<html>
    <head>
      <title>HTML5 Examples</title>
    </head>
     <body>
      <audio controls>
     <source       src="F:/Web_Design_Pub_2020/Shree.ogg" type="audio/ogg">
    </audio>
     <body>
</html>
```

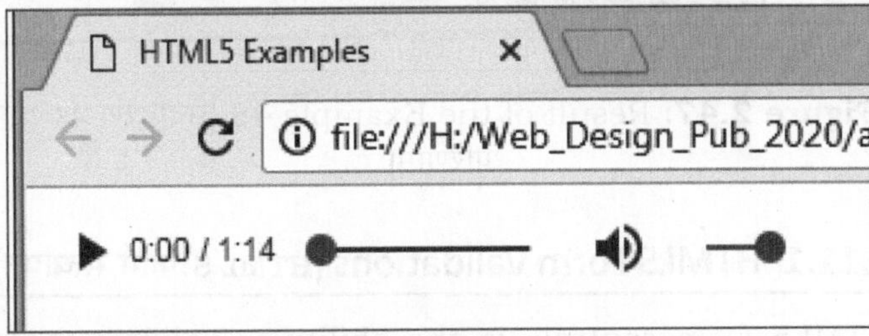

Figure 2.46: Result of the Example 47 (उदाहरण 47 का परिणाम)

By running the above code in a preferred browser, user can get the following output as shown in below audio file.

एक पसंदीदा ब्राउजर में उपरोक्त कोड चलाकर, उपयोगकर्ता निम्न आउटपुट प्राप्त कर सकते हैं जैसा कि नीचे ऑडियो फाइल में दिखाया गया है।

There are three video formats supported for HTML video tag:

HTML वीडियो टैग के लिए तीन वीडियो प्रारूप समर्थित हैं:

- mp4
- webM
- ogg

Example 48 (उदाहरण 48):

```
<html>
   <head>
      <title> HTML5 Examples</title>
   </head>
   <body>
      <video width="400" controls>
           <source src="H:/Web_Design_
           Pub_2020/video1.mp4" type="video/
           mp4">
      </video>
   <body>
</html>
```

Figure 2.47: Result of the Example 48 (उदाहरण 48 का परिणाम)

2.11.1 HTML5 Form Validations (HTML 5 फॉर्म सत्यापन)

HTML5 form controls is the ability to validate most user data without relying on scripts. This is done by using validation attributes on form elements. Validation attributes allow you to specify rules for a form input, such as minimum and maximum length of the data. Then the minimum and maximum values (the min and max attributes); whether the data needs to be a number, an e-mail address, or something else (the type attribute); and a regular expression pattern that the data must match (the pattern attribute). In supporting browsers, if the entered data follows all of the specified rules, it is considered valid; if not, it is considered invalid.

HTML 5 फॉर्म नियंत्रण स्क्रिप्ट पर भरोसा किए बिना अधिकांश उपयोगकर्ता डेटा को मान्य करने की क्षमता है। यह फार्म तत्वों पर सत्यापन विशेषताओं का उपयोग करके किया जाता है। सत्यापन विशेषताएँ आपको एक इनपुट के लिए नियमों को निर्दिष्ट करने की अनुमति देती हैं, जैसे कि डेटा की न्यूनतम और अधिकतम लंबाई। फिर न्यूनतम और अधिकतम मान (न्यूनतम और अधिकतम विशेषताएँ)य क्या डेटा को एक नंबर, एक ई–मेल पता या कुछ और (प्रकार की विशेषता) होना चाहिए; और एक नियमित अभिव्यक्ति पैटर्न जो डेटा से मेल खाना चाहिए (पैटर्न विशेषता)। सहायक ब्राउजर में, यदि दर्ज किया गया डेटा सभी निर्दिष्ट नियमों का पालन करता है, तो इसे वैध माना जाता है; यदि नहीं, तो इसे अमान्य माना जाता है।

Go to any popular site with a registration form, and you will notice that they provide feedback when you don't enter your data in the format they are expecting. You will get messages such as:

पंजीकरण फॉर्म के साथ किसी भी लोकप्रिय साइट पर जाएं, और आप नोटिस करेंगे कि जब आप उस प्रारूप में अपना डेटा दर्ज नहीं करते हैं जो वे अपेक्षा कर रहे हैं। आपको इस तरह के संदेश मिलेंगे:

"This field is required" (You ca not leave this field blank.)

"यह फील्ड आवश्यक है" (आप इस फील्ड को खाली न छोड़ें।)

"Please enter your phone number in the format xxx-xxxx".

"कृपया प्रारूप xxx-xxxx में अपना फोन नंबर दर्ज करें"।

"Please enter a valid e-mail address" (Used in the format of "somebody@example.com")

"कृपया एक मान्य ई–मेल पता दर्ज करें" ("Some / example-com के प्रारूप में प्रयुक्त")

"Your password needs to be between 8 and 30 characters long and contain one uppercase letter, one symbol, and a number."

"आपके पासवर्ड को 8 से 30 वर्णों के बीच लंबा होना चाहिए और इसमें एक अपरकेस लेटर, एक सिंबल और एक नंबर होना चाहिए।"

This is called form validation. When you enter data, the browser check to see that the data is in the correct format and within the constraints set by the various validation-related attributes. If the information is correctly formatted, the user agent (and application) allows the data to be submitted to the server and (usually) saved in a database; if the information is not correctly formatted, it gives the user an error message explaining what needs to be corrected.

इसे फॉर्म वेलिडेशन कहते हैं। जब आप डेटा दर्ज करते हैं, तो ब्राउजर यह देखने के लिए जांचता है कि डेटा सही प्रारूप में है और विभिन्न सत्यापन–संबंधित विशेषताओं द्वारा निर्धारित बाधाओं के भीतर है। यदि जानकारी सही ढंग से स्वरूपित है, तो उपयोगकर्ता एजेंट (और अनुप्रयोग) डेटा को सर्वर में जमा करने की अनुमति देता है और (आमतौर पर) डेटाबेस में सहेजा जाता है; यदि सूचना को सही ढंग से प्रारूपित नहीं किया गया है, तो यह उपयोगकर्ता को यह बताने में त्रुटि संदेश देता है कि क्या सही करने की आवश्यकता है।

You want to make filling out web forms as easy as possible. So why do you insist on validating our forms?

There are three main reasons:

आप यथासंभव आसान वेब फॉर्म भरना चाहते हैं। तो आप हमारे रूपों को मान्य करने पर जोर क्यों देते हैं? इसके तीन मुख्य कारण हैं:

- **You want to get the right data, in the right format:** Your applications would not work properly if user's data is stored in the incorrect format.

  आप सही प्रारूप में सही डेटा प्राप्त करना चाहते हैं: यदि उपयोगकर्ता का डेटा गलत प्रारूप में संग्रहीत है, तो आपके एप्लिकेशन ठीक से काम नहीं करेंगे।

- **You want to protect your user's accounts:** Forcing our users to enter secure passwords makes it easier to protect their account information.

  Protect आप अपने उपयोगकर्ता के खातों की सुरक्षा करना चाहते हैं: हमारे उपयोगकर्ताओं को सुरक्षित पासवर्ड दर्ज करने के लिए मजबूर करना उनके खाते की जानकारी की सुरक्षा करना आसान बनाता है।

- **You want to protect yurselves:** There are many ways that malicious users can misuse unprotected forms to damage the application.

  Urs आप yurselves की रक्षा करना चाहते हैं: ऐसे कई तरीके हैं जिनसे दुर्भावनापूर्ण उपयोगकर्ता एप्लिकेशन को नुकसान पहुंचाने के लिए असुरक्षित रूप से दुरुपयोग कर सकते हैं।

2.11.2 HTML5 Attributes (HTML 5 विशेषताएँ)

HTML5 has provides such attributes that can minimize the script code. Let us discuss here some attributes like autofocus, placeholder and required. Just use these attributes with input tag and get the functionality. You will see the example and functionality explanation.

HTML 5 में ऐसे गुण हैं जो स्क्रिप्ट कोड को कम कर सकते हैं। आइए हम यहां कुछ विशेषताओं जैसे ऑटोफोकस, प्लेसहोल्डर और आवश्यक पर चर्चा करें। बस इनपुट टैग के साथ इन विशेषताओं का उपयोग करें और कार्यक्षमता प्राप्त करें। आप उदाहरण और कार्यक्षमता स्पष्टीकरण देखेंगे।

The Required Attribute (आवश्यक गुण)

The required attribute specifies an input field must have be filled out before submitting the form. It works with the following input types: text, search, url, e-mail, password, date pickers, number, checkbox, radio, and file.

आवश्यक विशेषता निर्दिष्ट करता है कि फॉर्म सबमिट करने से पहले एक इनपुट फील्ड को भरना चाहिए। यह निम्न इनपुट प्रकारों के साथ काम करता है: पाठ, खोज, यूआरएल, ई–मेल, पासवर्ड, दिनांक, नंबर, चेकबॉक्स, रेडियो और फाइल।

The HTML5 attribute required is a type of validation. If an input field is using required attribute then that field must have some value on submission. The blank page will not submitted and you will get one pop of showing message that this must have some value. Find the example.

HTML5 विशेषता की आवश्यकता सत्यापन का एक प्रकार है। यदि कोई इनपुट फील्ड आवश्यक विशेषता का उपयोग कर रहा है, तो उस फील्ड को सबमिट करने पर कुछ मूल्य होना चाहिए। रिक्त पृष्ठ सबमिट नहीं किया जाएगा और आपको संदेश दिखाने का एक पॉप मिलेगा कि यह कुछ मूल्य होना चाहिए। उदाहरण:

Syntax:

```
<input required>
```

Example 49 (उदाहरण 49):

```
<!DOCTYPE html>
<html>
<body>
<h4>HTML 5 Required Attribute</h4>
<p>The required attribute specifies that an input field must be filled out before submitting the form.</p>
<form action="/action_page.php" >
    <b>Your Name:</b> <input type="text"
    name="name" required><br>
  <br/><input type="submit" value="Submit">
</form>
</body>
</html>
```

The Example 49 will display the output as shown in Figure 2.48.

उदाहरण 49 का आउटपुट चित्र 2.48 में दिखाया गया है।

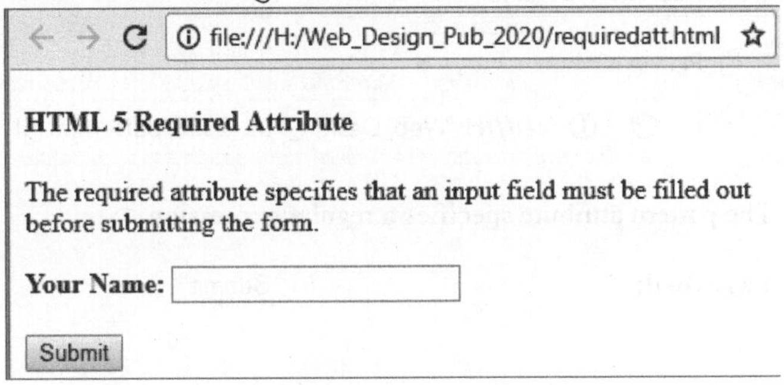

file:///H:/Web_Design_Pub_2020/requiredatt.html

HTML 5 Required Attribute

The required attribute specifies that an input field must be filled out before submitting the form.

Your Name:

Submit

Figure 2.48: Result of the Example 49
(उदाहरण 49 का परिणाम)

The pattern Attribute

This attribute is used to specify the regular expression on which the input element value is checked. This attribute works with the following input types: text, password, date, search, e-mail, etc. Use the Global title attribute to describe the pattern for helping the user.

पैटर्न विशेषता

इस विशेषता का उपयोग नियमित अभिव्यक्ति को निर्दिष्ट करने के लिए किया जाता है जिस पर इनपुट तत्व मूल्य की जांच की जाती है। यह विशेषता निम्न इनपुट प्रकारों के साथ काम करती है: पाठ, पासवर्ड, दिनांक, खोज, ई–मेल, आदि। उपयोगकर्ता की मदद करने के लिए पैटर्न का वर्णन करने के लिए वैश्विक शीर्षक विशेषता का उपयोग करें।

Syntax:

```
<input pattern =”regular_exp”>
```

Example 50 (उदाहरण 50):

```
<!DOCTYPE html>
<html>
<head>
<title>Pattern attribute</title>
</head>
<body>
<p>The pattern attribute specifies a regular
expression</p>
<form action="/action_page.php">
<b>Password:     </b>     <input     type="text"
name="Password"
pattern="[A-Za-z]{1,5}" title="five letter
Password">
<input type="submit">
</form>
</body>
</html>
```

The Example 50 will display the output as shown in Figure 2.49.

उदाहरण 50 का चित्र 2.49 में दिखाया गया है।

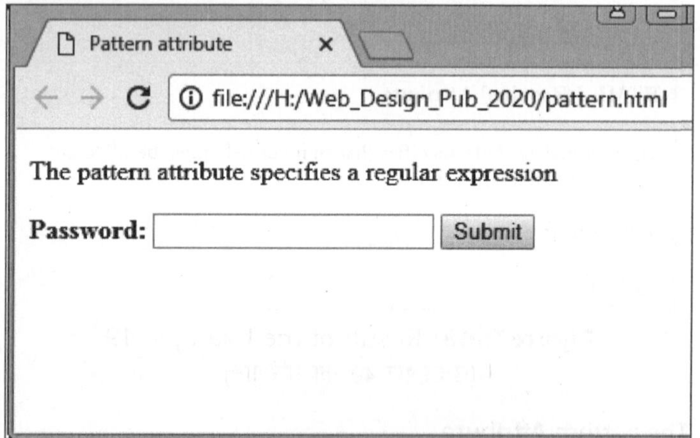

Figure 2.49: Result of the Example 50
(उदाहरण 50 का परिणाम)

The autofocus Attribute: The autofocus attributes focus the input element automatically when user reload the page, autofocus is a boolean attribute. The snippet code below demonstrate the use of autofous.

ऑटोफोकस विशेषता: ऑटोफोकस विशेषता इनपुट तत्व को स्वचालित रूप से केंद्रित करती है जब उपयोगकर्ता पृष्ठ को फिर से लोड करता है, ऑटोफोकस एक बुलट विशेषता है। नीचे दिए गए स्निपेट कोड ऑटोफॉस के उपयोग को प्रदर्शित करते हैं।

It supports only the following elements: <button>, <input>, <select> and <textarea> Syntax:

यह केवल निम्नलिखित तत्वों का समर्थन करता है: <bottom>, <input>, <select> और <textarea>

Syntax:

```
<elementName autofocus>
```

Example 51 (उदाहरण 51):

```
<!DOCTYPE html>
<html>
<body>
<h2>The autofocus Attribute</h2>
<p></p>
<form action="/action_page.php">
    First name:<input type="text" name="fname"
    autofocus><br>
    Last     name:     <input     type="text"
name="lname"><br>
    <input type="submit">
</form>
</body>
</html>
```

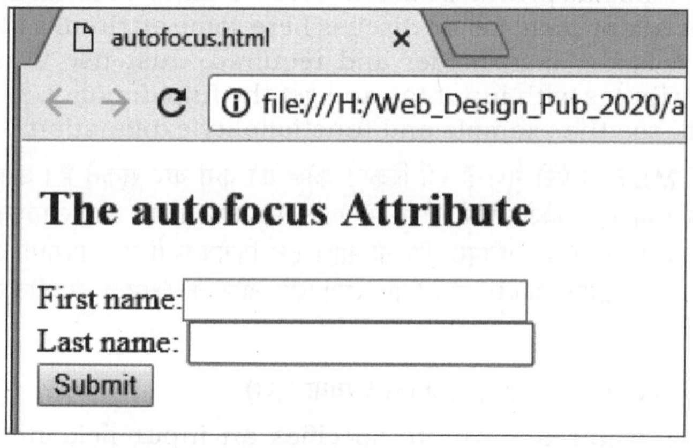

Figure 2.50: Result of the Example 51
(उदाहरण 51 का परिणाम)

The Example 51 will display the output as shown in Figure 2.50.

उदाहरण 51 का आउटपुट चित्र 2.50 में दिखाया गया है।

2.11.3 New Input Types in HTML5 (HTML5 में नए इनपुट प्रकार)

HTML5 introduce several new <input> types like email, date, time, color, range, and so on. Let us take a brief look at each of the following new input types:

HTML5 कई नए <input> प्रकार जैसे ईमेल, दिनांक, समय, रंग, श्रेणी, और इसी तरह पेश करता है। आइए हम निम्नलिखित नए इनपुट प्रकारों में से प्रत्येक पर एक संक्षिप्त नजर डालें:

- date, e-mail, number, range, time, url (तारीख, ई मेल, संख्या, सीमा, समय, यूआरएल)
- **Input Type Date:** The <input type="date"> is used for input fields that should contain a date. The user to select a date from a drop-down calendar. The date value includes the year, month, and day.

  इनपुट क्षेत्रों के लिए <input type="date"> का उपयोग किया जाता है जिसमें एक तिथि होनी चाहिए। उपयोगकर्ता ड्रॉप–डाउन कैलेंडर से एक तारीख का चयन करने के लिए। दिनांक मान में वर्ष, महीना और दिन शामिल हैं।

Example 52 (उदाहरण 52):

```
<!DOCTYPE html>
<html>
<body>
<h2>INPUT DATE FIELD</h2>
<p>the user to select a date from a drop-down</
p>
<form action="/action_page.php">
Birthday:
    <input type="date" name="bday">
    <input type="submit">
</form>
</body>
</html>
```

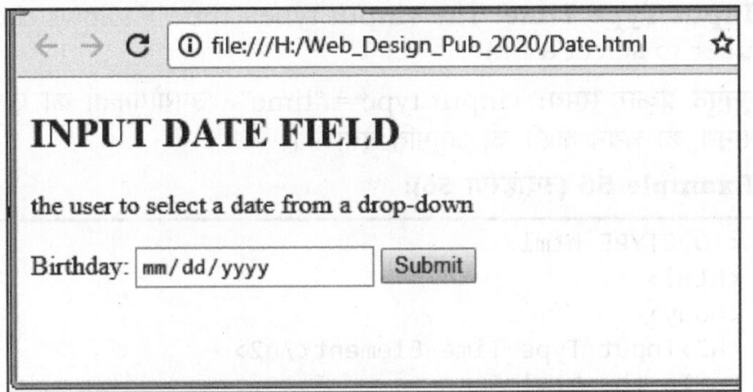

Figure 2.51: Result of the Example 52
(उदाहरण 52 का परिणाम)

Input Type E-mail: The e-mail input type allows the user to enter e-mail address. It is used in combination with the required attribute, the browser may look for the patterns to ensure a properly-formatted e-mail address should be entered.

इनपुट प्रकार ई-मेल: ई–मेल इनपुट प्रकार उपयोगकर्ता को ई–मेल पता दर्ज करने की अनुमति देता है। यह आवश्यक विशेषता के साथ संयोजन में उपयोग किया जाता है, ब्राउजर यह सुनिश्चित करने के लिए पैटर्न देख सकता है कि एक ठीक से स्वरूपित ई–मेल पता दर्ज किया जाना चाहिए।

Example 53 (उदाहरण 53):

```
<!DOCTYPE html>
<html>
<body>
<h2>Email Input type</h2>
<p></p>
<form action="/action_page.php">
    <b>Enter E-mail Address:</b>
    <input type="email" name="email">
    <input type="submit">
</form>
</body>
</html>
```

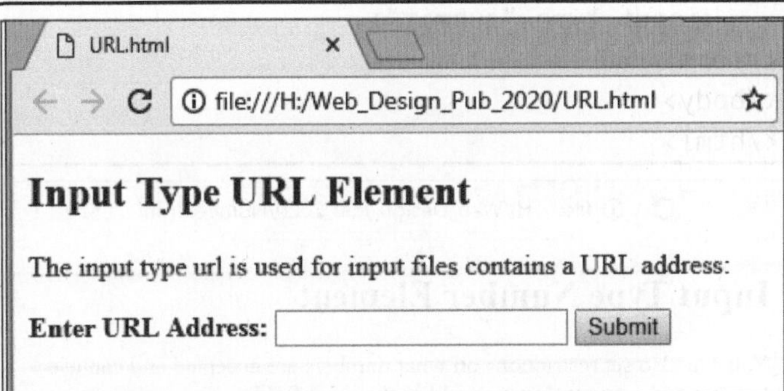

Figure 2.52: Result of the Example 53
(उदाहरण 53 का परिणाम)

By running the above code in a preferred browser user can get the following output as shown in above image.

उदाहरण 53 का परिणाम चित्र 2.52 में दिखाया गया है।

Input Type Number: The input type number can be used for entering a numerical value. You can also restrict the user to enter only acceptable values using the additional attributes min, max, and step.

इनपुट प्रकार संख्या: इनपुट प्रकार संख्या का उपयोग संख्यात्मक मान दर्ज करने के लिए किया जा सकता है। आप अतिरिक्त विशेषता मिनट, अधिकतम और चरण का उपयोग करके केवल स्वीकार्य मान दर्ज करने के लिए उपयोगकर्ता को प्रतिबंधित कर सकते हैं।

The following example will allow you to enter a numeric value between 1 to 10.

निम्नलिखित उदाहरण आपको 1 से 10 के बीच एक संख्यात्मक मान दर्ज करने की अनुमति देगा।

Example 54 (उदाहरण 54):

```
<!DOCTYPE html>
<html>
<body>
<h2>Input Type Number Element</h2>
<p>You can also set restrictions on what numbers are accepted and can use the min and max attributes to add in the input field</p>
<style>
    input[type="number"]:valid{
      outline: 2px solid green;
    }
    input[type="number"]:invalid{
        outline: 2px solid red;
    }
</style>
<form action="/action_page.php">
    Quantity (between 1 and 10):
    <input type="number" name="quantity" min="1" max="10">
    <input type="submit">
</form>
</body>
</html>
```

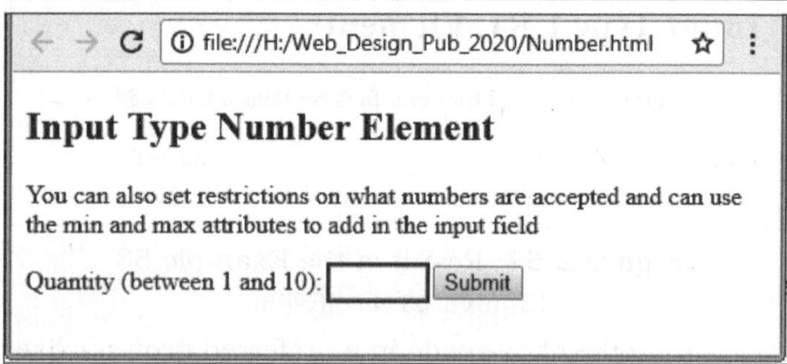

Figure 2.53: Result of the Example 54 (उदाहरण 54 का परिणाम)

By running the above code in a preferred browser user can get the following output as shown in above image.

उदाहरण 54 का परिणाम चित्र 2.53 में दिखाया गया है।

Input Type Range: The range input type can be used for entering a numerical value within a specified range. Default range is 0 to 100. However, you can set restrictions on what numbers are accepted with the min, max, and step attributes:

इनपुट प्रकार रेंज: श्रेणी इनपुट प्रकार का उपयोग किसी निर्दिष्ट सीमा के भीतर संख्यात्मक मान दर्ज करने के लिए किया जा सकता है। डिफॉल्ट सीमा 0 से 100 है। हालाँकि, आप इस बात पर प्रतिबंध लगा सकते हैं कि क्या संख्याएँ न्यूनतम, अधिकतम और चरण विशेषताओं के साथ स्वीकार की जाती हैं:

Example 55 (उदाहरण 55):

```
<!DOCTYPE html>
<html>
<body>
<h2>Input type Range Element</h2>
<p>The input element, having the "range" value in its type attribute, represents a field for the input of a number inside a range<p>
<form action="/action_page.php" method="get">
Age:
    <input type="range" name="Age" min="0" max="10">
    <input type="submit">
</form>
</body>
</html>
```

By running the above code in a preferred browser user can get the following output as shown in below image.

उदाहरण 55 का परिणाम चित्र 2.54 में दिखाया गया है।

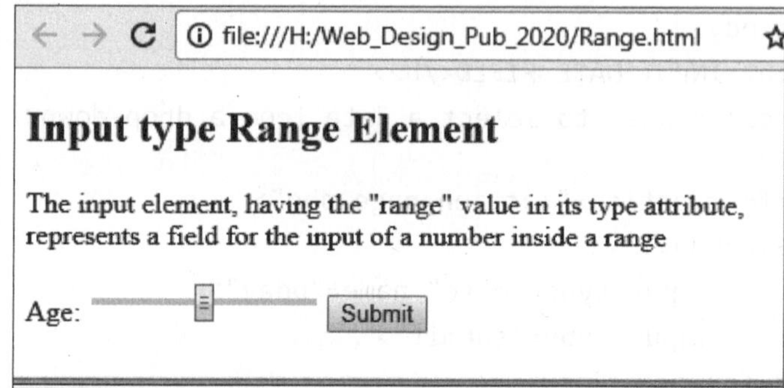

Figure 2.54: Result of the Example 55 (उदाहरण 55 का परिणाम)

Input Type Time: The <input type="time"> allows the user to select a time.

इनपुट प्रकार समय: <input type = "time"> उपयोगकर्ता को एक समय का चयन करने की अनुमति देता है।

Example 56 (उदाहरण 56):

```
<!DOCTYPE html>
<html>
<body>
<h2>Input Type Time Element</h2>
<p>In the html 5
<strong><time></strong> tag is used to add time or date or both date and time in HTML page. </p>
<form action="/action_page.php">
Select a time:
   <input type="time" name="usr_time">
   <input type="submit">
</form>
</body>
</html>
```

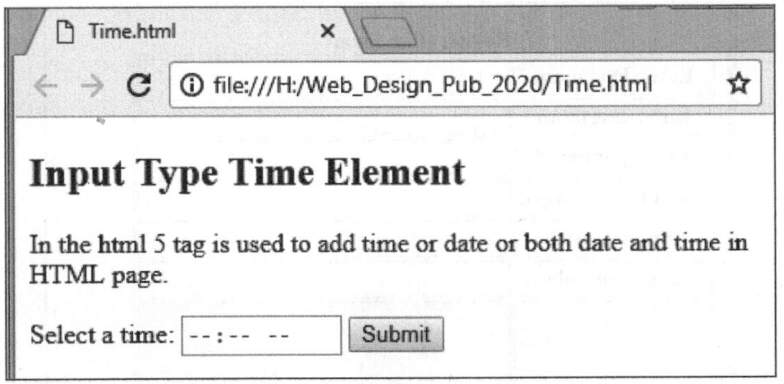

Figure 2.55: Result of the Example 56 (उदाहरण 56 का परिणाम)

By running the above code in a preferred browser user can get the following output as shown in above image.

क्रोम ब्राउजर में उपरोक्त कोड उदाहरण 56 को चलाकर निम्न आउटपुट चित्र 2.55 प्राप्त होता है।

Input Type Url: The <input type="url"> is used for input fields that should contain a URL address. You can use the multiple attribute to enter more than one URL.

इनपुट प्रकार यूआरएल: <input type = "url"> का उपयोग उन इनपुट फील्ड के लिए किया जाता है जिनमें न्त्स् पता होना चाहिए। एक से अधिक URL दर्ज करने के लिए आप कई विशेषताओं का उपयोग कर सकते हैं।

Example 57 (उदाहरण 57):

```
<!DOCTYPE html>
<html>
<body>
<h2>Input Type URL Element</h2>
<p>The input type url is used for input files
contains a URL address:</p>
<form action="/action_page.php">
<b>Enter URL Address: </b>
    <input type="url" name="homepage">
    <input type="submit">
</form>
</body>
</html>
```

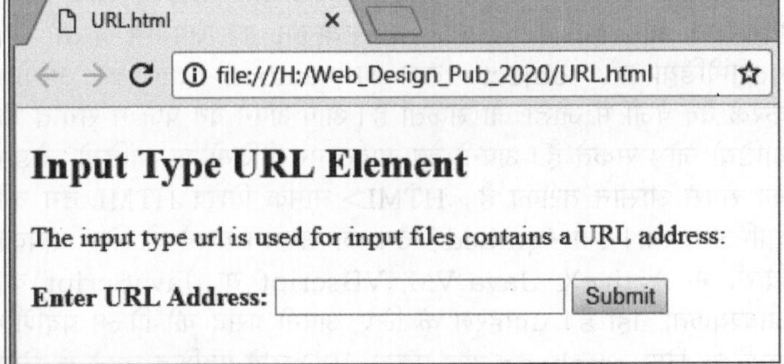

Figure 2.56: Result of the Example 57 (उदाहरण 57 का परिणाम)

By running the above code in a preferred browser user can get the following output as shown in above image.

क्रोम ब्राउजर में उपरोक्त कोड उदाहरण 57 को चलाकर निम्न आउटपुट चित्र 2.56 प्राप्त होता है।

2.11.4 HTML Form Program (HTML फॉर्म प्रोग्राम)

Registration form in HTML 5 have various types are used intensively on pre-registration of website to allow for user or visitor can create their own profile on your website. The corresponding output as shown in Figure 2.57.

HTML 5 में पंजीकरण फॉर्म का उपयोग विभिन्न प्रकार से किया जाता है, जो उपयोगकर्ता या आगंतुक को वेबसाइट पर अपनी प्रोफाइल बनाने के लिए वेबसाइट के प्री–रजिस्ट्रेशन पर गहनता से अपनी प्रोफाइल बना सकते हैं।

Example 58 (उदाहरण 58):

```
<html>
<head>
<title>HTML Table</title>
</head>
<body>
<form method="" action="">
<table border="1" align="left" width="400"
bgcolor="yellow" >
<caption><b>Registration form</b></caption>
<tr>
<th>Enter Frst name</th>
<td><input type="text" name="fn" id="fn1"
maxlength="10" title="enter first name"
  placeholder="enter first name" required/></td>
</tr>
<tr>
<th>Enter last name</th>
<td><input type="text"/></td>
</tr>
<tr>
<th>Enter password</th>
<td><input type="password"/></td>
</tr>
<tr>
<th>Re-enter password</th> <td><input
type="password"/></td> </tr>
<tr>
<th>Enter e-mail</th> <td><input type="e-
mail"/></td> </tr>
<tr>
<th>Enter mobile</th> <td><input
type="number"/></td> </tr>
<tr>
```

```
<th>Enter address</th> <td><textarea rows="8"
cols="20"></textarea></td> </tr>
<tr>
<th>Select your gender</th> <td>
male<input type="radio" name="g" value="m"/>
female<input type="radio" name="g" value="f"/>
</td>
</tr>
<tr>
<th>Select your hobbies</th> <td>
hobby1<input type="checkbox" name="x[]"
value="h"/>
hobby2<input type="checkbox" name="x[]"
value="h2"/>
hobby3<input type="checkbox" name="x[]"
value="h3"/> </td>
</tr>
<tr>
<th>Select your DOB</th> <td><input
type="date"/></td> </tr>
<tr>
<th>Select Country</th> <td>
<select name="country">
<option value="" selected="selected"
disabled="disabled">Select your country</
option>
<option value="1">India</option>
<option value="2">Pakistan</option>
</select>
</td>
</tr>
<tr>
<th>Upload your pic</th> <td><input
type="file"/></td> </tr>
<tr>
<td colspan="2" align="center"><input
type="submit" value="Save My Data"/>
<input type="reset" value="Reset Data"/> </td>
</tr>
</table>
</form>
</body>
</html>
```

By running the above code in a preferred browser user can get the following output as shown in below image.

क्रोम ब्राउजर में उपरोक्त कोड उदाहरण 58 चलाकर निम्न आउटपुट चित्र 2.57 प्राप्त करते हैं।

Registration form

Enter Frst name	enter first name
Enter last name	
Enter password	
Re-enter password	
Enter e-mail	
Enter mobile	
Enter address	
Select your gender	male ○ female ○
Select your hobbies	hobby1 ☐ hobby2 ☐ hobby3 ☐
Select your DOB	mm / dd / yyyy
Select Country	Select your country ▾
Upload your pic	Choose File No file chosen
Save My Data Reset Data	

Figure 2.57: Result of the Example 58 (उदाहरण 58 का परिणाम)

2.12 HTML Embed Multimedia (HTML एम्बेड मल्टीमीडिया)

Multimedia is content that uses a combination of different content forms such as text, images, animations and interactive content. Multimedia can be added to web pages using the <object> element or the <embed> element. You can add music or video into your web page. The easiest way to add video or sound to your web site is to include the special HTML tag called <embed>. You do not need to have any ActiveX, Java VM, VBscript or JavaScript to support this <embed> tag. For example, use <embed> to display a movie of your choice, and <noembed> to display a single JPG image.

मल्टीमीडिया वह कंटेट है जो विभिन्न कंटेट रूपों जैसे कि पाठ, चित्र, एनिमेशन और इंटरैक्टिव कंटेट के संयोजन का उपयोग करती है। मल्टीमीडिया को <object> तत्व या <embed> तत्व का उपयोग करके वेब पेजों में जोड़ा जा सकता है। आप अपने वेब पेज में संगीत या वीडियो जोड़ सकते हैं। अपनी वेब साइट पर वीडियो या ऑडियो जोड़ने का सबसे आसान तरीका है <HTML> नामक विशेष HTML टैग को शामिल करना। इस <embed> टैग का समर्थन करने के लिए आपको किसी भी ActiveX, Java VM, VBscript या JavaScript की आवश्यकता नहीं है। उदाहरण के लिए, अपनी पसंद की फिल्म प्रदर्शित करने के लिए <embed> और एकल JPG छवि प्रदर्शित करने के लिए <noembed> का उपयोग करें।

Here is a simple example to play embed a midi file:

यहाँ मिडी फाइल एम्बेड करने के लिए एक सरल उदाहरण दिया गया है:

Example 59 (उदाहरण 59):

```
<!DOCTYPE html>
<html>
<head>
<title>HTML embed Tag</title>
</head>
<body>
<embed src="h:/web_design_pub_2020/am1.mp3"
width="100%" height="60" >
<noembed><img src="yourimage.gif" ></noembed>
</embed>
</body>
</html>
```

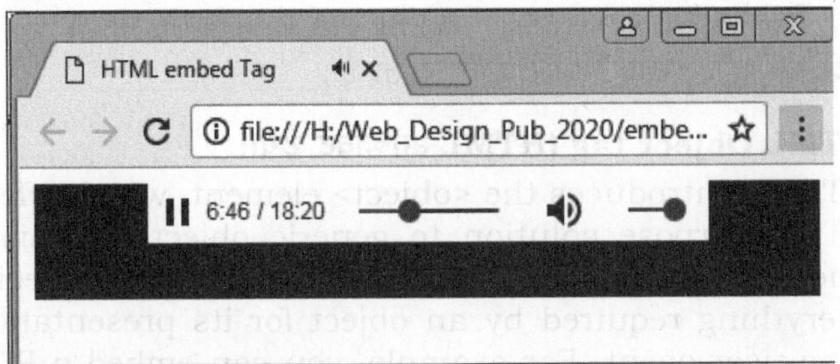

Figure 2.58: Result of the Example 59 (उदाहरण 59 का परिणाम)

By running the above code in a preferred browser user can get the following output as shown in above image.

क्रोम ब्राउजर में उपरोक्त कोड उदाहरण 59 चलाकर आउटपुट चित्र 2.58 प्राप्त होता है।

Attributes (गुण):

Following is the list of important attributes for <embed> element.

<embed> तत्व के लिए महत्वपूर्ण विशेषताओं की सूची निम्नलिखित है।

- **Align:** Determines how to align the object. It takes either center, left or right.

  सरेखित करें: निर्धारित करता है कि ऑब्जेक्ट को कैसे संरेखित करें। यह या तो केंद्र, बाएँ या दाएँ लेता है।
- **Autostart:** Indicates if the media should start automatically. Netscape default is true, Internet Explorer is false.

  ऑटोस्टार्ट: इंगित करता है कि मीडिया को स्वचालित रूप से शुरू होना चाहिए। नेटस्केप डिफॉल्ट सही है, इंटरनेट एक्सप्लोरर गलत है।
- **Loop:** Specifies if the sound should be played continuously (set loop to true), a certain number of times (a positive value) or not at all (false). This is supported by Netscape only.

  लूप: निर्दिष्ट करता है कि ध्वनि को लगातार चलाया जाना चाहिए (लूप को सही पर सेट करें), एक निश्चित संख्या में (एक सकारात्मक मूल्य) या बिल्कुल नहीं (गलत)। यह केवल नेटस्केप द्वारा समर्थित है।
- **Playcount:** Specifies the number of times to play the sound. This is alternate option for loop if you are usiong IE.
- **प्लेकाउंट:** ध्वनि बजाने के लिए कई बार निर्दिष्ट करता है। यह लूप के लिए वैकल्पिक विकल्प है यदि आप IE IE हैं।
- **Hidden:** Defines if the object shows on the page. A false value means no and true means yes.
- **हिडन:** परिभाषित करता है कि क्या ऑब्जेक्ट पेज पर दिखता है। असत्य मूल्य का अर्थ है, नहीं और सत्य का अर्थ है हाँ।
- **Height:** Height of the object in pixels or en.
- **ऊँचाई:** पिक्सेल्स या एन में ऑब्जेक्ट की ऊँचाई।
- **Width:** Width of the object in pixels or en.
- **चौड़ाई:** पिक्सेल या एन में वस्तु की चौड़ाई।
- **Pluginspage:** Specifies the URL to get the plugin software.
- **प्लगइन्स पेज:** प्लगइन सॉफ्टवेयर प्राप्त करने के लिए URL को निर्दिष्ट करता है।
- **Name:** A name used to reference the object.
- **नाम:** वस्तु को संदर्भित करने के लिए इस्तेमाल किया जाने वाला नाम।
- **Src:** URL of the object to be embedded. This can be any recognizable by the user's browser. It could be .mid, .wav, .mp3, .avi and so on).
- **Src:** ऑब्जेक्ट का URL एम्बेड किया जाना। यह उपयोगकर्ता के ब्राउजर द्वारा किसी भी पहचानने योग्य हो सकता है। यह .mid, .wav, .mp3, .avi और इतने पर) हो सकता है।
- **Volume:** Controls volume of the sound. Can be from 0 (off) to 100 (full volume). This attribute is supported by Netscape only.
- **वॉल्यूम:** ध्वनि की मात्रा को नियंत्रित करता है। 0 (ऑफ) से लेकर 100 (पूर्ण मात्रा) तक हो सकते हैं। यह विशेषता केवल नेटस्केप द्वारा समर्थित है।

You can use various media types like Flash movies (.swf), AVI's (.avi), and MOV's (.mov) file types inside embed tag.

आप विभिन्न मीडिया प्रकार का उपयोग कर सकते हैं जैसे फ्लैश मूवी (.swf), एवीआई (.AVI), और एमओवी (.Mov) फाइल प्रकार एम्बेड टैग के अंदर।

- **.swf files**– are the file types created by Macromedia's Flash program.

  .swf files: Macromedia's Flash प्रोग्राम द्वारा बनाई गई फाइल प्रकार हैं।
- .wmv files– are Microsoft's Window's Media Video file types.

  .wmv files: Microsoft की विंडो के मीडिया वीडियो फाइल प्रकार हैं

- **.mov files–** are Apple's Quick Time Movie format.
  .Mov files: Apple के क्विक टाइम मूवी प्रारूप हैं।
- **.mpeg files–** are movie files created by the Moving Pictures Expert Group.
  .mpeg files: मूविंग पिक्चर्स एक्सपर्ट ग्रुप द्वारा बनाई गई मूवी फाइल्स हैं।

Here is a simple example to play an animated file.

Example 60 (उदाहरण 60):

```
<!DOCTYPE html>
<html>
<head>
<title>HTML embed Tag</title>
</head>
<body>
<embed src = "e:/sparkles.gif" width = "220"
height = "220" >
<noembed><img src = "yourimage.gif" alt =
"Alternative Media" ></noembed>
</embed>
</body>
</html>
```

Figure 2.59: Result of the Example 60 (उदाहरण 60 का परिणाम)

By running the above code in a preferred browser user can get the following output as shown in below image.

Background Audio

You can use <bgsound> tag to play a soundtrack in the background of your webpage. This tag is having only two attributes loop and src. Both these attributes have same meaning as explained above.

उदाहरण 60 का आउटपुट चित्र 2.59 में दिखाया गया है।

आप अपने वेबपेज की बैकग्राउंड में साउंडट्रैक चलाने के लिए <bgsound> टैग का उपयोग कर सकते हैं। इस टैग में केवल दो विशेषताएँ लूप और src है। इन दोनों विशेषताओं का एक ही अर्थ है जैसा कि ऊपर बताया गया है।

Example 61 (उदाहरण 61):

```
<!DOCTYPE html>
<html>
<head>
<title>HTML embed Tag</title>
</head>
<body>
<bgsound src="/html/sound.mp3" >
<noembed><img src = "yourimage.gif" ></
noembed>
</bgsound>
</body>
</html>
```

This will produce blank screen. This tag does not display any component and remains hidden.

यह रिक्त स्क्रीन का उत्पादन करेगा। यह टैग किसी भी घटक को प्रदर्शित नहीं करता है और छिपा रहता है।

HTML Object tag (HTML ऑब्जेक्ट टैग):

HTML 4 introduces the <object> element, which offers an all-purpose solution to generic object inclusion. The <object> element allows HTML authors to specify everything required by an object for its presentation by a user agent. For example, you can embed a PDF document in an HTML document as follows:

HTML 4 <object> तत्व का परिचय देता है, जो जेनेरिक ऑब्जेक्ट को शामिल करने के लिए एक सभी–उद्देश्य समाधान प्रदान करता है। <object> तत्व HTML लेखकों को उपयोगकर्ता एजेंट द्वारा इसकी प्रस्तुति के लिए एक वस्तु द्वारा आवश्यक सब कुछ निर्दिष्ट करने की अनुमति देता है। उदाहरण के लिए, आप एक HTML दस्तावेज में एक पीडीएफ दस्तावेज को एम्बेड कर सकते हैं:

Example 62 (उदाहरण 62):

```
<!DOCTYPE html>
<html>
    <head>
        <title>HTML embed Tag</title>
    </head>
    <body>
        <object data="H:/Web_Design_Pub_2020/
digital.pdf" type="application/pdf"
    width="300" height="200">
    alt:<a href="H:Web_Design_Pub_2020/
        digital.pdf">test.pdf</a>
</object>
    </body>
</html>
```

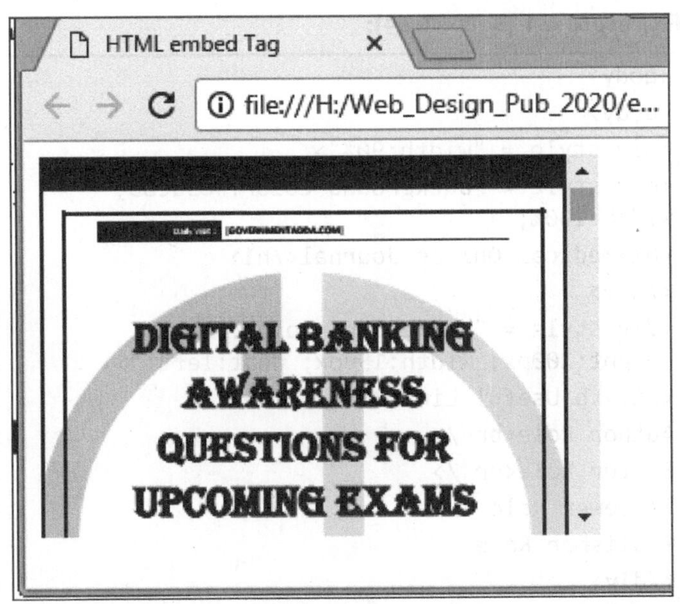

Figure 2.60: Result of the Example 62 (उदाहरण 62 का परिणाम)

By running the above code in a preferred browser user can get the following output as shown in above image.

उदाहरण 62 का आउटपुट चित्र 2.60 में दिया गया है।

2.13 HTML Layout (HTML लेआउट)

To create a website layout to position the various elements that make a web page in a well-structured manner and give attractive look to the website.

विभिन्न तत्वों की स्थिति के लिए एक वेबसाइट लेआउट बनाने के लिए जो एक वेब पेज को अच्छी तरह से संरचित तरीके से बनाते हैं और वेबसाइट को आकर्षक रूप देते हैं।

In most websites on the internet it displays their content in multiple rows and columns, formatted like a magazine or newspaper to provide the users a better reading and writing. This can be easily achieved by using the HTML tags, such as <table>, <div>, <header>, <footer>, <section>, etc. and adding some CSS styles to them.

इंटरनेट पर अधिकांश वेबसाइट में यह कई पंक्तियों और स्तंभों में कंटेट को प्रदर्शित करता है, जो उपयोगकर्ताओं को बेहतर पढ़ने और लिखने के लिए एक पत्रिका या समाचार पत्र की तरह स्वरूपित करता है। HTML टैग का उपयोग करके इसे आसानी से प्राप्त किया जा सकता है, जैसे <table>, <div>, <header>, <footer>, <section>, इत्यादि और इनमें कुछ CSS स्टाइल जोड़कर।

HTML offers several semantic elements that define the different parts of a web page:

HTML कई अर्थ तत्व प्रदान करता है जो एक वेब पेज के विभिन्न भागों को परिभाषित करते हैं:

- **<header>:** Defines a header for a document or a section. (किसी दस्तावेज या अनुभाग के लिए एक शीर्ष लेख को परिभाषित करता है।)
- **<nav>:** Defines a container for navigation links. (नेविगेशन लिंक के लिए एक कंटेनर को परिभाषित करता है।)
- **<section>:** Defines a section in a document. (एक दस्तावेज में एक अनुभाग को परिभाषित करता है।)
- **<article>:** Defines an independent self-contained article. (एक स्वतंत्र स्व–निहित लेख को परिभाषित करता है।)
- **<aside>:** Defines content aside from the content (like a sidebar). (कंटेट से अलग सामग्री को परिभाषित करता है (जैसे साइडबार)।)
- **<footer>:** Defines a footer for a document or a section. (दस्तावेज या अनुभाग के लिए पाद लेख को परिभाषित करता है।)
- **<details>:** Defines additional details. (अतिरिक्त विवरण को परिभाषित करता है।)
- **<summary>:** Defines a heading for the <details> element. (<details> तत्व के लिए एक शीर्षक को परिभाषित करता है।)

2.13.1 Layout-using Tables (लेआउट टेबल)

Table provides the simplest way for creating layouts in HTML using HTML <table> tag. This process of putting the contents such as text, images, and so on into rows and columns.

टेबल HTML <table> टैग का उपयोग करके HTML में लेआउट बनाने का सबसे सरल तरीका प्रदान करता है। पाठ, चित्र और इसी तरह कंटेट को पंक्तियों और कॉलम में डालने की यह प्रक्रिया है।

The following layout is created using an HTML table with 3 rows and 2 columns — the first and last row spans both columns using the table's colspan attribute:

निम्न लेआउट 3 पंक्तियों और 2 कॉलम के साथ एक HTML टेबल का उपयोग करके बनाया गया है – पहली और आखिरी पंक्ति टेबल के कॉलम विशेषता का उपयोग करके दोनों कॉलम को फैलाती है:

Example 63 (उदाहरण 63):

```
<!DOCTYPE html>
<html>
<head>
<title>HTML Layout using Tables</title>
</head>
<body>
<table width = "90%" border = "2">
<tr>
<td colspan = "2" bgcolor = "#b5dcb3">
<h1>Medical Online Journal</h1>
</td>
</tr>
<tr valign = "top">
<td bgcolor = "#aaa" width = "50">
<b>Useful Links</b><br />
```

```
Author Role<br />
Editor Role<br />
Reviewer Role </br>
Publisher Role</td>
<td bgcolor = "#eee" width = "100" height =
"200">
<h3>Indian Journal of Medical Research</h3>
<h3>Submit Manuscript</h3>
<h3>About the Journal</h3>
</td>
</tr>
<tr>
<td colspan = "2" bgcolor = "#b5dcb3">
<left>
Copyright © 20019 Medical Journal.com
</left>
</td>
</tr>
</table>
</body>
</html>
```

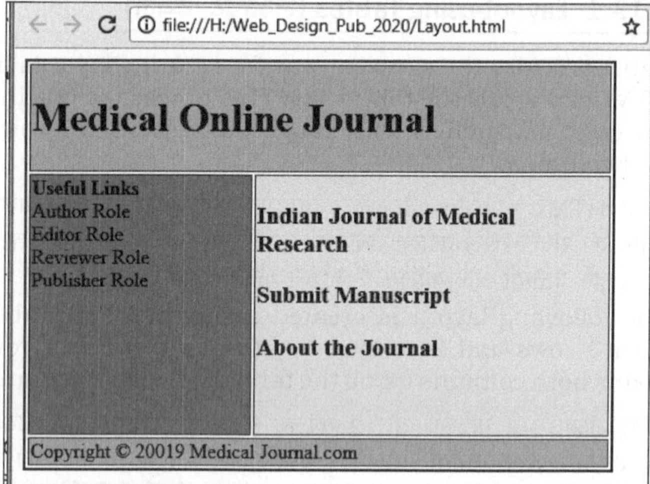

Figure 2.61: Result of the Example 63 (उदाहरण 63 का परिणाम)

2.13.2 Div Based Layout (DIV आधारित लेआउट)

The <div> (stands for division) element used for marking out a block of content, or set of other elements inside an HTML document. The following example uses the div elements to create a multiple column layout. It will produce the same result as in the previous example that uses table element:

एक HTML दस्तावेज के अंदर कंटेट के एक ब्लॉक, या अन्य तत्वों के सेट को चिह्नित करने के लिए उपयोग किया जाने वाला <div> (विभाजन के लिए खड़ा है) तत्व। निम्न उदाहरण कई कॉलम लेआउट बनाने के लिए कपअ तत्वों का उपयोग करता है। यह पिछले उदाहरण के समान परिणाम देगा जो टेबल तत्व का उपयोग करता है।

Example 64 (उदाहरण 64):

```
<body>
<body>
<div style = "width:90%">
<div style = "background-color:#b5dcb3;
width:100%;">
<h1>Medical Online Journal</h1>
</div>
<div style = "background-color:#aaa;
height:200px; width:150px; float:left;">
<div><b>Useful Links</b></div>
Author Role<br />
Editor Role<br />
Reviewer Role </br>
Publisher Role
</div>
<div style = "background-color:#eee; border:
2px; height:200px; width:300px; float:left;" >
<h3>Indian Journal of Medical Research</h3>
</div>
<div style = "background-color:#aaa;
height:200px; width:95px; float:right;">
<div><b>Journals Topics </b></div>
Cardiology<br />
Endocrinology<br />
Genetics<br/>
Neurology
</div>
<div style = "background-color:#b5dcb3;
clear:both">
<left>
Copyright © 2019 Medical Journal.com
</left>
</div>
</div>
</body>
</html>
```

Figure 2.62: Result of the Example 64 (उदाहरण 64 का परिणाम)

2.13.3 HTML Iframe ()

An iframe is used to display a web page within another web page. An HTML iframe are defined with the <iframe> tag.

आइफ्रेम का उपयोग किसी अन्य वेब पेज के भीतर एक वेब पेज प्रदर्शित करने के लिए किया जाता है। एक HTML iframe <iframe> टैग के साथ परिभाषित किया गया है।

To develop the Iframes user can make use of <iframe> tag, inside the <iframe> tag use <frameset> instead of the <body> tag. <frameset> tag can be use any were in the document, by using <iframe> tag then it will create the a rectangular region for the document.

Iframes उपयोगकर्ता को विकसित करने के लिए <iframe> टैग के अंदर <iframe> टैग का उपयोग <frame set> <body> टैग का उपयोग कर सकते हैं। <frame> टैग का उपयोग किसी भी दस्तावेज में किया जा सकता है, <iframe> टैग का उपयोग करके फिर यह दस्तावेज के लिए एक आयताकार क्षेत्र बनाएगा।

```
<iframe src = "URL"> </ iframe>
```

Here, src attribute specifies the web address (URL) of the inline frame page.

यहाँ, src विशेषता इनलाइन फ्रेम पेज के वेब एड्रेस (URL) को निर्दिष्ट करती है।

Following are some of the attributes of iframes in HTML. Attribute Description name Used to give names to the frames, which are useful while loading one frame into another frame. src Indicated the loaded file name inside a frame. frame border Used to give the frame border and overrides the frame border value. margin height Defines the space between the two frames. margin Width Specify the space or width between the two frames. noresize User can resize the frame by clicking and dragging border of the frames.

HTML में iframes की कुछ विशेषताएँ निम्नलिखित हैं। विशेषता विवरण नाम फरेम को नाम देने के लिए उपयोग किया जाता है, जो एक फ्रेम को दूसरे फ्रेम में लोड करते समय उपयोगी होते हैं। src एक फ्रेम के अंदर भरी हुई फाइल नाम का संकेत दिया। फ्रेम बॉर्डर फ्रेम बॉर्डर देने के लिए उपयोग किया जाता है और फ्रेम बॉर्डर मान को ओवरराइड करता है। मार्जिन ऊंचाई दो फ्रेम के बीच की जगह को परिभाषित करती है। मार्जिन चौड़ाई दो फ्रेम के बीच की जगह या चौड़ाई को निर्दिष्ट करें। noresize उपयोगकर्ता फ्रेम की सीमा पर क्लिक करके और खींचकर फ्रेम का आकार बदल सकता है।

Set Height and Width (ऊँचाई और चौड़ाई निर्धारित करें)

Use the height and width attributes to specify the size of the iframe. The height and width are been specified in pixels by default:

Iframe का आकार निर्दिष्ट करने के लिए ऊँचाई और चौड़ाई विशेषताओं का उपयोग करें। डिफॉल्ट रूप से पिक्सेल में ऊँचाई और चौड़ाई निर्दिष्ट की गई है:

```
<iframe src="file.htm" height="200" width="300"></
iframe>
```

Example 65 (उदाहरण 65):

```
<!DOCTYPE html>
<html>
<body>
<h2>Example of HTML Iframes</h2>
<p>Iframes are used to display a web pages in web page. Use the height and width attributes to specify the size of the iframe:</p>
<iframe src="E:/Digital.pdf" height="350"
width="450"></iframe>
<p>Document content also go here...</p>
</body>
</html>
```

By running the above code in a preferred browser user can get the following output as shown in below image.

एक पसंदीदा ब्राउजर में उपरोक्त कोड चलाकर उपयोगकर्ता निम्न आउटपुट प्राप्त कर सकता है जैसा कि नीचे दी गई छवि में दिखाया गया है।

Remove the Border (सीमा हटाओ)

To remove the border, add the style attribute and use the CSS border property:

सीमा हटाने के लिए, शैली विशेषता जोड़ें और CSS बॉर्डर संपत्ति का उपयोग करें:

```
<iframe src="file.htm" style="border:none;"></iframe>
```

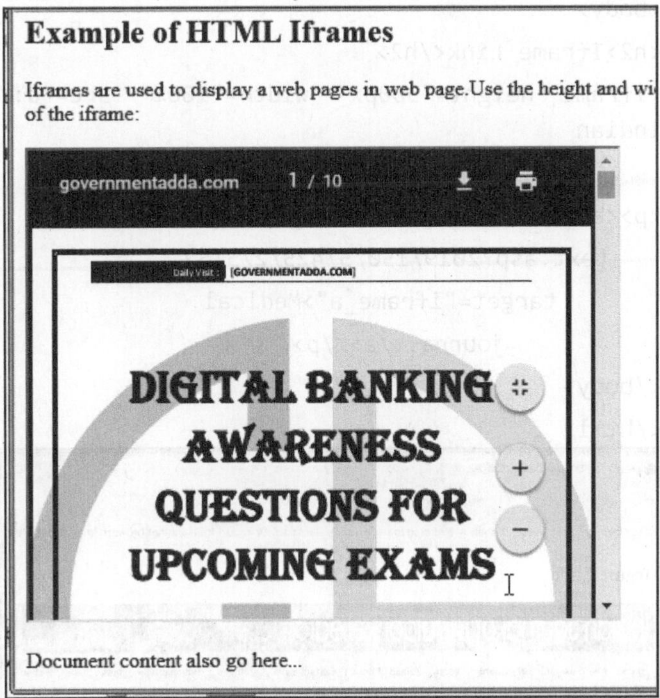

Figure 2.63: Result of the Example 65 (उदाहरण 65 का परिणाम)

Target for a link (लिंक के लिए टारगेट)

You can set a target frame for a link by using iframe. Your specified target attribute of the link must refer to the name attribute of the iframe. An iframe can be named using the name attribute. This implies that when a link with a target attribute with that name as value is clicked, the linked resource will open in that iframe.

आप iframe का उपयोग करके किसी लिंक के लिए लक्ष्य फरेम सेट कर सकते हैं। लिंक की आपकी निर्दिष्ट लक्ष्य विशेषता को iframe की नाम विशेषता का उल्लेख करना चाहिए। नाम विशेषता का उपयोग करके एक iframe का नाम दिया जा सकता है। इसका तात्पर्य यह है कि जब मान के रूप में उस नाम के साथ लक्ष्य विशेषता वाला लिंक क्लिक किया जाता है, तो उस iframe में लिंक किया हुआ संसाधन खुल जाएगा।

An iframe are be used as the target frame for a link.

एक लिंक के लिए एक iframe को लक्ष्य फ्रेम के रूप में उपयोग किया जाता है।

The target attribute of the link must refer to the name attribute of the iframe:

लिंक की लक्ष्य विशेषता को iframe की नाम विशेषता का उल्लेख करना चाहिए:

```
<iframe src = "file1-html" name = "myFrame"></iframe>
```

Example 66 (उदाहरण 66):

```
<!DOCTYPE html>
<html>
<body>
<h2>Iframe Link</h2>
<iframe height="300px" width="100%" src="d:/indian
    journal.html" name="iframe_a"></iframe>
<p><a href=" http://www.ijmr.org.in/
    text.asp?2019/150/5/425/275152"
        target="iframe_a">Medical
            journal</a></p>
</body>
</html>
```

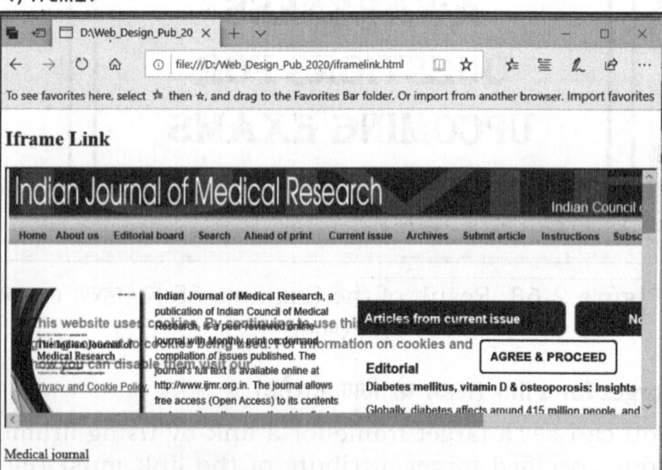

Figure 2.64: Result of the Example 66
(उदाहरण 66 का परिणाम)

Conclusion (निष्कर्ष)

The <HTML> is a markup language, which is used by the browser to manipulate text, images and other content to display it in required format. The chapter begins with basic structure of an HTML document. It consists of 5 elements: <!DOCTYPE>, <html>, <head>, <title> and <body> and followed by Elements of Head section, which provide extra information in the document. Next, we will discuss formatting tags that you can use to make some text on the web pages to appear differently than normal text, for example, you can use the tag <b> to make the text bold, <i> to make the text italic. Next, you learn, anchor tag such as href, name and the target attribute are three parts of anchor tag, which is used to define the beginning and end of a hyperlink link. Next, we will discuss Tables in html is used to display data in tabular form and its attributes border, cellspacing, cellpadding, height and width to manage the layout of the page such as header section, navigation bar, body content and footer section. Next, you will learn HTML lists are used to specify lists of information in the document and with three different types of html lists such as ordered list, unordered list and description list. Then followed by HTML form is a section of a document which contains controls such as text fields, password fields, checkboxes, radio buttons, submit button and son on. It facilitates the user to enter data that is to be send to the server for processing such as name, e-mail address, password, phone number and so on. Next, we will have discussed html Frames are used to divided your browser window into multiple sections and can load a separate html document. Next, you will learn introduction to HTML 5 and its new elements such as article, aside, audio and video tag and followed by HTML 5 form validation for validating html form input elements before submitting them to a ser. It has built-in validation rules such as new elements, new attributes and new form controls for better and interactive form. Lastly, html layout specifies a way in which the web pages can be arrange using CSS and JavaScript for creating layouts for responsive and dynamic website designing. The next chapter, you will learn Cascading Style Sheet is use to define styles for your web pages.

<HTML> एक मार्कअप भाषा है, जिसका उपयोग ब्राउजर द्वारा आवश्यक प्रारूप में प्रदर्शित करने के लिए पाठ, छवियों और अन्य कंटेट में हेरफेर करने के लिए किया जाता है। अध्याय एक HTML दस्तावेज की मूल संरचना से शुरू होता है। इसमें 5 तत्व होते हैं: <!DOCTYPE>, <html>, <head>, <title> और <body> और उसके बाद Elements of Head सेक्शन, जो दस्तावेज में अतिरिक्त जानकारी प्रदान करते हैं। आगे, हम उन फॉर्मेटिंग टैग पर चर्चा करेंगे, जिनका उपयोग आप वेब पेज पर कुछ पाठ बनाने के लिए सामान्य पाठ

की तुलना में अलग–अलग तरीके से कर सकते हैं, उदाहरण के लिए, आप पाठ को बोल्ड बनाने के लिए <b> टैग का उपयोग कर सकते हैं, <i> टेक्स्ट को इटैलिक करने के लिए। इसके बाद, आप सीखते हैं, ancher टैग जैसे कि href, नाम और लक्ष्य विशेषता एंकर टैग के तीन भाग हैं, जिसका उपयोग हाइपरलिंक लिंक की शुरुआत और अंत को परिभाषित करने के लिए किया जाता है। आगे हम चर्चा करते हैं कि HTML में टेबल्स का उपयोग सारणीबद्ध रूप में डेटा प्रदर्शित करने के लिए किया जाता है और इसकी विशेषताओं बॉर्डर, सेलस्पेसिंग, सेलपैडिंग, ऊँचाई और चौड़ाई पृष्ठ के लेआउट को प्रबंधित करने के लिए जैसे हेडर सेक्शन, नेविगेशन बार, बॉडी कंटेंट और फूटर अनुभाग। इसके बाद, आप सीखेंगे कि HTML सूचियों का उपयोग दस्तावेज में जानकारी की सूचियों को निर्दिष्ट करने के लिए किया जाता है और तीन अलग–अलग प्रकार की HTML सूचियाँ जैसे कि आदेशित सूची, अव्यवस्थित सूची और विवरण सूची। इसके बाद HTML फॉर्म एक डॉक्यूमेंट का एक सेक्शन होता है जिसमें टेक्स्ट फील्ड, पासवर्ड फील्ड, चेकबॉक्स, रेडियो बटन, सबमिट बटन और बेटा जैसे नियंत्रण होते हैं। यह उपयोगकर्ता को डेटा दर्ज करने की सुविधा प्रदान करता है जिसे नाम, ई–मेल एड्रेस, पासवर्ड, फोन नंबर और इतने पर प्रसंस्करण के लिए सर्वर पर भेजा जाना है। अगला, हमने चर्चा की है कि HTML फ्रेम्स का उपयोग आपकी ब्राउजर विंडो को कई वर्गों में विभाजित करने के लिए किया जाता है और एक अलग HTML दस्तावेज लोड कर सकता है। इसके बाद, आप HTML 5 और उसके नए तत्वों जैसे कि लेख, एक तरफ, ऑडियो और वीडियो टैग के बारे में जानेंगे और उसके बाद HTML 5 इनपुट सत्यापन के लिए HTML फॉर्म इनपुट तत्वों को जानेंगे। इसमें नए बेहतर और इंटरैक्टिव रूप के लिए नए तत्वों, नए गुणों और नियंत्रण जैसे सत्यापन नियम हैं। अंत में, html लेआउट एक ऐसा तरीका निर्दिष्ट करता है जिसमें वेब पेजों को संवेदनशील और गतिशील वेबसाइट डिजाइनिंग के लिए लेआउट बनाने के लिए CSS और जावास्क्रिप्ट का उपयोग करके व्यवस्थित किया जा सकता है। अगले अध्याय में, आप सीखेंगे कि कैस्केडिंग स्टाइल शीट का उपयोग आपके वेब पृष्ठों के लिए स्टाइल को परिभाषित करने के लिए किया जाता है।

REVIEW QUESTIONS WITH ANSWERS (रिव्यू प्रश्न और उत्तर)

A. Multiple Choice Questions (बहुविकल्पीय प्रश्न)

1. Which from the following is not a type of screen frames in HTML?
   a. iframe   b. noframe
   b. frameset   d. uframe

   HTML में निम्नलिखित में से कौन सा स्क्रीन फरेम नहीं है?
   क. iframe   ख. no frame
   ग. frameset   घ. uframe

2. What is the use of iframe in HTML?
   a. To display a web page within a web page
   b. To display a web page with animation effect
   c. To display a web page without browser
   d. All of the above

   HTML में iframe का उपयोग क्या है?
   क. वेब पेज के भीतर एक वेब पेज प्रदर्शित करने के लिए
   ख. एनीमेशन प्रभाव के साथ एक वेब पेज प्रदर्शित करने के लिए
   ग. ब्राउजर के बिना एक वेब पेज प्रदर्शित करने के लिए
   घ. ऊपर के सभी

3. What an article element contains?
   a. Audio
   b. Text or embedded content
   c. Image   d. Video

   एक article तत्व में क्या है?
   क. ऑडियो   ख टेक्स्ट या एम्बेडेड कंटेट
   ग. छवि   घ. वीडियो

4. Which of the following HTML 4 attributes is removed in HTML5?
   a. Text   b. Rules
   c. Link   d. All of the mentioned

   HTML 5 में निम्नलिखित में से कौन सा HTML 4 विशेषता को हटा दिया गया है?
   क. टेक्स्ट   ख. नियम
   ग. लिंक   घ. ऊपर के सभी

5. Which of these tags are all <table> tags?
   a. <table><head><tfoot> b. <table><tr><td>
   c. <table><tr><tt>   d. <thead><body><tr>

   इन सभी टैग्स में से कौन–सा टैग है?
   क. <table> <head> <tfoot>
   ख. <table> <tr> <td>
   ग. <table><tr> <tt>
   घ. <thead> <body> <tr>

B. State whether the following statements True or False. (निम्नलिखित कथन सही हैं या गलत)

1. To insert a video, you use a tag and set its src attribute to a local or remote URL containing a playable movie.
   वीडियो इन्सर्ट करने के लिए, आप एक टैग का उपयोग करते हैं और इसके src विशेषता को एक स्थानीय या दूरस्थ URL में प्ले करने योग्य मूवी सेट करते हैं।
2. <select> tag creates a check box for a form in HTML.
   <select> टैग HTML में एक फॉर्म के लिए एक चेक बॉक्स बनाता है।
3. The cellpadding attribute is used with <td> tag.
   सेलपैडिंग विशेषता का उपयोग <td> टैग के साथ किया जाता है।
4. The default value of border attribute is 1.

सीमा विशेषता का डिफॉल्ट मान 1 है।

5. The cellspacing attributes tells the browser how much space to include between the walls of the table.
सेलस्पेसिंग विशेषताएँ ब्राउजर को बताती हैं कि टेबल की वाल के बीच कितनी जगह शामिल है।

C. Match the following: (निम्नलिखित का मिलान करें:)

1.	The acronym w3c stands for (संक्षिप्त नाम w3c का अर्थ है)	a.	Table header टेबल हेडर
2.	In the <th> tag, th stands for (<th> टैग में, वें का अर्थ है)	b.	Combining संयोजन
3.	Which attribute of <td> tag is used to merge two or more columns to form a single column <td> टैग की किस विशेषता का उपयोग एकल कॉलम बनाने के लिए दो या अधिक कॉलम को मिलाने के लिए किया जाता है	c.	Wide World Web वाइड वर्ल्ड वेब
4.	Two or more cells in a table on a web page is called एक वेब पेज पर एक टेबल में दो या अधिक सेल को कहा जाता है	d.	Colspan कॉल्सपन
5.	The correct html code to right align the content inside a table cell सही html कोड एक टेबल सेल के अंदर कंटेट संरेखित करने के लिए सही है	e.	<td alignt="right">

D. Fill in the blanks (रिक्त स्थान भरें)

a. Base and target (आधार और लक्ष्य) b. colspan
c. Nav (नव) d. Header (हैडर) e. src

1. HTML 5 documents may contain a _______ element, which is used to set the header section of a document.
HTML 5 दस्तावेजों में एक _______ तत्व हो सकता है, जिसका उपयोग किसी दस्तावेज के शीर्ष लेख अनुभाग को सेट करने के लिए किया जाता है।
2. _______ contain the navigation menu, or other navigation functionality for the page.
_____ में पृष्ठ के लिए नेविगेशन मेनू, या अन्य नेविगेशन कार्यक्षमता शामिल है।
3. Use the ________ tag and ________ attribute to force all the links on a page to load in a particular frame.
किसी विशेष फ्रेम में लोड करने के लिए पेज पर सभी लिंक को बाध्य करने के लिए ________ टैग और ________ विशेषता का उपयोग करें।
4. The ________ attribute of the frame tag tells the browser which html page to load into that frame.
फ्रेम टैग की __________ विशेषता उस ब्राउजर को बताती है जो html पृष्ठ को उस फ्रेम में लोड करना है।
5. The _________ attribute is used to span two or more columns in a table.
_________ विशेषता का उपयोग किसी तालिका में दो या अधिक कॉलम को जोड़ने के लिए किया जाता है।

Answer/उत्तर

A.	1. d	2. a	3. b	4. d	5. b
B.	1. True	2. True	3. False	4. False	5. False
C.	1. c	2. a	3. d	4. b	5. e
D.	1. d	2. c	3. a	4. e	5. b

SHORT ANSWER QUESTIONS (शॉर्ट प्रश्न और उत्तर)

1.(a) What is HTML? (HTML क्या है?)

Ans. HTML is short for HyperText Markup Language and is the language of the World Wide Web. It is the standard text formatting language used for creating and displaying pages on the Web. This means that an HTML document, written in plain text, is used to describe the structure and content of web pages, with links to other pages.

HTML हाइपरटेक्स्ट मार्कअप लैंग्वेज के लिए छोटा है और वर्ल्ड वाइड वेब की भाषा है। यह वेब पर पृष्ठ बनाने और प्रदर्शित करने के लिए उपयोग की जाने वाली मानक पाठ प्रारूपण भाषा है। इसका मतलब यह है कि एक HTML दस्तावेज, जिसे सादे पाठ में लिखा गया है, का उपयोग वेब पेज की संरचना और कंटेट का वर्णन करने के लिए किया जाता है, अन्य पृष्ठों के लिंक के साथ।

1.(b) What is the difference between HTML elements and tags?
HTML एलिमेंट और टैग में क्या अंतर है?

Ans. Elements: Each part of a web page, such as a paragraph, an image, a link or anything else you can interact with, is an element. Each type of element has its own behavior. For example, you can click on links, or type in text boxes.

एलिमेंट: एक वेब पेज का प्रत्येक भाग, जैसे कि एक पैराग्राफ, एक छवि, एक लिंक या कुछ और जिसके साथ आप बातचीत कर सकते हैं, एक एलिमेंट है। प्रत्येक प्रकार के तत्व का अपना व्यवहार होता है। उदाहरण के लिए, आप लिंक पर क्लिक कर सकते हैं, या टेक्स्ट बॉक्स में टाइप कर सकते हैं।

Tags: An HTML document is a simple, plain text document, which we are able to open with any text editor on our computer. When we open one, we will see the document is made up of tags, which are keywords surrounded by angled brackets, each of which describes an HTML element. Here, we can see HTML tags telling the browser how to render the text element inside:

टैग: HTML दस्तावेज एक सरल, सिंपल टेक्स्ट दस्तावेज है, जिसे हम अपने कंप्यूटर पर किसी भी टेक्स्ट एडिटर के साथ खोलने में सक्षम हैं। जब हम एक को खोलते हैं, तो हम देखेंगे कि दस्तावेज टैग्स से बना है, जो कि कोण वाले कोष्ठक से घिरा हुआ कीवर्ड हैं, जिनमें से प्रत्येक HTML तत्व का वर्णन करता है। यहां, हम HTML टैग्स को ब्राउजर को बताते हुए देख सकते हैं कि पाठ तत्व को कैसे रेंडर किया जाए:

<p>This text is surrounded by HTML tags!</p>

<p> यह टेक्स्ट HTML टैग्स से घिरा है! </p>

Most tags have opening and closing tags. The opening tag is written with the tag name in angled brackets, like <tagname> whereas the closing tag adds a forward slash: </tagname>. Anything between these opening and closing tags is considered to be contents of that tag.

अधिकांश टैग में टैग खोलने और बंद करने के टैग होते हैं। ओपनिंग टैग को कोण ब्रैकेट में टैग नाम के साथ लिखा जाता है, जैसे <tagname> जबकि एन्ड टैग एक आगे स्लैश जोड़ता है: </ tagname>। इन ओपनिंग और एन्ड टैग के बीच कुछ भी उस टैग की कंटेट माना जाता है।

1.(c) What are attributes and how do you use them?

एट्रिब्यूटर क्या हैं और आप उनका उपयोग कैसे करते हैं?

Ans. Each tag can also have additional attributes, which change the way the tag is display. For example, an <input> tag has a type attribute, which you can use to specify whether it's a text field, checkbox, radio button or one of many more options.

प्रत्येक टैग में अतिरिक्त विशेषताएँ भी हो सकती हैं, जो टैग प्रदर्शित करने के तरीके को बदलती हैं। उदाहरण के लिए, <input> टैग में एक प्रकार की विशेषता होती है, जिसका उपयोग आप यह निर्दिष्ट करने के लिए कर सकते हैं कि यह एक टेक्स्ट फील्ड, चेकबॉक्स, रेडियो बटन या कई और विकल्पों में से एक है।

Attributes are specified directly after the name of the tag, inside the two angled brackets. They should only ever appear in opening tags or in self-closing tags - they can never be in closing tags. They are followed by an equals sign = and the chosen value in double quotes ". Do not include any spaces before and after the equals sign. Multiple attributes can be defined on a single tag, separated by a space.

विशेषताएँ टैग के नाम के बाद सीधे दो कोणों वाले कोष्ठकों के अंदर निर्दिष्ट की जाती हैं। वे केवल कभी–कभी ओपन वाले टैग या एन्ड टैग में दिखाई देते हैं – वे कभी भी टैग बंद करने में नहीं हो सकते। उनके बाद बराबर चिह्न = और दोहरे उद्धरण चिह्नों में चुना गया मूल्य है। "बराबर चिह्न के पहले और बाद में कोई रिक्त स्थान शामिल नहीं है। एकाधिक विशेषताओं को एक टैग द्वारा, एक स्थान द्वारा अलग किया जा सकता है।

```
<!-- Text field -->
<input type="text" />
<!-- Checkbox -->
<input type="checkbox" />
<!-- Radio button -->
<input type="radio" value="on" />
```

2.(a) What new features were added to HTML5?

HTML 5 में क्या नई सुविधाएँ जोड़ी गई?

Ans. It introduced a number of semantic elements, which is to say elements that convey meaning. Some of the new semantic elements are <header>, <footer>, <section>, and <article>. They are semantic in that they are not just simple containers, but they tell the browser more about their contents.

इसने कई अर्थ एलिमेंट को पेश किया, जो अर्थ बताने वाले एलिमेंट को कहते हैं। नए अर्थ एलिमेंट में से कुछ <header>, <footer>, <section>, और <article> हैं। वे अर्थपूर्ण हैं कि वे केवल साधारण कंटेनर नहीं हैं, लेकिन वे ब्राउजर को अपनी कंटेट के बारे में अधिक बताते हैं।

There are additional form element types, like "number", "date", "calendar" and "range". Video and audio elements have also been added, as well as new graphic elements, such as <svg> and <canvas>.

अतिरिक्त रूप तत्व प्रकार हैं, जैसे "संख्या", "तिथि", "कैलेंडर" और "श्रेणी"। वीडियो और ऑडियो तत्वों को भी जोड़ा गया है, साथ ही नए ग्राफिक तत्व, जैसे कि <svg> और <canvas>।

2.(b) What is Cell Spacing and Cell Padding?

सेल स्पेसिंग और सेल पैडिंग क्या है?

Ans. Cell Spacing is referred to space/gap between the two cells of the same table.

सेल स्पेसिंग को एक ही टेबल के दो सेल के बीच स्पेस / गैप के लिए संदर्भित किया जाता है।

Cell Padding is referred to the gap/space between the content of the cell and cell wall or Cell border.

सेल पैडिंग सेल और सेल की वॉल या सेल बॉर्डर की कंटेट के बीच के अंतर / स्थान को संदर्भित करता है।

Example (उदाहरण):

```
<table border cellspacing="3">
<table border cellpadding="3">
<table border cellspacing="3" cellpadding="3>
```

2.(c) Write the HTML code to create the table which is given below:

नीचे दी गई टेबल बनाने के लिए HTML कोड लिखें:

IDNO	Name	Class	DOB
110	Manju	VI Std	4-Nov-1993

Ans. The HTML code is (HTML कोड है)

```
<html>
<body>
<table border="3">
<tr align="center" valign="middle">
<th>IDNO</th>
<th>Name</th>
<th>Class</th>
<th>DOB</th>
</tr>
<tr align="left" valign="bottom">
<td>110</td>
<td>Manju</td>
<td>VI Std</td>
<td>4-Nov-1993</td>
</tr>
</table>
</html>
```

3.(a) Which HTML tag is used to display the data in the tabular form?
सारणीबद्ध रूप में डेटा प्रदर्शित करने के लिए कौन सा HTML टैग का उपयोग किया जाता है?

Ans. The HTML table tag is used to display data in tabular form (row and column). It also manages the layout of the page, e.g., header section, navigation bar, body content, footer section. Here is the list of tags used while displaying the data in the tabular form:

HTML टेबल टैग का उपयोग सारणीबद्ध रूप (पंक्ति और कॉलम) में डेटा प्रदर्शित करने के लिए किया जाता है। यह पेज के लेआउट, जैसे, हेडर सेक्शन, नेविगेशन बार, बॉडी कंटेंट, फूटर सेक्शन का भी प्रबंधन करता है। सारणीबद्ध रूप में डेटा प्रदर्शित करते समय उपयोग किए जाने वाले टैग की सूची इस प्रकार है:

Tag (टैग)	Description (विवरण)
<Table>	It defines a table. यह एक टेबल को परिभाषित करता है।
<Tr>	यह एक टेबल में एक पंक्ति को परिभाषित करता है। It defines a row in a table.
<Th>	यह एक टेबल में एक हेडर सेल को परिभाषित करता है। It defines a header cell in a table.
<Td>	It defines a cell in a table. यह एक टेबल में एक कोशिका को परिभाषित करता है।
<caption> <शीर्षक>	It defines the table caption. यह टेबल कैप्शन को परिभाषित करता है।
<Colgroup>	It specifies a group of one or more columns in a table for formatting. यह स्वरूपण के लिए टेबल में एक या अधिक कॉलम के समूह को निर्दिष्ट करता है।
<Col>	It is used with <colgroup> element to specify column properties for each column. इसका उपयोग प्रत्येक कॉलम के लिए कॉलम गुणों को निर्दिष्ट करने के लिए <colgroup> तत्व के साथ किया जाता है।
<Tbody>	It is used to group the body content in a table. इसका उपयोग बॉडी कंटेट को एक टेबल में समूहित करने के लिए किया जाता है।
<Thead>	It is used to group the header content in a table. इसका उपयोग हैडर कंटेट को टेबल में समूहित करने के लिए किया जाता है।
<Tfooter>	It is used to group the footer content in a table. इसका उपयोग किसी टेबल में फुटर कंटेट को समूहित करने के लिए किया जाता है।

3.(b) Explain list elements in HTML.
HTML में लिस्ट तत्वों की व्याख्या करें।

Ans. The list elements in HTML are:

HTML में लिस्ट तत्व हैं:

Ordered List (<ol>): An Ordered List or ol tag are the list which will list the items in an ordered way, i.e. numbered or alphabetically.

एक ऑर्डर की गई लिस्ट या ol टैग वह लिस्ट है जो आइटमों को एक क्रमबद्ध तरीके से सूचीबद्ध करेगा, अर्थात् क्रमांकित या वर्णानुक्रम में।

Unordered List (<ul>): An Unordered List or ul tag is the list which will list the items in an unordered way, i.e. in bulleted format or in any other format.

एक अनरॉडर्ड लिस्ट या ul टैग वह लिस्ट है, जो वस्तुओं को अनियंत्रित तरीके से सूचीबद्ध करेगा, अर्थात् बुलेटेड प्रारूप में या किसी अन्य प्रारूप में।

Definition List (<dl>): A definition List or dl tag arranges the items in the way in which they are arranged in a dictionary.

डेफिनेशन लिस्ट या dl टैग उन वस्तुओं को व्यवस्थित करता है जिस तरह से वे एक शब्दकोश में व्यवस्थित होते हैं।

4.(a) Write HTML commands to achieve the following:

निम्नलिखित प्राप्त करने के लिए HTML कमांड लिखें:

1. **Put a Level two heading 'I am at top'.**
   एक शीर्ष दो शीर्षक 'मैं शीर्ष पर हूँ' रखो।
2. **Put 'I am BOLD' in bold face**
   बोल्ड फेस में 'आई एम बोल्ड' लगाएं
3. **Render 'I am BIG' in a larger font.**
   रेंडर R मैं बड़े फॉन्ट में BIG' हूं।
4. **Render 'I am SMALL' in a smaller font.**
   रेंडर मैं छोटे फॉन्ट में छोटा हूं'।
5. **Provide a link to http://www.microsoft.com**
   http://www.microsoft। कॉम का लिंक प्रदान करें

Ans.

```
<html>
<head>
<TITLE> HTML Commands</TITLE>
</head>
<body BGCOLOR = "WHITE">
<H2>'I am at top'</H2>
<P><b>'I am BOLD'</b></p>
<p><Font size ="+7">'I am BIG'</Font></P> <p><Font
size ="1">'I am
SMALL'</Font></P> <A HREF=" ">http:\\www.microsoft
.com</A>
</body>
</html>
```

4.(b) Observe the following table and write the HTML code to generate it.

निम्न टेबल का निरीक्षण करें और इसे उत्पन्न करने के लिए HTML कोड लिखें।

file:///H:/Web_Design_Pub_2020/test1

Activities

Secondary School	Sports Club
	Robotics Club
	Rotary Club
Metric School	Gymastic
	Computer Coaching
Primary School	Dance coaching
	Music Coaching
	Swimming

Ans.

```
<html>
<body><basefont face="Ariel">
<table border ="2" bordercolor="organge"
cellspacing="1" width="320">
<caption>Activities</caption>
<tr>
<td rowspan="3">Secondary School</td> <td>Sports
Club</td> </tr>
<tr>
<td>Robotics Club</td> </tr>
<tr>
<td>Rotary Club</td> </tr>
<tr>
<td rowspan="3">Metric School</td> <tr>
<td>Gymastic</td> </tr>
<tr>
<td>Computer Coaching</td> </tr>
<tr>
<td rowspan="3">Primary School</td> <td>Dance
coaching</td> </tr>
<tr>
<td>Music Coaching</td> </tr>
<tr>
<td>Swimming</td> </tr>
</table>
</body>
</html>
```

5.(a) What is the user of <Body> tag in HTML code? Write any two attribute used with this tab.

HTML कोड में <Body> टैग का उपयोगकर्ता क्या है? इस टैब के साथ उपयोग की गई कोई भी दो विशेषता लिखें।

Ans. The <body> tag contains the contents of our document including background color, text, color, link color and page margins. Also, various mark-up elements are allowed within the body to indicate headings, paragrphs, list, hypertext and so on. These are described in the <body> documents. The two attributes are: background and bgcolor.

<Body> टैग में पृष्ठभूमि रंग, पाठ, रंग, लिंक रंग और पृष्ठ मार्जिन सहित हमारे दस्तावेज का कंटेट शामिल है। इसके अलावा, विभिन्न मार्क–अप तत्वों को हेडिंग, पैराग्राफ, सूची, हाइपरटेक्स्ट और इतने पर इंगित करने के लिए बॉडी के भीतर अनुमति दी जाती है। इनका वर्णन <body> दस्तावेजों में किया गया है। दो विशेषताएं हैं: background और bgcolor।

5.(b) (i) Name the most important element in HTML form tag. Explain.
HTML फॉर्म टैग में सबसे महत्वपूर्ण तत्व का नाम है। के बारे में बताएं।

(ii) What is the use of the Submit button with HTML form Input tag?
HTML फॉर्म इनपुट टैग के साथ सबमिट बटन का उपयोग क्या है?

(iii) What is the use of HTML frames?
HTML फ्रेम का उपयोग क्या है?

Ans.

(i) The most important form element is the input element. The input element is used to select user information. An input element can vary in many ways, depending on the type attributed. An input element can be of type text field, checkbox, password, radio button, submit button and so on.

सबसे महत्वपूर्ण तत्व इनपुट तत्व है। उपयोगकर्ता जानकारी का चयन करने के लिए इनपुट तत्व का उपयोग किया जाता है। एक इनपुट एलीमेंट कई तरह से अलग–अलग हो सकता है, जो कि एट्रिब्यूटेड टाइप पर निर्भर करता है। इनपुट एलिमेंट टाइप टेक्स्ट फील्ड, चेकबॉक्स, पासवर्ड, रेडियो बटन, सबमिट बटन इत्यादि का हो सकता है।

(ii) A submit button is used to send form data to a server. The data is sent to the page specified in the form's action attribute.

सर्वर पर फॉर्म डेटा भेजने के लिए सबमिट बटन का उपयोग किया जाता है। डेटा प्रपत्र की क्रिया विशेषता में निर्दिष्ट पृष्ठ पर भेजा जाता है।

(iii) With frames, we can display more than one HTML document in the same browser Window. Each HTML document is called a frame, and each frame is independent of the others.

फरेम के साथ, हम एक ही ब्राउजर विंडो में एक से अधिक HTML दस्तावेज प्रदर्शित कर सकते हैं। प्रत्येक HTML दस्तावेज को एक फरेम कहा जाता है, और प्रत्येक फरेम दूसरों से स्वतंत्र होता है।

3 Cascading Style Sheet (कैस्केडिंग स्टाइल शीट)

Structure (संरचना)

❖ Introduction to CSS and its types (सीएसएस और इसके प्रकार) ❖ CSS Selectors (सीएसएस चयनकर्ता) ❖ CSS Properties (सीएसएस गुण) ❖ CSS Lists and Tables (सीएसएस सूचियाँ और तालिकाएँ)

Objectives (उद्देश्य)

The reader will be able to understand the following (पाठक निम्नलिखित को समझने में सक्षम होगाः):

❖ Explain the purpose of CSS. (सीएसएस का उद्देश्य) ❖ Explain the role of CSS in websites. (वेबसाइट में सीएसएस के रोल की व्याख्या) ❖ Design the roles of effects in website. (वेबसाइट पर सीएसएस का प्रभाव)

3.1 Introduction (परिचय)

Cascading Style Sheets is a style sheet language is use for describing the presentation of a document written in a markup language in HTML. Using CSS, you can control the color of the text, the style of fonts, spacing between paragraphs, how columns are sized and what background images or colors are used. The major purpose of CSS is for describing the presentation of Web pages, including colors, layout, and fonts that allows to adapt the presentation to different types of devices, such as large screens and so on. CSS is independent of HTML and can be used with any XML-based markup language. It look and formatting properties for how content should be display on web-page and give you control to make global change and apply all web page.

कैस्केडिंग स्टाइल शीट एक स्टाइल शीट भाषा है जिसका उपयोग लिखित दस्तावेज की प्रस्तुति का वर्णन करने के लिए किया जाता है HTML में एक मार्कअप भाषा में। CSS का उपयोग करके, आप टेक्स्ट के रंग, फोंट का स्टाइल, स्पेसिंग को नियंत्रित कर सकते हैं; पैराग्राफ के बीच, कॉलम कैसे आकार के होते हैं और किस पृष्ठभूमि चित्र या रंग का उपयोग किया जाता है। प्रमुख CSS का उद्देश्य वेब पेज की प्रस्तुति का वर्णन करना है, जिसमें रंग, लेआउट और फोंट शामिल हैं। विभिन्न प्रकार के उपकरणों, जैसे कि बड़ी स्क्रीन और इतने पर प्रस्तुति को अनुकूलित करने की अनुमति देता है। सीएसएस है HTML से स्वतंत्र और इसका उपयोग किसी भी XML आधारित मार्कअप भाषा के साथ किया जा सकता है। यह देखता है कि स्वरूपण वेब पेज पर कंटेट कैसे प्रदर्शित होनी चाहिए और आपको वैश्विक परिवर्तन करने के लिए नियंत्रण देना चाहिए सभी वेब पेज को लागू करें।

3.2 Introduction to CSS (सीएसएस का परिचय)

CSS is an abbreviation for Cascading Style Sheets. CSS works with HTML and other Markup Languages (such as XHTML and XML) to control the way the content is presented. Cascading Style Sheets is a means to separate the appearance of a webpage from the content of a webpage. CSS is a recommendation of the World Wide Web Consortium (the W3C).

CSS कैस्केडिंग स्टाइल शीट्स के लिए एक संक्षिप्त नाम है। CSS HTML और अन्य मार्कअप लैंग्वेज के साथ काम करता है (जैसे XHTML और XML) कंटेट को प्रस्तुत करने के तरीके को नियंत्रित करने के लिए। कैस्केडिंग स्टाइल शीट्स एक साधन है वेबपृष्ठ की कंटेट से वेबपृष्ठ की उपस्थिति को अलग करें। CSS रेकमेंड वर्ल्ड वाइड वेब कंसोर्टियम (W3C) ने किया है और स्टाइल शीट की अवधारणा बहुत सरल है।

The concept of style sheet is very simple. First, the designer creates a standard Web page, using standard HTML tags. It is design so that it can be displayed properly in browsers that do not support style sheets. Now, suppose designer wants the heading (H1) should be display in red color and the paragraph (P) should be display in blue and Helvetica font. To accomplish this, the author creates style rules that format the content on the Web page in the manner that he or she chooses.

सबसे पहले, डिजाइनर मानक HTML टैग का उपयोग करके एक वेब पेज बनाता है। यह डिजाइन होता है, ताकि यह उन ब्राउजर में ठीक से प्रदर्शित हो सके जो स्टाइल शीट का समर्थन नहीं करते हैं। अब मान लीजिए कि डिजाइनर चाहता है कि शीर्ष (H1) को लाल रंग में प्रदर्शित किया जाए और पैराग्राफ (P) नीले और हेल्वेटिका फॉन्ट में प्रदर्शित होना चाहिए। इसे पूरा करने के लिए, लेखक स्टाइल नियम बनाता है जो प्रारूप वेब पेज के कंटेट को उस तरीके से चुनता है।

Style sheets would thus combine HTML tags (H1) with properties (such as color: red) to format each HTML tag. In the case of style sheets, an HTML tag is used as a selector. The property and value of the selector are combined into what is called a declaration. Following are some examples of style rules:

इस प्रकार स्टाइल पत्रक HTML टैग्स (H1) को गुणों के साथ मिलाते हैं (जैसे कि रंग: लाल) प्रत्येक HTML को प्रारूपित करने के लिए टैग। स्टाइल शीट के मामले में, एक HTML टी एजी का चयनकर्ता के रूप में किया जाता है। चयनकर्ता की संपत्ति और मूल्य हैं एक घोषणा कहा जाता है में संयुक्त। स्टाइल नियमों के कुछ उदाहरण निम्नलिखित हैं:

```
H1 {COLOUR: RED}
P {FONT-FAMILY: HELVETICA; COLOUR: BLUE}
```

In the above stylesheet tag H1 and P is used as selector and their properties such as colour and font-family is used as a declaration part.

उपरोक्त स्टाइलशीट टैग में H1 और P को चयनकर्ता के रूप में उपयोग किया जाता है और उनके गुणों जैसे रंग और फॉन्ट को घोषणा भाग के रूप में उपयोग किया जाता है।

The Web designer designs the page content and the style rules that define its appearance. The designer also attaches the style rules to the standard HTML document using methods through the use of external style sheet, an embedded style sheet or an inlinestyle sheet.

वेब डिजाइनर पृष्ठ कंटेट और स्टाइल नियमों को डिजाइन करता है जो इसकी उपस्थिति को परिभाषित करते हैं। डिजाइनर भी एक्सटर्नल HTML स्टाइल के उपयोग के तरीकों के साथ मानक HTML डाक्यूमेंट के लिए स्टाइल नियम संलग्न करता है: शीट, एक एम्बेडेड स्टाइल शीट या एक इनलाइन स्टाइल शीट।

Cascading Style Sheet Level 1 (कैस्केडिंग स्टाइल शीट स्तर 1)

The first implementation of Cascading Style Sheets known as CSS1 (Cascading Style Sheet level 1), enables you to specify everything from typefaces for different HTML element to font colors, background colors and graphics, margins, spacing, type style, etc. Browsers that support this type of style sheet, which include Netscape Navigator 4 and later and IE 4 and later, apply the style definition to the final appearance of the document.

सीएसएस 1 (कैस्केडिंग स्टाइल शीट स्तर 1) के रूप में जाना जाने वाला कैस्केडिंग स्टाइल शीट्स का पहला कार्यान्वयन सक्षम बनाता है आप फॉन्ट रंग, पृष्ठभूमि रंग और के लिए विभिन्न HTML तत्व के लिए टाइपफेस से सब कुछ निर्दिष्ट करने के लिए ग्राफिक्स, मार्जिन, स्पेसिंग, टाइप स्टाइल इत्यादि ब्राउजर जो इस प्रकार की स्टाइल शीट का समर्थन करते हैं, जिसमें शामिल हैं नेटस्केप नेविगेटर 4 और IE 4, शैली परिभाषा को अंतिम रूप में लागू करें दस्तावेज।

Cascading Style Sheet Level 2 (कैस्केडिंग स्टाइल शीट स्तर 2)

The next generation of style sheets, CSS2, became a formal recommendation in May 1998. Many CSS2 tags are supported in the latest versions of both Internet Explorer and Netscape Navigator. In the very near future, style sheets will enable you to accomplish even more exciting thing on the Web. With CSS2, XHTML and compliant browsers, you will be able to generate Web pages that target different types of media. For example, you will be able to design aural style sheets that speak page elements to a user while using spatial audio and surround-sound properties. You will also be able to split Web pages into multiple pages, much as you do in a word processor or page layout program.

अगली पीढ़ी की स्टाइल शीट, CSS2, मई 1998 में एक औपचारिक सिफारिश बन गई। कई CSS2 टैग इंटरनेट एक्सप्लोरर और नेटस्केप नेविगेटर दोनों के नवीनतम संस्करणों में समर्थित हैं। स्टाइल शीट आपको वेब पर और भी अधिक रोमांचक चीज को पूरा करने में सक्षम करेगी। CSS2, XHTML के साथ ब्राउजर की मदद से, आप विभिन्न प्रकार के मीडिया को लक्षित करने वाले वेब पेज उत्पन्न करने में सक्षम होंगे। उदाहरण के लिए, आप स्थानिक स्टाइल को डिजाइन करने में सक्षम होंगे जो स्थानिक का उपयोग करते समय उपयोगकर्ता को पृष्ठ तत्व बोलते हैं ऑडियो और /वनि गुण। आप वेब पृष्ठ को कई पृष्ठ में विभाजित करने में सक्षम होंगे, जितना कि आप वर्ड प्रोसेसर या पेज लेआउट प्रोग्राम में करते हैं।

Define CSS Comments (सीएसएस कमेंट्स)

You can define in to your <style> section or Style Sheet using /* and */ (following example line 1 and line 3 comment define).

आप अपने <style> अनुभाग या स्टाइल पत्रक और उपयोग करके (उदाहरण पंक्ति 1 और पंक्ति 3) परिभाषित कर सकते हैं)।

Example 1 (उदाहरण 1):

```
/* Header style start from here */
    #header  {
        Color: blue; ……../* Default header color */
        Margin left: 20px;
    }
    #header .logo  {
        Font size: 12px;
        Background color: #FF6633;
    }
```

Advantage (लाभ)

The advantages of CSS are as follows (CSS के लाभ हैं):

1. **Easy Manage:** CSS with you can better manage whole webpage. CSS allow managing entire site elements looks and formatting in single style sheet file.

   आसान प्रबंधनः सीएसएस आपके साथ पूरे वेबपेज का बेहतर प्रबंधन कर सकता है। सीएसएस एकल शैली शीट फाइल में संपूर्ण साइट तत्वों के प्रबंधन और स्वरूपण की अनुमति देता है।

2. **Global Change:** CSS Style Sheet changes apply to global change for all webpage. When Style Sheet appear with webpage it is known as Cascading Style Sheet.

   ग्लोबल चेंजः सभी वेबपेज के लिए सीएसएस स्टाइल शीट परिवर्तन वैश्विक परिवर्तन पर लागू होते हैं। जब स्टाइल शीट वेबपेज के साथ दिखाई देती है तो इसे कैस्केडिंग स्टाइल शीट के रूप में जाना जाता है।

3. **Save time:** When you create HTML document, you define separate set attributes value in each element, but, it is limited use. But, CSS give a lot of flexibility to set properties and values either group of element or single element. So, it is benefit to avoid same code write again and again.

   समय बचाएं: जब आप HTML डॉक्यूमेंट बनाते हैं, तो आप प्रत्येक तत्व में अलग–अलग सेट एट्रिब्यूट वैल्यू को परिभाषित करते हैं, लेकिन, यह सीमित उपयोग है। लेकिन, सीएसएस तत्व और एकल तत्व के समूह के गुणों और मूल्यों को सेट करने के लिए बहुत अधिक फ्लेक्सिबल होते हैं। तो, एक ही कोड को बार–बार लिखने से बच जाते हैं।

4. **Easy Maintain/Update:** CSS style sheet maintain easier and anytime you can edit elements properties and values.

   आसान रखरखाव / अद्यतनः सीएसएस शैली शीट आसान बनाए रखती है और कभी भी आप तत्वों के गुणों और मूल्यों को संपादित कर सकते हैं।

5. **Three ways to write CSS:** You can write CSS styles 3 way Inline element line, Internal style write in header section, or External style sheets write in external .css extension files. External style sheets enable you to change the elements and layout style of all the pages in a Website, just by editing one single file.

   CSS लिखने के तीन तरीके: आप CSS स्टाइल का 3 तरीके से लिख सकते हैं इनलाइन एलिमेंट लाइन, इंटरनल स्टाइल, शीर्ष लेख अनुभाग, या एक्सटरर्नल स्टाइल पत्रक बाहरी .css एक्सटेंशन फाइलों में लिखते हैं। एक्सटरर्नल स्टाइल की चादरें सक्षम हैं आप एक वेबसाइट में सभी पृष्ठों के तत्वों और लेआउट शैली को बदलने के लिए, केवल एक फाइल को संपादित कर सकते हैं।

6. **Page Load Faster:** Webpage with stylesheets take a bit of second to load very fastly.

   पेज लोड फास्टरः स्टाइलशीट के साथ वेबपेज बहुत तेजी से लोड करने के लिए कुछ सेकंड का समय लेता है।

3.3 Types of CSS (सीएसएस के प्रकार)

There are three ways to adding style to a document. These are as follows:

किसी दस्तावेज में स्टाइल जोड़ने के तीन तरीके हैं। ये इस प्रकार हैं:

1. External style sheet can be linked to one or more pages, applying the same style rules to all.

   एक्सअर्नल स्टाइल पत्रक को एक या अधिक पृष्ठों से जोड़ा जा सकता है, सभी के लिए समान स्टाइल नियम लागू होते हैं।

2. Embed a document-wide style sheet in the <HEAD> element of the document.

   दस्तावेज के <HEAD> तत्व में दस्तावेज–व्यापी स्टाइल पत्रक एम्बेड करें।

3. Use Inline style exactly where the styles need to be applied.

   इनलाइन स्टाइल का उपयोग करें, जहां स्टाइल को लागू करने की आवश्यकता है।

Each of these style sheet linking is explained in further sections.

इन स्टाइल शीट लिंकिंग में से प्रत्येक को आगे के खंडों में समझाया गया है।

Linking External Style Sheet (लिंकिंग एक्सटर्नल स्टाइल शीट)

External style sheets keep the style rules in a separate file, apart from the HTML Web documents. The advantage of using external style sheets is that you can apply the same style rules to more than one document in you Website. This enables you to create pages that have a consistent appearance. External style sheets also provide the advantage of enabling you to quickly change the appearance of your Web page in the future. By defining your styles in a single document and linking them to multiple pages, you only need to edit the style sheet to change the presentation style to all pages linked to it.

एक्सटर्नल स्टाइल पत्रक HTML वेब दस्तावेजों के अलावा स्टाइल नियमों को एक अलग फाइल में रखते हैं। एक्सटर्नल स्टाइल शीट का उपयोग करने का लाभ यह है कि आप एक से अधिक के लिए एक ही स्टाइल के नियम लागू कर सकते हैं। यह आपको उन पृष्ठों को बनाने में सक्षम करता है जिनकी एक सुसंगत उपस्थिति है। एक्सटर्नल स्टाइल शीट्स आपको अपने वेब पेज की उपस्थिति को जल्दी से बदलने में सक्षम करने का लाभ प्रदान करती है। एक ही दस्तावेज में अपनी स्टाइल को परिभाषित करने और उन्हें कई पृष्ठों से जोड़ने से, आपको केवल आवश्यकता होती है प्रस्तुति की स्टाइल को इससे जुड़े सभी पृष्ठों में बदलने के लिए स्टाइल पत्रक को संपादित करना।

External style sheet consists set of rules in four part:

एक्सटर्नल स्टाइल की शीट में चार भागों में नियम निर्धारित होते हैं:

1. External Source link (एक्सटर्नल स्रोत लिंक)
2. Selector (element, class, id) (चयनकर्ता (तत्व, वर्ग, आईडी))
3. Property and (प्रॉपर्टी और)
4. Value (वैल्यू)

How to write External Stylesheet (एक्सटर्नल शैलचित्र कैसे लिखें)

External style sheet linked to a webpage. Selector is normally HTML element (or class, id) to assign CSS properties and set suitable values.

एक्सटर्नल स्टाइल की शीट एक वेबपेज से जुड़ी हुई है। सीएसएस को असाइन करने के लिए चयनकर्ता सामान्य रूप से HTML तत्व (या वर्ग, आईडी) है गुण और उपयुक्त मान सेट करें।

External Style Sheet Source Link

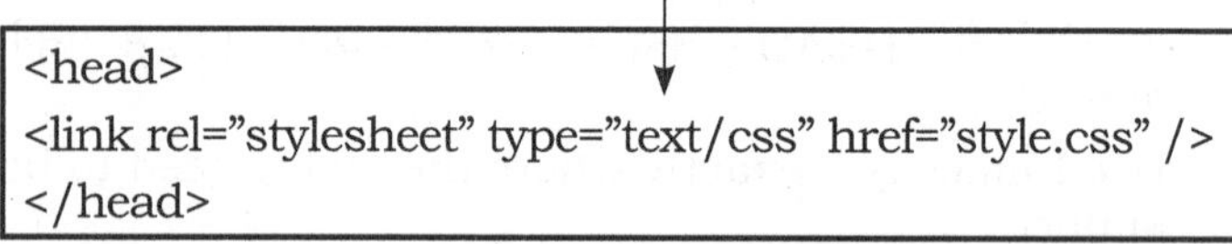

```
<head>
<link rel="stylesheet" type="text/css" href="style.css" />
</head>
```

Property Value

```
Body {
font: 12pt; font-family: serif;
color: black; background: white
}
```

Although a Web page is saved with an .htm or .html extension, an external style sheet is saved with a .css extension. It defines all the common style rules that are shared in your Web documents. Then, using the <LINK> tag, you link the external style sheet to each HTML Web page.

हालाँकि एक वेब पेज एक .htm या .html एक्सटेंशन के साथ सहेजा जाता है, लेकिन एक एक्सटर्नल स्टाइल शीट .css के साथ सेव की जाती है। यह सभी सामान्य स्टाइल नियमों को परिभाषित करता है जो आपके वेब दस्तावेजों में साझा किए जाते हैं। फिर, <LINK> टैग, आप प्रत्येक HTML वेब पेज पर एक्सटर्नल स्टाइल शीट लिंक करते हैं।

Now suppose you link a file STYLE.CSS to the HTML document. For this, first of all you have to create a .css file for style sheet. Following is the style for text you have to write in your notepad file and then save it as STYLE.CSS.

अब मान लें कि आप एक फाइल STYLE.CSS को HTML दस्तावेज से लिंक करते हैं। इसके लिए सबसे पहले आपको एक .css बनानी होगी। पाठ के लिए स्टाइल निम्नलिखित है जिसे आपको अपनी नोटपैड फाइल में लिखना है और फिर इसे इस रूप में सेव करें।

```
Body {font: 12pt; font family: serif; color:black; background: white}
H3 {font: 24pt; font family: comic sans ms; color: black}
H4 {font: 16pt; font family: sans serif; color: black}
P {text indent: 0.5 in}
A:link {color: yellow; text decoration: none}
A:visited: {color: red; text decoration: 'u'}
A:active: {color: blue; text decoration: none}
```

After that you link this .css file to the HTML tags as shown in Example 2, using the <LINK> tag.

उसके बाद आप इस .css फाइल को HTML टैग्स से लिंक करते हैं, जैसा कि उदाहरण 2 में दिखाया गया है, <LINK> टैग का उपयोग करके।

Various attributes are explained here with: REL attribute controls the persistent style, default styles and alternate styles. Here, you set Rel = "stylesheet"

यहाँ विभिन्न विशेषताओं के साथ समझाया गया है: REL विशेषता लगातार स्टाइल, डिफॉल्ट स्टाइल को नियंत्रित करती है। यहाँ, आप Rel = "स्टाइलशीट" सेट करें।

It forces the use of persistent styles and applies the styles in your style sheet, regardless the users' local selection.

यह उपयोगकर्ताओं की स्थानीय परवाह किए बिना, लगातार स्टाइल के उपयोग करता है और आपकी स्टाइल शीट में स्टाइल को लागू करता है।

HREF attributes is used to indicate the URL of the style sheet to use. In this example, the style sheets resides in the same directory in which HTML file is saved.

HREF विशेषताओं का उपयोग करने के लिए स्टाइल पत्रक के URL को इंगित करने के लिए किया जाता है। उसी निर्देशिका में जिसमें HTML फाइल सेव की जाती है।

MEDIA attribute is used to provide an indication of which media the style sheet should apply to. This attribute enables the page designer to define one style for computer screens and another for printer.

मीडिया विशेषता का उपयोग इस बात का संकेत देने के लिए किया जाता है कि स्टाइल शीट किस मीडिया पर लागू होनी चाहिए। यह विशेषता पृष्ठ डिजाइनर को कंप्यूटर स्क्रीन के लिए एक स्टाइल और प्रिंटर के लिए अन्य स्टाइल को परिभाषित करने में सक्षम बनाती है।

TYPE attribute when set (सेट होने पर TYPE विशेषता)

TYPE = "Text/CSS"

It indicates that the linked style sheet is a cascading style sheet, but another form of style sheet certainly could be linked.

यह इंगित करता है कि लिंक की गई स्टाइल शीट एक कैस्केडिंग स्टाइल शीट है, लेकिन निश्चित रूप से स्टाइल शीट का एक और रूप भी लिंक किया जा सकता है।

The file given below contains CSS property. This file save in .CSS extension for e.g. style.css.

नीचे दी गई फाइल में सीएसएस प्रॉपर्टी है। यह फाइल .CSS एक्सटेंशन को सेव करती है style.css के रूप में।

```
CSS Style
body {
    background color: #C0C0C0;
```

```
}
.main {
   text align:center;
.BPB {
   color:#808080;
   font size:40px;
   font weight:Bold;
}
#books {
   font style:bold;
   font size:20px;
}
```

Now, is the html file that is making use of the created external style sheet.

अब, html फाइल बनाई गई एक्सटर्नल स्टाइल शीट का उपयोग करके।

The output of given coding in Example 2 as shown in Figure 3.1.

Example 2 (उदाहरण 2):

```
<!DOCTYPE>
<html>
<head>
<link rel="stylesheet" href="style.css"/>
</head>
<body>
<div class="main">
<div class="BPB">BPB Publications</div>
<div id="books">Largest selling Computer Science books in Asia
</div>
</div>
</body>
</html>
```

Figure 3.1: Output of Example 2 (उदाहरण 2 का आउटपुट)

Embedding Style Sheets or Internal Style Sheet

स्टाइल शीट या इंटरनल स्टाइल शीट एम्बेड करना

Another way to include an external style sheet is to embed it. When you embed a style sheet, you write the style rules directly within the HTML document. You have to enclose the style rules within the <STYLE> and </STYLE> tag pairs and place this pair within the head section of the HTML document. Because multiple forms of style sheet may be included (beyond the standard css format), therefore, you should still include the TYPE attribute to indicate which format of style sheet you are using. This is regardless of the browser' support for other style sheet technologies.

एक्सटर्नल स्टाइल शीट को शामिल करने का एक और तरीका है, इसे एम्बेड करना है। जब आप एक स्टाइल शीट एम्बेड करते हैं, तो आप इसे कहते हैं HTML दस्तावेज के भीतर शैली नियम सीधे। आपको <style> के भीतर शैली नियमों को शामिल करना होगा और </STYLE> टैग जोड़े और इस जोड़े को HTML दस्तावेज के मुख्य भाग में रखें। क्योंकि कई स्टाइल शीट के रूपों को शामिल किया जा सकता है (मानक सीएसएस प्रारूप से परे), इसलिए, आपको अभी भी शामिल करना चाहिए TYPE विशेषता इंगित करने के लिए कि आप किस शैली पत्रक का उपयोग कर रहे हैं। यह ब्राउजर की परवाह किए बिना है' अन्य स्टाइल शीट प्रौद्योगिकियों के लिए समर्थन है।

One concern when including style sheets within an HTML document is that not all browsers understand style information. To avoid problem, comment out the style information by using an HTML comment tag <!--- > so that the comments are not displayed onscreen by older browsers. A complete example of Embedded style sheet is given in Example 3.

HTML डॉक्यूमेंट के भीतर स्टाइल शीट सहित एक चिंता यह है कि सभी ब्राउजर को स्टाइल की जानकारी समझ में नहीं आती हैं। समस्या से बचने के लिए, HTML कमेंट्स टैग का उपयोग करके स्टाइल की जानकारी पर कमेंट्स करते है, <! <! ......> ताकि कमेंट्स पुराने ब्राउजरों द्वारा ऑनस्क्रीन प्रदर्शित न हों। एंबेडेड स्टाइल शीट उदाहरण 3 में समझाया गया है।

Example 3 (उदाहरण 3):

```
<html>
<head>
<title>cascading style sheets</title>
<style type = "text/css">
body {font: 12pt; font family: serif; color: black; background: white}
H3 {font: 24pt; font family: co mic sans ms; color: black}
h4 {font: 16pt; font family: sans serif; color: black}
p {text indent: 0.5in}
a:link {color: yellow;  text decoration: none}
a:visited: {color: red;  text decoration: 'u'}
a:active: {color: blue;  text decoration: none}
</style>
</head>
<body>
<h3>chapter content</h3>
<h4><a href="#dsl" >digital subscriber line</a></h4>
```

```
<h4><a href="#www" >world wide web</a></h4>
<h4><a href="#inet" >internet</a></h4>
<h4><a href="#lan" >local area network</a></h4>
<h4><a href="#wan" >wide area network</a></h4>
<h4><a href="#hlink">hyperlink</a></h4>
<h4><a name="dsl">digital subscriber line</a></h4>
<p> here we have to write the details of digital
subscriber line </p>
<h4><a name="#www" >world wide web</a></h4>
<p> here we have to write the details of world
wide web
</p>
<h4><a name="#inet" >internet</a></h4>
<p> here we have to write the details of internet
</p>
<h4><a name="#wan" >wide area network</a></h4>
<p> here we have to write the details of wide
area network.</p>
<h4><a name="#hlink">hyperlink</a></h4>
<p>here we have to write the details of hyperlink.</p>
</body>
</html>
```

The output of Example 3 as shown in Figure 3.2.

उदाहरण 3 का आउटपुट चित्र 3.2 में दिखाया गया है।

Inline Style Sheets (इनलाइन स्टाइल शीट्स)

External and Embedded style sheets create a style for the whole document. However, you can add style information right down to the single element. The simplest way to add style information, but not necessarily the best is to add style rules to the particular HTML element.

एक्सटर्नल और एंबेडेड स्टाइल शीट पूरे दस्तावेज के लिए एक स्टाइल बनाते हैं। हालाँकि, आप स्टाइल जानकारी को एकल तत्व के ठीक नीचे जोड़ सकते हैं। स्टाइल की जानकारी जोड़ने का सबसे सरल तरीका है, लेकिन जरूरी नहीं है सबसे अच्छा यह है कि विशेष HTML तत्व में शैली नियम जोड़े जाएं।

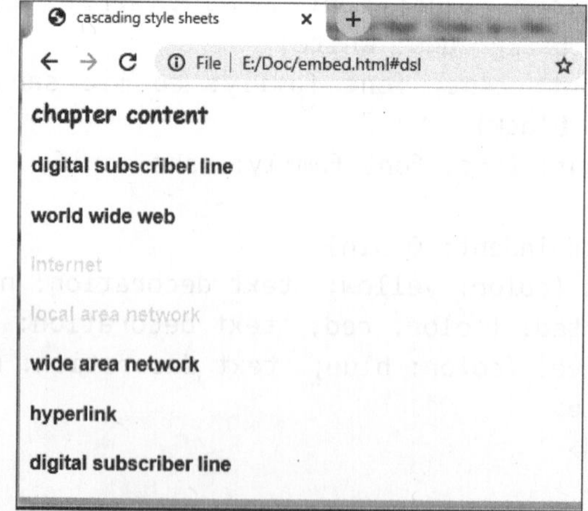

Figure 3.2: Output of the Example 3 (उदाहरण 3 का आउटपुट)

Suppose, you want to set one particular <H1> tag to render in 22 pt, red, comic sans ms font. You could apply that style to all <H1> elements, or to a class of them by applying a embedded style. On the other hand, you could apply the style to only the tag in question. This is done with the STYLE attribute, which can be used within HTML element.

मान लीजिए कि आप 22 पीटी, लाल, कॉमिक सैंस एमएस फॉन्ट में रेंडर करने के लिए एक विशेष <H1> टैग सेट करना चाहते हैं। आप ऐसा कर सकते हैं: उस स्टाइल को सभी <H1> तत्वों पर, या उनमें से एक वर्ग के लिए एक एम्बेडेड स्टाइल लागू करके। दूसरे, आप स्टाइल को केवल प्रश्न में टैग पर लागू कर सकते हैं। यह स्टाइल विशेषता के साथ किया जाता है, जो कर सकता है HTML तत्व के भीतर उपयोग किया जाए।

```
<P STYLE = "FONT SIZE: 12PT; FONT FAMILY: COMIC SANS
MS; COLOR: RED"> Get whatever you love otherwise
you will be f orced to love whatever you get.</ p>
```

This sort of style information need not be hidden from a browser that may not be style-sheet-aware. This is so, because browsers ignore any attributes that they do not understand.

By using inline style, you can easily apply a style to a certain section or division of a document by using the <DIV> element. The tag <DIV> works well to surround block elements, such as paragraph. Setting a two paragraph portion of a document to have a yellow background with red text is shown below:

इस तरह की स्टाइल की जानकारी को किसी ब्राउजर से छिपाया नहीं जाना चाहिए जो स्टाइल शीट से अवगत नहीं हो। ये इसलिए, क्योंकि ब्राउजर किसी भी विशेषता को अनदेखा करते हैं, जो उन्हें समझ में नहीं आता है।

इनलाइन स्टाइल का उपयोग करके, आप आसानी से <DIV> के उपयोग से किसी दस्तावेज के एक निश्चित खंड या विभाजन के लिए एक शैली को <DIV> प्लाई कर सकते है।

```
<DIV STYLE = "FONT-SIZE: 12PT; FONT-FAMILY: COMIC
SANS MS; COLOR: RED; FONT-WEIGHT=: BOLD">
<P>Get whatever you love otherwise you will be
forced to love whatever you get. This is the rule
of the nature, we can’t help this.</P>
<p>This is another paragraph describing the
philosophy of spending happy life.</P>
</DIV>
```

If you want to provide style information only for a few words, then you use <SPAN> tag. This tag is used to apply style locally to a particular paragraph. For example:

यदि आप केवल कुछ शब्दों के लिए स्टाइल इनफॉर्मेट आयन प्रदान करना चाहते हैं, तो आप <SPAN> टैग का उपयोग करें। इस टैग का उपयोग किया जाता है स्टाइल को एक विशेष पैराग्राफ में स्थानीय रूप से लागू करने में। उदाहरण:

```
<P>Get <SPAN STYLE = "FONT-WEIGHT: BOLD; COLOR: BLACK; BACKGROUND: YELLOW"> whatever you love </SPAN> otherwise you will be forced to love whatever you get.</P>
```

CSS Class CSS class is a selector to assign class name either one or group of element and apply specific styles. Using class selector you can easily modify element styles.

CSS class

CSS class selector define using class attribute with value (user define class name).

CSS वर्ग तत्व के एक या समूह के नाम को निर्दिष्ट करने और विशिष्ट स्टाइल को लागू करने के लिए एक चयनकर्ता का उपयोग करते हुए वर्ग चयनकर्ता आप आसानी से तत्व स्टाइल को संशोधित कर सकते हैं।

CSS class selector identifies using (".") dot sign concat with user define class name. CSS Class use for when you using JavaScript its identify of element using getElementByIClass() function.

सीएसएस वर्ग चयनकर्ता मूल्य के साथ वर्ग विशेषता का उपयोग कर परिभाषित करता है। CSS क्लास चयनकर्ता पहचानता है कि (".") उपयोगकर्ता नाम वर्ग नाम के साथ डॉट साइन कॉनटैट है। CSS का उपयोग तब करें जब आप जावास्क्रिप्ट का उपयोग कर तत्व की पहचान getElementByIClass() फंक्शन का उपयोग करें।

Syntax

If you assign same class name multiple element syntax is:

यदि आप एक ही वर्ग का नाम एकाधिक तत्व सिंटैक्स असाइन करते हैं:

```
.class_name {property: value; }
```

Example 4 (उदाहरण 4):

```
<html>
<head>
<style type="text/css">
.line {
color:purple;
font size:25px;
background color:#CCFF99;
}
</style>
</head>
<body>
<p class="line">This is a First paragraph.
<paragraph.</p>
<div class="line">This is a Second paragraph.</
div>
</body>
</html>
```

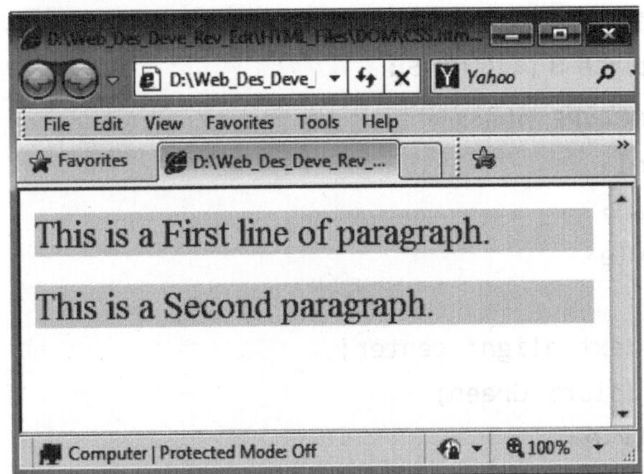

Figure 3.3: The output of the code Example 4 (उदाहरण 4 का आउटपुट)

The output of the code given in Example 4 as shown in Figure 3.3.

उदाहरण 4 में दिए गए कोड का आउटपुट चित्र 3.3 में दिखाया गया है।

3.3.1 CSS Selectors (CSS चयनकर्ता)

A CSS selector is the most important part of CSS. They are used to select elements on a HTML page. The selected elements thus can be style according to the need and demand of the users. CSS selectors are of various types.

CSS चयनकर्ता CSS का सबसे महत्वपूर्ण हिस्सा है। वे HTML पृष्ठ पर तत्वों का चुनाव करने के लिए इस्तेमाल किया जाता है। इस प्रकार चयनित तत्व उपयोगकर्ताओं की आवश्यकता और मांग के अनुसार स्टाइल हो सकते हैं। CSS चयनकर्ता विभिन्न प्रकार के होते हैं।

- CSS Element Selector
- CSS ID Selector
- CSS Class Selector
- CSS Universal Selector
- CSS Group Selector
- Tag Selector
- Attribute Selector
- Sub Selector

CSS Element Selector: The element selector selects HTML elements based on the element name.

CSS Element Selector: तत्व चयनकर्ता तत्व नाम के आधार पर HTML तत्वों का चयन करता है।

Syntax:

```
Element_name {
    \\CSS Property
}
```

Here, all <p> elements on the page will be center-aligned, with the green text color:

यहां, हरे रंग के टेक्स्ट के रंग के साथ पृष्ठ पर सभी <p> तत्व संरेखित होंगे:

Example 5 (उदाहरण 5):

```
<!DOCTYPE html>
<html>
<head>
<style>
P {
   text align: center;
   color: Green;
</style>
<body>
<p>Every paragraph have the same alignment and same color</P>
<p id="para1">First paragraph</p>
<p>Second paragraph</p>
</body>
</html>
```

The output of the code given in Example 5 as shown in Figure 3.4

उदाहरण 5 में दिए गए कोड का आउटपुट चित्र 3.4 में दिखाया गया है।

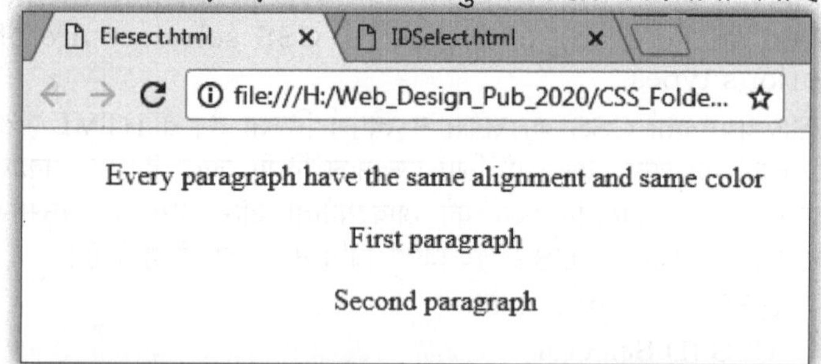

Figure 3.4: Output of the above Example 5 (उदाहरण 5 का आउटपुट)

Class ID Selector: The id selector uses the id attribute of an HTML element to select a specific element. To select an element with a specific id, write a hash (#) character, followed by the id of the element. You should use IDs if only one element on the page should have the style applied, and/or you need a unique identifier for that element. For example, you might assign an ID to a <nav> tag which contains left menu. The style for this ID could contain the position, background-color, size and so on. You need not use any other element on the page to use the particular style.

आईडी चयनकर्ता एक विशिष्ट तत्व का चयन करने के लिए एक HTML तत्व की आईडी विशेषता का उपयोग करता है। सेवा किसी विशेष आईडी के साथ एक तत्व का चयन करें, hash (#) वर्ण लिखें, इसके बाद तत्व की आईडी। आईडी का उपयोग करें यदि पृष्ठ पर केवल एक तत्व को लागू स्टाइल है, और / या आपको एक विशिष्ट पहचानकर्ता की आवश्यकता है उस तत्व के लिए। उदाहरण के लिए, आप किसी <nav> टैग को आईडी दे सकते हैं जिसमें बाईं ओर मेनू होता है। स्टाइल इस आईडी में स्थिति, पृष्ठभूमि का रंग, आकार आदि हो सकते हैं। आपको किसी अन्य तत्व का उपयोग करने की आवश्यकता नहीं है पृष्ठ विशेष स्टाइल का उपयोग करने के लिए।

CSS Class Selector: The class selector selects html elements with a specific class attribute. You declare a CSS class by using a dot (.) followed by the class name. After class name you simply enter the properties/value that you want to assign to your class. You should use classes when your style needs to be applied multiple times on the same page.

वर्ग चयनकर्ता एक विशिष्ट वर्ग के साथ HTML तत्वों का चयन करता है। आप एक सीएसएस की घोषणा करते हैं वर्ग नाम के बाद एक बिंदु का उपयोग करके वर्ग। वर्ग नाम के बाद आप बस गुण / मान दर्ज करते हैं कि आप अपनी क्लास को असाइन करना चाहते हैं। जब आपकी स्टाइल को एकाधिक लागू करने की आवश्यकता हो, तो आपको क्लास का उपयोग करना चाहिए एक ही पृष्ठ पर कई बार।

Example 6 (उदाहरण 6):

```
<!DOCTYPE>
<html>
<head>
<style>
#para {
   text align: center;
   color: blue;
   text size:30px;
   font weight:bold;
}
</style>
<body>
<p id="para">CSS ID Selector</p>
<p>This sentence is not affected by the style</
p>
</body>
</html>
```

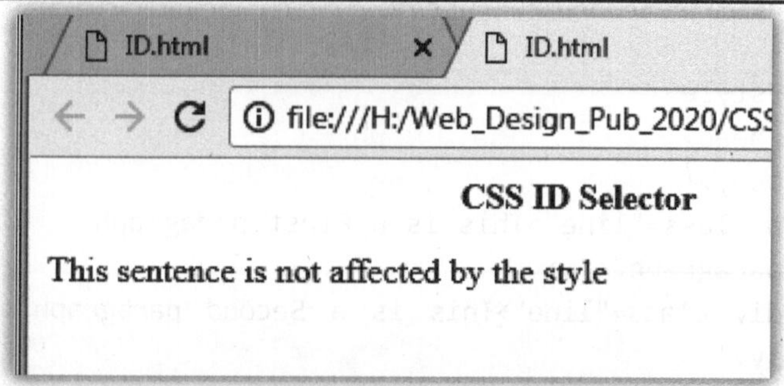

Figure 3.5: Output of the Example 6 (उदाहरण 6 का आउटपुट)

The output of the code given in Example 6 as shown in Figure 3.5 For example, you might have many <h1> elements that need the same style applied. In this example, all HTML elements with class="center" will be blue and center-aligned.

उदाहरण 6 में दिए गए कोड का आउटपुट चित्र 3.5 में दिखाया गया है उदाहरण के लिए, आपके पास कई <h1> तत्व हो सकते हैं जिन्हें समान स्टाइल की आवश्यकता होती है

इस उदाहरण में Class = "Center" के साथ सभी HTML तत्व नीले और केंद्र संरेखित एड होंगे।

Example 7 (उदाहरण 7):

```
<!DOCTYPE>
<html>
<head>
<style>
div.css
class {
border:2px dotted red;
padding:20px;
}
p.css class {
text
align:center;
color: blue;
}
</style>
<div class="css
class">CSS Class</div>
<p class="css class">CSS class to apply a style
to a give n class of an element.</p>
</body
</head>
</html>
```

The output of the code given in Example 7 as shown in Figure 3.6

उदाहरण 7 में दिखाए कोड का आउटपुट चित्र 3.6 में दिखाया गया है।

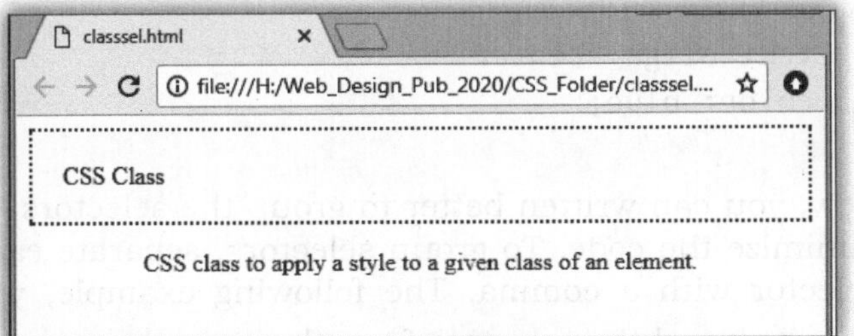

Figure 3.6: Output of the above Example 7 (उदाहरण 7 का आउटपुट)

HTML elements can also refer to more than one class.

HTML तत्व एक से अधिक क्लास को भी संदर्भित कर सकते हैं।

Example 8 (उदाहरण 8):

The output of the code given in Example 8 as shown in Figure 3.7.

```
<!DOCTYPE>
<html>
<head>
<style>
div.css
cla ss {
border:1px dotted red;
padding:10px;
}
div.css
class {
text
align:center;
color: blue;
}
</style>
<div class="css
class">CSS Class
<p>CSS class to apply a style to a given class
of an element.</p>
</div>
</body>
</head>
</html>
```

उदाहरण 8 में दिए गए कोड का आउटपुट चित्र 3.7 में दिखाया गया है।

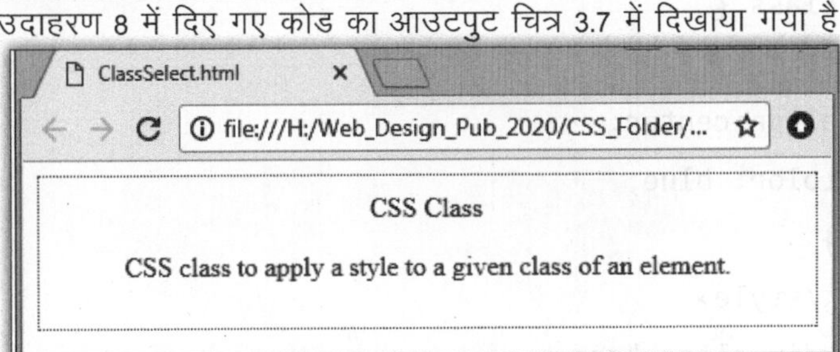

Figure 3.7: Output of the above Example 8 (उदाहरण 8 का आउटपुट)

3.3.2 CSS Universal Selector (CSS यूनिवर्सल सिलेक्टर)

The universal selector selecting all elements on a page. Every HTML page built on content placed within HTML tags. Each set of tags represents an element on the page. For example, which uses the universal selector.

एक पृष्ठ पर सभी तत्वों का चयन करने वाला सार्वभौमिक चयनकर्ता है।

प्रत्येक HTML पृष्ठ के भीतर रखी गई कंटेट पर बनाया गया HTML टैग है। टैग का प्रत्येक सेट पेज पर एक तत्व का प्रतिनिधित्व करता है। उदाहरण:

```
* {
Color: green;
Font size: 20px;
Line height: 25px;
}
```

The code inside the curly braced (color, font-size, and line-height) will apply to all elements on the HTML page. The universal selector as declared using an asterisk.

कर्ली ब्रेडेड (रंग, फॉन्ट आकार और लाइन ऊंचाई) के अंदर कोड HTML पर सभी तत्वों पर लागू होगा।

Example 9 (उदाहरण 9):

```
<!DOCTYPE>
<html>
<head>
<style>
div.css
class {
border:1px dotted red;
padding:10px;
}
div.css
class {
text
align:center;
color: blue;
}
</style>
<div class="css
class">CSS Class
<p>CSS class to apply a style to a given class of an element.</p>
</div>
</body>
</head>
</html>
```

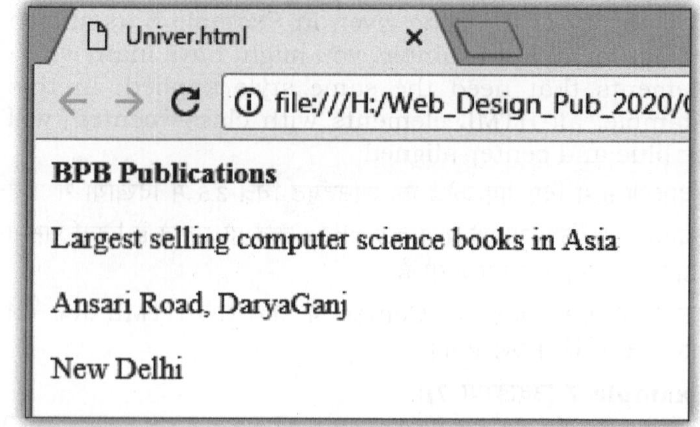

Figure 3.8: Output of the Example 9 (उदाहरण 9 का आउटपुट)

The output of the code given in Example 9 as shown in Figure 3.8.

उदाहरण 9 में दिए गए कोड का आउटपुट चित्र 3.8 में दिखाया गया है।

3.3.3 CSS Grouping Selector (CSS ग्रुपिंग सेलेक्टर)

The grouping selector selects all the HTML elements with the same style definitions. It means that all elements targeted by any of the selectors will be affect by the CSS rule.

ग्रुपिंग सिलेक्टर सभी HTML तत्वों को समान स्टाइल परिभाषाओं के साथ चुनता है इसका अर्थ है कि सभी किसी भी चयनकर्ता द्वारा लक्षित तत्व CSS नियम से प्रभावित होंगे।

Let us see the CSS code without group selector.

ग्रुप सेलेक्टर के बिना CSS कोड।

```
h1 {
    text align: center;
    color: blue;
}
h2 {
    text align: center;
    color: blue;
}
p {
    text align: center
    color: blue;
}
```

Now, you can written better to group the selectors, to minimize the code. To group selectors, separate each selector with a comma. The following example, you have grouped the selectors from the code above.

अब, आप कोड को कम करने के लिए, सिलेक्टर को समूह में रखने के लिए बेहतर लिख सकते हैं। ग्रुपिंग सिलेक्टर में, प्रत्येक को अलग करने के लिए कॉमा का इस्तेमाल करते हैं।

Example 10 (उदाहरण 10):

```
<!DOCTYPE>
<html>
<head>
<style>
h1,h2,p {
text align: left;
color: blue;
}
</style>
</head>
<body>
<h1>Introduction to CSS</h1>
<h2>Types of CSS</h2>
<p>CSS Selectors</p>
</body>
</html>
```

Figure 3.9: Output of the Example 10 (उदाहरण 10 का आउटपुट)

The output of the code given in Example 10 is shown in Figure 3.9.

उदाहरण 10 में दिए गए कोड का आउटपुट चित्र 3.9 में दिखाया गया है।

3.3.4 Attribute Selector (एट्रिब्यूट सिलेक्टर)

Attribute selector means the property, character or behavior of the selector. If you want to select an element with a particular attribute, then you can use Attribute Selector. It is one of the ways to select a particular element with a particular type of attribute.

There is multiple way to use CSS Attribute Selector. Let us discuss all one by one:

सिलेक्टर का अर्थ है प्रॉपर्टी, करैक्टर या व्यवहार। यदि आप किसी तत्व का चयन करना चाहते हैं, किसी विशेष विशेषता के साथ, फिर आप प्रापर्टी सिलेक्टर का उपयोग कर सकते हैं। यह किसी विशेष का चयन करने के तरीकों में से एक है एक विशेष प्रकार की विशेषता वाला तत्व है। CSS Attribute Selector का उपयोग करने के कई तरीके है। आइए हम एक–एक करके सभी पर चर्चा करें:

Attribute Selector	Selectors Example
[attribute=name]	a[target] [color: blue, background color: gray;}
[attribute name="value"]	div[lang="en US"] {background color: blue;}
[attribute name|="value"]	p[lang|en] {background: green;}
[attribute name~="value"]	image[title~="border"] {broder: 1px solid green;}
[attribute name$="value"]	img[src$=".jpg"] {border: 3px blue;}
[attribute*="vaue"]	a[href*="tutorial"] {color: red}
[attribute name^="value"] underline;}	a[href^=https://https://] {color: pint; text decoration:

Let us select a particular element with a particular attribute (without any value).

आइए हम किसी विशेष गुण के साथ एक विशेष तत्व का चयन करें।

Syntax:

```
[attribute name] {
    Properties:values;
};
```

Example 11 (उदाहरण 11):

```
<!DOCTYPE>
<html>
<head>
<style>
a[title] {
color:red;
}
a[target] {
text decoration:underline;
background color: yellow;
}
</style>
</head>
<body>
<p>The links with a target attribute gets a yellow background</p>
<a href="https://www.wikipedia.org" target="_top">wikipeida.org</a>
<a href="https://www.bseindia.com" target="_blank"> BSEINDIA</a>
</body>
</html>
```

The output of the code given in Example 11 as shown in Figure 3.10

उदाहरण 11 में दिए गए कोड का आउटपुट चित्र 3.10 में दिखाया गया है।

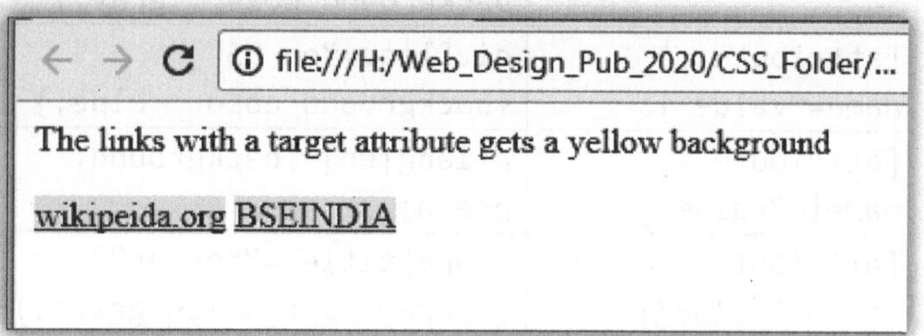

Figure 3.10: Output of the above Example 11 (उदाहरण 11 का आउटपुट)

CSS [attribute="value"] Selector

Let us select a particular element with a particular attribute with a particular fixed value.

आइए हम एक विशेष तत्व को किसी विशेष निश्चित मान के साथ एक विशेष गुण के साथ चुनें।

```
[attribute name="value"] {
    Properties:values;
};
```

The following example, select a tag with the href attribute having the value of hyperlink as http://bpbonline.com & will set the text color to green.

निम्न उदाहरण, हाइपरलिंक के मान वाले href विशेषता के साथ एक टैग का चयन करें http://bpbonline.com और टेक्स्ट का रंग सेट करेगा।

Example 12 (उदाहरण 12):

```
<!DOCTYPE>
<html>
<head>
<style>
a[href="http://www.bpbonline.com"]
color: green;
}
div[lang="en"] {
background
color: pink;
padding:4px;
}
</style>
</head>
<body
>
<div lang="en">
    <a  href="http://www.bpbonline.com"
    target="_blank"> Example of CSS div
    attribute
        Selector using [attribute="value"]</
a><br>
<a  href="https://www.wikipedia.org"  target="_
blank">This is not using the CSS
    Selector which is defined in the head section
here</a>
</div>
</body>
</html>
```

The output of the code given in Example 12 as shown in Figure 3.11.

उदाहरण 12 में दिए गए कोड का आउटपुट चित्र 3.11 में दिखाया गया है।

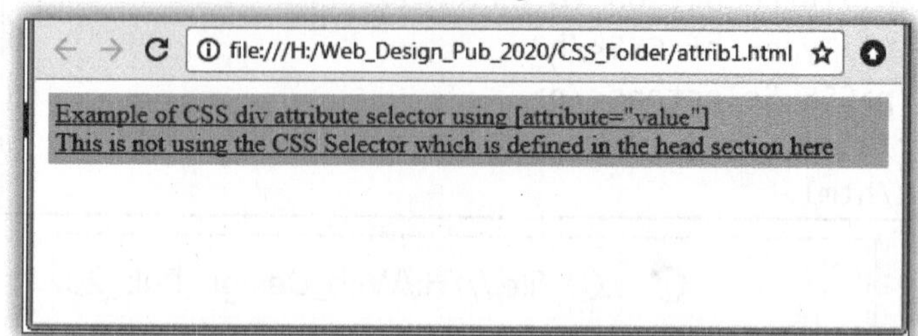

Figure 3.11: Output of the above Example 12 (उदाहरण 12 का आउटपुट)

CSS [attribute~="value"] Selector

The [attribute~="value"] selector is used to select elements with an attribute value containing a specified word. The following example selects all elements with title attribute that contains a space-separated list of words, one of which is Mount.

[attribute~="value"] सिलेक्टर का उपयोग निर्दिष्ट मान वाले विशेषता मान के साथ तत्वों का चयन करने के लिए किया जाता है। निम्न उदाहरण शीर्षक विशेषता के साथ सभी तत्वों का चयन करता है जिसमें एक अंतरिक्ष से अलग सूची है शब्द, जिनमें से एक माउंट है।

Example 13 (उदाहरण 13):

```
<!DOCTYPE>
<html>
<head>
<style>
[title~=Mount] {
border: 5px solid orange;
}
</style>
</head>
<body>
<p>All images with the title attribute
containing the word "Mount" get orange
order.</p>
```

```
<img src="H:/Mount.jpg"
title="Mount Water" width="150" height="125">
<img src="H:/Mount1.jpg" title="Mount"
width="225" height= "155">
<img src="H:/island.jpg" title="sea_iland"
width="200" height= "275">
</body>
</html>
```

The output of the code given in Example 13 as shown in Figure 3.12

उदाहरण 13 में दिए गए कोड का आउटपुट चित्र 3.12 में दिखाया गया है।

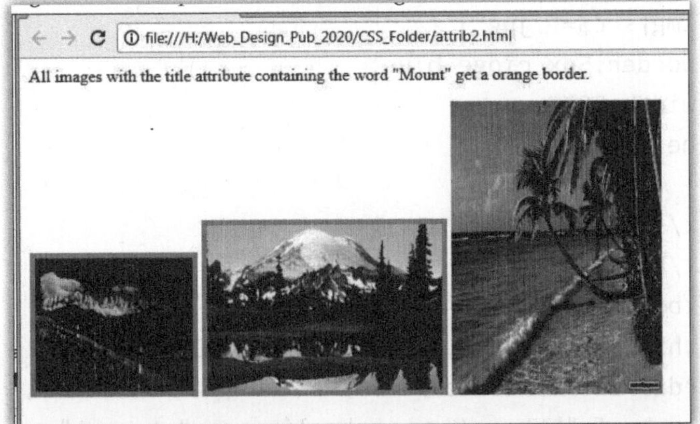

Figure 3.12: Output of the above Example 13 (उदाहरण 13 का आउटपुट)

CSS [attribute|="value"} Class Selector

The [attribute|="value"] Selector is used to select elements with the specified attribute starting with the specified value. The following example selects all elements with a class attribute value that being with top.

[attribute|="value"} सिलेक्टर का उपयोग निर्दिष्ट विशेषता के साथ तत्वों को चुनने के लिए किया जाता है।

Example 14 (उदाहरण 14):

```
<!DOCTYPE>
<html>
<head>
<style>
[class|="top"] {
   background color: yellow;
   border:4px groove tomato;
}
</style>
<body>
<h2>Example of CSS attribute Class Selector</
h2>
<p class="top
head er">CSS Attribute Selector with the class
as it is a fixed
a match. [attribute|="value"] is applied </p>
<p class="top
text">CSS Attribute Selector is applied as it
"top" matches
one of the value [attribute|="value"] is applied
</p>
<p class="topcontent">Topcontent is not same as
top so [attribute
|=top="value"] is not applied.</
</body>
</html>
```

The output of the code given in Example 14 is shown in Figure 3.13.

उदाहरण 14 में दिए गए कोड का आउटपुट चित्र 3.13 में दिखाया गया है।

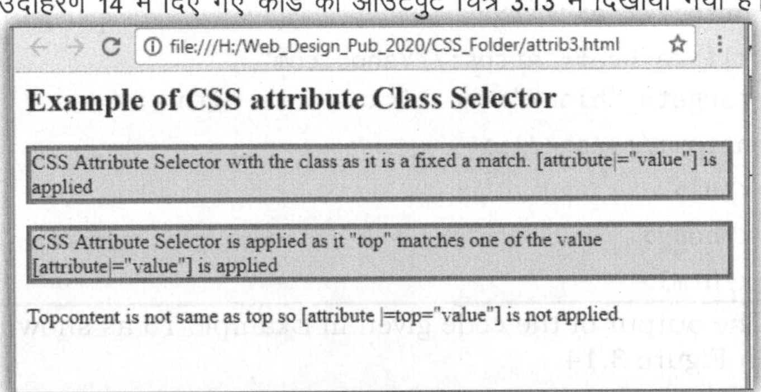

Figure 3.13: Output of the above Example 14 (उदाहरण 14 का आउटपुट)

CSS [attribute^="value"] Selector

The [attribute^="value"] selector is used to select elements whose attribute value begins with a specified value. To select all the href which are secured i.e. which starts with "https://" , then you can use this example. Here, you are not validating the selected links, rather just styling these with color as blue and underlining them.

[attribute^="value"] सिलेक्टर से लेक्टर का उपयोग उन तत्वों को चुनने के लिए किया जाता है जिनकी विशेषता मान एक निर्दिष्ट के साथ शुरू होती है। सभी href को चुनने के लिए अर्थात् जो "https: //" से शुरू होता है, तब आप इसका उपयोग कर सकते हैं

Example 15 (उदाहरण 15):

```
<!DOCTYPE>
<html>
<head>
<style>
a[href^="https://"] {
color: orange;
text
decoration:none;
```

```
}
a[href^="http://"] {
background
color: yellow;
text
decoraton:underline;
}
</style>
<body>
<ul>
<li><a href="http://Google.com" target="_
blank">The Link starts with
http://</a></li>
<li><a href="https://Yahoo.com"
target=_"blank">The Link starts with
https://</a></li>
</ul>
</body>
</html>
```

The output of the code given in Example 15 as shown in Figure 3.14

उदाहरण 15 में दिए गए कोड का आउटपुट चित्र 3.14 में दिखाया गया है।

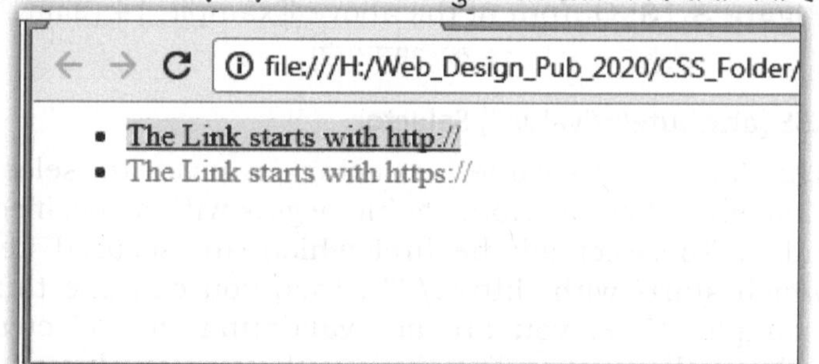

Figure 3.14: Output of the above Example 15 (उदाहरण 15 का आउटपुट)

CSS [attribute $="value"] Selector

The [attribute$="value"] Selector is used to select elements whose attribute value ends with a specified value.

CSS [attribute $="value"] सिलेक्टर का उपयोग उन तत्वों का चयन करने के लिए किया जाता है जिनकी विशेषता मान किसी निर्दिष्ट के साथ समाप्त होती है।

Example 16 (उदाहरण 16):

```
<!DOCTYPE>
<html>
<head>
<style>
a[href$="bpbonline.com"] {
background
color: cyan;
color: red;
}
div[id$="auto"] {
max
width:500px;
height:auto;
background:yellow;
}
img[src$=".jpg"] {
border:5px ridge blue;
width:50%;
height:30%;
}
</style>
</head>
<body>
<h5>The below div ID ends with "auto"</h5>
<div id="textauto">
<a href="https://www.bpbonline.com" target"_
<img src="H:/Mount.jpg" alt="Books
<br>Image ends with ".jpg" and href ends with
"bpbonline.com"
</a>
</div>
</body>
</html>
```

The output of the code given in Example 16 as shown in Figure 3.15

उदाहरण 16 में दिए गए कोड का आउटपुट चित्र 3.15 में दिखाया गया है।

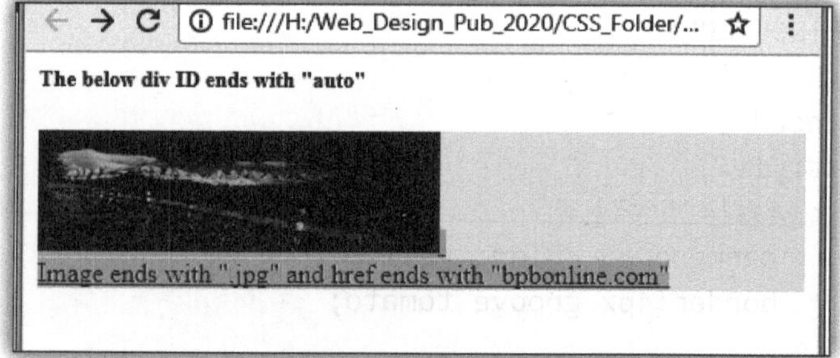

Figure 3.15: Output of the above Example 16 (उदाहरण 16 का आउटपुट)

```
div[id$="auto"] {
width: 400px
height:auto;
```

```
background:yellow;
}
```

This will select all the div with ids which end with auto & will set the width, height and background color.

यह उन सभी div का चयन करेगा, जो id के साथ होती हैं, जो ऑटो से समाप्त होती हैं और चौड़ाई, ऊँचाई और पृष्ठभूमि का रंग निर्धारित करेंगी।

[attribute*="value"] Selector

This selector selects all the elements whose attribute value contain the specified value present anywhere. The value does not match the whole word. The following example selects all elements with a class attribute value that contains th.

सिलेक्टर उन सभी तत्वों का चयन करता है जिनके विशेषता मान में कहीं भी मौजूद निर्दिष्ट मान होता है। मान पूरे शब्द से मेल नहीं खाता है। निम्नलिखित उदाहरण एक क्लास एट्रीब्यू th के साथ सभी तत्वों का चयन करता है मान जिसमें वें शामिल हैं।

Example 17 (उदाहरण 17):

```
<!DOCTYPE>
<html>0
<head>
<style>
[class*="ti"] {
    color:green;
    font size:20px;
    font weight:bold;
    text align:center;
}
[class*="tr"] {
    font size:18px;
    text align:center;
    margin top:0px;
}
</style>
</head>
<body>
<div class="tiru">TIRUMALA T
IRUPATI DEVASTHANAMS TIRUPATI</div>
<div class="trth">Venkatadri samam sthanam
brahmande nasti kinchana</div>
<div class="the tr">Venkatesa samo devo na bhuto
na bhavishyati.</div>
</body>
</html>
```

The output of the code given in Example 17 as shown in Figure 3.16

उदाहरण 17 में दिए गए कोड का आउटपुट चित्र 3.16 में दिखाया गया है।

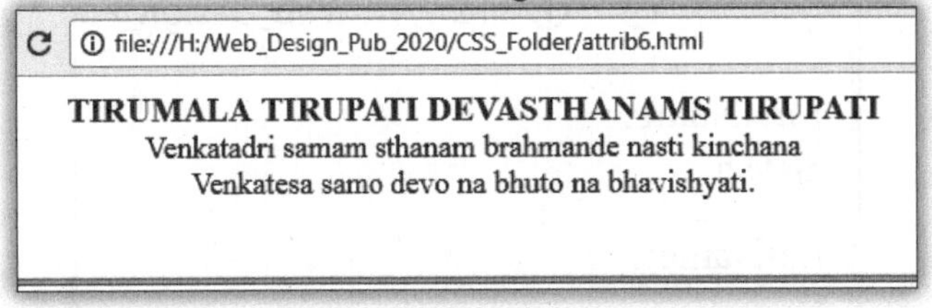

file:///H:/Web_Design_Pub_2020/CSS_Folder/attrib6.html

TIRUMALA TIRUPATI DEVASTHANAMS TIRUPATI
Venkatadri samam sthanam brahmande nasti kinchana
Venkatesa samo devo na bhuto na bhavishyati.

Figure 3.16: Output of the above Example 17 (उदाहरण 17 का आउटपुट)

The attribute selectors can be useful for styling forms without Class or ID.

एट्रिब्यूट सिलेक्टर क्लास या आईडी के बिना स्टाइल सिलेक्टर करने के लिए उपयोगी हो सकते हैं।

Example 18 (उदाहरण 18):

The output of the code given in Example 18 as shown in Figure 3.17.

```
<!DOCTYPE>
<html>
<head>
<style>
input[type="text"] {
width: 150px;
display: block;
margin bottom: 10px;
background color: yellow;
}
input[type="button"] {
width: 120px;
margin left:25px;
display: block;
}
</style>
</head>
<body>
<form name="input" action="" method="get">
FirstName:<input type="text" name="Name"
value="Satish" size="15">
LatName:<input type="te xt" name="Name"
value="Jain" size="10">
<input type="button" value="Submit Button">
</form>
</body>
</html>
```

उदाहरण 18 में दिए गए कोड का आउटपुट चित्र 3.17 में दिखाया गया है।

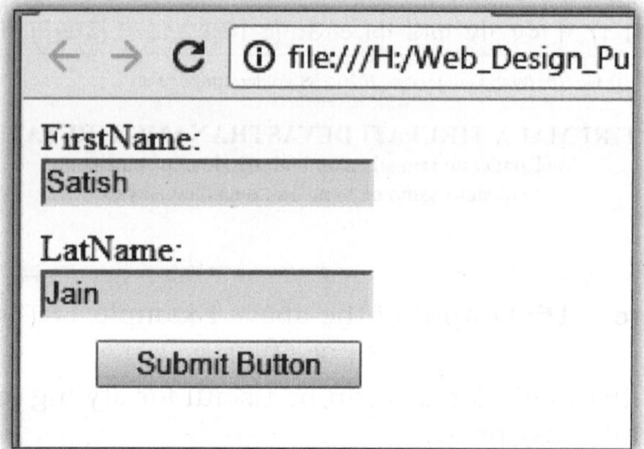

Figure 3.17: Output of the above Example 18 (उदाहरण 18 का आउटपुट)

3.3.5 Sub Selector (सब सिलेक्टर)

A CSS selector can contain more than one simple selector. There are four different combinators in CSS:

CSS सिलेक्टर में एक से अधिक सरल चयनकर्ता हो सकते हैं। CSS में चार अलग–अलग संयोजन होते हैं:

Descendant Selector

The descendant CSS selector is used to select elements that are descendants of other elements. The selected elements do not have to be immediate children of the specified ancestor, they just have to be nested inside the ancestor somewhere.

अवरोही CSS चयनकर्ता उन तत्वों का चयन करने के लिए उपयोग किया जाता है जो अन्य तत्वों के वंशज हैं। चुना हुआ तत्व को निर्दिष्ट पूर्वज की इमीमिडिएट चाइल्ड होने की जरूरत नहीं है।

Syntax

This syntax apply to match all <p> element that are descendants of specified element. All <p> element that are descendants of <div> to apply CSS.

सिंटैक्स सब पर अल्पाई होता है जो <p> से मेल रखते हैं।

Example 19 (उदाहरण 19):

```
<!DOCTYPE>
<html>
<head>
<title>CSS Descendant Selector </title>
<style>
div p {
    font size;24px;
    background color: yellow;
</style>
</head>
<body>
<div>
<p> This is first paragraph text</p>
<h4>Fourth heading text</h4>
<p> This is another paragraph text</p>
</div>
<p>This is third paragraph text and not in div</
p>
</body>
</html>
```

The output of the code given in Example 19 as shown in Figure 3.18

उदाहरण 19 में दिए गए कोड का आउटपुट चित्र 3.18 में दिखाया गया है।

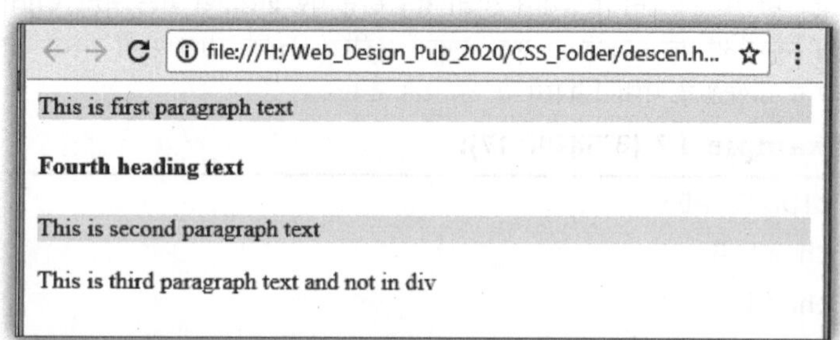

Figure 3.18: Output of the above Example 19 (उदाहरण 19 का आउटपुट)

Child Selector

It is use to match all the elements, which are child of a specified element. It gives the relation between two elements. The element selector selects elements which are the children of specific parent. The child selector selects all elements that are the children of a specified element. For example, selects all <p> elements that are children of a <div> element.

इसका उपयोग उन सभी तत्वों से मेल खाने के लिए किया जाता है, जो एक निर्दिष्ट तत्व के चाइल्ड हैं। यह दो के बीच संबंध देता है तत्वों। तत्व चयनकर्ता उन तत्वों का चयन करता है जो विशिष्ट पैरेंट की चाइल्ड हैं। चाइल्ड सिलेक्टर उन सभी तत्वों का चयन करता है जो एक निर्दिष्ट तत्व के चाइल्ड हैं।

Example 20 (उदाहरण 20):

```
<!DOCTYPE>
<html>
<head>
<title>CSS Descendant Selector </title>
<style>
<div> p {
    font size;24px;
    background color: yellow;
    padding:2px;
```

```
</style>
</head>
<body>
<div>
<p> This is first paragraph text</p>
<section>This is second paragraph text</p></section>
<h4>Fourth heading text</h2>
<p> This is second paragraph text</p>
</div>
<p>This is third paragraph text</p>
</body>
</html>
```

The output of the code given in Example 20 as shown in Figure 3.19.

उदाहरण 20 में दिए गए कोड का आउटपुट चित्र 3.19 में दिखाया गया है।

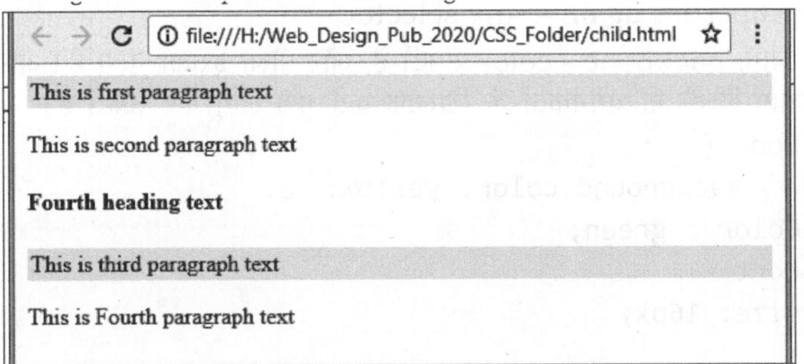

Figure 3.19: Output of the above Example 20 (उदाहरण 20 का आउटपुट)

Adjacent Sibling Selector

The adjacent sibling CSS selector is use to select HTML elements that are adjacent siblings of some other HTML element. For example, all <h> elements that are placed immediately after <div> elements.

Adjacent Sibling Selector सीएसएस चयनकर्ता उन HTML तत्वों का चयन करने के लिए उपयोग किया जाता है जो कुछ अन्य के निकटवर्ती सिबलिंग हैं, HTML तत्व के।

Example 21 (उदाहरण 21):

```
<!DOCTYPE>
<html>
<head>
<title>CSS Descendant Selector </title>
<style>
div + h {
    font size;24px;
    background color: yellow;
    padding:2px;
```

```
</style>
</head>
<body>
<div>
<p> This is first paragraph text</p>
<p> This is second paragraph text</p>
</div>
<h3>This is third paragraph text</h3>
</body>
</html>
```

file:///H:/Web_Design_Pub_2020/

This is first paragraph text

This is second paragraph text

This is third paragraph text

Figure 3.20: Output of the above Example 21 (उदाहरण 21 का आउटपुट)

The output of the code given in Example 21 as shown in Figure 3.20.

उदाहरण 21 में दिए गए कोड का आउटपुट चित्र 3.20 में दिखाया गया है।

3.3.6 CSS Tag Selector

To select tags by their name and apply styles on them you use tag selector.

उनके नाम से टैग का चयन करने और उन पर शैलियों को लागू करने के लिए आप टैग सिलेक्टर का उपयोग करें।

Syntax:

```
Selector
{
Declaration list;
}
```

To implement tag selector, in place of selector, we write tag name.

टैग सिलेक्टर को लागू करने के लिए, सिलेक्टर के स्थान पर, टैग नाम लिखते हैं।

Syntax of tag selector (टैग चयनकर्ता का सिंटैक्स:):

Syntax:

```
Tagname
{
Declaration list;
}
```

It selects every html tag with the specified tag name and applies styles on them.

यह निर्दिष्ट टैग नाम के साथ प्रत्येक HTML टैग का चयन करता है और उन पर स्टाइल को लागू करता है।

Example 22 (उदाहरण 22):

```
<!DOCTYPE html>
<html>
<head>
<title>Tag Selector</title>
<style>
P {
    color: green;
    font size:20px;
    border: 2px solid blue;
}
</style>
</head>
<body>
<p> This the first paragraph and the style mentioned in the above code, the text color in green and font size is 12 pt and the border of the paragraph around is color solid blue. </p>
<h3>This is h3 heading</h3>
<p> This the another paragraph group with the same style applied. </ p>
</body>
</html>
```

The output of the code given in Example 22 as shown in Figure 3.21.

उदाहरण 22 में दिए गए कोड का आउटपुट चित्र 3.21 में दिखाया गया है।

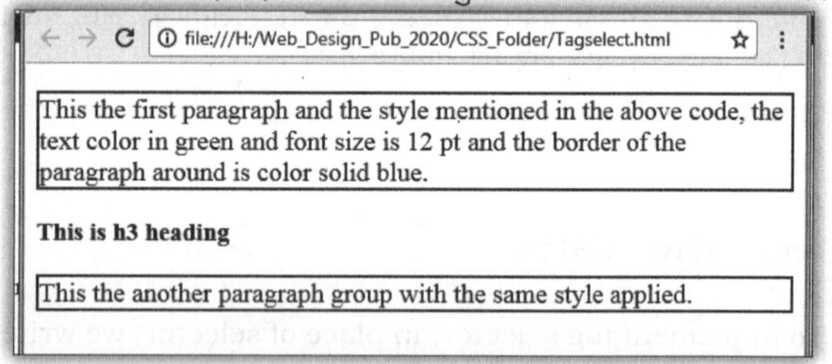

Figure 3.21: Output of the above Example 22 (उदाहरण 22 का आउटपुट)

3.4 CSS Properties (CSS प्रॉपटी)

CSS properties are used to apply styles of structured document. Each property has a set of possible values. Some properties can affect any type of element, and others apply only to particular groups of elements. A style sheet consists of a list of rules. Each rule set consists of one or more selectors, and a declaration block.

CSS प्रॉपटी का उपयोग संरचित दस्तावेज की स्टाइल को लागू करने के लिए किया जाता है। प्रत्येक संपत्ति में संभावित मूल्यों का एक सेट होता है। कुछ गुण किसी भी प्रकार के तत्व को प्रभावित कर सकते हैं, और अन्य केवल तत्वों के विशेष समूहों पर लागू होते हैं। स्टाइल पत्रक में नियमों की एक लिस्ट होती है। प्रत्येक नियम सेट में एक या अधिक चयनकर्ता और एक घोषणा ब्लॉक होता है।

In the following example, you set the background color of the <body> element to yellow.

निम्नलिखित उदाहरण में, आप <body> तत्व की पृष्ठभूमि का रंग पीले रंग में सेट करते हैं।

```
Body {
Background color: yellow;
}
```

In this case, background-color is the property, and yellow is its value. And you can apply multiple properties against any selector.

इसमें, backbone - color प्रॉपटी है, और पीला इसका मूल्य है। और आप किसी भी चयनकर्ता के खिलाफ कई गुण लागू कर सकते हैं।

```
Body {
    Background color: yellow;
Color : green;
Font
size: 16px;
}
```

Example 23 (उदाहरण 23:):

```
<!DOCTYPE>
<html>
<head>
<title>CSS Properties Example</title>
<style>
body {
    background: lightsalmon;
    font family: Book Antiqua;
    font size: 12px;
section {
    padding: 20px;
    margin: 20px;
    background color: gray;
    border: 5px solid gold;
}
h1 {
    color: red;
}
p {
    color: organge;
```

```
}
a:link,
a:visited {
    color: deeppink;
}
a:hover {
    color: yellow;
a:active {
    background: blue;
    color: white;
}
</style>
<section>
<h1>Basic CSS Properties Example</h1>
<p>This is a basic example to use CSS properties
can be applied to a web page.</p>
<p><a  href="H:/html5_tutorial.pdf/"  target="_
blank">HTML with CSS tutorial</a></p>
</section>
</html>
```

The output of the code given in Example 23 as shown in Figure 3.22.

उदाहरण 23 में दिए गए कोड का आउटपुट चित्र 3.22 में दिखाया गया है।

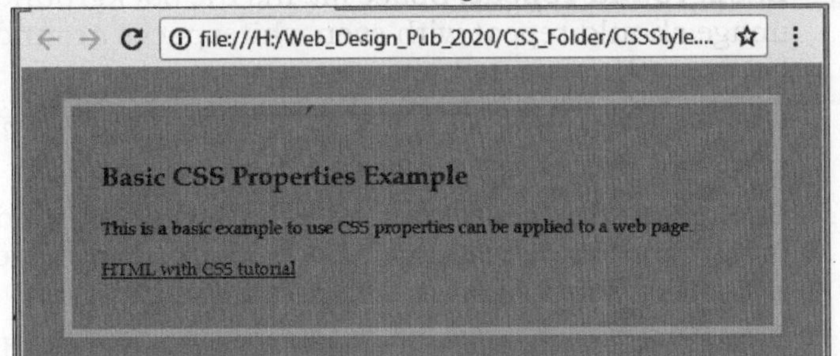

Figure 3.22: Output of the above Example 23 (उदाहरण 23 का आउटपुट)

3.4.1 CSS Background Properties

The CSS background properties are used to define the background effects for elements. There are five types of CSS background properties that affects the HTML elements:

CSS Background Properties का उपयोग तत्वों के लिए पृष्ठभूमि प्रभाव को परिभाषित करने के लिए किया जाता है।

HTML तत्वों को प्रभावित करने वाली CSS पृष्ठभूमि गुणों की:

1. Background-color (बैकग्राउंड–रंग)
2. Background-image (बैकग्राउंड–छवि)
3. Background-repeat (बैकग्राउंड–रिपीट)
4. Background-attachment (बैकग्राउंड–लगाव)
5. Background-position (बैकग्राउंड–स्थिति)

CSS Background-color: The background-color property specifies the background color of an element.

CSS बैकग्राउंड कलर: बैकग्राउंड कलर प्रॉपर्टी एक एलिमेंट का बैकग्राउंड कलर निर्दिष्ट करता है।

Syntax

```
Background-colour:<color>
```

Example 24 (उदाहरण 24):

```
<!DOCTYPE>
<html>
<head>
<title>CSS Properties Example</title>
<style>
h1 {
    background color: red;
}
div {
    background color: gold;
}
p {
    background color:orange;
}
</style>
</head>
<body>
<h1>Background Properties</h1>
<div>
This has a background color of gold inside the
div element
<p>This  sentence  has  its  own  background  and
still in the div element.</p>
</div>
</body>
</html>
```

The output of the code given in Example 24 as shown in Figure 3.23.

उदाहरण 24 में दिए गए कोड का आउटपुट चित्र 3.23 में दिखाया गया है।

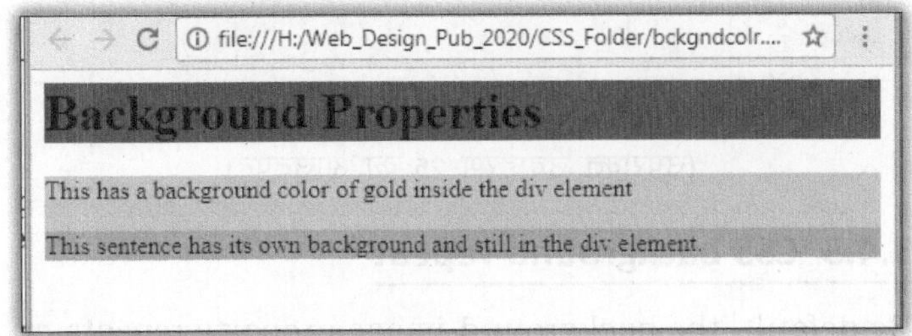

Figure 3.23: Output of the above Example 24 (उदाहरण 24 का आउटपुट)

3.4.2 CSS Background-image

The background-image property specifies an image to use a background of an element. You can also set height and width of the background image.
The output of the code given in Example 25 as shown in Figure 3.24.

CSS Background-image किसी तत्व की background का उपयोग करने के लिए एक छवि निर्दिष्ट करता है। आप background छवि की ऊंचाई और चौड़ाई को सेट कर सकते हैं।

Example 25 (उदाहरण 25):

```
<!DOCTYPE>
<html>
<head>
<title>CSS Properties Example</title>
<style>
body {
    background image: url("H:/Mount.jpg")
    }
</style>
</head>
<body>
<h1>Image background</h1>
<p>This has a background color of gold inside the div element
<p>This sentence has its own background and still in the div element.</p>
</body>
</html>
```

उदाहरण 25 में दिए गए कोड का आउटपुट चित्र 3.24 में दिखाया गया है।

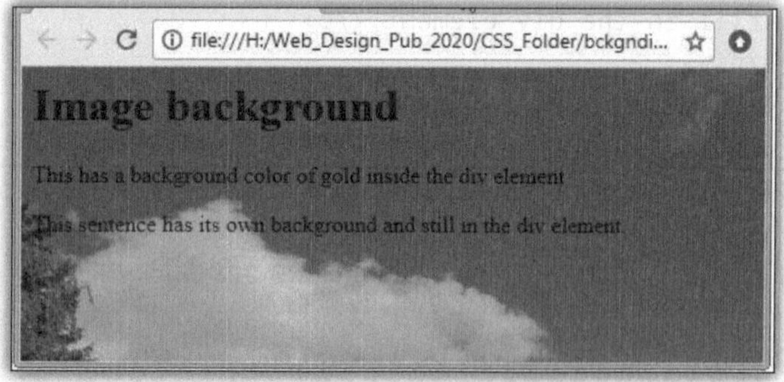

Figure 3.24: Output of the above Example 25
(उपरोक्त उदाहरण 25 का आउटपुट)

3.4.3 CSS background-repeat

By default, the background-image property repeats an image both horizontally (x-axis) and vertically (yaxis). To control whether the background image should repeat or not, you can use the background-repeat property.

डिफॉल्ट रूप से, background image property क्षैतिज (x-axis) और लंबवत (y-axis) दोनों में एक छवि को दोहराता है background image दोहराई जानी चाहिए या नहीं, इसे नियंत्रित करने के लिए, आप background दोहराने का उपयोग कर सकते हैं।

a. **Background-repeat:** Repeat means the background image should repeat in the horizontal and vertical direction. This is the default value.

   बैकग्राउंड-रिपीट: रिपीट का मतलब है कि बैकग्राउंड इमेज को क्षैतिज और ऊर्ध्वाधर दिशा में दोहराना चाहिए।

b. **Background-repeat:** No-repeat means the background image should not repeat in any direction.

   बैकग्राउंड-नो-रिपीट: नो-रिपीट का मतलब बैकग्राउंड इमेज को किसी भी दिशा में दोहराना नहीं होना चाहिए।

c. **Background-repeat:** Repeat-x means the background image should repeats in horizontal direction (xaxis).

   बैकग्राउंड-रिपीट: रिपीट-एक्स का मतलब है बैकग्राउंड इमेज को क्षैतिज दिशा (एक्स–एक्सिस) में दोहराना चाहिए।

d. **Background-repeat:** Repeat-y means the background image should repeats in vertical direction (y-axis).

   बैकग्राउंड-रिपीट: रिपीट-वाई का मतलब है बैकग्राउंड इमेज को वर्टिकल डायरेक्शन (y–एक्सिस) में रिपीट करना चाहिए।

e. **Background-repeat:** Space means the background image should repeat with even whitespaces around between the repeated images.

   बैकग्राउंड-रिपीट: स्पेस का मतलब है कि बैकग्राउंड इमेज को दोहराए गए चित्रों के बीच भी व्हाट्सएप के साथ दोहराना चाहिए।

f. **Background-repeat:** Round means the background image should repeat and the background image will either squeeze or stretch around each other.

   बैकग्राउंड-रिपीट: राउंड का मतलब बैकग्राउंड इमेज को दोहराना चाहिए और बैकग्राउंड इमेज एक–दूसरे के चारों ओर squeeze या stretch हो जाएगी।

Example 26 (उदाहरण 26):

```
<!DOCTYPE>
<html>
<head>
<title>CSS Properties Example</title>
<style>
body {
    background image:url(H:/Blur.jpg);
    background repeat: repeat x;
    }
```

```
</style>
</head>
<body>
<h1>Image background</h1>
<p>This has a background image is repeat in horizontal direction.</p>
</body>
</html>
```

Figure 3.25: Output of the above Example 26(उदाहरण 26 का आउटपुट)

Background image Blur (बैकग्राउंड इमेज ब्लर)

To add a visual effect like a blur, it is better to use the filter property and set the filer as blur. This helps in setting a blur effect. If you want the background image more blurry, then set a higher value of blur else set a lower value. The default value of blur is 0.

दृश्य प्रभाव जोड़ने के लिए, फिल्टर प्रॉपर्टी का उपयोग करना और फिलर को ब्लर के रूप में सेट करना बेहतर है। एक ब्लर प्रभाव सेट करने से यदि आप पृष्ठभूमि छवि को अधिक धुंधली चाहते हैं, तो ब्लर के उच्च मान को सेट करें कम मूल्य में। कलंक का डिफॉल्ट मान 0 है।

Example 27 (उदाहरण 27):

```
<!DOCTYPE>
<html>
<head>
<title>CSS Properties Example</title>
<style>
    .img blur{
    background image:url(/blur.jp g);
    background repeat:no repeat;
    filter:blur(4px);
    height:900px;
    }
</style>
</head>
<body>
<h3>Example of Image Blur</h1>
<div class="img
blur"></div>
<p> If you want the background image more blurry, then set a higher value</P>
</body>
</html>
```

The output of the code given in Example 27 as shown in Figure 3.26.

उदाहरण 27 में दिए गए कोड का आउटपुट चित्र 3.26 में दिखाया गया है।

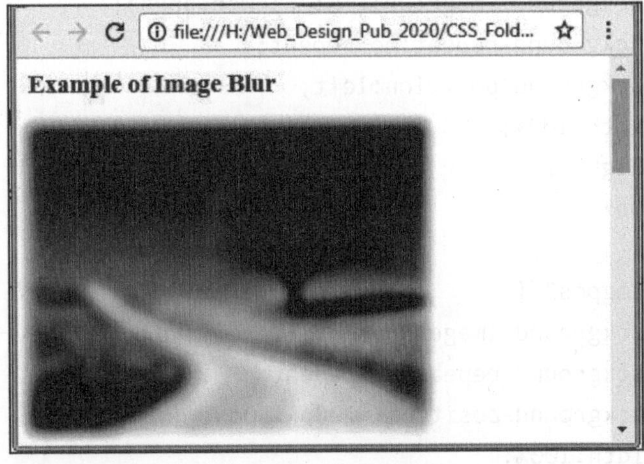

Figure 3.26: Output of the above Example 27 (उदाहरण 27 का आउटपुट)

3.4.4 CSS Background Position (सीएसएस प्रॉपर्टी की स्थिति)

The background-position property is used to control the position of the background images. It is easy to use the positioning keywords such as left, right, top, and bottom and center. It define the vertical position of the background-image. It can be one of the following:

बैकग्राउंड इमेज की स्थिति को नियंत्रित करने के लिए बैकग्राउंड स्थिति प्रॉपर्टी का उपयोग किया जाता है। यइसे आप कहीं भी प्रयोग बाएँ, दाएँ, ऊपर और नीचे और केंद्र। यह की ऊर्ध्वाधर स्थिति को परिभाषित करता है पृष्ठभूमि छवि। यह निम्नलिखित में से एक हो सकता है:

a. **Fixed:** Fixed value expressed in px, em.
   फिक्स्ड: px, em में व्यक्त किया गया निश्चित मूल्य।
b. **Percentage:** Percentage value (**प्रतिशत:** प्रतिशत मान।).
c. **Top:** Image is vertically align to the top equivalent to 0% for the vertical position.
   शीर्ष: ऊर्ध्वाधर स्थिति के लिए छवि शीर्ष पर 0% के बराबर है।
d. **Center:** Image is vertically center. Equivalent to 50% for the vertical position.
   केंद्र: छवि लंबवत केंद्र है। ऊर्ध्वाधर स्थिति के लिए 50% के बराबर।

e. **Bottom:** Image is vertically align to the bottom. Equivalent to 100% for the vertical position.

नीचे: छवि लंबवत रूप से नीचे की ओर संरेखित है। ऊर्ध्वाधर स्थिति के लिए 100% के बराबर।

Example 28 (उदाहरण 28):

```
<!DOCTYPE>
<html>
<head>
<title>CSS Properties Example</title>
<style>
    .imgpos1
background-image:url("H:/Flower.jpg");
background-repeat:no repeat;
background-position:left;
width:100%;
height:2
50px;
}
.imgpos2 {
background-image:url("H:/Flower.jpg");
background-repeat:no repeat;
background-position: 200px 50px;
width:100%;
height:250px;
}
.imgpos3 {
background-image:url("H:/Flower.jpg");
background-repeat:no repeat;
background-position :right
width:100%;
height:450px;
}
</style>
</head>
<body>
<h3>Example of CSS background Image Position</
h1>
<b>Background position:left;</b>
<div class="imgpos1"> </div>
<b>Background position: 200 pixels and 50 pixels
</b>
<div class="imgpos2"> </div>
<b>Background position:right bottom</b>
<div class="imgpos3"> </div>
<p>We have set the image position in different
ways</P>
</body>
</html>
```

The output of the code given in Example 28 as shown in Figure 3.27.

उदाहरण 28 में दिए गए कोड का आउटपुट चित्र 3.27 में दिखाया गया है।

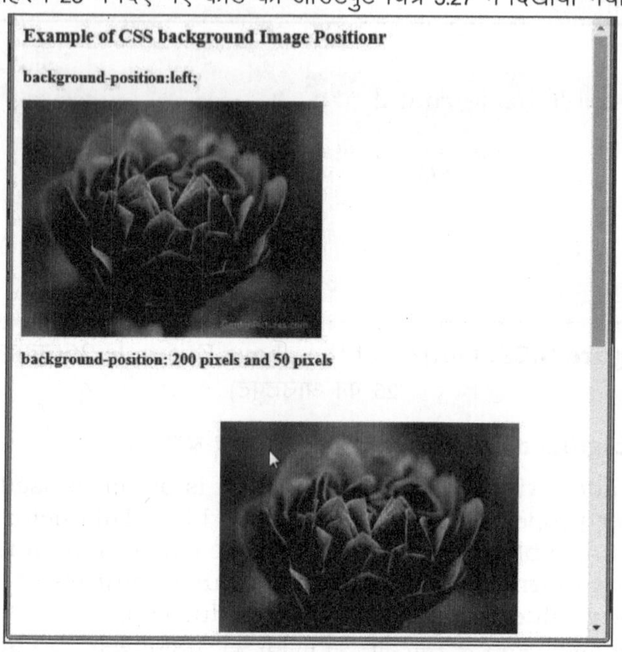

Figure 3.27: Output of the above Example 28 (उदाहरण 28 का आउटपुट)

CSS Align Background Image Position X or Y

The background-position-y helps to set the background position along vertical direction only and position-x to set horizontal direction.

बैकग्राउंड स्थिति y क्षैतिज दिशा सेट करने के लिए केवल वर्टीकल दिशा और स्थिति x के साथ पृष्ठभूमि स्थिति सेट करने में मदद करती है।

Example of background image position y.

```
<style>
.img-pos-y1 {
background-image:url (img/flower.jpg);
background-repeat:no repeat;
background-position y:right;
background-size:300px;
height:250px;
}
.img
```

```
pos y2 {
background-image:url(img/flower.jpg);
background-repeat:no repeat;
background-position y:bottom;
background -size:300px;
height: 250px;
}
.img pos y3 {
background image:url(img/flower.jpg);
background repeat:no repeat;
background position y:70%;
background size:300px;
height:250px;
}
</style>
```

Let us test this above code and run it in the browser.

आइए हम इस उपरोक्त कोड का परीक्षण करें और इसे ब्राउजर में चलाएं।

Background size (बैकग्राउंड का आकार)

You will notice that we have already used the background-size in the previous examples so let us understand it exclusively. The background-size controls the size of the background images.

आप देखेंगे कि हमने पिछले उदाहरण में पहले से ही बैकग्राउंड आकार का उपयोग किया है इसलिए हमें इसे विशेष रूप से समझें। पृष्ठभूमि का आकार पृष्ठभूमि छवियों के आकार को नियंत्रित करता है।

Syntax:

```
background-size:length(value) X%, auto, cover,
contain
This is possible by providing 2 values for the
background-size as below:
background-size:300px 70%;
/*Width of image is 300px & height is 70% of the
parent element */
background-size: auto 20%;
/*Width of image will be automatically assigned
by browser & height is 20% of the parent element*/
```

Note (ध्यान दें)

- **Background-size:** Auto is the default value.

  बैकग्राउंड-आकार: ऑटो डिफॉल्ट मान है।

- The length can be any valid length values like px, em, vw, etc.

  लंबाई किसी भी मान्य लंबाई मान जैसे px, em, vw, आदि हो सकती है।

- **background-size:** Cover sets the background image to the entire container by resizing it.

  बैकग्राउंड-साइज: कवर बैकग्राउंड इमेज को पूरे कंटेनर में सेट करके उसे आकार देता है।

- **background-size:** Contain enables the image to be fully visible by resizing it.

  बैकग्राउंड का आकार: कंटेनर छवि को पूरी तरह से आकार देने में सक्षम बनाता है।

Sometimes, it is difficult to say whether you should use background-size: Cover or background-size: contain. In that case, remember that –

कभी–कभी, यह कहना मुश्किल है कि आपको बैकग्राउंड आकार का उपयोग करना चाहिए: कवर या बैकग्राउंड का आकार हैं।

background-size: cover makes the image as large as possible to cover the full area even if it has to stretch the image or cut the image at edges.

उस स्थिति में, याद रखें कि पृष्ठभूमि का आकार: कवर छवि को यथासंभव बड़ा बनाता है, भले ही उसे पूरे क्षेत्र को कवर करना हो, भले ही उसे छवि को खींचना हो या किनारों पर छवि को काटना हो।

Just try switching from background-size: Ccover to background-size: contain and vice-versa and see which works best for you.

बस बैकग्राउंड साइज से स्विच करने का प्रयास करें:

C कवर टू बैकग्राउंड साइज: समाहित करें और इसके विपरीत और देखें कि आपके लिए कौन सा सबसे अच्छा काम करता है।

Example 29 (उदाहरण 29):

```
<!DOCTYPE html>
<html>
<hea d>
<style>
   body, html {
   height: 100%;
   margin: 0;
   }
div  {
   background image:
url("H:/cat1.jpg");
   height: 100%;
   background position: center;
   background repeat: no repeat;
   background size: cover;
  </style>
   <h2>Example of Full Page Cover Image</h2>
</html>
```

The output of the code given in Example 29 as shown in Figure 3.28.

उदाहरण 29 में दिए गए कोड का आउटपुट चित्र 3.28 में दिखाया गया है।

Figure 3.28: Output of the Example 29
(उदाहरण 29 का आउटपुट)

CSS Moving background image (CSS मूविंग बैकग्राउंड इमेज)

To create a moving background image, you can use @ keyframes and the animation property.

मूविंग बैकग्राउंड इमेज बनाने के लिए, आप @keyframes और एनीमेशन प्रॉपर्टी का उपयोग कर सकते हैं।

3.4.5 CSS Background-Attachment (CSS बैकग्राउंड-अटैचमेंट)

The background-attachment sets whether the Background Image will be fixed, scroll when the page will scroll or scroll when the content is scrolled.

बैकग्राउंड अटैचमेंट सेट करता है कि बैकग्राउंड इमेज फिक्स होगी या नहीं, जब पेज स्क्रॉल होगा या कंटेंट स्क्रॉल होने पर स्क्रॉल करेगा।

Example 30 (उदाहरण 30):

```
<!DOCTYPE>
<html>
<head>
<title>CSS Properties Example</title>
<style>
@keyframes moveimage {
from {
background
position: 0 100;
}
to {
background
position: 300px 0px;
}
}
@
webkit keyframes moveimage {
from {
background
position: 0 100;
}
to {
background
position: 300px 0px;
}
}
    .imgmoveval {
    text align:center;
    background image: url("H:/Flower.jpg");
    background size: cover;
    height:400px;
    webkit animation: moveimage 20s linear 2;
    webkit animation fill mode: forwards;
animation: moveimage 20s linear 2; /*Set image moving seconds an how many times it should move*/
animation fill mode: forwards; /*Set whether image should move forward or backwards */
}
</style>
</head>
<body>
<div class="imgmoveval">
<h3>Moving background image</h3> </div>
</body>
</html>
```

Let us test the above code in the web browser.

वेब ब्राउजर में उपरोक्त कोड का परीक्षण करते हैं:

a. **Fixed**—The background is fixed relative to the viewport (browser Window). Scrolling the contents of the element or scrolling the contents of the entire page will not cause the image to move.

   फिक्स्ड – बैकग्राउंड व्यूपोर्ट (ब्राउजर विंडो) के सापेक्ष तय की गई है। तत्व की कंटेट को स्क्रॉल करने या पूरे पृष्ठ की कंटेट को स्क्रॉल करने से छवि को स्थानांतरित करने का कारण नहीं होगा।

b. **Scroll**—The background is fixed relative to the boundaries of the element's box. Scrolling the entire page (moving the placement of the element itself) will cause the image to move with the element.

   स्क्रॉल – बैकग्राउंड तत्व के बॉक्स की सीमाओं के सापेक्ष तय की गई है। पूरे पृष्ठ को स्क्रॉल करना (तत्व के स्थान को स्वयं स्थानांतरित करना) छवि को तत्व के साथ स्थानांतरित करने का कारण होगा।

c. **Local**—The background is fixed relative to the contents of the image. If the contents of the image are scrolled, the background will scroll with them. If the document as a whole is scrolled (causing the element content to be moved), the image will move with the element.

स्थानीय – बैकग्राउंड छवि की कंटेट के सापेक्ष तय की गई है। यदि छवि की कंटेट स्क्रॉल की जाती है, तो बैकग्राउंड उनके साथ स्क्रॉल करेगी। यदि दस्तावेज पूरे के रूप में स्क्रॉल किया गया है, तो छवि तत्व के साथ चली जाएगी।

Example 31 (उदाहरण 31):

```
<!DOCTYPE html>
<html>
    .fixed bg {
        top:10px;
        background image:url("H:/col_range.jpg");
    width: 250px;
    height: 200px;
    background repeat: no repeat;
        background position:0px 50px;
        background color: lightsalmon;
        text align:left;
        overflow:hidden;
    background attachment: fixed;
    color:crimson;
    font size:20px;
        padding left:205px;
        border:2px solid black;
    .scroll bg {
        background image:url("H:/col_range.jpg");
width: 250px;
    height: 340px;
        overflow:auto;
    background repeat: no repeat;
        background color:green;
        text align:left;
    background attachment: scroll;
    color:white;
    font size:20px;
    padding left:205px;
border:2px solid black;
    .local bg {
        background image: url("H:/col_range.jpg");
    width: 250px;
    height: 200px;
    background repeat: no repeat;
        background color:yellow;
        overflow:auto;
        text align:left;
    background attachment: local;
    color:black;
    font size:20px;
```

```
        padding left:205px;
        border:2px solid black;
    }
    </style>
    <body>
     <p>The background attachment sets whether the background image will be fixes, scroll when the page will scroll or scroll when the content is scrolled </p>
        <div class="main">
         <div class="fixed-bg">
        <b><u>background-attachment:fixed</u></b>: The background image will be fixed even on scroll.    The background-attachment property specifies whether the background image should scroll or be fixed (will not scroll with the rest of the page): Try to scroll and you will notice that the image will be fixed while the content will scroll.
        </div>
        <div class="scroll-bg">
        <b><u>background-attachment:scroll</u></b>: The background-attachment property specifies whether the background image should scroll or be fixed (will not scroll with the rest of the page) Try to scroll and you will notice that the image will be fixed while the content will scroll. The background-attachment property specifies whether the background image should scroll or be fixed (will not scroll with the rest of the page) Try to scroll and you will notice that the image will be fixed while the content will scroll.
        </div>
        <div class="local-bg">
        <b><u>background-attachment:local</u></b>: The background image will also scroll with the content in case you scroll up or down.    The background-attachment property specifies whether the background image should scroll or be fixed (will not scroll with the rest of the page): Try to scroll and you will notice that the image will be fixed while the content will scroll.

        </div>
      </div>
    </body>
</html>
```

The output of the code given in Example 31 as shown in Figure 3.29.

उदाहरण 31 में दिए गए कोड का आउटपुट चित्र 3.29 में दिखाया गया है।

Figure 3.29: Output of the above Example 31 (उदाहरण 31 का आउटपुट)

The background shorthand property (बैकग्राउंड शॉटहैंड प्रॉपर्टी)

You can combine all of these rules into a single line labelled background.

आप इन सभी नियमों को एक एकल पंक्ति में लेबल कर सकते हैं

```
body {background: #efefef url(/path/to/light-texture.
png) repeat fixed top left;
```

When using the shorthand property, you can omit any of the components just you use the default value.

शॉटहैंड प्रॉपर्टी का उपयोग करते समय, आप किसी भी घटक को छोड़ सकते हैं बस आप डिफॉल्ट वैल्यू का उपयोग करते हैं।

When using the shorthand property the order of the property values is:

शॉटहैंड प्रॉपर्टी का उपयोग करते समय प्रॉपर्टी वैल्यू का क्रम है:

- background-color
- background-image
- background-repeat
- background-attachment
- background-position

Example 32 (उदाहरण 32):

```
<!DOCTYPE>
<html>
<head>
<title>CSS background shorthand property
</title>
<style>
body {
background: #f0e68c url("H:/Lotus.jpg") no repeat
right top; margin right:
200px; width: 300px;
}
</style>
</head>
<body>
<h3>Lotus Temple</h3>
<p>Lotus is the symbol common to Hinduism,
Buddhism, Jainism and Islam. Around the blooming
petals, there are nine pools of water, which light
up, in natural light. It looks spectacular at dusk
when it is flood it.</p
</body>
</html>
```

The output of the code given in Example 32 as shown in Figure 3.30.

उदाहरण 32 में दिए गए कोड का आउटपुट चित्र 3.30 में दिखाया गया है।

Figure 3.30: Output of the above Example 32 (उदाहरण 32 का आउटपुट)

3.5 Border Properties (बॉर्डर प्रापर्टीज)

Use a CSS border to set up a border around the HTML elements.

HTML तत्वों के आसपास बॉर्डर सेट करने के लिए CSS बॉर्डर का उपयोग करें।

Using CSS border, you can specify types of borders for your elements using border-style, bordercolor, border-width, border-image, and border-radius.

CSS बॉर्डर का उपयोग करके, आप सीमा–शैली, सीमा–रंग, सीमा–चौड़ाई, सीमा–छवि और सीमा–त्रिज्या का उपयोग करके अपने तत्वों के लिए सीमाओं को निर्दिष्ट कर सकते हैं।

`Syntax of CSS-Border: border: border-width border-style border-color;`

This is a shorthand syntax of CSS border and there is another syntax for CSS borders as well as you will see on this web page. border-style property is mandatory and cannot be removed.

यह CSS बॉर्डर का शॉर्टहैंड सिंटैक्स है और सीएसएस सीमाओं के लिए एक और सिंटैक्स है और साथ ही आप इस वेब पेज पर देखेंगे। सीमा स्टाइल की प्रॉपर्टी अनिवार्य है और इसे हटाया नहीं जा सकता।

3.5.1 Border-style (बॉर्डर-स्टाइल)

This border-style property is used to set the appearance (style) of the borders. The default value is none. It includes the following style for the border:

बॉर्डर–स्टाइल की प्रॉपर्टी का उपयोग सीमाओं की उपस्थिति (स्टाइल) को निर्धारित करने के लिए किया जाता है। कोई डिफॉल्ट मान नहीं है। इसमें सीमा के लिए निम्नलिखित शैली शामिल है:

- **DOTTED:** Dotted border (**डॉटेड:** बिंदीदार बॉर्डर)
- **DASHED:** dash-line border. (**डैश:** डैश–लाइन बॉर्डर।)
- **SOLID:** Normal thickness of border. (**ठोस:** सीमा की सामान्य मोटाई।)
- **DOUBLE:** Thickness of the border twice the normal thickness. (**डबल:** सीमा की मोटाई दो बार सामान्य मोटाई।)
- **INSET:** Border look like that it is merged into the page. (**इनसेट:** बॉर्डर इस तरह दिखता है कि वह पेज में विलय हो जाता है।)
- **OUTSET:** Creating an illusion that the inside of the element is raised above the page. (**आउटसेट:** यह भ्रम पैदा करना कि तत्व के अंदर पृष्ठ से ऊपर उठाया गया है।)
- **GROOVE:** The border style gets doubled. (**ग्रुव:** सीमा शैली दोगुनी हो जाती है।)
- **RIDGE:** The border style gets fold. (**रिज:** बॉर्डर स्टाइल को फोल्ड किया जाता है।)
- **HIDDEN:** The border style gets hidden. (**हिडन:** सीमा शैली छिप जाती है।)

If browser does not support all the border style such as inset, outset, then it will substitute a solid line in borderstyle.

यदि ब्राउजर इनसेट, आउटसेट जैसे सभी बॉर्डर स्टाइल को सपोर्ट नहीं करता है, तो यह बॉर्डर–स्टाइल में एक ठोस लाइन को बदलेगा।

For example (उदाहरण),

```
P {border: border-width border-style border-color;}
```

The border-style property can have from one to four values (for the top border, right border, bottom border, and the left border).

बॉर्डर स्टाइल की प्रॉपर्टी में एक से चार मान हो सकते हैं (टॉप बार्डर के लिए, दाईं सीमा, नीचे की सीमा और बाईं सीमा के लिए)।

The following examples shows different types of border style.

Example 33 (उदाहरण 33):

```
<!DOCTYPE html>
<html>
<head>
<style>
p.dotted {border
style: dotted;}
p.dashed {border style: dashed;}
p.solid {border style: solid;}
p.double {border style: double;}
p.groove {border style: groove;}
p.ridge {border style: ridge;}
p.inset {border style: inset;}
p.outset {border style: outset;}
p.none {border style: none;}
p.hidden {border style :
p.mix {border style: dotted dashed solid double;}
</style>
</head>
<body>
<h2>The border style Property</h2>
<p>This property specifies what kind of border to
display:</p>
<p class="dotted">To define a dotted border.</p>
<p class="dashed">To define a dashed border.</p>
<p class="solid">To define a solid border.</p>
<p class="double">To define a double border.</p>
<p class="groove">To define a groove border.</p>
<p class="ridge">To define a ridge border.</p>
<p class="inset">To define an inset border.</p>
<p class="outset">To define an outset border.</p>
<p class="none">This No border.</p>
<p class="hidden">To define a hidden border.</p>
<p class="mix">To define a mixed border.</p>
</body>
</html>
```

The output of the code given in Example 33 as shown in Figure 3.31.

उदाहरण 33 में दिए गए कोड का आउटपुट चित्र 3.31 में दिखाया गया है।

Figure 3.31: Output of the above Example 33 (उदाहरण 33 का आउटपुट)

3.5.2 Border-width (बार्डर विड्थ)

Numerous properties are used to set the width of borders. Individual width of the border can be controlled by border-top-width, border-right-width, border-left-width and border-bottom-width. You can also set all four borders at once with border-width property. Width of the border can be specified by using thin, medium and thick (by absolute or relative measurement). For example:

बार्डर विड्थ निर्धारित करने के लिए कई गुणों का उपयोग किया जाता है। बॉर्डर की अलग–अलग चौड़ाई बॉर्डर टॉप चौड़ाई, बॉर्डर राइट विड्थ, बॉर्डर लेफ्ट चौड़ाई और बॉर्डर बॉटम चौड़ाई द्वारा नियंत्रित की जा सकती है। आप सभी चार बॉर्डर को एक साथ बॉर्डर चौड़ाई प्रॉपर्टी पर सेट कर सकते हैं। बार्डर की चौड़ाई पतली, मध्यम और मोटी (पूर्ण या सापेक्ष माप द्वारा) का उपयोग करके निर्दिष्ट की जा सकती है। उदाहरण:

```
P {border-style: solid; border-width: 10px}
P.double {border-style: dotted; border-width:
thick}
```

You can individually change the width of the bottom, top, left, and right borders of an element using the following properties:

आप व्यक्तिगत रूप से किसी तत्व के नीचे, ऊपर, बाएँ और दाएँ सीमाओं की चौड़ाई बदल सकते हैं निम्नलिखित गुण:

- border-bottom-width changes the width of bottom border.
  बॉर्डर–बॉटम–विड्थ बॉटम बॉर्डर की चौड़ाई बदलती है।
- border-top-width changes the width of top border.
  बॉर्डर–टॉप–विड्थ टॉप बॉर्डर की चौड़ाई बदलती है।
- border-left-width changes the width of left border.
  बॉर्डर–लेफ्ट–विड्थ लेफ्ट बॉर्डर की चौड़ाई बदलती है।
- border-right-width changes the width of right border.
  बॉर्डर–राइट–विड्थ राइट बॉर्डर की चौड़ाई बदलती है।

CSS border color for specifies sides:

सीएसएस सीमा रंग पक्षों के लिए निर्दिष्ट करता है:

There are four sides of borders that is left the border, top, right, and bottom border. You can also set different colors for specific borer.

बॉर्डर की चार साइड्स हैं जो बॉर्डर, टॉप, राइट, और बॉटम बॉर्डर है। आप भी सेट कर सकते हैं।

3.5.3 Border-color (बार्डर रंग)

This property is used to create a border using color that is different from the foreground color of the element. The border color uses the foreground color of the element as a default setting. Color values are specified by using either a supported color name or a numeric RGB specification. With this property, you can also provide a individual color for every side of the border. For example:

इस प्रॉपर्टी का उपयोग रंग के उपयोग से बार्डर बनाने के लिए किया जाता है जो कि अग्रभूमि के रंग से भिन्न होता है तत्व। बार्डर रंग डिफॉल्ट सेटिंग के रूप में तत्व के अग्रभूमि रंग का उपयोग करता है। रंग मान या तो समर्थित रंग नाम या संख्यात्मक RGB विनिर्देश का उपयोग करके निर्दिष्ट किया जाता है। इस प्रापर्टी के साथ, आप सीमा के हर तरफ एक अलग रंग प्रदान कर सकते हैं। उदाहरण के लिए:

```
P {Border-Style: Solid; Border-Color: Green}
```

The border-color property can have from one to four values (for the top border, right border, bottom border, and the left border).

सीमा रंग की संपत्ति में एक से चार मान हो सकते हैं (शीर्ष सीमा के लिए, दाईं सीमा, नीचे की सीमा और बाईं सीमा के लिए)

The following example shows all these border width and color:

निम्नलिखित उदाहरण इन सभी बॉर्डर विड्थ और रंग को दर्शाता है:

Example 34 (उदाहरण 34):

```
<!DOCTYPE>
<html>
<body>
<p style = "border width:5px; border style:solid;
border color: red;">
Solid border whose width is 5px and red color.
</p>
<p style = "border width:5pt; border style:solid;
border color: green;">
Solid border whose width is 5pt and color is
green.
</p>
<p style = "border
width:thin; border style:solid; border color:
yellow;">
Solid border whose width is thin and color is
yellow.
</p>
<p style = "border width:medium; border
style:solid; border color: brown;">
This is a solid border whose width is medium and
color is brown.
</p>
<p style = "border width:thick; border
style:solid; border color: blue;">
This is a solid border whose width is thick and
color is blue.
</p>
<p style = "border bottom width:5px;border top
width:10px;
```

```
Border left width: 2px;border right
width:15px;border style:solid;">
This is a border with four different width.
</p>
</body>
</html>
```

उदाहरण 34 में दिए गए कोड का आउटपुट चित्र 3.32 में दिखाया गया है।
The output of the code given in Example 34 as shown in Figure 3.32.

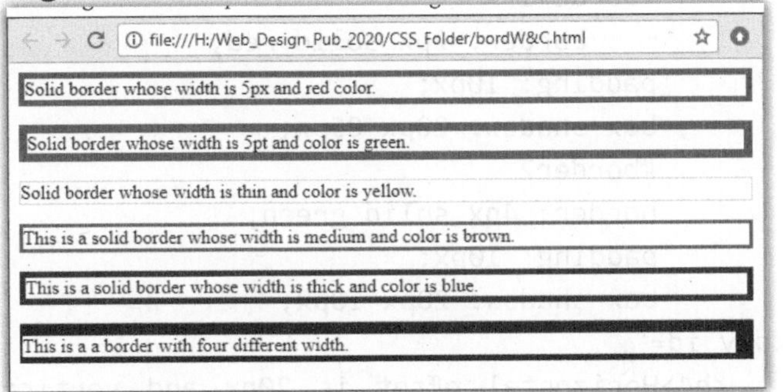

Figure 3.32: Output of the above Example 34 (उदाहरण 34 का आउटपुट)

3.5.4 Border Properties Using Shorthand (शॉर्टहैंड का उपयोग करते हुए बॉर्डर प्रॉपर्टी)

The border property allows you to specify color, style, and width of lines in one property. The following example shows how to use all the three properties into a single property.
बॉर्डर प्रापर्टी आपको एक प्रापर्टी में रंग, स्टाइल और लाइनों की चौड़ाई निर्दिष्ट करने की अनुमति देती है। निम्नलिखित उदाहरण से पता चलता है कि एक ही प्रापर्टी में सभी तीन गुणों का उपयोग कैसे करें।

Example 35 (उदाहरण 35):

```
<!DOCTYPE html>
<html>
<head>
<style>
p {
border: 5px dashed red;
}
</style>
</head>
<body>
<p>This example is showing shorthand property
for border width, style and color</p>
</body>
</html>
```

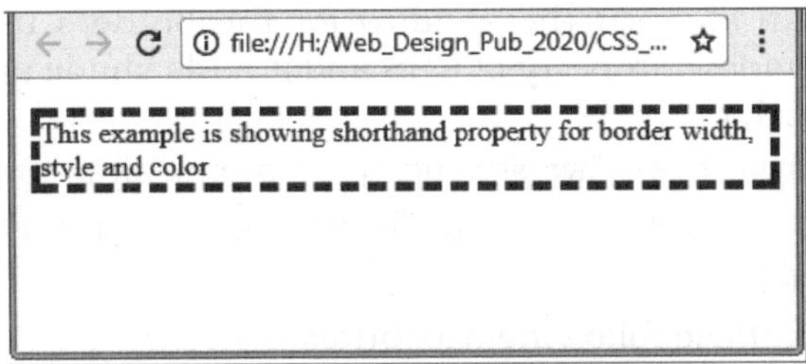

चित्र 3.33: उदाहरण 35 का आउटपुट

The output of the code given in Example 35 as shown in Figure 3.33.
उदाहरण 35 में दिए गए कोड का आउटपुट चित्र 3.33 में दिखाया गया है।

3.5.5 CSS border radius (CSS बॉर्डर रेडियस)

If you want to set the round borders, then you should use the border-radius property of CSS. You can also set the shadow for the borders using a box-shadow property of CSS.
यदि आप गोल बॉर्डर सेट करना चाहते हैं, तो आपको सीएसएस की सीमा त्रिज्या प्रॉपर्टी का उपयोग करना चाहिए। आप बॉक्स शैडो प्रॉपर्टी CSS का उपयोग करके बार्डर के लिए छाया भी सेट कर सकते हैं।

Example 36 (उदाहरण 36):

The output of the code given in Example 36 as shown in Figure 3.34.
उदाहरण 36 में दिए गए कोड का आउटपुट चित्र 3.34 में दिखाया गया है।

```
<!DOCTYPE html>
    #Div1 width:50%; height:260px; padding:50px;
    margin:20px;
    background color: gold; border radius:50%;
    border: 20px solid blue;
    text align:left;
</head>
<div id="
    <p style=font size:12px;>Border Radius</p>
</div>
</html>
```

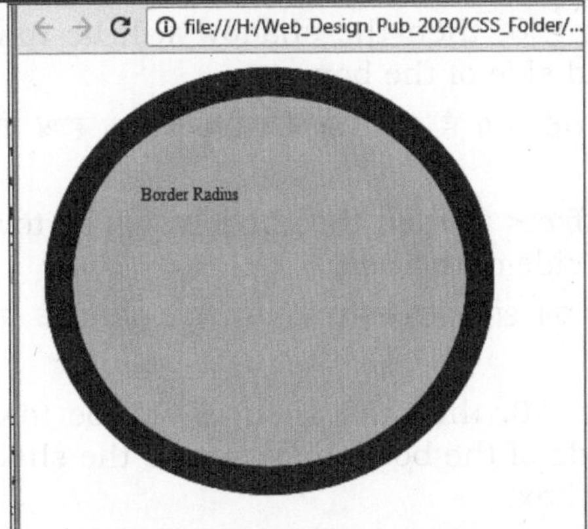

Figure 3.34: Output of the above Example 36 (उदाहरण 36 का आउटपुट)

You can also set the shadow for the borders using a box-shadow property of CSS and it adds shade around the borders.

आप सीएसएस के बॉक्स शैडो प्रॉपर्टी का उपयोग करके सीमाओं के लिए छाया भी सेट कर सकते हैं और यह सीमाओं के चारों ओर छाया जोड़ता है।

It uses these following attributes:

यह इन निम्नलिखित विशेषताओं का उपयोग करता है

X-offset: X-offset is the horizontal displacement of the shadow of the box.

X **ऑफसेट:** X ऑफसेट बॉक्स की शैडो का क्षैतिज विस्थापन है।

Y-offset: Y-offset is the vertical displacement(offset along the Y-Axis) of the shadow of the box.

Y **आफसेट:** Y ऑफसेट बॉक्स की शैडो का लंबवत विस्थापन (Y Axis के साथ ऑफसेट) है।

Color: Color is always optional in box-shadow. color defines the color of the shadow and by default, it takes the color of the text.

रंग: रंग हमेशा बॉक्स छाया में वैकल्पिक होता है। रंग छाया के रंग को परिभाषित करता है और डिफॉल्ट रूप से, यह पाठ का रंग लेता है।

- **blur-radius:** It makes the shadow little dim and hazy.

  धुंधला-त्रिज्या: यह शैडो को थोड़ा धुंधला और धुंधला बनाता है।
- **spread-radius:** It makes the shadow bigger or smaller.

  प्रसार-त्रिज्या: यह शैडो को बड़ा या छोटा बनाता है।
- **Inset:** It will create a shade from the outer side towards the inner side.

  इनसेट: यह बाहरी तरफ से अंदर की तरफ एक शेड बनाएगा।
- **Initial:** It will acquire the attributes and properties from its parent.

  प्रारंभिक: यह अपने पैरेंट्स से विशेषताओं और गुणों का अधिग्रहण करेगा।
- **Inherit:** It always optional (**इनहेरिट:** यह हमेशा वैकल्पिक है।).

Note (ध्यान दें):

If x-offset > 0, then the shadow will be towards the right-hand side of the box.

यदि x-ऑफसेट > 0 है, तो शैडो बॉक्स के दाहिने हाथ के किनारे की ओर होगी।

If the x-offset< 0, then the shadow will be towards the left-hand side of the box.

यदि x < 0 को ऑफसेट करता है, तो शैडो बॉक्स के बाएं हाथ की ओर होगी।

If y-offset > 0, then the shadow will be towards the bottom side of the box which means the shade will be below the box.

यदि y ऑफसेट > 0 है, तो शैडो बॉक्स के नीचे की ओर होगी, जिसका अर्थ है कि शैडो बॉक्स के नीचे होगी।

y-offset<0, then the shadow will be towards the top side of the box which means the shade will be at the top of the box.

y-ऑफसेट < 0, फिर शैडो बॉक्स के ऊपर की ओर वार्ड करने के लिए होगी जिसका अर्थ है कि शैडो बॉक्स के शीर्ष पर होगी।

Example 37 (उदाहरण 37):

```
<!DOCTYPE html>
<html>
    <style>
        #borderl
            border: 2px solid red;
        padding: 10px;
        box shadow: 20px 05px;
        #border2
        border: 4px solid green;
        padding: 10px;
        box shadow: 20px 10px;
<div id="
    <h4>Horizontal offset is 20px and vertical
    offset is 5px.</
    <p>Positive values of an x offset shadow
      towards the right si de along the x axis</p>
    <p>Positive values of a y offset shadow towards
      the bottom side along the y axis</p>
    <div id="
    <h4>Horizontal offset is 20px and vertical
    offset is 10px.</h4>
    <p>Negative values of an x offse t shadow
      towards the left side along the x axis</
      p>
    <p>Negative values of a y offset shadow
      towards the top side along the y axis</p>
</html>
```

The output of the code given in Example 37 as shown in Figure 3.35.

उदाहरण 37 में दिए गए कोड का आउटपुट चित्र 3.35 में दिखाया गया है।

3.6 Block Properties (ब्लॉक प्रॉपर्टी)

A block element always starts on a new line, and fills up the horizontal space left and right on the web page. The block value of the display property forces an element to behave like block-level element, like a <div> or <p> element.

एक ब्लॉक तत्व हमेशा एक नई लाइन पर शुरू होता है, और वेब पेज पर बाएं और दाएं क्षैतिज स्थान को भरता है। प्रदर्शन गुण का ब्लॉक मूल्य एक तत्व को ब्लॉक स्तर तत्व की तरह व्यवहार करने के लिए मजबूर करता है, जैसे <div> और <p>।

The display property decides how the browser will display an element.

डिस्प्ले प्रॉपर्टी यह तय करती है कि ब्राउजर किसी तत्व को कैसे प्रदर्शित करेगा।

There are important display properties. These are:

महत्वपूर्ण डिस्प्ले प्रॉपर्टी हैं:

1. Inline (इनलाइन)
2. Block (ब्लॉक)
3. Inline-block (इनलाइन–ब्लॉक)
4. None and table (कोई नहीं और टेबल)

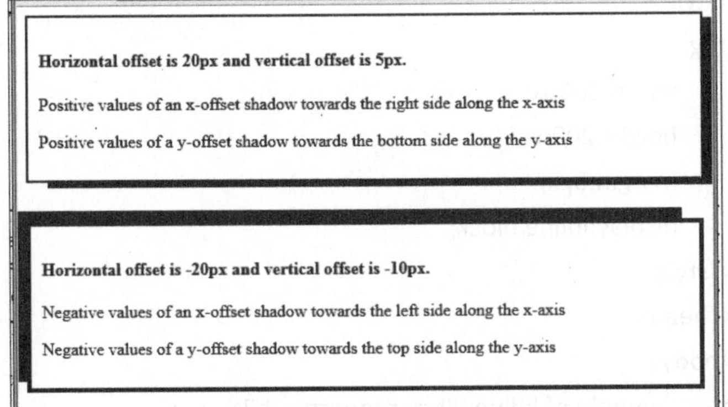

Figure 3.35: Output of the above Example 37 (उदाहरण 37 का आउटपुट)

Inline elements are continues with the flow of the text and does not start in the new line until you are forcing it to start in a new line. It does not accept the width and height values. Some of the inline elements are:

इनलाइन तत्वों को पाठ के प्रवाह के साथ जारी रखा जाता है और नई लाइन में शुरू नहीं होता है जब तक कि आप इसे एक नई लाइन में शुरू करने के लिए मजबूर नहीं करते हैं। यह चौड़ाई और ऊंचाई के मूल्यों को स्वीकार नहीं करता है। इनलाइन तत्वों में से कुछ हैं:

<span>, <a>, <b>, <strong>, and <em>. The style rules in the following example displays the <p> and <li> elements as inline-level elements:

<span>, <a>, <b>, <strong> और <em>. निम्नलिखित उदाहरण में स्टाइल नियम <p> और <li> तत्वों को इनलाइन स्तर के तत्वों के रूप में प्रदर्शित करता है:

Example 38 (उदाहरण 38):

```
<!DOCTYPE html>
<head>
<title>Example of CSS display</title>
<style>
p {
    display: inline;
    background: #8FBC8F;
    padding: 10px;
}
ul li {
    display: inline;
    margin:10px;
}
</style>
</head>
<body>
<p>Display a list of links as a horizontal menu</
p>
<ul>
<li>HTML</li> <li>JAVA</li> <li>CSS</li>
<li>JavaSCRIPT</li> </ul>
</body>
</html>
```

The output of the code given in Example 38 as shown in Figure 3.36.

उदाहरण 38 में दिए गए कोड का आउटपुट जैसा कि चित्र 3.36 में दिखाया गया है।

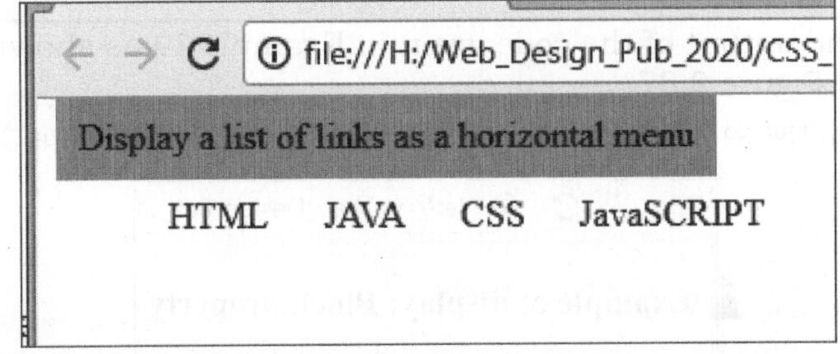

Figure 3.36: Output of the above Example 38 (उदाहरण 38 का आउटपुट)

Display: Block (डिस्प्ले ब्लॉक)

The block elements are those which breaks the normal flow of the text and starts in new line. This property is used as the default property of div. This property places the div one after another vertically. Height and width of the div can be changed using the block property if the width is not mentioned, then div under block property will take up the width of the container.

ब्लॉक तत्व वे हैं जो पाठ के सामान्य प्रवाह को तोड़ते हैं और नई पंक्ति में शुरू होते हैं। इस प्रॉपर्टी का उपयोग <div> की डिफॉल्ट संपत्ति के रूप में किया जाता है। यह प्रॉपर्टी एक के बाद एक लंबवत रूप से div को रखती है। ब्लॉक की प्रॉपर्टी का उपयोग करके div की ऊंचाई और चौड़ाई को बदला जा सकता है यदि चौड़ाई का उल्लेख नहीं किया गया है, तो ब्लॉक प्रॉपर्टी के तहत div कंटेनर की चौड़ाई को ले जाएगा।

Example 39 (उदाहरण 39):

```
<!DOCTYPE html>
<html>
<head>
<style>
    div {
        width:70px;
        margin:5px;
        height:50px;
        display:block;
        text align:left;
```

```
        background:gold;
        border:2 px solid black;
</style>
</head>
<body>
<h3>Example of display: Block property</h3>
<div>Block 1</div>
<div>Block 2</div>
<div>Block 3</div>
<div>Block 4</div>
<div>Block 5</div>
</body>
</html>
```

The output of the code given in Example 39 as shown in Figure 3.37.

उदाहरण 39 में दिए गए कोड का आउटपुट चित्र 3.37 में दिखाया गया है।

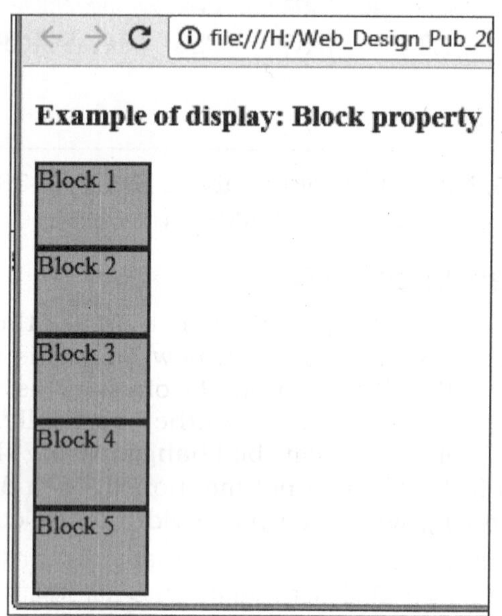

Figure 3.37: Output of example 39 (उदाहरण 39 का आउटपुट)

Inline-Block Element (इनलाइन ब्लॉक एलीमेंट)

The inline-block elements have some behavior similar to inline elements in a way that it continues with the flow of the text. The inline-block value of the display property causes an element to generate a block box that will be flowed with surrounding content that is the same line as adjacent content. The following example shows style rules displays the <div> and <span> elements as inline-block.

इनलाइन ब्लॉक तत्वों में इनलाइन तत्वों के संमान कुछ व्यवहार होता है जो पाठ के प्रवाह के साथ जारी रहता है। डिस्प्ले प्रॉपर्टी की इनलाइन ब्लॉक वैल्यू के कारण ब्लॉक बॉक्स जेनरेट करने के लिए एक तत्व बनता है जो आस–पास की कंटेट के साथ प्रवाहित होगा जो आसन्न कंटेट के समान है। निम्न उदाहरण दिखाता है कि स्टाइल नियम इनलाइन ब्लॉक के रूप में <div> और <span> तत्वों को प्रदर्शित करता है।

Example 40 (उदाहरण 40):

```
<!DOCTYPE html>
<html>
<head>
<style>
img
    width:200px;
    height:200px;
    margin:5px;
    display:inline block;
</style>
</head>
<body>
<h3>Example of Inline Block property</h2>
<img src="h:/Greenapple.jpg">
<img src="h:/Apple1.jpg">
</body>
</html>
```

The output of the code given in Example 40 as shown in Figure 3.38.

उदाहरण 40 में दिए गए कोड का आउटपुट चित्र 3.38 में दिखाया गया है।

Figure 3.38: Output of the above Example 40 (उदाहरण 40 का आउटपुट)

CSS display: none style (सीएसएस प्रदर्शन: नोन स्टाइल)

CSS display type none means element is not display, element is no longer displayed.

CSS प्रदर्शन प्रकार कोई भी नहीं मतलब तत्व प्रदर्शन नहीं है, तत्व अब प्रदर्शित नहीं होता है।

Display: None, Visibility and Hidden.

डिस्प्ले: कोई नहीं, दृश्यता और छिपा हुआ

Display: None makes sure that the element is not display. It also removes the allocated space for the element.

डिस्प्ले: कोई भी यह सुनिश्चित नहीं करता है कि तत्व प्रदर्शित नहीं है। यह दृश्यता के लिए आवंटित स्थान को भी हटा देता है:

Visibility: Hidden hides the element but it does not remove the extra space of the element which is hidden. For example, if you want to keep the extra space, then use visibility: hidden else use display: none property.

तत्व को छिपाता है लेकिन यह उस तत्व के अतिरिक्त स्थान को नहीं हटाता है जो छिपा हुआ है।

उदाहरण के लिए, यदि आप अतिरिक्त स्थान रखना चाहते हैं, तो दृश्यता का उपयोग करें: छिपे हुए अन्य प्रदर्शन का उपयोग करें: कोई भी संपत्ति नहीं।

Example 41 (उदाहरण 41):

```
<!DOCTYPE html>
<html>
<head>
<style>
    .display hidden {
    visibility: hidden;
    .display
    none {
    font size: 20px;
    display: none;
}
</style>
</head>
<body>
<h2>Example of CSS Display:none and visibility:
hidden</h2>
<div>
Easy <a href="#,">to learn HTML</a> CSS </div>
<div>
Easy <a href="#" class="display
hidden">to learn HTML</a>CSS </div>
<div>
Easy <a href="#" class="displaynone">to learn</
a>HTML CSS </div>
</body>
</html>
```

The output of the code given in Example 41 as shown in Figure 3.39.

उदाहरण 41 में दिए गए कोड का आउटपुट चित्र 3.39 में दिखाया गया है।

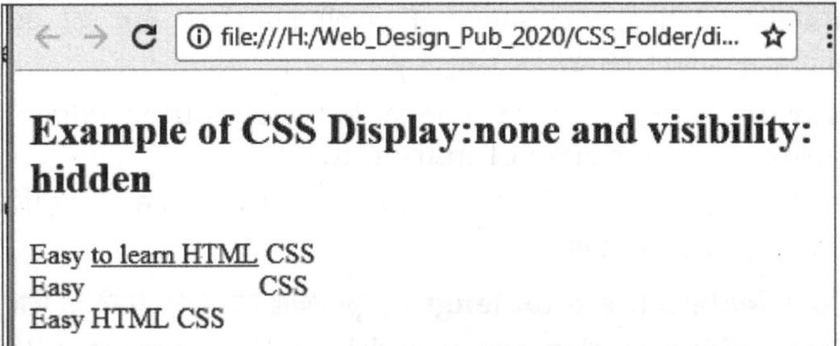

Figure 3.39: Output of the above Example 41 (उदाहरण 41 का आउटपुट)

3.7 CSS BOX Properties (सीएसएस बॉक्स प्रॉपर्टी)

CSS box model is a container that contains multiple properties including borders, margin, padding and the content. It is used to create and layout of web pages. It can be used for customizing the layout of different elements. There are four sides of the area, so each side of the box model has Top-margin, right margin, a bottom margin and left margin.

CSS बॉक्स मॉडल एक कंटेनर है जिसमें बॉर्डर, मार्जिन, पैडिंग और कंटेट सहित कई गुण होते हैं। इसका उपयोग वेब पेज बनाने और लेआउट करने के लिए किया जाता है। इसका उपयोग विभिन्न तत्वों के लेआउट को अनुकूलित करने के लिए किया जा सकता है। क्षेत्र के चार पक्ष हैं, इसलिए बॉक्स मॉडल के प्रत्येक पक्ष में टॉप–मार्जिन, राइट मार्जिन, बॉटम मार्जिन और बाएं मार्जिन है।

- Top-border, right border, bottom border and left border.

  टॉप–बॉर्डर, राइट बॉर्डर, बॉटम बॉर्डर और लेफ्ट बॉर्डर।
- Top-padding, right padding, bottom padding and left padding.

  टॉप–पैडिंग, राइट पैडिंग, बॉटम पैडिंग और लेफ्ट पेडिंग।
- Width and height of the content area.

  कंटेट क्षेत्र की चौड़ाई और ऊंचाई।

Example of CSS Box model (CSS Box मॉडल का उदाहरण)

For example, the element is surrounded with these values,

उदाहरण के लिए, तत्व इन मूल्यों से घिरा हुआ है,

Width: 400px; /* width of the content area */

चौड़ाई: 400px; / * कंटेट क्षेत्र की चौड़ाई * /

Height: 50px; /* height of the content area */

ऊँचाई: 50px; / * कंटेट क्षेत्र की ऊंचाई * /

Padding: 5px 10px; /* space between outer edge of the content to inner edge of border */

पैडिंग: 5 px 10px; / * कंटेट के बाहरी किनारे के बीच की सीमा के भीतरी किनारे के बीच का स्थान * /

Border: 4px blue; /* space between outer edge of padding to inner edge of margin */

बॉर्डर: 4px नीला; / * मार्जिन के बाहरी किनारे के बीच का अंतर मार्जिन के भीतरी किनारे के लिए * /

Margin: 5px 8px; /* space between outer edge of border to inner edge of margin itself */

मार्जिन: 5 PX 8px; / * सीमा के बाहरी किनारे से मार्जिन के आंतरिक किनारे के बीच का स्थान

To calculate the total length (कुल लंबाई की गणना करने के लिए):

Total width of element = width of the content + left padding + right padding + left border + right border + left margin + right margin

तत्व की कुल चौड़ाई = कंटेट की चौड़ाई + बाईं पैडिंग + दाईं पैडिंग + बाईं सीमा + दाईं सीमा + बायाँ मार्जिन + दायाँ मार्जिन

= 400px + 10px + 10px + 4px + 4px + 8px + 8px = 444px

Total height of element = height of the content + top padding + bottom padding + top border + bottom border + top margin + bottom margin

तत्व की कुल ऊँचाई = कंटेट की ऊँचाई + टॉप पैडिंग + बॉटम पैडिंग + टॉप बॉर्डर + बॉटम बॉर्डर + टॉप मार्जिन + बॉटम मार्जिन

= 50px + 5px + 5px + 4px + 4px + 5px + 5px =78px

Example 42 (उदाहरण 42):

```
<!DOCTYPE html>
<html>
<head>
<style>
    .box_model
    width: 600px;
    height: 70px;
    padding: 10p x 15px;
    border:10px solid pink;
    margin: 15px 10px;
}
    .box_model1
    width: 620px;
    height: 70px;
    padding:10px 10px;
    border:10px solid powderblue;
    margin: 05px 05px;
}
</style>
</head>
<body>
<h2>There is two boxes with different width of the content but same total length of the element</h2>
<div class="box_model">
<pstyle=background-color:lightgreen;text-align:center;>The width of the area is 700px but the total width of the element is 660px.</p>
</div> <div class="box_model1">
<p style=background-color:yellow;text-align:center; >The width of the area is 720px but the total width of the element is 660px.</p>
</div>
</body>
</html>
```

The output of the code given in Example 42 as shown in Figure 3.40.

उदाहरण 42 में दिए गए कोड का आउटपुट चित्र 3.40 में दिखाया गया है।

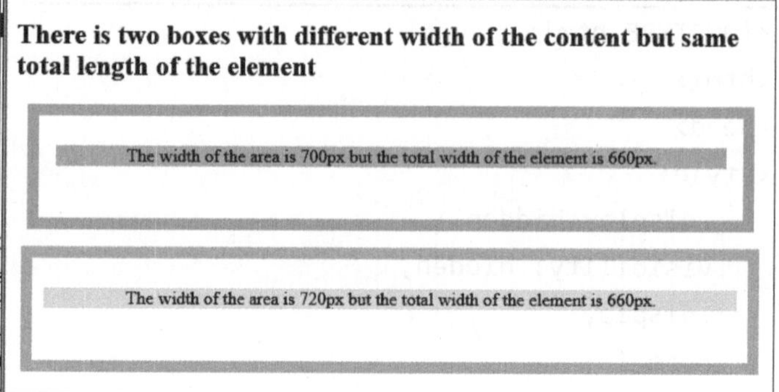

Figure 3.40: Output of the above Example 42 (उदाहरण 42 का आउटपुट)

3.7.1 Positioning Properties (पोजिशनिंग प्रॉपर्टीज)

The position property set an element positioning to display in web page. This position property always defines what type of position method will be used an element. It is used to define how an element is positioned.

पोजिशन प्रॉपर्टीज वेब पेज में प्रदर्शित करने के लिए एक तत्व स्थिति निर्धारित करता है। यह स्थिति गुण हमेशा परिभाषित करता है कि किस प्रकार की स्थिति विधि का उपयोग किसी तत्व में किया जाएगा। इसका उपयोग यह परिभाषित करने के लिए किया जाता है कि कोई तत्व कैसे तैनात है।

There are five important types of positioning method used for an element. These are:

किसी तत्व के लिए पांच महत्वपूर्ण प्रकार के पोजिशनिंग मेथड हैं। ये हैं:

a. Static (स्थिर)
b. Fixed (फिक्स्ड)
c. Relative (रिलेटिव)
d. Absolute and (आब्सोलुट)
e. Sticky (स्टिकी)

Elements have positioned using the top, bottom, left, and right properties. However, these properties will not work unless the position property is set. It also work differently depending on the position value. CSS Static Position: A static position is the default position. Static positioned elements are not affect by the top, bottom, left, and right and z-index properties.

तत्वों ने ऊपर, नीचे, बाएं और दाएं प्रॉपर्टीज का उपयोग करके तैनात किया है। हालाँकि, जब तक स्थिति प्रॉपर्टीज सेट नहीं किया जाता है, तब तक ये प्रॉपर्टीज काम नहीं करेंगे। यह स्थिति मूल्य के आधार पर भी अलग तरह से काम करता है।

Example 43 (उदाहरण 43)

```
<!DOCTYPE>
<html>
<head>
<style>
        .default
        border width: 5px;
        border style:ridged;
        background color: gray;
        border: dotted;
    .css
    position static {
    border: 2px dashed red;
    padding:10px;
position:static;
}
</style>
</head>
<body>
<h3>CSS Position Static</h3
<div class="default">
<p>The div is a default position</p>
</div>
<br>
<div class="CSS
position static">
<p>>An element with position: static. It is not
positioned according to the normal flow of the
web page</p>
</div>
</body>
</html>
```

The output of the code given in Example 43 as shown in Figure 3.41.

उदाहरण 43 में दिए गए कोड का आउटपुट चित्र 3.41 में दिखाया गया है।

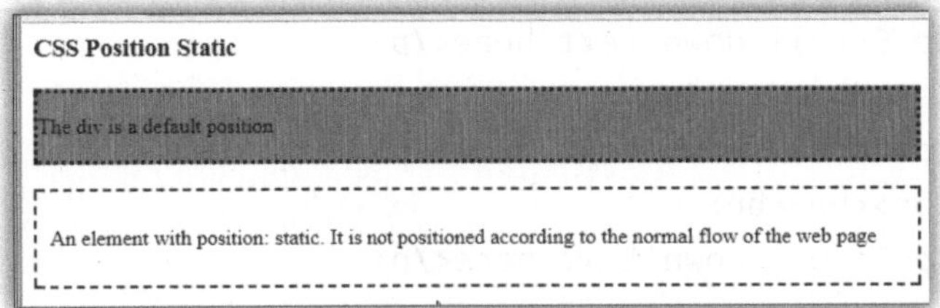

Figure 3.41: Output of the above Example 43 (उदाहरण 43 का आउटपुट)

CSS Position: fixed property: To set element is fixed even if Window scroll vertically or horizontally element is fixed place. CSS position fixed followed by the Window offset top, right, bottom and left.

सीएसएस पोजीशन: फिक्स्ड प्रॉपर्टी तत्व सेट करने के लिए भी तय किया जाता है, भले ही डब्ल्यू लंबवत या क्षैतिज रूप से स्क्रॉल करें।

तत्व निश्चित जगह है सीएसएस पोजीशन डब्ल्यू इंडो ऑफ्स एट टॉप, राइट, बॉटम और लेफ्ट द्वारा निर्धारित की गई है।

सीएसएस स्टेटिक पोजीशन: एक स्टेटिक पोजीशन डिफॉल्ट स्थिति है। स्थैतिक पोजीशन तत्व ऊपर, नीचे, बाएं और दाएं और z सूचकांक गुणों से प्रभावित नहीं होते हैं।

Example 44 (उदाहरण 44):

```
<!DOCTYPE>
<html>
<head>
<style>
    .css position fixed {
    border: 2px dashed red;
    background color:gold;
    position:fixed;
    top: 90px;
    left: 45px;
    text align:center;
    padding:5px;
</style>
</head>
<body>
<h3>CSS Position fixed</h3>
<div class="CSSposition fixed">
<p>This is the fix positioned text</p>
</div>
<br>
<p>Scroll down text here</p>
    <br><br><br><br>
```

```
<p>Scroll down text here</p>
    <br><br><br>
<p>Scroll down text here</p>
<br><br><br>
<p>Scroll down text here</p>
<br><br><br><br>
<p>Scroll down text here</p>
<br><br><br><br>
</body>
</html>
```

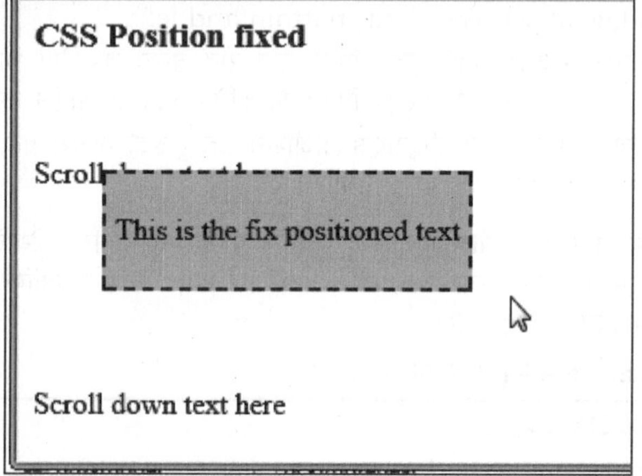

Figure 3.42: Output of the above Example 44
(उदाहरण 44 का आउटपुट)

उदाहरण 44 में दिए गए कोड का आउटपुट चित्र 3.42 में दिखाया गया है। The output of the code given in Example 44 as shown in Figure 3.42.

CSS Position: Relative: An element with position: relative is positioned relative to its normal position. You can set an element in such a way that it goes way from an element in left, right, top, or bottom sides relative to the default normal position.

सीएसएस पोजीशन: रिलेटिव: एलिमेट पोजीशन के साथः रिलेटिव अपनी सामान्य स्थिति के सापेक्ष स्थित होता है। आप एक तत्व को इस तरह से सेट कर सकते हैं कि यह डिफॉल्ट सामान्य स्थिति के सापेक्ष बाएं, दाएं, ऊपर, या नीचे की ओर के तत्व से जाता है।

Example 45 (उदाहरण 45):

```
<!DOCTYPE>
<html>
<head>
<style>
    .default
    background color: lightpink;
    border: solid;
    .css position relative_top {
    border: 2px dashed gold;
    position: relative;
    top: 20px;
    padding:10px;
    background color:orange;
}
    .css position relative_right {
    border: 2px dotted blue;
    position:r elative;
    right: 25px;
    padding left: 30px;
    background color:lightgreen;
}
    .css position relative_bottom {
    border: 2px double black;
    position: 1.5em;
    background color:yellow;
    .css position relative_left {
    border: 2px ridge brown;
    positio n:relative;
    left: 18px;
    padding left:30px;
    background color: lightyellow;
}
</style>
</head>
<body>
<div class="default">
<p>This is the default position</ </p>
</div>
<br
>
<div class="css
position relative_top">
<p>This moves the div 20px away from top relative
to default position so this will shift the div
towards the bottom of the page relative to its
default position</p>
```

```
</div>
<br><br><br>
<div class="css-position-relative_right">
<p>This moves the div 25px away from right relative to default position so this will shift the div towards the left of the page relative to its default position</p>
</div>
<br><br><br>
<div class="css-position-relative_bottom">
<p>This moves the div 1.5em away from bottom relative to default position so this will shift the div towards the top of the page relative to its default  position</p>
</div>
<br><br><br>
<div class="css-position-relative_left">
<p>This moves the div px away from top relative to default position so this will shift the div towards the bottom of the page relative to its default position</p>
</div>
</body>
</html>
```

The output of the code given in Example 45 as shown in Figure 3.43.

उदाहरण 45 में दिए गए कोड का आउटपुट चित्र 3.43 में दिखाया गया है।

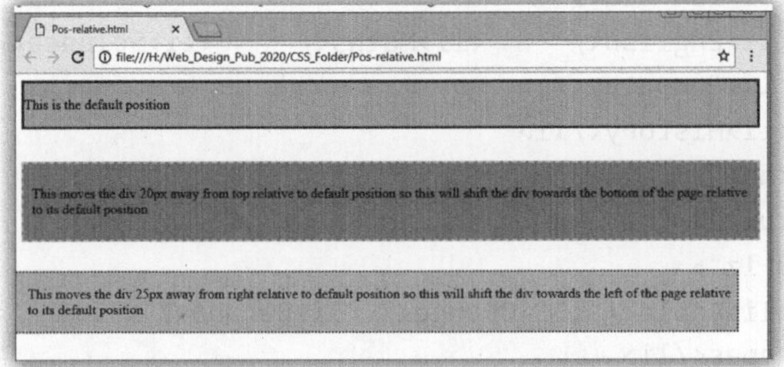

Figure 3.43: Output of the above Example 45 (उदाहरण 45 का आउटपुट)

CSS Position: Absolute: An element with position: absolute; is used to position an element relative to the first parent element that has a position other than static. If no such element is found, it will have positioned on a page relative to the top-left corner of the browser Window.

सीएसएस पोजीशन: अब्यसेलुटे: पोजीशन के साथ एक तत्वरू पूर्णय पहले मूल तत्व के सापेक्ष एक तत्व को स्थिति के लिए उपयोग किया जाता है जिसमें स्थैतिक के अलावा कोई अन्य स्थिति हो। यदि ऐसा कोई तत्व नहीं मिला है, तो यह ब्राउजर विंडो के ऊपरी बाएँ कोने के सापेक्ष एक पृष्ठ पर तैनात होगा।

Example 46 (उदाहरण 46):

```
<!DOCTYPE html>
<html>
<head>
<style>
    div.relative {
    position: relative;
    width: 400px;
    height:200px;
    border: 3px solid #73AD21;
div.absolute {
    position: absolute;
    top: 80px;
    right: 0;
    width: 200px;
    height: 100px;
    border: 3px solid #73AD21;
}
</style>
</head>
<body>
<h2>Position: absolute</h2>
<p>An element with position: absolute is positioned to relative to the nearest positioned ancestor</p>
<div class="relative">This div element has position: relative
<div class="absolute">This div element has position: absolute</div>
</div>
</body>
</html>
```

The output of the code given in Example 46 as shown in Figure 3.44.

उदाहरण 46 में दिए गए कोड का आउटपुट चित्र 3.44 में दिखाया गया है।

CSS Position: Sticky: It enables an element to scroll down(if the page can be scrolled) up to a fixed point like position:relative and then it gets fixed at a certain position after you have scrolled till a fixed area stars behaving like position:fixed. It is a mixture of relative and fixed position but you have to keep in mind about the offset position compared to the nearest element in the scrolling area.

सीएसएस स्थिति: स्टिकी

यह एक तत्व को नीचे स्क्रॉल करने में सक्षम करता है (यदि पृष्ठ को स्क्रॉल किया जा सकता है) स्थिति की तरह एक निश्चित बिंदु तक: रिलेटिव और फिर यह स्थिति में एक सर्टिफिकेट पर तय हो जाता है जब तक कि आप स्क्रॉल नहीं करते हैं जब तक कि एक निश्चित क्षेत्र सितारे स्थिति की तरह व्यवहार नहीं करते हैं। यह सापेक्ष और निश्चित स्थिति का मिश्रण है लेकिन आपको स्क्रॉलिंग क्षेत्र में निकटतम तत्व की तुलना में ऑफसेट स्थिति के बारे में ध्यान रखना होगा।

3.8 CSS Lists (CSS लिस्ट)

There are two types of CSS lists.

CSS लिस्ट दो प्रकार की होती हैं।

- Ol: Ordered list which follows a sequence/order like numbers, alphabets.

  1: ऑर्डर की गई लिस्ट जो संख्याओं, वर्णमाला जैसे अनुक्रम / आदेश का पालन करती है।

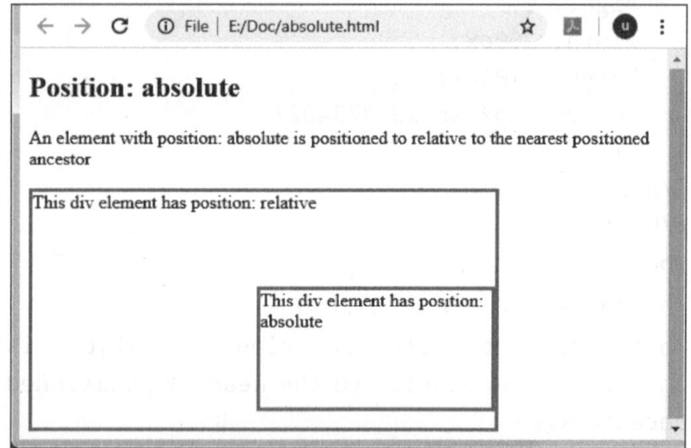

Figure 3.44: Output of the above Example 46 (उदाहरण 46 का आउटपुट)

- **Ul:** Unordered list items are marked with round bullets. There are three important style properties for ordered and unordered list.

  UL: अनियंत्रित सूची आइटम गोल बुलेट्स के साथ चिह्नित हैं। आदेशित और अनियंत्रित सूची के लिए तीन महत्वपूर्ण स्टाइल प्रॉपर्टीज हैं।
- **List-style-type:** type of bullet points.

  सूची-शैली-प्रकार: बुलेट बिंदुओं का प्रकार।
- **List-style-position:** To set the position of the bullet points.

  सूची-शैली-स्थिति: बुलेट बिंदुओं की स्थिति निर्धारित करने के लिए।
- **List-style-image:** to set a background image for the bullet list type. Syntax of list style type is List-style-type: decimal | decimal-leading-zero | lower-roman | upper-roman | lower-alpha | upperalpha. For ordered list, the default style type is decimal. For example, you have different type of list style type.

  सूची-शैली-छवि: बुलेट सूची प्रकार के लिए पृष्ठभूमि छवि सेट करने के लिए।

  लिस्ट स्टाइल प्रकार का सिंटैक्स लिस्ट स्टाइल प्रकार है: दशमलव | दशमलव शून्य | लोअर रोमन | ऊपर रोमन | लोअर अल्फा | ऊपर अल्फा। ऑर्डर लिस्ट के लिए, डिफॉल्ट स्टाइल दशमलव है। उदाहरण के लिए, आपके पास विभिन्न प्रकार की सूची प्रकार हैं।

Example 47 (उदाहरण 47):

```
<!DOCTYPE html>
<html>
<head>
<title>List Style type for ordered list</title>
<style>
    #ol d {
    list style type: decimal;
    #ol d lz {
    list style type: decimal leading zero;
    #ol lr {
    list style type: lower roman;
    #ol ur {list style type: upper roman;
    #ol
    la {list style type: lower alpha;
    #ol ua {list style type: upper alpha;
</style>
</head>
<body>
<ul id="old">
<li>English</    <li>Maths</    <li>Science</
<li>Computer</
<li>History</li>
<hr>
<ul id="ol
d lz">
<li>Apple</ <li>Orange</ <li>Banana</ <li>G
rapes</li>
<li>Pineapple</ </
<hr>
<ul id="ol
<lr">
<li>Laptop</ <li>Mobile</ <li>Smartwatch</
<li>TV</li>
<li>Washing Machine</li>
<hr>
```

```
<ul id="ol
ur">
<li>Pen</ <li>Pencil</ <li>Mouse</
<li>Keyboard</
<li>Harddisk </li>
<hr>
<ul id="ol
la">
<li>Pendrive</ <li>LCD</ <li>LED</
<li>Monitor</
<li>Mouse</li>
<hr>
<ul id="ol
ua">
<li>Peacock</li>
<li>Crown</li> <li>Rabbit</ <li>Snake</
<li>Deer</
</ul>
</body>
</html>
```

The output of the code given in Example 47 as shown in Figure 3.45.

उदाहरण 47 में दिए गए कोड का आउटपुट चित्र 3.45 में दिखाया गया है।

For unordered list, the default style type is disc. The value is circle, square, disk and none.

अनियंत्रित सूची के लिए, डिफॉल्ट शैली प्रकार डिस्क है। मान वृत्त, वर्ग, डिस्क और कोई नहीं है।

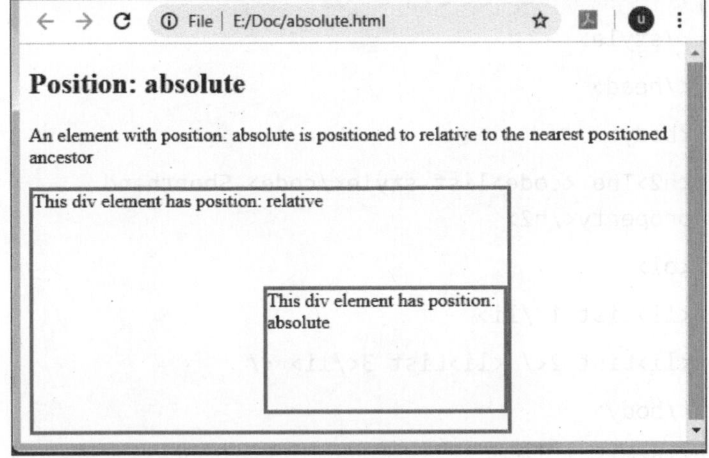

Figure 3.45: Output of the above Example 47 (उदाहरण 47 का आउटपुट)

Example 48 (उदाहरण 48): List style type for unordered list:

```
<!DOCTYPE html>
<html>
<head>
<title>List Style type
for ordered list</title>
<style>
#ul
disc {
list style type: disc;
#ul square {
list style type: square;
#ul circle {
list style type: circle;
</style>
</head>
<body>
<ul id="ul disc">
<li> English</li> <li>Maths</li> <li>Science</
li> <li>Computer</
<li>History</li>
<hr>
<ul id="ul square">
<li>Apple</li> <li>Orange</li> <li>Banana</li>
<li>Grapes</
<li>Pineapple</li> </
<hr>
<ul id="ul circle">
<li>Laptop</li> <li>Mobile</l i>
<li>Smartwatch</li> <li>TV</li>
<li>Washing Machine</li> </ul> <
</body>
</html>
```

The output of the code given in Example 48 as shown in Figure 3.46.

उदाहरण 48 में दिए गए कोड का आउटपुट चित्र 3.46 में दिखाया गया है।

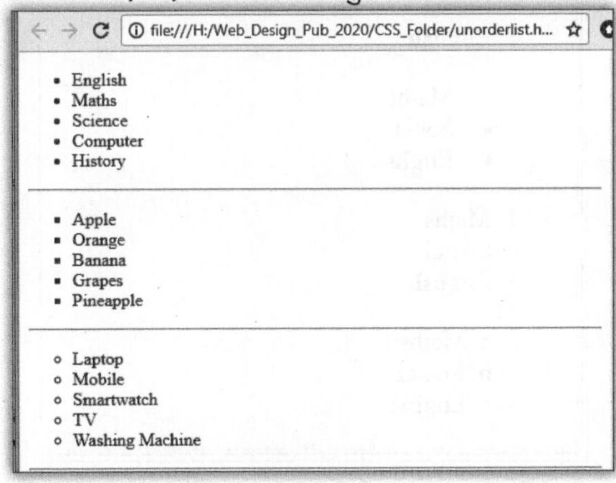

Figure 3.46: Output of the above Example 48 (उदाहरण 48 का आउटपुट)

List Style Position: The line is position outside of the list item boxes, by default. However, you can use the list-style-position property to specify whether the bullet points appear inside or outside of the list item block boxes.

लिस्ट स्टाइल पोजीशन: डिफॉल्ट रूप से लाइन लिस्ट बॉक्स के बाहर की स्थिति है। हालाँकि, आप लिस्ट स्टाइल स्थिति गुण का उपयोग यह निर्दिष्ट करने के लिए कर सकते हैं कि बुलेट बिंदु सूची आइटम ब्लॉक बॉक्स अंदर या बाहर दिखाई देते हैं या नहीं।

Example 49 (उदाहरण 49): List of Position (लिस्ट स्टाइल पोजीशन)

```
<html>
<head>
<title>List style Position</title>
<body>
<ul style="list style type:circle; list style
position:outside;">
<li>Maths</li> <li>Social</li>
<li>English</li></ul>
<ul style="list style type:Square; list style
position:inside;">
<li>Maths</li> <li>Social</li>
<li>English</li></ul>
<ol style="list style type:decimal;list style
position:outside;">
<li>Maths</li> <li>Social</li>
<li>English</li>
</ol>
<ol style="list style type:lower alpha; list
style position:inside;">
<li>Maths</li> <li>Social</li>
<li>English</li></ol>
</body>
</html>
```

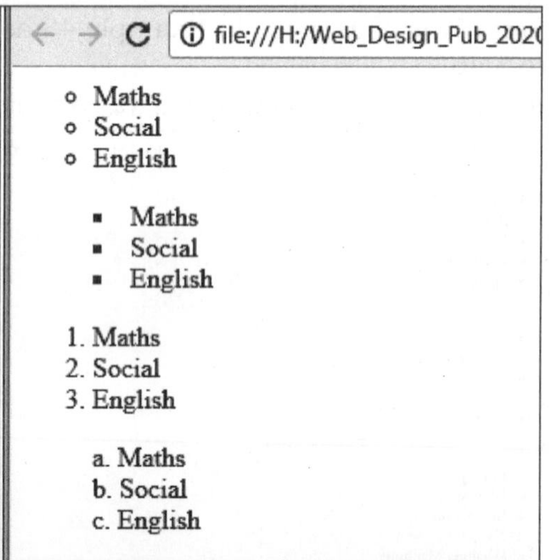

Figure 3.47: Output of the above Example 49 (उदाहरण 49 का आउटपुट)

The output of the code given in Example 49 as shown in Figure 3.47.

उदाहरण 49 में दिए गए कोड का आउटपुट चित्र 3.47 में दिखाया गया है।

Style List Image (स्टाइल लिस्ट)

You can set a background image(icons) in place of the item marker using the list-style-image property. When using an image as bullet using the list-style-image property, the bullets does not line up to the text accurately across the browser.

आप स्टाइल लिस्ट छवि गुण का उपयोग करके आइटम मार्कर के स्थान पर एक पृष्ठभूमि छवि (आइकन) सेट कर सकते हैं।

स्टाइल लिस्ट छवि गुण का उपयोग करके बुलेट के रूप में एक छवि का उपयोग करते समय, बुलेट पाठ तक नहीं जाते हैं।

Shorthand list property (ब्राउजर आशुलिपि सूची संपत्ति में सटीक रूप से)

The list-style is the shorthand for list-style-type, position and image. Using the shorthand property, you can combine the individual properties.

स्टाइल लिस्ट सूची प्रकार, स्थिति और छवि के लिए शॉटहैंड है। शॉटहैंड प्रापर्टी का उपयोग व्यक्तिगत प्रापर्टी को मिला सकते हैं।

```
<!DOCTYPE>
<html>
<head>
<style>
ol {
list style: upper latin inside;
}
</style>
</head>
<body>
<h2>The <code>list style</code> Shorthand
property</h2>
<ol>
<li>List 1</li>
<li>List 2</ <li>List 3</li> </
</body>
</html>
```

Example 50 (उदाहरण 50): Shorthand list property

The output of the code given in Example 50 as shown in Figure 3.48.

उदाहरण 50 में दिए गए कोड का आउटपुट चित्र 3.48 में दिखाया गया है।

Figure 3.48: Output of the above Example 50
(उदाहरण 50 का आउटपुट)

3.9 CSS Tables (सीएसएस टेबल्स)

When you build an HTML table without any styles or attributes, browser display them without any border. Styling a table with CSS can greatly improve its appearance.

जब आप बिना किसी स्टाइल या विशेषताओं के HTML टेबल बनाते हैं, तो ब्राउजर उन्हें बिना किसी सीमा के प्रदर्शित करता है। CSS के साथ एक टेबल को स्टाइल करना इसकी उपस्थिति में सुधार कर सकता है।

Syntax of column width: td {width: value (width values); }

Column height: td {height: value (height values); }

Row height: tr{ line height: value(height values); }

Example for column width and height and Row height

कॉलम की चौड़ाई और ऊंचाई और पंक्ति ऊंचाई का उदाहरण:

Example 51 (उदाहरण 51):

```
<!DOCTYPE>
<html>
<head>
<style>
table, tr, td
border: 2px solid blue;
}
td {
width:150px;
}
tr {
line height: 45px;
}
</style>
</head>
<body>
<h3>CSS Column width and Row height</h3>
<table>
<tr>
<th>FirstName</th>
<th>LastName</th> <th>Mobile No</th> </tr>
<tr>
<td>Ashok</td>
<td>Singal</ <td>98234928389</th> </tr>
<tr>
<td>John</td>
<td>Carter</ <td>873938439</th> </tr>
<tr>
<td>Ritika</td>
<td>Wason</ <td>8928394389</th> </tr>
</table>
</body>
</html>
```

The output of the code given in Example 51 as shown in Figure 3.49.

उदाहरण 51 में दिए गए कोड का आउटपुट चित्र 3.49 में दिखाया गया है।

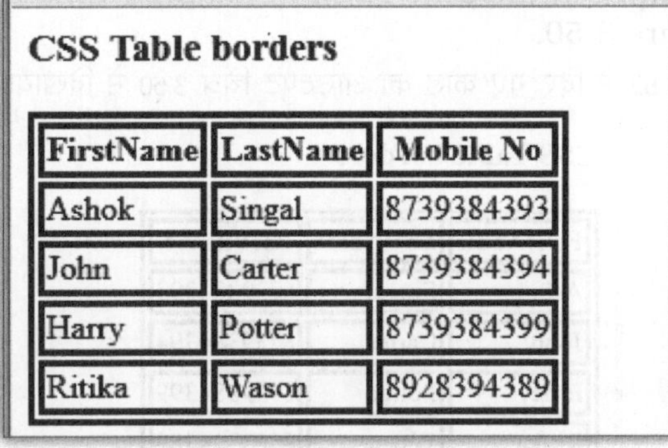
CSS Table borders

FirstName	LastName	Mobile No
Ashok	Singal	8739384393
John	Carter	8739384394
Harry	Potter	8739384399
Ritika	Wason	8928394389

Figure 3.49: Output of the above Example 51
(उदाहरण 51 का आउटपुट)

3.9.1 Table borders (टेबल बॉर्डर)

To specify table borders in CSS, you can set the table border, head border, table description borders etc.

CSS में टेबल बॉर्डर निर्दिष्ट करने के लिए, आप टेबल बॉर्डर, हेड बॉर्डर, टेबल डिस्क्रिप्शन बॉर्डर आदि सेट कर सकते हैं।

Example 52: Table Borders (उदाहरण 52: टेबल बॉर्डर्स)

```
<!DOCTYPE>
<html>
<head>
<style>
    table, th, td {
    border:3px solid black;
</style>
</head>
<body>
<h3>CSS Table borders</h3>
<table>
<tr>
<th>FirstName</th> <th>LastName</th>
<th>Mobile No</th> </tr>
<tr>
```

```
<td>Ashok</td> <td>Singal</td>
<td>8739384393</td> </tr>
<tr>
<td>John</td> <td>Carter</td> <td>8739384394</
td> </tr>
<tr>
<td>Harry</td> <td>Potter</td>
<td>8739384399</td> </tr>
<tr>
<td>Ritika</td> <td>Wason</td>
<td>8928394389</td> </tr>
</table>
</body>
</html>
```

The output of the code given in Example 52 as shown in Figure 3.50.

उदाहरण 52 में दिए गए कोड का आउटपुट चित्र 3.50 में दिखाया गया है।

CSS Table borders

FirstName	LastName	Mobile No
Ashok	Singal	8739384393
John	Carter	8739384394
Harry	Potter	8739384399
Ritika	Wason	8928394389

Figure 3.50: Output of the above Example 52
(उदाहरण 52 का आउटपुट)

3.9.2 Table Border Radius (टेबल बॉर्डर रेडियस)

If you add a border-radius property, then you can make the corners of the Table borders as rounded. For example, of table border radius property is:

यदि आप एक बॉर्डर रेडियस प्रॉपर्टीज जोड़ते हैं, तो आप टेबल बॉर्डर के कोनों को गोल बना सकते हैं। उदाहरण: टेबल बार्डर रेडियस प्रॉपर्टी है:

```
<style>
   #table-border-radius, th, td {
   Border: 6px solid black;
   Border-radius: 10px;
   Padding: 6px;
}
</style>
```

You can add and change the style and the result in the browser Window.

आप ब्राउजर विंडो में स्टाइल और रिजल्ट जोड़ और बदल सकते हैं।

3.9.3 Colors in Table (टेबल में रंग)

The color or background-color property changes the color of the table. The heading of the table, row or columns can have different colors.

रंग या बैकग्राउंड रंग प्रॉपर्टी टेबल का रंग बदलता है। टेबल, पंक्ति या कॉलम के शीर्षक में अलग–अलग रंग हो सकते हैं।

Example 53: Colors in Table (**उदाहरण 53:** टेबल में रंग)

```
<!DOCTYPE>
<html>
<head>
<style>
   table, th, td {
   border:3px solid aqua;
tr {
   color:palegreen;
   background: green;
th {
   color: fuchsia;
   background: plum;
</style>
</head>
<body>
<h3>CSS Table borders</h3>
<table>
<tr>
<th>FirstName</th><th>LastName</
th><th>MobileNo</th></tr>
<tr>
<td>Ashok</td> <td>Singal</td>
<td>8739384393</td> </tr>
<tr>
<td>Ashok</td> <td>Singal</td>
<td>8739384393</td></tr> <tr>
<td>John</td> <td>Carter</td> <td>8739384394</
td> </tr>
<tr>
<td>Harry</td> <td>Potter</td>
<td>8739384399</td> </tr>
<tr>
<td>Ritika</td> <td>Wason</td>
<td>8928394389</td> </tr>
</table>
</body>
</html>
```

Run the above code in the browser.

ब्राउजर में उपरोक्त कोड चलाएँ।

3.9.4 Collapse table border (टेबल बॉर्डर को संक्षिप्त करें)

Every table cell has separate borders as well as there is some space between the borders of adjacent table cells. It happens because table cell borders are separate by default. But you, can collapse the separate table borders into one by using the border-collapse property on the <table> element.

प्रत्येक टेबल सेल की अलग–अलग सीमाएँ होती हैं और साथ ही निकटवर्ती टेबल की सीमाओं के बीच कुछ जगह होती है। कोशिकाओं। ऐसा इसलिए होता है क्योंकि तालिका सेल सीमाएं डिफॉल्ट रूप से अलग होती हैं। लेकिन आप, अलग तालिका को ध्वस्त कर सकते हैं। <table> तत्व पर बॉर्डर पतन संपत्ति का उपयोग करके बॉर्डर एक में।

Example 54: Collapse table border

उदाहरण 54: कोलैप्स टेबल बार्डर

```
<!DOCTYPE>
<html>
<head>
<style>
   table, th, td {
   border:3px solid aqua;
   border collapse:collapse;
   text align:left;
   width:70%;
</style>
</head>
<body>
<h3>CSS Table with border collapse</h3>
<table>
<tr>
<th>FirstName</th> <th>LastName</th>
<th>Mobile No</th> </tr>
<tr>
<td>Ashok</td> <td>Singal</td>
<td>8739384393</td> </tr>
<tr>
<td>John</td> <td>Carter</td> <td>8739384394</
td> </tr>
<tr>
<td>Harry</td>
<td>Potter</td> <td>8739384399</td> </tr>
<tr>
<td>Ritika</td>
<td>Wason</td>
<td>8928394389</td>
</tr>
</table>
</body>
</html>
```

The output of the code given in Example 54 as shown in Figure 3.51.

उदाहरण 54 में दिए गए कोड का आउटपुट चित्र 3.51 में दिखाया गया है।

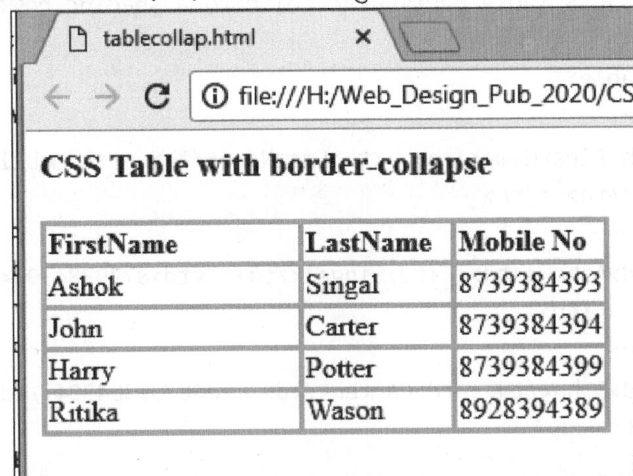

FirstName	LastName	Mobile No
Ashok	Singal	8739384393
John	Carter	8739384394
Harry	Potter	8739384399
Ritika	Wason	8928394389

Figure 3.51: Output of the above Example 53
(उदाहरण 54 का आउटपुट)

Colors specific rows in the table (टेबल में रंग विशिष्ट पंक्तियाँ)

Syntax:

```
tr:nth-child(m)
  {
  Background-color: blue;
  Color:white; }
```

This applies the color and background color property to n^{th} row from top.

यह ऊपर से n^{th} रो के लिए कलर और बैकग्राउंड कलर प्रॉपर्टी को लागू करता है।

Example 55: Colors specific rows in the table

उदाहरण 55: टेबल में रंग विशिष्ट पंक्तियाँ

```
<!DOCTYPE>
<html>
<head>
<style>
.  table, tr, td
       border:3px solid aqua;
       border collapse:collapse;
       width:80%;
       }
   .th {
   color: fuchsia;
   background: plum;
   tr:nth
   child(5)
   background color: green;
   color:white;
   }
</style>
```

```
</head>
<body>
<h3>CSS Table particular color to a specific row</
h3>
<table>
<tr>
<th>FirstName</th>  <th>LastName</th>  <th>Mobile
No</th> </tr>
<tr>
<td>Ashok</td>  <td>Singal</td>  <td>8739384393</
td> </tr>
<tr>
<td>John</td> <td>Carter</td> <td>8739384394</td>
</tr>
<tr>
<td>Harry</td>  <td>Potter</td>  <td>8739384399</
td> </tr>
<tr>
<td>Ritika</td>  <td>Wason</td>  <td>8928394389</
td> </tr>
</table>
</body>
</html>
```

The output of the code given in Example 55 as shown in Figure 3.52.

उदाहरण 55 में दिए गए कोड का आउटपुट चित्र 3.52 में दिखाया गया है।

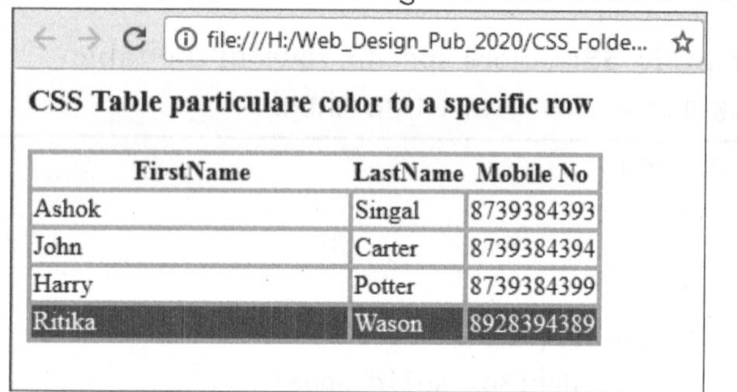

Figure 3.52: Output of the above Example 55 (उदाहरण 55 का आउटपुट)

In the same way, you can add a particular color to a specific column.

Syntax to add color specific column in table

उसी तरह, आप एक विशिष्ट कॉलम में एक विशेष रंग जोड़ सकते हैं। टेबल जक में रंग विशिष्ट कॉलम जोड़ने के लिए;

Syntax:

```
td: nth-child(k)
background color: orange;
color:white;
}
```

This specifies the color & background color property to k^{th} row from top.

यह ऊपर से k^{th} रो में कलर और बैकग्राउंड कलर प्रॉपर्टी को निर्दिष्ट करता है।

3.9.5 Table Stripped (टेबल स्ट्रिपयड)

The table stripped have odd rows such as (1,3,5,7) and so on have a particular color & the even rows (2,4,6) and so on have a particular color. This is way of creating apply the same color to alternate rows.

टेबल में विषम पंक्तियाँ हैं (जैसे 1,3,5,7) और इसी तरह एक विशेष रंग और इवन पंक्तियाँ (2,4,6) और इसी तरह एक विशेष रंग है। यह वैकल्पिक पंक्तियों के लिए एक ही रंग लागू करने का तरीका है।

ऑड टेबल स्ट्रिप सिंटैक्स:

```
tr:nth-child(odd) {
    background color: gold;
    color:white;
}
```

It will set all the odd rows(including the head row) with background as gold color and font color as white.

यह सभी विषम पंक्तियों (सिर की पंक्ति सहित) को बैकग्राउंड के साथ सोने के रंग और सफेद के रूप में फॉन्ट रंग के साथ सेट करेगा।

Syntax of even table strip (इवन टेबल स्ट्रिप सिंटैक्स)

```
tr:nth-child(even) {
    background color: blue;
    color: green;
}
```

It will set al the even rows (2,4,6) with background as blue color and font color as green.

यह सभी इवन पंक्तियों (2,4,6) को बैकग्राउंड के साथ नीले रंग और फॉन्ट के रंग को हरे रंग के रूप में सेट करेगा।

Example 56: Add strip on Table

उदाहरण 56: टेबल में स्ट्रिप एड करना

```
<!DOCTYPE>
<html>
<head>
<style>
    table, th, td {
        border:3px solid green;
        }
        table
        {
            border collapse:collapse;
            width:80%;
            text align:left;
```

```
    }
tr:nth-child(even)
   {
   background color:gold;
   }
</style>
</head>
<body>
<h3>CSS Table Striped</h3>
<table>
<tr>
<th>FirstName</th><th>LastName</th><th>MobileNo</
th></tr>
<tr>
<td>Ashok</td>  <td>Singal</td>  <td>8739384393</
td> </tr>
<tr>
<td>John</td> <td>Carter</td> <td>8739384394</td>
</tr>
<tr>
<td>Harry</td>  <td>Potter</td>  <td>8739384399</
td> </tr>
<tr>
<td>Ritika</td>  <td>Wason</td>  <td>8928394389</
td> </tr>
</table>
</body>
</html>
```

The output of the code given in Example 56 as shown in Figure 3.53.

उदाहरण 56 में दिए गए कोड का आउटपुट चित्र 3.53 में दिखाया गया है।

file:///H:/Web_Design_Pub_2020/CSS_Folde...

CSS Table Striped

FirstName	LastName	Mobile No
Ashok	Singal	8739384393
John	Carter	8739384394
Harry	Potter	8739384399
Ritika	Wason	8928394389

Figure 3.53: Output of the above Example 56 (उदाहरण 56 का आउटपुट)

3.9.6 Padding in Table (टेबल में पैडिंग)

We cans specify padding for table header and table data using the CSS padding property.

हम सीएसएस पैडिंग प्रॉपर्टी का उपयोग करके टेबल हेडर और टेबल डेटा के लिए पैडिंग निर्दिष्ट कर सकते हैं।

Example 57: Padding in Table

उदाहरण 57: टेबल में पैडिंग

The output of the code given in Example 57 as shown in Figure 3.54.

```
<!DOCTYPE>
<html>
<head>
<style>
   table, th, td {
   border:5px solid black;
   border collapse:collapse;
   }
   th, td {
       padding:15px;
   }
</style>
</head>
<body>
<h3>CSS Table Padding</h3>
<table>
   <tr>
<th>FirstName</th> <th>LastName</th> <th>Marks</
th> </tr>
<td>Ashok</td> <td>Singal</td> <td>93</td> </tr>
<tr>
<td>John</td> <td>William</td> <td>87</td> </tr>
<tr>
<td>Harish</td> <td>Jamesh</td> <td>43</td> </tr>
<tr>
<td>Ritika</td> <td>Wason</td> <td>83</td> </tr>
</table>
</body>
</html>
```

उदाहरण 57 में दिए गए कोड का आउटपुट चित्र 3.54 में दिखाया गया है।

CSS Table Padding

FirstName	LastName	Marks
Ashok	Singal	93
John	William	87
Harish	Jamesh	43
Ritika	Wason	83

Figure 3.54: Output of the above Example 57 (उदाहरण 57 का आउटपुट)

3.9.7 Border Image in Table (टेबल में बॉर्डर इमेज)

The border-image property sets image in the form of borders. For example,

बॉर्डर इमेज प्रॉपर्टी सीमाओं के रूप में छवि सेट करती है। उदाहरण के लिए,

Border image: url("H:/gradient.jpg") 30% stretch;

You can also use other border-image properties like a repeat, round etc., in place of stretch.

आप स्ट्रेच के स्थान पर अन्य बॉर्डर इमेज प्रॉपर्टीज जैसे रिपीट, राउंड आदि का भी उपयोग कर सकते हैं।

Background Images in Table (टेबल में बैकग्राउंड इमेज)

To set a background image for the table, we can use background-image property.

टेबल के लिए बैकग्राउंड इमेज सेट करने के लिए, हम बैकग्राउंड इमेज प्रापर्टी का उपयोग कर सकते हैं।

Syntax:

Background-image: url(image url file name.jpg);

Table hover (टेबल होवर)

Use the pseudo class selector :hover selector on <tr> to highlights table rows, table head or a particular cell.

छद्म वर्ग चयनकर्ता का उपयोग करें: टेबल पंक्तियों, टेबल शीर्ष या किसी विशेष कक्ष को हाइलाइट करने के लिए <tr> पर चयनकर्ता का चयन करें।

Example 58: Table Hover (**उदाहरण 58:** टेबल होवर)

```
<!DOCTYPE>
<html>
<head>
<style>
    table, th, td {
        border: 20px solid black;
        border collapse: collapse;
    }
tr:hover {
background
color: #dfd9d9;
color:red;
}
</style>
</head>
<body>
<h3>CSS Table Padding</h3>
<table>
<tr>
<th>FirstName</th> <th>LastName</th> <th>Marks</
th> </tr>
<td>Ashok</td> <td>Singal</td> <td>93</td> </tr>
<tr>
<td>John</td> <td>William</td> <td>87</td> </tr>
<tr>
<td>Harish</td> <td>Jamesh</td> <td>43</td> </tr>
<tr>
<td>Ritika</td> <td>Wason</td> <td>83</td> </tr>
</table>
</body>
</html>
```

The output of the code given in Example 58 as shown in Figure 3.55.

उदाहरण 58 में दिए गए कोड का आउटपुट चित्र 3.55 में दिखाया गया है।

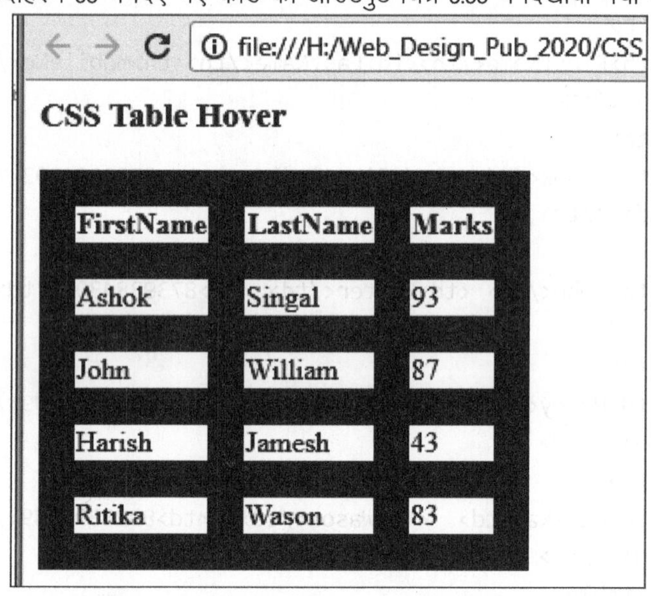

Figure 3.55: Output of the above Example 58 (उदाहरण 58 का आउटपुट)

Horizontal and vertical Alignment (क्षैतिज और ऊर्ध्वाधार संरेखण)

To align the content in the table, you can use CSS align property.

टेबल में कंटेट को संरेखित करने के लिए, आप CSS संरेखित प्रापर्टी का उपयोग कर सकते हैं।

Syntax to align:

- Text-align: left;/*Align to the left of the cell */
- Text-align: right;/*Align to the Right of the cell */
- Text-align: center;/*Align to the center of the cell*/
- Text-align: justify; /* To justify the content */

Example 59 (उदाहरण 59): Horizontal and vertical alignment in table (टेबल में क्षैतिज और ऊर्ध्वाधार संरेखण)

```
<!DOCTYPE>
<html>
<head>
<style>
    table, th, td {
```

```
    border: 10px solid black;
    }
table {
border
collapse: collapse;
width:100%
}
td {
height: 50px;
vertical align:bottom;
</style>
</head>
<body>
<h3>Vertical align property</h3>
<table>
<tr>
<th>FirstName</th>  <th>LastName</th>  <th>Marks</
th> </tr>
<td>Ashok</td> <td>Singal</td> <td>93</td> </tr>
<tr>
<td>John</td> <td>William</td> <td>87</td> </tr>
<tr>
<td>Harish</td> <td>Jamesh</td> <td>43</td> </tr>
<tr>
<td>Ritika</td> <td>Wason</td> <td>83</td> </tr>
</table>
</body>
</html>
```

The output of the code given in Example 59 as shown in Figure 3.56.

उदाहरण 59 में दिए गए कोड का आउटपुट चित्र 3.56 में दिखाया गया है।

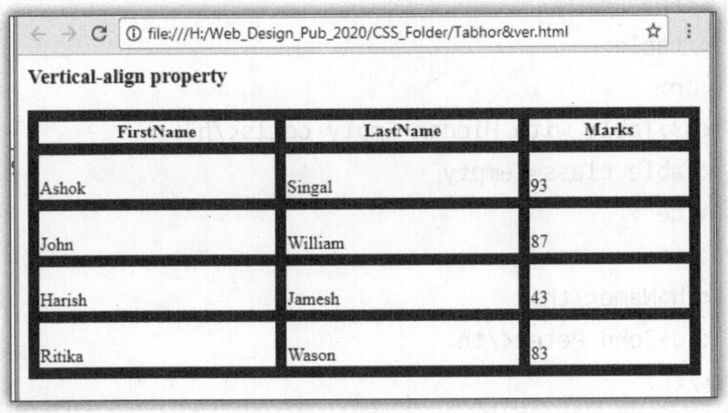

file:///H:/Web_Design_Pub_2020/CSS_Folder/Tabhor&ver.html

Vertical-align property

FirstName	LastName	Marks
Ashok	Singal	93
John	William	87
Harish	Jamesh	43
Ritika	Wason	83

Figure 3.56: Output of the above Example 59 (उदाहरण 59 का आउटपुट)

Controlling the Table Layout (टेबल लेआउट को नियंत्रित करना)

By default, a table expands and indentures to accommodate the data contained inside it. As data fills inside the table, it continues to expand as long as there is space. However, it is necessary to set a fixed width for the table in order to manage the layout.

डिफॉल्ट रूप से, टेबल विस्तारित होती है और इसके अंदर मौजूद डेटा को समायोजित करने के लिए संकेत देती है। जैसे डाटा इंसर्ट करते हैं। टेबल में, जब तक जगह है तब तक इसका विस्तार होता रहता है। हालाँकि, इसके लिए एक निश्चित चौड़ाई निर्धारित करना आवश्यक है।

The CSS table-layout defines the algorithm to be used to layout the table cells, rows and columns. This property takes one of two values:

सीएसएस टेबल लेआउट एल्गोरिथ्म को परिभाषित करता है जिसका उपयोग टेबल कोशिकाओं, पंक्तियों और कॉलम को लेआउट करने के लिए किया जाता है। यह प्रॉपर्टी दो में से एक मान लेती है:

Auto: This algorithm, the width of the table and it cells are adjusted to fit the content. This is default.

ऑटो: यह एल्गोरिथ्म, टेबल की चौड़ाई और कोशिकाओं में कंटेट को फिट करने के लिए समायोजित किया जाता है। यह डिफॉल्ट है।

Fixed: This algorithm, the horizontal layout of the table does not depend on the contents of the cells, it depends on the table's width, the width of the columns, and borders or cell spacing.

फिक्स्ड: यह एल्गोरिथ्म, टेबल का क्षैतिज लेआउट कोशिकाओं की कंटेट पर निर्भर नहीं करता है, यह टेबल की चौड़ाई, कॉलम की चौड़ाई और सीमाओं या सेल रिक्ति पर निर्भर करता है।

Example 60 (उदाहरण 60):

```
<!DOCTYPE>
<html>
<head>
<style>
table {
    width: 250px;
    border collapse: separate;
}
    table, tr, th, td {
    border: 1px solid black;
}
    .auto {
    table layout: auto;
    }
    .fixed {
    table layout: fixed;
    }
td {
    width: 50%
}
```

```
</style>
</head>
<body>
<h3>Different Table Layout</h3>
<table class="auto">
<caption>Auto Layout</caption>
<tr>
<th>Name</th> <td>John Peter</th> </tr>
<tr>
<th>Email Address</th> <td> johpet123@yahoo.co.in
</tr> </td>
<br>
<table class="fixed">
<caption>Fixed</caption>
<tr>
<th>Name</th> <td>John Peter</th> </tr>
<tr>
<th>Email Address</th> <td> johpet123@yahoo.co.in
</tr> </td>
</body>
</html>
```

The output of the code given in Example 60 as shown in Figure 3.57.

उदाहरण 60 में दिए गए कोड का आउटपुट चित्र 3.57 में दिखाया गया है।

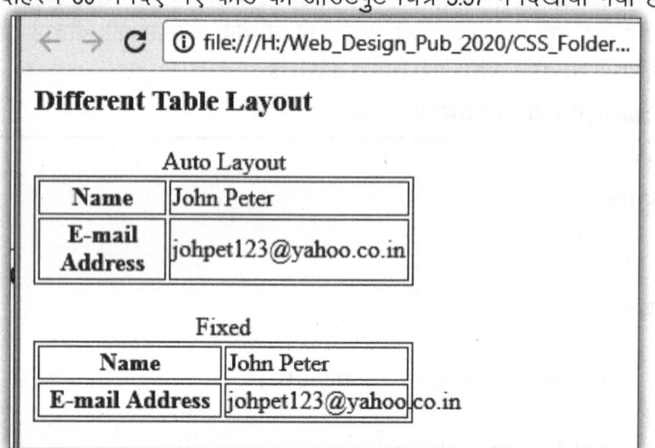

Figure 3.57: Output of the above Example 60
(उदाहरण 60 का आउटपुट)

Empty Cells (एम्पटी सेल):

The empty-cells CSS property controls the borders and background of cells that have no visible content in a table using separate borders model. The empty cells property contains three values: show, hide or inherit.

एम्पटी सेल CSS प्रॉपर्टी उन कोशिकाओं की सीमाओं और पृष्ठभूमि को नियंत्रित करती हैं जिनमें कोई दृश्य कंटेट नहीं है। एम्पटी कोशिकाओं की प्रॉपर्टी में तीन मूल्य होते हैं: शो, हाईड, इन्हेरिट।

Example 61: Handling empty cells

उदाहरण 61: एम्पटी सेल को हैंडल करना।

```
<!DOCTYPE>
<html>
<head>
<style>
table {
    width: 350px;
    border collapse: separate;
}
    table, th, td {
    border: 1px solid black;
}
    table.empty-show {
    empty cells: show;
}
    table.empty-hide {
    empty cells: hide;
}
</style>
</head>
<body>
<h3>Table with Empty Cells</h3>
<table class="emptyshow">
<tr>
<th>Name</th>
<td>John Peter</th>
</tr>
<tr>
<th>Email Address</th>
<td></td>
</tr>
</table>
<br>
<h3>Table with Hidden Empty cells</h3>
<table class="empty
hide">
<tr>
<th>Name</th>
<td>John Peter</th>
</tr>
<tr>
```

```
<th>Email Address</th>
<td></td>
</tr>
</body>
</html>
```

The output of the code given in Example 61 as shown in Figure 3.58.

उदाहरण 61 में दिए गए कोड का आउटपुट चित्र 3.58 में दिखाया गया है।

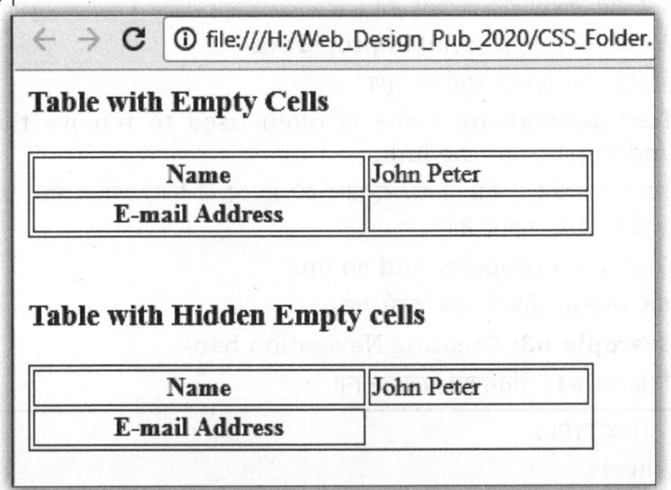

Figure 3.58: Output of the above Example 61 (उदाहरण 61 का आउटपुट)

Captions for Table (टेबल के लिए कैप्शन)

The caption property sets the caption for the table. It is the name of the table.

कैप्शन प्रॉपर्टी टेबल के लिए कैप्शन सेट करता है। यह टेबल का नाम है।

Syntax to set caption (कैप्शन सेट करने के लिए Syntax:)

Caption-side: Bottom: To set the caption at the bottom of the table.

कैप्शन पक्ष: नीचे: तालिका के नीचे कैप्शन सेट करने के लिए

Caption-side: Top: To set the caption at the top of the table. This is default.

कैप्शन पक्ष: टॉप: तालिका के शीर्ष पर कैप्शन सेट करने के लिए। यह डिफॉल्ट है।

Caption-side: Inherit: **(कैप्शन पक्ष:** इनहेरिट:)

Example 62 (उदाहरण 62):

```
<!DOCTYPE>
<html>
<head>
<style>
  table, td, th {
  border: 2px solid gray;
}
  caption {
  caption side: bottom;
}
</style>
</head>
<body>
<table>
<caption><Strong>Table 1:</strong>Students Marks
List</caption>
<thead>
<tr>
<th>No</th> <th>Name</th> <th>Marks</th>
</tr>
</thead>
</body>
<tr>
<td>1</td> <td>Asha</td> <td>90</td> </tr>
<tr>
<td>2</td> <td>Neha</td> <td>74</td> </tr>
<tr>
<td>3</td> <td>Sharvi</td> <td>48</td> </tr>
</body>
</table>
</body>
</html>
```

The output of the code given in Example 62 as shown in Figure 3.59.

उदाहरण 62 में दिए गए कोड का आउटपुट चित्र 3.59 में दिखाया गया है।

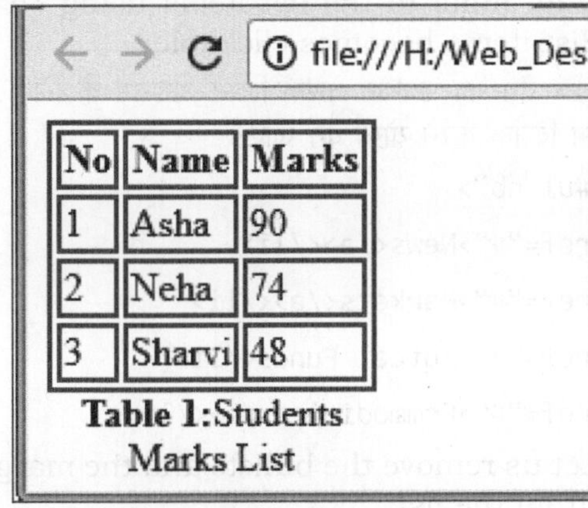

Figure 3.59: Output of the above Example 62 (उदाहरण 62 का आउटपुट)

3.10 CSS Menu Design (सीएसएस मेनू डिजाइन)

With menu, designing in CSS it is one of the most important parts of website is navigation menu, which is very decorative and interactive section of page.

मेनू के साथ, CSS में डिजाइन करना वेबसाइट के सबसे महत्वपूर्ण हिस्सों में से एक है नेविगेशन मेनू, जो है पृष्ठ का बहुत ही सजावटी और इंटरैक्टिव अनुभाग।

Navbar in CSS refers to a group of links that lead to different pages of a website.

CSS में Navbar उन लिंक्स के समूह को संदर्भित करता है, जो किसी वेबसाइट के विभिन्न पृष्ठों को ले जाते हैं।

Navbars are either vertical or horizontal.

नावबार या तो **लंबवत** या **क्षैतिज** होते हैं।

The <nav> element should wrap bars such as the main navigation links of websites.

<Nav> तत्व को वेबसाइटों के मुख्य नेविगेशन लिंक जैसे सलाखों को व्रैप करना चाहिए।

The navigation bar is a list of links, so using the <ul> and <li> elements makes perfect sense:

नेविगेशन बार लिंक की एक लिस्ट है, इसलिए <ul> और <li> तत्वों का उपयोग करना सही अर्थ देता है।

To select creating Navigation bars

नेविगेशन बार बनाने का चयन करने के लिए

Step 1: Create an unordered list like below:

चरण 1: एक अन–आर्डर लिस्ट बनाएं:

```
<ul>
<li>News</li>
<li>Markets</li>
<li>Mutual Funds</li>
<li>Commodities</li>
</ul>
```

Step 2: Add links to the list items using <a> tag so that the list items becomes clickable.

चरण 2: <a> टैग का उपयोग करके लिस्ट आइटम के लिंक जोड़ें ताकि लिस्ट आइटम क्लिक करने योग्य बन जाएं।

```
<ul id="#ul nb">
<li><a href="#">News</a></li>
<li><a href="#">Markets</a></li>
<li><a href="#">Mutual Funds</li>
<li><a href="#">Commodities</a></li>
```

Step 3: Let us remove the bullets and the margins and padding from the list:

चरण 3: आइए हम सूची से बुलेट्स मार्जिन और पैडिंग को हटा दें:

```
#ul-nb {
List-style type: none;
Margin: 0;
Padding: 0;
}
```

Step 4: You can set other style related properties on the list items such as:

चरण 4: आप लिस्ट आइटम पर अन्य लिस्ट से संबंधित गुण सेट कर सकते हैं जैसे:

`Float properties like float: Left`

Background color of the link list (लंक लिस्ट का बैकग्राउंड रंग)

Margin, padding properties: You might require setting margin and padding values as 0 if required.

मार्जिन, पैडिंग प्रॉपर्टी: यदि आवश्यक हो तो आपको मार्जिन और पैडिंग मान सेट करना पड़ सकता है।

Width & height related properties.

चौड़ाई और ऊंचाई संबंधित गुण

Text-decoration: None is often used to remove the underline from the link.

टेक्स्ट सजावट: लिंक से अंडरलाइन को हटाने के लिए अक्सर नोन का उपयोग किया जाता है।

Text-align property and so on.

पाठ संरेखित प्रॉपर्टी और इतने पर।

Example 63: Creating Navigation bars

उदाहरण 63: नेविगेशन बार बनाना

```
<!DOCTYPE>
<html>
<head>
<style>
#ul-nb {
list-style: none;
margin: 0;
padding: 0;
}
#ul-nb li {
    float:left;
    padding:10px;
    background:orange;
    text align:center;
    margin left: 5px;
}
#ul-nb li:hover {
    background:red;
    opacity:0.8;
    color:white;
}
</style>
</head>
<body>
<ul id="ul nb">
<li><a href="#News">News</a></li>
```

```
<li><a href="#Markets">Markets</a></li>
<li><a href="#Mutual Funds">Mutual Funds</a></li>
<li><a href="#Commodities">Commodities</a></li>
</ul>
<br><br>
<p>A background color is added to the links to
show the link area</p>
</body>
</html>
```

The output of the code given in Example 63 as shown in Figure 3.60.

उदाहरण 63 में दिए गए कोड का आउटपुट चित्र 3.60 में दिखाया गया है।

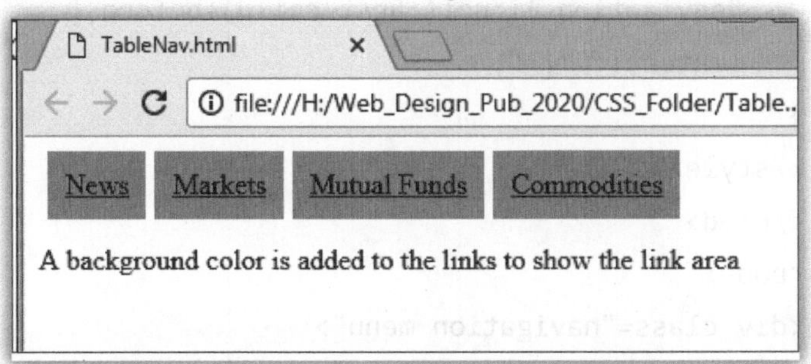

Figure 3.60: Output of the above Example 63 (उदाहरण 63 का आउटपुट)

Horizontal Navigation bar (क्षैतिज नेविगेशन पट्टी)

The horizontal bar which is horizontal direction along x-axis. There are three ways to create horizontal navigation bars.

क्षैतिज बार जो x-axis के साथ क्षैतिज दिशा है। नेविगेशन बार को क्षैतिज बनाने के तीन तरीके हैं।

1. To make list items as float without using the display as block.
   ब्लॉक के रूप में प्रदर्शन का उपयोग किए बिना लिस्ट आइटम बनाने के लिए।
2. To make list items as float with display as block.
   लिस्ट आइटम को ब्लॉक के रूप में डिस्प्ले के साथ फ्लोट बनाने के लिए।
3. Using list items as inline.
   इनलाइन के रूप में लिस्ट आइटम का उपयोग करना।

Example 64: Horizontal Navigation using Float & display as block

उदाहरण 64: ब्लॉक के रूप में फ्लोट और डिस्प्ले का उपयोग करके क्षैतिज नेविगेशन

```
<!DOCTYPE>
<html>
<head>
<style>
#ul
nb {
```

```
list
style :
overflow:hidden;
background:orange;
margin: 0px;
padding: 0px;
}
#ul
nb li a {
   text align:center;
   padding:10px;
   width: 100px;
}
#ul
nb li {
float:left;
}
#ul
nb li:hover {
background: red;
a {
   display:block;
</style>
</head>
<body>
<ul id="ul nb">
<li><a href="#News">News</a></li>
<li><a href="#Markets">Markets</a></li>
<li><a href="#Mutual Funds">Mutual Funds</a></li>
<li><a href="#Commodities">Commodities</a></li>
</ul>
</body>
</html>
```

The output of the code given in Example 64 as shown in Figure 3.61.

उदाहरण 64 में दिए गए कोड का आउटपुट चित्र 3.61 में दिखाया गया है।

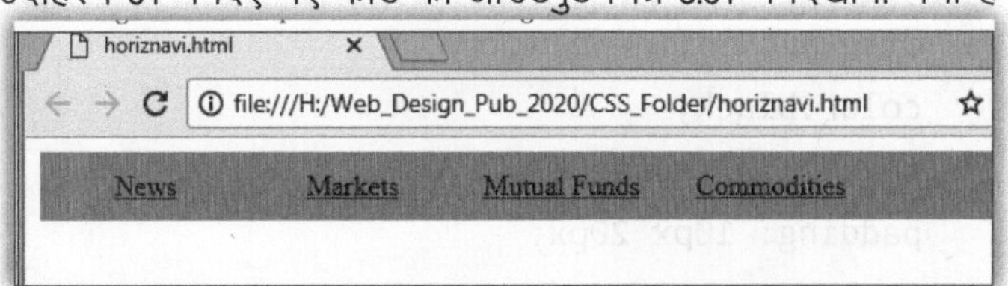

Figure 3.61: Output of the above Example 64 (उदाहरण 64 का आउटपुट)

Horizontal Navigation using display as Inline
क्षैतिज इनलाइन के रूप में प्रदर्शन का उपयोग कर नेविगेशन

If you create horizontal bar using display as Inline then you will not be able to apply the width and height properties and does not any effect on width & height properties.

यदि आप इनलाइन के रूप में डिस्प्ले का उपयोग करके क्षैतिज बार बनाते हैं तो आप चौड़ाई और ऊंचाई को लागू नहीं कर पाएंगे प्रॉपर्टी और चौड़ाई और ऊंचाई गुणों पर कोई प्रभाव नहीं पड़ता है।

Horizontal Navigation bars by creating dividers
डिवाइडर बनाकर क्षैतिज नेविगेशन बार

You can create dividers between menu.

आप मेनू के बीच डिवाइडर बना सकते हैं।

Example 65 (उदाहरण 65):

```
<!DOCTYPE>
<html>
<head>
<style>
    .navigation-menu ul {
    margin:0px;
    padding:0px;
}
#ul-nb li a {
    text align:center;
    padding:1 0px;
    width: 100px;
}
ul {
    padding:0;
    overflow:hidden;
    background color: skyblue;
}
li {
    float: left;
li a {
    display: inline block;
    color:black;
    text align:center;
    padding: 10px 20px;
    text decoration: none;
    }
li a:hover {
    background color: slateblue;
    }
#navigation ul
    {
    font size: 1.5em;
    }
#navigation ul li
    {
    display:inline;
    color:white;
    }
    #navigation li:not(:first-child):before {
    content: " | ";
}
</style>
</head>
<body>
<div class="navigation menu">
<div id="navigation">
<ul>
<li><a href="#News">News</a></li>
<li><a href="#Markets">Markets</a></li>
<li><a href="#Mutual Funds">Mutual Funds</a></
li>
<li><a href="#Commodities">Commodities</a></li>
</ul>
</body>
</html>
```

उदाहरण 65 में दिए गए कोड का आउटपुट चित्र 3.62 में दिखाया गया है।

Figure 3.62: Output of the above Example 65 (उदाहरण 65 का आउटपुट)

Vertical Navigation Bar (वर्टीकल नेविगेशन बार)

It create a basic vertical navigation bar with a gray background color and change the background color of the links when the user moves the mouse over them:

जब उपयोगकर्ता माउस को ऊपर ले जाता है तो ग्रे बैकग्राउंड कलर के साथ एक बेसिक वर्टिकल नेविगेशन बार बनाता है और बैकग्राउंड कलर को बदलता है।

Example 66 (उदाहरण 66):

```
<!DOCTYPE>
<html>
<head>
<style>
ul {
    line style type:none;
    margin:0px;
    padding:0px;
    width:200px;
    background color:yellow;
    border: 1px solid black;
li a {
    display:block;
    color: red;
    padding: 8px 16px;
    text decoration: none;
li {
    text align:center;
    border bottom: 1px solid black;
}
li:last-child {
    border bottom: none;
}
li.active {
    background color: yellow;
    color:white;
}
li a:hover:not(.active) {
    background color: black;
    color:white;
}
</style>
</head>
<body>
<h3>Vertical Navigation bar</h3>
<ul
<li><a class="active" href="#News">News</a></li>
<li><a href="#Markets">Markets</a></li>
<li><a href="#Mutual Funds">Mutual Funds</a></li>
<li><a href="#Commodities">Commodities</a></li>
</ul>
</body>
</html>
```

The output of the code given in Example 66 as shown in Figure 3.63.

उदाहरण 66 में दिए गए कोड का आउटपुट चित्र 3.63 में दिखाया गया है।

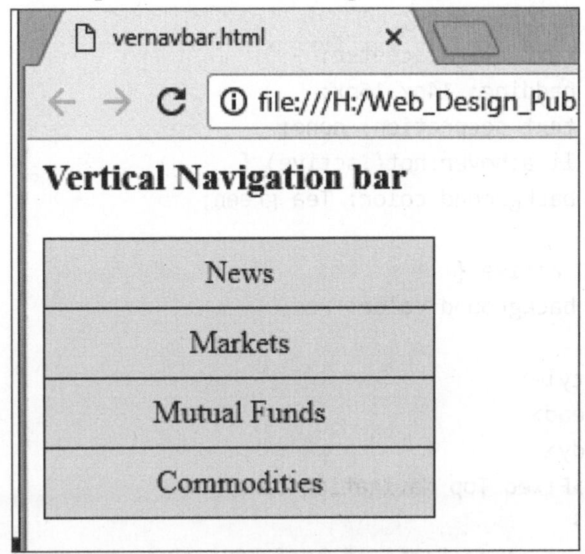

Figure 3.63: Output of the above Example 66 (उदाहरण 66 का आउटपुट)

Fixed Navigation Bar (फिक्स्ड नेविगेशन बार)

You can create navigation bar stay at the top, bottom or side of the page, even when the user scrolls the page.

जब भी उपयोगकर्ता पेज पर स्क्रॉल करता है आप पेज के ऊपर, नीचे या साइड पर नेविगेशन बार बना सकते हैं।

Example 67 (उदाहरण 67):

```
<!DOCTYPE>
<html>
<head>
<style>
body {margin:0;}
ul {
    list style type:none;
    margin: 0;
    padding: 0;
```

```
    overflow: hidden;
    background color:purple;
    position: fixed;
    top:0;
    width: 100%;
}
li {
    float: left;
}
li a {
    display: block;
    color: white;
    text align: center;
    padding: 14px 16px;
    text decoration: none;
    li a:hover:not(.active) {
    background color: Tea green;
}
    .active {
    background color: red;
}
</style>
</head>
<body>
<h3>Fixed Top Navigation bar</h3>
<ul>
<li><a class="active" href="#News">News</a></li>
<li><a href="#Markets">Markets</a></li>
<li><a href="#Mutual Funds">Mutual Funds</a></li>
<li><a href="#Commodities">Commodities</a></li>
</ul>
<divstyle="padding:20px;margintop:20px;background
color:yellow;height:1500px;">
<p>Text goes here.......</p>
<p>Text goes here.......</p>
<p>Text goes here.......</p>
<p>Text goes here.......</p>
<p>Text goes here.......</p>
<p>Text goes here.......</p>
</div>
</body>
</html>
```

उदाहरण 67 में दिए गए कोड का आउटपुट चित्र 3.64 में दिखाया गया है।

The output of the code given in Example 67 as shown in Figure 3.64.

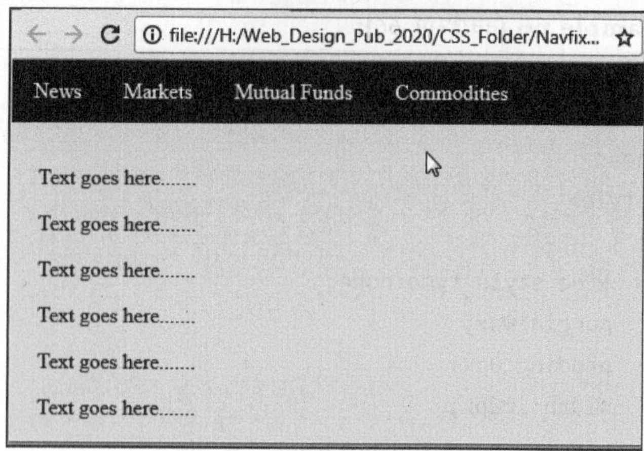

Figure 3.64: Output of the above Example 67 (उदाहरण 67 का आउटपुट)

Drop down Navigation Menu (ड्रॉपडाउन नेविगेशन मेनू)

The justify: content: space-between align the flex items along the main axis in such a way that each two successive items have equal spaces in between them.

जस्टिफाई: कंटेट: मुख्य धुरी के साथ फ्लेक्स आइटम को इस तरह से संरेखित करें कि प्रत्येक दो क्रमिक वस्तुओं में उनके बीच समान स्थान हो जाए।

Note: Hide the Menu Items at start by hiding the unordered list inside the main menus by using-

ध्यान दें: मेनू आइटम का उपयोग करके मेनू में अन–ऑर्डर लिस्ट को छिपाकर शुरू करें:

```
li ul {
    display: none;
}
```

Display the items inside each menu vertically and the position of each element must be relative to other elements like this:

प्रत्येक मेनू के अंदर आइटम को लंबवत रूप से प्रदर्शित करें और प्रत्येक तत्व की स्थिति दूसरे के सापेक्ष होनी चाहिए; इस तरह के तत्वः

```
li:hover ul, {
    display: block;
    position: absolute;
    }
```

Do not float the list to left or right. Add the float: none.

सूची को बाएं या दाएं पर न घुमाएं। फ्लोट जोड़ें: कोई नहीं।

Example 68: Drop Down Navigation Menu

उदाहरण 68: ड्रॉप डाउन नेविगेशन मेनू

The output of the code given in Example 68 as shown in Figure 3.65.

```
<!DOCTYPE>
<html>
<head>
<style>
ul {
   list style type:none;
   padding:2px;
   }
ul li {
   display: block;
   float: left;
   }
li ul {
   display: none;
   }
ul li a {
   display:block;
   background color:#007689;
   padding: 10px;
   text decoration: none;
   color:white;
   width:100px;
   border: 2px solid red;
   }
ul li a:hover {
   background color: #007689;
   color:white;
   }
li:hover ul {
   display: block;
   position:absolute;
   }
li:hover li {
   float:none;
   }
li:hover a{
   background-color:#94C548;
   color:black;
   }
li:hover li a:hover {
   background: black;
   width:100px;
}
</style>
```

```
</head>
<body>
<h3>Drop Down Navigation Menu</h3>
<ul>
<li>
<a href="#">News</a>
<ul>
<li><a href="#">Latest News</a></li> <li><a href="#">
Top News</a></li>
<li><a href="#">Hindi News</a></li>
</li>
<li>
<a href="#">Markets</<ul>
<li><a href="#">Pre markets</a></li>
<li><a href="#">Global Markets</a></
<li><a href="#">Stock Screener</a></li>
</li>
<li>
<a href="#">Mutual Funds</a>
<ul>
<li><a href="#">Axis Bluechip Fund</a></li>
<li><a href="#">LIC MF Large Cap</a></li>
<li><a href="#"> CR Bluechip Equity</a></li>
</li>
<li>
<a href="#">Commodities</a></li>
<ul>
<li><a href="#">Gold Price</a></ <li><a href="#">
Silver Price</a></li>
<li><a href="#">Crudeoil Price</a></li>
</li>
</ul>
</body>
</html>
```

उदाहरण 68 में दिए गए कोड का आउटपुट चित्र 3.65 में दिखाया गया है।

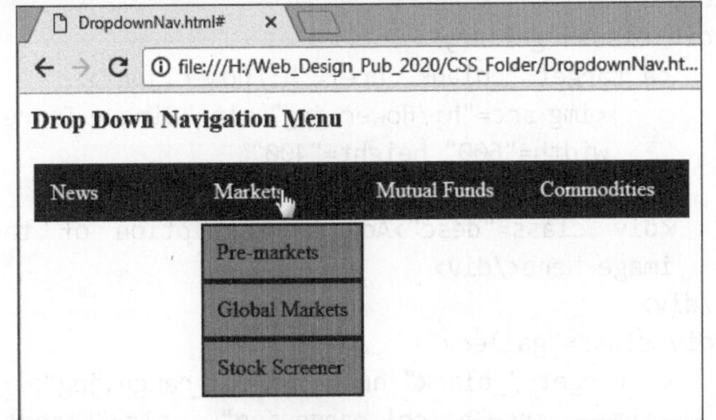

Figure 3.65: Output of the above Example 68 (उदाहरण 68 का आउटपुट)

3.11 CSS Image Gallery (सीएसएस छवि गैलरी)

Image gallery is used to store and display collection of pictures.

छवि गैलरी का उपयोग चित्रों के संग्रह को संग्रहीत और प्रदर्शित करने के लिए किया जाता है।

Creating a basic gallery structure

एक बुनियादी गैलरी संरचना बनाना

Each gallery contains number of div section. Each div section contains an image and its description.

प्रत्येक गैलरी में div अनुभाग की संख्या होती है। प्रत्येक div अनुभाग में एक छवि और उसका विवरण होता है।

Example 69 (उदाहरण 69):

```
<!DOCTYPE html>
<html>
<head>
<style>
div.gallery {
    margin: 5px;
    border: 1px solid #ccc;
    float: left;
    width: 280px;
}
div.gallery:hover {
    border: 1px solid #777;
}
div.gallery img {
    width: 100%;
    height: auto;
}
div.desc {
    padding: 15px;
    text align: center;
}
</style>
</head>
<body>
<div class="gallery">
    <a target="_blank" href="h:/flower.jpg">
        <img src="h:/flower.jpg" alt="Cinque Terre"
        width="600" height="400"
    </a>
    <div class="desc">Add a description of the
    image here</div>
</div>
<div class="gallery">
    <a target="_blank" href="h:/col_range.jpg">
     <img src="h:/col_range.jpg" alt="Forest"
     width="600" height="400">
    </a>
    <div class="desc">Add a description of the
    image here</div>
</div>
<div class="gallery">
    <a target="_blank" href="h:/Mount.jpg">
        <img src="h:/Mount.jpg" alt="Northern
        Lights" width="600" height="400">
    </a>
    <div class="desc">Add a description of the
    image here</div>
</div>
<div class="gallery">
    <a target="_blank" href="h:/Mount1.jpg">
        <img src="h:/Mount1.jpg" alt="Mountains"
        width="600" height="400">
    </a>
    <div class="desc">Add a description of the
    image here</div>
</div>
</body>
</html>
```

The output of the code given in Example 68 as shown in Figure 3.66.

उदाहरण 69 में दिए गए कोड का आउटपुट चित्र 3.66 में दिखाया गया है।

Figure 3.66: Output of the above Example 69 (उदाहरण का उत्पादन 69)

Conclusion (निष्कर्ष)

Cascading stylesheets is an integral part of the web development process. A highly effective HTML tool provides easy control over layout and presentation of website pages. Next, we have discussed types of stylesheets to set the style in web pages, which contain HTML elements such as background color, font-size, font-family, color and so on. Next, we have discussed CSS selectors are the part of CSS rule set and used to select html elements according to its Id, Class, Type and Attribute etc. Then, we have discusses CSS basic properties such as background, Block, Box and Border properties. After, we have discusses CSS List and its properties such as specify bullets and numbering in the lists, sets the position of the list-item, sets an image as list item and setting all list properties in a single declaration that is, shorthand property. Next, we have discussed CSS Tables to apply style on HTML tables for better look and feel using CSS properties. Finally, we have discussed Menu design easy to navigate the bar with the combination of lists and links.

कैस्केडिंग स्टाइलशीट वेब विकास प्रक्रिया का एक अभिन्न अंग है। एक अत्यधिक प्रभावी HTML उपकरण वेबसाइट पृष्ठों के लेआउट और प्रस्तुति पर आसान नियंत्रण प्रदान करता है। आगे, हमने चर्चा की है स्टाइलशीट को वेब पृष्ठों में शैली सेट करने के लिए, जिसमें HTML तत्व जैसे बैकग्राउंड रंग, फॉन्ट आकार, फॉन्ट परिवार, रंग शामिल है। आगे, हमने चर्चा की है कि सीएसएस चयनकर्ता सीएसएस नियम का हिस्सा हैं और इसका उपयोग किया जाता है अपनी Id, Class, Type और Attribute आदि के अनुसार HTML तत्वों का चयन करें। फिर, हमने CSS बेसिक पर चर्चा की है प्रॉपर्टी जैसे बैकग्राउंड, ब्लॉक, बॉक्स और बॉर्डर प्रॉपर्टीज। हमने सीएसएस लिस्ट और उसके बारे में चर्चा की है लिस्ट में बुलेट और नंबरिंग जैसे गुण, लिस्ट आइटम की स्थिति सेट करता है, छवि सेट करना लिस्ट आइटम के रूप में और एक ही घोषणा में सभी लिस्ट गुणों को सेट करना है, जो शॉर्टहैंड प्रॉपर्टी है। अगला, हमारे पास है बेहतर गुणों और CSS गुणों का उपयोग करने के लिए HTML टेबल पर स्टाइल लागू करने के लिए CSS टेबल्स पर चर्चा की। आखिर में, हमने सूची और लिंक के संयोजन के साथ बार नेविगेट करने के लिए आसान मेनू डिजाइन पर चर्चा की है।

REVIEW QUESTIONS WITH ANSWERS (रिव्यू प्रश्न और उत्तर)

A. Multiple Choice Questions (बहुविकल्पीय प्रश्न)

1. CSS is a ________ language.
   a. Structural　　b. Presentational
   b. Markup　　d. Behavioral
   सीएसएस ________ भाषा है।
   क. स्ट्रक्चरल　　ख. प्रजेंटेशनल
   ग. मार्कअप　　घ. बिहेवियरल
2. Name the syntax of declaring a CSS rule is:
   a. property-name = value;
   b. property-name : value
   c. property-name = value
   d. property-name:value;
   सीएसएस नियम घोषित करने के सिंटैक्स का नाम हैः
   क. प्रॉपर्टी–नाम = वैल्यू;　　ख. प्रॉपर्टी–नामः वैल्यू
   ग. प्रॉपर्टी–नाम = वैल्यू　　घ. प्रॉपर्टी–नामः वैल्यू;
3. Styles that are placed within style tag are called as:
   a. External styles　　b. Inline styles
   c. Embedded styles　　d. Html styles
   स्टाइल जिन्हें शैली टैग के भीतर रखा गया हैः
   क. एक्सटर्नल स्टाइल　　ख. इनलाइन स्टाइल
   ग. एंबेडेड स्टाइल　　घ. HTML स्टाइल
4. Which tag is used to link an external style sheet to a webpage?
   a. Link tag　　b. Style tag
   c. Script tag　　d. @media
   किसी एक्सटर्नल स्टाइल की शीट को वेबपेज से जोड़ने के लिए किस टैग का उपयोग किया जाता है?
   क. लिंक टैग　　ख. स्टाइल टैग
   ग. स्क्रिप्ट टैग　　घ. @media
5. Which symbol indicates class selector in CSS.
   a. Hash　　b. Plus
   c. Dot　　d. None
   कौन सा प्रतीक सीएसएस में वर्ग चयनकर्ता को इंगित करता है।
   क. हैश　　ख. प्लस
   ग. डॉट　　घ. कोई नहीं

B. State whether the following statements True or False. (निम्नलिखित कथन सही हैं या गलत)

1. Inline element has no line break and you cannot set height and width of the element.
   इनलाइन तत्व का कोई लाइन ब्रेक नहीं है और आप तत्व की ऊंचाई और चौड़ाई निर्धारित नहीं कर सकते।
2. Box-sizing allows you to include the padding and border in element total width and height.
   बॉक्स–साइजिंग आपको तत्व की कुल चौड़ाई और ऊंचाई में पैडिंग और बॉर्डर को शामिल करने की अनुमति देता है।
3. Linking to an external style sheet allows you to have hyperlinks from your page to the World Wide Web.
   एक्सटर्नल स्टाइल शीट से लिंक करने से आप अपने पेज से वर्ल्ड वाइड वेब पर हाइपरलिंक कर सकते हैं।
4. The link element should be place at the top of the body section.
   बॉडी के शीर्ष पर लिंक तत्व होना चाहिए।
5. Specifying an element's position as absolute removes it from the normal flow of elements on the page.
   किसी तत्व की स्थिति को पूर्ण रूप में निर्दिष्ट करना उसे पृष्ठ पर मौजूद तत्वों के सामान्य प्रवाह से हटा देता है।

C. Match the following: (निम्नलिखित का मिलान करें:)

1.	The default value of "position" attribute is "स्थिति" विशेषता का डिफॉल्ट मान है।	a.	Body {color: black} बॉडी {रंगः काला}
2.	CSS	b.	The property sets the shadow for a box element प्रॉपर्टी बॉक्स तत्व के लिए शेड सेट करती है
3.	बैकग्राउंड रंग का सिंटैक्स। Syntax of background color	c.	Static स्थिर
4.	When we write <img src="img.png">, what "img.png" Inside double quote implies. जब हम लिखते हैं <img src = "img.png">, क्या "img.png" अंदर दोहरे उद्धरण का तात्पर्य है।	d.	It defines the different properties of all four sides of an element's border in a single declaration यह एक घोषणा में एक तत्व सीमा के सभी चार पक्षों के विभिन्न गुणों को परिभाषित करता है
5.	Box-shadow बॉक्स शेडिंग	e.	#id

D. Fill in the blanks (रिक्त स्थान भरें)

a.	CSS	b.	background -attachment (बैकग्राउंड–अटैचमेंट)
c.	margin (मार्जिन)	d.	a {text-decoration: none;} (ए {टेक्स्ट–डेकोरेशनः कोई नहीं;})
e.	class (क्लास)		

1. _________ property that is used for controlling image-scroll.

   _________ प्रापर्टी जो छवि–स्क्रॉल को नियंत्रित करने के लिए उपयोग की जाती है।

2. The _________ attribute is used to define the name(s) of the class(es) to which a particular tag belongs.

   इस _________ विशेषता का उपयोग वर्ग (तों) के नाम (ओं) को परिभाषित करने के लिए किया जाता है, जिसमें एक विशेष टैग होता है।

3. _______ property sets a consistent margin on all four sides of the affected element.

   _________ प्रापर्टी प्रभावित तत्व के सभी चार पक्षों पर एक सुसंगत मार्जिन सेट करती है।

4. By default, hyperlinks are displayed with an underline. _________ you remove the underline from all hyperlinks by using CSS code.

   डिफॉल्ट रूप से, हाइपरलिंक को एक रेखांकन के साथ प्रदर्शित किया जाता है। _________ आप सीएसएस कोड का उपयोग करके सभी हाइपरलिंक से अंडरलाइन को हटा देते हैं।

5. _________ has introduced text, list, box, margin, border, color and background properties.

   _________ ने पाठ, सूची, बॉक्स, मार्जिन, सीमा, रंग और पृष्ठभूमि प्रापर्टी प्रस्तुत किए हैं।

Answer/उत्तर

A.	1. b	2. d	3. c	4. a	5. c
B.	1. True	2. True	3. False	4. False	5. True
C.	1. c	2. h	3. a	4. g	5. b
D.	1. b	2. e	3. c	4. d	5. a

E. SHORT ANSWER QUESTIONS (शॉर्ट प्रश्न और उत्तर)

1.(a) What is CSS? (सीएसएस क्या है?)

Ans. It stands for Cascading Style Sheets. It is use for applying the styles for the HTML elements, which is use to describe the look and formatting of a document written in markup language. It can also be use with any kind of XML documents including plain XML and SVG. CSS is designed to separate the presentation and content, including layout and colors, and fonts. This separation can improve content accessibility, provide more flexibility and control in the specification of presentation characteristics. It enables multiple web pages to share formatting by specifying the relevant CSS in a separate .css file.

यह कैस्केडिंग स्टाइल शीट्स के लिए है। यह HTML तत्वों के लिए स्टाइल को लागू करने के लिए उपयोग किया जाता है, जो मार्कअप भाषा में लिखे गए दस्तावेज के रूप और स्वरूपण का वर्णन करने के लिए उपयोग किया जाता है। यह XML और SVG सहित किसी भी तरह के XML दस्तावेजों के साथ भी उपयोग किया जा सकता है। सीएसएस को लेआउट रंगों और फोंट सहित प्रस्तुति और प्रापर्टी को अलग करने के लिए डिजाइन किया गया है। यह पृथक्करण प्रापर्टी पहुंच में सुधार कर सकता है, प्रस्तुति विशेषताओं के विनिर्देश में अधिक फ्लेक्सिबल और नियंत्रण प्रदान कर सकता है। यह एक अलग .css फाइल में प्रासंगिक CSS निर्दिष्ट करके स्वरूपण साझा करने के लिए कई वेब पेजों को सक्षम करता है।

1.(b) How can you integrate CSS on a web page?

आप वेब पेज पर सीएसएस को कैसे एकीकृत कर सकते हैं?

Ans. There are three methods to integrate CSS on web pages. (वेब पेजों पर सीएसएस को एकीकृत करने के तीन तरीके हैं)

a. **Inline method:** It is use to insert style sheets in html document.

इनलाइन विधि: इसका उपयोग HTML डॉक्यूमेंट में स्टाइल शीट डालने के लिए किया जाता है।

b. **Embedded method:** It is use to add a unique style to a single document.

एंबेडेड विधि: एकल दस्तावेज में एक अनूठी स्टाइल जोड़ने के लिए इसका उपयोग किया जाता है।

c. **External method:** CSS can be place in an external file and linked via link element.

एक्स्टर्नल विधि: CSS को एक्सटर्नल फाइल में रखा जा सकता है और लिंक तत्व के माध्यम से जोड़ा जा सकता है।

1.(c) What are the advantages of CSS?
सीएसएस के क्या फायदे हैं?

Ans. The advantages of CSS are (CSS के फायदे हैं:):

a. Accessibility (सरल उपयोग)
b. Page will load fast (पेज तेजी से लोड होगा)
c. Offline browsing (ऑफलाइन ब्राउजिंग)
d. Maintenance is easy (रखरखाव आसान है)

2.(a) List out the components of CSS style?
सीएसएस स्टाइल के घटकों की सूची बनाएं?

Ans. The different components of CSS style are:
सीएसएस स्टाइल के विभिन्न घटक हैं:

- Property (प्रापर्टी)
- Selector and Value (चयनकर्ता और मूल्य)

2.(b) What is the usage of Class selector and name differentiate Class selector from ID selector?
क्लास चयनकर्ता और आईडी चयनकर्ता से अलग वर्ग चयनकर्ता का नाम क्या है?

Ans. The .class selector selects elements with a specific class attribute. To select elements with a specific class, write a period (.) character, followed by the name of the class. With ID selector, we can select an element by pointing out the unique ID name set with the id attribute.

.class चयनकर्ता एक विशिष्ट वर्ग विशेषता के साथ तत्वों का चयन करता है। एक विशिष्ट वर्ग के साथ तत्वों का चयन करने के लिए, एक अवधि (.) वर्ण लिखें, उसके बाद वर्ग का नाम। आईडी चयनकर्ता के साथ, हम आईडी विशेषता के साथ निर्धारित अद्वितीय आईडी नाम को इंगित करके एक तत्व का चयन कर सकते हैं।

If we use that selector can be used only once in html document. If we use that selector on more than one element, our code will not pass validation.

The difference between the Class and ID selector is:

यदि हम उस चयनकर्ता का उपयोग केवल एक बार HTML दस्तावेज में कर सकते हैं। यदि हम एक से अधिक तत्वों पर उस चयनकर्ता का उपयोग करते हैं, तो हमारा कोड सत्यापन पारित नहीं करेगा। वर्ग और आईडी चयनकर्ता के बीच अंतर है:

The ID selector consists of a hash (#), followed by the unique ID name of a referring HTML element. ID selector cannot start with a number and must be at least one character long. They also case-sensitive, and must exactly match across HTML, CSS and JavaScript.

ID चयनकर्ता में एक हैश (#) होता है, उसके बाद एक रेफरिंग html एलिमेंट का यूनिक ID नाम होता है। ID चयनकर्ता एक संख्या से शुरू नहीं हो सकता है और कम से कम एक वर्ण लंबा होना चाहिए। वे केस–संवेदी भी हैं, और उन्हें वास्तव में HTML, CSS और जावास्क्रिप्ट से मेल खाना चाहिए।

The ID selector in CSS document:

सीएसएस दस्तावेज में आईडी चयनकर्ता:

```
#para1 {
    text-align:center;
  color: blue;
}
```

Class selector (क्लास चयनकर्ता)

When we want to style name more than one object on a web page, we should be using a class selector. To use multiple elements in an HTML document can have the same class value. In addition, a single element can have multiple class name separated by white space.

जब हम किसी वेब पेज पर एक से अधिक ऑब्जेक्ट को स्टाइल करना चाहते हैं, तो हमें क्लास सिलेक्टर का उपयोग करना चाहिए। एक HTML दस्तावेज में कई तत्वों का उपयोग करने के लिए समान वर्ग मान हो सकता है। इसके अलावा, एक एकल तत्व में सफेद स्थान द्वारा अलग किए गए कई वर्ग नाम हो सकते हैं।

A Class selector can have any name that starts with a letter, hyphen or underscore.

एक वर्ग चयनकर्ता का कोई भी नाम हो सकता है जो एक अक्षर, हाइफन या अंडरस्कोर से शुरू होता है।

A class selector in html document (HTML दस्तावेज में एक वर्ग चयनकर्ता:):

```
<style>
  .center {
   Text-align: center;
 Color: blue;
}
</style>
```

In CSS a class selector starts with a dot(.), like this: .bank { /* this is the class selector */

Text-color: red;

}

The only difference between them is the "id" is unique in a page can only apply at one element, while "class" selector can apply to multiple elements.

उनके बीच एकमात्र अंतर यह है कि "आईडी" अद्वितीय है एक पृष्ठ में केवल एक तत्व पर लागू किया जा सकता है, जबकि "वर्ग" चयनकर्ता कई तत्वों पर लागू हो सकता है।

2.(c) What is the difference between padding and margin?

पैडिंग और मार्जिन के बीच अंतर क्या है?

Ans. In CSS, the margin is the property by which we can create space around elements. We can even create space to the exterior define borders.

सीएसएस में, मार्जिन वह प्रॉपर्टी है जिसके द्वारा हम तत्वों के आसपास जगह बना सकते हैं। हम बाहरी परिभाषित बॉर्डर की जगह भी बना सकते हैं।

In CSS have margin property as follows?

CSS में मार्जिन प्रॉपर्टी निम्नानुसार है:

Margin-top, Margin-right, Margin-bottom and margin-left Margin property has some defined values as shown below:

मार्जिन–टॉप, मार्जिन–राइट, मार्जिन–बॉटम और मार्जिन–लेफ्ट मार्जिन प्रॉपर्टी में कुछ परिभाषित मूल्य हैं जैसा कि नीचे दिखाया गया है:

a. **Auto:** This property browser calculates the margin.
   ऑटो: यह प्रॉपर्टी ब्राउजर मार्जिन की गणना करता है।

b. **Length:** It sets the margin value in px, pt, cm etc.
   लंबाई: यह px, pt, cm आदि में मार्जिन मान सेट करता है।

c. **%:** It sets the width % of the element.
   %: यह तत्व की चौड़ाई% सेट करता है।

d. **Inherit:** This property we can inherit the margin property from the parent element.
   इनहेरिट: यह प्रापर्टी हम मूल तत्व से मार्जिन प्रापर्टी प्राप्त कर सकते हैं।

In CSS, padding is the property by which we can generate space around an element's content as well as inside any known border;

CSS में, पैडिंग वह प्रॉपर्टी है जिसके द्वारा हम किसी तत्व की कंटेट के साथ–साथ किसी भी ज्ञात सीमा के अंदर स्थान उत्पन्न कर सकते हैं।

CSS padding also has properties like:

सीएसएस पैडिंग में भी गुण होते हैं जैसे:

Padding-top, Padding-right, padding-bottom and padding-left. Negative values are not allowed in padding.

पैडिंग–टॉप, पैडिंग–राइट, पेडिंग–बॉटम और पैडिंग–लेफ्ट। पैडिंग में नकारात्मक मूल्यों की अनुमति नहीं है।

3.(a) What are the difference between relative and absolute in CSS?

सीएसएस में रिलेटिव और अब्सोलुट के बीच क्या अंतर हैं?

Ans. The main difference between relative and absolute is that "relative" is used for the same tag in CSS and it means that if we write the left:10px then the padding will shift to 10px in the left while absolute is totally relative to the non-static parent. It means if we write left:10px then the result will be 10px far from the left edge of the parent element.

रिलेटिव और अब्सोलुट के बीच मुख्य अंतर यह है कि "रिलेटिव" का उपयोग सीएसएस में एक ही टैग के लिए किया जाता है और इसका मतलब है कि यदि हम बाईं ओर लिखते हैं: 10px तो बाई ओर पैडिंग 10px में बदल जाएगी जबकि निरपेक्ष पूरी तरह से सापेक्ष है नॉन स्टेटिक पेरेंट्स। इसका मतलब है कि अगर हम बायां लिखते हैं: 10px तो परिणाम मूल तत्व के बाएं किनारे से 10px दूर होगा।

3. (b) Differentiate between Inline and block element.

Inline और ब्लॉक तत्व के बीच अंतर।

Ans. Inline element does not have an element to set width and height and also it does not have the line break.

इनलाइन तत्व में चौड़ाई और ऊंचाई निर्धारित करने के लिए एक तत्व नहीं है और यह भी कि लाइन ब्रेक नहीं है।

Example: links <a>, emphasized words <em>, important words <strong>, and abbreviations <abbr>

उदाहरण: लिंक <a>, एम्पैसिजेड वर्ड <em>, महत्वपूर्ण शब्द <strong> और संक्षिप्त रूप <abbr>

Block elements are meant to structure the main parts of our page, by dividing our content in coherent block.

Example: width and height, paragraphs <p>, lists: unordered <ul> and ordered lists <ol>

ब्लॉक तत्वों का तात्पर्य हमारे पृष्ठ के मुख्य हिस्सों को सुसंगत ब्लॉक में हमारी कंटेट को विभाजित करके बनाना है। उदाहरण: चौड़ाई और ऊँचाई, पैराग्राफ <p>, लिस्ट: अन–आर्डर <ul> और लिस्ट <ol>

Headings: from 1st level <h1> to 6th level headings <h6>, articles <article> and sections <section>

शीर्षकों: 1 स्तर <h1> से 6 वें स्तर के शीर्षकों <h6>, लेख <लेख> और अनुभाग <अनुभाग>।

4.(a) How do we make a rounded corner by using CSS?

हम सीएसएस का उपयोग करके एक गोल कोना कैसे बनाते हैं?

Ans. We can make a rounded corner by using the property "border-radius". We can apply this property to any element.

हम प्रापर्टी "बॉर्डर–रेडियस" का उपयोग करके एक गोल कोना बना सकते हैं। हम इस प्रापर्टी को किसी भी तत्व पर लागू कर सकते हैं।

Run the above code in the browser.

```
<html>
<head>
<style>
  #rcorner {
  Border-radius: 25px;
  Background: gray;
```

```
Padding: 20px;
Width: 200px;
Height: 150px;
}
</style>
</head>
<body>
<h3>The border-radius property</h3>
<p id-"rcorner">Rounded corners</P>
</body>
</html>
```

ब्राउजर में उपरोक्त कोड रन करें।

4.(b) What is the use of the Box Model in CSS and what are its elements?
सीएसएस में बॉक्स मॉडल का उपयोग क्या है और इसके तत्व क्या हैं?

Ans. In CSS, the box model is a box that binds all the html elements and it includes features like margins, border, padding and the content.

CSS में, बॉक्स मॉडल एक बॉक्स है जो सभी HTML तत्वों को बांधता है और इसमें मार्जिन, बॉर्डर, पैडिंग और कंटेट जैसी विशेषताएं शामिल हैं।

Margin: the top most layer, the overall structure showed.

मार्जिन: सबसे ऊपरी परत, समग्र संरचना।

Border: the padding and content option with a border around is shown. Background color affects the border.

बार्डर: चारों ओर एक सीमा के साथ पैडिंग और कंटेट विकल्प दिखाया गया है। बैकग्राउंड का रंग बॉर्डर को प्रभावित करता है।

Padding: space showed. Background color affects the border.

पैडिंग: अंतरिक्ष दिखाया। बैकग्राउंड का रंग बॉर्डर को प्रभावित करता है।

Content: Actual content is showed. By using a box model we will get the authority to add the borders all around the elements and we can also define the space between the elements.

कंटेट: वास्तविक कंटेट दिखाई गई है।

बॉक्स मॉडल का उपयोग करके हम तत्वों के चारों ओर बार्डर को जोड़ने का अधिकार प्राप्त करेंगे और हम तत्वों के बीच की जगह को भी परिभाषित कर सकते हैं।

5. (a) Write the following background element in CSS?
सीएसएस में निम्नलिखित पृष्ठभूमि तत्व लिखिए?

(i) Which property is use to set the background color of an element?
किसी तत्व की पृष्ठभूमि का रंग निर्धारित करने के लिए किस प्रापर्टी का उपयोग किया जाता है?

(ii) Which property is use to set the background image of an element?
किसी तत्व की बैकग्राउंड छवि को सेट करने के लिए किस प्रापर्टी का उपयोग किया जाता है?

(iii) Which property is use to control the position of an image in the background?
बैकग्राउंड में किसी छवि की स्थिति को नियंत्रित करने के लिए किस संपत्ति का उपयोग किया जाता है?

(iv Which property is used to control the scrolling of an image in the background?
बैकग्राउड में किसी चित्र की स्क्रॉलिंग को नियंत्रित करने के लिए किस प्रापर्टी का उपयोग किया जाता है?

Ans. (i) The background-color property is use to set the background color of an element.
किसी तत्व की बैकग्राउंड का रंग सेट करने के लिए बैकग्राउंड–रंग गुण का उपयोग किया जाता है।

(ii) The background-image property is use to set the background image of an element.
किसी तत्व की बैकग्राउंड छवि को सेट करने के लिए बैकग्राउंड–छवि गुण का उपयोग किया जाता है।

(iii) The background-position property is use to control the position of an image in the background.
बैकग्राउंड में छवि की स्थिति को नियंत्रित करने के लिए बैकग्राउंड–स्थिति प्रापर्टी का उपयोग किया जाता है।

(iv) The background-attachment property is used to control the scrolling of an image in the background.
बैकग्राउंड अटैचमेंट प्रॉपर्टी का उपयोग बैकग्राउंड में किसी इमेज की स्क्रॉलिंग को नियंत्रित करने के लिए किया जाता है।

5.(b) What is the difference between "display: none" and "visibility:hidden" in CSS?
सीएसएस में "प्रदर्शन: कोई नहीं" और "दृश्यता: छिपा हुआ" के बीच अंतर क्या है?

Ans. Display:none: This will just hide the element and does not take any space of the element.

प्रदर्शन: कोई नहीं: यह केवल तत्व को छिपाएगा और तत्व का कोई स्थान नहीं लेता है।

Display:hidden: This also hides the element and will take space for the element and this will affect the entire layout of the document.

प्रदर्शन: छिपा हुआ: यह भी तत्व को छुपाता है और तत्व के लिए जगह लेगा और यह दस्तावेज के पूरे लेआउट को प्रभावित करेगा।

5. (c) List out the possible values for attribute – position in CSS?
सीएसएस में विशेषता - स्थिति के लिए संभावित मूल्यों को सूचीबद्ध करें?

Ans. The list of possible values for attribute –"position" Static, Inherit, Fixed, Absolute and relative.

विशेषता के लिए संभावित मानों की सूची – "स्थिति" स्टेटिक, इनहेरिट, फिक्स्ड, निरपेक्ष और सापेक्ष।

4

CSS Framework

(सीएसएस फ्रेमवर्क)

Structure (संरचना)

❖ Introduction to CSS and its types (CSS और इसके प्रकार का परिचय) ❖ CSS Selectors (CSS प्रार्पटी) ❖ CSS Properties (CSS चयनकर्ता) ❖ CSS Lists and Tables (CSS लिस्ट और टेबल)

Objectives (उद्देश्य)

The reader will be able to understand the following: (पाठक निम्नलिखित को समझने में सक्षम होगाः)

❖ Purpose of CSS (CSS का उद्देश्य) ❖ Role of CSS in websites (वेबसाइट में CSS की भूमिका) ❖ Roles of effects in website (वेबसाइट में प्रभाव की भूमिकाएँ)

4.1 Introduction to W3.CSS (W3.CSS का परिचय)

W3CSS is one of the most famous used CSS framework for in-built responsive websites. It is based on plain CSS that makes it fast. It does not use any additional library that slows a website such as JavaScript or JQuery. It is compatible with all the browsers including Chrome, Firefox, Opera and so on. It is also compatible with most of the devices currently use in mobile phones to desktops.

W3CSS इन–बिल्ट रेस्पॉन्सिव वेबसाइट के लिए सबसे प्रसिद्ध उपयोग सीएसएस फ्रेमवर्क में से एक है। यह प्लेन सीएसएस पर आधारित है जो इसे तेज बनाता है। यह किसी भी अतिरिक्त पुस्तकालय का उपयोग नहीं करता है जो JavaScript या JQuery जैसी वेबसाइट को धीमा कर देता है। यह क्रोम, फायरफॉक्स, ओपेरा सभी ब्राउजरों के साथ संगत है। यह अधिकांश उपकरणों के साथ संगत है जो वर्तमान में मोबाइल फोन में डेस्कटॉप के लिए उपयोग होता है।

4.2 Web site Development using W3.CSS Framework(वेब साइट विकास W3-CSS फ्रेमवर्क का उपयोग कर)

W3.CSS is a CSS developed by w3schools.com. It is a modern CSS frame with built-in responsiveness. It supports responsive mobile design by default, and it is smaller and faster than similar CSS frameworks. It also speed up and simplify web development because it is easier to learn to use than other CSS framework.

W3-CSS एक CSS है जिसे w3schools.com द्वारा विकसित किया गया है। यह एक मोड आरएन सीएसएस फ्रेम है जिसमें बिल्ट इन रिस्पॉन्सिबिलिटी है। यह डिफॉल्ट रूप से रेस्पॉन्सिव मोबाइल डिजाइन का समर्थन करता है, और यह समान सीएसएस फ्रेमवर्क की तुलना में छोटा और तेज है। यह वेब विकास को भी गति दें और सरल करें क्योंकि अन्य CSS फ्रेमवर्क की तुलना में इसका उपयोग सीखना आसान है।

The main advantage is that it is fee to use without any licensing required.

मुख्य लाभ यह है कि आवश्यक लाइसेंस के बिना उपयोग करना शुल्क है।

4.2.1 How to Use W3.CSS? (W3.CSS का उपयोग कैसे करें?)

There are two ways to use W3.CSS:

W3.CSS का उपयोग करने के दो तरीके हैं:

Local Installation: You can download the W3.CSS file on your local machine and include it in your HTML code.

स्थानीय स्थापना: आप अपने स्थानीय मशीन पर W3.CSS फाइल डाउनलोड कर सकते हैं और इसे अपने HTML कोड में शामिल कर सकते हैं

CDN Based Version: You can include the W3.CSS file into your HTML code directly from the Content Delivery Network (CDN).

CDN आधारित संस्करण: आप अपने HTML कोड में W3.CSS फाइल को सीधे कंटेंट वितरण नेटवर्क (CDN) से संस्थापन के लिए शामिल कर सकते हैं।

Local installation go to https://www.w3schools.com/w3css_download.asp to download the latest version.

To use W3.css, just add a link to “w3.css” in your web pages. For example

लोकल इंस्टालेशन: https://www.w3schools.com/w3css_download.asp लेटेस्ट संस्करण डाउनलोड करने के लिए।

W3.css का उपयोग करने के लिए, बस अपने वेब पृष्ठों में "w3.css" का लिंक जोड़ें।

For example (उदाहरण),

```
<!DOCTYPE>
<html>
<title>First program in w3.css</title>
<meta name=”viewpoint” content=”width device
width, initial scale=1”>
<lin rel=”stylesheet” type=”text/css” href=”//
foldername/w3.css”>
Basic Usage
```

All of the CSS classes start with a w3 prefix and you can add it inline inside the class of the tag. <div class=”w3-container”></div>

CSS क्लास के सभी एक w3 उपसर्ग के साथ शुरू होते हैं और आप इसे टैग वर्ग के अंदर इनलाइन जोड़ सकते हैं।

```
<div class=”w3-container”></div>
```

Now, let us take your first simple example to see how W3.CSS can actually be:

अब, हम आपका पहला सरल उदाहरण लेते हैं कि W3 .CSS वास्तव में कैसे काम कर सकता है:

Example 1 (उदाहरण 1):

```
<!DOCTYPE html>
<html>
<head>
<title>My First Program in W3.CSS</title>
<meta name="viewport" content="width=device
width, initial scale=1">
<link rel="stylesheet" type="text/css"
href="w3.css">
</head>
<body>
<div class="W3 container w3 blue">
<h1>Nature</h1>
</div>
<img     src="h:/Flower.jpg"     alt="Falls"
style="Width:60%">
<div class="W3 container">
<p>Close your eyes and imagine the sunrise over a
wide-open country field, morning rain glistening
on forest trees, and snow-covered mountaintop
peaks. Yes, nature is absolutely breathtaking,
which is why we rounded up these nature quotes
that capture the earth’s stunning beauty, even
when it almost seems indescribable. If you don’t
have an outdoor weekend getaway in the works,
these outdoor quotes will encourage you to
schedule a family road trip as soon as possible.
And if you're planning your own hiking trip or
camping adventure, you might become stressed
with your to-do list. To make your worries
melt away, simply scroll through these quotes
about the wonderful wilderness out there. Doing
so will instantly relax you and make you feel
unbelievably grateful for this beautiful planet
we get to call home.</p>
</div>
</body>
</html>
```

The output of the above code as shown in Figure 4.1.

उपरोक्त उदाहरण 1 का आउटपुट चित्र 4.1 में दिखाया गया है।

4.3 W3CSS Colors Basics (w3css कलर्स बेसिक्स)

Color is important aspect of visual attractive of a website. Pick the right color combination can make a site more appealing for the visitor. W3.CSS framework comes with a variety of colors that can be used to perform different tasks. There are four different classes perform these tasks. These are:

रंग एक वेबसाइट के दृश्य आकर्षक का महत्वपूर्ण पहलू है। सही रंग संयोजन चुनें एक साइट और अधिक आकर्षक बना सकते हैं। W3 CSS फ्रेमवर्क विभिन्न प्रकार के रंगों के साथ आता है जिनका उपयोग विभिन्न कार्यों को करने के लिए किया जा सकता है। इन कार्यों को करने के लिए चार अलग–अलग क्लास हैं:

1. It is used to sets background color of any html element.

   इसका इस्तेमाल किसी भी html एलिमेंट के बैकग्राउंड कलर को सेट करने के लिए किया जाता है।

2. It is used to sets the color of the text of an element.

   इसका उपयोग किसी तत्व के पाठ का रंग सेट करने के लिए किया जाता है।

3. It is used to sets the background color when mouse is hovered over an element.

   इसका उपयोग पृष्ठभूमि के रंग को सेट करने के लिए किया जाता है जब माउस को किसी तत्व पर होवर किया जाता है।

4. It is used to changes the color of the text when mouse is hovered over it.

   यह क्लास पर टेक्स्ट का रंग बदलने के लिए उपयोग किया जाता है जब माउस टेक्स्ट पर होवर करते हैं।

4.3.1 W3-Color (W3-रंग)

The w3-color classes set the background color for any html element.

W3 रंग क्लास किसी भी HTML तत्व के लिए पृष्ठभूमि रंग निर्धारित करती है।

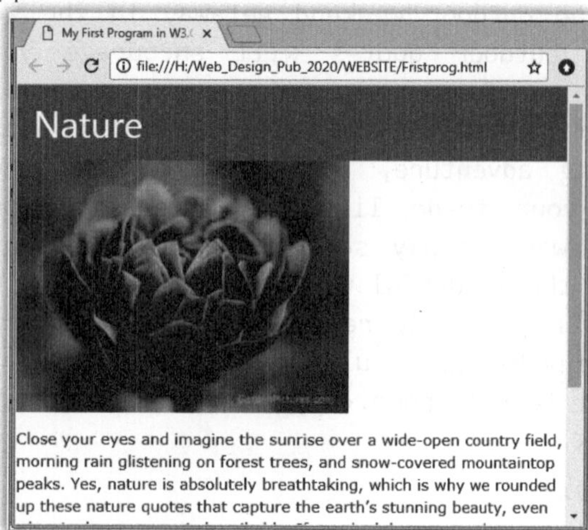

Figure 4.1: Output of the above Example 1 (उदाहरण 1 का आउटपुट)

Example 2 (उदाहरण 2):

```
<!DOCTYPE html>
<html>
<title>W3.CSS Colors</title>
<head>
<meta  name="viewpoint"  content="width=device width, initial scale=1">
<link rel="stylesheet" type="text/css" href="w3.css">
</head>
<body>
<div class="W3 container w3 red">
<h3>This is with dartk red background</h3>
</div>
<div class="W3 container w3 blue">
<h3>This is with blue background</h3>
</div>
<div class="W3 container w3 teal">
<h3>This is with Teal background</h3>
</div>
<div class="W3 container w3 yellow">
<h3>This is with pale yellow background</h3>
</div>
</body>
</html>
```

The output of the code given in Example 2 as shown in Figure 4.2. You can see in the above code that it contains four divs. All the three divs have a class of w3-container which adds properties of a container to these classes.

उदाहरण 2 में दिए गए कोड का आउटपुट चित्र 4.2 में दिखाया गया है। आप उपरोक्त कोड में देख सकते हैं कि इसमें चार विभाग हैं। तीनों डिवीजनों में W3 कंटेनर का एक वर्ग है जो इन वर्गों में एक कंटेनर की प्रॉपर्टी को जोड़ता है।

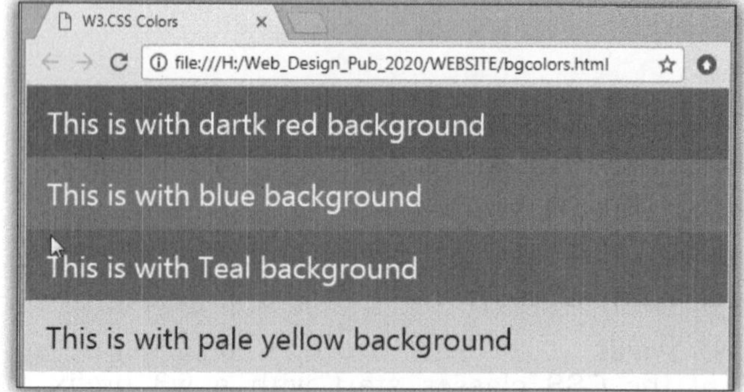

Figure 4.2: Output of the above Example 2 (उदाहरण 2 का आउटपुट)

4.3.2 W3-Text-color (W3 टेक्स्ट का रंग)

The w3-text color class is used to set the text color of an element.

W3 टेक्स्ट कलर क्लास का उपयोग किसी तत्व के टेक्स्ट कलर को सेट करने के लिए किया जाता है।

Example 3 (उदाहरण 3):

```
<!DOCTYPE html>
<html>
<title>W3.CSS Text Colors</title>
<head>
<meta  name="viewpoint"  content="width=device width, initial scale=1">
<link rel="stylesheet" type="text/css" href="w3.css">
</head>
<body>
<div class="w3 container w3 text lime">
<h3>This text color is Lime</h3>
</div>
<div class="W3 container w3 text purple">
<h3>This text color is deep purple</h3>
</div>
<div class="W3 ontainer w3 text gray">
```

```
<h3>This text color is gray</h3>
</div>
<div class="w3 container w3 text cyan">
<h3>This text color is cyan</h3>
</div>
</body>
</html>
```

The output of the code given in Example 3 as shown in Figure 4.3.

उदाहरण 3 में दिए गए कोड का आउटपुट चित्र 4.3 में दिखाया गया है।

4.3.3 W3CSS Hover colors (w3-सीएसएस हॉवर कलर्स)

There are two classes change the color upon mouse hover. The first one is the w3-hover-color class. This class sets the background color of an element when mouse hovers over it. The second class is W3-hover-text color which sets the color of the text upon mouse hover. Let us have a look at each of them in example 4.

माउस होवर पर रंग बदलने के दो वर्ग हैं। पहला W3 होवर रंग वर्ग है। यह जब माउस उस पर होवर होता है तो क्लास एक तत्व की पृष्ठभूमि का रंग निर्धारित करता है। दूसरी क्लास W3 होवर टेक्स्ट है रंग जो माउस होवर होने पर टेक्स्ट का रंग सेट करता है।

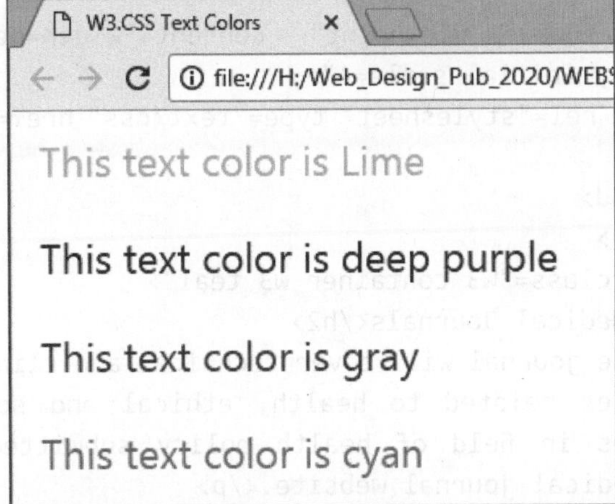

Figure 4.3: Output of the above Example 3 (उदाहरण 3 का आउटपुट)

Example 4:

```
<!DOCTYPE html>
<html>
<title>W3.CSS Hover Colors</title>
<head>
<meta name="viewpoint" content="width=device width, initial scale=1">
<link rel="stylesheet" type="text/css" href="w3.css">
</head>
<body>
<div class="W3 container w3 Indig o">
<h3>Hover Colors</h3>
</div>
<div class="W3 container w3 teal w3 hover green">
<h3>This is with teal background</h3>
</div>
<div class="W3 container w3 gray w3 hover blue">
<h3>This is with gray background and hovering with blue</h3>
</div>
<div class=class="w3 container w3 orange w3 hover deep orange">
<h3>This is with orange background and hovering with deep orange</h3>
</div>
</body>
</html>
```

The output of the code given in Example 4 as shown in Figure 4.4.

उदाहरण 4 में दिए गए कोड का आउटपुट चित्र 4.4 में दिखाया गया है।

4.3.4 W3-hover-text-color (w3-होवर-टेक्स्ट का रंग)

If you want to change the color of text upon mouse hover, you can use w3-hover-text color class.

यदि आप माउस होवर पर टेक्स्ट का रंग बदलना चाहते हैं, तो आप w3 होवर टेक्स्ट कलर क्लास का उपयोग कर सकते हैं।

4.3.5 W3.CSS Containers (w3.css कंटेनर)

Like colors classes, W3.CSS frameworks contains a class that can be used to style container type elements such as <div>, <article>, <section>, <header>, <footer>, <form> etc. The class used for W3.CSS containers is W3-container. This class add 16px to the left and right of an HTML element. It also used to style multiple container type elements by adding uniform padding, margins, fonts, colors and alignments.

रंगों की कक्षाओं की तरह, W3.CSS फ्रेमवर्क में एक वर्ग होता है जिसका उपयोग कंटेनर प्रकार के तत्वों को स्टाइल करने के लिए किया जा सकता है जैसे <div>, <article>, <section>, <header>, <footer>, <form> आदि। W3.CSS कंटेनरों के लिए उपयोग किया जाने वाला वर्ग है W3 कंटेनर। यह वर्ग एक HTML तत्व के बाईं और दाईं ओर 16px जोड़ता है। यह भी कई स्टाइल के लिए इस्तेमाल किया एक समान पैडिंग, मार्जिन, फोंट, रंग और संरेखण को जोड़कर कंटेनर प्रकार तत्व है।

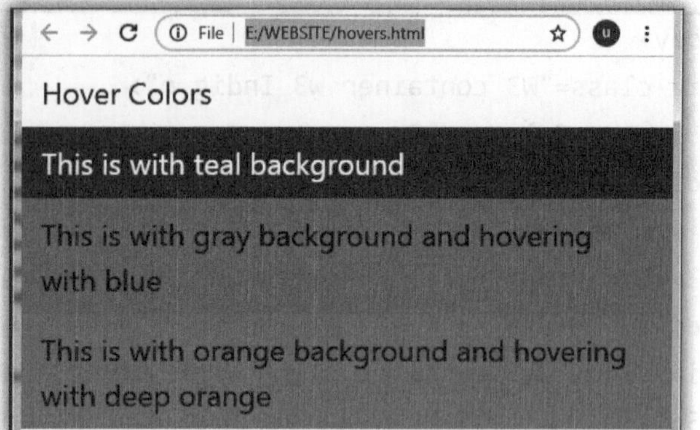

Figure 4.4: Output of the above Example 4 (उदाहरण 4 का आउटपुट)

To use a container, just add a w3-container class can be used to style header and footer elements.

कंटेनर का उपयोग करने के लिए, हेडर और फुटर तत्वों को स्टाइल करने के लिए बस एक W3 कंटेनर क्लास का उपयोग किया जा सकता है।

Example 5 (उदाहरण 5):

```
<!DOCTYPE html>
<html>
<title>W3.CSS Hover Colors</title>
<head>
<meta name="viewpoint" content="width=device width, initial scale=1">
<link rel="stylesheet" type="text/css" href="w3.css">
</head>
<body>
<header class="W3 container w3 purple w3 text blue">
<h2>BPB Publications</h2>
</header>
<footer class="W3 container w3 lime w3 text cyan">
<h4>Ansari Road, Daryaganj</h4>
</footer>
</body>
</html>
```

The output of the code given in Example 5 as shown in Figure 4.5.

उदाहरण 5 में दिए गए कोड का आउटपुट चित्र 4.5 में दिखाया गया है।

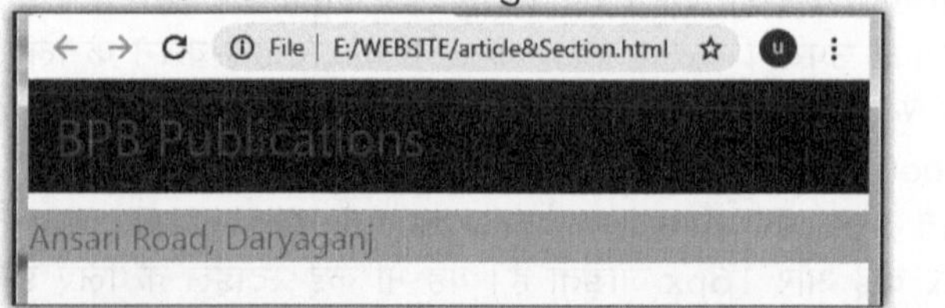

Figure 4.5: Output of the above Example 5 (उदाहरण 5 का आउटपुट)

In the above code, you have a header and footer. The w3-container class has been added to both of them. Inside the header, you have h2 heading while inside the footer, you have h4 heading. The background colors and text colors of both the header and footer have same fonts, common margin and padding.

उपरोक्त कोड में, आपके पास एक हेडर और फुटर है। इन दोनों में W3 कंटेनर क्लास को जोड़ा गया है। हेडर के अंदर, आपके पास h2 हेडिंग है जबकि फूटर के अंदर, आपके पास h4 हेडिंग है। हेडर और फुटर दोनों के बैकग्राउंड के रंग का एक ही फोंट, सामान्य मार्जिन और पैडिंग हैं।

4.3.6 Articles and Sections (आर्टिकल और सेक्शन)

W3-container class can also add predefined styles to <article> and <section> elements.

W3 कंटेनर क्लास <article> और <section> तत्वों में पूर्वनिर्धारित स्टाइल को भी जोड़ सकते हैं।

Example 6 (उदाहरण 6):

```
<!DOCTYPE html>
<html>
<title>W3.CSS </title>
<head>
<meta name="viewpoint" content="width=device width, initial scale=1">
<link rel="stylesheet" type="text/css" href="w3.css">
</head>
<body>
<div class="W3 container w3 teal">
<h2>Medical Journals</h2>
<p>The journal will cover technical and clinical studies related to health, ethical and social issues in field of health policy submitted to biomedical journal website.</p>
<hr>
</div>
<article class="W3 container w3 yellow">
<h2>Expression of vascular endothelial growth factor.</h2>
<p>The oral cavity is the upper most part of the digestive tract.</p>
<hr>
</article>
<section class="W3 container w3 brown">
<h2>Medical Ethics</h2>
<p>Articles dealing with ethical aspects of practice of medicine or medical research in India.</p>
```

```
<hr>
</section>
</body>
</html>
```

The output of the code given in Example 6 as shown in Figure 4.6.

उदाहरण 6 में दिए गए कोड का आउटपुट चित्र 4.6 में दिखाया गया है।

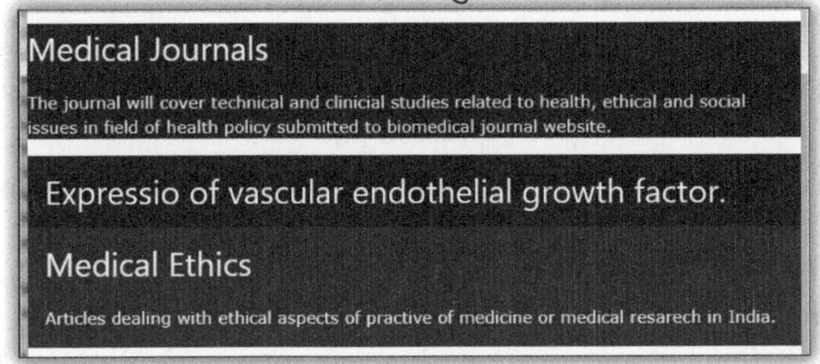

Figure 4.6: Output of the above Example 6 (उदाहरण 6 का आउटपुट)

4.3.7 Container Padding (कंटेनर पैडिंग)

The w3-container class has a default 16px left and right padding, and no top or bottom padding.

W3 कंटेनर क्लास में डिफॉल्ट 16px लेफ्ट और राइट पैडिंग है, और कोई टॉप या बॉटम पैडिंग नहीं है।

Example 7 (उदाहरण 7):

```
<!DOCTYPE html>
<html>
<title>W3.CSS </title>
<head>
<meta name="viewpoint" content="width=device
width, initial scale=1">
<link rel="stylesheet" type="text/css"
href="w3.css">
</head>
<body>
<div class=class="w3 container w3 blue ">
```

The output of the code given in Example 7 as shown in Figure 4.7.

W3 कंटेनर क्लास में डिफॉल्ट 16px लेफ्ट और राइट पेडिंग है, और कोई टॉप या बॉटम पैडिंग नहीं है।

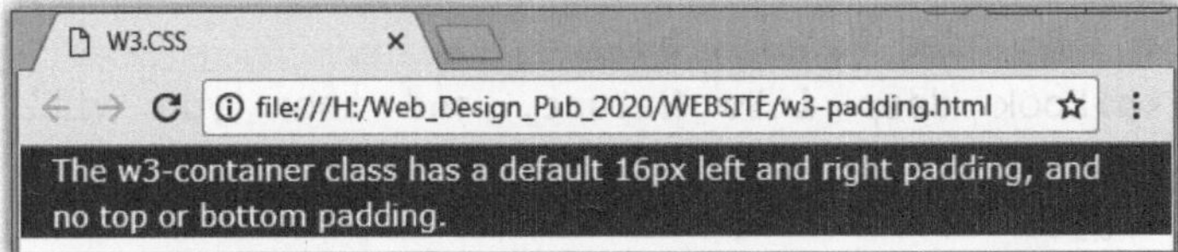

Figure 4.7: Output of the above Example 7 (उदाहरण 7 का आउटपुट)

4.4 W3.CSS Panels (w3.css पैनल)

W3.CSS panels are a type of container; however, panels add top and bottom margin of 16px in addition to left and right padding of 16px. It is use for displaying notes, quotes, alerts, cards etc. You can also create closeable and showable panels. Let us create these different types of panels.

W3 CSS पैनल एक प्रकार के कंटेनर हैं; हालाँकि, पैनल इसके अलावा 16px के टॉप और बॉटम मार्जिन को जोड़ते हैं बाएं और दाएं पैडिंग 16px। इसका उपयोग नोट्स, उद्धरण, अलर्ट, कार्ड आदि प्रदर्शित करने के लिए किया जाता है। आप भी बना सकते हैं बंद करने योग्य और दिखाने योग्य पैनल। आइए हम इन विभिन्न प्रकार के पैनल बनाते हैं।

Example 8 (उदाहरण 8):

```
<!DOCTYPE html>
<html>
<title>W3.CSS </title>
<head>
<meta   name="viewpoint"   content="width=device
width, initial scale=1">
<link rel="stylesheet" href="w3.css">
</head>
<body>
<div class="W3 container">
<h3 >Displaying Panels</h3>
<p>Panels are the same as containers except for
adding top and bottom margin.</p>
<div class="W3 panel w3 blue gray">
<h2>Panels are the type of container</h2>
<p>This is a panel and it has blue gray background.</p>
</div>
<div class="w3 panel w3 green">
<p>This is a panel and it has green background.</
p>
</div>
<div class="W3 container w3 blue">
<p>This is container</p>
</div>
<div class="W3 container w3 yellow">
<p>This is container</p>
</div>
</div>
</body>
</html>
```

The output of the code given in Example 8 as shown in Figure 4.8.

उदाहरण 8 में दिए गए कोड का आउटपुट चित्र 4.8 में दिखाया गया है।

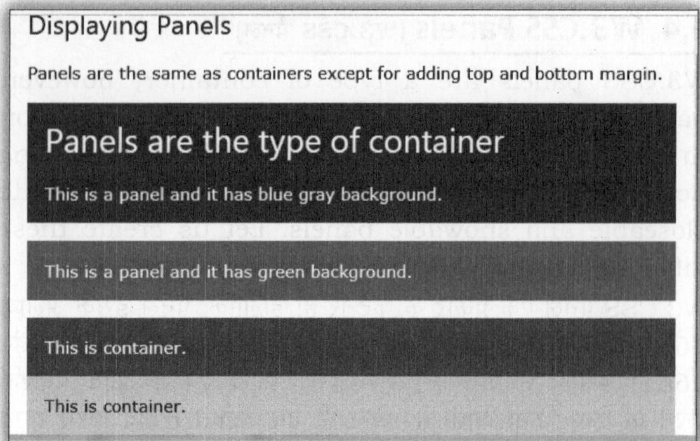

Figure 4.8: Output of the above Example 8 (उदाहरण 8 का आउटपुट)

4.4.1 Using Panel for Creating Notes (नोट्स बनाने के लिए पैनल का उपयोग करना)

W3.CSS panel can also be used to create quotes types effect.

W3 सीएसएस पैनल भी उद्धरण प्रकार प्रभाव बनाने के लिए उपयोग कर सकते हैं।

Example 9 (उदाहरण 9):

```
<!DOCTYPE html>
<html>
<title>W3.CSS </title>
<head>
<meta name="viewpoint" content="width=device
width, initial scale=1">
<link rel="stylesheet" href="w3.css">
</head>
<body>
<div class="W3 container">
<h3>Panles for Quotes</
<p>The w3 panel class can be used for display
Quotes</p>
<div class="W3 panel w3 pale yellow w3 leftbar
w3 xxlarge w3 serif">
<p>Look deep into Nature, and then you will
understand everything better.</p>
</div>
</div>
</body>
</html>
```

The output of the code given in Example 9 as shown in Figure 4.9.

उदाहरण 9 में दिए गए कोड का आउटपुट चित्र 4.9 में दिखाया गया है।

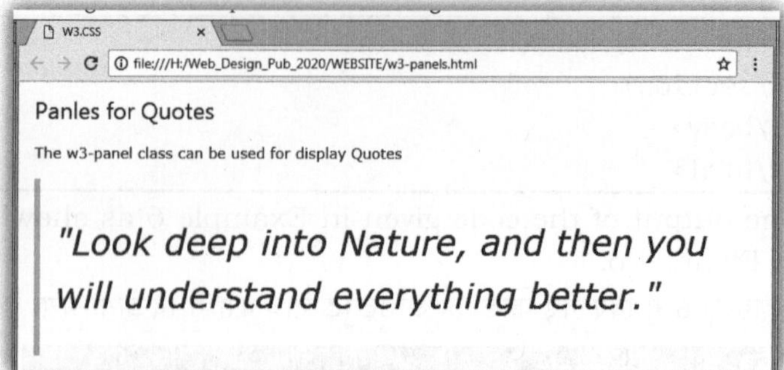

Figure 4.9: Output of the above Example 9 (उदाहरण 9 का आउटपुट)

In the above example, you have added pale yellow and left bar, you have added w3 xxlarge w3-sans-serif classes to create a quotes effect. Inside the panel div, you we have italicized the text to create real quote effect.

ऊपर दिए गए उदाहरण में, आपने उद्धरण प्रभाव बनाने के लिए w3 xxlarge w3-sans-serif क्लास को जोड़ा है। पैनल डिव के अंदर, आपने वास्तविक उद्धरण प्रभाव बनाने के लिए टेक्स्ट को इटैलिक किया है।

4.4.2 W3.CSS Rounded Panels (3.CSS राउंड पैनल्स)

Creating rounded panel is easy; you have to add the class w3-rounded-size, where you have to replace size with the roundness size you want. In Example 9, you have use to large rounded border with round-xlarge size.

राउंड पैनल बनाना आसान है; आपको वर्ग w3 गोल आकार जोड़ना होगा, जहां आपको आकार बदलना होगा आप चाहते हैं कि गोलाई के आकार के साथ। उदाहरण 10 में आपके पास गोल आकार के बड़े गोल बॉर्डर का उपयोग है।

Example 10 (उदाहरण 10):

```
<!DOCTYPE html>
<html>
<title>W3.CSS </title>
<head>
<meta  name="viewpoint"  content="width=device
width, initial scale=1">
<link rel="stylesheet" href="w3.css">
</head>
<body>
<div class="W3 panel w3 blue grey w3 round
xlarge">
<h3>Rounded Panels</h3>
<p>Look deep into Nature, and then you will
understand everything better.</p>
</div>
</body>
</html>
```

The output of the code given in Example 10 as shown in Figure 4.10.

उदाहरण 10 में दिए गए कोड का आउटपुट चित्र 4.10 में दिखाया गया है।

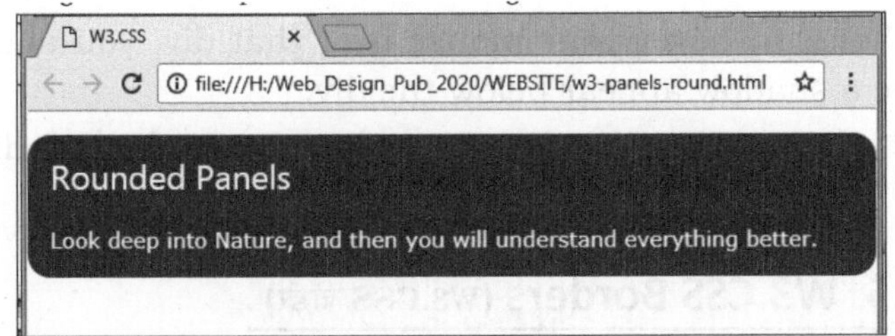

Figure 4.10: Output of the above Example 10 (उदाहरण 10 का आउटपुट)

4.4.3 W3CSS Closing and Opening Panels (W3.CSS क्लोजिंग और ओपनिंग पैनल्स)

Here, you have a button whose onclick event opens a div with id "paneldiv". This button opens a panel. Similarly, if you look at the panel div, here first element is the span tag with class "w3-closebtn", the onclick even of this span tag sets the display property of the parent div that is panel div to none, which hides the panel.

यहां, आपके पास एक बटन है जिसकी ऑनक्लिक ईवेंट आईडी "Panel div" के साथ एक div खोलता है। यह बटन एक पैनल खोलता है। इसी प्रकार, यदि आप पैनल डिव को देखते हैं, तो यहाँ पर w3-closebtn के साथ एलिमेंट स्पैन टैग है। यहां तक कि इस स्पैन टैग में पैरेंट डिव का डिस्प्ले प्रॉपर्टी सेट है जो पैनल डिव से कोई भी नहीं है, जो छुपाता है पैनल।

Example 11 (उदाहरण 11):

```
!DOCTYPE html>
<html>
<title>W3.CSS </title>
<head>
<meta  name="viewpoint"  content="width=device width, initial scale=1">
<link rel="stylesheet" href="w3.css">
</head>
<body>
<button class="w3 btn w3 deep orange"
onclick="document.getElementById
('paneldiv').style.display='block'">Show
Panel</button>
<<div id="paneldiv" class="w3 panel w3 blue"
style="display:none">
<span onclick="this.parentElement.style.
display='none'" class="w3 button w3 large w 3
display topright">X</span>
<h2>This is Panel</h2>
<p>Click the X button to close the panel</p>
</div>
</body>
</html>
```

The output of the code given in Example 11 as shown in Figure 4.11.

उदाहरण 11 में दिए गए कोड का आउटपुट चित्र 4.11 में दिखाया गया है।

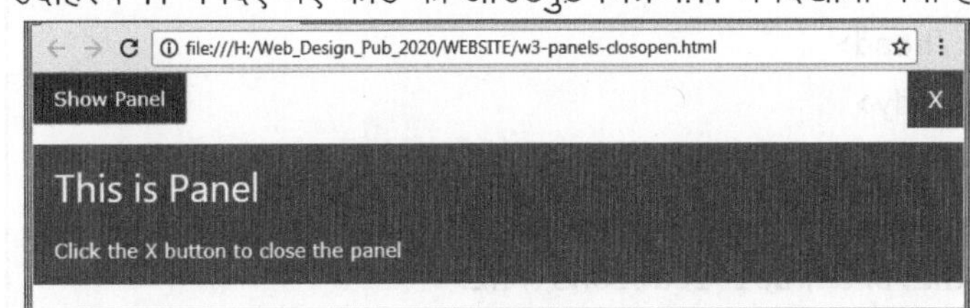

Figure 4.11: Output of the above Example 11 (उदाहरण 11 का आउटपुट)

You should see a deep orange button, which read "Show Panel." If you click the button, the blue panel appears. Notice that blue panel has a cross button at top right corner, clicking the cross closes the panel.

आपको एक गहरे नारंगी बटन को देखना चाहिए, जो "शो पैनल" पढ़ता है। यदि आप बटन पर क्लिक करते हैं, तो नीला पैनल प्रकट होता है। ध्यान दें कि नीले पैनल में शीर्ष दाएं कोने में एक क्रॉस बटन है, जिस पर क्लिक करने से क्रॉस बंद हो जाता है।

4.4.4 W3.CSS Card (W3.CSS कार्ड)

When you are talk about cards that you came in your minds are greeting cards or business. W3.CSS cards are used to create effects like these. These are containers with shadowed border. To create these cards it used w3-card-x where x is the number of pixels of shadowed border. It can be 2,4,8,12 etc. You can add containers within a card div. To create multiple sections within a card. For example, you can create header, content and footer section using container classes within a card. Let us create a card with header and footer in the following example.

जब आप कार्ड के बारे में बात कर रहे हैं कि आप वाई में आए तो हमारे दिमाग में ग्रीटिंग कार्ड या व्यवसाय है। W3 सीएसएस कार्ड इन जैसे प्रभाव पैदा करने के लिए उपयोग किया जाता है। ये शैडो बॉर्डर वाले कंटेनर हैं। इन कार्डों को बनाने के लिए w3-card-x का उपयोग किया जहां x छायांकित सीमा के पिक्सेल की संख्या है। यह 2,4,8,12 आदि हो सकते हैं एक कार्ड div के भीतर कंटेनर। कार्ड के भीतर कई सेक्शन होते हैं। उदाहरण के लिए, आप शीर्ष लेख बना सकते हैं, एक कार्ड

के भीतर कंटेनर कक्षाओं का उपयोग करके सामग्री और फुटर सेक्शन। हेडर और फुटर के साथ एक कार्ड बनाते हैं निम्नलिखित उदाहरण में।

Example 12 (उदाहरण 12):

```
<!DOCTYPE html>
<html>
<title>W3.CSS </title>
<head>
<meta name="viewpoint" content="width=device
width, initial scale=1">
<link rel="stylesheet" href="w3.css">
</head>
<body>
<div class="w3 card 4">
<header class="w3 container w3 teal">
<h2>BPB Publ ications</h2>
</header>
<div class="w3 container">
<h5>Largest selling Computer Science Books</h5>
</div>
<footer class="w3 container w3 teal">
<h5>Copyright @ Bpbonline.com</h5>
</footer>
</div>
</body>
</html>
```

The output of the code given in Example 12 as shown in Figure 4.12.

उदाहरण 12 में दिए गए कोड का आउटपुट चित्र 4.12 में दिखाया गया है।

4.4.5 Hover Shadow Effect (हॉवर शैडो प्रभाव)

You can add shadow effect to any div when you move mouse over it by adding w3-hover-shadow class to the div.

आप किसी भी div में शैडो इफेक्ट जोड़ सकते हैं जब आप div पर W3 हॉवर शैडो क्लास जोड़कर उस पर माउस ले जाएँ।

Figure 4.12: Output of the above Example 12 (उदाहरण 12 का आउटपुट)

For example (उदाहरण),

```
<div class="w3-blue w3-hover-shadow w3-center">
<h2>Move Mouse Over Me</h2>
</div>
```

When you hover your mouse over that div, you shall see a shadow appear below the div.

जब आप अपने माउस को उस div पर होवर करते हैं, तो आपको div के नीचे एक शैडो दिखाई देगी।

4.5 W3.CSS Borders (W3.CSS बॉर्डर)

You have covered containers in the last article. However, W3.CSS allows you to different types of borders around html elements. W3.CSS borders are implement via twelve different border classes. These are classes are as follows:

आपने पिछले लेख में कंटेनर को कवर किया है। हालाँकि, W3.CSS आपको विभिन्न प्रकार की बार्डर की अनुमति देता है एक दौर HTML तत्वों। W3 सीएसएस बार्डर बारह विभिन्न सीमा वर्गों के माध्यम से कार्यान्वित की जाती हैं। ये क्लास हैं। इस प्रकार हैं:

- **w3-border:** This class adds border on all sides of elements.
  w3-border: यह वर्ग तत्वों के सभी पक्षों पर बार्डर जोड़ता है।
- **w3-border-right:** It adds border on the right side of the element.
  w3-border-right: यह तत्व के दाईं ओर बॉर्डर जोड़ता है।
- **w3-border-left:** It adds border on the left side of the element.
  w3-border-left: यह तत्व के बाईं ओर बॉर्डर जोड़ता है।
- **w3-border-top:** It adds border at the top of the element.
  w3-border-top: यह तत्व के शीर्ष पर बार्डर जोड़ता है।
- **w3-border-bottom:** It adds border at the bottom of the element.
  w3-border-bottom: यह तत्व के बॉटम पर बार्डर जोड़ता है।
- **w3-border-0:** It removes border from the element.
  w3-border-0: यह तत्व से बार्डर हटाता है।
- **w3-rightbar:** It adds a thick border to the right of the element.
  w3-rightbar: यह तत्व के दाईं ओर एक चौड़ा बार्डर जोड़ता है।
- **w3-leftbar:** It adds a thick border to the left of the element.
  w3-leftbar: यह तत्व के बाईं ओर एक चौड़ा बार्डर जोड़ता है।
- **w3-bottombar:** It adds a thick border to the bottom of the element.
  w3-Bottombar: यह तत्व के बॉटम भाग में एक चौड़ा बार्डर जोड़ता है।
- **w3-topbar:** It adds a thick border to the top of the element.
  w3-topbar: यह तत्व के शीर्ष पर एक मोटी बार्डर जोड़ता है।

- **w3-border-color:** It adds specified colored border.
  w3-border-color: यह निर्दिष्ट रंगीन बॉर्डर जोड़ता है।
- **w3-hover-border-color:** It change the color of the border upon mouse hover.
  w3-hover-border-color: यह माउस होवर पर बॉर्डर का रंग बदलता है।

Example 13 (उदाहरण 13):

```
<!DOCTYPE html>
<html>
<title>W3.CSS </title>
<head>
<meta  name="viewpoint"  content="width=device
width, initial scale=1">
<link rel="stylesheet" href="w3.css">
</head>
<body>
   <div class="w3 container">
   <h2>Different Borders</h2>
   </div>
   <div class="w3 container w3 border w3 border
   yellow">
   <p>This is overall border ..</p>
   </div>
   <div class="w3 container w3 border red w3
   border left">
   <p>This is left border ..</p>
   </div>
<div class="w3 container w3 border purple w3 border
right">
<p>This is right border ..</p>
</div>
<div class="w3 container w3 border bottom w3
border top">
<p>This is top and bottom bord er ..</p>
</div>
</body>
</html>
```

The output of the code given in Example 13 as shown in Figure 4.13.

उदाहरण 13 में दिए गए कोड का आउटपुट चित्र 4.13 में दिखाया गया है।

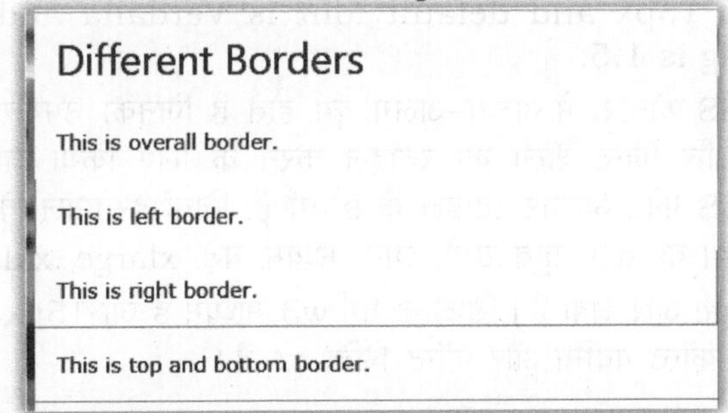

Figure 4.13: Output of the above Example 13 (उदाहरण 13 का आउटपुट)

4.5.1 W3.CSS Thick Borders (W3.CSS चौड़ा बार्डर)

To add thick borders around an html element, to use w3-rightbar, left-bar, top-bar and bottom-bar classes. Let us look at the following example.

एक html तत्व के चारों ओर चौड़ा बार्डर जोड़ने के लिए, W3 राइटबार, लेफ्ट बार, टॉप बार और बॉटम बार क्लासेस का उपयोग करें।

Example 14 (उदाहरण 14):

```
<!DOCTYPE html>
<html>
<title>W3.CSS </title>
<head>
<meta name="viewpoint" content="width=device
width, initial scale=1">
<link rel="stylesheet" href="w3.css">
</head>
<body>
   <div clas s="w3 container">
   <h2>Different Borders thickness</h2>
   </div>
   <div class="w3 panel w3 leftbar w3 border blue">
   <p>This is thick blue left broder</p>
   </div>
   <div class="w3 panel w3 rightbar w3 border green">
   <p>This is thick green righ t border</p>
   </div>
   <div class="w3 panel w3 bottombar w3 topbar
   w3 border red">
   <p>This is thick red top and bottom bar border</p>
   </div>
   <div class="w3 panel w3 topbar w3 orange w3
   border indigo">
   <p>This is top border with background color
   orange</p>
   </div>
</body>
</html>
```

The output of the code given in Example 14 as shown in Figure 4.14.

उदाहरण 14 में दिए गए कोड का आउटपुट चित्र 4.14 में दिखाया गया है।

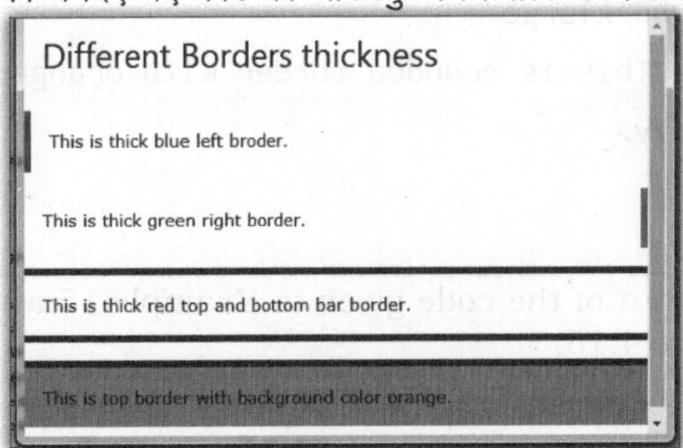

Figure 4.14: Output of the above Example 14 (उदाहरण 14 का आउटपुट)

4.5.2 W3.CSS Rounded and Hoverable Borders (W3.CSS राउंडेड और होवरेबल बॉर्डर्स)

It very easy to create rounded border around html element. To use w3-round-size class along with w3border class. Similarly, to create hoverable border effect, use w3-hover-border-color class with the element. Let us look at the following example.

HTML एलिमेंट के चारों ओर गोल बॉर्डर बनाना बहुत आसान है। W3 के साथ–साथ W3 गोल आकार वर्ग का उपयोग करने के लिए सीमा वर्ग। इसी तरह, होवरेबल बॉर्डर इफेक्ट बनाने के लिए, तत्व के साथ w3 हॉवर बॉर्डर कलर क्लास का उपयोग करें।

Example 15 (उदाहरण 15):

```
<!DOCTYPE html>
<html>
<title>W3.CSS </title>
<head>
<meta name="viewpoint" content="width=device width, initial scale=1">
<link rel="stylesheet" href="w3.css">
</head>
<body>
    <div class="w3 container">
    <h2>Hoverable Borders</h2>
    </div>
    <div class="w3 panel w3 border w3 border purple w3 hover border green">
    <p>Border that turns red on hover</p>
    </div>
<div class="w3 panel w3 border w3 border light grey w3 hover border yellow">
    <p>Border that turns yellow on hover</p>
    </div>
    <div class="W3 panel w3 orange w3 border w3 round xlarge">
    <p> This is rounded border with orange</p>
    </div>
</body>
</html>
```

The output of the code given in Example 15 as shown in Figure 4.15.

उदाहरण 15 में दिए गए कोड का आउटपुट चित्र 4.15 में दिखाया गया है।

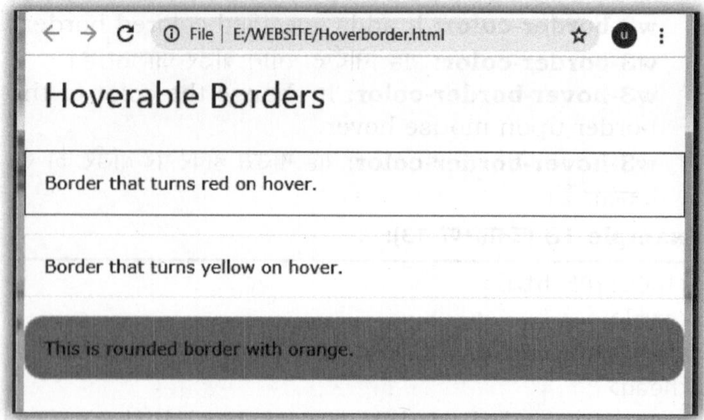

Figure 4.15: Output of the above Example 15 (उदाहरण 15 का आउटपुट)

When a user hovers on the purple panel, the border color changes to green. Similarly, the second panel contains the rounded border effect where the border of the panel has been rounded via w3-border-xlarge class. You can also use small, or extra large classes as well to style to the rounded border. You can use div style class of border thickness size. For example,

जब कोई उपयोगकर्ता बैंगनी पैनल पर होवर करता है, तो बॉर्डर का रंग बदलकर हरा हो जाता है। इसी तरह, दूसरे पैनल में राउंडेड बॉर्डर इफेक्ट होता है, जहां पैनल की बॉर्डर को w3 बॉर्डर एक्सलर्ज क्लास के जरिए राउंड किया जाता है। आप छोटी या अतिरिक्त बड़ी क्लास के साथ–साथ गोल सीमा पर स्टाइल के लिए भी उपयोग कर सकते हैं। आप बॉर्डर की चौड़ाई के आकार की स्टाइल वर्ग का उपयोग कर सकते हैं। उदाहरण के लिए,

```
<div style="border: 16px solid white" class="w3-panel w3-hover-border-blue">
<p>Thick white invisible border that hover the mouse turns green.
```

4.5.3 W3.CSS Fonts (W3.CSS फॉन्ट्स)

W3.CSS fonts have different classes that are used to style font size and font styles. There are eight classes that can be used to style w3.CSS fonts size. There are w3-tiny, small, medium, large, xlarge, xxlarge, xxxlarge and jumbo. The default class is w3-medium that is 15px and default font is Verdana and font spacing is 1.5.

W3.CSS फॉन्टस में अलग–अलग वर्ग होते हैं जिनका उपयोग फॉन्ट आकार और फॉन्ट शैली का स्टाइल करने के लिए किया जाता है। W3.CSS फोंट आकार स्टाइल के 8 वर्ग हैं, जिन्हें इस्तेमाल किया जा सकता है। वह w3 बहुत छोटे, छोटे, मध्यम, बड़े, xlarge, xxlarge, xxxlarge और जंबो है। डिफॉल्ट वर्ग w3 माध्यम है जो 15px है और डिफॉल्ट फॉन्ट वर्दाना और फॉन्ट रिक्ति 1.5 है।

Example 16 (उदाहरण 16):

```
<!DOCTYPE html>
<html>
<title>W3.CSS </title>
<head>
<meta name="viewpoint"content="width=device
width, initial scale=1">
<link rel="stylesheet" href="w3.css">
</head>
<body>
<div class="w3 container">
<h2>Font Size Classes</h2>
<p clas s="w3 tiny">Tiny text</p>
<p class="w3 small">Small text</p>
<p class="w3 Medium">Medium text</p>
<p class="w3 large">Large text</p>
<p class="w3 xlarge">X Large text</p>
<p class="w3 xxlarge">XX Large text</p>
<p class="w3 xxxlarge">xxx Large text</p>
<p class="w3 jumbo">Jumbo text</p>
</div>
</body>
</html>
```

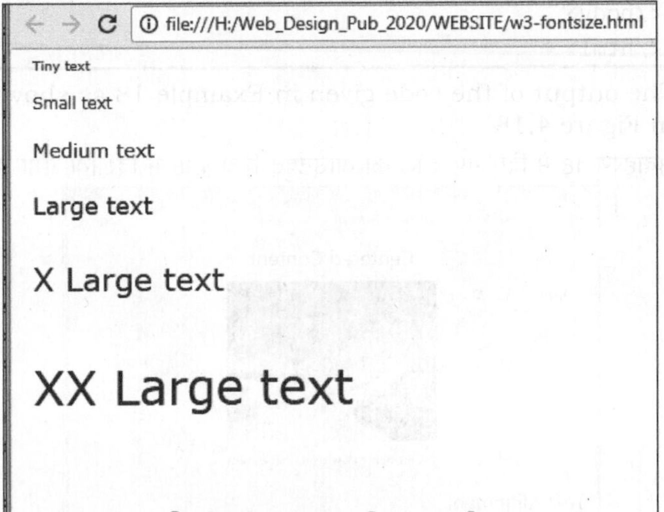

Figure 4.16: Output of the above Example 16 (उदाहरण 16 का आउटपुट)

The output of the code given in Example 16 as shown in Figure 4.16.

उदाहरण 16 में दिए गए कोड का आउटपुट चित्र 4.16 में दिखाया गया है।

4.5.4 W3.CSS External Fonts (w3.css एक्सटर्नल फॉन्ट्स)

Apart from available fonts, you can also add fonts from external source such as Google fonts to webpage. To add link to the external stylesheet for the font that you want to add. Give the font name in the header section and use it in the program.

उपलब्ध फोंट के अलावा, आप एक्सटर्नल स्रोत जैसे कि Google फोंट से वेबपेज पर भी फोंट ऐड कर सकते हैं। फॉन्ट के लिए एक्सटर्नल स्टाइलशीट में लिंक जोड़ें जिसे आप जोड़ना चाहते हैं। हेडर अनुभाग में फॉन्ट नाम दें और प्रोग्राम में इसका उपयोग करें।

Example 17 (उदाहरण 17):

```
<!DOCTYPE html>
<html>
<head>
<title>My First Program in W3.CSS</title>
<meta name="viewport" content="width=device
width, initial scale=1">
<link rel="stylesheet" type="text/css" href="/
website/Nature/w3.css">
<link rel="stylesheet" href="https://fonts.
googleapis. com/css?family=Tangerine">
<link rel="stylesheet" href="https://fonts.
googleapis.com/css?familyJosefin+sans">
<style>
.W3 tangerine {
font family: "Tangerine", serif;
}
.w3
josefin {
font family: 'Josefin Sans', sans serif;
</style>
<body>
<div class="W3 container w3 tangerine">
<p class="w3 xxlarge">This text is tangerine
font with xxlarge size ..</p>
<p class="w3 xxxlarge">This text is tangerine
font with xxxlarge size ..</p>
<p class="w3 jumbo">This text is tangerine font
with jumbo si ze ..</p>
</div>
<div class--"w3 Josefin w3 xlarage">This is text
with Josefin font.</div>
</body>
</html>
```

The output of the code given in Example 17 as shown in Figure 4.17.

उदाहरण 17 में दिए गए कोड का आउटपुट चित्र 4.17 में दिखाया गया है।

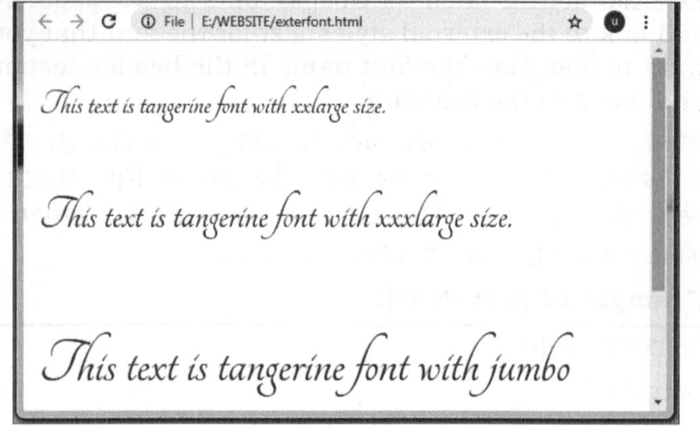

Figure 4.17: Output of the above Example 17 (उदाहरण 17 का आउटपुट)

Here, you have added to links to two external stylesheets for two different fonts. First is the tangerine and josefin. The first class sets the font family to tangerine font while the second class sets the font family to josefin sans. Inside the body, you created two divs.

यहां, आपने दो अलग–अलग फोंट के लिए दो एक्सर्टनल स्टाइलशीट्स के लिंक जोड़ता है। जोसेफिन पहला वर्ग फोंट फैमिली को सेट करता है जबकि दूसरा वर्ग फॉन्ट फैमिली जोसेफिन संस को सेट करता है।

4.6 W3.CSS Text (w3.css टेक्स्ट)

W3.CSS text framework contains many classes that are used to style text and add text effects. These classes can align text, center text, add shadows to the text and change its opacity. Let us discuss these classes.

W3 CSS टेक्स्ट फ्रेमवर्क में कई वर्ग हैं जो टेक्स्ट को स्टाइल करने और टेक्स्ट प्रभाव जोड़ने के लिए उपयोग किए जाते हैं। ये वर्ग पाठ, केंद्र पाठ को संरेखित कर सकते हैं, पाठ में शेडो जोड़ सकते हैं और इसकी अस्पष्टता को बदल सकते हैं। आइए हम इन वर्गों पर चर्चा करें।

4.6.1 W3.CSS Text Alignment (w3.css टेक्स्ट संरेखण)

Three classes are used to align text within a container element. The w3-left align aligns the content to left, right aligns the content to right and center aligns centers the content.

कंटेनर तत्व में टेक्स्ट को संरेखित करने के लिए तीन वर्गों का उपयोग किया जाता है। W3 बाएँ संरेखित कंटेट को बाईं ओर संरेखित करता है, दाईं ओर कंटेट को दाईं ओर संरेखित करता है और केंद्र संरेखित सामग्री को केंद्र में रखता है।

Example 18 (उदाहरण 18):

```
<!DOCTYPE html>
<html>
<title>W3.CSS</title>
<head>
<meta name="viewpoint" content="width=device
width, initial scale=1">
<link rel="stylesheet" href="w3.css">
</head>
<body>
  <div class="w3 container w3 center">
    <h2>Centered Content</h2>
      <img src="H:/Blur.jpg" alt="Hills"
      style="width:80%,max width:320px">
      <p>The w3 center class centers an element</
      p>
  </div>
      <div class="w3 container">
      <h2>Text Alignment</h2>
      <div class="w3 container w3 border w3
      large">
      <div class="w3 left align">This is left
      aligned.</div>
      <div class="w3 center">This is centered.</
      div>
      <div class="w3 r ight align">This is
      right aligned.</div>
</body>
</html>
```

The output of the code given in Example 18 as shown in Figure 4.18.

उदाहरण 18 में दिए गए कोड का आउटपुट चित्र 4.18 में दिखाया गया है।

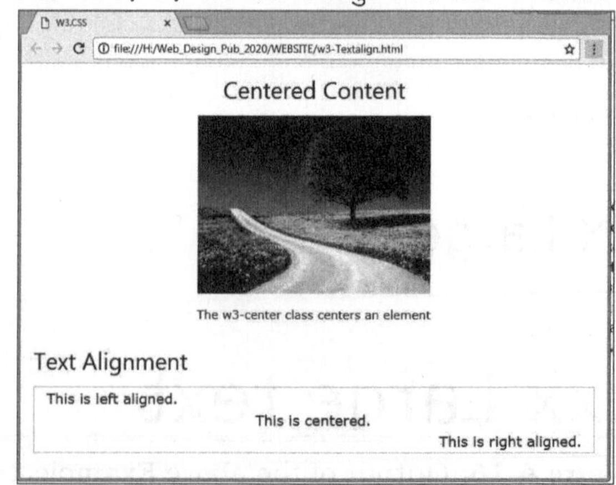

Figure 4.18: Output of the above Example 18 (उदाहरण 18 का आउटपुट)

4.6.2 Wide and Slim Text (चौड़ा और स्लिम टेक्स्ट)

Wide text has additional spaces between each character while slim text has compressed space between each character. To create wide classes, use w3-wide and slim classes use w3-slim.

वाइड टेक्स्ट में प्रत्येक वर्ण के बीच अतिरिक्त स्थान होता है जबकि स्लिम टेक्स्ट में प्रत्येक के बीच में स्थान होता है। चौड़ी कक्षाएं बनाने के लिए w3 चौड़े और स्लिम वर्गों का उपयोग करें।

Example 19 (उदाहरण 19):

```
<!DOCTYPE html>
<html>
<title>W3.CSS</title>
<head>
<meta name="viewpoint" content="width=device
width, initial scale=1">
<link rel="stylesheet" href="w3.css">
</head>
<body>
    <div class="w3 wide">Wide class between
    space each character</div>
    <div class="w3 slim">Slim class specifies
    compressed space</div>
</body>
</html>
```

The output of the code given in Example 19 as shown in Figure 4.19.

उदाहरण 19 में दिए गए कोड का आउटपुट चित्र 4.19 में दिखाया गया है।

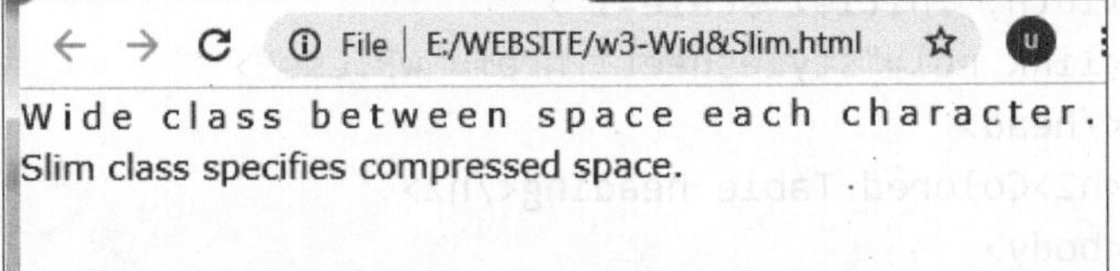

Figure 4.19: Output of the above Example 19 (उदाहरण 19 का आउटपुट)

4.6.3 Shadow and Opacity (शैडो और अपारदर्शिता)

You can also add shadow to the text through w3-text-shadow class or blur effects to text. However, you can add opacity to the text through w3-opacity class. Text opacity class is design to work with all colors.

आप पाठ में W3 पाठ शैडो वर्ग या धुंधला प्रभाव के माध्यम से टेक्स्ट में शेडो भी जोड़ सकते हैं। हालाँकि, आप कर सकते हैं w3 अपारदर्शिता वर्ग के माध्यम से टेक्स्ट में अपारदर्शिता जोड़ें। टेक्स्ट अपारदर्शिता वर्ग सभी रंगों के साथ काम करने के लिए डिजाइन है।

Example 20 (उदाहरण 20):

```
<!DOCTYPE html>
<html>
<title>W3.CSS</title>
<head>
<meta name="viewpoint" content="width=device
width, initial scale=1">
<link rel="stylesheet" href="w3.css">
</head>
<body>
  <div class="w3 panel w3 deep orange w3 xxlarge">
  <h2 cla ss="w3 text shadow">Text Shadow</h2>
  <div class="w3 panel w3 blue grey w3 xxlarge">
  <h2 class="w3 opacity">Text opacity</h2>
</div>
</body>
</html>
```

The output of the code given in Example 20 as shown in Figure 4.20.

उदाहरण 20 में दिए गए कोड का आउटपुट चित्र 4.20 में दिखाया गया है।

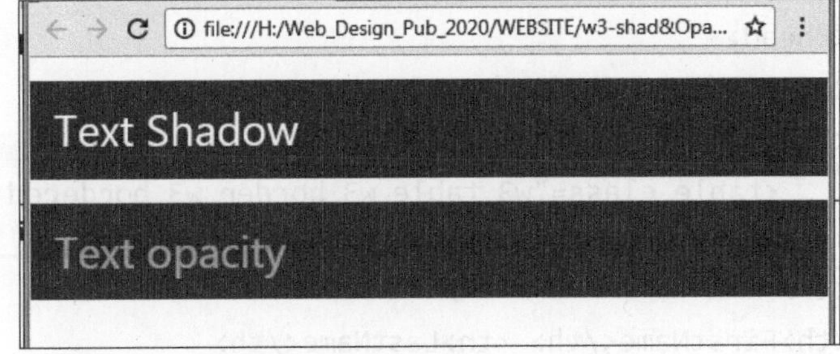

Figure 4.20: Output of the above Example 20 (उदाहरण 20 का आउटपुट)

In the first panel, you have added a shadow effect to the text while in the second panel, you have added text with opacity.

पहले पैनल में, आपने टेक्स्ट में एक शैडो प्रभाव जोड़ा है जबकि दूसरे पैनल में आपने अस्पष्टता के साथ पाठ जोड़ा है।

4.7 W3.CSS Tables (w3.css टेबल्स)

Table was the most fundamental layout element. With the advent of divs, the role of tables as the fundamental layout elements. It can be used to display different types of tables using various styles over w3-table.

टेबल सबसे मौलिक लेआउट तत्व था। divs के आगमन के साथ, मौलिक लेआउट तत्वों के रूप में टेबल की भूमिका। यह w3 टेबल पर विभिन्न स्टाइल का उपयोग करके विभिन्न प्रकार की टेबल को प्रदर्शित करने के लिए इस्तेमाल किया जा सकता है।

4.7.1 W3.CSS Table border Strips Border (W3 CSS टेबल बॉर्डर स्ट्रिप्स सीमा)

To create table aesthetics, you can use w3-striped class along with w3-table class to create a table whose alternate rows have given background color. You can also add w3-border class around the entire table. The w3-bordered class adds border across rows. Let us see the example of these classes have given below.

टेबल एस्थेटिक्स बनाने के लिए, आप टेबल बनाने के लिए w3 टेबल क्लास के साथ–साथ w3 धारीदार वर्ग का उपयोग कर सकते हैं वैकल्पिक पंक्तियों ने पृष्ठभूमि का रंग दिया है। आप पूरे टेबल के चारों ओर w3 बॉर्डर क्लास जोड़ सकते हैं w3 बॉर्डर क्लास पंक्तियों में सीमा जोड़ता है।

Example 21 (उदाहरण 21):

```
<!DOCTYPE html>
<html>
<title>W3.CSS</title>
<head>
<meta name="viewpoint" content="width=device
width, initial scale=1">
<link rel="stylesheet" href="w3.css">
</head>
<h2>Bordered Striped Table</h2>
<body>
    <table class="w3 table w3 border w3 bordered
    w3 striped">
<tr>
<th>FirstName</th> <th>LastName</th>
<th>Marks</th> </tr>
<td>Ashok</td> <td>Singal</td> <td>93</td> </
tr>
<tr> <td>John</td> <td>William</td> <td>87</td>
</tr>
<tr><td>Harish</td> <td>Jamesh</td> <td>43</td>
</tr>
<tr><td>Ritika</td> <td>Wason</td> <td>83</td>
</tr>
</table>
</body>
</html>
```

The output of the code given in Example 21 as shown in Figure 4.21.

उदाहरण 21 में दिए गए कोड का आउटपुट चित्र 4.21 में दिखाया गया है।

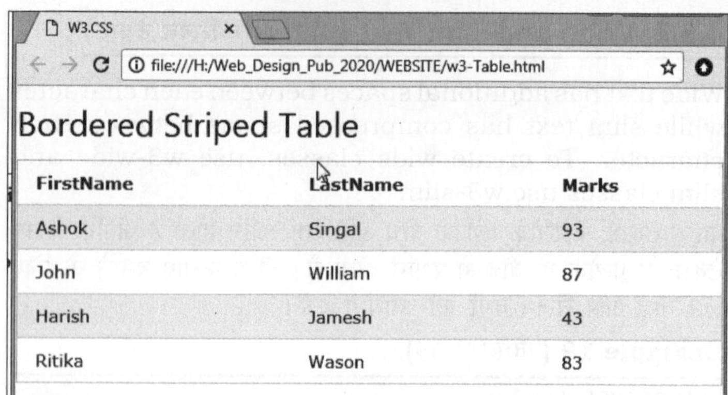

Figure 4.21: Output of the above Example 21 (उदाहरण 21 का आउटपुट)

4.7.2 Table with a Colored Heading (रंगीन शीर्षक के साथ टेबल)

To add color in the heading, use w3-color classes to the table. The following examples shows to add stripped with light-blue border with alternative rows in the table.

शीर्षक में w3 रंग क्लास के उपयोग से रंग जोड़ने के लिए: निम्नलिखित उदाहरण बताता है कि हल्के नीले रंग की सीमा की स्ट्रिप को कैसे ऐड करें।

Example 22 (उदाहरण 22):

```
<!DOCTYPE html>
<html>
<title>W3.CSS</title>
<head>
<meta name="viewpoint" content="width=device
width, initial scale=1">
<link rel="stylesheet" href="w3.css">
</head>
<h2>Colored Table heading</h2>
<body>
  <table class="w3 table w3 light blue w3 border
  w3 striped">
<thead>
<tr class="W3 blue">
<th>FirstName</th> <th>LastName</th>
<th>Marks</th> </tr>
</thead>
<td>Ashok</td> <td>Singal</td> <td>93</td> </
tr>
<tr><td>John</td> <td>William</td> <td>87</td>
</
<tr><td>Harish</td> <td>Jamesh</td> <td>43</td>
</tr>
```

```
<tr><td>Ritika</td> <td>Wason</td> <td>83</td>
</tr>
</table>
</body>
</html>
```

The output of the code given in Example 22 as shown in Figure 4.22.

उदाहरण 22 में दिए गए कोड का आउटपुट चित्र 4.22 में दिखाया गया है।

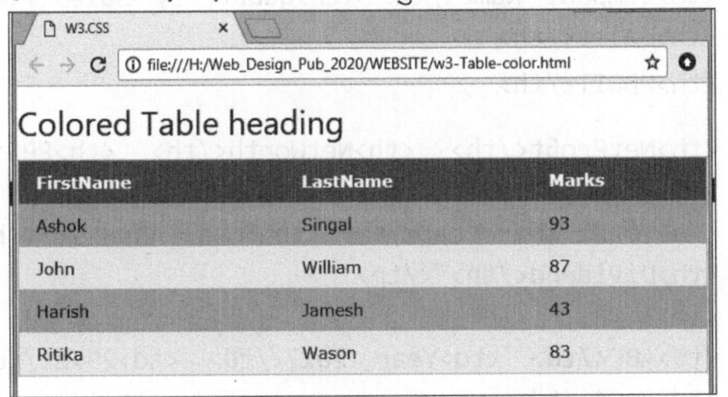

Figure 4.22: Output of the above Example 22 (उदाहरण 22 का आउटपुट)

4.7.3 Hoverable Tables (होवरेबल टेबल)

To enhance visual aesthetics of a table, use w3-hoverable class. This class adds an effect to the table, which changes the table row color upon mouse hover. Let us look the following code:

किसी टेबल के दृश्य सौंदर्यशास्त्र को बढ़ाने के लिए, W3 hoverable क्लास का उपयोग करें। यह वर्ग टेबल में एक प्रभाव जोड़ता है, जो माउस होवर पर टेबल पंक्ति का रंग बदलता है।

Example 23 (उदाहरण 23):

```
<!DOCTYPE html>
<html>
<title>W3.CSS</title>
<head>
<meta   name="viewpoint"   content="width=device
width, initial scale=1">
<link rel="stylesheet" href="w3.css">
</head>
<h2>Hoverable Table</h2>
<body>
<table class="w3 table w3 bordered w3 border w3
striped">
<thead>
<tr class="W3 blue w3 hover green">
<th>FirstName</th>   <th>LastName</th><th>Marks</
th> </tr>
</thead>

<tr class="W3 hover red">
<td>Ashok</td> <td>Singal</td> <td>93</td> </tr>
<tr class="W3 hover yellow">
<td>John</td> <td>William</td> <td>87</td> </tr>
<tr class="W3 hover pu rple">
<td>Harish</td> <td>Jamesh</td> <td>43</td> </tr>
<tr class="w3hover orange">
<td>Ritika</td> <td>Wason</td> <td>83</td> </tr>
</table>
</body>
</html>
```

The output of the code given in Example 23 as shown in Figure 4.23.

उदाहरण 23 में दिए गए कोड का आउटपुट चित्र 4.23 में दिखाया गया है।

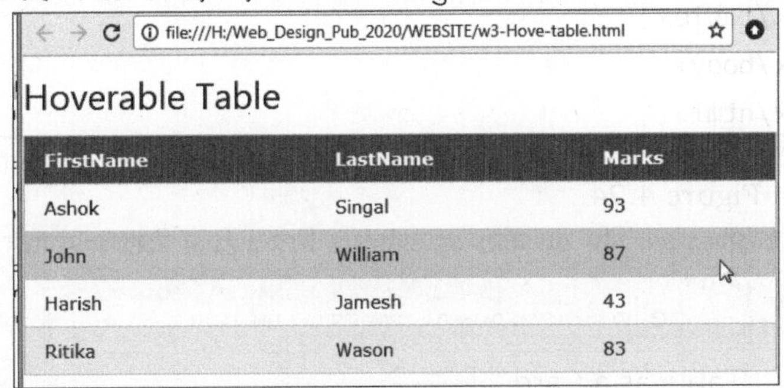

Figure 4.23: Output of the above Example 23 (उदाहरण 23 का आउटपुट)

When you move the mouse over the rows, you can see the rows have different hover color to that rows.

जब आप पंक्तियों के ऊपर माउस होवर करते हैं, तो आप देख सकते हैं कि पंक्तियों में उस पंक्तियों का अलग–अलग रंग है।

4.7.4 Table as Card (कार्ड के रूप में टेबल)

The w-card classes make the table look like card.

Wcard क्लासेस कार्ड की तरह टेबल बनाती हैं।

Example 24 (उदाहरण 24):

```
<!DOCTYPE html>
<html>
<title>W3.CSS</title>
<head>
<meta   name="viewpoint"   content="width=device
width, initial scale=1">
<link rel="stylesheet" href="w3.css">
</head>
<h2>Table as a Card</h2>
<body>
```

```
<table class="w3 table w3 striped w3 bordered w3 card 4">
<thead>
<tr class="W3 orange">
<th>FirstName</th> <th>LastName</th>
<th>Marks</th> </tr>
</thead>
<tr> <td>Ashok</td> <td>Singal</td> <td>93</td> </tr>
<tr> <td>John</td> <td>William</td> <td>87</td> </tr>
<tr> <td>Harish</td> <td>Jamesh</td> <td>43</td> </tr>
<tr> <td>Ritika</td> <td>Wason</td> <td>83</td> </tr>
</table>
</body>
</html>
```

The output of the code given in Example 24 as shown in Figure 4.24.

उदाहरण 24 में दिए गए कोड का आउटपुट चित्र 4.24 में दिखाया गया है।

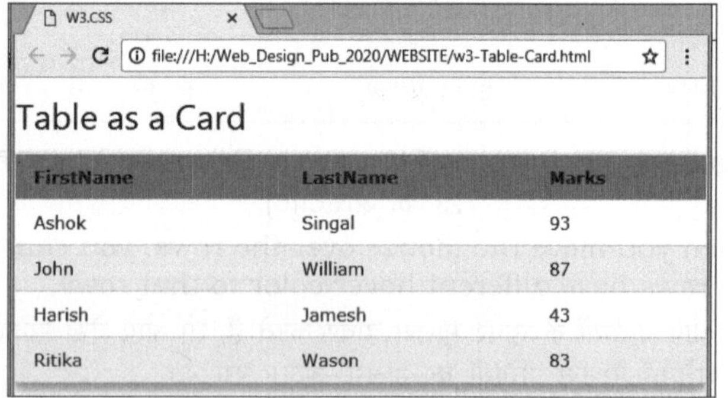

Figure 4.24: Output of the above Example 24 (उदाहरण 24 का आउटपुट)

4.7.5 Responsive Table (रेस्पॉन्सिव टेबल)

A responsive table will display a horizontal scrollbar if the screen in too small to display the full content.

यदि पूरी कंटेंट प्रदर्शित करने के लिए स्क्रीन बहुत छोटी है तो एक रेस्पॉन्सिव कृंटेट एक क्षैतिज स्क्रॉलबार प्रदर्शित करेगी।

Example 25 (उदाहरण 25):

```
<!DOCTYPE html>
<html>
<title>W3.CSS</title>
<meta name="viewport" content="width=device width, initial scale=1">
<link rel="stylesheet" href="w3.css">
<body class="W3 container">
<h2>Responsive Table</h2>
<div class="W3 responsive">
<table class="W3 table w3 striped w3 bordered w3 border">
<tr>
  <th>Company Name</th> <th>quarterly Sales</th>
  <th>Sales</th>
  <th>PBDIT</th>
  <th>NetProfit</th> <th>NetWorth</th> <th>EPS</th> <th>TotalDebt</th>
  <th>Total share cap</th> <th>Total Assets</t h>
  <th>Dividend</th> </tr>
  <tr>
  <td>ABC</td> <td>Year 2017</td> <td>2978</td>
  <td>2.64</td>
  <td>377</td>
  <td>17,257</td> <td>29</td> <td>23482</td>
  <td>85.48</td>
  <td>1138999</td>
  <td>200%</td> </tr>
  <tr>
  <td>XYZ</td> <td>Year 2018</td> <td>4799</td>
  <td>4.25</td>
  <td>508</td>
  <td>16,898</td> <td>15</td> <td>20894</td>
  <td>73.23</td>
  <td>1899898</td>
  <td>30%</td> </td>
  <tr>
  <td>YYY</td> <td>Year 2019</td> <td>5898</td>
  <td>1.90</td>
  <td>277 </td> <td>6000</td>
  <td>25</td> <td>1500</td> <td>90.23</td>
  <td>2898349</td>
<td>50%</td> </tr>
</table>
</div>
<br>
<div class="W3 container w3 yellow">
<p>A responsive table will be scrollable if the screen is too small</p>
</div>
</body>
</html>
```

The output of the code given in Example 25 as shown in Figure 4.25.

उदाहरण 25 में दिए गए कोड का आउटपुट चित्र 4.25 में दिखाया गया है।

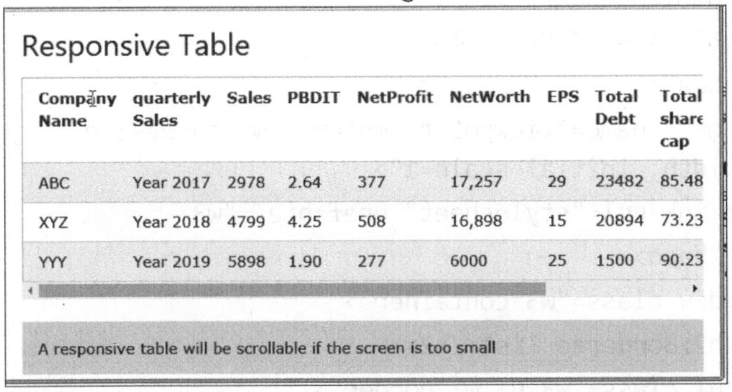

Responsive Table

Company Name	quarterly Sales	Sales	PBDIT	NetProfit	NetWorth	EPS	Total Debt	Total share cap
ABC	Year 2017	2978	2.64	377	17,257	29	23482	85.48
XYZ	Year 2018	4799	4.25	508	16,898	15	20894	73.23
YYY	Year 2019	5898	1.90	277	6000	25	1500	90.23

A responsive table will be scrollable if the screen is too small

Figure 4.25: Output of the above Example 25 (उदाहरण 25 का आउटपुट)

4.7.6 W3.CSS XXLarge

To draw a table with extra-large font use w3-xxlarge class.

अतिरिक्त बड़े फॉन्ट वाली टेबल का उपयोग करने के लिए w3 xxlarge वर्ग का उपयोग करें।

Example 26 (उदाहरण 26):

```
<!DOCTYPE html>
<html>
<title>W3.CSS</title>
<head>
<meta    name="viewpoint"    content="width=device
width, initial scale=1">
<link rel="stylesheet" href="w3.css">
</head>
<body class="W3 container">
<br>
<table class="W3 table w3 striped w3 bordered w3
border w3 xxlarge">
<tr>
<th>FirstName</th>
<th>LastName </ <th>Marks</ th></tr>
<td>Ashok</td>
<td>Singal</ <td>93</td> </tr>
<tr>
<td>John</td>
<td>William</th> <td>87</ td></tr>
<tr>
<td>Harish</td>
<td>Jamesh</td> <td>43</td> </tr>
<tr>
<td>Ritika</td>
<td>Wason</td> <td>83</td> </tr>
</table>
</body>
</html>
```

The output of the code given in Example 26 as shown in Figure 4.26.

उदाहरण 26 में दिए गए कोड का आउटपुट चित्र 4.26 में दिखाया गया है।

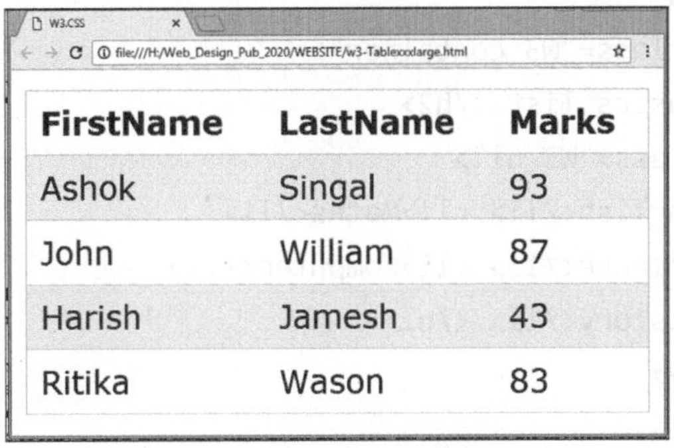

W3.CSS

file:///H:/Web_Design_Pub_2020/WEBSITE/w3-Tablexxlarge.html

FirstName	LastName	Marks
Ashok	Singal	93
John	William	87
Harish	Jamesh	43
Ritika	Wason	83

Figure 4.26: Output of the above Example 26 (उदाहरण 26 का आउटपुट)

4.8 W3.CSS Lists (W3.CSS लिस्ट)

In the previous section, you saw how to create tables through W3.CSS and how to add different effects to these tables. Now, you shall cover another topic i.e. W3.CSS lists. Lists in html used to display data in the form of lists. There are used to create menu items and that is to be displayed in list form. There are two types of lists in html ordered and unordered lists. Let us see example an unordered list.

पिछले अनुभाग में, आपने देखा कि W3 CSS के माध्यम से टेबल को कैसे बनाया जाए और विभिन्न प्रभावों को कैसे जोड़ा जाए। अब, आप एक अन्य विषय अर्थात् W3 सीएसएस लिस्ट को कवर करेंगे। HTML में लिस्ट डेटा प्रदर्शित करने के लिए उपयोग की जाती हैं। पुनः मेनू आइटम बनाने के लिए उपयोग किया जाता है और इसे लिस्ट रूप में प्रदर्शित किया जाना है। HTML में लिस्ट के प्रकार ऑर्डर और अन–ऑर्डर लिस्ट।

4.8.1 Basics WS.CSS List (ws.css लिस्ट)

To create W3CSS lists is by creating an ordered lists and then adding w3-list class to the opening "ul" tag. This creates a list where each item is stacked vertically upon each other with a lower border.

W3CSS लिस्ट को बनाने के लिए एक ऑर्डर लिस्ट बनाकर और फिर w3 लिस्ट वर्ग को "my" टैग में जोड़कर बनाया गया है। यह एक लिस्ट बनाता है जहां प्रत्येक आइटम को एक–दूसरे पर एक बॉटम बॉर्डर के साथ वर्टीकल खड़ा किया जाता है।

Example 27 (उदाहरण 27):

```
<!DOCTYPE html>
<html>
<title>W3.CSS</title>
<head>
<meta   name="viewpoint"   content="width=device
width, initial scale=1">
<link rel="stylesheet" href="w3.css">
</head>
<div class="W3 container">
<h2>Basics lists</h2>
<ul class="W3 ul">
<li>English</li> <li>Maths</li>
<li>Science</li> <li>Computer</li>
<li>History</li> </ul>
</body>
</html>
```

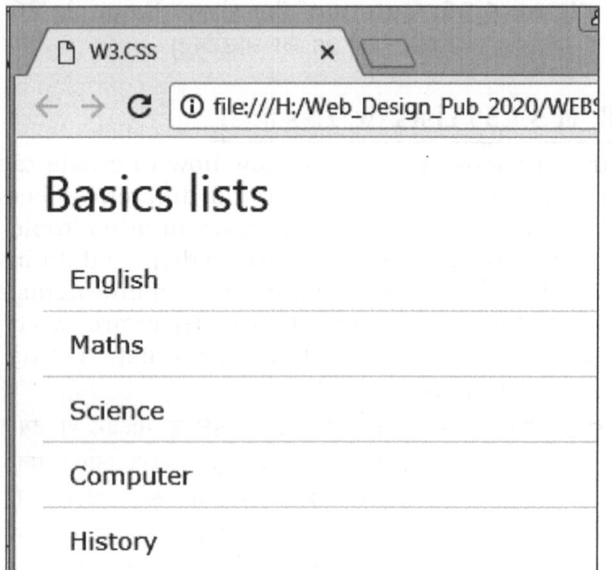

Figure 4.27: Output of the above Example 27 (उदाहरण 27 का आउटपुट)

The output of the code given in Example 27 as shown in Figure 4.27.

उदाहरण 27 में दिए गए कोड का आउटपुट चित्र 4.27 में दिखाया गया है।

Bordered List (बॉर्डर लिस्ट)

To create a list with border around it add "w3-border" class to the opening ul tag. It creates an overall border around the list.

इसके चारों ओर बॉर्डर के साथ एक लिस्ट बनाने के लिए "w3 बॉर्डर" वर्ग को ओपनिंग टैग में जोड़ें। यह लिस्ट के चारों ओर एक समग्र बॉर्डर बनाता है।

Example 28 (उदाहरण 28):

```
<!DOCTYPE html>
<html>
<title>W3.CSS</title>
<head>
<meta name="viewpoint"content="width=device
width, initial scale=1">
<link rel="stylesheet" href=href="w3.
</head>
<div class="W3 container">
<h2>Bordered list</h2>
<ul class="W3 ul w3 border">
  <li>English</li>
  <li>Maths</li>
  <li>Science</li>
  <li>Computer</li>
  <li>History</li>
</ul>
</body>
</html>
```

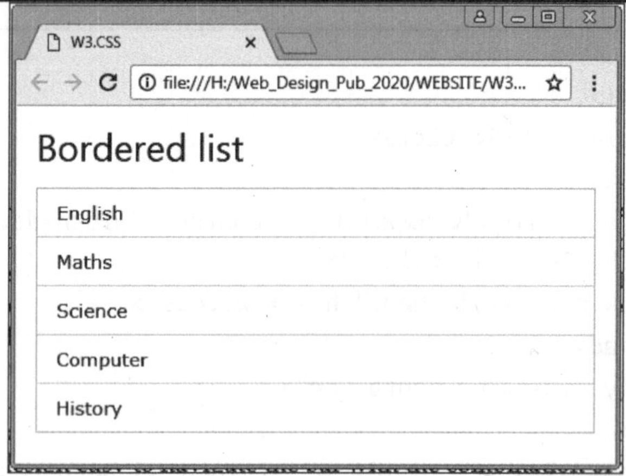

Figure 4.28: Output of the above Example 28 (उदाहरण 28 का आउटपुट)

The output of the code given in Example 28 as shown in Figure 4.28.

उदाहरण 28 में दिए गए कोड का आउटपुट चित्र 4.28 में दिखाया गया है।

4.8.2 Lists as Cards (कार्ड के रूप में लिस्ट)

To create lists as cards add "w3-cards-size" class to the opening "ul" tag. कार्ड बनाने के लिए लिस्ट बनाने के लिए "W3 कार्ड्स साइज" क्लास को ओपनिंग "ul" टैग में जोड़ें।

Colored Lists (रंगीन लिस्ट)

You can create colored lists by changing the background color of the whole table or individual item.

To create background color of the complete list, add w3-color class to the opening "ul" tag. On the other hand, if you want to change color of the individual list item add w3-color class to the opening "li" tag of the individual item.

आप पूरी टेबल या अलग–अलग आइटम की पृष्ठभूमि का रंग बदलकर रंगीन सूची बना सकते हैं। पूरी लिस्ट का बैकग्राउंड कलर बनाने के लिए, w3 कलर क्लास को ओपनिंग "ul" टैग में जोड़ें। दूसरी ओर, यदि आप अलग–अलग सूची आइटम का रंग बदलना चाहते हैं, तो आइटम के "li" टैग में w3 रंग वर्ग जोड़ें।

Example 29 (उदाहरण 29):

```
<!DOCTYPE html>
<html>
<title>W3.CSS</title>
<head>
<meta name="viewpoint" content="width=device
width, initial scale=1">
<link rel="stylesheet" href="w3.css">
</head>
<div class="W3 container">
<h2>Colored List Item</h2>
<ul class="W3 ul w3 blue grey">
<li>Name</li>  <li>Address</li>  <li>PhoneNo</li>
</ul>
<ul class="W3 ul w3 blue grey">
<li>Usha</li> <li>Janakpuri west</li> <li class="w3
pink">01124839898</li>
</ul>
<ul class="W3 ul w3 blue">
<li>Rekha</li>  <li>Vikaspuri  west</li>  <li
class="W3 pink"> 01145787878</li> </ul>
</body>
</html>
```

The output of the code given in Example 29 as shown in Figure 4.29.

उदाहरण 29 में दिए गए कोड का आउटपुट चित्र 4.29 में दिखाया गया है।

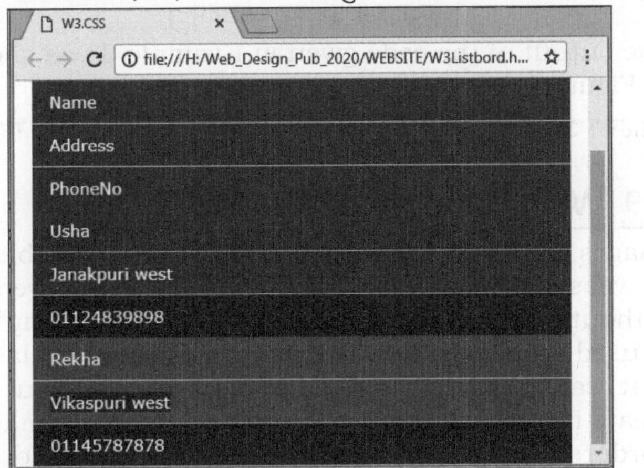

Figure 4.29: Output of the above Example 29 (उदाहरण 29 का आउटपुट)

4.8.3 Hoverable Lists with Close Option (बंद विकल्प के साथ होवरेबल सूची)

You can also create hoverable list that change color when hovered the list item. To add "w3-hoverable" class to the opening "ul" tag where as to add hover color to individual list item, add "w3-hover-color" class to opening "li" tag. You need to create lists with close option against each item. It makes it simple for us. To add "w3-display-container" class to each opening "li" tag. After the list item, add span tag with a button that display a cross. Also, set the onclick property of the span tag so that it sets the display property of the parent tag as none. Let us create a code to understand this concept.

आप लिस्ट आइटम पर माउँस होवर करने पर रंग बदलने वाली होवरेबल लिस्ट भी बना सकते हैं।

"W3 hoverable" क्लास को "ul" टैग में जोड़ने के लिए यहाँ के रूप में अलग–अलग लिस्ट आइटम में hover रंग जोड़ने के लिए, "w3 hover color" वर्ग को "li" टैग की आवश्यकता है। यह हमारे लिए सरल बनाता है। "W3 डिस्प्ले कंटेनर" क्लास को प्रत्येक ओपनिंग li "टैग में जोड़ने के लिए। सूची आइटम के बाद, एक बटन के साथ span टैग जोड़ें वह क्रॉस प्रदर्शित करता है। इसके अलावा, span टैग की ऑनक्लिक संपत्ति सेट करें ताकि यह की डिस्प्ले प्रॉपर्टी सेट करे पैरंट टैग के रूप में।

Example 30 (उदाहरण 30):

```
<!DOCTYPE html>
<html>
<title>W3.CSS</title>
<head>
<meta  name="viewpoint"  content="width=device
width, initial scale=1">
<link rel="stylesheet" href="w3.css">
</head>
<div class="W3 container">
<h2>Closing List</h2>
<p>To close/hide the list item, click on the x
icon</p>
<ul class="W3 ul w3 card 4" style="width:60%">
  <li>Name  <span  onclick="this.parentElement.
  style.display='none'"  class="W3  button  w3
  transparent w3 dispaly right">X</span></li>
  <li>Address<span  this.parentElement.style.
  display='none'" class="W3 button w3 transparent
  w3 dispaly right">X</span></li>
  <li>PhoneNo<span  onclick="this.parentElement.
  style.display='none'"  class="W3  button  w3
  transparent w3 dispaly right">X</span></li>
  <li>Usha  <span  onc  lick="this.parentElement.
  style.display='none'"  class="W3  button  w3
  transparent w3 dispaly right">X</span></li>
```

```
<li>Janakpuri west <span onclick="this.
parentElement.style.display='none'" class="w3
button w3 transparent w3 dispaly right">X</
span></li>
<01124839898 <span onclick="this.parentElement.
style.display='none'"class="w3 button w3
transparent w3 dispaly right">X</span></li>
</ul>
</body>
</html>
```

The output of the code given in Example 30 as shown in Figure 4.30.

उदाहरण 30 में दिए गए कोड का आउटपुट चित्र 4.30 में दिखाया गया है।

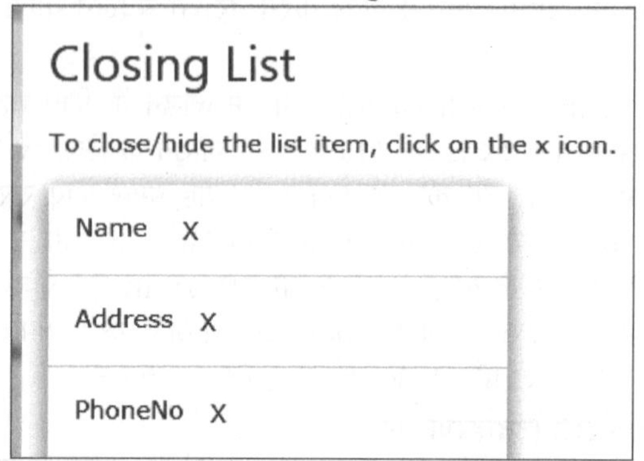

Figure 4.30: Output of the above Example 30 (उदाहरण 30 का आउटपुट)

Padded List (पैडेड लिस्ट)

To create padding list use "w3-padding" class to increase or decrease the space between rows list item. To add "w3-padding" class to each opening "li" tag with padding size.

पैडिंग लिस्ट बनाने के लिए पंक्तियों की सूची आइटम के बीच की जगह बढ़ाने या घटाने के लिए "W3 पैडिंग" वर्ग का उपयोग करें।

For example,

```
<ul class="w3-ul w3 border" style="width:50%">
    <li clas s="w3 padding 8">Name</li>
</ul>
```

4.8.4 W3.CSS List Sizes (W3.CSS लिस्ट आकार)

You saw list of card types, colored lists, hoverable lists and so on. You can also change list sizes. There are multiple classes, which can be used to create lists of different sizes such as tiny, small, large lists, extra-large lists and jumbo lists.

आपने कार्ड के प्रकारों की लिस्ट, रंगीन लिस्ट, होवरेबल लिस्ट इत्यादि देखीं। आप लिस्ट आकार भी बदल सकते हैं। वहां कई वर्ग, जिनका उपयोग विभिन्न आकारों की लिस्ट बनाने के लिए किया जा सकता है, जैसे कि बहुत छोटे, छोटे, बड़ी लिस्ट, अतिरिक्त बड़े लिस्ट और जंबो लिस्ट।

Example 31 (उदाहरण 31):

```
<!DOCTYPE html>
<html>
<title>W3.CSS</title>
<head>
<meta name="viewpoint"content="width=device
width, initial scale=1">
<link rel="stylesheet" href="w3.css">
</head>
<h2>Different types of Large Lists</h2>
<ul class="W3 ul w3 xlarge">
<li>English</li> </ul>
<ul class="W3 ul w3 xxlarge">
<li>English</li> </u l>
<ul class="W3 ul w3 xxxlarge">
<li>English</li> </ul>
<ul class="W3 ul w3 jumbo">
<li>English</li> </ul>
</body>
</html>
```

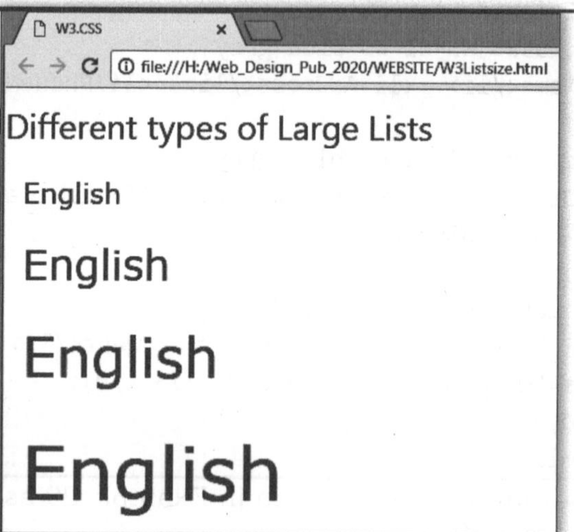

Figure 4.31: Output of the above Example 31 (उदाहरण 31 का आउटपुट)

The output of the code given in Example 31 as shown in Figure 4.31.

उदाहरण 31 में दिए गए कोड का आउटपुट चित्र 4.31 में दिखाया गया है।

4.9 W3.CSS Images (W3-CSS छवियाँ)

Images are one of the most important buildings blocks of websites. Today, you would rarely find a website without an image. To add images to a website "img" tag is used. However, W3.CSS images come with classes that can easily change the image looks. You can create images with rounded bordered, circle images, bordered images and images within a card etc. For example, you have created different types of images in the following code.

छवियाँ वेबसाइट की सबसे महत्वपूर्ण इमारतों में से एक हैं। आज, आपको शायद ही कोई वेबसाइट मिलेगी छवि के बिना। एक वेबसाइट पर छवियों को जोड़ने के लिए "img" टैग का उपयोग किया जाता है। हालाँकि, W3 CSS इमेज के साथ आते हैं, क्लास जो छवि को आसानी से बदल सकती हैं। आप गोल बॉर्डर वाले चित्र बना सकते हैं, वृत्त चित्र, एक कार्ड आदि के भीतर के चित्र और चित्र।

Example 32 (उदाहरण 32):

```
<!DOCTYPE html>
<html>
<title>W3.CSS</title>
<head>
<meta name="viewpoint" content="width=device
width, initial scale=1">
<link rel="stylesheet" href="w3.css">
</head>
<h2>Different types of Image</h2>
<p>Image in a Circle</p>
<img src="h:/Blur.jpg" class="w3circle"
alt="Hills" style="width:30%">
<p>Image in a Rounded</p>
<img src="h:/Blur.jpg" class="w3 round"
alt="Hills" style="width:30%">
<p>Bordered Image</p>
<img src="h:/Blur.jpg" class="w3border w3 padding
w3 padding 16" alt="Hills" style="width:30%">
</body>
</html>
```

The output of the code given in Example 32 as shown in Figure 4.32.

उदाहरण 32 में दिए गए कोड का आउटपुट चित्र 4.32 में दिखाया गया है।

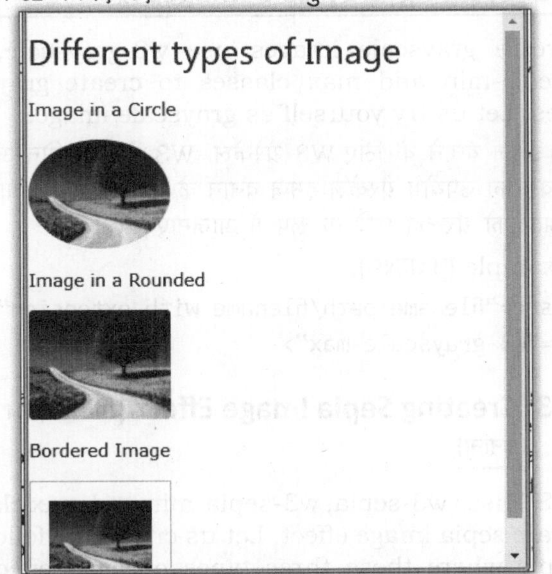

Figure 4.32: Output of the above Example 32 (उदाहरण 32 का आउटपुट)

4.9.1 Images as Cards (छवियाँ कार्ड के रूप में)

You can also create images as card with a drop shadow at the bottom. To create a div and add class "w3card-number" to the div, inside that div, add the markup for your image.

आप नीचे एक ड्रॉप शैडो के साथ कार्ड के रूप में चित्र भी बना सकते हैं। एक div बनाने के लिए और "w3-card-number" में अपनी छवि के लिए मार्कअप जोड़ें।

Example 33 (उदाहरण 33):

```
<!DOCTYPE html>
<html>
<title>W3.CSS</title>
<head>
<meta         name="viewpoint"content="width=device
width, initialscale=1">
<link rel="stylesheet" href="w3.css">
</head>
<h2>Image as a Card</h2>
<div class="w3card 4" style="width:50%">
<img scr="h:/ducky1.jpg"alt="Duck"style="width:
100%">
<div class="w3container">
<h4><b>Duck</b></h4>
</div>
</div>
</body>
</html>
```

Figure 4.33: Output of the above Example 33 (उदाहरण 33 का आउटपुट)

The output of the code given in Example 33 as shown in Figure 4.33.

उदाहरण 33 में दिए गए कोड का आउटपुट चित्र 4.33 में दिखाया गया है।

4.10 W3.CSS Image Effects (w3.css छवि प्रभाव)

You saw how to add rounded corners to image, how to circle an image, how to border an image and how to create card like images. Now, you are going to create some of the fancy image effects that you can add to your images. These effects include opacity effects, grayscale effects sepia effects and hover effects. It is difficult to create these effects without W3.CSS and it require lots of extensive JavaScript coding.

आपने देखा कि छवि में गोल कोनों को कैसे जोड़ा जाए, छवि को कैसे सर्कल किया जाए, कैसे एक छवि को बॉर्डर किया जाए और कैसे चित्र की तरह कार्ड बनाएं। अब, आप कुछ फैंसी छवि प्रभाव बनाने जा रहे हैं जिन्हें आप एड कर सकते हैं। आपकी छवियाँ इन प्रभावों में अपारदर्शिता प्रभाव, ग्रेस्केल प्रभाव सीपिया प्रभाव और हॉवर प्रभाव शामिल हैं। यह है W3 CSS के बिना इन प्रभावों को बनाना मुश्किल है और इसके लिए बहुत सारे व्यापक जावास्क्रिप्ट कोडिंग की आवश्यकता होती है।

4.10.1 Adding Opacity to Images (छवियों में अस्पष्टता जोड़ना)

To add opacity to the image to create a certain effect. W3.CSS uses w3-opacity, w3-opactiy-min and max classes to add opacity to an image.

एक निश्चित प्रभाव बनाने के लिए छवि में अस्पष्टता जोड़ना। W3 CSS में w3 opacity, w3 opactiy min और max का उपयोग किया गया है।

Example 34 (उदाहरण 34):

```
<!DOCTYPE html>
<html>
<title>W3.CSS</title>
<head>
<meta    name="viewpoint"    content="width=device
width, initial scale=1">
<link rel="stylesheet" href="w3.css">
</head>
<h2>Different types of opactiy</h2>
<div class="W3 row padding s3 margin top">
<div class="W3 third">
<div class--"w3 card 2">
<img src="h:/flower.jpg" alt="Duck" class="w3opacity
min"style="width:60%">
<div class="w3container">
<p>Opacity set to minimum</p> </div> </div> </div>
<div class="w3third">
<div class--"w3 card 2">
<img src="h:/flower.jpg" alt="Duck"
class="w3opacity" style="width:60%">
<div class="w3container">
<p>Opacity</p> </div> </div> </div>
<div class="w3third">
<div class--"w3 card 2">
<img src="h:/flower.jpg" alt="Duck" class="w3opacity
max"style="width:60%">
<div class="w3container">
<p>Opacity set to Maximum</p> </div> </div> </div>
</div>
</body>
</html>
```

The output of the code given in Example 34 as shown in Figure 4.34.

उदाहरण 34 में दिए गए कोड का आउटपुट चित्र 4.34 में दिखाया गया है।

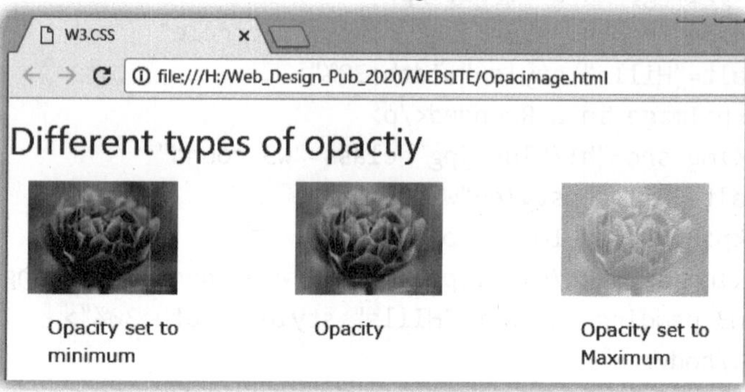

Figure 4.34: Output of the above Example 34 (उदाहरण 34 का आउटपुट)

4.10.2 Creating Grayscale Images (ग्रेस्केल इमेज बनाना)

To create grayscale images use w3-grayscale, w3-grayscale-min and max classes to create grayscale images. Let us try yourself as grayscale image.

ग्रेस्केल इमेज बनाने के लिए W3 ग्रेस्केल, W3 ग्रेस्केल मिन और अधिकतम वर्ग का उपयोग ग्रेस्केल इमेज बनाने के लिए करते हैं। आइए हम अपने आप को ग्रेस्केल छवि के रूप में आजमाएं।

For example (उदाहरण),

```
<img src="filename path/filename with extension"
class="w3-grayscale-max">
```

4.10.3 Creating Sepia Image Effect (सेपिया इमेज इफेक्ट बनाना)

W3.CSS uses w3-sepia, w3-sepia-min and max classes to create sepia image effect. Let us create the following example where these three types of sepia effects to been created.

W3 सीएसएस w3 सेपिया, w3 सेपिया मिनट और अधिकतम वर्गों का उपयोग सेपिया छवि प्रभाव बनाने के लिए करता है।

Example 35 (उदाहरण 35):

```
<!DOCTYPE html>
<html>
<title>W3.CSS</title>
<head>
<meta name="viewpoint" content="width=devicewidth,
initial scale=1">
<link rel="stylesheet" href="w3.css">
</head>
<h2>Different types of Sepia</h2>
<div class="W3 row padding s3 margin top">
<div class="w3third">
<div class--"w3 card 2">
<img src="h:/flower.jpg" alt="Duck" class="w3sepia
min" style="width:60%">
<div class="w3container">
<p>Sepia effect set to minimum</p>
</img> </div>
<div class="w3third">
<div class--"w3 card 2">
<img src="h:/flower.jpg" alt="Duck" class="w3sepia"
style="width:60%">
<div class="w3container">
<p>Sepia effect</p>
<div class="w3third">
<div class--"w3 card 2">
<img src="h:h:/flower.jpg" alt="Duck" class="w3
sepia max" style="width:60%">
<div class="w3container">
<p>Sepia effect set to Maximum</p>
</body>
</html>
```

The output of the code given in Example 35 as shown in Figure 4.35.

उदाहरण 35 में दिए गए कोड का आउटपुट चित्र 4.35 में दिखाया गया है।

Figure 4.35: Output of the above Example 35 (उदाहरण 35 का आउटपुट)

4.10.4 Creating Hover Effects (हॉवर इफेक्ट बनाना)

You can also create opacity, grayscale and sepia effect on images when mouse is hovered over the image. To do so, add w3-hover-grayscale, w3-hover-opacity, or w3-hover-sepia classes respectively to the images and also position the text in an image with the w3-display-classes.

जब आप माउस को छवि पर हॉवर हैं, तो आप छवियों पर अस्पष्टता, स्केल और सेपिया प्रभाव भी बना सकते हैं। ऐसा करने के लिए, w3 होवर ग्रेस्केल, w3 होवर अपारदर्शिता, या w3 होवर सेपिया वर्गों को क्रमशः छवियों में जोड़ें और w3 प्रदर्शन क्लास के साथ एक छवि में पाठ को स्थिति।

Example 36 (उदाहरण 36):

```
<!DOCTYPE html>
<html>
<title>W3.CSS</title>
<head>
<meta name="viewpoint" content="width=devicewidth,
initial scale=1">
<link rel="stylesheet" href="w3.css">
</head>
<h2>Different types of Hover Effects and position
the text in an image</h2>
<div class="w3row padding s3 margin top">
<div class="w3third">
<div class--"w3 card 2">
<div class="W3 display container w3 text red">
<img src="h:/Tree.jpg" alt="Duck" class="W3 hover
opacity" style="width:90%">
<div class="W3 display topleft w3 container"><p>Top
Left</P></div> </div>
</div>
<div class="w3third">
<div class--"w3 card 2">
<img src="h:/Tree.jpg" alt="Duck" class="W3 hover
sepia" style="width:90%">
<div class="W3 display container w3 text blue">
<div class="W3 display bottom right w3
container"><p>Bottom right</P></div>
</div> </div>
<div class="w3third">
<div class--"w3 card 2">
<img src="h:/Tree.jpg" alt="Duck" class="W3 hover
grayscale"
style="width:90%">
<div class="w3 container">
<p>Hover effect set to grayscale</p> </div> </div>
</div> </div>
</body>
</html>
```

The output of the code given in Example 36 as shown in Figure 4.36.

उदाहरण 36 में दिए गए कोड का आउटपुट चित्र 4.36 में दिखाया गया है।

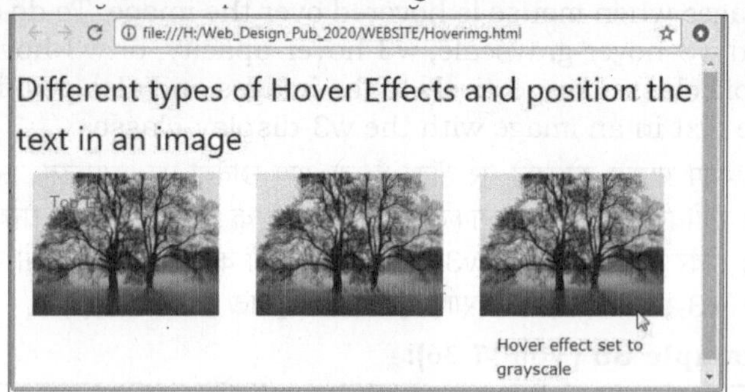

Figure 4.36: Output of the above Example 36 (उदाहरण 36 का आउटपुट)

4.11 W3.CSS Grid (W3.CSS ग्रिड)

W3.CSS grid system targets three screen sizes: small screens such as mobiles, medium screens such as tablets and large screens such as desktop. A responsive layout adjusts according to changing screen size itself. A row is created using w3-row class. Inside each row, you can create maximum of 12 columns. A column is specified by w3-col class.

W3 CSS ग्रिड सिस्टम तीन screen आकारों को लक्षित करता है: छोटे स्क्रीन जैसे मोबाइल, मध्यम स्क्रीन जैसे टैबलेट और बड़ी स्क्रीन जैसे कि डेस्कटॉप। एक संवेदनशील लेआउट स्क्रीन आकार बदलने के अनुसार समायोजित करता है अपने आप W3 पंक्ति वर्ग का उपयोग करके एक पंक्ति बनाई जाती है। प्रत्येक पंक्ति के अंदर आप अधिकतम 12 कॉलम बना सकते हैं। कॉलम w3 col वर्ग द्वारा निर्दिष्ट किया गया है।

Column must reside inside a row to be fully responsive:

कॉलम पूरी तरह रेस्पॉन्सिव होने के लिए एक पंक्ति के अंदर रहना चाहिए

w3-row: It defines a padding-less container for responsive columns.

W3 **पंक्ति:** यह रेस्पॉन्सिव कॉलम के लिए एक पैड कम कंटेनर को परिभाषित करता है।

w3-row-padding: It defines a padded container for responsive columns.

W3 **पंक्ति पैडिंग:** यह रेस्पॉन्सिव कॉलम के लिए एक पैडिग कंटेनर को परिभाषित करता है।

w3-col: It defines a column with sub classes.

W3 col: यह उप वर्गों के साथ एक कॉलम को परिभाषित करता है।

Columns for small screen (smart phones):

छोटे स्क्रीन (स्मार्ट फोन) के लिए कॉलम

s1: It defines 1 of 12 columns for small screens that is width: 8.33%

s1: यह छोटे स्क्रीन के लिए 12 कॉलमों में से 1 को परिभाषित करता है; जिसकी चौड़ाई है: 8.33%।

s2: It defines 2 of 12 columns for small screens that is width: 16.66%

s2: यह छोटे स्क्रीन के लिए 12 कॉलमों में से 2 को परिभाषित करता है जिसकी चौड़ाई है: 16.66%।

s3: It defines 3 of 12 columns for small screens that is width: 25.00%

s3: यह small स्क्रीन की चौड़ाई के लिए 12 में से 3 कॉलम को परिभाषित करता है जिसकी चौड़ाई: 25.00%।

s12: It define 12 of 12 columns for small screens that is width: 100%

s12: यह छोटे स्क्रीनों के लिए 12 12 कॉलम को परिभाषित करता है जिसकी चौड़ाई है: 100%।

Columns for medium screens (tablets):

मध्यम स्क्रीन (टैबलेट) के लिए कॉलम

m1: It defines 1 of 12 columns for medium screens that is width: 8.33%

m1: यह मध्यम स्क्रीन कि चौड़ाई के लिए 12 कॉलम में से 1 को परिभाषित करता है: 8.33%।

m2: It defines 2 of 12 columns for medium screens that is width: 16.66%

m2: यह मध्यम स्क्रीन कि चौड़ाई के लिए 12 में से 2 कॉलम को परिभाषित करता है: 16.66%।

m3: It defines 3 of 12 columns for medium screens that is width: 25.00%

m3: यह मध्यम स्क्रीन के लिए 12 कॉलम में से 3 को परिभाषित करता है जिसकी चौड़ाई है: 25.00%।

m12: It defines 12 of 12 columns for medium screens.

m12: यह मध्यम स्क्रीन के लिए 12 12 कॉलम को परिभाषित करता है।

Columns for Large screens (laptops):

बड़े स्क्रीन (लैपटॉप) के लिए कॉलम

l1: It defines 1 of 12 columns for large screens that is width: 8.33%

यह बड़ी स्क्रीन के लिए 12 कॉलमों में से 1 को परिभाषित करता है, जिसकी चौड़ाई है: 8.33%।

l2: It defines 2 of 12 columns for large screens that is width: 16.66%

l2: यह बड़ी स्क्रीन के लिए 12 कॉलमों में से 2 को परिभाषित करता है, जिसकी चौड़ाई है: 16.66%।

l3: It defines 3 of 12 columns for large screens that is width: 25.00%

l3: यह बड़ी स्क्रीन के लिए 12 कॉलम में से 3 को परिभाषित करता है, जिसकी चौड़ाई है: 25.00%।

l12: It defines 12 of 12 columns for large screens.

l12: यह बड़ी स्क्रीन के लिए 12 12 कॉलम को परिभाषित करता है।

If you need to specify the small class, it scales up. So if you wish to set the same width for small, medium and large screens. If you want the same width, you only need to specify the medium class for medium and large screens.

यदि आपको छोटे वर्ग को निर्दिष्ट करने की आवश्यकता है, तो यह ऊपर जाता है। इसलिए यदि आप छोटे, मध्यम के लिए समान चौड़ाई निर्धारित करना चाहते हैं और बड़ी स्क्रीन। यदि आप एक ही चौड़ाई चाहते हैं, तो आपको केवल मध्यम वर्ग के लिए मध्यम और निर्दिष्ट करने की आवश्यकता है बड़ी स्क्रीन।

However, if you only use medium or large classes, the width will always transform to 100% on small screens.

To create a responsive grid, you need to create a div with class "w3-row". Inside the div, to create columns you need to create divs with class w3-col. In addition, for each individual screen size you use classes such as sx, mx and Ix where s is small, m is for medium, I is for large an x is the number of columns. For example, to create two equal and unequal column grid.

हालांकि, यदि आप केवल मध्यम या बड़ी क्लास का उपयोग करते हैं, तो चौड़ाई हमेशा छोटे स्क्रीन पर 100% तक बदल जाएगी।

रेस्पॉन्सिव ग्रिड बनाने के लिए, आपको "w3 पंक्ति" वर्ग के साथ एक div बनाने की आवश्यकता है। कॉलम बनाने के लिए div के अंदर आपको वर्ग w3 कर्नल के साथ divs बनाने की आवश्यकता है। इसके अलावा, प्रत्येक स्क्रीन आकार के लिए आप क्लास का उपयोग करते हैं जैसे कि sx, mx और Ix जहां s छोटा है, m मध्यम के लिए है, मैं बड़े के लिए x एक कॉलम की संख्या है। उदाहरण के लिए, को दो समान और असमान कॉलम ग्रिड बनाएं।

4.11.1 Two equal and unequal columns

(दो समान और असमान कॉलम)

In this example, you have a row that has two further divs. The first div takes 6 columns on the small screen and the second div shall also take 6 columns on the small screen. Since you have not specified the column size for medium and large screen sizes. The column size for small screen will be applicable to them. Next, you again create a row that has two further div. The first div takes 4 columns on the small screen and the second div takes 8 columns on the small screen inside a container.

इस उदाहरण में, आपके पास एक पंक्ति है जिसमें दो और div हैं। छोटे पर्दे पर पहली बार 6 कॉलम लगते हैं और दूसरा div भी छोटे परदे पर 6 कॉलम लेगा। चूंकि आपने कॉलम निर्दिष्ट नहीं किया है मध्यम और बड़े स्क्रीन आकार के लिए। छोटी स्क्रीन के लिए कॉलम का आकार उन पर लागू होगा। आगे, आप फिर से रो बनाते हैं जिसमें दो और div हैं। पहला div छोटे स्क्रीन पर 4 कॉलम लेता है और दूसरे div एक कंटेनर के अंदर छोटे पर्दे पर 8 कॉलम लेते हैं।

Example 37 (उदाहरण 37):

```
<!DOCTYPE html>
<html>
<title>W3.CSS</title>
<head>
<meta name="viewpoint" content="width=device width,
initial scale=1">
<link rel="stylesheet" href="w3.css">
</head>
<div class="W3 row">
<div class="w3 col s6 w3 blue">
<p>This div covers 6 columns on all screens</p> </
div>
<div class="w3col s6 w3 green">
<p>This div covers 6 columns o n all screens</p> </
div> br<div class="W3 row w3 container">
<div class="w3 col s8 w3 blue">
<p>This div covers 8 columns on all screens</p> </
div>
<div class="w3 col s4 w3 green">
<p>This div covers 4 columns on all screens</p> </
div>
</body>
</html><!DOCTYPE html>
<html>
<title>W3.CSS</title>
<head>
<meta name="viewpoint" content="width=device width,
initial scale=1">
<link rel="stylesheet" href="w3.css">
</head>
<div class="W3 row">
<div class="w3 col s6 w3 blue">
<p>This div covers 6 columns on all screens</p> </
div>
<div class="W3 col s6 w3 green">
<p>This div covers 6 columns on all screens</p> </
div> br
<div class="w3row w3 container">
<div class="w3 col s8 w3 blue">
<p>This div covers 8 columns on all screens</p> </
div>
<div class class ="w3 col s4 w3 green">
<p>This div covers 4 columns on all screens</p> </
div>
</body>
</html>
```

The output of the code given in Example 37 as shown in Figure 4.37.

उदाहरण 37 में दिए गए कोड का आउटपुट चित्र 4.37 में दिखाया गया है।

Figure 4.37: Output of the above Example 37 (उदाहरण 37 का आउटपुट)

Six Columns (छह कॉलम)

Six equal-width columns (16% each) on tablets, laptops and desktops. On mobile phones, the columns will automatically stack (100% width).

टैबलेट, लैपटॉप और डेस्कटॉप पर छह समान चौड़ाई वाले कॉलम (16% प्रत्येक)। मोबाइल फोन पर, कॉलम होगा स्वचालित रूप से स्टैक (100% चौड़ाई)।

Example 38 (उदाहरण 38):

```
<!DOCTYPE html>
<html>
<title>W3.CSS</title>
<head>
<meta name="viewpoint" content="width=device width,
initial scale=1">
<link rel="stylesheet" href="w3.css">
</head>
<div class="W3row">
<div class="w3 col m2 w3 blue">
<p>Six equal width columns</p> </div>
<div class="w3col m2 w3 green">
<p>Six equal width columns</p> </div>
<div class="w3 col m2 w3 red">
<p>Six equal width columns</p> </div>
<div class="w3 col m2 w3 dark grey">
<p>Six equal width columns</p> </div>
<div class="w3 col m2 w3 purple">
<p>Six equal width columns</p> </div>
<div class="w3 col m2 w3 brown">
<p>Six equal width columns</p> </div>
<div class="w3row w3 con tainer">
<p>Inside a container</p>
<div class="w3 col m2 w3 blue">
<p>Six equal width columns</p> </div>
<div class="w3col m2 w3 green">
<p>Six equal width columns</p> </div>
<div class="w3 col m2 w3 red">
<p>Six equal width columns</p> </div>
<div class="w3 col m2 w3 dark grey">
<p>Six equal width columns</p> </div>
<div class="w3 col m2 w3 purple">
<p>Six equal width columns</p> </div>
<div class="w3 col m2'w3 brown">
<p>Six equal width columns</p> </div>
</body>
</html>
```

The output of the code given in Example 38 as shown in Figure 4.38.

उदाहरण 38 में दिए गए कोड का आउटपुट चित्र 4.38 में दिखाया गया है।

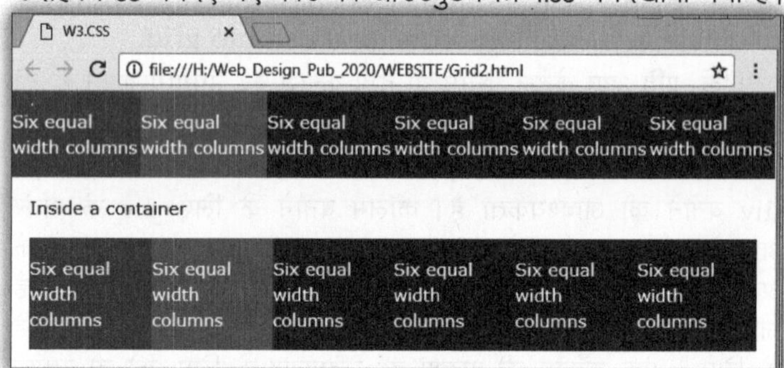

Figure 4.38: Output of the above Example 38 (उदाहरण 38 का आउटपुट)

4.11.2 W3.CSS Mixed Grid Layouts (W3.CSS मिश्रित ग्रिड लेआउट)

By mixed grid layouts you refer to layouts that look different on different screens. To create mixed layout for mobile and desktops and then for mobile, tablets and desktop screen, you have to use two “s” and “I”. It is used to specify column size for small screens or mobiles while the latter specified size for large screens or desktop.

मिश्रित करके ग्रिड लेआउट आप उन लेआउट का उल्लेख करते हैं जो अलग–अलग स्क्रीन पर अलग–अलग दिखते हैं। मिश्रित लेआउट बनाने के लिए मोबाइल और डेस्कटॉप और डेस्कटॉप स्क्रीन के लिए, आपको दो "s" और "I" का उपयोग करना होगा।

छोटे स्क्रीन या मोबाइल के लिए कॉलम का आकार निर्दिष्ट करने के लिए उपयोग किया जाता है, जबकि बड़ी स्क्रीन के लिए बाद में निर्दिष्ट आकार डेस्कटॉप।

Example 39 (उदाहरण 39):

```
<!DOCTYPE html>
<html>
<title>W3.CSS</title>
<head>
<meta name="viewpoint" content="width=device width,
initial scale=1">
<link rel="stylesheet" href="w3.css">
</head>
<div class="w3 row">
<div class="w3 col s5 l7 w3 blue">
<p>Div covers 5 column on small and 7 columns on
large screens.</p> </di v>
<div class="W3 col s5 l8 w3 green">
<p>Div covers 5 column on small and 8 columns on
large screens.</p> </div>
<div class="w3row w3 container">
<p>Inside a container</div>
<div class="w3 col s6 l7 w3 blue">
<p>Div covers six column on small and 7 columns on
large screens.</p>
</div>
<div class="w3col s6 l8 w3 green">
<p>Div covers six column on small and 8 columns on
large screens.</p>
</div>
</body>
</html>
```

The output of the code given in Example 39 as shown in Figure 4.39.

उदाहरण 39 में दिए गए कोड का आउटपुट चित्र 4.39 में दिखाया गया है।

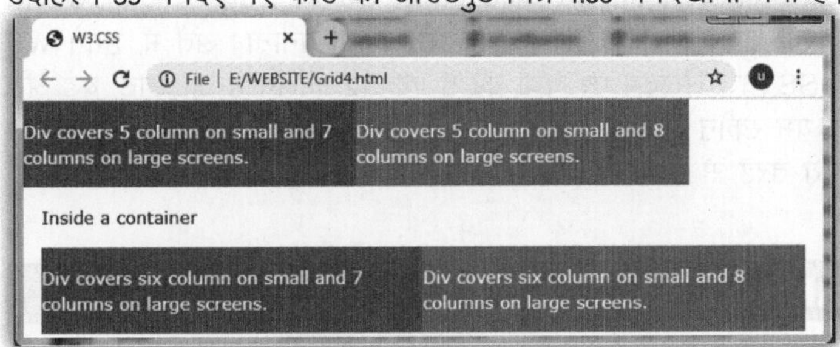

Figure 4.39: Output of the above Example 39 (उदाहरण 39 का आउटपुट)

In the following example, you have a row that has two divs. The first div takes 5 columns on the small screen and the second div also takes 5 columns on the small screen. For large screen, the first div will take 7 columns i.e. 58.31% of the width and the second column will takes eight columns i.e. 66.64% of the width.

निम्नलिखित उदाहरण में, आपके पास एक पंक्ति है जिसमें दो divs हैं। पहले div में छोटे पर 5 कॉलम होते हैं स्क्रीन और दूसरी div भी छोटे स्क्रीन पर 5 कॉलम लेती है। बड़ी स्क्रीन के लिए, पहला div 7 कॉलम यानी चौड़ाई 58.31% का होगा और दूसरे कॉलम में आठ कॉलम होंगे यानी चौड़ाई 66.64% का।

4.11.3 Mixed Layout for Mobile, Tablet and Desktop (मोबाइल, टैबलेट और डेस्कटॉप के लिए मिश्रित लेआउट)

To create mixed layout for mobile, tablet and desktop screens, you have to use two “s”, “m”, “I”. It is used to specify column size for small screen or mobile while the latter specifies screen size for large screens or desktop.

मोबाइल, टैबलेट और डेस्कटॉप स्क्रीन के लिए मिश्रित लेआउट बनाने के लिए, आपको "S", "M", "I" का उपयोग करना होगा। इसका प्रयोग किया जाता है छोटे स्क्रीन या मोबाइल के लिए कॉलम का आकार निर्दिष्ट करने के लिए जबकि बाद में बड़ी स्क्रीन के लिए स्क्रीन का आकार निर्दिष्ट करता है या डेस्कटॉप।

Example 40 (उदाहरण 40):

```
<!DOCTYPE html>
<html>
<title>W3.CSS</title>
<head>
<meta name="viewpoint" content="width=device width,
initial scale=1">
<link rel="stylesheet" href="w3.css">
</head>
<div class="w3 row">
<div class="w3 col s4 m6 l3 w3 blue grey">
<p>Div covers 4 column s on small 6 columns on medium
and 3 columns on large
screens ..</p></div>
<div class="w3col s4 m3 l7 w3 dark grey">
<p>Div covers 4 column s on small 3 columns on medium
and 7 columns on
large screens ..</p></div>
<div class="w3col s4 m3 l2 w3 light grey">
<p>Div covers 4 column s on small 3 columns on medium
and 2 columns on large screens ..</p></div>
<div class="w3row w3 container">
<p>Inside a container</p> <div class="w3 col s4 m6
l3 w3 blue grey">
<p>Div covers 4 column s on small 6 columns on medium
and 3 columns on Large screens ..</p></div>
<div class="w3col s4 m3 l7 w3 dark grey">
<p>Div covers 4 columns on small 3 columns o n medium
and 7 columns on Large screens ..</p></div>
<div class="w3col s4 m3 l2 w3 light grey">
<p>Div covers 4 column s on small 3 columns on medium
and 2 columns on large screens ..</p></div>
</body>
</html>
```

The output of the code given in Example 40 as shown in Figure 4.40.

उदाहरण 40 में दिए गए कोड का आउटपुट चित्र 4.40 में दिखाया गया है।

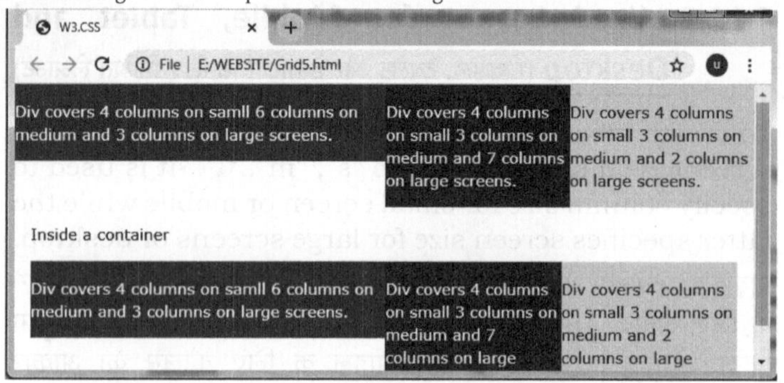

Figure 4.40: Output of the Example 40 (उदाहरण 40 का आउटपुट)

This example will produce a three column layout with 33.33%, 33.3%,33.3% split on small screen, 50%, 25%, 25% split on medium screens and a 25%, 58.34% and 16.66% split on large screens.

यह उदाहरण 33.33%, 33.3%, छोटे स्क्रीन पर 33.3% विभाजन, 50%, 25%, के साथ तीन कॉलम लेआउट का उत्पादन करेगा मध्यम स्क्रीन पर 25% और बड़ी स्क्रीन पर 25%, 58.34% और 16.66% विभाजन हुआ।

Conclusion (निष्कर्ष)

W3.CSS is a modern CSS framework for building responsive websites. W3.CSS is based on plain CSS which makes it extremely fast. Next, we have discussed on w3css colors. It supports a rich set of color classes. These color classes are used in marketing and sticky notes. Next, we have discussed W3CSS frameworks contains a class that can be used to style container type elements such as divs, sections, headers, footers, articles etc. Then, we have discussed W3.CSS panels used for displaying notes, quotes, alerts, card and so on. After, we have discussed. W3.CSS borders with different types of borders around html elements. Next, we have discussed W3.CSS fonts and text with different classes that are used to style font size and style text and add text effects. Next, you will learn tables and lists. Tables is the most fundamental layout element, which you want to display data in tabular form whereas lists are used to display data in the form of lists. Next, you will learn W3.CSS images are one of the most important building blocks of website to display images in beautiful and interesting way using an “img” tag. Finally, we have discussed W3.CSS grid system has a 12 column that supports responsive classes for small, large and medium screen sizes that are fully compatible with PC, tablets, and mobile devices.

W3.CSS रिस्पॉन्सिव वेबसाइट के निर्माण के लिए एक आधुनिक CSS फ्रेमवर्क है। W3 CSS सादे CSS पर आधारित है जो यह बहुत तेज करता है। अगला, हमने w3 रंगों पर चर्चा की है। यह रंग वर्गों के एक समृद्ध सेट का समर्थन करता है। इन रंग वर्गों का उपयोग मार्केटिंग और स्टिकी नोट्स में किया जाता है। आगे, हमने W3CSS फ्रेमवर्क पर चर्चा की है इसमें एक वर्ग होता है जो कंटेनर प्रकार तत्वों जैसे डिव, सेक्शन, हेडर, फूटर को स्टाइल करने के लिए इस्तेमाल किया जा सकता है। फिर, हमने नोट, उद्धरण, अलर्ट, कार्ड प्रदर्शित करने के लिए उपयोग किए जाने वाले W3 CSS पैनल पर चर्चा की है।

HTML तत्वों के चारों ओर विभिन्न प्रकार की सीमाओं के साथ W3 CSS की सीमाएँ। आगे, हमने विभिन्न वर्गों के साथ W3 सीएसएस फोंट और पाठ पर चर्चा की है जो फॉन्ट आकार और स्टाइल पाठ के लिए उपयोग किए जाते हैं और पाठ प्रभाव जोड़ें अगला, आप टेबल और सूची सीखेंगे। टेबल्स सबसे मौलिक लेआउट तत्व है, जो आप डेटा को सारणीबद्ध रूप में प्रदर्शित करना चाहते हैं जबकि लिस्ट को लिस्ट के रूप में डेटा प्रदर्शित करने के लिए उपयोग किया जाता है। आगे, आप सीखेंगे कि W3 सीएसएस छवियां प्रदर्शित करने के लिए वेबसाइट के सबसे महत्वपूर्ण बिल्डिंग ब्लॉकों में से एक हैं "img" टैग का उपयोग करके सुंदर और दिलचस्प तरीके से छवियां बनाना। अंत में, हमने W3 CSS ग्रिड सिस्टम पर चर्चा की है एक 12 कॉलम है जो छोटे, बड़े और मध्यम स्क्रीन आकार के लिए रिस्पॉन्सिव क्लास का समर्थन करता है जो पूरी तरह से हैं पीसी, टैबलेट और मोबाइल उपकरणों के साथ संगत।

REVIEW QUESTIONS WITH ANSWERS (रिव्यू प्रश्न और उत्तर)

A. Multiple Choice Questions (बहुविकल्पीय प्रश्न)

1. To use w3.css in your program _______ add stylesheet document in the web page.
   अपने प्रोग्राम में w3.css का उपयोग करने के लिए _______ वेब पेज में स्टाइलशीट दस्तावेज जोड़ें।
   a. href="https://www.w3school.com/lib/.css
   b. href="http://www.w3schools.com/lib/w3.css"
   c. hrefs="http"//www.w3school.com/...lib/w3.css"
   d. href="https://www.w3schools.com/...lib/w3.css"
2. Which one of the following class to set background color performed by w3.css?
   a. w3.color

b. w3-background-color

c. w3-bgcolor d. w3.color

निम्नलिखित में से कौन सा वर्ग w3.css द्वारा प्रदर्शित बैकग्राउंड कलर सेट करने के लिए है?

क. w3.color ख. w3 बैकग्राउंड का रंग

ग. bgcolor घ. w3.color

3. Which of the class to set the element of text color?

a. w3.text.color b. w3.css-text-color

c. w3-text-color d. w3.text.color

पाठ के रंग के तत्व को निर्धारित करने के लिए कौन सी क्लास है?

क. w3.text.color ख. w3.css text color

ग. w3 text color घ. w3.text.color

4. To set border on all slides which class to add borders style.

a. w3_border b. w3-border

c. w3-borders d. w3-bordered

बॉर्डर स्टाइल को जोड़ने के लिए सभी स्लाइड्स पर बॉर्डर सेट करना।

क. w3_border ख. w3 सीमा

ग. w3 की सीमाएँ घ. w3 बॉर्डर

5. w3-container class used to style multiple container type elements in a similar style by adding:

a. Uniform b. Padding

c. Fonts d. All of the above

w3-कंटेनर वर्ग को जोड़कर एक ही स्टाइल में कई कंटेनर प्रकार के तत्वों को स्टाइल करने के लिए उपयोग किया जाता है:

क. यूनिफॉर्म ख. पैडिंग

ग. फोट्स घ. ऊपर के सभी

B. State whether the following statements True or False. (निम्नलिखित कथन सही हैं या गलत)

1. The w3-container class has a default 16px left and right padding and no top or bottom padding.
   w3– कंटेनर वर्ग में डिफॉल्ट 16px बाएँ और दाएँ पैडिंग और ऊपर या नीचे कोई पैडिंग नहीं है।
2. W3.CSS default font size is 20px.
   W3.CSS डिफॉल्ट फॉन्ट का आकार 20px है।
3. The default font is verdana, which has a good letter spacing in W3.CSS.
   डिफॉल्ट फॉन्ट वर्दाना है, जिसमें W3.CSS में एक अच्छा अक्षर है।
4. The w3-li class is used to display a basic list.
   मूल सूची को प्रदर्शित करने के लिए w3–सप वर्ग का उपयोग किया जाता है।
5. W3-bottombar is not a type of bar classes.
   डब्लू 3–बॉटमबर एक प्रकार का बार क्लासेस नहीं है।

C. Match the following: (निम्नलिखित का मिलान करें:)

1.	It is used to add transparency to the image when mouse over (छवि जब माउस पर इसका उपयोग पारदर्शिता जोड़ने के लिए किया जाता है)	a.	S4
2.	It is the rounded element with border radius 2px (यह सीमा के साथ गोल तत्व है radius 2 px.)	b.	w3-hover-opacity (w3–होवर अपारदर्शिता)
3.	The rounded element with border radius 4px: (सीमा त्रिज्या 4px के साथ गोल तत्वः)	c.	w3-round (w3 सीमाएं)
4.	It specify the hoverable border col: (यह लचर सीमा क्षेत्र को निर्दिष्ट करता है:)	d.	w3-round-small
5.	Column-level styles for small screen devices defines as (छोटे पर्दे के लिए 3.5 कॉलम स्तर की स्टाइल उपकरणों के रूप में परिभाषित करता है)	e.	border-color

D. Fill in the blanks (रिक्त स्थान भरें)

a. w3-table-all (w3-टेबल गोल–सभी)
b. w3-card (w3 कार्ड)
c. w3-table (w3 टेबल)
d. w3-hoverable (w3 होवरेबल)
e. w3-border, w3-bordered (w3 बॉर्डर, w3 बॉर्डर)

1. To create a simple table, with no affects and striping, simple use ________ class inside the table tag of the table.
   बिना किसी प्रभावित और स्ट्रिपिंग के, एक साधारण टेबल बनाने के लिए, टेबल के टेबल टैग के अंदर ________ वर्ग का सरल उपयोग करें।
2 There are two classes that add border in the W3.CSS tables. The first class is ________ class that adds border around the whole table. The second class is the ________ class adds border around each strip.
   W3.CSS टेबल में बॉर्डर जोड़ने वाली दो कक्षाएं हैं। पहला वर्ग

________ वर्ग है जो संपूर्ण टेबल के चारों ओर बॉर्डर जोड़ता है। दूसरा वर्ग है ________ वर्ग प्रत्येक पट्टी के चारों ओर बॉर्डर जोड़ता है।

3. To create a table having strips, border around the strips and borders around the whole table, create a table and add ________ class to the opening table tag.

   टेबल बनाने के लिए स्ट्रिप्स, बॉर्डर के चारों ओर स्ट्रिप्स और पूरी टेबल के चारों ओर बॉर्डर बनाएं, एक टेबल बनाएं और ओपनिंग टेबल टैग में ________ क्लास जोड़ें।

4. By using visual aesthetics of a table, use ______ class adds an effect to the table which changes the table row color upon mouse hover.

   किसी टेबल के दृश्य सौंदर्यशास्त्र का उपयोग करके, ______ वर्ग टेबल में एक प्रभाव जोड़ता है जो माउस रोवर पर टेबल पंक्ति का रंग बदलता है।

5. To create a card with W3.CSS, use the ________ class with div.

   W3.CSS के साथ कार्ड बनाने के लिए, div के साथ ________ वर्ग का उपयोग करें।

Answer/उत्तर

A.	1. b	2. a	3. c	4. b	5. d
B.	1. True	2. False	3. True	4. False	5. False
C.	1. b	2. d	3. c	4. e	5. a
D.	1. c	2. e	3. a	4. d	5. b

E. SHORT ANSWER QUESTIONS (शॉर्ट प्रश्न और उत्तर)

1.(a) What is W3.CSS (W3.CSS क्या है?)?

Ans. W3.CSS stands for Cascading Style Sheet. It is developed by w3schools.com. It is used to create faster, beautiful and responsive websites.

W3.CSS कास्केडिंग स्टाइल शीट के लिए है। इसे w3schools.com द्वारा विकसित किया गया है। यह है, सुंदर और रेस्पॉन्सिव वेबसाइट बनाने के लिए उपयोग किया जाता है।

1.(b) What are the features of W3.CSS (W3.CSS की विशेषताएं क्या हैं?)?

Ans. The features of W3.CSS are as follows:

W3.CSS की विशेषताएं इस प्रकार हैं:

a. It is in-built responsive web designing.

   यह इन–बिल्ट रेस्पॉन्सिव वेब डिजाइनिंग है।

b. It provides standard CSS (यह मानक CSS प्रदान करता है।).

c. It is free to use (यह उपयोग करने के लिए स्वतंत्र है।).

d. It is inspired by Google Material Design.

   यह Google मटेरियल डिजाइन से प्रेरित है।

1.(c) What are the techniques to use W3.CSS?
W3-CSS का उपयोग करने की तकनीक है

Ans. There are two techniques to use W3.CSS.

W3.CSS का उपयोग करने के लिए दो तकनीकें हैं:

Local installation: You can download the W3.CSS file on our local machine and include it in to html.

लोकल इंस्टालेशन: आप हमारे लोकल मशीन पर W3.CSS फाइल डाउनलोड कर सकते हैं और इसे html में शामिल कर सकते हैं।

CDN based: You can include the W3.CSS file into our html code directly from the CDN.

सीडीएन आधारित: आप W3-CSS फाइल को सीधे सीडीएन से हमारे HTML कोड में शामिल कर सकते हैं।

2.(a) What are the classes of W3.CSS container?
W3.CSS कंटेनर के वर्ग क्या हैं?

Ans.

- w3-container (w3-कंटेनर)
- w3-red (w3-लाल)
- w3-border (w3-बॉर्डर)
- w3-teal (w3-टील)

2.(b) How can you use subclasses in W3.CSS?
आप w3-CSS में उपवर्गों का उपयोग कैसे कर सकते हैं?

Ans.
```
<div class="w3-row">
  <div class="w3-col s2 m4 l3">
 <p>The text use 2 columns on small screen, 4
on a medium screen and 3 on a large screen</p>
</Div>
</Div>
```

2.(c) What are the classes of W3.CSS card?
W3-CSS कार्ड के वर्ग क्या हैं?

Ans. The various classes of w3.card:

W3-card के विभिन्न वर्ग हैं:

- w3-card
- w3-card-2
- w3-card-4
- w3-card-8
- w3-card-12

3.(a) How to include the external font styles and give the external fonts in the head section.
पूर्व एक्सटर्नल फॉन्ट स्टाइल को कैसे शामिल करें और एक्सटर्नल फॉन्ट को पेड सेक्शन में कैसे इन्क्लुड करें।

Ans.
```
<! DOCTYPE html>
   <Html>
   <head> <title>W3.CSS</title>
   <meta name="viewport"
   content="width=device-width, initial-
   scale=1">
   <link rel="stylesheet" type="text/css"
   href="w3.css">
   <link rel="stylesheet" href="https:
   //fonts.googleapis.com/
        css?family=Tangerine">
```

```
    <style>
            .w3-tangerine {
              font-family: "Tangerine",
    serif;
       }
<! DOCTYPE html>
    <Html>
    <head> <title>W3.CSS</title>
    <meta name="viewport"
    content="width=device-width, initial-
    scale=1">
    <link rel="stylesheet" type="text/css"
    href="w3.css">
    <link rel="stylesheet" href="https:    //
    fonts.googleapis.com/
          css?family=Tangerine">
    <style>
            .w3-tangerine {
              font-family: "Tangerine",
    serif;
       }
```

उत्तर 3(क) का आउटपुट

3.(b) Write a program by using w3.css class i.e. w3-text-shadow to make the text shadow by using all colors to designed.

w3.css का उपयोग करके एक प्रोग्राम लिखो जैसे w3.css-shadow डिजाइन में सारे रंगों का प्रयोग करके text shadow बनाता है।

Ans.

```
<!DOCTYPE html>
<html>
<head>
<title>W3.CSS</title>
<meta name="viewport" content="width=device-
  width,     initial-scale=1">     <link
  rel="stylesheet"           type="text/css"
  href="w3.css">  <body>
    <div class="w3-container">
      <h2       class="w3-text-shadow">TEXT
  SHADOW!</h2>
        </div>
        <div class="w3-container w3-light-grey">
          <h2        class="w3-text-shadow">TEXT
    SHADOW!</h2>
        </div>
        <div class="w3-container w3-blue">
          <h2        class="w3-text-shadow">TEXT
    SHADOW!</h2>
        </div>
        <div class="w3-container w3-lime">
          <h2        class="w3-text-shadow">TEXT
    SHADOW!</h2>
          </div>
    </body>
</html>
```

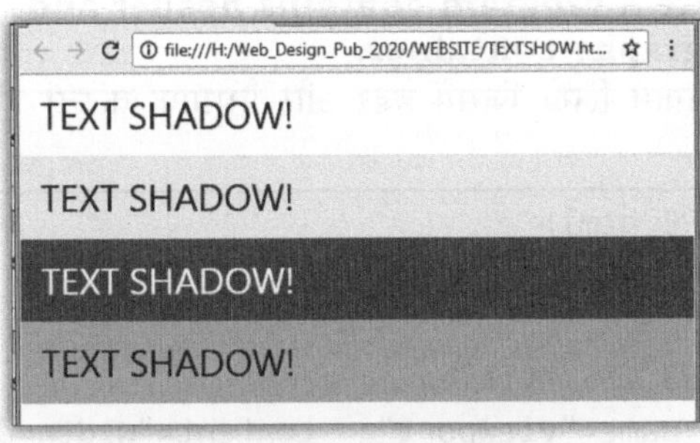

उत्तर 3(ख) का आउटपुट

4.(a) Create Photo card by using the w3-container card classes.

W3 कंटेनर कार्ड क्लास का उपयोग करके फोटो कार्ड बनाएं।

Ans.

```
<!DOCTYPE html>
<html>
<head>
<title>W3.CSS</title>
<meta   name="viewport"   content="width=device-
   width, initialscale=1">
<link rel="stylesheet" type="text/css" href="w3.
   css">
<body>
   <div class="w3-container">
      <h2>Photo Card</h2>
      <div class="w3-card-12" style="width:50%">
      <img src=".jpg" alt="splessons" style="wid
   th:100%">
      <div class="w3container w3-center">
            <p>.</p>
         </div>
      </div>
      </div>
   </body>
</html>
```

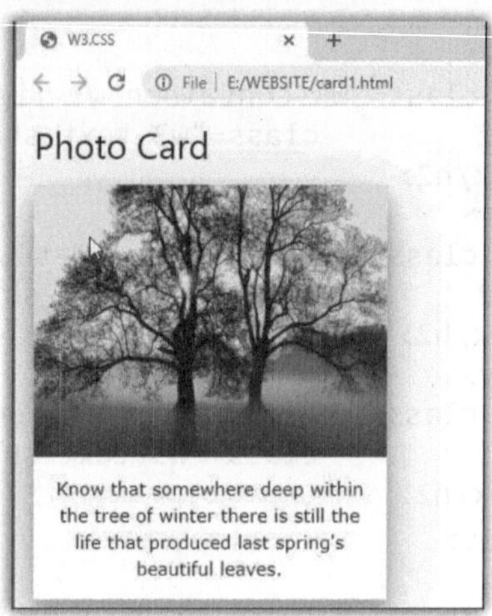

उत्तर 4(क) का आउटपुट

4.(b) Write a program contains header and paragraphs container.
एक प्रोग्राम लिखें जिसमें हेडर और पैराग्राफ कंटेनर हो।

Ans.

```
<!DOCTYPE html>
<html>
<head>
<title>W3.CSS</title>
<meta  name="viewport"  content="width=device-
   width, initialscale=1">
<link rel="stylesheet" type="text/css" href="w3.
   css">
<body>
      <div class="w3-container w3blue">
      <H1>Heading Section</h1>
        <p>This is paragraph</p>
        <p>Simple programming Tutorials</p>
      </div>
   </body>
</html>
```

उत्तर 4(ख) का आउटपुट

5. (a) What are the various table classes in W3.CSS?
W3-CSS में विभिन्न टेबल क्लासेस क्या हैं?

Ans. There are different table classes in W3.CSS:
W3-CSS में अलग–अलग टेबल क्लासेस हैं:

a. **w3-table:** It represents a basic table without any border.
w3.table: यह किसी भी बार्डर के बिना एक मूल टेबल का प्रतिनिधित्व करता है।

b. **w3-striped:** It is used to display a stripped table.
3-स्ट्रिपंड: इसका उपयोग स्ट्रिपंड टेबल को प्रदर्शित करने के लिए किया जाता है।

c. **w3-bordered:** It is used to draw a table with a border across rows.
w3.bordered: इसका उपयोग पंक्तियों में एक बॉर्डर के साथ एक टेबल खींचने के लिए किया जाता है।

d. **w3-card:** It is used to draws a table as a card.
w3.card: इसका उपयोग कार्ड के रूप में टेबल बनाने के लिए किया जाता है।

5. (b) What are the uses of W3.CSS image classes?
W3.CSS इमेज क्लासेस के उपयोग क्या हैं?

Ans.

a. **w3-image:** It is used to represent a basic style image without any border.
w3-छवि: इसका उपयोग बिना किसी बॉर्डर के एक मूल स्टाइल छवि का प्रतिनिधित्व करने के लिए किया जाता है।

b. **w3-circle:** It is used to create circle image.
w3-सर्कल: इसका उपयोग सर्कल इमेज बनाने के लिए किया जाता है।

c. **w3-title:** It is used to display the text over an image.
w3-**शीर्षक:** इसका उपयोग छवि पर पाठ प्रदर्शित करने के लिए किया जाता है।

d. **w3-card:** It is used to create an image as a card.
w3-card: इसका उपयोग कार्ड के रूप में चित्र बनाने के लिए किया जाता है।

5. (c) What is the difference between W3.CSS and CSS?
W3-CSS और CSS में क्या अंतर है?

Ans. CSS: It is cascading style sheet used for style the web pages, with help of css, you can style the web pages, websites, etc. CSS is a modern framework with built in responsiveness.

सीएसएस: यह कैस्केडिंग स्टाइल शीट है जिसका उपयोग स्टाइल ई वेब पेज के लिए किया जाता है, सीएसएस की मदद से आप वेब पेज को स्टाइल कर सकते हैं। सीएसएस एक आधुनिक ढांचा है जिसमें निर्मित रेस्पॉन्सिव होती है।

W3.CSS: It is CSS framework, build for responsive design, like bootstrap, that means you create responsive websites with help of W3.CSS. It is very easy to learn and quite fast for mobile application. It has in-built mobile responsive feature which helps you to make mobile responsive.

W3.CSS: यह CSS फ्रेमवर्क है, जो बूटस्ट्रैप की तरह रिस्पॉन्सिव डिजाइन के लिए निर्मित है, जिसका अर्थ है कि आप W3.CSS की मदद से रिस्पॉन्सिव वेबसाइटें बनाते हैं। यह सीखना बहुत आसान है और मोबाइल एप्लिकेशन के लिए काफी तेज है। इसमें अंतर्निहित मोबाइल रिस्पॉन्सिव सुविधा है जो आपको मोबाइल को रिस्पॉन्सिव बनाने में मदद करती है।

5 JavaScript and Angular JS (जावास्क्रिप्ट और एंगुलर जेएस)

Structure (संरचना)

❖ Introduction to Client-Side Scripting Language (क्लाइंट–साइड स्क्रिप्टिंग लैंग्वेज) ❖ Variables in JavaScript (जावास्क्रिप्ट में वेरिएबल) ❖ Operators in JavaScript (जावास्क्रिप्ट में ऑपरेटर्स) ❖ Conditions Statements (स्थिति विवरण) ❖ JS Popup Boxes (जेएस पॉपअप बॉक्स) ❖ JS Events (जेएस इवेंट) ❖ Basic Form Validations in JavaScript (जावास्क्रिप्ट में बेसिक फॉर्म) ❖ Introduction to Angular JS include Expression, Modules and Directives (Angular JS, मॉड्यूल और निर्देश)

Objectives (उद्देश्य)

The reader will be able to understand the following (पाठक निम्नलिखित को समझने में सक्षम होगा):

❖ Apply client side scripting (क्लाइंट साइड स्क्रिप्टिंग) ❖ Adding validations and checks on forms (फार्म पर वेलिडेशन और चेक ऐड करना) ❖ Introduction to AngularJS is front-end framework that is used to develop single page web application (Angular JS का परिचय)

5.1 Introduction (परिचय)

JavaScript is a programming language written for websites to run in browser. It is used to validate the user input at browser before submitting the page to server for further processing. This reduces load on the server. It helps to provide immediate feedback to user as it runs on browser whereas Angular is a framework written using JavaScript and is made for building single-page web applications. It is a continuously growing and expanding framework which provides better ways for developing web application. It changes the static html to dynamic html. Angular's data binding and dependency injection eliminate much of the code writing. It happens within the browser, making it an ideal partner with server technology.

5.2 Introduction to Client Side Scripting Language (क्लाइंट साइड स्क्रिप्टिंग लैंग्वेज का परिचय)

Scripting is called a program that means some code that runs on computer to perform any task. Client side scripting generates a code that executes in the client side web browser. Therefore, it does not require any server side processing. It is usually, client side scripts are place inside an HTML document. This type of scripting can reduce the server load. When a user requires a specific web page through the browser, the server sends an HTML file, in which the browser can interpret and render the content in the client side. Examples of client side scripting languages are HTML, CSS, and JavaScript. The client-side content is generated on the client's computer. The web browser retrieves a page from the server, then processes the code embedded in the page (typically written in JavaScript) and displays the retrieved page's content to the user.

स्क्रिप्टिंग एक प्रोग्राम लैंग्वेज है जिसका अर्थ है कुछ कोड जो किसी भी कार्य को करने के लिए कंप्यूटर पर चलते हैं। क्लाइंट साइड स्क्रिप्टिंग एक कोड उत्पन्न करता है जो क्लाइंट साइड वेब ब्राउजर में निष्पादित होता है। इसलिए, इसे किसी भी सर्वर साइड प्रोसेसिंग की आवश्यकता नहीं है। यह आमतौर पर है, क्लाइंट साइड स्क्रिप्ट एक HTML दस्तावेज के अंदर होती हैं। इस प्रकार की स्क्रिप्टिंग सर्वर लोड को कम कर सकती है। जब उपयोगकर्ता को ब्राउजर के माध्यम से एक विशिष्ट वेब पेज की आवश्यकता होती है, तो सर्वर एक HTML फाइल भेजता है, जिसमें ब्राउजर क्लाइंट साइड में कंटेट की व्याख्या और उसे प्रस्तुत कर सकता है। क्लाइंट साइड स्क्रिप्टिंग भाषाओं के उदाहरण HTML, CSS और JavaScript हैं। क्लाइंट–साइड कंटेट क्लाइंट के कंप्यूटर

पर उत्पन्न होती है। वेब ब्राउजर सर्वर से एक पृष्ठ को पुनः प्राप्त करता है, फिर पृष्ठ में एम्बेडेड कोड (आमतौर पर जावास्क्रिप्ट में लिखा गया) को संसाधित करता है और उपयोगकर्ता को पुनर्प्राप्त पृष्ठ की सामग्री प्रदर्शित करता है।

Client side scripting is fast, because user think that client side scripting is more secure than server side scripting. By using Form, validation is done by client side scripting. The script can draw types of animations and different functions like those that displaying system clock is done easily with client slide scripting.

क्लाइंट साइड स्क्रिप्टिंग फास्ट है, क्योंकि उपयोगकर्ता को लगता है कि क्लाइंट साइड स्क्रिप्टिंग सर्वर साइड स्क्रिप्टिंग की तुलना में अधिक सुरक्षित है। फॉर्म का उपयोग करके, क्लाइंट साइड स्क्रिप्टिंग द्वारा सत्यापन किया जाता है। स्क्रिप्ट उन प्रकार के एनिमेशन और विभिन्न कार्यों को आकर्षित कर सकती है जैसे कि सिस्टम क्लॉक प्रदर्शित करना क्लाइंट स्लाइड स्क्रिप्टिंग के साथ आसानी से किया जाता है।

5.2.1 Advantages and Disadvantages of Client side Scripting (क्लाइंट साइड स्क्रिप्टिंग के लाभ और नुकसान)

Developers might consider using client-side scripts for many reasons, and they might have some valid reasons not to use them.

डेवलपर्स कई कारणों से क्लाइंट–साइड स्क्रिप्ट का उपयोग करने पर विचार कर सकते हैं, और उनके उपयोग न करने के कुछ वैध कारण हो सकते हैं।

Advantages (लाभ)

1. Client-side scripting offers various advantages, including:
2. It allows for more interactivity by immediately responding to user's actions.
   यह उपयोगकर्ता के कार्यों का तुरंत जवाब देकर अधिक अन्तर–क्रियाशीलता की अनुमति देता है।
3. Client-side scripting is used to send users requests to the server, and also retrieve data from the server.
   क्लाइंट–साइड स्क्रिप्टिंग का उपयोग उपयोगकर्ताओं को सर्वर से अनुरोध भेजने के लिए किया जाता है, और सर्वर से डेटा पुनर्प्राप्त भी किया जाता है।
4. Client side scripting is used to provide remote service for applications, such as content delivery, software registration.
   क्लाइंट साइड स्क्रिप्टिंग का उपयोग अनुप्रयोगों के लिए दूरस्थ सेवा प्रदान करने के लिए किया जाता है, जैसे कंटेट वितरण, सॉफ्टवेयर पंजीकरण।
5. It can be substituted with alternative for example, HTML if user's browsers do not support scripts.
   यदि उपयोगकर्ता के ब्राउजर स्क्रिप्ट का समर्थन नहीं करते हैं, तो इसे उदाहरण के लिए, HTML के साथ प्रतिस्थापित किया जा सकता है।

Disadvantages (नुकसान)

Client-side also create additional uncertainties, which include:

1. Not all browsers support scripts, so, users may experience errors if no alternatives have been provided.
   सभी ब्राउजर स्क्रिप्ट का समर्थन नहीं करते हैं, इसलिए, यदि कोई विकल्प प्रदान नहीं किया गया है, तो उपयोगकर्ता त्रुटियों का अनुभव कर सकते हैं।
2. Different versions of browser support different type support scripts differently.
   ब्राउजर के विभिन्न संस्करण अलग–अलग प्रकार की स्क्रिप्ट का समर्थन करते हैं।
3. More development time and effort might be required if the scripts are not already available through other resources.
   यदि स्क्रिप्ट पहले से ही अन्य संसाधनों के माध्यम से उपलब्ध नहीं हैं तो अधिक विकास समय और प्रयास की आवश्यकता हो सकती है।

How to write a JavaScript into an HTML page.

HTML **पेज में जावास्क्रिप्ट कैसे लिखें।**

The example below shows how to use JavaScript to write text on a web page.

नीचे दिए गए उदाहरण से पता चलता है कि वेब पेज पर टेक्स्ट लिखने के लिए जावास्क्रिप्ट का उपयोग कैसे किया जाता है।

Example (उदाहरण):

```
<html>
<body>
    <script type="text/javascript">
    document.write("hello world!");
</script>
</body>
</html>
```

The output of the code shown in browser as hello world! in the web page browser.

ब्राउजर में हैलो वर्ल्ड के रूप में दिखाए गए कोड का आउटपुट वेब पेज ब्राउजर में दिखाया गया है।

To insert a JavaScript into an HTML page, you use the <script> tag, inside the <script> tag and you use the type attribute to define the scripting language.

HTML पृष्ठ में एक जावास्क्रिप्ट सम्मिलित करने के लिए, आप <script> टैग का उपयोग करते हैं, <script> टैग के अंदर आप स्क्रिप्टिंग भाषा को परिभाषित करने के लिए प्रकार विशेषता का उपयोग करते हैं।

```
<html>
<body>
    <script type="text/javascript">
    document.write("<h1>hello world!</h1>");
</script>
</body>
</html>
```

So, the <script type="text/javascript"> and </script> tells where the JavaScript starts and ends.

तो, <script type="text/javascript"> और </script> बताता है कि जावास्क्रिप्ट कहाँ से शुरू और समाप्त होता है।

```
<html>
    <body>
    <script type="text/javascript"> …
</script>
</body>
</html>
```

The document.write command is a standard JavaScript command for writing output to a page.

डॉक्यूमेंट.राइट कमांड एक पेज पर आउटपुट लिखने के लिए जावास्क्रिप्ट कमांड है।

By entering the document.write command between the <script> and </script> tags, the browser will recognize it as a JavaScript command and executes the code line.

<Script> और </ script> टैग्स के बीच document.write कमांड दर्ज करके, ब्राउजर इसे पहचान लेगा जावास्क्रिप्ट कमांड और कोड लाइन को निष्पादित करता है।

5.3 Variables in JavaScript (जावास्क्रिप्ट में वेरिएबल)

Variable means anything that can vary. It includes variables, which hold the data value, and it can be changed anytime.

वेरिएबल का मतलब है कि कुछ भी जो वेरि करे। इसमें वेरिएबल शामिल हैं, जो डेटा मान रखते हैं, और इसे कभी भी बदला जा सकता है।

1. While declaring a JavaScript variable there are some rules;
   जावास्क्रिप्ट में वेरिएबल घोषित करते समय कुछ नियम हैं;
2. Name must start with a letter (a to z or A to Z), underscore(_) or dollar ($) sign.
   नाम को एक अक्षर से शुरू होना चाहिए (a से z या a से z), अंडरस्कोर (_) या डॉलर ($) चिन्ह।
3. After first letter you can use digits (0 to 9).
   पहले अक्षर के बाद आप अंकों (0 से 9) का उपयोग कर सकते हैं।
4. JavaScript variables are case-sensitive, for example x and X are different variables.
   जावास्क्रिप्ट वेरिएबल मामले के प्रति संवेदनशील हैं, उदाहरण के लिए x और X अलग-अलग वेरिएबल हैं।

For example (उदाहरण:),

```
var x = 100;
```

Here's what is happening in the example above:

var is the keyword that tells JavaScript you are declaring a variable. X is the name of that variable.

वेर वह कीवर्ड है जो जावास्क्रिप्ट को बताता है कि आप एक वेरिएबल घोषित कर रहे हैं। X उस वेरिएबल का नाम है।

= is the operator that tells JavaScript a value is coming up next. 100 is the value for the variable to store.

= वह ऑपरेटर है जो जावास्क्रिप्ट को बताता है कि अगली वैल्यू कौन सी आ रही है। 100 स्टोर करने के लिए वैरिएबल का वैल्यू है।

Using variables (वेरिएबल का उपयोग करना)

After you declare a variable, you can reference it by name elsewhere in your code.

वेरिएबल घोषित करने के बाद, आप इसे अपने कोड में कहीं और नाम से संदर्भित कर सकते हैं।

Example (उदाहरण),

```
var x =100;
x + 102;
```

Output (आउटपुट)

202

You can even use a variable when declaring other variables.

आप अन्य वेरिएबल घोषित करते समय एक वेरिएबल का उपयोग भी कर सकते हैं।

Example (उदाहरण),

```
var x = 100;
var y = x+102;
y;
```

Output (आउटपुट)

202

There are two types of variables in JavaScript: local variable and global variable.

जावास्क्रिप्ट में दो प्रकार के वेरिएबल हैं: लोकल वेरिएबल और ग्लोबल वैरिएबल।

Local variable (लोकल वेरिएबल)

A variable that is declared inside a function definition is called local and has scope to that function only. It does not support block scope in which a set of curly braces {...} defines a new scope.

वेरिएबल जिसे फंक्शन परिभाषा के अंदर घोषित किया जाता है, उसे लोकल कहा जाता है और इसमें केवल उस फंक्शन की गुंजाइश होती है। यह ब्लॉक स्कोप का समर्थन नहीं करता है जिसमें घुंघराले ब्रेसिज का एक सेट {...} एक नए दायरे को परिभाषित करता है।

For example (उदाहरण),

```
<!DOCTYPE html>
<html>
<body>
<script>
        var a = "Welcome to Javascript";
            function show() {
    //A  local  variable  is  declard  in  this
function
    var a = "Hello World !";
alert("Value of 'a' inside the function " + a);
//Hello world!
}
```

```
alert("value of 'a' outside the function: " +
a); //Welcome to Javascript !
</script>
</body>
</html>
```

Global variable (ग्लोबल वेरिएबल)

A variable that is declared outside of a function definition is called a global variable and its scope is through your program means its value is accessible and modifiable throughout your program. For example, वेरिएबल जिसे फंक्शन परिभाषा के बाहर घोषित किया जाता है, उसे एक ग्लोबल वेरिएबल कहा जाता है और इसका दायरा आपके प्रोग्राम के माध्यम से होता है, इसका मतलब है कि इसका मान आपके पूरे कार्यक्रम में सुलभ और परिवर्तनीय है। उदाहरण:

```
<!DOCTYPE html>
<html>
<body>
<script>
   var a = "Welcome to Javascript";
   function show() {
 //A local variable is declard in this function
var a = "Hello World !";
alert("Value of 'a' inside the function: " + a);
//Hello world!
// b will have global scope
 b = "Hello World !";
display();
alert("value of 'a' outside the function: " + a);
//Welcome to Javascript ! function display() {
//since b variable has global scope
alert("value of 'b' outside the function: " +
b); //Hello World!
}
</script>
</body>
</html>
```

Declare Multiple (एक लाइन में एक से अधिक वेरिएबल घोषित करें)

Variables in a Single Line You can declare multiple variables and set their initial values in a single statement. Each variable is separated by commas, as shown in the following example.

आप कई वेरिएबल घोषित कर सकते हैं और एक ही बयान में उनके प्रारंभिक मान सेट कर सकते हैं। प्रत्येक वेरिएबल को अल्पविराम से अलग किया जाता है।

Example 1 (उदाहरण 1):

```
<!DOCTYPE html>
<html>
<body>
<h2>Declaring mulitple variables in a Single
line</h2>
    <p id="d1"></p>
    <p id="d2"></p>
    <p id="d3"></p>
<script>
    var name = "Govind", MobName = "Volvo",
Price = "200000";
document.getElementById("d1").innerHTML = name;
document.getElementById("d2").innerHTML =
MobName;
document.getElementById("d3").innerHTML =
Price;
</script>
</body>
</html>
```

The output of the above code as shown in Figure 5.1.
उदाहरण 1 का आउटपुट चित्र 5.1 में दिखाया गया है।

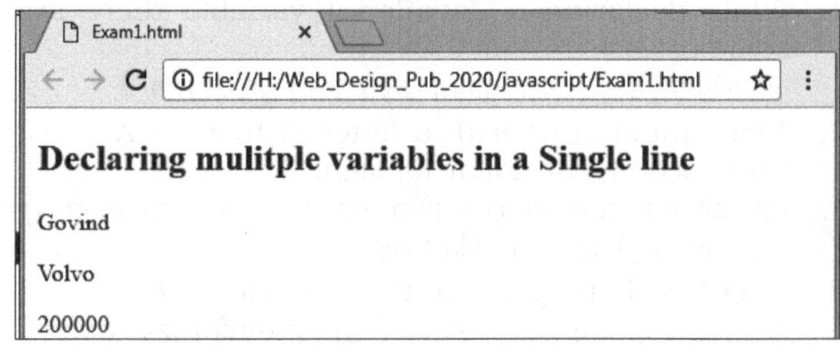

Figure 5.1: Output of Example 1 (उदाहरण 1 का आउटपुट)

Loosely-typed Variables (लूजली टाइप वेरिएबल्स)

JavaScript variables are loosely-typed which means it does not require a data type to de declared. You can assign any type of literal values to a variable e.g. string, integer, float, Boolean etc.

जावास्क्रिप्ट वेरिएबल्स लूज टाइप के होते हैं, जिसका अर्थ है कि इसे घोषित करने के लिए डेटा प्रकार की आवश्यकता नहीं होती है। आप किसी भी प्रकार के शाब्दिक मान को वेरिएबल के लिए निर्दिष्ट कर सकते हैं। स्ट्रिंग, इन्टिजर, फ्लोट, बूलियन आदि

Example 2 (उदाहरण 2):

```
<!DOCTYPE html>
<html>
<body>
<h2>JavaScript Loosely-typed variables</h2>
   <p id="d1"></p>
   <script>
       var two = 1;  //number value
      two = 2.1;  // decimal value
      two = true; //boolean value
      two = null; //null value
      two = 'two'; //string value
document.getElementById("d1").innerHTML = two;
</script>
</body>
</html>
```

The output of the above code as shown in Figure 5.2.

उदाहरण 2 का आउटपुट चित्र 5.2 में दिखाया गया है।

Figure 5.2: Output of Example 2 (उदाहरण 2 का आउटपुट)

The let and const keywords (लेट और कांस्ट कीवर्ड)

The const keyword works exactly the same as let, except that variables declared using const keyword cannot be reassigned later in the code.

कांस्ट कीवर्ड ठीक उसी तरह से काम करता है जैसे कि, कास्ट कीवर्ड का उपयोग करके घोषित किए गए वेरिएबल्स को कोड में बाद में पुनरू असाइन नहीं किया जा सकता है।

Example 3 (उदाहरण 3):

```
<!DOCTYPE html>
<html>
<head>
<title>Declaring variables with let and const
keywords in Javascript</title>
</head>
<body>
   <script>
     //Declaring variables
     let name = "Harrish";
     let age = 25;
     let Married = false;
     //Printing variable values
document.write(name + "<br>");
document.write(age + "<br>");
document.write(Married + "<br>");
//Declaring constant
     const PI=3.14;
//pringint constant value
document.write(PI); //3.14
//trying to reassing
PI = 10; //error
</script>
</body>
</head>
</html>
```

The output of the above code as shown in Figure 5.3.

उदाहरण 3 का आउटपुट चित्र 5.3 में दिखाया गया है।

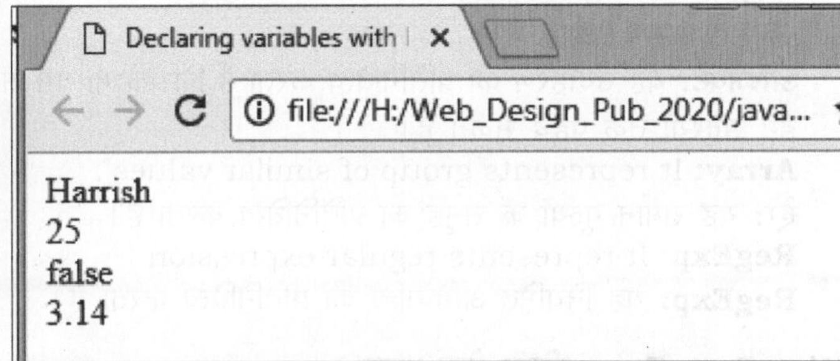

Figure 5.3: Output of Example 3 (उदाहरण 3 का आउटपुट)

Data types in JavaScript (जावास्क्रिप्ट में डेटा प्रकार)

Data types basically specify what kind of data can be stored and manipulated within a program. There are two types of data types in JavaScript. These are:

डेटा प्रकार मूल रूप से निर्दिष्ट करते हैं कि किसी प्रोग्राम के भीतर किस तरह का डेटा संग्रहीत और मणिपुलेट किया जा सकता है। जावास्क्रिप्ट में दो प्रकार के डेटा हैं। ये हैं:

1. **Primitive data type:** String, Number, Boolean and Null and Undefined.
   प्रिमिटिव डेटा टाइप: स्ट्रिंग, नंबर, बूलियन और अशक्त और अपरिभाषित
2. **Non-primitive (or reference) data type:** Object, Date and Array
   नॉन-प्रिमिटिव (या संदर्भ) डेटा टाइप: ऑब्जेक्ट, दिनांक और ऐरे।

Primitive data types (प्रिमिटिव डेटा टाइप)

There are five types of primitive data types. These are as follows (पाँच प्रकार के प्रिमिटिव डेटा हैं। ये हैं):

- **String Data Type:** It represents sequence of characters e.g. "string"
  स्ट्रिंग डेटा टाइप: यह वर्णों के अनुक्रम का प्रतिनिधित्व करता है उदा. "स्ट्रिंग"।
- **Number Data Type:** It represents numeric values e.g. 100
  नंबर डेटा टाइप: यह संख्यात्मक मानों का प्रतिनिधित्व करता है उदा. 100।
- **Boolean:** It represents Boolean value either true or false
  बूलियन: यह बूलियन मूल्य को सही या गलत का प्रतिनिधित्व करता है।
- **Undefined:** It represents undefined value
  अन-डिफाइंड: यह अन–डिफाइंड मूल्य का प्रतिनिधित्व करता है।
- **Null:** It represents null i.e. no value at all
  नल: यह नल का प्रतिनिधित्व करता है अर्थात् इसका कोई वैल्यू नहीं है।

Non-primitive data types (नॉन-प्रिमिटिव डेटा प्रकार)

The non-primitive data types are as follows:

नॉन–प्रिमिटिव डेटा प्रकार इस प्रकार हैं:

- **Object:** It represents instance through which we can access members
  ऑब्जेक्ट: यह उदाहरण का प्रतिनिधित्व करता है जिसके माध्यम से हम सदस्यों तक पहुंच सकते हैं।
- **Array:** It represents group of similar values
  ऐरे: यह समान मूल्यों के समूह का प्रतिनिधित्व करता है।
- **RegExp:** It represents regular expression
  RegExp: यह नियमित अभिव्यक्ति का प्रतिनिधित्व करता है।

Sting Data Type (स्ट्रिंग डेटा टाइप)

The string data type is used to represent textual data (i.e. sequence of characters). It had been created using single or double quotes surrounding one or more characters are shown below.

स्ट्रिंग डेटा टाइप का उपयोग टेक्स्ट डेटा (यानी वर्णों के अनुक्रम) को दर्शाने के लिए किया जाता है। इसका उपयोग करके बनाया गया था एक या अधिक वर्णों के आसपास के एकल या दोहरे उदाहरण नीचे दिखाए गए हैं।

Example 4 (उदाहरण 4):

```
<!DOCTYPE html>
<html>
<head>
<title>Javascript string data types</title>
</head>
<body>
    <p id="Str"></p>
    <script>
        //Creating variables
        var a = "Well done is better than well said.";
//double quotes
        var b = 'Well done is better than well said.';
//single quotes
    document.getElementById("Str").innerHTML = a + "<br>" + b ;
    </script>
</body>
</head>
</html>
```

The output of the above code as shown in Figure 5.4.

उदाहरण 4 का आउटपुट चित्र 5.4 में दिखाया गया है।

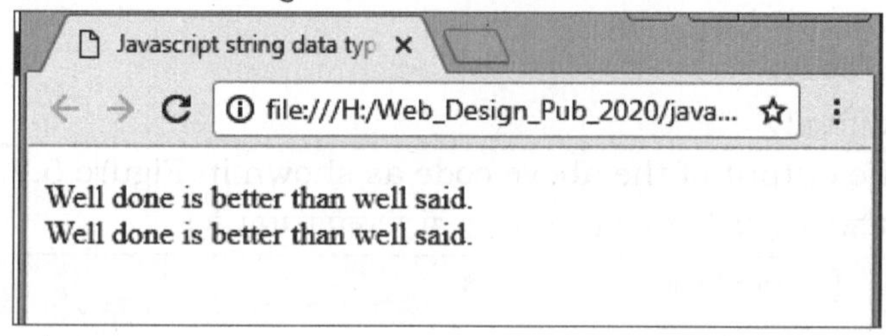

Figure 5.4: Output of Example 4 (उदाहरण 4 का आउटपुट)

String object comparison (स्ट्रिंग आब्जेक्ट कम्पेरिजन)

While working with String object because comparison of string objects using = = operator compares string objects and not the values.

स्ट्रिंग ऑब्जेक्ट के साथ काम करते समय क्योंकि = = ऑपरेटर स्ट्रिंग ऑब्जेक्ट्स की तुलना करता है न कि वैल्यूज की।

Example 5 (उदाहरण 5):

```
<!DOCTYPE html>
<html>
<head>
<title>String Object comparison</title>
</head>
<body>
    <p id="s1"></p>
    <p id="s2"></p>
    <p id="s3"></p>
    <p id="s4"></p>
    <p id="s5"></p>
    <script>
        var str1 = new String('Welcome to Javascript');
        var str2 = new String('Welcome to Javascript');
        var str3 = 'Welcome to Javascript';
        var str4 = str1;
```

```
    document.getElementById("s1").innerHTML = str1
    == str2;
    document.getElementById("s2").innerHTML = str1
    == str3;
    document.getElementById("s3").innerHTML = str1
    === str4;
    document.getElementById("s4").innerHTML =
    typeof(str1);
    document.getElementById("s5").innerHTML =
    typeof(str3);
    </script>
</body>
</head>
</html>
```

The output of the above code as shown in Figure 5.5

उदाहरण 5 का आउटपुट चित्र 5.5 में दिखाया गया है।

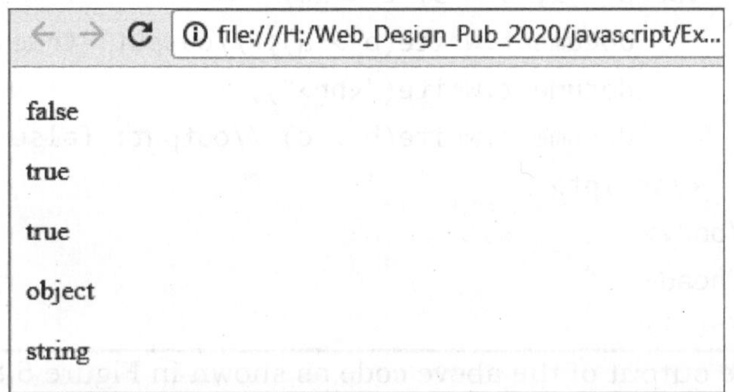

Figure 5.5: Output of Example 5 (उदाहरण 5 का आउटपुट)

Number Data Type (नंबर डेटा टाइप)

The Number is a primitive data type. It represents integer, float, hexadecimal, octal and exponential value.

नंबर एक प्रिमियम डेटा प्रकार है। यह पूर्णांक, फ्लोट, हेक्साडेसिमल, ऑक्टल और घातीय मूल्य का प्रतिनिधित्व करता है।

Example 6 (उदाहरण 6):

```
<!DOCTYPE html>
<html>
<head>
<title>JavaScript</title>
</head>
<body>
<h1>Number Data Type</h1>
    <script>
        var a = 25;  //integer
        var b = 90.5;  //float
        var c = 0xfff;  //hexadecimal
        var d = 3.56e4;  //exponential
        var e = 050; //octal
        var f = 3.56e-4; //negative exponential
    document.write(a + "<br>");
    document.write(b + "<br>");
    document.write(c + "<br>");
    document.write(d + "<br>");
    document.write(e + "<br>");
    document.write(f);
    </script>
</body>
</head>
</html>
```

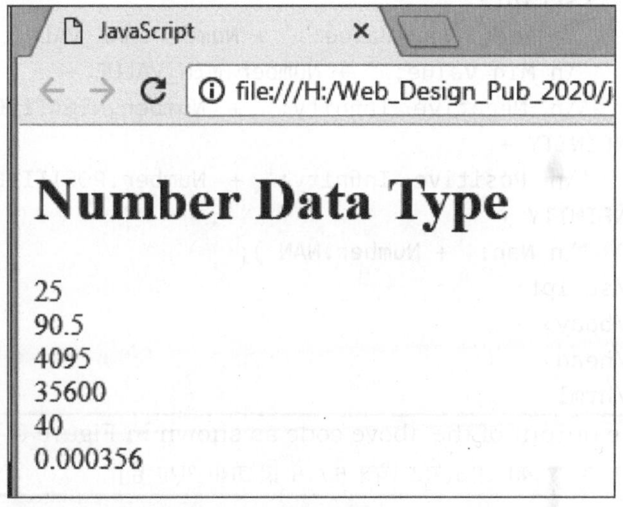

Figure 5.6: Output of Example 6 (उदाहरण 6 का आउटपुट)

The output of the above code as shown in Figure 5.6.

उदाहरण 6 का आउटपुट चित्र 5.6 में दिखाया गया है।

Number Properties (नंबर प्रापर्टी)

The Number type includes some default properties. It primitive values as object, so all the properties and methods are applicable to both primitive number values and number objects.

नंबर टाइप में कुछ डिफॉल्ट गुण शामिल हैं। यह ऑब्जेक्ट के रूप में आदिम मान है, इसलिए सभी गुण और विधियाँ आदिम संख्या मान और संख्या ऑब्जेक्ट दोनों पर लागू होती हैं।

The properties of Number type (नंबर टाइप के गुण)

Max_value: Returns the maximum number value.

Max_value: अधिकतम संख्या वैल्यू लौटाता है।

Min_value: Returns the minimum number value supported in JavaScript.

Min_value: जावास्क्रिप्ट में समर्थित न्यूनतम संख्या वैल्यू लौटाता है।

Negative_infinity: Returns negative infinity.

Negative_infinity: नकारात्मक अनंत को लौटाता है।

NaN: Returns NaN value (not a number).

NaN: NaN वैल्यू लौटाता है (संख्या नहीं)।

Positive_infinity: It represents positive infinity.

पॉजिटिव_इनफिनिटी: यह पॉजिटिव इनफिनिटी का प्रतिनिधित्व करता है।

Example 7 (उदाहरण 7):

```
<!DOCTYPE html>
<html>
<head>
<title>JavaScript</title>
</head>
<body>
<h1>Number Data Type</h1>
    <script>
      alert(' Max Value: ' + Number.MAX_VALUE +
     '\n Min Value: ' + Number.MIN_VALUE +
     '\n  Negative  Infinity:'  +  Number.NEGATIVE_
INFINITY +
     '\n  Positive  Infinity:'  +  Number.POSITIVE_
INFINITY +
     '\n Nan:' + Number.NAN );
</script>
</body>
</head>
</html>
```

The output of the above code as shown in Figure 5.7.

उदाहरण 7 का आउटपुट चित्र 5.7 में दिखाया गया है।

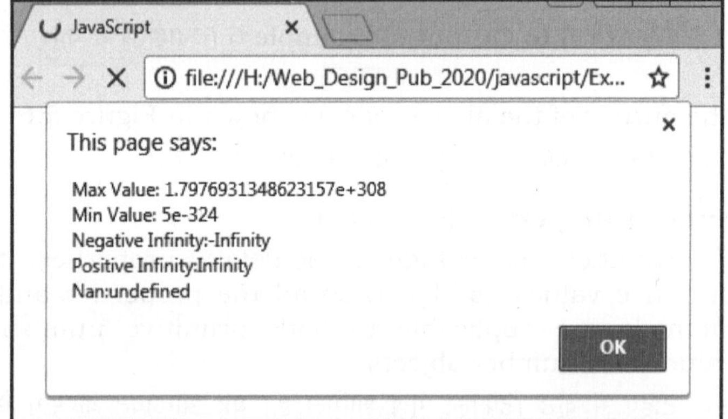

Figure 5.7: Output of Example 7 (उदाहरण 7 का आउटपुट)

The Boolean Data Type (बूलियन डेटा प्रकार)

The Boolean data type can hold only two values i.e. True or False.

बूलियन डेटा प्रकार केवल दो मानों को पकड़ सकता है यानी सही या गलत।

Example 8 (उदाहरण 8):

```
<!DOCTYPE html>
<html>
<head>
<title>JavaScript</title>
</head>
<body>
<h1>Booleans have two values: True or False</
h1>
<p id="s1"></p>
    <script>
        var x = 5;
        var y = 5;
        var z = 6;
document.getElementById("s1").innerHTML =
    (x == y) + "<br>" + (x == z);
    var a = 2, b = 5, c = 10;
        document.write(b > a); //output: true
        document.write("<br>");
        document.write(b > c) //output: false
    </script>
</body>
</head>
</html>
```

The output of the above code as shown in Figure 5.8.

उदाहरण 8 का आउटपुट चित्र 5.8 में दिखाया गया है।

Figure 5.8: Output of Example 8 (उदाहरण 8 का आउटपुट)

Null Data Type (नल डेटा टाइप)

This is another special data type that can have only one value the null value. A null value means that there is no value.

यह एक और विशेष डेटा टाइप है जिसमें केवल एक वैल्यू हो सकता है नल वैल्यू। नल वैल्यू का अर्थ है कि कोई वैल्यू नहीं है।

Example 9 (उदाहरण 9):

```
<!DOCTYPE html>
<html>
<head>
<title>JavaScript</title>
</head>
<body>
<h1>Booleans have two values: True or False</
h1>
<p id="s1"></p>
   <script>
   var person = {firstname:"James", lastname:
   "Bond", age:50};
   person = null;
  document.getElementById("s1").innerHTML =
  typeof person;
document.getElementById("s1").innerHTML =
typeof undefined + "<br>" +  typeof null +
"<br><br>" +
   (null === undefined) + "<br>" +
   (null == undefined);
</script>
</body>
</head>
</html>
```

The output of the above code as shown in Figure 5.9.

उदाहरण 9 का आउटपुट चित्र 5.9 में दिखाया गया है।

Object Data type (ऑब्जेक्ट डेटा प्रकार)

The object is a complex data type, which allows you to store collection of data. It contains properties, defined as a key-value pair in { }, . A property key (name) is always a string, but the value can be any data type, such as strings, numbers, Booleans or complex data types like arrays, function and other objects.

ऑब्जेक्ट एक कम्प्लेक्स डेटा प्रकार है, जो आपको डेटा के संग्रह को संग्रहीत करने की अनुमति देता है। इसमें {}, में एक की–वैल्यू पेअर के रूप में परिभाषित गुण शामिल हैं। प्रॉपर्टी की (नाम) हमेशा एक स्ट्रिंग होती है, लेकिन वैल्यू किसी भी डेटा प्रकार, जैसे कि स्ट्रिंग, संख्या, बूलियन या जटिल डेटा प्रकार जैसे सरणियाँ, फंक्शन और अन्य ऑब्जेक्ट हो सकते हैं।

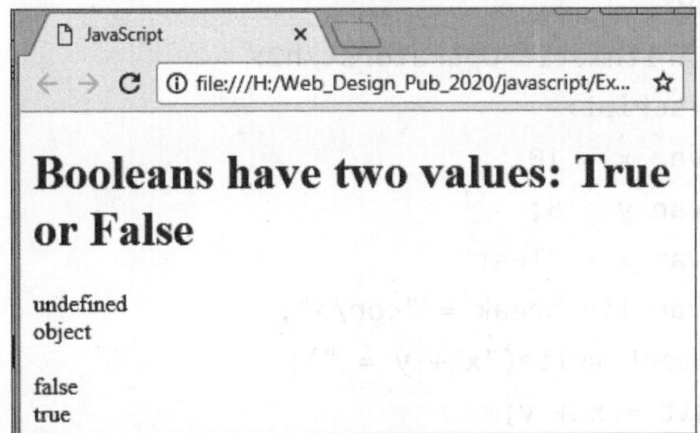

Figure 5.9: Output of Example 9 (उदाहरण 9 का आउटपुट)

The following example will show you the simple way to create an object in JavaScript.

उदाहरण 9 में आपको जावास्क्रिप्ट में एक ऑब्जेक्ट बनाने का सरल तरीका दिखाया गया है।

Example 10 (उदाहरण 10):

```
<!DOCTYPE html>
<html>
<head>
<title>JavaScript</title>
</head> <body>
<h2>JavaScript Objects</h2>
    <script>
        emp =
{id:102,name:"Shyam",salary:  44000}  document.
write(emp.id+" " +emp.name + " " +emp.salary);
</script>
</body>
</head>
</html>
```

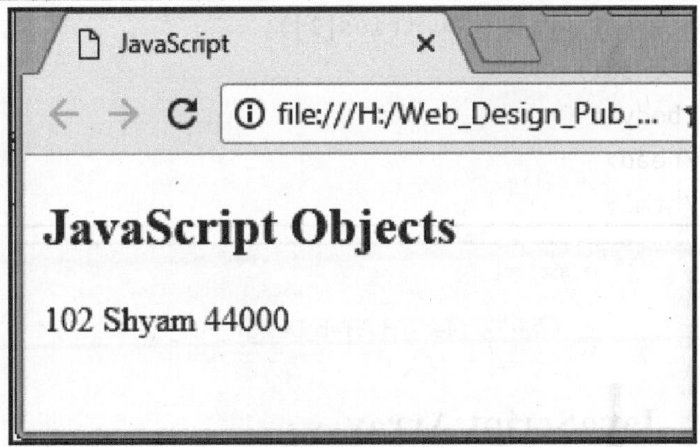

Figure 5.10: Output of Example 10 (उदाहरण 10 का आउटपुट)

The output of the above code as shown in Figure 5.10.

उदाहरण 10 का आउटपुट चित्र 5.10 में दिखाया गया है।

Non-Primitive Data type Array Data Type (नॉन-प्रिमिटिव डेटा टाइप ऐरे डाटा टाइप)

An array is a type of object used for storing multiple values in single variable. Each value in an array has a numeric positon, known as its index, and it may contain data of any data type-number, strings, objects and even other arrays. The array index starts from 0, so that the first array element is arr[0], arr[1].

ऐरे एक प्रकार की वस्तु है जिसका उपयोग एकल वेरिएबल में कई मानों को संग्रहीत करने के लिए किया जाता है। किसी सरणी में प्रत्येक मान में एक संख्यात्मक पॉजिटॉन होता है, जिसे इसके सूचकांक के रूप में जाना जाता है, और इसमें किसी भी प्रकार का डेटा–संख्या, स्ट्रिंग, ऑब्जेक्ट और यहां तक कि अन्य सरणियों का डेटा हो सकता है। एरे इंडेक्स 0 से शुरू होता है, पहले एरे तत्व किया होता है [0], ऐरे [1]।

The simple way to create an array is by specifying the array elements as a comma-separated list enclosed by square brackets, as shown in example below.

ऐरे बनाने का सरल तरीका यह है कि ऐरे कॉमा द्वारा अलग किया जाता है, स्क्वायर ब्रैकेट में एनक्लोसेक क्यूके।

Example 11 (उदाहरण 11):

```
<!DOCTYPE html>
<html>
<head>
<title>JavaScript</title>
</head>
<body>
<h2>JavaScript Array</h2>
    <script>
    var fruits = ["Apricot", "Jackfruit", "Kiwifruit", "Apple"];
    var countries = ["US", "Brazil", "England"];
document.write(fruits[2] + "<br>");
document.write(countries[1]);
</script>
</body>
</head>
</html>
```

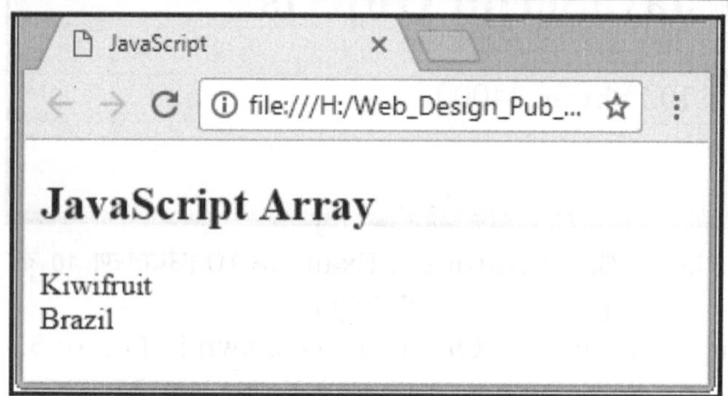

Figure 5.11: Output of Example 11 (उदाहरण 11 का आउटपुट)

The output of the above code as shown in Figure 5.11.

उदाहरण 11 कोड का आउटपुट चित्र 5.11 में दिखाया गया है।

5.4 OPERATORS IN JAVASCRIPT (जावास्क्रिप्ट में ऑपरेटर्स)

Operators are symbols that tell the JavaScript engine to perform some sort of actions. For example, the addition (+) symbol is an operator that tells JavaScript to add two variables, while the equal to greater than or less than symbols are the operator that tells the JavaScript to compare two variables.

ऑपरेटर्स प्रतीक हैं जो जावास्क्रिप्ट इंजन को कुछ प्रकार की क्रियाएं करने के लिए कहते हैं। उदाहरण के लिए, जोड़ (+) प्रतीक एक ऑपरेटर है जो जावास्क्रिप्ट को दो वेरिएबल जोड़ने के लिए कहता है, जबकि प्रतीकों से अधिक या उससे कम के बराबर ऑपरेटर हैं जो जावास्क्रिप्ट को दो वेरिएबल की तुलना करता है।

Arithmetic Operators (अरिथमेटिक आपरेटर)

The arithmetic operator take operand (as a values or variable) and return the single value. Let us complete list of arithmetic operators.

अरिथमेटिक ऑपरेटर ऑपरेंड (वैल्यू या वेरिएबल के रूप में) लेता है और एकल मान लौटाता है। आइए हम अंकगणित ऑपरेटरों की पूरी सूची देखें।

You have numeric value: x =10, y = 5 and result.

आपके पास संख्यात्मक मान है: x = 10, y = 5 और परिणाम।

Operator (ऑपरेटर)	Description (डिस्क्रिप्सन)	Example (एक्जाम्प्ल)	Results (रिजल्ट)
+	Addition	x+y	15
-	Subtraction	x-y	5
*	Multiplication	x*y	50
/	Division	x/y	2
%	Moduls	x%y	0
++	Increment	x++	11 (Increase operand value by one).
--	Decrement	x--	9

The following example will show you these arithmetic operators.

Example 12 (उदाहरण 12):

```
<!DOCTYPE html>
<html>
<head>
<title>JavaScript</title>
</head>
<body>
<h2>Arithmetic Operators</h2>
    <script>
    var x = 10;
    var y = 5;
    var z = "Test";
    var linebreak = "<br/>";
document.write("x + y = ");
result = x + y;
document.write(result);
document.write(linebreak);
```

```
document.write("x - y = ");
result = x - y;
document.write(result);
document.write(linebreak);
document.write("x / y = ");
result = x + y;
document.write(result); document.write
(linebreak);
document.write("x % y = ");
result = x + y;
document.write(result);
document.write(linebreak);
document.write("x + y + z = ");
result = x + y + z;
document.write(result);
document.write(linebreak);
x = ++x;
document.write("++x = ");
result = ++x;
document.write(result);
document.write(linebreak);
y = --y;
document.write("--y = ");
result = --y;
document.write(result);
document.write(linebreak);
</script>
</body>
</head>
</html>
```

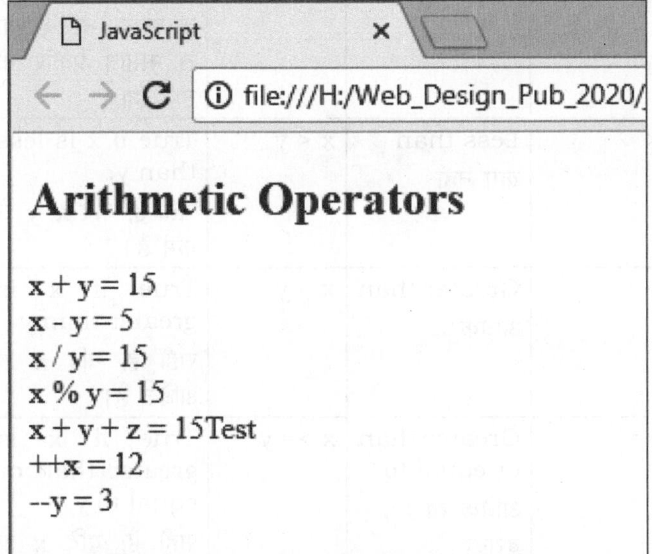

Figure 5.12: Output of Example 12 (उदाहरण 12 का आउटपुट)

The output of the above code as shown in Figure 5.12.
उदाहरण 12 कोड का आउटपुट चित्र 5.12 में दिखाया गया है।

Assignment Operators (असाइनमेंट ऑपरेटर्स)

Assignment operators assign values to left operand based on right operand, equal (=) operates is used to assign a values.

असाइनमेंट ऑपरेटर सही ऑपरेंड के आधार पर बाएं ऑपरेंड को वैल्यू असाइन करते हैं, वैल्यू को असाइन करने के लिए समान (=) संचालित का उपयोग किया जाता है।

You have numeric values x = 20, y = 5 and result.
आपके पास संख्यात्मक मान x = 20, y = 5 और परिणाम है।

Operator (ऑपरेटर)	Description (डिस्क्रिप्सन)	Example (एक्जाम्प्ल)	Results (रिजल्ट)
=	Assign value from one operand to another operand value. एक ऑपरेंड से दूसरे ऑपरेंड वैल्यू पर वैल्यू असाइन करें	x = y	x =y
+=	Addition of operand and finally assign to left operand. ऑपरेंड का जोड़ और अंत में लेफ्ट ऑपरेंड को असाइन करें।	x += y	X = x + y
-=	Subtraction of operands and finally assign to left operand. ऑपरेंड का घटाव और अंत में लेफ्ट ऑपरेंड को असाइन करें।	x -=y	x = x -y
*=	Multiplication of operand and finally assign to left operand. ऑपरेंड का गुणा और अंत में लेफ्ट ऑपरेंड को असाइन करें।	x *=y	x = x* y
/=	Division of operand and finally assign to left operand. ऑपरेंड का विभाजन और अंत में लेफ्ट ऑपरेंड को असाइन करें।	x/=y	x = x/y

%=	Modulus of operand and finally assign to left operand. ऑपरेंड का मापाक और अंत में बाएं ऑपरेंड को असाइन करें।	x%=y	x = x%y

Example 13 (उदाहरण 13):

```
<!DOCTYPE html>
<html>
<head>
<title>JavaScript</title>
</head>
<body>
<h2>Assignment Operators</h2>
<pre>
<script>
var x = 20; y = 5;
var result = x; //Assignment to left operand(result) base on right operand(y).
document.writeln("Assignment: ", result);
document.writeln("Addition: ", result += y);
document.writeln("Subtraction: ", result -= y);
document.writeln("Multiplication: ", result *= y);
document.writeln("Division: ", result /=y);
dcoument.writeln("Modulus: ", result %= y);
</script>
</pre>
</body>
</head>
</html>
```

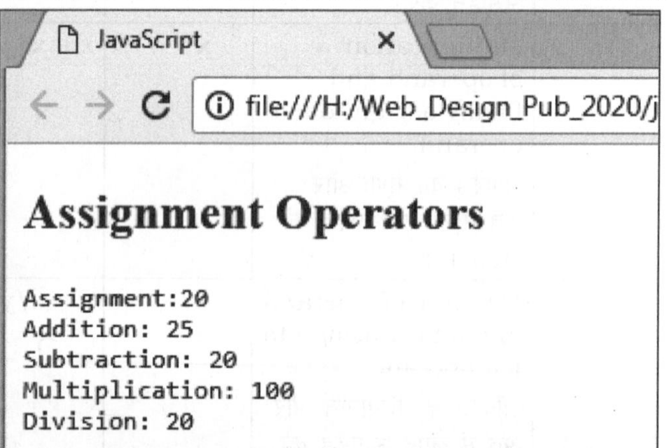

Figure 5.13: Output of Example 13
(उदाहरण 13 का आउटपुट)

The output of the above code as shown in Figure 5.13. उदाहरण 13 का आउटपुट चित्र 5.13 में दिखाया गया है।

Comparison Operators (कंपेरिजन ऑपरेटर)

Comparison operator determine the two operands satisfied the given condition. It returns either true or false.

कंपेरिजन ऑपरेटर दिए गए शर्त को संतुष्ट करने वाले दो ऑपरेंड को निर्धारित करता है। यह या तो सही है या गलत।

Operator (ऑपरेटर)	Description (डिस्क्रिप्सन)	Example (एक्जाम्प्ल)	Results (रिजल्ट)
==	Equal बराबर	x ==y	True if x is equal to y. सही है; यदि x, y के बराबर है।
===	Identical समान	x ===y	True if x is equal to y, and they are of the same type. सही है; यदि x, y के बराबर है, और वे एक ही प्रकार के हैं।
!=	Not equal बराबर नहीं	x != y	True if x is not equal to y. सही है; यदि x, y के बराबर नहीं है।
! ==	Not identical समान नहीं	x !==y	True if x is not equal to y, or the y are not of the same type. सही है; यदि x, y के बराबर नहीं है, या ल समान प्रकार के नहीं हैं।
<	Less than कम नहीं	x < y	True if x is less than y. सही है; यदि x, y से कम है।
>	Greater than अधिक है	x > y	True if x is greater than y सही है; यदि x से अधिक है।
>=	Greater than or equal to अधिक या बराबर	x >= y	True if x is greater than or equal to y. सही है; यदि x से अधिक या y के बराबर है।

<=	Less than or equal to कम या बराबर	x <= y	True if x is less than or equal to y. सही है; यदि x से y के बराबर या कम है।

Example 14 (उदाहरण 14):

```
<!DOCTYPE html>
<html>
<head>
<title>JavaScript</title>
</head>
<body>
<h2>Comparison Operators</h2>
<script>
var a = 30;
var b = 40;
var linebreak = "<br/>";
document.write("(a == b) => ");
result = (a == b);
document.write(result);
document.write(linebreak);
document.write("(a === b) => ");
result = (a === b);
document.write(result);
document.write(linebreak);
result = (a != b);
document.write(result);
document.write(linebreak);
document.write("(a !== b) => ");
result = (a !== b);
document.write(result);
document.write(linebreak);
document.write("(a < b) => ");
result = (a < b);
document.write(result);
document.write(linebreak);
document.write("(a > b) => ");
result = (a > b);
document.write("(a != b) => ");
document.write(result);
document.write(linebreak);
document.write("(a <= b) => ");
result = (a <= b);
document.write(result);
document.write(linebreak);
document.write("(a >= b) => ");
result = (a >= b);
document.write(result);
document.write(linebreak);
</script>
</pre>
</body>
</head>
</html>
```

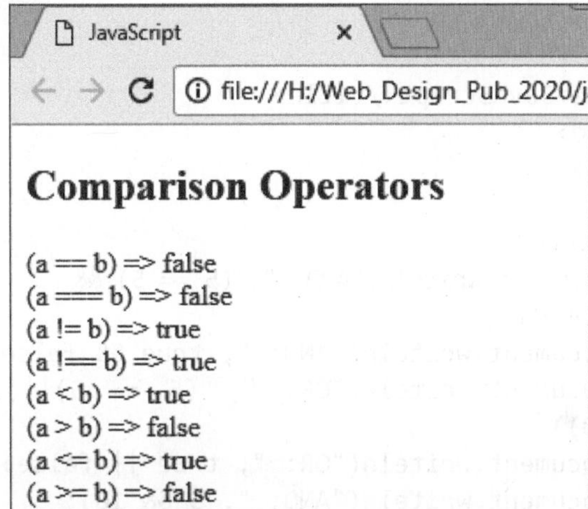

Figure 5.14: Output of Example 14
(उदाहरण 14 का आउटपुट)

The output of the above code as shown in Figure 5.14.
उदाहरण 14 का आउटपुट चित्र 5.14 में दिखाया गया है।

Logical Operator (लॉजिकल ऑपरेटर)

Logical operators are typically used to combine conditional statements.
लॉजिकल ऑपरेटर आमतौर पर सशर्त बयानों को संयोजित करने के लिए उपयोग किया जाता है।

Operator (ऑपरेटर)	Description (डिस्क्रिप्सन)	Example (एक्जाम्प्ल)	Results (रिजल्ट)
&&	And (और)	x && y	True if both x and y are true. सही है; यदि x और y दोनों सही है।
||	Or (या)	x ||y	True if either x or y is true. सही है; x या y दोनों सही हैं।

!	Not (नहीं)	!x	True if x is not true. सही है; अगर x सही नहीं है।

The following example will show you how these local operators work.

निम्नलिखित उदाहरण आपको दिखाएंगे कि ये स्थानीय ऑपरेटर कैसे काम करते हैं।

Example 15 (उदाहरण 15):

```
<!DOCTYPE html>
<html>
<head>
<title>JavaScript</title>
</head>
<body>
<pre>
<script>
   document.writeln("AND: ", (5 == 5) &&
   (10==10));
   document.writeln("AND: ", true && false);
   document.writeln("OR:  ",  (5  ==  5)||(5  ==
   10));
   document.writeln("OR: ", true || false);
   document.writeln("AND: ", 5 && 10);
   document.writeln("OR: ", 5 || 10);
   document.writeln("NOT: ", !5)
   document.writeln("NOT: ", !true);
   document.writeln("NOT: ", !false);
</script>
</pre>
</body>
</head>
</html>
```

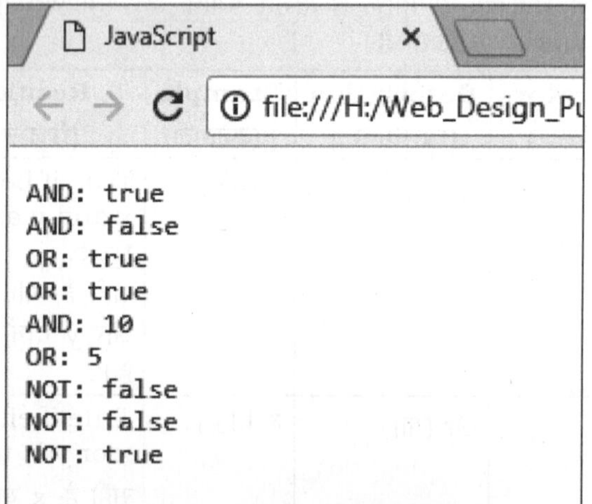

Figure 5.15: Output of Example 15
(उदाहरण 15 का आउटपुट)

The output of the above code as shown in Figure 5.15.
उदाहरण 15 का आउटपुट चित्र 5.15 में दिखाया गया है।

String Operators (स्ट्रिंग ऑपरेटर्स)

There are two operators which can also be used be for strings.

दो ऑपरेटर हैं जिनका उपयोग स्ट्रिंग्स के लिए भी किया जा सकता है।

Operator (ऑपरेटर)	Description (डिस्क्रिप्सन)	Example (एक्जाम्प्ल)	Results (रिजल्ट)
+	Concatenation कॉनटेनटेशन	str1 + str2	Concatenation of str1 and str2. tr1 और str2 का कॉनटेनैनेशन
+=	Concatenation assignment कॉनटेनटेशन असाइनमेंट	str1 += str2	Appends the str2 to the str1. str2 को str1 में जोड़ता है

The following example will show you these string operators in actions.

Example 16 (उदाहरण 16):

```
<!DOCTYPE html>
<html>
<head>
<title>JavaScript</title>
</head>
<body>
<h2>String Operators</h2>
<p id="s1"></p>
<script>
   var txt1 = "Lakshmi";
   var txt2 = "Sahithi" ;
document.getElementById("s1").innerHTML
= txt1 + " " + txt2;
</script>
</body>
</head>
</html>
```

String Operators

Lakshmi Sahithi

Figure 5.16: Output of Example 16
(उदाहरण 16 का आउटपुट)

The output of the above code as shown in Figure 5.16.

उदाहरण 16 का आउटपुट चित्र 5.16 में दिखाया गया है।

Bitwise Operators (बिटवाइज ऑपरेटर्स)

Bitwise operators evaluate and perform specific bitwise expression.

बिटवाइज ऑपरेटर बिटवाइज एक्सप्रेशन का इवेलुयेट और परफॉर्म

Sign साइन	Operator ऑपरेटर	Description विवरण
&	Bitwise AND बिटवाइज AND	Return bitwise AND operation for given two operands. दिए गए दो ऑपरेंड के लिए रिटर्न बिटवाइज एंड ऑपरेशन।
|	Bitwise OR बिटवाइज OR	Return bitwise OR operation for given two operands. दिए गए दो ऑपरेंड के लिए रिटर्न बिटवाइज या ऑपरेशन।
^	Bitwise XOR बिटवाइज XOR	Return bitwise XOR operation for given two operands. दिए गए दो ऑपरेंड के लिए रिटर्न बिटवाइज XOR ऑपरेशन।
~	Bitwise NOT बिटवाइज NOT	Return bitwise NOT operation for given operand. लौटे बिटविंड दिए गए ऑपरेंड के लिए ऑपरेशन नहीं।
<<	Bitwise shift Left बिटवाइज शिफ्ट लेफ्ट	Return left shift of given operands. रिटर्न, दिए गए ऑपरेंड की लेफ्ट शिफ्ट।
>>	Bitwise shift Right बिट वाइट शिफ्ट राइट	Return right shift of given operands. दिए गए ऑपरेंड की रिटर्न राइट शिफ्ट।
>>>	Bitwise unsigned shift right बिटवाइज अनसिग्नेड शिफ्ट राइट	Return right shift without consider sign of given operands. रिटर्न राइट शिफ्ट दिए गए ऑपरेंड्स के संकेत के बिना।

Bitwise AND (&): It accepts two operands. Bitwise (&) return 1 if both the bits are set to 1.

बिटवाइज AND (&): यह दो ऑपरेंड को स्वीकार करता है। यदि दोनों बिट्स 1 पर सेट हैं, तो बिटवाइज (और) 1 लौटाएँ।

A	B	(A & B) output
0	0	0
0	1	0
1	0	0
1	1	1

Bitwise OR (|): It accepts two operands. Bitwise OR (|) return 1 if any of the operand is set 1 and 0 in any other case.

बिटवाइज OR (|): यह दो ऑपरेंड को स्वीकार करता है। यदि कोई भी ऑपरेंड 1 और 0 किसी अन्य मामले में सेट किया गया है, तो बिटवाइज OR (!) 1 लौटाएँ।

A	B	(A | B)
0		0
0	1	1
1	0	1
1	1	1

Bitwise XOR (^): It accepts two operands. Bitwise XOR (^) returns 1 if both the operand is different and 0 in any other case.

बिटवाइज XOR (^): यह दो ऑपरेंड को स्वीकार करता है। यदि दोनों ऑपरेंड अलग–अलग हैं और किसी अन्य मामले में 0 हैं तो बिटवाइज XOR (^) 1 रिटर्न करता है।

A	B	(A ^ B)
0	0	0
0	1	1
1	0	1
1	1	0

Bitwise NOT (~): It is unary operator i.e. accepts single operands. Bit-wise (~) flips the bits i.e. 0 becomes 1 and 1 becomes 0.

बिटवाइज NOT (~): यह यूनेरी ऑपरेटर है यानी सिंगल ऑपरेंड्स को स्वीकार करता है। बिट–वाइज (~) बिट्स को फ्लिप करता है यानी 0→1 हो जाता है और 1→0 हो जाता है।

A	(~A)
0	1
1	0

Left Shift (<<): It accepts two operands. The first operator specified the number and the second operator specified the number of bits to shift. Each bits are shifted towards left and 0 bits are added from the right. The excess bits from the left are discarded.

लेफ्ट शिफ्ट (<<): यह दो ऑपरेंड स्वीकार करता है। पहले ऑपरेटर ने संख्या निर्दिष्ट की और दूसरे ऑपरेटर ने शिफ्ट करने के लिए बिट्स की संख्या निर्दिष्ट की। प्रत्येक बिट्स को बाईं ओर स्थानांतरित किया जाता है और 0 बिट्स को दाईं ओर से जोड़ा जाता है। बाईं ओर से अतिरिक्त बिट्स को छोड़ दिया गया है।

Shift Propagating Right Shift (>>): It accepts two operands. The first operand specifies the number and the second operand specifies the number of bits to shift. Each bit shifted towards the right, the overflowing bits are discarded. Right shift bits which are added from the left depends upon the sign of the number (i.e. 0 if positive and 1 if negative).

शिफ्ट प्रोपगैटिंग राइट शिफ्ट (>>): यह दो ऑपरेंड को स्वीकार करता है। पहला ऑपरेंड संख्या निर्दिष्ट करता है और दूसरा ऑपरेंड शिफ्ट करने के लिए बिट्स की संख्या निर्दिष्ट करता है। प्रत्येक बिट दाईं ओर स्थानांतरित हो जाती है, अतिप्रवाहित बिट्स को छोड़ दिया जाता है। दाएं शिफ्ट बिट्स जो बाईं ओर से जोड़े जाते हैं, संख्या के संकेत पर निर्भर करते हैं (अर्थात 0 यदि सकारात्मक और 1 नकारात्मक है तो)।

Unsigned Right Shift (>>>): It accepts two operands. The first operand specified the number and the second operand specifies the number of bits to shift. Each bit is shifted towards right, the overflowing bits are discarded. 0 bit is added from the left so its zero fill right shift. The following code to implementation of the bitwise operator.

अनसाइनड राइट शिफ्ट (>>>): यह दो ऑपरेंड को स्वीकार करता है। पहला ऑपरेंड संख्या निर्दिष्ट करता है और दूसरा ऑपरेंड शिफ्ट करने के लिए बिट्स की संख्या निर्दिष्ट करता है। प्रत्येक बिट को दाईं ओर स्थानांतरित किया जाता है, अतिप्रवाह बिट्स को छोड़ दिया जाता है। 0 बिट को बाईं ओर से जोड़ा गया है, इसलिए इसकी शून्य भरण दाएं शिफ्ट।

Example 17 (उदाहरण 17):

```
<!DOCTYPE html>
<html>
<head>
<title>JavaScript</title>
</head>
<body>
<h2>Bitwise Operators</h2>
<script>
      var a = 6;
   var b = 1;
   document.write("A & B = " + (a & b) + "<br>");
   document.write("A | B = " + (a | b) + "<br>");
   document.write("~A = " + (~a) + "<br>");
   document.write("A >> B = " + (a >> b) + "<br>");
   document.write("A >>> B = " + (a >>> b) + "<br>");
   document.write("A << B = " + (a << b) + "<br>");
</script>
</body>
</head>
</html>
```

Bitwise Operators

A & B = 0
A | B = 7
~A = -7
A >> B = 3
A >>> B = 3
A << B = 12

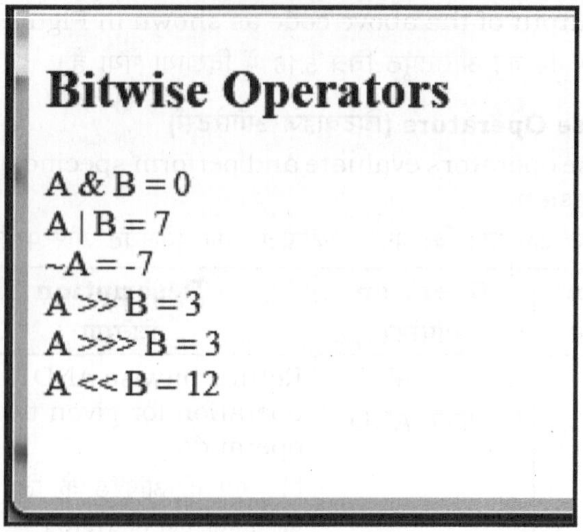

Figure 5.17: Output of Example 17 (उदाहरण 17 का आउटपुट)

Special Operators (स्पेशल ऑपरेटर)

The following operators are known as JavaScript Special operators.

निम्नलिखित ऑपरेटरों को जावास्क्रिप्ट स्पेशल ऑपरेटर के रूप में जाना जाता है।

Operator (ऑपरेटर)	Description (विवरण)
delete डिलीट	Delete operator deleted a property from the object. डिलीट ऑपरेटर ऑब्जेक्ट से किसी प्रॉपर्टी को डिलीट कर देता है।
instanceof	Checks if the object is an instance of given type. जाँचता है कि क्या वस्तु दिए गए प्रकार का उदाहरण है।
typeof	Checks the type of object. वस्तु के प्रकार की जाँच करता है।
void (शून्य)	It discards the expression return value. यह अभिव्यक्ति वापसी मूल्य को दिखाता है।
new (नया)	It creates an instance (object). यह एक उदाहरण (ऑब्जेक्ट) बनाता है।
yield	Check what is returned in a generator by the generator's iterator. जांचें कि जनरेटर के पुनरावृत्ति द्वारा जनरेटर में क्या लौटाया गया है।
(?)	Comma operator allows multiple expression to be evaluated as single statement. कोमा संचालक एकल कथन के रूप में कई अभिव्यक्ति का मूल्यांकन करने की अनुमति देता है।

typeof (टाइप ऑफ)

The typeof operator return valid data type identifiers as a string of given expression, typeof operator return six possible values: "string", "number", "Boolean", "object", "function" and "undefined".

टाइपऑफ ऑपरेटर वैध डेटा प्रकार पहचानकर्ताओं को दिए गए अभिव्यक्ति की एक स्ट्रिंग के रूप में लौटाता है, टाइपऑफ ऑपरेटर छह संभावित मान लौटाता है: "स्ट्रिंग", "नंबर", "बुलियन", "ऑब्जेक्ट", "फंक्शन" और "अपरिभाषित"।

Example 18 (उदाहरण 18):

```
<!DOCTYPE html>
<html>
<head>
<title>JavaScript</title>
</head>
<body>
<pre>
<h2>Special operators</h2>
<script>
   var stdname = "Rajesh";
   var id = 201;
   var salary = 20000;
   var experience = [2010, 2011, 2012, 2013,
2014];
   var message = function() {console.
   log("Salary hiked by 20%"); }
   var address;
  document.writeln("stdname    : ",
  typeof(stdname));
  document.writeln("id      : ", typeof id);
  document.writeln("salary : ", typeof salary);
document.writeln("experience : ", typeof
experience);
document.writeln("message : ", typeof
message);
  document.writeln("address : ", typeof
  address);
</script>
</pre>
</body>
</head>
</html>
```

The output of the above code as shown in Figure 5.17.

उदाहरण 18 का आउटपुट चित्र 5.18 में दिखाया गया है।

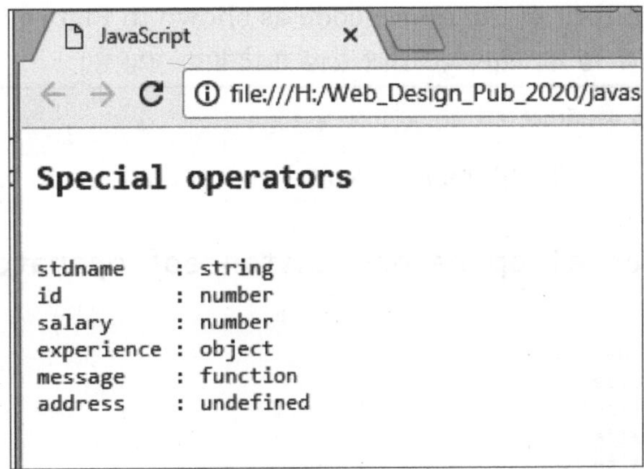

Figure 5.18: Output of Example 18 (उदाहरण 18 का आउटपुट)

instanceof

The instanceof indicate Boolean result, return true, if object is an instance of specific class.

इंस्टैंस ऑफ बूलियन परिणाम को इंगित करता है, सही है, अगर ऑब्जेक्ट विशिष्ट वर्ग का एक उदाहरण है।

Example 19 (उदाहरण 19):

```
<!DOCTYPE html>
<html>
<head>
<title>JavaScript</title>
</head>
<body>
<pre>
<h2>Special operators instanceof operator</h2>
<script>
   var num1 = new Number(10);
   document.writeln("1:", num1 instanceof Number);
   var num2 = 5;
   document.writeln("2:", num2 instanceof Number);
   document.writeln("3:", true instanceof Boolean);
   document.writeln("4:", 0 instanceof Number);
   document.writeln("5:", "" instanceof String);
   document.writeln("6:", new Boolean(true)
   instanceof Boolean);
   document.writeln("7:", new Number(0)
   instanceof Number);
   document.writeln("8:", new String("")
   instanceof String);
</script>
</pre>
</body>
</head>
</html>
```

The output of the above code as shown in Figure 5.19.
उदाहरण 19 का आउटपुट चित्र 5.19 में दिखाया गया है।

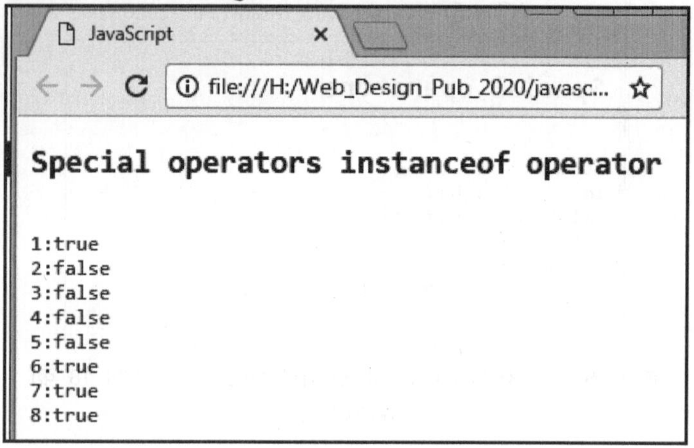

Figure 5.19: Output of Example 19 (उदाहरण 19 का आउटपुट)

5.5 Conditional Statements in JavaScript (जावास्क्रिप्ट में कंडीशनल स्टेटमेंट)

Conditional statements are used to decide the flow of execution based on different conditions. If a condition is true, you can perform one action and if the condition is false, you can perform another action.

विभिन्न स्थितियों के आधार पर निष्पादन के प्रवाह को तय करने के लिए सशर्त बयानों का उपयोग किया जाता है। यदि कोई शर्त सही है, तो आप एक कार्रवाई कर सकते हैं और यदि स्थिति गलत है, तो आप दूसरी कार्रवाई कर सकते हैं।

5.5.1 Different Types of Conditional Statements (विभिन्न प्रकार के कंडीशनल स्टेटमेंट)

There are mainly four types of conditional statements in JavaScript.

जावास्क्रिप्ट में मुख्य रूप से चार प्रकार के कंडीशनल स्टेटमेंट हैं।

a. **if statement:** Use this statement if you want to execute a set of code when a condition is true.

   IF स्टेटमेंट: यदि आप एक शर्त के सही होने पर कोड का एक सेट निष्पादित करना चाहते हैं तो इस स्टेटमेंट का उपयोग करें।

b. **if...else statement:** Use this statement if you want to select one of two sets of lines to execute.

   IF ... else स्टेटमेंट: यदि आप निष्पादित करने के लिए दो में से एक पंक्ति का चयन करना चाहते हैं, तो इस कथन का उपयोग करें।

c. **If...Else If...Else statement:** To specify a new condition to test, if the first condition is false.

   IF... else IF... else स्टेटमेंट: परीक्षण के लिए एक नई शर्त निर्दिष्ट करने के लिए, यदि पहली शर्त गलत है।

d. **switch statement:** Use this statement if you want to select one of many sets of lines to execute.

   Switch स्टेटमेंट: यदि आप निष्पादित करने के लिए लाइनों के कई सेटों में से एक का चयन करना चाहते हैं तो इस स्टेटमेंट का उपयोग करें।

if statement (IF स्टेटमेंट)

The if statement is the fundamental control statement that allows JavaScript to make decisions and execute statements conditionally.

यदि कथन मौलिक नियंत्रण कथन है, जो जावास्क्रिप्ट को निर्णय लेने और सशर्त रूप से वक्तव्य निष्पादित करने की अनुमति देता है।

Syntax:

```
if (condition)
{
code to be executed if condition is true
}
```

You can use "If statement" if you want to check only a specific condition.

यदि आप केवल विशिष्ट स्थिति की जांच करना चाहते हैं, तो आप "If स्टेटमेंट" का उपयोग कर सकते हैं।

Example 20 (उदाहरण 20):

```
<!DOCTYPE html>
<html>
<head
<title>If statements</title>
<script type="text/javascript">
    var age = prompt("Please enter your age");
    if(age<5)
    document.write("You are child <br />");
    if(age>=5)
    document.write("You are NOT child <br />");
</script>
</head>
<body>
</body>
</html>
```

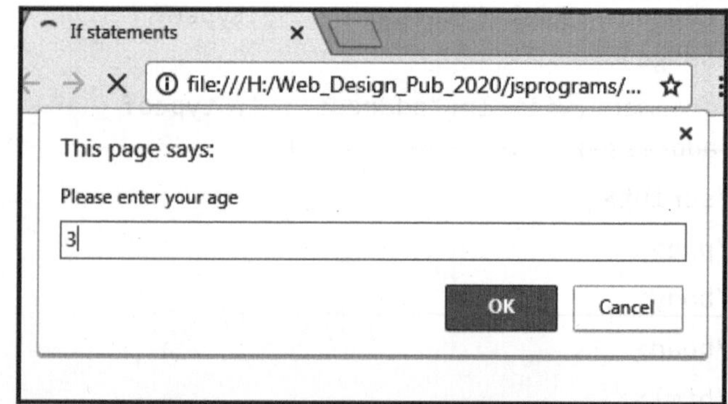

Figure 5.20: Output of Example 20 (उदाहरण 20 का आउटपुट)

The output of the above code as shown in Figure 5.20.
उदाहरण 20 का आउटपुट चित्र 5.20 में दिखाया गया है।

The else Statement (Else स्टेटमेंट)

Use the else statement to specify a block of code to be executed if the condition is false.

यदि स्थिति गलत है, तो कोड के एक ब्लॉक को निष्पादित करने के लिए अन्य कथन का उपयोग करें।

Syntax:

```
if (condition) {
    // block of code to be executed if the condition
    is true } else {
    // block of code to be executed if the condition
    is false
}
```

If the hour is less than 18, create a "Good day" greeting, otherwise "Good evening".

यदि घंटा 18 से कम है, तो "शुभ दिन" ग्रीटिंग बनाएं, अन्यथा "गुड इवनिंग"।

Example 21 (उदाहरण 21):

```
<!DOCTYPE html>
<html>
<body>
<p>Click the button to display a time-based
greeting:</p>
<button onclick="myFunction()">Click it</button>
<p id="d1"></p>
<script>
function myFunction() {
   var hour = new Date().getHours();
   var greeting;
   if (hour > 18) {
       greeting = "Good day";
   } else {
       greeting = "Good evening";
   }
   document.getElementById("d1").innerHTML=greeting;
}
</script>
</body>
</html>
```

The output of the above code as shown in Figure 5.21.
उदाहरण 21 का आउटपुट चित्र 5.21 में दिखाया गया है।

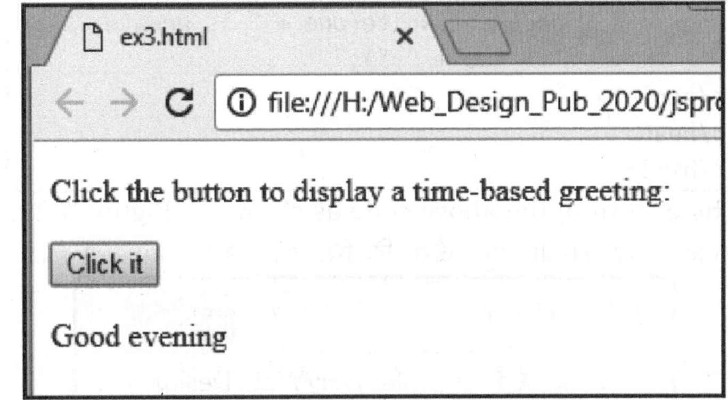

Figure 5.21: Output of Example 21 (उदाहरण 21 का आउटपुट)

If...Else If...Else statement

The if...else if... statement is an advanced form of if... else that allows JavaScript to make a correct decision out of several conditions.

If...Else If...Else स्टेटमेंट if...else का एक उन्नत रूप है ... अन्यथा, जावास्क्रिप्ट को कई स्थितियों में से एक सही निर्णय लेने की अनुमति देता है।

Syntax:

```
if (condition 1) {
   lines of code  to be executed if condition 1 is true
} else if (condition 2) {
   Lines of code to be executed if condition 2 is true
}
else {
lines of code to be executed if condition 1 is false
and condition 2 is false
}
```

Example 22 (उदाहरण 22):

```
<!DOCTYPE html>
<html>
<head>
<script type="text/javascript">
   var one = prompt("Enter the first number");
   var two = prompt("Enter the second number");
      one = parseInt(one);
      two = parseInt(two);
         if (one == two)
            document.write(one + " is equal to " +
            two + ".");
         else if (one<two)
            document.write(one + " is less than "
            + two + ".");
         else
```

```
        document.write(one + " is greater than
        " + two + ".");
</script>
</head>
</html>
```

The output of the above code as shown in Figure 5.22.

उदाहरण 22 का आउटपुट जैसा कि चित्र 5.22 में दिखाया गया है।

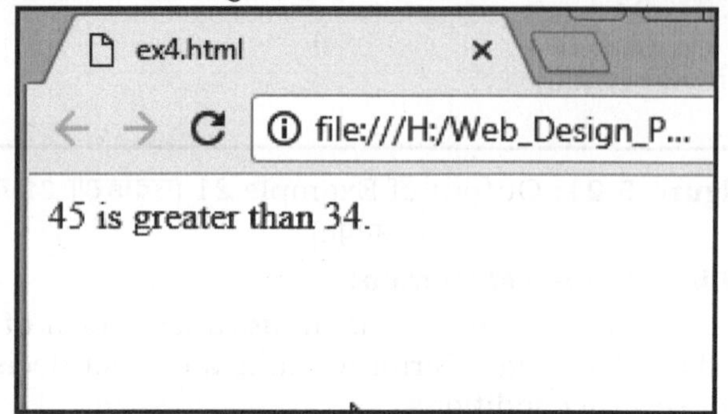

Figure 5.22: Output of Example 22
(उदाहरण 22 का आउटपुट)

JavaScript Switch (जावास्क्रिप्ट स्विच)

The JavaScript switch statement is used to execute one code from multiple expressions. It is just like else if statement that you have learned in previous page. But it is convenient than if..else..if because it can be used with numbers, characters etc.

जावास्क्रिप्ट स्विच स्टेटमेंट का उपयोग एक कोड को कई एक्सप्रेशन से निष्पादित करने के लिए किया जाता है। यदि आप पिछले पृष्ठ में सीख चुके हैं तो यह कथन की तरह ही है। लेकिन यह की तुलना में सुविधाजनक है अगर..बल्कि .. क्योंकि इसका उपयोग संख्याओं, वर्णों आदि के साथ किया जा सकता है।

Syntax:

```
switch(expression) {
case value1:
    code to be executed;
    break;
case value2:
    code to be executed;
    break;
......
default:
    code to be executed if above values are not matched;
}
```

Example 23 (उदाहरण 23):

```
<!DOCTYPE html>
<html>
<body>
<script>
var grade='B';
var result;
switch(grade){
case 'A':
result="A Grade";
break;
case 'B':
result="B Grade";
break;
case 'C':
result="C Grade";
break;
default:
result="No Grade";
}
document.write(result);
</script>
</body>
</html
```

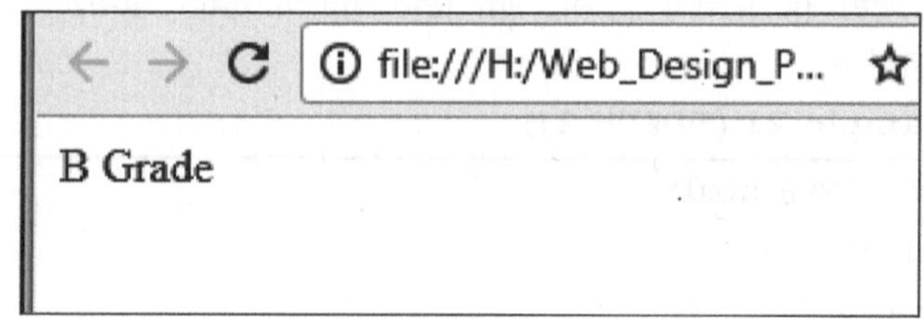

Figure 5.23: Output of Example 23 (उदाहरण 23 का आउटपुट)

The output of the above code as shown in Figure 5.23.

उदाहरण 23 का आउटपुट चित्र 5.23 में दिखाया गया है।

5.6 Display Popup Message Box
(पॉपअप मैसेज बॉक्स प्रदर्शित करें)

JavaScript popup provides different built-in functions to display popup messages for different purposes e.g. to display a simple message or display a message and take user's confirmation on it or display a popup to take a user's input value.

जावास्क्रिप्ट पॉपअप विभिन्न प्रयोजनों के लिए पॉपअप संदेश प्रदर्शित करने के लिए अलग–अलग अंतर्निहित फंक्शन प्रदान करता है। एक साधारण संदेश दिखाने के लिए या एक संदेश प्रदर्शित करने और उस पर उपयोगकर्ता की पुष्टि लेने के लिए या उपयोगकर्ता के इनपुट मूल्य को लेने के लिए एक पॉपअप प्रदर्शित करें।

5.6.1 Alert Box (अलर्ट बॉक्स)

To use alert() function it display a popup message to the user. This popup will have OK button to close the popup. Syntax Window.alert("sometext goes here");

अलर्ट() फंक्शन का उपयोग करने के लिए यह उपयोगकर्ता को एक पॉपअप संदेश प्रदर्शित करता है। इस पॉपअप में पॉपअप बंद करने के लिए ओके बटन होगा।

Syntax:

```
Window.alert("sometext goes here");
```

Example 24 (उदाहरण 24):

```
<!DOCTYPE html>
<html>
<head>
<title>JavaScript</title>
</head>
<body>
<h2>Display Popup Message Box</h2>
    <button  onclick="myFunction()">Open  Alert
    Box</button>
<script>
    function myFunction() {
  alert("Check the Password");
}
</script>
</body>
</head>
</html>
```

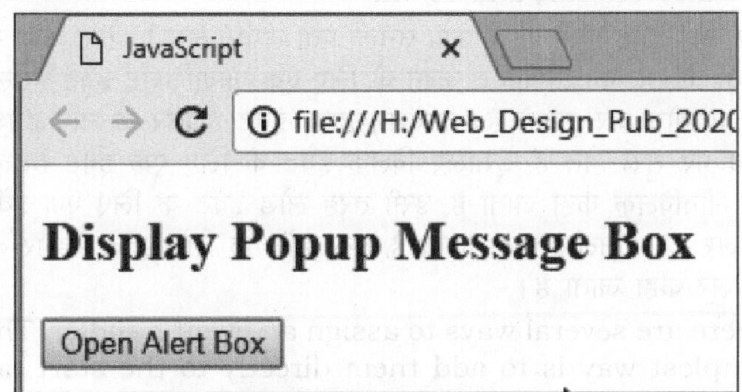

Figure 5.24: Output of Example 24
(उदाहरण 24 का आउटपुट)

The output of the above code as shown in Figure 5.24.
उदाहरण 24 का आउटपुट चित्र 5.24 में दिखाया गया है।

5.6.2 Confirm Box (कन्फर्म बॉक्स)

A confirm box is often used if you want the use to verify or accept something. When a confirm box pops up, the user will have to click either OK or Cancel to proceed. If the user click OK, the box returns true. If the user click Cancel, the box returns false.

यदि आप किसी चीज को सत्यापित या स्वीकार करने के लिए उपयोग करना चाहते हैं, तो एक पुष्टिकरण बॉक्स अक्सर उपयोग किया जाता है। जब कन्फर्म बॉक्स पॉप अप होता है, तो उपयोगकर्ता को आगे बढ़ने के लिए या तो ठीक पर क्लिक करना होगा या रद्द करने पर। यदि उपयोगकर्ता ठीक पर क्लिक करता है, तो बॉक्स सही हो जाता है। यदि उपयोगकर्ता रद्द करता है, तो बॉक्स गलत देता है।

Syntax:

```
window.confirm("your query here")
```

Example 25 (उदाहरण 25):

```
<!DOCTYPE html>
<html>
<head>
<title>JavaScript</title>
</head>
<h2>JavaScript Confirm Box</h2>
    <style>
        h1 {
            color:green;
        }
</style>
<body>
<h3>Confirm Box</h3>
<button onclick="Confirm()">Do you want to save changes</
button>
<p id="s1"</p>
<script>
    function Confirm() {
        var x;
            if (confirm("Saved Data successfully!") == ture) {
                x = "OK pressed!";
            } else {
                x = "Cancel!";
            }
            document.getElementById("s1").innerHTML = x;
        }
</script>
</body>
</head>
</html>
```

The output of the above code as shown in Figure 5.25.
उदाहरण 25 का आउटपुट चित्र 5.25 में दिखाया गया है।

5.6.3 Prompt Box (प्रॉम्प्ट बॉक्स)

JavaScript Prompt Box is often use to get a value from user (means input to the value from user) and after value using the specify purpose can be process. For example, you want to calculate EMI based on users' preferred tenure of loan. For this kind of scenario, use JavaScript built-in function prompt().

जावास्क्रिप्ट प्रॉम्प्ट बॉक्स का उपयोग अक्सर उपयोगकर्ता से मान प्राप्त करने के लिए किया जाता है (मतलब उपयोगकर्ता से मूल्य पर इनपुट) और निर्दिष्ट उद्देश्य का उपयोग करने के बाद मूल्य हो सकता है। उदाहरण के लिए, आप उपयोगकर्ताओं के पसंदीदा ऋण के आधार पर

ईएमआई की गणना करना चाहते हैं। इस तरह के परिदृश्य के लिए, जावास्क्रिप्ट अंतर्निहित फंक्शन प्रॉम्प्ट() का उपयोग करें।

Prompt function takes two string parameters. First parameter is the message to be displayed and second parameter is the default value, which will be in input text when the message is displayed.

प्रॉम्प्ट फंक्शन दो स्ट्रिंग पैरामीटर लेता है। पहला पैरामीटर प्रदर्शित किया जाने वाला संदेश है और दूसरा पैरामीटर डिफॉल्ट मान है, जो संदेश प्रदर्शित होने पर इनपुट पाठ में होगा।

Figure 5.25: Output of Example 25
(उदाहरण 25 का आउटपुट)

Syntax:

```
prompt("your Prompt here")
```

Example 26 (उदाहरण 26):

```
<!DOCTYPE html>
<html>
<body>
    <h1>JavaScript Pop messages</h1>
    <p id="msg"></p>
    <script>
        var freehold = prompt("Please enter
        preferred freehold in years", "15");
        document.getElementById("msg").
        innerHTML = "You have entered " +
        freehold + " years";
</script>
</body>
</html>
```

The output of the above code as shown in Figure 5.26.

उदाहरण 26 का आउटपुट चित्र 5.26 में दिखाया गया है।

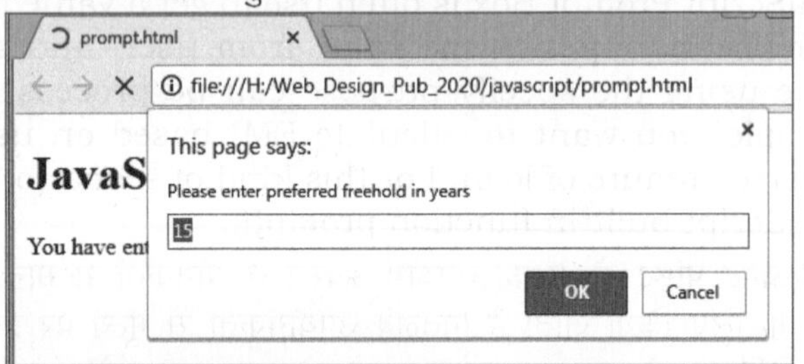

Figure 5.26: Output of Example 26
(उदाहरण 26 का आउटपुट)

5.7 JavaScript Events (जावास्क्रिप्ट इवेंट्स)

An event is something that happens when user interact with the web page, such as when he clicked a link or button, entered text into an input box or textarea, made selection in a select box, pressed key on the keyboard, moved the mouse pointer, submits a form, etc. In some cases, the browser itself can trigger the events, such as the page load and unload events.

इवेंट कुछ ऐसा होता है जब उपयोगकर्ता वेब पेज के साथ बातचीत करता है, जैसे कि जब उसने एक लिंक या बटन पर क्लिक किया, एक इनपुट बॉक्स या टेक्स्ट एरिया में टेक्स्ट दर्ज किया, एक चयनित बॉक्स में चयन किया, कीबोर्ड पर की दबाया, माउस पॉइंटर को स्थानांतरित किया, एक फॉर्म सबमिट करता है, आदि। कुछ मामलों में, ब्राउजर खुद ही घटनाओं को ट्रिगर कर सकता है, जैसे पेज लोड और अनलोड इवेंट।

When an event occurs, you can use a JavaScript event handler (or an event listener) to detect them and perform specific task or set of tasks. By convention, the names for event handlers always begin with the word on, so an event handler for the click event is called onclick, similarly an event handler for the load event is called onload, event handler for the blur event is called onblur, and so on.

जब कोई इवेंट होती है, तो आप उनका पता लगाने और विशिष्ट कार्य या कार्यों के सेट को निष्पादित करने के लिए एक जावास्क्रिप्ट ईवेंट हैंडलर का उपयोग कर सकते हैं। कन्वेंशन द्वारा, इवेंट हैंडलर के नाम हमेशा शब्द पर शुरू होते हैं, इसलिए क्लिक इवेंट के लिए एक ईवेंट हैंडलर को ऑनक्लिक कहा जाता है, इसी तरह लोड इवेंट के लिए एक ईवेंट हैंडलर को ऑनलोड कहा जाता है, ब्लर इवेंट के लिए इवेंट हैंडलर को इनब्लर कहा जाता है।

There are several ways to assign an event handler. The simplest way is to add them directly to the start tag of the HTML elements using the special event-handler attributes. For example, to assign a click handler for a button element, you can use onclick attribute.

ईवेंट हैंडलर असाइन करने के कई तरीके हैं। सबसे सरल तरीका उन्हें विशेष ईवेंट–हैंडलर विशेषताओं का उपयोग करके HTML तत्वों के start टैग में सीधे जोड़ना है। उदाहरण के लिए, बटन तत्व के लिए क्लिक हैंडलर असाइन करने के लिए, आप ऑनक्लिक विशेषता का उपयोग कर सकते हैं।

5.7.1 HTML Events (HTML ईवेंट)

Javascript has events to provide a dynamic interface to a webpage. These events are hooked to elements in the Document Object Model(DOM).

जावास्क्रिप्ट एक वेबपेज के लिए एक गतिशील इंटरफेस प्रदान करने के लिए ईवेंट की है। ये ईवेंट्स डॉक्यूमेंट ऑब्जेक्ट मॉडल (DOM) के तत्वों से जुड़े हैं।

Here is a list of some common HTML events:

यहां कुछ सामान्य HTML घटनाओं की लिस्ट है:

Event (घटना)	Description (विवरण)
onchange	An HTML element has been changed. एक HTML तत्व बदल दिया गया है।
onclick	The user clicks an HTML element. उपयोगकर्ता एक HTML तत्व पर क्लिक करता है।
onmouseover	The user moves the mouse over an HTML element. उपयोगकर्ता एक HTML तत्व पर माउस ले जाता है।
onmouseout	The user moves the mouse away from and HTML element. उपयोगकर्ता माउस को HTML तत्व से दूर ले जाता है।
onkeydown	The user pushes a keyboard key. उपयोगकर्ता एक कीबोर्ड की को पुश करता है।
Onload	The browser has finished loading the page. ब्राउजर ने पृष्ठ लोड करना समाप्त कर दिया है।

There are some JavaScript events (कुछ जावास्क्रिप्ट घटनाएँ हैं):

onclick events: This is a mouse event and provokes any logic defined if the user clicks on the element it is bound to.

ऑनक्लिक ईवेंट: यह एक माउस ईवेंट है और यह परिभाषित किसी भी तर्क को उत्तेजित करता है यदि उपयोगकर्ता उस तत्व पर क्लिक करता है जिसके लिए वह बाध्य है।

Example 27 (उदाहरण 27):

```
<!doctype html>
<html>
<head>
<script>
function hiThere() {
alert('Hi there!');
}
</script>
</head>
<body>
<button type="button" onclick="hiThere()">Click
me event</button>
</body>
</html>
```

The output of the above code as shown in Figure 5.27.
उदाहरण 27 का आउटपुट चित्र 5.27 में दिखाया गया है।

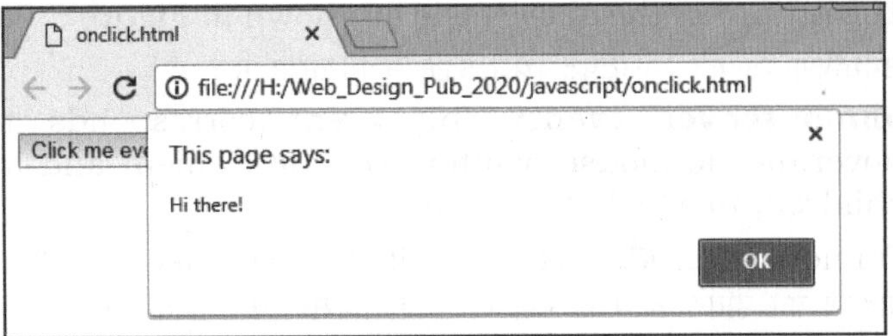

Figure 5.27: Output of Example 27
(उदाहरण 27 का आउटपुट)

Onkeyup and onkeydown event: This event is a keyboard event and executes instructions whenever a key is released after pressing.

Onkeyup **और** Onkeydown **इवेंट:** यह ईवेंट एक कीबोर्ड ईवेंट है और की दबाने के बाद जब भी कोई की रिलीज होती है, तो निर्देशों को निष्पादित करता है।

Example 28 (उदाहरण 28):

```
<!DOCTYPE html>
<html>
<head>
<script>
function color(color) {
document.forms[0].myInput.style.background =
color;
}
</script>
</head>
<body>
<form>
Write a message: <br>
<input type="text" Onkeydown="color('yellow')"
   Onkeyup="color('white')" name="myInput">
</form>
</body>
</html>
```

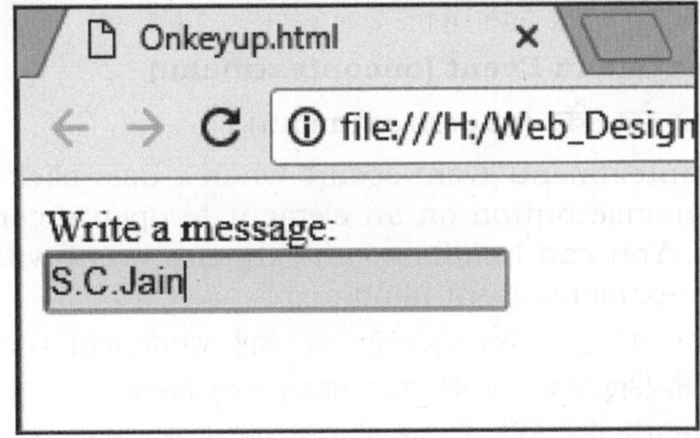

Figure 5.28: Output of Example 28
(उदाहरण 28 का आउटपुट)

The output of the above code as shown in Figure 5.28.

उदाहरण 28 का आउटपुट चित्र 5.28 में दिखाया गया है।

onmouseover event: This event corresponds to hovering the mouse pointer over the element and its children, to which it is bound to.

Onmouseover **इवेंट:** यह इवेंट तत्व और उसके चाइल्ड पर माउस पॉइंटर को हॉवर करने से मेल खाती है, जिससे वह बाध्य है।

Example 29 (उदाहरण 29):

```
<!DOCTYPE html>
<html>
<head>
   <h1 onmouseover="style.color='Blue'"
   onmouseout="style.color='red'">Mouse over
   the text</h1>
   </body>
</html>
```

The output of the above code as shown in Figure 5.29.

उदाहरण 29 का आउटपुट चित्र 5.29 में दिखाया गया है।

Figure 5.29: Output of Example 29
(उदाहरण 29 का आउटपुट)

onmouseout event: Whenever the mouse cursor leaves the element which handles a mouseout event, a function associated with it is executed.

ऑन माउसआउट इवेंट: जब भी माउस कर्सर उस तत्व को छोड़ता है जो माउसआउट इवेंट को हैंडल करता है, तो इससे जुड़े एक फंक्शन को निष्पादित किया जाता है।

Contextmenu Event (oncontextmenu)

कॉन्टेक्स्ट मेनु इवेंट (oncontextmenu)

The contextmenu event occurs when a user clicks the right mouse button on an element to open a context menu. You can handle a contextmenu event with an oncontextmenu event handler.

कॉन्टेक्स्ट मेनु इवेंट तब होती है जब कोई उपयोगकर्ता संदर्भ मेनू खोलने के लिए एक तत्व पर राइट माउस बटन क्लिक करता है। आप एक कॉन्टेक्स्ट मेनु इवेंट हैंडलर के साथ एक प्रसंग घटना को संभाल सकते हैं।

The following example will show an alert message when you right-click on the elements.

जब आप तत्वों पर राइट–क्लिक करेंगे, तो निम्न उदाहरण एक चेतावनी संदेश दिखाएगा।

Example 30 (उदाहरण 30):

```
<!DOCTYPE html>
<html>
   <head></head>
   <body>
<button type="button" oncontextmenu="alert('You
have right-clicked a button!');">
       Right Click on Me</button>
   <a href="#" oncontextmenu="alert('You have
   right-clicked a link!');">Right Click on
   Me</a>
</body>
</html>
```

The output of the above code as shown in Figure 5.30.

उदाहरण 30 का आउटपुट चित्र 5.30 में दिखाया गया है।

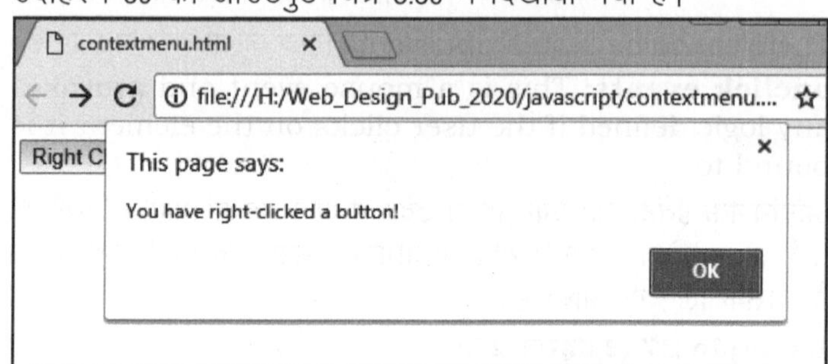

Figure 5.30: Output of Example 30
(उदाहरण 30 का आउटपुट)

5.8 FORM EVENTS (फॉर्म इवेंट)

A form event is fired when a form control receives or loses focus or when the user modifies a form control value such as by typing text in a text input, select any option in a select box etc. Here, there some most important form events and their event handler.

जब कोई फार्म कण्ट्रोल प्राप्त करता है या फोकस करता है या उपयोगकर्ता किसी फार्म कण्ट्रोल मान को संशोधित करता है, जैसे कि पाठ इनपुट में पाठ लिखकर, तो कोई चुनिंदा बॉक्स में किसी भी विकल्प का चयन करें इत्यादि, एक फॉर्म ईवेंट को निकाल दिया जाता है। उनके इवेंट हैंडलर।

5.8.1 Focus Event (onfocus) (फोकस इवेंट (ऑनफोकस))

The focus event occurs when the user gives focus to an element on a web page. You can handle the focus event with the onfocus event handler. The following example will highlight the background of text input in yellow color when it receives the focus.

फोकस इवेंट तब होता है जब उपयोगकर्ता किसी वेब पेज पर किसी तत्व को फोकस देता है। आप फोकस इवेंट को ऑनफोकस इवेंट हैंडलर से संभाल सकते हैं। निम्न उदाहरण पीले रंग में पाठ इनपुट की बैकग्राउंड को उजागर करेगा जब यह फोकस प्राप्त करता है।

Example 31 (उदाहरण 31):

```
<!doctype html>
<html>
    <head>
    <body>
<script>
    function highlightInput(elm){
        elm.style.background = "orange";
        }
    </script>
    <input type="text" onfocus="highlightInput
    (this)">
    <button type="button">Button</button>
</body>
</head>
</html>
```

The output of the above code as shown in Figure 5.31.
उदाहरण 31 का आउटपुट चित्र 5.31 में दिखाया गया है।

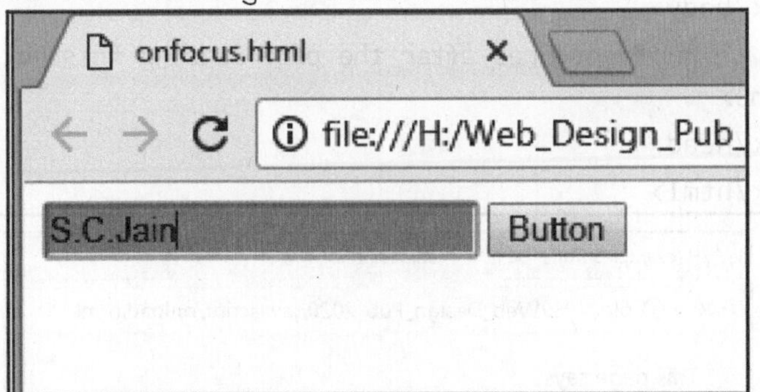

Figure 5.31: Output of Example 31
(उदाहरण 31 का आउटपुट)

Blur Event (onblur) (ब्लर इवेंट)

The blur event occurs when the user takes the focus away from a form element or a window. You can handle the blur event with the onblur event handler. The following example will show you an alert message when the text input element loses focus.

ब्लर इवेंट तब होती है जब उपयोगकर्ता फोकस को एक फार्म तत्व या विंडो से दूर ले जाता है। आप ऑनब्लूर इवेंट हैंडलर के साथ ब्लर इवेंट को संभाल सकते हैं। निम्न उदाहरण आपको एक वार्निंग मैसेज दिखाएगा जब पाठ इनपुट तत्व फोकस खो देता है।

Example 32 (उदाहरण 32):

```
<!doctype html>
<html>
    <head>
    <body>
    <input type="text" onblur="alert('Text input
    loses focus!')">
    <button type="button">Submit</button>
    <p>Write something in the input box and then
    click elsewhere in the document body</p>
</body>
</head>
</html>
```

The output of the above code as shown in Figure 5.32
उदाहरण 32 का आउटपुट चित्र 5.32 में दिखाया गया है

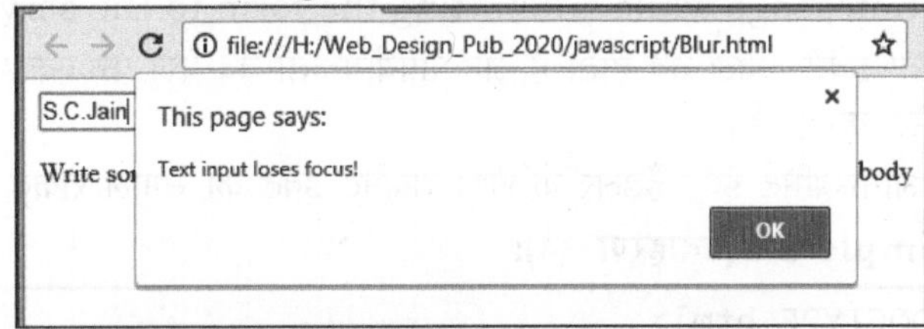

Figure 5.32: Output of Example 32
(उदाहरण 32 का आउटपुट)

Change Event (चेंज इवेंट) (onchange)

The change event occurs when a user changes the value of a form element. You can handle the change event with the onchange event handler. The following example will show you an alert message when you change the option in the select box. onchange event: This event detects the change in value of any element listing to this event.

चेंज इवेंट तब होता है जब कोई उपयोगकर्ता किसी फॉम एलिमेंट का मान बदलता है। आप चेंज इवेंट को हैंडब्रेक इवेंट हैंडलर से संभाल सकते हैं। निम्न उदाहरण आपको एक वार्निंग मैसेज दिखाएगा जब आप चयन बॉक्स में विकल्प बदलते हैं। onchange इवेंट: यह इवेंट इस इवेंट के लिए किसी भी तत्व सूचीकरण के मूल्य में परिवर्तन का पता लगाती है।

Example 33 (उदाहरण 33):

```
<!doctype html>
<html>
    <head></head>
    <body>
      <input onchange("alert¼this-value½" type)
     "number">
    </body>
</html>
```

The output of the above code as shown in Figure 5.33.
उदाहरण 33 का आउटपुट चित्र 5.33 में दिखाया गया है।

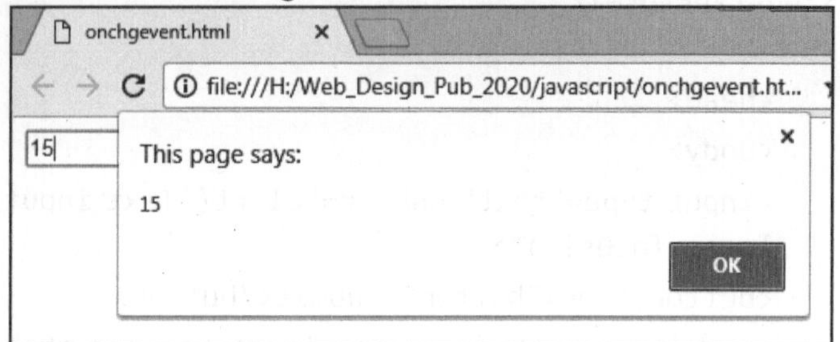

Figure 5.33: Output of Example 33 (उदाहरण 33 का आउटपुट)

Submit Event (onsubmit) (सबमिट ईवेंट (ऑनसाइट))

The submit event only occurs when the user submits a form on a web page.

You can handle the submit event with the onsubmit event handler. The following example will show you an alert message while submitting the form to the server.

सबमिट ईवेंट केवल तब होता है जब उपयोगकर्ता वेब पेज पर एक फॉर्म सबमिट करता है।

आप ऑनसबमिट ईवेंट हैंडलर के साथ सबमिट ईवेंट को संभाल सकते हैं।

Example 34 (उदाहरण 34):

```
<!DOCTYPE html>
<html>
    <head>
    <body>
        <form action="/examples/html/action.php"
        method="post"onsubmit="alert('Form data
        will be submitted to the server!');">
        <label>First Name:</label>
        <input type="text" name="first-name"
        required>
        <input type="submit" value="Submit">
    </form>
</body>
</html
</body>
</head>
</html>
```

The output of the above code as shown in Figure 5.34.
उदाहरण 34 का आउटपुट चित्र 5.34 में दिखाया गया है।

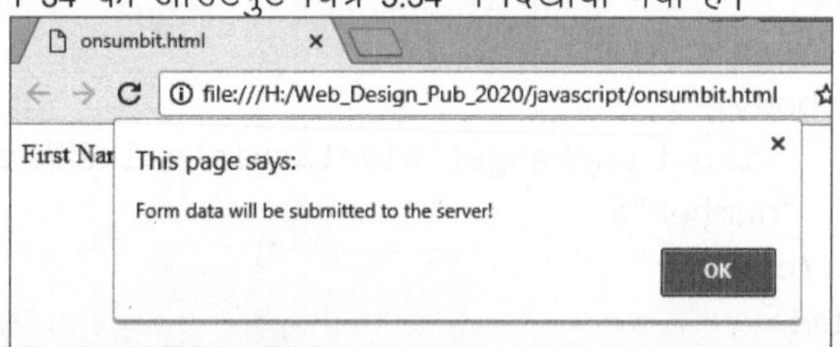

Figure 5.34: Output of Example 34 (उदाहरण 34 का आउटपुट)

Window Events (विंडो इवेंट्स)

Events are also triggered in situations when the page has loaded or when user resize the browser window, etc. Here are some most important document/Window events and their event handler.

जब पृष्ठ लोड हो गए हों या जब उपयोगकर्ता ब्राउजर विंडो का आकार बदल दे, आदि स्थितियों में भी घटनाओं को ट्रिगर किया जाता है, तो यहां कुछ सबसे महत्वपूर्ण दस्तावेज / विंडो इवेंट और उनके ईवेंट हैंडलर हैं।

Load Event (onload) (लोड इवेंट (ऑन लोड))

The load event occurs when a web page has finished loading in the web browser.

You can handle the load event with the onload event handler. The following example will show you an alert message as soon as the page finishes loading.

ऑन लोड इवेंट तब होती है जब किसी वेब पेज ने वेब ब्राउजर में लोडिंग पूरी कर ली है।

आप ऑन लोड इवेंट हैंडलर के साथ इवेंट लोड को संभाल सकते हैं। जैसे ही पेज लोड हो रहा है।

Example 35 (उदाहरण 35):

```
<!doctype html>
<html>
    <head>
        <body onload="window.alert('Page is
        loaded successfully!');">
</body>
    <h3>Event fires after the page loading finished</
h3>
</head>
</html>
```

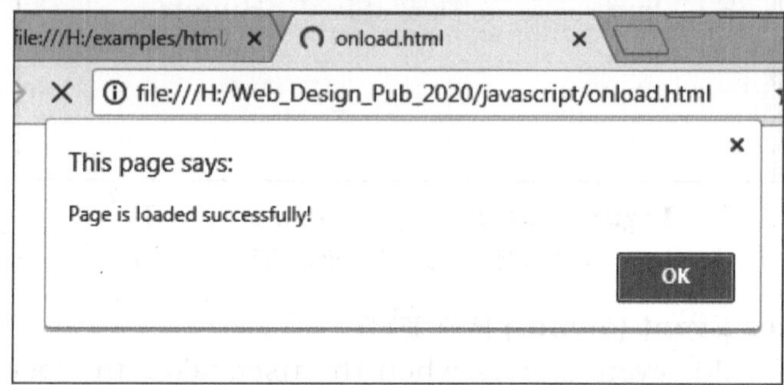

Figure 5.35: Output of Example 35 (उदाहरण 35 का आउटपुट)

The output of the above code as shown in Figure 5.35.
उदाहरण 35 का आउटपुट चित्र 5.35 में दिखाया गया है।

5.9 Basic Form Validations in JavaScript (जावास्क्रिप्ट में मूल फॉर्म वेलिडेशन)

Forms are used in webpages for the user to enter their required details that are further send it to the server for processing. A form is also known as web form or HTML form. Web forms have become an essential part of web applications. It is often used to collect user's information such as name, e-mail address, location, age, and so on.

उपयोगकर्ता के लिए वेबपृष्ठों में फॉर्म का उपयोग उनके आवश्यक विवरणों को दर्ज करने के लिए किया जाता है जो आगे इसे प्रसंस्करण के लिए सर्वर पर भेजते हैं। फॉर्म को वेब फॉर्म या HTML फॉर्म के रूप में भी जाना जाता है। वेब फॉर्म वेब एप्लिकेशन का एक अनिवार्य हिस्सा बन गए हैं। इसका उपयोग अक्सर उपयोगकर्ता की जानकारी जैसे नाम, ई–मेल पता, स्थान, आयु, और इसी तरह से एकत्र करने के लिए किया जाता है।

Form Validation with JavaScript (जावास्क्रिप्ट के साथ फॉर्म वेलिडेशन)

The form validation process typically consists of two parts— the required fields validation which is performed to make sure that all the mandatory fields are filled in, and the data format validation which is performed to ensure that the type and format of the data entered in the form is valid.

फॉर्म वेलिडेशन प्रक्रिया में आम तौर पर दो भाग होते हैं– आवश्यक फील्ड सत्यापन, जो यह सुनिश्चित करने के लिए किया जाता है कि सभी अनिवार्य फील्ड भरे हुए हैं, और डेटा स्वरूप सत्यापन जो यह सुनिश्चित करने के लिए किया जाता है कि डेटा का प्रकार और प्रारूप में दर्ज किया गया फॉर्म मान्य है।

5.9.1 Creating the HTML Form (HTML फॉर्म बनाना)

Let us first create a simple HTML form that you will validate on client-side using JavaScript when the user clicks on the submit button. Let us create an HTML file named "application-form.html" and place the following code in it, then save it in your system.

उपयोगकर्ता द्वारा सबमिट बटन पर क्लिक करने पर सबसे पहले हम एक सरल HTML फॉर्म बनाते हैं जिसे आप जावास्क्रिप्ट का उपयोग करके क्लाइंट–साइड पर मान्य करेंगे। आइए हम एक HTML फाइल बनाते हैं जिसका नाम "application–form.html" है और इसमें निम्न कोड रखें, फिर इसे अपने सिस्टम में सेव करें।

Example 36 (उदाहरण 36):

```
<!DOCTYPE html>
<head>
    <title>Simple HTML Form</title>
    <link rel="stylesheet" href="style.css">
    <script        src="h:/Web_Design_Pub_2020/
    javascript/validator.js"></script>
</head>
<body>
<h1 style="text-align:center"> REGISTRATION FORM </h1>
<form name="RegForm" action="/submit.php"
onsubmit="return validateForm()"  method="post">
    <p>Name:   </b><input   type="text"   size=65
    name="Name"></p>
    <p>Address:</b> <input type="text" size=65
        name="Address"></p>
    <p>E-mail Address:</b> <input type="text"
    size=65
        name="EMail"></p>
    <p>Password:</b><input type="text" size=65
        name="Password"> </p>
    <p>Telephone:</b> <input type="text" size=65
        name="Telephone"> </p>
    <p>Select your Course :</b>
        <select type="text" value="" name="Subject">
            <option>BTECH</option>
            <option>BBA</option>
            <option>BCA</option>
            <option>B.COM</option>
        </select></p><br>
    <p><b>Comments:</b> <textarea cols="40"
        name="Comment"> </textarea></p>
    <p><input type="submit" value="send" name="Submit">
      <input type="reset" value="Reset"
      name="Reset">
    </p>
</form>
</body>
```

The output of the above code as shown in Figure 5.36.

उदाहरण 36 का आउटपुट चित्र 5.36 में दिखाया गया है।

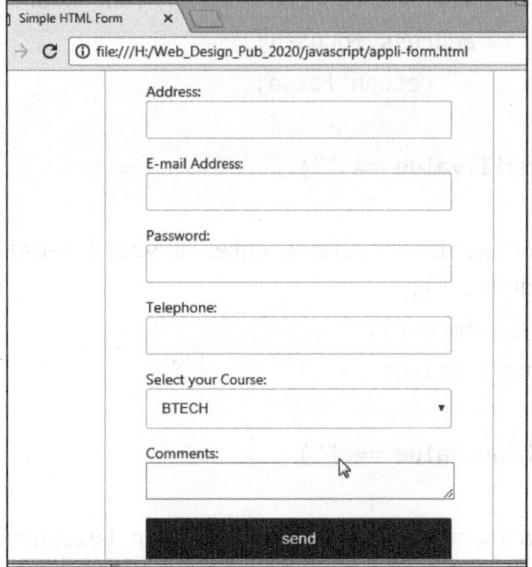

Figure 5.36: Output of Example 36
(उदाहरण 36 का आउटपुट)

Form Validation Script (फॉर्म वेलिडेशन स्क्रिप्ट)

Let us create a JavaScript file name validator.js and place the code inside it, then save it at the same location where you have save the previous html file.

एक जावास्क्रिप्ट फाइल नाम validator.js बनाते हैं और इसके अंदर कोड रखते हैं, फिर इसे उसी स्थान पर सेव करते हैं, जहां आपने पिछली HTML फाइल को सेव किया है।

```
<script>
function validateForm()
   {
      var name = document.forms["RegForm"]["Name"];
      var email = document.forms["RegForm"]["EMail"];
      var phone = document.forms["RegForm"]
      ["Telephone"];
      var what =  document.forms["RegForm"]
      ["Subject"];
      var password = document.forms["RegForm"]
      ["Password"];
      var address = document.forms["RegForm"]
      ["Address"];
   if (name.value == "")
   {
      window.alert("Please enter your name.");
      name.focus();
      return false;
   }
   if (address.value == "")
   {
      window.alert("Please enter your address.");
         address.focus();
            return false;
}
if (email.value == "")
{
   window.alert("Please enter a valid e-mail
   address.");
   email.focus();
   return false;
}
if (phone.value == "")
{
   window.alert("Please enter your telephone
   number.");
   phone.focus();
   return false;
}
if (password.value == "")
{
    window.alert("Please enter your password");
    password.focus();
    return false;
  }
  if (what.selectedIndex < 1)
  {
    alert("Please enter your course.");
    what.focus();
    return false;
  }
  return true;
}</script>
```

The value of an individual form filed can been accessed and retrieved using the syntax document.formName. fieldName.value.

दायर किए गए एक व्यक्तिगत फॉर्म के मूल्य को सिंटैक्स डॉक्यूमेंट. फॉर्मनामे.फील्ड.नाम.वल्यू का उपयोग करके एक्सेस और पुनर्प्राप्त किया जा सकता है।

Adding style sheet to the Form (फॉर्म में स्टाइल शीट ऐड करना)

Finally, create the file named "style.css" and place the following code in it, then save it also at the same location where you have saved the previous two files.

अंत में, "style.css" नामक फाइल बनाएं और उसमें निम्न कोड रखें, फिर इसे उसी स्थान पर भी सेव करें जहाँ आपने पिछली दो फाइल्स को सेव किया है।

```
body {
    font-size: 14px;
    color: bold
    background: #f9f9f9;
    font-family: "Segoe UI", "Helvetica Neue",
    Arial, sans-serif;
}
div {
    box-sizing: border-box;
    width: 100%;
    border: 100px solid black;
    float: left;
    align-content: center;
    align-items: center;
}
```

```
input, select {
    border: 1px solid #ccc;
    padding: 10px;
    display: block;
    width: 100%;
    box-sizing: border-box;
    border-radius: 2px;
}
form {
    width: 300px;
    background: #fff;
    padding: 15px 40px 40px;
    border: 1px solid #ccc;
    margin: 50px auto 0;
    border-radius: 5px;
} input[type="submit"] {
    font-size: 110%;
    font-weight: 100;
    background: #006dcc;
    border-color: #016BC1;
    box-shadow: 0 3px 0 #0165b6;
    color: #fff;
    margin-top: 10px;
    cursor: pointer;
}
input[type="submit"]:hover {
    background: #0165b6;
}
input[type="Reset"]:hover {
    background: blue;
```

Now, open the "application-form.html" file in a web browser.

अब, एक वेब ब्राउजर में "एप्लिकेशन–फॉर्म.html" फाइल खोलें।

5.10 Introduction to Angular JS (Angular JS का परिचय)

AngularJs is a Javscript open source front-end MVC framework that is mainly used to develop Single Page Web Applications(SPA). It was originally developed in 2008-2009 by Misko hevery and Adam abrons, and is now maintained by Google. The Agular JS changes static HTML to dynamic HTML. It extends the ability of HTML by adding built-in attributes and components and provides an ability to create custom attributes using simple JavaScript.

Angular JS एक जावास्क्रिप्ट ओपन सोर्स फ्रंट–एंड MVC फ्रेमवर्क है जो मुख्य रूप से सिंगल पेज वेब एप्लिकेशन (SPA) को विकसित करने के लिए उपयोग किया जाता है। यह मूल रूप से 2008–2009 में मिस्को हेवरी और एडम एब्रॉन द्वारा विकसित किया गया था, और अब इसे Google द्वारा बनाए रखा गया है। Agular JS स्थैतिक HTML को डायनामिक HTML में बदलता है। यह अंतर्निहित विशेषताओं और घटकों को जोड़कर HTML की क्षमता का विस्तार करता है और सरल जावास्क्रिप्ट का उपयोग करके कस्टम विशेषताओं को बनाने की क्षमता प्रदान करता है।

Why use it? (इसका उपयोग क्यों करें?)

a. **Easy to work with:** It is basics of HTML, CSS and JavaScript, not necessary to be an expert in these technologies.

   साथ काम करना आसान: यह HTML, सीएसएस और जावास्क्रिप्ट की मूल बातें हैं, इन तकनीकों में विशेषज्ञ होने के लिए आवश्यक नहीं है।

b. **Time saving:** It allows us to work with components and hence you can use them again which saves time and unnecessary code.

   समय की बचत: यह हमें घटकों के साथ काम करने की अनुमति देता है और इसलिए आप उन्हें फिर से उपयोग कर सकते हैं जो समय और अनावश्यक कोड बचाता है।

c. **Ready to use template:** It is mainly plain HTML, and it mainly makes use of the plain HTML template and passes it to the DOM and then the Angular JS compiler. It traverses the templates and then they are ready to use.

   टेम्पलेट का उपयोग करने के लिए तैयार: यह मुख्य रूप से सादे HTML है, और यह मुख्य रूप से सादे HTML टेम्पलेट का उपयोग करता है और इसे DOM और फिर Angular JS कंपाइलर को पास करता है। यह टेम्प्लेट का पता लगाता है और फिर वे उपयोग करने के लिए तैयार होते हैं।

Concepts of AngularJS (Angular JS की अवधारणाएं)

Few things you need to know to before starting with AngularJS:

Angular JS के साथ शुरू करने से पहले आपको कुछ चीजें जानना जरूरी है:

a. **Modules:** A module can be defined as a container that consists of various application parts. It is a set of functions defined in a JavaScript file and module divides an application into small and reusable components.

   मॉडयूल: मॉड्यूल को एक कंटेनर के रूप में परिभाषित किया जा सकता है जिसमें विभिन्न अनुप्रयोग भाग होते हैं। यह एक जावास्क्रिप्ट फाइल में परिभाषित कार्यों का एक सेट है और मॉड्यूल एक आवेदन को छोटे और पुनः प्रयोज्य घटकों में विभाजित करता है।

b. **Directives:** Directives indicate the compiler to associate a behavior to the DOM element or modify it. Angular JS contains several directives such as ng-app, ng-controller, ng-view, ng-if, etc.

   डिरेक्टिवेस: डिरेक्विस कंपाइलर को किसी व्यवहार को DOM तत्व के साथ जोड़ने या उसे संशोधित करने के लिए संकेत करता है। Angular JS में कई निर्देश होते हैं जैसे एनजी–ऐप, एनजी–नियंत्रक, एनजी–व्यू, एनजी–इफ, आदि।

c. **Expressions:** Angular JS expressions are expressed with {{ }} which indicate a data binding in HTML. These expressions can be added into the HTML templates.

एक्सपेशंस: Angular JS अभिव्यक्तियाँ {{ }} के साथ व्यक्त की जाती हैं जो HTML में डेटा बाइंडिंग को इंगित करती हैं। इन अभिव्यक्तियों को HTML टेम्प्लेट में जोड़ा जा सकता है।

d. **Controller:** A JavaScript object constructor function controls the Angular JS applications.

नियंत्रक: एक जावास्क्रिप्ट ऑब्जेक्ट कंस्ट्रक्टर फंक्शन Angular JS अनुप्रयोगों को नियंत्रित करता है।

e. **Scope:** A JavaScript object acts as a link between the controller and the View. Each data manipulation and assignment takes place with the help of scope object.

स्कोप: जावास्क्रिप्ट ऑब्जेक्ट कंट्रोलर और व्यू के बीच एक लिंक के रूप में कार्य करता है। प्रत्येक डेटा हेरफेर और असाइनमेंट स्कोप ऑब्जेक्ट की मदद से होता है।

f. **Data Binding:** It coordinates model and view about any changes in either of these two.

डेटा बाइंडिंग: यह इन दोनों में से किसी में परिवर्तन के बारे में मॉडल और दृश्य को समन्वित करता है।

g. **Validations:** It take place with the help of Angular JS forms and controls.

मान्यताओं: यह Angular JS रूपों और नियंत्रणों की मदद से होता है।

h. **Filters:** It display the formatting of data on DOM and extend the behavior of directives and binding expressions.

फिल्टर: यह DOM पर डेटा के प्रारूपण को प्रदर्शित करता है और निर्देशों और बाध्यकारी अभिव्यक्तियों के व्यवहार को बढ़ाता है।

i. **Services:** These are singletons that are used by directives, controllers, or other services.

सेवाएं: ये एकलव्य हैं जिनका उपयोग निर्देशों, नियंत्रकों या अन्य सेवाओं द्वारा किया जाता है।

j. **Testing:** The codes developed by Dependency Injections are tested. Some of the popular testing frameworks like Jasmine and Karma are two widely used technologies.

परीक्षण: निर्भरता इंजेक्शन द्वारा विकसित कोड का परीक्षण किया जाता है। जैस्मिन और कर्मा जैसी कुछ लोकप्रिय परीक्षण रूपरेखाएँ दो व्यापक रूप से उपयोग की जाने वाली प्रौद्योगिकियाँ हैं।

Advantages (लाभ)

The advantages of angular JS are as follows:

a. It is Open source JavaScript MVC framework.
यह ओपन सोर्स जावास्क्रिप्ट एमवीसी फ्रेमवर्क है।

b. It is supported by Google. (यह Google द्वारा समर्थित है)

c. There is no need to learn another scripting language. It is pure JavaScript and HTML.
दूसरी स्क्रिप्टिंग भाषा सीखने की कोई जरूरत नहीं है। यह जावास्क्रिप्ट और HTML है।

d. It supports separation of concerns by using MVC design pattern.
यह एमवीसी डिजाइन पैटर्न का उपयोग करता है।

e. Built-in attributes (directives) makes HTML dynamic.
अंतर्निहित विशेषताएँ (निर्देश) HTML को गतिशील बनाती हैं।

f. Easy to extend and customize.
विस्तार और अनुकूलित करने के लिए आसान है।

g. It supports Single Page Application.
यह सिंगल पेज एप्लीकेशन को सपोर्ट करता है।

h. Uses Dependency Injection.
Dependency Injection का उपयोग करता है।

i. Easy to Unit test (यूनिट टेस्ट के लिए आसान।).

Disadvantages (नुकसान)

The disadvantages of Angular JS are as follows:

a. **Not Secure:** Its applications are not safe.
सुरक्षित नहीं: इसके अनुप्रयोग सुरक्षित नहीं हैं।

b. **Not Degradable:** If user of your application disables the JavaScript then it displays nothing except basic page.
डिग्रेडेबल नहीं: यदि आपके एप्लिकेशन का उपयोगकर्ता जावास्क्रिप्ट अक्षम करता है तो यह मूल पृष्ठ के अलावा कुछ भी प्रदर्शित नहीं करता है।

c. **Complex at times:** It becomes complex to handles as there are multiple ways to do the same thing and it creates confusion and requires considerable efforts.
कई बार जटिल: यह संभालना जटिल हो जाता है क्योंकि एक ही काम करने के कई तरीके होते हैं और यह भ्रम पैदा करता है और इसके लिए काफी प्रयासों की आवश्यकता होती है।

Model View Controller (मॉडल व्यू कंट्रोलर) (MVC)

It is a software design pattern used to develop a web application. It consists of three components. These are:

यह एक सॉफ्टवेयर डिजाइन पैटर्न है जिसका उपयोग वेब एप्लिकेशन को विकसित करने के लिए किया जाता है। इसमें तीन घटक होते हैं। ये हैं:

a. **Model:** It used to manage the application data. It responds to the request from view and to the instructions from controller to update itself

मॉडल: यह एप्लिकेशन डेटा का प्रबंधन करता था। यह देखने के अनुरोध से और नियंत्रक से निर्देशों के लिए खुद को अद्यतन करने के लिए प्रतिक्रिया करता है।

b. **View:** It is responsible for displaying the application data. A presentation of data in a particular format, triggered by the controller's decision to present the data. They are script-based systems such as JSP,ASP, PHP and very easy to integrate with AJAX technology.

दृश्य: यह एप्लिकेशन डेटा को प्रदर्शित करने के लिए जिम्मेदार है। किसी विशेष प्रारूप में डेटा की प्रस्तुति, डेटा को प्रस्तुत करने के लिए नियंत्रक के निर्णय से शुरू होती है। वे स्क्रिप्ट आधारित प्रणाली जैसे JSP, ASP, PHP और AJAX तकनीक के साथ एकीकृत करने के लिए बहुत आसान हैं।

c. **Controller:** The main job is to connect the model and the view component. The controller responds to user input and performs interactions on the data model objects.

नियंत्रक: मुख्य कार्य मॉडल और दृश्य घटक को जोड़ना है। नियंत्रक उपयोगकर्ता इनपुट पर प्रतिक्रिया करता है और डेटा मॉडल ऑब्जेक्ट पर इंटरैक्शन करता है।

Normally, the MVC architecture have to split applications into these three components and then write the code to connect them. However, in Angular JS all you have to do is split the application into MVC and it does the rest by itself. It saves a lot of time and allows finishing the job with less code.

आमतौर पर, एमवीसी आर्किटेक्चर को अनुप्रयोगों को इन तीन घटकों में विभाजित करना होता है और फिर उन्हें जोड़ने के लिए कोड लिखना होता है। हालांकि, Angular JS में आपको बस इतना करना होगा कि एप्लिकेशन को एमवीसी में विभाजित कर दें और यह बाकी काम खुद करता है। यह बहुत समय बचाता है और कम कोड के साथ काम खत्म करने की अनुमति देता है।

Combine model view controller in one application like as follows.

एक अनुप्रयोग में मॉडल व्यू कंट्रोलर को निम्नानुसार कंबाइन करें।

```
<html ng-app>
<body ng-controller="TextController">
<p>{{msg}}</p>
<script src="https://ajax.googleapis.com/ajax/
libs/Angular JS/1.3.14/angular.min.js">
</script>
<script>
function TextController($scope) {
$scope.msg = 'Hello Angular JS;
}
</script>
</body>
</html>
```

How to create first application in AngularJS

Angular JS में पहला आवेदन कैसे करें

An AngularJS application consists of following three main parts: (Angular JS एप्लिकेशन में तीन मुख्य भाग होते हैं:)

a. **ng-app**–Defines and links application to HTML.
   ng-app: HTML में एप्लिकेशन को परिभाषित और लिंक करता है।

b. **ng-model**–Binds the values of application data to HTML input controls.
   ng-model: HTML आवेदन डेटा के मूल्यों को HTML इनपुट नियंत्रणों से बांधता है।

c. **ng-bind**–Binds the Application data to HTML tags.
   ng–bind: HTML टैग्स के लिए एप्लिकेशन डेटा को बांधता है।

Steps to create AngularJS Application (Angular JS Application बनाने के चरण)

1. Load framework it is done by using <Script> tag.
   लोड फ्रेमवर्क <स्क्रिप्ट> टैग का उपयोग करके किया जाता है।
```
<script src = "http://ajax.googleapis.com/ajax/libs/
Angular JS/1.3.14/angular-min-js">
</ Script>
```
2. Define application using ng-app directive
   एनजी एप्लिकेशन निर्देश का उपयोग कर आवेदन को परिभाषित करें
```
<div ng-app = "">
// code
</ div>
```
3. Define a model name using ng-model directive.
   एनजी–मॉडल निर्देश का उपयोग करके एक मॉडल नाम को परिभाषित करें।
```
<p>Enter Text: <input type = "text"  ng-model = "name"></p>
```
4. Bind the value of above model defined using ng-bind directive.
   एनजी–बिंद निर्देश का उपयोग करके परिभाषित उपरोक्त मॉडल के मूल्य को बांधें।
```
<p>Hello<span ng-bind = "name"></span></p>
```

Example 37: Simple Program in AngularJS
(**उदाहरण 37:** Angular JS में सरल प्रोग्राम)

```
<html>
<head>
<script src = "http://ajax.googleapis.com/
   ajax/libs/Angular      JS/1.3.14/angular.min.
   js"></script>
<title>Welcome Angular JS </title>
</head>
<body>
<h1> Hello Program in Angular JS </h1>
<div ng-app = "">
<p>Enter Text:<input type = "text" ng-model =
"name"></p>
<p>Hello <span ng-bind = "name"></span></p>
</div
</body>
</html>
```

The output of the above code as shown in Figure 5.37.
उदाहरण 37 का आउटपुट चित्र 5.37 में दिखाया गया है।

Figure 5.37: Output of Example 37
(उदाहरण 37 का आउटपुट)

What is Angular JS Directives? (Angular JS निर्देश क्या है?)

Directives are used to extend HTML. It is a started with ng-prefix. Angular JS contains following directives:

The ng-app Directive: It is used to initialize an Angular JS application. The ng-app directive is a starting point.

HTML का विस्तार करने के लिए निर्देशों का उपयोग किया जाता है। यह एनजी–प्रीफिक्स के साथ शुरू किया गया है। Angular JS में निम्नलिखित निर्देश शामिल हैं:

ng-app Directive: इसका उपयोग Angular JS एप्लिकेशन को आरंभ करने के लिए किया जाता है। एनजी एप्लिकेशन निर्देश एक प्रारंभिक बिंदु है।

Example (उदाहरण),

```
<div ng-app = "">
 ...
</ Div
```

The ng-init Directive: It is used to initialize variables in Angular JS application.

ng-init Directive: इसका उपयोग Angular JS अनुप्रयोग में वेरिएबल को आरंभ करने के लिए किया जाता है।

Example (उदाहरण),

```
<div ng-app = "" ng-init = "name = ['abc']">
// code
</ div>
```

The ng-model directive: It associates the value of HTML controls with the application data.

ng-Model Directive: यह एप्लिकेशन डेटा के साथ HTML नियंत्रण के मूल्य को जोड़ता है।

Example (उदाहरण),,

```
<div ng-app = "">
//code
<p>Enter Text:<input type="text" ng-model="name"></p>
</di>
```

The .ng-repeat directive: It is used to repeat HTML elements for every item in a collection.

.Ng-repeat Directive: इसका उपयोग संग्रह में प्रत्येक आइटम के लिए HTML तत्वों को दोहराने के लिए किया जाता है।

Example (उदाहरण),

```
<div ng-app="" ng-init="names=['abc','xyz']">
<ul>
<li ng-repeat="n in names">
{{ n }}
</li>
</ul>
</div>
```

ng-init

The following example demonstrates ng-init directive can be used to initialize variables of string, number, array and object.

निम्न उदाहरण दर्शाता है ng-init निर्देश का उपयोग स्ट्रिंग, नंबर, सरणी और ऑब्जेक्ट के वेरिएबल को इनिशियलाइज करने के लिए किया जा सकता है।

Example 38 (उदाहरण 38):

```
<!DOCTYPE html>
<html >
<head>
    <script
src="https://ajax.googleapis.com/ajax/libs/
angularjs/1.3.16/angular.min.js"></ script>
</head>
<body >
    <div ng-app ng-init="greet='Hello World!';
amount= 200;
    myArr = [200, 300]; person = {
firstName:'Welspun',
    lastName :'India'}">
        {{amount}} <br />
        {{myArr[2]}} <br />
        {{person.firstName}}
    </div>
</body>
</html>
```

The output of the above code as shown in Figure 5.38.

उदाहरण 38 का आउटपुट चित्र 5.38 में दिखाया गया है।

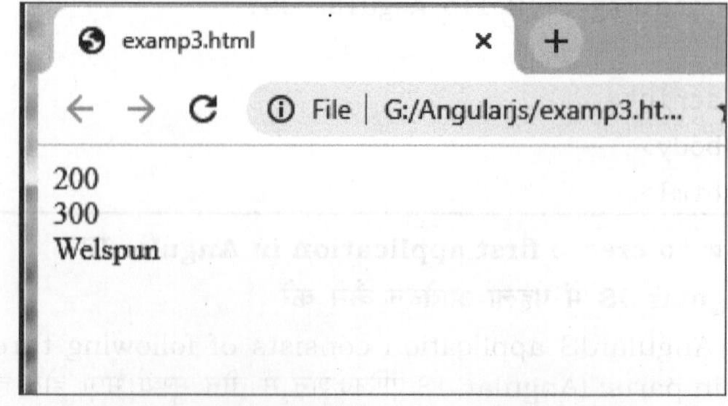

Figure 5.38: Output of Example 38
(उदाहरण 38 का आउटपुट)

The above example, you initialized variables of string, number, array and object.

उपरोक्त उदाहरण, आपने स्ट्रिंग, संख्या, सरणी और ऑब्जेक्ट के वैरिएबल को आरंभीकृत किया है।

ng-model

The ng-model directive is used for two-way data binding. It binds <input>, <select> or <textarea> elements to a specified property on the scope object.

एनजी–मॉडल निर्देश का उपयोग दो–तरफा डेटा बाइंडिंग के लिए किया जाता है। यह ऑब्जेक्ट पर एक निर्दिष्ट प्रापर्टी के लिए <input>, <select> या <textarea> तत्वों को बांधता है।

Example 39 (उदाहरण 39):

```
<!DOCTYPE html>
<html >
<head>
   <script src="https://ajax.googleapis.com/
   ajax/libs/
   angularjs/1.3.16/angular.min.js">
   </script>
</head>
<body ng-app>
   <input type="text" ng-model="name" />
   <div>
      Hello {{name}}
   </div>
</body>
</html>
```

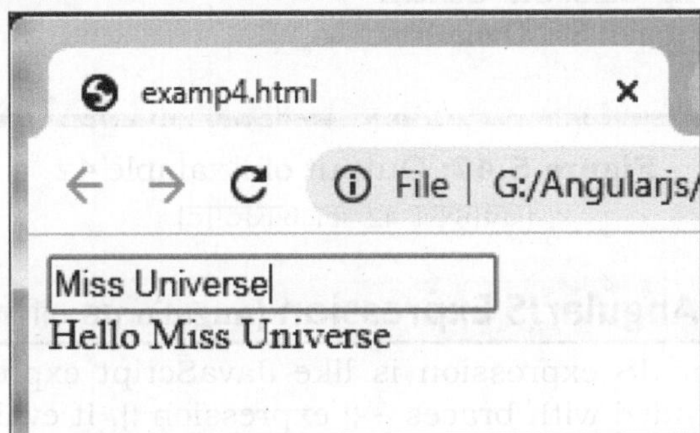

Figure 5.39: Output of Example 39
(उदाहरण 39 का आउटपुट)

The output of the above code as shown in Figure 5.39.

उदाहरण 39 का आउटपुट चित्र 5.39 में दिखाया गया है।

ng-bing (एनजी-बिंग)

The ng-bind directive binds the model property declared through $scope or ng-model directive. It also updates an element if the value of an expression changes.

एनजी–बिंद निर्देश + मॉडल या एनजी–मॉडल निर्देश के माध्यम से घोषित मॉडल प्रॉपर्टी को बाधता है। यदि अभिव्यक्ति का मूल्य बदलता है तो यह एक तत्व को भी अपडेट करता है।

Example 40 (उदाहरण 40):

```
<!DOCTYPE html>
<html>
<head>
    <script src="https://ajax.googleapis.com/
ajax/libs/angularjs/1.3.16/angular.min.js"></
script>
</head>
<body>
<div data-ng-app="" data-ng-init="quantity=3;
price=10">
<h2>Cost Calculator</h2>
Quantity:    <input    type="number"    ng-
model="quantity"> Price: <input type="number"
ng-model="price">  <p><b>Total  in  Rupee:</b>
{{quantity * price}}</p>
</div>
</body>
</html>
```

The output of the above code as shown in Figure 5.40.

उदाहरण 40 का आउटपुट चित्र 5.40 में दिखाया गया है।

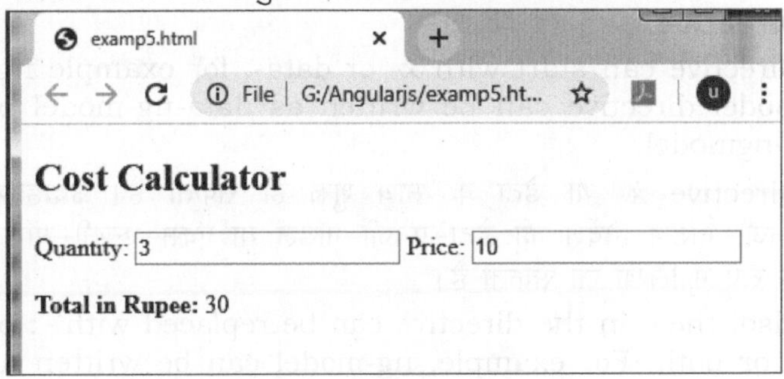

Figure 5.40: Output of Example 40
(उदाहरण 40 का आउटपुट)

ng-repeat: The ng-repeat directive repeats html once per each item in the specified array collection.

एनजी-रिपीट: एनजी–रिपीट डायरेक्टिव प्रत्येक आइटम को निर्दिष्ट सरणी संग्रह में एक बार html दोहराता है।

Example 41 (उदाहरण 41):

```
<!DOCTYPE html>
<html>
<script src="https://ajax.googleapis.com/ajax/
libs/angularjs/1.6.9/angular.min.js"></script>
<body>
<div ng-app="" ng-init="names=[
{name:'Janani',country:'India'},
{name:'Hemalatha',country:'Singapore'},
{name:'Kumar',country:'Pakaistan'}]">
<p>Looping with objects:</p>
<ul>
```

```
    <li ng-repeat="x in names">
    {{ x.name + ', ' + x.country }}</li>
</ul>
</div>
</body>
</html>
```

The output of the above code as shown in Figure 5.41.

उदाहरण 41 का आउटपुट चित्र 5.41 में दिखाया गया है।

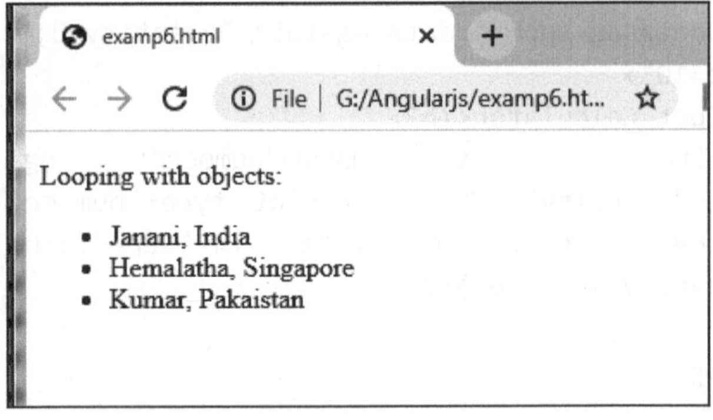

Figure 5.41: Output of Example 41
(उदाहरण 41 का आउटपुट)

Directive

Directive can start with x- or data-, for example ng-model directive can be written as data-ng-model or x-ngmodel.

Directive x- या डेटा के साथ शुरू हो सकता है। उदाहरणः एनजी–मॉडल निर्देश को डेटा–एनजी–मॉडल या एक्स–एनजी–मॉडल के रूप में लिखा जा सकता है।

Also, the – in the directive can be replaced with : or – or both. For example, ng-model can be written as ng-model or ng:model. It can be a mix with data- or x-.

इसके अलावा, निर्देश में – के साथ प्रतिस्थापित किया जा सकता है : या – या दोनों। उदाहरण के लिए, एनजी–मॉडल के रूप में लिखा जा सकता है। **एनजी-मॉडल या एनजी: मॉडल।**, यह डेटा के साथ एक मिश्रण हो सकता है – या x-।

Example 42 (उदाहरण 42):

```
<!DOCTYPE html>
<html >
<head>
    <script src="https://ajax.googleapis.com/
    ajax/libs/angularjs/1.3.16/angular.min.
    js"></script>
</head>
<body ng-app>
    Enter Name: <input type="text" ng-model="name"
    /> <br/>
    data-ng-bind: <span data-ng-bind="name">
    </span><br />
    data-ng:bind: <span data-ng:bind="name">
    </span><br />
    data:ng:bind: <span data:ng:bind="name">
    </span><br />
    x:ng:bind: <span x:ng:bind="name"></span><br/>
```

```
    ng:bind:    <span ng:bind="name"></span><br/>
    x-ng-bind: <span x-ng-bind="name"></span><br/>
    x_ng_bind: <span x_ng_bind="name"></span><br/>
    ng_bind:    <span ng_bind="name"></span>
</body>
</html>
```

The output of the above code as shown in Figure 5.42.

उदाहरण 42 का आउटपुट चित्र 5.42 में दिखाया गया है।

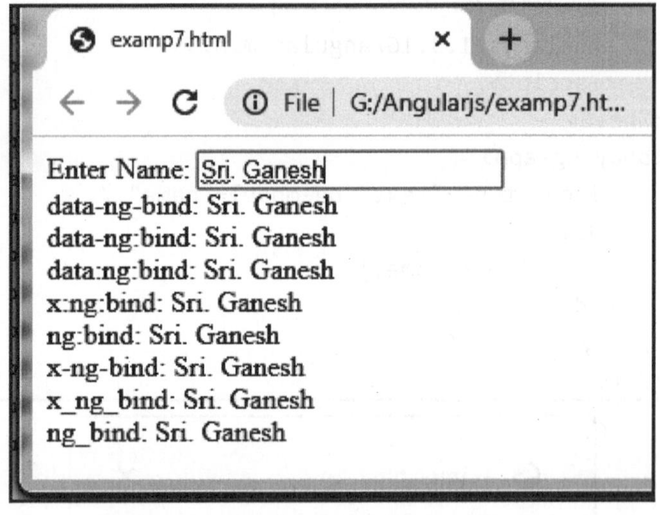

Figure 5.42: Output of Example 42
(उदाहरण 42 का आउटपुट)

5.11 AngularJS Expression (Angular JS अभिव्यक्ति)

Angular JS expression is like JavaScript expression surrounded with braces – {{ expression }}. It evaluates the specified expression and binds the result data to HTML. Angular JS expression can contain literals, operators and variables like JavaScript expression. For example, an expression {{2 + 2}} will produced the result 1 and will be bound to HTML.

Angular JS expressions are much like JavaScript expressions. They can contain literals, operators, and variables.

Angular JS अभिव्यक्ति ब्रेसिज से घिरा जावास्क्रिप्ट अभिव्यक्ति की तरह है – {{अभिव्यक्ति}}। यह निर्दिष्ट अभिव्यक्ति का मूल्यांकन करता है और परिणाम डेटा को HTML से बाइड करता है। Angular

JS अभिव्यक्ति में जावास्क्रिप्ट अभिव्यक्ति की तरह शाब्दिक, ऑपरेटर और वेरिएबल शामिल हो सकते हैं। उदाहरण के लिए, {{2. 2}} एक अभिव्यक्ति 1 परिणाम उत्पन्न करेगी और HTML के लिए बाध्य होगी।

Angular JS अभिव्यक्तियाँ जावास्क्रिप्ट अभिव्यक्तियों की तरह हैं। उनमें शाब्दिक, संचालक और वेरिएबल हो सकते हैं।

Example 43 (उदाहरण 43):

```
<!DOCTYPE html>
<html >
<head>
   <script src="https://ajax.googleapis.com/
   ajax/  libs/angularjs/1.3.16/angular.min.
   js" ></script>
</head>
<body >
   <h1>AngularJS Expression</h1>
<div ng-app>
<p>Addition: 5 + 5 = {{ 5 + 5 }}</p><br />
<p>Subtraction: 5 - 5 = {{5 - 5}}</p> <br />
<p>Multiplication: 5 * 5 = {{5 * 5}}</p> <br/>
<p>Division: 5/5 = {{5 / 5}}
   </div>
</body>
</html>
```

The output of the above code as shown in Figure 5.43.

उदाहरण 43 का आउटपुट चित्र 5.43 में दिखाया गया है।

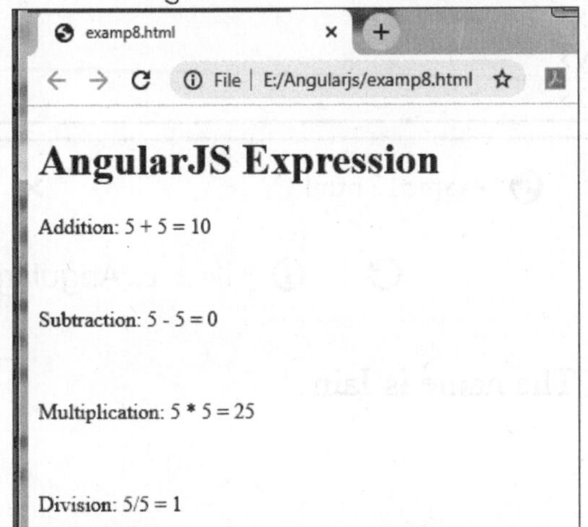

Figure 5.43: Output of Example 43
(उदाहरण 43 का आउटपुट)

AngularJS expression is like JavaScript code expression except for the following differences.

Angular JS अभिव्यक्ति निम्नलिखित अंतरों को छोड़कर जावास्क्रिप्ट कोड अभिव्यक्ति की तरह है।

AngularJS expression cannot contain conditions, loops, exceptions or regular expressions e.g. if-else, ternary, for loop, while loop etc.

Angular JS अभिव्यक्ति में स्थिति, लूप, अपवाद या नियमित अभिव्यक्ति शामिल नहीं हो सकते हैं उदा। if-else, ternary, for loop, while loop आदि।

- It cannot declare functions.
  यह कार्यों की घोषणा नहीं कर सकता।
- It cannot contain comma or void.
  इसमें अल्पविराम या शून्य नहीं हो सकता है।
- It cannot contain return keyword.
  इसमें रिटर्न कीवर्ड नहीं हो सकता है।
- You can write expressions wherever you like, Angular JS will simply resolve the expression and return the result.
  आप जहाँ भी चाहें अभिव्यक्ति लिख सकते हैं, Angular JS केवल अभिव्यक्ति को हल करेगा और परिणाम लौटाएगा।

Let Angular JS change the value of CSS properties. Change the color of the input box below, by changing its value:

बता दें कि Angular JS CSS प्रॉपर्टीज के मूल्य को बदल देता है।

Example 44 (उदाहरण 44):

```
<!DOCTYPE html>
<html>
<script src="https://ajax.googleapis.com/ajax/
libs/angularjs/ 1.6.9/angular.min.js">
</script>
<body>
<p>Change the value of the input field:</p>
<div ng-app="" ng-init="myCol='orange'">
<input style="background-color:{{myCol}}" ng-
model="myCol">
</div>
<p>The background color of the input box will
be whatever you write in the  input field.</p>
</body>
</html>
```

The output of the above code as shown in Figure 5.44.

उदाहरण 44 का आउटपुट चित्र 5.44 में दिखाया गया है।

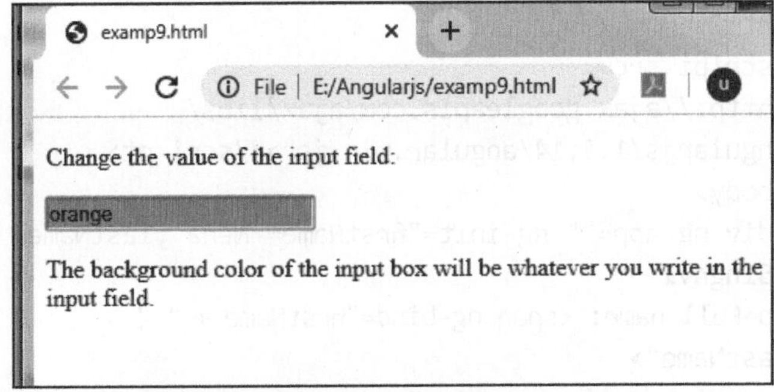

Figure 5.44: Output of Example 44
(उदाहरण 44 का आउटपुट)

5.11.1 AngularJS Numbers (Angular JS नंबर)

Angular JS numbers are like JavaScript numbers using ng-bind. (Angular JS नंबर एनजी–बिंद का उपयोग करते हुए जावास्क्रिप्ट संख्याओं की तरह हैं।)

Example 45 (उदाहरण 45):

```
<!DOCTYPE html>
<html>
<script  src="https://ajax.googleapis.com/ajax/
libs/angularjs/1.6.9/angular.min.js"></script>
<body>
<div ng-app="" ng-init="quantity=5;cost=25">
<p>Total in Rupee: <span ng-bind="quantity *
cost"></span></p>
</div>
</body>
</html>
```

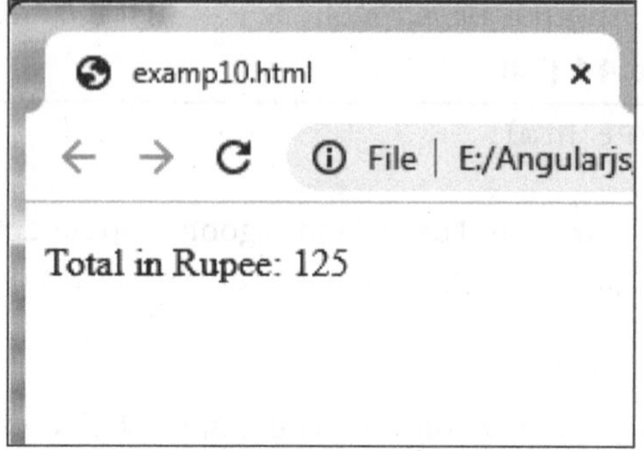

Figure 5.45: Output of Example 45 (उदाहरण 45 का आउटपुट)

The output of the above code as shown in Figure 5.45 . उदाहरण 45 का आउटपुट चित्र 5.45 में दिखाया गया है।

5.11.2 Angular JS Strings (Angular JS स्ट्रिंग्स)

Angular JS strings are like JavaScript strings. Angular JS स्ट्रिंग्स जावास्क्रिप्ट स्ट्रिंग्स की तरह हैं।

Example 46 (उदाहरण 46):

```
<!DOCTYPE html>
<html>
<script src=
"http://ajax.googleapis.com/ajax/libs/
angularjs/1.3.14/angular.min.js"></scri pt>
<body>
<div ng-app="" ng-init="firstName='Neha';lastName=
'Singhvi'">
<p>Full name: <span ng-bind="firstName + ' ' +
lastName">
   </span></p>
</div>
</body>
</html>
```

The output of the above code as shown in Figure 5.46. उदाहरण 46 का आउटपुट चित्र 5.46 में दिखाया गया है।

Figure 5.46: Output of Example 46 (उदाहरण 46 का आउटपुट)

Angular JS Objects

Angular JS objects are like JavaScript objects. Angular JS ऑब्जेक्ट जावास्क्रिप्ट ऑब्जेक्ट की तरह हैं।

Example 47 (उदाहरण 47):

```
<!DOCTYPE html>
<html>
<script  src="https://ajax.googleapis.com/
ajax/   libs/angularjs/1.6.9/angular.min.
js"></script>
<body>
<div ng-app="" ng-init="person=
   {firstName:'Aditi',lastName:'Jain'}">
<p>The name is {{ person.lastName }}</p>
</div>
</body>
</html>
```

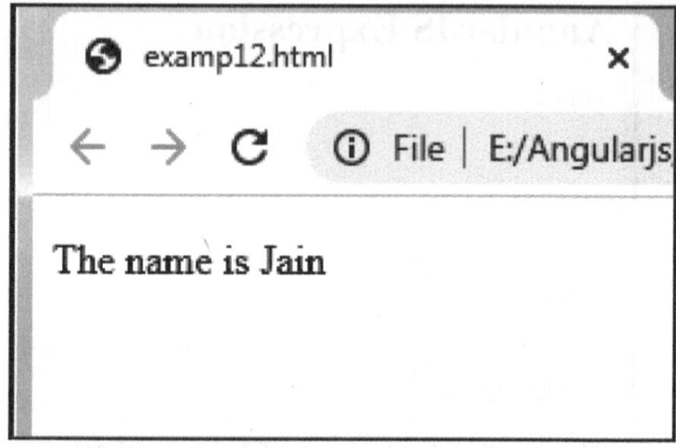

Figure 5.47: Output of Example 47 (उदाहरण 47 का आउटपुट)

The output of the above code as shown in Figure 5.47. उदाहरण 47 का आउटपुट चित्र 5.47 में दिखाया गया है।

5.11.3 Angular JS Arrays

Angular JS arrays are like JavaScript arrays. Angular JS ऐरे जावास्क्रिप्ट ऐरे की तरह हैं।

Example 48 (उदाहरण 48):

```
<!DOCTYPE html>
<html>
<script src="https://ajax.googleapis.com/
ajax/ libs/angularjs/1.6.9/angular.min.js">
</script>
<body>
<div ng-app="" ng-
init="points=[2,4,8,10,12,14]"> <p>The third
result is {{points[4] }}</p>
</div>
</body>
</html>
```

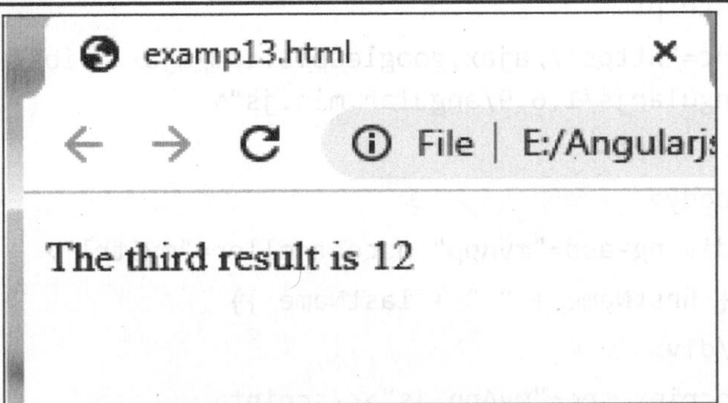

Figure 5.48: Output of Example 48
(उदाहरण 48 का आउटपुट)

The output of the above code as shown in Figure 5.48.
उदाहरण 48 का आउटपुट चित्र 5.48 में दिखाया गया है।

Same example using ng-bind.
एनजी-बिंद का उपयोग करके उदाहरण:

Example 49 (उदाहरण 49):

```
<!DOCTYPE html>
<html>
<script src="https://ajax.googleapis.com/
ajax/libs/angularjs/1.6.9/angular.min.js">
</script>
<body>
<div ng-app="" ng-
init="points=[2,4,8,10,12,14]">
<p>The third result is <span ng-
bind="points[4]"></span></p>
</div>
</body>
</html>
```

Difference between Angular JS Expressions and JavaScript Expressions

Angular JS एक्सप्रेशंस और जावास्क्रिप्ट एक्सप्रेशंस के बीच अंतर:

Angular JS Expressions Angular JS एक्सप्रेशंस	JavaScript Expressions जावास्क्रिप्ट एक्सप्रेशंस
It can be written inside HTML. इसे HTML के अंदर लिखा जा सकता है।	It cannot be written inside HTML. यह HTML के अंदर नहीं लिखा जा सकता है।
It do not support conditionals, loops, and exceptions. यह conditional, loop और exceptions का समर्थन नहीं करता है।	It support conditionals, loops, and exceptions. यह conditional, loop और exceptions का समर्थन करता है।
It support filters. यह फिल्टर का समर्थन करता है।	It does not support filters. यह फिल्टर का समर्थन नहीं करता है।
It contain literals, operators, and variables. इसमें literals, operators और variable शामिल हैं।	Contain literals, operators, and variables. literals, operators और variable को शामिल करता है।

5.11.4 What is AngularJS Modules? (AngularJS मॉड्यूल)

A module defines the application functionality that is applied to the entire HTML page using the ng-app directive. It defines functionality, such as services, directives, and filters, in a way that makes it easy to reuse it in different applications.

एक मॉड्यूल एप्लिकेशन कार्यक्षमता को परिभाषित करता है जो एनजी–ऐप निर्देश का उपयोग करके पूरे HTML पृष्ठ पर लागू होता है। यह कार्यक्षमता को परिभाषित करता है, जैसे कि सेवाएं, निर्देश, और फिल्टर, एक तरह से जो इसे विभिन्न अनुप्रयोगों में पुनः उपयोग करना आसान बनाता है।

Creating a Module (एक मॉडडूल बनाना)

A module is created by using the AngularJS function angular.module.

Angular JS फंक्शन कोणीय।मॉड्यूल का उपयोग करके एक मॉड्यूल बनाया जाता है।

```
<div ng-app="myApp">...</div>
<script>
var app = angular.module("myApp", []);
</script>
```

The "myApp" parameter refers to an HTML element in which the application will run. Now you can add controllers, directives, filters, and more, to your Angular JS application.

"MyApp" पैरामीटर एक HTML तत्व को संदर्भित करता है जिसमें एप्लिकेशन चलेगा। अब आप अपने Angular JS एप्लीकेशन में कंट्रोलर, डायरेक्टिव, फिल्टर और बहुत कुछ जोड़ सकते हैं।

Adding a Controller (नियंत्रक एड करना)

Add a controller to your application, and refer to the controller with the ng-controller directive.

अपने एप्लिकेशन में एक नियंत्रक जोड़ें, और एनजी–नियंत्रक निर्देश के साथ नियंत्रक का संदर्भ लें।

Example 50 (उदाहरण 50):

```
<!DOCTYPE html>
<html>
<script src="https://ajax.googleapis.com/ajax/
libs/
    angularjs/1.6.9/angular.min.js"> </script>
<body>
<h2>Angular Module</h2>
<div ng-app="myApp"    ng-
controller="myCtrl">{{ message}} </div>
<script>
var app = angular.module("myApp", []);
app.controller("myCtrl", function($scope) {
    $scope.message = "AngularJS
    Modules!";
});
</script>
</body>
</html>
```

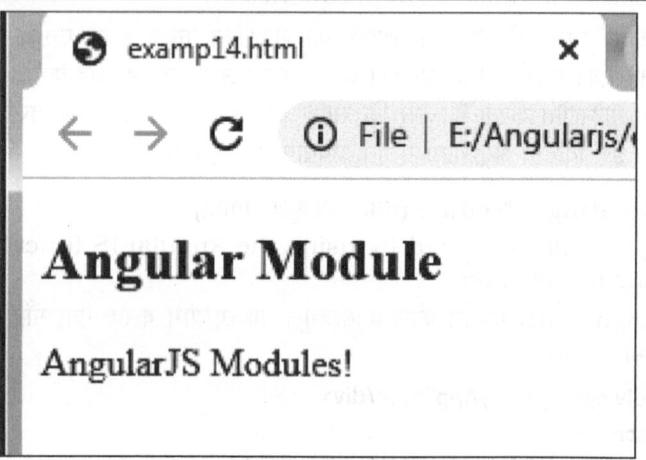

Figure 5.49: Output of Example 50
(उदाहरण 50 का आउटपुट)

The output of the above code as shown in Figure 5.49.
उदाहरण 50 का आउटपुट चित्र 5.49 में दिखाया गया है।

5.11.5 Modules and Controllers in Files (फाइल्स में मॉडडूल और नियंत्रक)

It is common in Angular JS applications to put the module and the controllers in JavaScript files. In this example, "myApp.js" contains an application module definition, while "myCtrl.js" contains the controller.

जावास्क्रिप्ट फाइल्स में मॉड्यूल और नियंत्रकों को रखने के लिए Angular JS अनुप्रयोगों में यह आम है। इस उदाहरण में, "myApp.js" में एक एप्लिकेशन मॉड्यूल परिभाषा है, जबकि "myCtrl.js" में नियंत्रक है।

Example 51 (उदाहरण 51):

```
<!DOCTYPE html>
<html>
<script
src="https://ajax.googleapis.com/ajax/ libs/
angularjs/1.6.9/angular.min.js">
</script>
<body>
<div ng-app="myApp" ngcontroller="myCtrl">
{{ firstName + " " + lastName }}
</div>
<script src="myApp.js"></script>
<script src="myCtrl.js"></script>
</body>
</html>
```

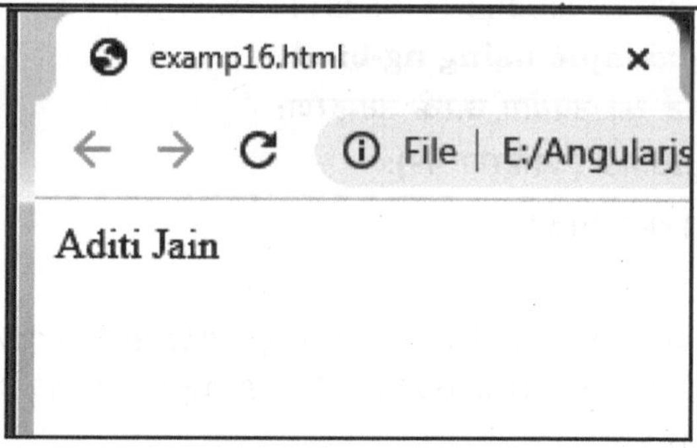

Figure 5.50: Output of Example 51
(उदाहरण 51 का आउटपुट)

The output of the above code as shown in Figure 5.50.
उदाहरण 51 का आउटपुट चित्र 5.50 में दिखाया गया है।

myApp.js

var app = angular.module("myApp", []);

The [] parameter in the module definition can be used to define dependent modules. Without the [] parameter, you are not creating a new module, but retrieving an existing one.

मॉड्यूल परिभाषा में [] पैरामीटर का उपयोग निर्भर मॉड्यूल को परिभाषित करने के लिए किया जा सकता है। [] पैरामीटर के बिना, आप एक नया मॉड्यूल नहीं बना रहे हैं, लेकिन किसी मौजूदा को पुनः प्राप्त कर रहे हैं।

myCtrl.js

```
pp.controller("myCtrl", function($scope) {
    $scope.firstName = "John";
$scope.lastName= "Doe";
});
```

myCtrl.js

Conclusion (निष्कर्ष)

This chapter discussed with JavaScript and Angular JS. JavaScript is a general-purpose high-level programming language used to create dynamic websites and web applications to run in the client's web browser. Angular JS is a JavaScript-based framework, which extends html with new attributes and is specially designed to build dynamic single-based web applications. The next topics, beings with client-side scripting is source code that is, executed on the client's browser instead of the web-server. Next, we have discussed variables are a key element in programming languages, an understanding of the basics of JavaScript variables is key to learning scripting language. Then, we have discussed different types of operators in JavaScript. Next, we have discussed conditional statements are used to decide the flow of execution based on different conditions. Next, you will learn different types of alert messages such as alert, confirmation and prompt. Next, you will learn form validation in JavaScript provides a way to validate form's data on the client's computer before sending it to the web server. Finally, we have discussed AngularJS with Expression, Modules and Directives.

इस अध्याय में जावास्क्रिप्ट और Angular JS के साथ चर्चा की गई है। जावास्क्रिप्ट एक सामान्य–उद्देश्य वाली उच्च–स्तरीय प्रोग्रामिंग भाषा है जिसका उपयोग क्लाइंट के वेब ब्राउजर में चलाने के लिए गतिशील वेबसाइट और वेब एप्लिकेशन बनाने के लिए किया जाता है। Angular JS एक जावास्क्रिप्ट–आधारित रूपरेखा है, जो HTML को नई विशेषताओं के साथ विस्तारित करती है और विशेष रूप से गतिशील एकल–आधारित वेब अनुप्रयोगों के निर्माण के लिए डिजाइन की गई है। अगले विषय, क्लाइंट–साइड स्क्रिप्टिंग वाले प्राणी स्रोत कोड है, जो वेब–सर्वर के बजाय क्लाइंट के ब्राउजर पर निष्पादित होता है। अगला, हमने चर्चा की है कि वेरिएबल प्रोग्रामिंग भाषाओं में एक प्रमुख तत्व हैं, जावास्क्रिप्ट वेरिएबल की मूल बातें की समझ स्क्रिप्टिंग भाषा सीखने के लिए महत्वपूर्ण है। फिर, हमने जावास्क्रिप्ट में विभिन्न प्रकार के ऑपरेटरों पर चर्चा की है। इसके बाद, हमने चर्चा की है कि सशर्त बयानों का उपयोग विभिन्न स्थितियों के आधार पर निष्पादन के प्रवाह को तय करने के लिए किया जाता है। इसके बाद, आप विभिन्न प्रकार के सतर्क संदेश सीखेंगे जैसे कि चेतावनी, पुष्टि और शीघ्र। इसके बाद, आप सीखेंगे कि वेब में सर्वर भेजने से पहले क्लाइंट के कंप्यूटर पर फॉर्म के डेटा को मान्य करने का एक तरीका प्रदान करता है। अंत में, हमने Angular JS के साथ अभिव्यक्ति, मॉड्यूल और निर्देशों पर चर्चा की है।

REVIEW QUESTIONS WITH ANSWERS (रिव्यू प्रश्न और उत्तर)

A. Multiple Choice Questions (बहुविकल्पीय प्रश्न)

1. Which of the following type of variable is visible everywhere in your JavaScript code?
   a. Global variable　　b. Local variable
   c. Both (a) and (b)　　d. None of the above

   आपके जावास्क्रिप्ट कोड में निम्नलिखित में से कौन सा प्रकार का वेरिएबल हर जगह दिखाई देता है?
   क. ग्लोबल वेरिएबल　　ख. लोकल वेरिएबल
   ग. दोनों (क) और (ख)　　घ. इनमे से कोई भी नहीं
2. The script tag must be placed in
   a. Head　　b. Head and body
   c. Title and Head　　d. All of the above

   स्क्रिप्ट टैग को रखा जाना चाहिए
   क. हैड　　ख. हैड और बॉडी
   ग. टाइटल और हैड　　घ. ऊपर के सभी
3. Which of the following attribute is used to include external js code inside your html document?
   a. Src　　b. Ext
   c. Script　　d. Link

   आपके HTML दस्तावेज के अंदर एक्सटर्नल कोड को शामिल करने के लिए निम्नलिखित में से किस विशेषता का उपयोग किया जाता है?
   क. Src　　ख. Ext
   ग. स्क्रिप्ट　　घ. लिंक
4. What is the correct JavaScript syntax to write "Hello World"?
   a. System.out.println("Hello World")
   b. println ("Hello World")
   c. document.write("Hello World")
   d. response.write("Hello World")

   "हैलो वर्ल्ड" लिखने के लिए सही जावास्क्रिप्ट सिंटैक्स क्या है?
   क. System.out.println ("Hello World")
   ख. Println ("Hello World")
   ग. document.write ("Hello World")
   घ. response.write ("Hello World")
5. What is the correct syntax for referring to an external script called " abc.js"?

   "abc.js" नामक एक्सटर्नल के संदर्भ में सही वाक्यविन्यास क्या है?
   a. <script href=" abc.js">

b. <script scr="abc.js">
c. <script name=" abc.js">
d. <script src=" abc.js">

B. State whether the following statements True or False. (निम्नलिखित कथन सही हैं या गलत)

1. The external JavaScript file must contain <script> tag.
एक्सटर्नल जावास्क्रिप्ट फाइल में <script> टैग होना चाहिए।
2. Javascript string using double quotes is exactly the same as a string using single quotes.
दोहरे उद्धरण चिह्नों का उपयोग करते हुए जावास्क्रिप्ट स्ट्रिंग बिल्कुल वैसा ही है जैसा एकल उद्धरणों का उपयोग करते हुए स्ट्रिंग।
3. Multiple variables can be created and initialized in a single JavaScript statement.
एकल वेरिएबल स्टेटमेंट में कई वेरिएबल बनाए और शुरू किए जा सकते हैं।
4. In JavaScript, Window.prompt() method return true or false value.
जावास्क्रिप्ट में, Window.prompt () विधि सही या गलत मान लौटाती है।
5. JavaScript is server Side Scripting Language.
जावास्क्रिप्ट सर्वर साइड स्क्रिप्टिंग लैंग्वेज है।

C. Match the following: (निम्नलिखित का मिलान करें:)

1.	JavaScript is a (जावास्क्रिप्ट)	a.	angular. module();
2.	It is a controller in MVC यह एमवीसी में एक नियंत्रक है	b.	It refers current object यह वर्तमान वस्तु को संदर्भित करता है।
3.	AngularJS module can be created using Angular JS मॉड्यूल का उपयोग करके बनाया जा सकता है	c.	High-level, interpreted scripting language. हाई–लेवल, प्रोग्रामिंग लैंग्वेज
4.	The structure of an if statement If statement की संरचना	d.	A software code that controls the interactions between the Model and View एक सॉफ्टवेयर कोड जो मॉडल और दृश्य के बीच की बातचीत को नियंत्रित करता है
5.	"this" keyword in JavaScript mean by "यह" जावास्क्रिप्ट में कीवर्ड का मतलब है	e.	if (conditional expression is true) {then execute this code >->}

D. Fill in the blanks (रिक्त स्थान भरें)

a. Client b. Model view controller
c. Declaration d. Local variable
e. Html and JavaScript

1. var num; Statement is called as ________ Statement.
वेर संख्या; स्टेटमेंट को ________ स्टेटमेंट कहा जाता है।
2. Angular JS applications are a mix of ________.
Angular JS अनुप्रयोग ________ का मिश्रण हैं।
3. Angular JS is based on the ________ pattern.
Angular JS ________ पैटर्न पर आधारित है।
4 JavaScript is interpreted by ________.
जावास्क्रिप्ट की व्याख्या ________ द्वारा की जाती है।
5. Variable declared inside JavaScript function will be called as ________.
जावास्क्रिप्ट फंक्शन के अंदर घोषित वेरिएबल को ________ के रूप में कहा जाएगा।

Answer/उत्तर

A.	1. a	2. b	3. a	4. c	5. d
B.	1. False	2. True	3. True	4. False	5. False
C.	1. d	2. c	3. d	4. e	5. b
D.	1. c	2. e	3. b	4. a	5. d

E. SHORT ANSWER QUESTIONS (शॉर्ट प्रश्न और उत्तर)

1.(a) What is JavaScript? (जावास्क्रिप्ट क्या है?)

Ans. JavaScript is an object-oriented computer programming language commonly used to create interactive effects within web browsers. It is first used by the Netscape browser, that provides access to the HTML Document Object Model (DOM), provides access to the Browser Object Model (BOM). It allows pages to respond to events, display special effects, accept variable text, validate data, make cookies, detect user's browser.

जावास्क्रिप्ट एक ऑब्जेक्ट–ओरिएंटेड कंप्यूटर प्रोग्रामिंग लैंग्वेज है जिसका उपयोग आमतौर पर वेब ब्राउजर के भीतर इंटरैक्टिव प्रभाव बनाने के लिए किया जाता है। इसका उपयोग सबसे पहले नेटस्केप ब्राउजर द्वारा किया जाता है, जो HTML डॉक्यूमेंट ऑब्जेक्ट मॉडल (DOM)

तक पहुँच प्रदान करता है, ब्राउजर ऑब्जेक्ट मॉडल (BOM) तक पहुँच प्रदान करता है। यह पृष्ठों को घटनाओं पर प्रतिक्रिया देने, विशेष प्रभाव प्रदर्शित करने, वेरिएबल पाठ स्वीकार करने, डेटा मान्य करने, कुकीज बनाने, उपयोगकर्ता के ब्राउजर का पता लगाने की अनुमति देता है।

1.(b) Explain what is pop()method in JavaScript?

बताइए कि जावास्क्रिप्ट में पॉप( ) विधि क्या है?

Ans. The pop() method is similar as the shift() method but the difference is that the Shift method works at the start of the array. Also the pop() method take the last element off of the given array and returns it. The array on which is called is then altered.

पॉप() विधि शिफ्ट() विधि के समान है लेकिन अंतर यह है कि शिफ्ट विधि सरणी के प्रारंभ में काम करती है। इसके अलावा पॉप () विधि दिए गए एरे से अंतिम तत्व को लेती है और उसे वापस करती है। जिस सरणी को कहा जाता है उसे फिर बदल दिया जाता है।

For example, var cloths = ["Shirt", "Pant", "TShirt"]; cloths.pop();

उदाहरण, var cloths = ["Shirt", "Pant", "TShirt"]; cloths. pop();

1.(c) What are the features of JavaScript?

जावास्क्रिप्ट की विशेषताएँ क्या हैं?

Ans. Following are the features of JavaScript (जावास्क्रिप्ट की विशेषताएं निम्नलिखित हैः):

a. It is a lightweight, interpreted programming language.
   यह एक लाइट, व्याख्या की गई प्रोग्रामिंग भाषा है।
b. It is designed for creating network-centric applications.
   यह नेटवर्क–केंद्रित अनुप्रयोग बनाने के लिए डिजाइन किया गया है।
c. It is complementary to and integrated with Java.
   यह जावा के लिए पूरक और एकीकृत है।
d. It is an open and cross-platform scripting language.
   यह एक ओपन और क्रॉस–प्लेटफॉर्म स्क्रिप्टिंग लैंग्वेज है।

2.(a) How can you create an Array in JavaScript?

आप जावास्क्रिप्ट में एक ऐरे कैसे बना सकते हैं?

Ans. You can define arrays using the array literal as follows: var x = []; var y = [1, 2, 3, 4, 5];

आप ऐरे शाब्दिक का उपयोग करके सरणियों को इस प्रकार परिभाषित कर सकते हैं:

अंत y = [1, 2, 3, 4, 5];

2.(b) What is an operator and what are its types?

ऑपरेटर क्या है और इसके प्रकार क्या हैं?

Ans. Operators are used for comparing values, perform arithmetic operations, etc. For example, if we take a simple expression, 4 + 5 is equal to 9. Here 4 and 5 are called operands and '+' is called the operator. JavaScript consists of different types of operators that are used to perform different operations.

ऑपरेटर का उपयोग मूल्यों की तुलना करने के लिए किया जाता है, अंकगणितीय संचालन करते हैं, उदाहरण के लिए, यदि हम एक सरल अभिव्यक्ति लेते हैं, तो 4 + 5 9 के बराबर है। यहां 4 और 5 को ऑपरेंड कहा जाता है और '+' को ऑपरेटर कहा जाता है। जावास्क्रिप्ट में विभिन्न प्रकार के ऑपरेटर होते हैं जिनका उपयोग विभिन्न कार्यों को करने के लिए किया जाता है।

Types of JavaScript Operators (जावास्क्रिप्ट ऑपरेटर के प्रकार)

There are different types of operators in JavaScript that are used for performing different operations. Some of the JavaScript Operators include:

जावास्क्रिप्ट में विभिन्न प्रकार के ऑपरेटर हैं जो विभिन्न कार्यों को करने के लिए उपयोग किए जाते हैं। जावास्क्रिप्ट ऑपरेटर में से कुछ में शामिल हैं:

a. Arithmetic Operators (अरिथमेटिक आपरेटर)
b. Comparison Operators (कम्पेरिजन आपरेटर)
c. Bitwise Operators (बिटवाइज ऑपरेटर्स)
d. Logical Operators (लॉजिकल ऑपरेटर्स)
e. Assignment Operators (असाइनमेंट ऑपरेटर्स)

2.(c) What are events in JavaScript and its types?

जावास्क्रिप्ट और इसके प्रकार क्या हैं?

Ans. JavaScript has events that provide a dynamic interface to a webpage. These events are connected to elements in the Document Object Model(DOM). Also, these events by default use the bubbling propagation i.e., upwards in the DOM from children to parent. We can bind events either as inline or in an external script. With the help of JavaScript, you can detect when certain events happen, and cause things to occur in response to those events.

जावास्क्रिप्ट में ऐसी इवेंट हैं जो एक वेबपृष्ठ को एक गतिशील इंटरफेस प्रदान करती हैं। ये ईवेंट्स डॉक्यूमेंट ऑब्जेक्ट मॉडल (DOM) में तत्वों से जुड़े हैं।

इसके अलावा, इन घटनाओं को डिफॉल्ट रूप से बुबलिंग प्रचार का उपयोग किया जाता है, अर्थात, चाइल्ड से पैरेंटर्स तक डोम में ऊपर की ओर। हम घटनाओं को इनलाइन या एक्सटर्नल स्क्रिप्ट के रूप में बाँध सकते हैं। जावास्क्रिप्ट की सहायता से, आप पता लगा सकते हैं कि कब कुछ घटनाएँ घटती हैं, और उन घटनाओं के जवाब में चीजें घटित होती हैं।

Types of Events in JavaScript (जावास्क्रिप्ट में इवेंट के प्रकार)

There are different types of events in JavaScript that are used to react to events. Some of the famous or most commonly used events such as:

जावास्क्रिप्ट में इवेंट के विभिन्न प्रकार होते हैं जिनका उपयोग इवेंट पर प्रतिक्रिया करने के लिए किया जाता है। कुछ प्रसिद्ध या सबसे अधिक उपयोग की जाने वाली इवेंट हैं:

a. Onclick
b. Onkeyup
c. Onmouseover
d Onload
e. Onfocus

3.(a) Explain what are directives? Mention some of the most commonly used directives in AngularJS application?

डिरेक्टिवेस क्या हैं? Angular JS एप्लिकेशन में सबसे अधिक इस्तेमाल किए जाने वाले डिरेक्टिवेस में से कुछ का उल्लेख करें?

Ans. A directive is something that introduces new syntax, they are like markers on DOM element which attaches a special behavior to it. In any AngularJS application, directives are the most important components. Some of the commonly used directives are ng-model, ng-App, ng-bind, ng-repeat, ng-show etc.

डिरेक्टिवेस कुछ ऐसा है जो नए वाक्यविन्यास का परिचय देता है, वे DOM तत्व पर मार्कर की तरह होते हैं जो इसके लिए एक विशेष व्यवहार देते हैं। किसी भी Angular JS एप्लिकेशन में, निर्देश सबसे महत्वपूर्ण घटक हैं। आमतौर पर उपयोग किए जाने वाले कुछ निर्देश एनजी–मॉडल, एनजी–ऐप, एनजी–बाइंड, एनजी–रिपीट, एनजी–शो आदि हैं।

3.(b) What are the advantages of using Angular JS?

Angular JS का उपयोग करने के क्या फायदे हैं?

Ans. Angular JS has several advantages in web development. (वेब विकास में Angular JS के कई फायदे हैं:)

a. Angular JS supports MVC pattern.
(Angular JS MVC पैटर्न का समर्थन करता है।)

b. Can do two ways data binding using Angular JS.
(Angular JS का उपयोग करके दो तरह से डेटा बाइंडिंग कर सकते हैं।)

c. It has per-defined form validations.
इसका प्रति–निर्धारित फार्म सत्यापन है।

d. It supports both client server communication.
यह दोनों क्लाइंट सर्वर संचार का समर्थन करता है।

e. It supports animations. (यह एनिमेशन का समर्थन करता है।)

4.(a) What do you understand by Angular JS?

Angular JS से आप क्या समझते हैं?

Ans. Angular JS is a JavaScript framework that is used for making rich and extensible web applications. It runs on plain JavaScript and HTML; hence you don't need any other dependencies to make it work. Angular JS is perfect for Single Page Applications (SPA). It is basically used for binding JavaScript objects with HTML UI elements.

Angular JS एक जावास्क्रिप्ट ढांचा है जो एक्स्टेंसिबल वेब एप्लिकेशन बनाने के लिए उपयोग किया जाता है। यह जावास्क्रिप्ट और HTML पर चलता है; इसलिए आपको इसे काम करने के लिए किसी अन्य निर्भरता की आवश्यकता नहीं है। Angular JS सिंगल पेज एप्लिकेशन (एसपीए) के लिए एकदम सही है। यह मूल रूप से HTML UI तत्वों के साथ जावास्क्रिप्ट ऑब्जेक्ट्स को बाइंड करने के लिए उपयोग किया जाता है।

4.(b) Distinguish between Angular JS and JavaScript expressions.

Angular JS और जावास्क्रिप्ट अभिव्यक्तियों के बीच भेद।

Ans. There are several differences between Angular JS and JavaScript expressions:

Angular JS और जावास्क्रिप्ट अभिव्यक्तियों के बीच कई अंतर हैं:

a. We can write Angular JS expressions in HTML, but we cannot write JavaScript expressions in HTML.
हम HTML में Angular JS एक्सप्रेशन लिख सकते हैं, लेकिन हम HTML में जावास्क्रिप्ट एक्सप्रेशन नहीं लिख सकते हैं।

b. We cannot use conditional iterations, loops, and exceptions in Angular JS, but we can use all of these conditional properties in JavaScript expressions.
हम Angular JS में सशर्त पुनरावृत्तियों, छोरों और अपवादों का उपयोग नहीं कर सकते हैं, लेकिन हम इन सभी सशर्त गुणों का उपयोग जावास्क्रिप्ट अभिव्यक्तियों में कर सकते हैं।

c. Filters are supported in Angular JS whereas filters are not supported in JavaScript.
फिल्र्स को Angular JS में सपोर्ट किया गया है जबकि फिल्टर जावास्क्रिप्ट में समर्थित नहीं हैं।

5. (a) What are the Angular Modules?

Angular मॉड्डूल क्या हैं?

Ans. The angular modules collectively define an angular application where we can write the angular code. It contains the different parts of an angular application. A module is created by angular module function in angular.

Angular मॉड्यूल सामूहिक रूप से एक Angular अनुप्रयोग को परिभाषित करते हैं जहां हम Angular कोड लिख सकते हैं। इसमें Angular अनुप्रयोग के विभिन्न भाग होते हैं। एक मॉड्यूल Angular मॉड्यूल फंक्शन द्वारा Angular में बनाया जाता है।

(b) Explain the ng-model directive in Angular JS.

Angular JS में एनजी-मॉडल निर्देश की व्याख्या करें।

Ans. This can be a leap hop with the custom HTML input form control (like input, textarea and select) to the application data. It provides form validation behavior with a two-way binding.

यह एप्लिकेशन डेटा पर कस्टम HTML इनपुट फॉर्म नियंत्रण (जैसे इनपुट, टेक्स्टारिया और चयन) के साथ एक लीप होप हो सकता है। यह दो–तरफा बंधन के साथ प्रपत्र सत्यापन व्यवहार प्रदान करता है।

```
<input ng-bind="expression"/>
```

(c) What is a controller in Angular JS?

Angular JS में एक नियंत्रक क्या है?

Ans. A controller is a JavaScript function which is bound to the specified scope. Angular instantiates the new controller object and injects the new scope as a dependency. It can be used to set up the initial state of the scope object and to add behavior to the object. It cannot be used to share code or state across controllers, but instead of that Angular service can be used.

कंट्रोलर एक जावास्क्रिप्ट फंक्शन है जो निर्दिष्ट दायरे से जुड़ा हुआ है। Angular नए कंट्रोलर ऑब्जेक्ट से इंस्टेंट करता है और एक निर्भरता के रूप में नए दायरे को इंजेक्ट करता है। इसका उपयोग स्कोप ऑब्जेक्ट की प्रारंभिक स्थिति को सेट करने और ऑब्जेक्ट में व्यवहार जोड़ने के लिए किया जा सकता है। इसका उपयोग कोड या राज्य को कंट्रोलर में साझा करने के लिए नहीं किया जा सकता है, लेकिन इसके बजाय Angular सेवा का उपयोग किया जा सकता है।

Example (उदाहरण),

```
<Any ng-Controller=" expression">
</Any>
<div ng-app="mainApp" ng-
controller="SimpleController">
</div>
```

(d) What is ng-App directive in Angular JS?

Angular JS में ng-app निर्देश क्या है?

Ans. It is used to define the Angular JS Application. It appoints the root element of an Angular JS application and it is kept near the <body> or <html> tag.

इसका उपयोग Angular JS Application को परिभाषित करने के लिए किया जाता है। यह एक Angular JS एप्लिकेशन के मूल तत्व को नियुक्त करता है और इसे <body> या <html> टैग के पास रखा जाता है।

We can define any number of ng-app directives inside the HTML document, but only one AngularJS application can be bootstrapped automatically (auto-bootstrapped) and the other applications need to be bootstrapped manually.

हम HTML डॉक्यूमेंट के अंदर किसी भी प्रकार के एनजी ऐप निर्देशों को परिभाषित कर सकते हैं, लेकिन केवल एक Angular JS एप्लिकेशन को स्वतः बूट किया जा सकता है (ऑटो–बूटस्ट्रैप्ड) और अन्य अनुप्रयोगों को मैन्युअल रूप से बूटस्ट्रैप करने की आवश्यकता होती है।

Example (उदाहरण):

```
<div ng-app="">
<p>My first expression: {{157 + 122}} </p>
</div>
```

6 Photo Editor (फोटो एडिटर)

6.1 Introduction (परिचय)

The Photo Editor is designed to be easy to use and user friendly. It is the fast, powerful, and easy-to-use image editor that everyone from beginners to professionals can use and enjoy. It includes a wide variety of image processing tools you can use to create, edit, and touch-up your digital images. This highly intuitive piece of software supports a high variety of formats which allows you to edit a vast number of images and save it in any format you want. It is equipped with the usual set of file operations together with some of the slightly higher level editing options & adjust colors in photos; and apply filters if you ever want to do a hands on job in customizing your images.

फोटो एडिटर को उपयोग करने में आसान और उपयोगकर्ता के अनुकूल बनाया गया है। यह तेज, शक्तिशाली और आसानी से उपयोग में आने वाला इमेज एडिटर है, जो विगिनर्स से लेकर प्रोफेशनल्स सभी इसका का उपयोग कर सकते हैं और आनंद ले सकते हैं। इसमें विभिन्न प्रकार के इमेज प्रोसेसिंग टूल शामिल हैं जिनका उपयोग आप अपने डिजिटल चित्र को बनाने, मणिपुलट करने और टच–अप करने के लिए कर सकते हैं। सॉफ्टवेयर का यह अत्यधिक सहज टुकड़ा विभिन्न प्रकार के स्वरूपों का समर्थन करता है जो आपको बड़ी संख्या में छवियों को संपादित करने और किसी भी प्रारूप में सेव करने की अनुमति देता है। यह थोड़े उच्च स्तर के संपादन विकल्पों के साथ फाइल संचालन के सामान्य सेट के साथ सुसज्जित है और तस्वीरों में रंगों को समायोजित करता है; और यदि आप कभी भी अपनी छवियों को अनुकूलित करने में काम करना चाहते हैं तो फिल्टर लागू करें।

6.1.1 Main Features of Photo Editing (फोटो एडिटिंग की मुख्य विशेषताएं)

The main features of Photo editing are as follows:

फोटो एडिटिंग की मुख्य विशेषताएं:

- Import and export various graphic formats, including BMP, GIF, JPG, TIFF, PCX, PNG, TGA, J2K, WMF, EMF, and RAS.

  BMP, GIF, JPG, TIFF, PCX, PNG, TGA, J2K, WMF, EMF और RAS सहित विभिन्न ग्राफिक प्रारूपों का आयात और निर्यात करता है।
- Apply 15 unique filters such as blur, sharp, Add noise, diffuse, mosaic, twirl, and emboss etc.

  बलर, तेज, नाइज जोड़ें, फैलाना, मोजेक, घुमाव, और एम्बॉस आदि जैसे 15 अद्वितीय फिल्टर लागू करें।
- Alignment and straightening of the image including rotate 90°, 180° and arbitrary, flip horizontal and vertical, perspective, and skew, etc.

  छवि को संरेखित करना और सीधा करना जिसमें 90°, 180° और मनमाना, फिलप क्षैतिज और ऊर्ध्वाधर, परिप्रेक्ष्य और तिरछा, आदि शामिल हैं।
- Adjusting image' colors easily with 11 adjustment commands such as Auto levels, auto contrast, brightness, contrast, gamma channel, hue, saturation, RGB channel, invert, and colorize, etc.

  ऑटो समायोजन, ऑटो कॉन्ट्रास्ट, ब्राइटनेस, कॉन्ट्रास्ट, गामा चैनल, सैचुरेशन, RGB चैनल, इनवर्ट और कलर्डाइज इत्यादि जैसे 11 एडजस्टमेंट कमांड के साथ इमेज के रंगों को आसानी से एडजस्ट करना।
- Edit images directly from scanner.

  स्कैनर से सीधे छवियों को मणिपुलट करें।
- Print images with full functionality and keep them for your archive, showing to friends or colleagues.

  पूर्ण कार्यक्षमता के साथ छवियों को प्रिंट करें और उन्हें अपने संग्रह के लिए रखें, मित्रों या सहकर्मियों को दिखाएं।
- Also ability to increase or decrease the image dimension, which is called image resizing with lots of pre-defined and standard sizes, or have your own custom size.

  छवि आयाम को बढ़ाने या कम करने की क्षमता, जिसे बहुत सारे पूर्व–परिभाषित और मानक आकारों के साथ आकार बदलने वाली छवि कहा जाता है, या आपके पसंदीदा कस्टम आकार होते हैं।
- EPC image editor is provided as FREEWARE for private (non-commercial) or educational (including non-profit organization) use. In these cases, you are granted the right to use and to make an unlimited number of copies of this program.

  ईपीसी छवि संपादक को निजी (नॉन–कमर्शियल) या शैक्षिक (नॉन–प्राफिट आर्गेनाइजेशन) उपयोग के लिए फ्रीवेयर के रूप में प्रदान किया जाता है। इन मामलों में, आपको इस कार्यक्रम की असीमित संख्या में प्रतियां उपयोग करने और बनाने का अधिकार दिया जाता है।

6.1.2 Photo Editor Tools and Controls (फोटो संपादक उपकरण और नियंत्रण)

You can use the pixel-based editing tools, such as red eye removal, special effects and many other tools, and combine them with the selections tool to fine-tune your image.

आप पिक्सेल–आधारित एडिटिंग टूल का उपयोग कर सकते हैं, जैसे कि लाल आंख निकालना, विशेष प्रभाव और कई अन्य उपकरण, और उन्हें अपनी छवि को ठीक करने के लिए चयन उपकरण के साथ मिलाएं।

6.1.3 Using Selections (सिलेक्शन का उपयोग करना)

Use Selections to isolate an area of a photo in order to apply edits or filters to only that area, rather than the whole photo. There are five different selection tools and each selects an area of a photo in a unique way. The controls available change depending on which tool you select.

संपूर्ण फोटो के बजाय केवल उस क्षेत्र में एडिटिंग या फिल्टर लागू करने के लिए किसी फोटो के किसी क्षेत्र को अलग करने के लिए चयन का उपयोग करें। पांच अलग–अलग चयन उपकरण हैं और प्रत्येक एक अनोखे तरीके से फोटो के एक क्षेत्र का चयन करता है। आपके द्वारा चुने गए उपकरण के आधार पर नियंत्रण उपलब्ध परिवर्तन करता है।

To Use a Selection Tool (चयन उपकरण का उपयोग करने के लिए):

1. At the top of the toolbar on the left, select the button for one of the following selection tools: Brush selection tool, Rectangular selection tool, Elliptical selection tool, Lasso selection tool, Magic wand selection tool.

   बाईं ओर टूलबार के शीर्ष पर, निम्नलिखित चयन उपकरणों में से एक के लिए बटन का चयन करें: ब्रश चयन उपकरण, रेक्टगंल चयन उपकरण, एलिपटकल चयन उपकरण, लासो चयन उपकरण, मैजिक वैंड चयन उपकरण।

2. You can use Selections with the following tools:

   आप निम्नलिखित उपकरणों के साथ चयन का उपयोग कर सकते हैं:

   Repair: Skin Tune (**रिपेयर:** स्किन ट्यून).

   Add: Vignette, special effects, tilt-shift.

   जोड़ें: विगनेट, विशेष प्रभाव, टिल्ट–शिफ्ट।

   Exposure/Lighting: Exposure, levels, auto levels, tone curves, light EQ™, dehaze, dodge and burn.

   एक्सपोजर / लाइटिंग: एक्सपोजर, लेवल, ऑटो लेवल, टोन कर्व्स, लाइट EQ™, डीहेज, डॉज एंड बर्न।

   Color: White balance, color EQ, color balance, convert to black and white, split tone.

   रंग: सफेद संतुलन, रंग EQ, रंग संतुलन, काले और सफेद, विभाजित स्वर में परिवर्तित करें।

   Detail: Sharpen, blur, noise, clarity, detail brush.

   विस्तार: पैनापन, धुंधला, नॉइज, स्पष्टता, विस्तार ब्रश।

6.1.4 Selection Tools (चयन उपकरण)

Freehand Lasso: Click the left mouse button and drag the cursor to draw around the area that you wish to select. As you draw, a line appears showing where you have drawn. When you release the mouse, the end of the line joins to the start automatically to complete the selection. The whole selection animates and looks like marching ants.

फ्रीहैण्ड लासो: बाईं माउस बटन पर क्लिक करें और कर्सर को उस क्षेत्र के चारों ओर खींचने के लिए ड्रैग जिसे आप चुनना चाहते हैं। जैसे ही आप ड्रा करते हैं, एक रेखा दिखाई देती है जहाँ आपने ड्रा किया है। जब आप माउस रिलीज करते हैं, तो पंक्ति का अंत चयन पूरा करने के लिए स्वचालित रूप से प्रारंभ में जुड़ जाता है। पूरा चयन एनिमेशन करता है और चींटियों को मारता हुआ दिखता है।

Magic Wand: Click on any area of the image and all the pixels the same color are included in the selection. You can choose whether to select only the same color pixels that are actually touching the one you clicked, or all the pixels in the photo that are similar. You can increase the threshold to include more pixels in the selection. The lower the threshold, the more similar a pixel has to be to the one clicked in order to be included. The greater the threshold, the more different a pixel can be and still be in the selection.

मैजिक वैंड: छवि के किसी भी क्षेत्र पर क्लिक करें और चयन में सभी पिक्सेल समान रंग शामिल हैं। आप चुन सकते हैं कि क्या केवल उसी रंग के पिक्सल का चयन करें जो वास्तव में आपके द्वारा क्लिक किए गए चित्र को छू रहे हैं, या फोटो के सभी पिक्सेल समान हैं। आप चयन में अधिक पिक्सेल शामिल करने के लिए सीमा बढ़ा सकते हैं। थ्रेशोल्ड जितना कम होगा, उतना ही एक पिक्सेल को शामिल करने के लिए एक क्लिक पर होना चाहिए। अधिक से अधिक थ्रेशोल्ड, एक पिक्सेल अलग हो सकता है और अभी भी चयन में हो सकता है।

Rectangular or Elliptical: Click and drag either a rectangle or an ellipse that begins where you first click and ends when you release the mouse.

रेक्टेंगुलर या अण्डाकार: क्लिक करें और ड्रैग करें या तो एक आयत या एक दीर्घवृत्त है जो शुरू होता है जहाँ आप पहली बार क्लिक करते हैं और समाप्त होते हैं जब आप माउस छोड़ते हैं।

Brush: You can use the brush selection tool to target your selection based on color, brightness, or a combination of both color and brightness. Select color, brightness, or magic from the drop-down menu in the context bar to define your selection. Then align the center of the brush with the color, brightness, or combination that you wish to target and begin brushing. You can increase the tolerance to include a wider range of pixels in your selection. The lower the tolerance, the more similar a pixel has to be to the one clicked in order to be included. You can erase the selection by right-clicking.

ब्रश: आप रंग, चमक या रंग और चमक दोनों के संयोजन के आधार पर अपने चयन को लक्षित करने के लिए ब्रश चयन उपकरण का उपयोग कर सकते हैं। अपने चयन को परिभाषित करने के लिए संदर्भ पट्टी में ड्रॉप–डाउन मेनू से रंग, चमक या मैजिक का चयन करें। फिर रंग, चमक, या संयोजन के साथ ब्रश के केंद्र को संरेखित करें जिसे आप लक्षित करना चाहते हैं और ब्रश करना शुरू करते हैं। आप अपने चयन में पिक्सेल की एक विस्तृत श्रृंखला को शामिल करने के लिए टालरेंस बढ़ा सकते हैं। कम सहिष्णुता, एक समान पिक्सेल को शामिल करने के लिए एक क्लिक पर होना चाहिए। आप राइट–क्लिक करके चयन को मिटा सकते हैं।

Using the Selection Tools To Use the Lasso: (लसो का उपयोग करने के लिए चयन उपकरण का उपयोग करना:)

1. Select the Lasso button. (लसो बटन का चयन करें।)
2. On the image, click and hold down the left mouse button as you draw around the area you want to select. (Figure 6.1)
   छवि पर, बाईं माउस बटन पर क्लिक करें और दबाए रखें जैसा कि आप उस क्षेत्र के चारों ओर ड्रैग करें जिसे आप चुनना चाहते हैं। (चित्र 6.1)

Figure 6.1: Using the selection tools (चयन साधनों का उपयोग करना)

3. Release the mouse button to complete the selection.
   चयन पूरा करने के लिए माउस बटन छोड़ें।
4. To clear the selection, click anywhere on the image (for the Lasso, Rectangular, or Elliptical selection).
   चयन को एक्सटर्नल करने के लिए, छवि पर कहीं भी क्लिक करें (लास्सो, रेक्टेंगुलर या अण्डाकार चयन के लिए)।
5. To add to an existing selection, hold down SHIFT, or press the Add to selection button in the context bar, and draw a shape that includes any part of the original selection line.. When you release the mouse, the original selection expands to include the outer edge of your addition. (Figure 6.2)
   मौजूदा चयन में जोड़ने के लिए, शिफ्ट दबाए रखें, या संदर्भ में चयन बटन जोड़ें दबाएं बार, और एक आकृति खींचना जिसमें मूल चयन लाइन का कोई भी हिस्सा शामिल हो। । जब आप माउस को छोड़ते हैं, तो मूल चयन आपके अतिरिक्त एक्सटर्नल छोर को शामिल करने के लिए फैलता है। (चित्र 6.2)

Figure 6.2: Add to selection (चयन में जोड़ें)

6. To add multiple areas into your selection, hold down SHIFT, or press the Add to selection button in the context bar and draw around any part of the image . (Figure 6.3)
   अपने चयन में कई क्षेत्रों को जोड़ने के लिए, SHIFT दबाए रखें, या संदर्भ पट्टी में चयन बटन जोड़ें और छवि के किसी भी हिस्से को चारों ओर ड्रैग करें। (चित्र 6.3)
   As long as you do not touch the line of any other selection, you can add several separate areas to a selection.
   जब तक आप किसी अन्य चयन की रेखा को नहीं छूते हैं, तब तक आप एक चयन में कई अलग–अलग क्षेत्रों को जोड़ सकते हैं।

Figure 6.3: Add multiple areas selection (कई क्षेत्रों का चयन करें)

7. To subtract from a selection, hold down CTRL, or press the subtract from selection button in the context bar, and draw a shape that includes part of the original selection, or encircles it completely. (Figure 6.4)
   चयन का सब्ट्रैक्ट, कंट्रोल करने के लिए कंट्रोल की दबाए रखें या संदर्भ पट्टी में चयन बटन से घटाव दबाएं, और एक आकृति बनाएं जिसमें मूल चयन का हिस्सा शामिल है, या इसे पूरी तरह से घेरता है। (चित्र 6.4)
8. If you wish to apply edits or effects to the outside areas of the image, you need to click Select | Inverse to reverse the selected area.
   यदि आप छवि के एक्सटर्नल क्षेत्रों में संपादन या प्रभाव लागू करना चाहते हैं, तो आपको चयन पर क्लिक करना होगा श्लोक में चयनित क्षेत्र को उलटने के लिए।

Figure 6.4: Subtract from selection (चयन से सब्ट्रैक्ट)

Now the selection includes all the outside areas of the image with the central area outside the selection.

अब सिलेक्शन में एक्सटर्नल केंद्रीय क्षेत्र के साथ छवि के सभी बाहरी क्षेत्र शामिल हैं।

To Use the Magic Wand (मैजिक वैंड का उपयोग करने के लिए):

1. Select the Magic Wand button.
   मैजिक वैंड बटन का चयन करें।
2. Click any color in the image.
   छवि में किसी भी रंग पर क्लिक करें।
3. Do any of the following (निम्नलिखित में से कोई एक करें:):
   - Slide the Threshold slider to adjust the number of pixels to be included or excluded. The Threshold slider sets how similar a pixel needs to be to the one you clicked in order to be included in the selection.

     पिक्सेलस को इन्क्लुट या एबसक्टड करने की संख्या को समायोजित करने के लिए थ्रेसहोल्ड स्लाइडर को स्लाइड करें। थ्रेशोल्ड स्लाइडर यह निर्धारित करता है कि चयन में शामिल किए जाने के लिए आपके द्वारा क्लिक किए गए पिक्सेल के समान कैसे होना चाहिए।
   - Click the Connected checkbox if you want to include only pixels that are touching the one you clicked.

     कनेक्ट किए गए चेकबॉक्स पर क्लिक करें यदि आप केवल उन पिक्सेल को शामिल करना चाहते हैं जो आपके द्वारा क्लिक किए गए को छू रहे हैं।
   - Hold down SHIFT and click around the selection to include more pixels.

     शिफ्ट दबाए रखें और अधिक पिक्सेल शामिल करने के लिए चयन पर क्लिक करें।
   - Hold down CTRL and click around the selection to remove pixels from the selection.

     कंण्ट्रोल दबाए रखें और चयन से पिक्सेल को निकालने के लिए चयन पर क्लिक करें।
4. From the Wand type drop-down list, select one of the following:
   वैंड टाइप ड्रॉप–डाउन सूची से, निम्न में से एक का चयन करें:
   - **Brightness:** Selects pixels similar in brightness to the area of the image you clicked.

     वाइटनेस: आपके द्वारा क्लिक की गई छवि के क्षेत्र में चमक के समान पिक्सेल का चयन करता है।
   - **Color:** Selects pixels similar in hue and brightness to the area of the image you clicked.

     रंग: आपके द्वारा क्लिक की गई छवि के क्षेत्र में रंग और चमक के समान पिक्सेल का चयन करता है।
   - **RGB:** Selects pixels with red, green, and blue combination similar to the area of the image you clicked.

     आरजीबी: आपके द्वारा क्लिक की गई छवि के क्षेत्र के समान लाल, हरे और नीले संयोजन के साथ पिक्सेल का चयन करता है।

To Use the Rectangular or Elliptical Selection Tool:

रेक्टेंमुलट या एलिटिकल चयन उपकरण का उपयोग करने के लिए:

1. Select either Rectangular or Elliptical button.
   रेक्टेंमुलट या एलिटिकल बटन का चयन करें।
2. Click and drag to draw the selection on the image.
   छवि पर चयन आकर्षित करने के लिए क्लिक करें और खींचें।
3. Do any of the following (निम्नलिखित में से कोई एक करें):
   - To add to an existing selection, hold down SHIFT and drag another selection that includes any part of the original selection line. Release the mouse and the selection now includes the additional area.

     मौजूदा चयन में जोड़ने के लिए, SHIFT दबाए रखें और एक अन्य चयन खींचें जिसमें मूल चयन लाइन का कोई भी हिस्सा शामिल हो। माउस छोड़ें और चयन में अब अतिरिक्त क्षेत्र शामिल है।
   - To add multiple areas to your selection, hold down SHIFT and drag as many as you want. As long as none of the edges touch, you can continue adding areas to the selection.

     अपने चयन में कई क्षेत्रों को जोड़ने के लिए, शिफ्ट दबाए रखें और जितने चाहें उतना ड्रेग। जब तक किनारों टच नहीं करता है, आप चयन में क्षेत्रों को जोड़ना जारी रख सकते हैं।
   - To subtract from an existing selection, hold down CTRL and drag another selection that intersects with the one you want to reduce. Release the mouse and any part that was inside the new selection is removed.

     मौजूदा चयन से घटाने के लिए, कंट्रोल को दबाए रखें और दूसरे चयन को ड्रैग करे जिसे आप कम करना चाहते हैं। माउस को छोड़ दें और जो भी हिस्सा नए चयन के अंदर था उसे हटा दिया जाए।

6.1.5 Combining the Tools (टूल का संयोजन)

You can use the Selection tools separately or in combination. For example, you can use the Magic Wand to select most of a particular color, then switch to the Freehand Lasso to add to, or subtract from, the selection. Or you could use the Rectangular selection to select a large general area, then refine it using the Freehand Lasso.

आप अलग से या संयोजन में चयन उपकरण का उपयोग कर सकते हैं। उदाहरण के लिए, आप किसी विशेष रंग का चयन करने के लिए मैजिक वैंड का उपयोग कर सकते हैं, फिर चयन में जोड़ने या घटाने के लिए फ्रीहैंड लैस्सो पर स्विच कर सकते हैं। या आप एक बड़े सामान्य क्षेत्र का चयन करने के लिए आयताकार चयन का उपयोग कर सकते हैं, फिर इसे फ्रीहैंड लास्सो का उपयोग करके परिष्कृत कर सकते हैं।

To Combine Selection Tools (चयन उपकरण कंबाइन के लिए):

1. Choose a tool and make a selection.
   एक उपकरण चुनें और एक चयन करें।
2. Switch to another tool. (दूसरे टूल पर स्विच करें।)
3. Press the Add to selection button.
   चयन बटन में एंड टू सिलेक्शन दबाएं।
4. Make another selection. (एक और चयन करें।)

6.1.6 Using the Edit Brush (एडिट ब्रश का उपयोग करना)

While the tools allow you to make a variety of global adjustments, sometimes you may only want to adjust specific areas of your photos. For example, instead of blurring an entire photo, you may want to blur certain areas, such as the background. To do this, and other local adjustments, you can use the edit brush.

हालांकि उपकरण आपको कई प्रकार के ग्लोबल एडजस्टमेंट करने की अनुमति देते हैं, कभी–कभी आप केवल एडजस्टमेंट करना चाहते हैं आपकी तस्वीरों के विशिष्ट क्षेत्र। उदाहरण के लिए, एक संपूर्ण फोटो को ब्लर करने के बजाय, आप बैकग्राउंड जैसे कुछ क्षेत्रों को ब्लर कर सकते हैं। ऐसा करने के लिए, और अन्य स्थानीय एडजस्टमेंट, आप एडिट ब्रश का उपयोग कर सकते हैं।

The edit brush allows you to selectively edit your photo by simply brushing on the effects. The edit brush is essentially creating a mask that is used to determine which pixels will be affected by the current settings of the chosen operation.

एडिट करें ब्रश आपको केवल प्रभावों पर ब्रश करके अपनी तस्वीर को चुनिंदा रूप से एडिट करने की अनुमति देता है। एडिट ब्रश अनिवार्य रूप से एक मुखौटा बना रहा है जो यह निर्धारित करने के लिए उपयोग किया जाता है कि कौन सा पिक्सेल चुने हुए ऑपरेशन की वर्तमान सेटिंग्स से प्रभावित होगा।

To use the edit brush (एडिट ब्रश का उपयोग करने के लिए):

1. Select the tool you want to use.
   उस टूल का चयन करें जिसका आप उपयोग करना चाहते हैं।
2. Click the edit brush button to enter Brushing mode and open the Brush controls or, toggle.
   ब्रशिंग मोड में प्रवेश करने के लिए एडिट ब्रश बटन पर क्लिक करें और ब्रश नियंत्रण या टॉगल खोलें।
3. The Brush panel open and closed with the B key.
   B-की के साथ ब्रश पैनल खोले और बंद करें।
4. Specify the brush settings in the panel or on the fly as described in the Edit brush options.
   एडिट करें ब्रश विकल्पों में वर्णित के रूप में पैनल में या मक्खी पर ब्रश सेटिंग्स निर्दिष्ट करें।
5. Start painting the effects on your photo.
   अपनी तस्वीर पर प्रभाव को चित्रित करना शुरू करें।
6. Adjust the sliders to get the effect you want.
   अपने इच्छित प्रभाव को प्राप्त करने के लिए स्लाइडर्स को समायोजित करें।
7. Press done to apply your brush strokes.
   प्रेस अपने ब्रश स्ट्रोक लागू करने के लिए।

Edit Brush Options (ब्रश विकल्प करें)

Add brush stroke Brush: While holding the left mouse button down.

ब्रश स्ट्रोक जोड़ें ब्रश: बाईं माउस बटन को दबाए रखें।

Erase brush stroke Brush: While holding the right mouse button down.

ब्रश स्ट्रोक स्ट्रोक मिटाएँ: राइट माउस बटन को दबाए रखें।

Adjusts brush size: You can use the mouse wheel to adjust nib width or adjust the Nib Width slider.

ब्रश का आकार एडजस्टमेंट करना है: आप नीब चौड़ाई को एडजस्टमेंट करने या नीब चौड़ाई स्लाइडर को एडजस्टमेंट करने के लिए माउस व्हील का उपयोग कर सकते हैं।

Adjust Feathering: Use SHIFT + mouse wheel to adjust the amount of feathering or adjust the Feathering slider.

पैथेरिंग को एडजस्टमेंट करें: पंखों की मात्रा को एडजस्टमेंट करने या पैथेरिंग के स्लाइडर को एडजस्टमेंट करने के लिए शिफ्ट + माउस व्हील का उपयोग करें।

Pressure: Adjust the slider to control the strength of the brush.

प्रेशर: ब्रश की स्ट्रेंथ को नियंत्रित करने के लिए स्लाइडर को एडजस्टमेंट करें।

Alternating between brush mode and cursor-applied tools: For filters that involve drawing or clicking on the image, and White Balance, hold down the ALT key to switch from Brush mode to using the tool.

ब्रश मोड और कर्सर-एप्लाइड टूल्स में बारी-बारी से काम करना: ऐसे फिल्टरों के लिए जिनमें ड्राइंग या इमेज पर क्लिक करना होता है, और व्हाइट बैलेंस, टूल का उपयोग करने के लिए ब्रश मोड से स्विच करने के लिए ऑल्ट की दबाए रखें।

Clear all brush: Removes all brush strokes from the image.

सभी ब्रश साफ करें: छवि से सभी ब्रश स्ट्रोक निकालता है।

Invert all brush strokes: Toggle this option to invert brushed strokes. This makes brushed areas no longer brushed and untouched areas brushed. This is useful if you want the majority of the image brushed and a small section untouched. Simply brush only the small area you don't want affected and invert the brush strokes.

सभी ब्रश स्ट्रोक्स को पलटें: ब्रश के स्ट्रोक्स को पलटने के लिए इस विकल्प को टॉगल करें। यह ब्रश किए गए क्षेत्रों को अब ब्रश नहीं करता है और अनछुए क्षेत्रों को ब्रश करता है। यह उपयोगी है अगर आप चाहते हैं कि अधिकांश छवि ब्रश की हो और एक छोटा खंड अछूता हो। बस ब्रश आप प्रभावित नहीं करना चाहता है और ब्रश स्ट्रोक पलटना केवल छोटे क्षेत्र।

Load last applied brush strokes: Applies effects to the area most recently brushed and applied.

अंतिम लागू ब्रश स्ट्रोक लोड करें: सबसे हाल ही में ब्रश किए गए और लागू किए गए क्षेत्र पर प्रभाव लागू करता है।

Show brush strokes: When this option is checked, your brush strokes will be displayed in the color shown. This is helpful when brushing a complex area with a subtle effect, as it can be difficult to tell if you have missed a spot.

ब्रश स्ट्रोक दिखाएँ: जब इस विकल्प की जाँच की जाती है, तो आपके ब्रश स्ट्रोक दिखाए गए रंग में प्रदर्शित होंगे। यह एक सूक्ष्म प्रभाव के साथ एक जटिल क्षेत्र को ब्रश करते समय मददगार होता है, क्योंकि यह बताने में मुश्किल हो सकती है कि क्या आपने कोई स्पॉट मिस किया है।

6.1.7 Text Tool (टेक्स्ट टूल)

You can use the add text tool to add formatted text to a photo. You can also adjust the opacity of the text to create a watermark effect, which is useful for putting copyright information onto your photos.

फोटो में स्वरूपित टेक्स्ट एड करने के लिए आप टेक्स्ट जोड़ें टूल का उपयोग कर सकते हैं। आप वॉटरमार्क प्रभाव बनाने के लिए पाठ की अस्पष्टता को भी एडजस्टमेंट कर सकते हैं, जो आपकी तस्वीरों पर कॉपीराइट जानकारी डालने के लिए उपयोगी है।

To add text to an image (छवि में टेक्स्ट जोड़ने के लिए):

1. Do one of the following (निम्नलिखित में से एक करें):
   Click Filter menu highlight Add and choose Text.
   On the Toolbar, click the Add icon and choose Text from the menu.
   फिल्टर मेनू हाइलाइट **जोड़ें** पर क्लिक करें और **टेक्स्ट** चुनें।
   टूलबार पर, आइकन **जोड़ें** पर क्लिक करें और मेनू से पाठ चुनें।
2. Type the text you want to add in the Text field.
   वह टेक्स्ट लिखें, जिसे आप **टेक्स्ट** फील्ड में जोड़ना चाहते हैं।
3. In the Font area, specify the font you want to use, the formatting options, such as italics or justification, and the color of the text. Drag the size slider to specify a point size, and then drag the Opacity slider to specify the transparency of the text.
   फॉन्ट क्षेत्र में, वह फॉन्ट निर्दिष्ट करें जिसका आप उपयोग करना चाहते हैं, स्वरूपण विकल्प, जैसे इटैलिक या जस्टिफिकेशन और पाठ का रंग। एक बिंदु आकार निर्दिष्ट करने के लिए आकार स्लाइडर खींचें, और फिर पाठ की पारदर्शिता को निर्दिष्ट करने के लिए अस्पष्टता स्लाइडर खींचें।
4. Click and drag the text marquee to reposition it anywhere on your image, or drag the marquee's handles to resize it.
   पाठ मार्की को अपनी छवि पर कहीं भी रिप्लेस करने के लिए उसे क्लिक करें या खींचें, या मार्की के हैंडल को आकार बदलने के लिए खींचें।
5. Select an option from the Blend Mode drop-down list to specify how you want the text to blend into the underlying image.
   यह निर्दिष्ट करने के लिए कि आप टेक्स्ट को अंतर्निहित छवि में कैसे मिश्रण करना चाहते हैं, ब्लेंड मोड ड्रॉप–डाउन सूची से एक विकल्प चुनें।
6. Choose one of the following options:
   निम्न विकल्पों में से एक चुनें:
   - Select the Bubble Text checkbox, and set the bubble text settings as explained in the Table 6.1.
     बबल टेक्स्ट चेकबॉक्स का चयन करें, और टेबल 6.1 में बताए अनुसार बबल टेक्स्ट सेटिंग्स सेट करें।
   - Note that other text effects cannot be applied to bubble text.
     ध्यान दें कि अन्य टेक्स्ट प्रभाव बबल टेक्स्ट पर लागू नहीं किए जा सकते हैं।
   - Select one or more of the effects, drop shadow, and bevel checkboxes to customize your text.
     अपने पाठ को अनुकूलित करने के लिए एक या अधिक प्रभाव, ड्रॉप शैड और बेवल चेकबॉक्स चुनें।
   - Click the settings button to adjust the settings for each of these options as explained in the table below.
     नीचे दिए गए टेबल में बताए अनुसार इनमें से प्रत्येक विकल्प के लिए सेटिंग्स को एडजस्ट करने के लिए सेटिंग्स बटन पर क्लिक करें।

Table 6.1: Add Text Options (पाठ विकल्प जोड़ें)

Bubble Text Settings: (बबल टेक्स्ट सेटिंग्स:)	**Talk (टॉक)**	Encloses your text in a comic-book text bubble with a pointed stem. कॉमिक–बुक टेक्स्ट बबल में एक नुकीले तने के साथ अपने टेक्स्ट को शामिल करता है।
	Thought (थॉट)	Encloses your text in a comic-book text bubble with a dotted stem. एक डॉटेड स्टेम के साथ कॉमिक –बुक टेक्स्ट बबल में अपने टेक्स्ट को शामिल करता है।

	Stem Angle स्टेम एंगल	Specifies the direction of the text bubble stem. Drag the arrow to adjust the angle. टेक्स्ट बबल स्टेम की दिशा निर्दिष्ट करता है। एंगल को समायोजित करने के लिए एरो ड्रैग करें।
	Thickness थिकनेसः	Specifies the thickness of the text bubble border. टेक्स्ट बबल बॉर्डर की मोटाई को निर्दिष्ट करता है।
	Length लंबाई	Specifies the length of the text bubble stem. टेक्स्ट बबल स्टेम की लंबाई निर्दिष्ट करता है।
	Fill (फिल)	Specifies the background color of the text bubble. Click the arrow to select a color. टेक्स्ट बुलबुले की बैक्ग्राउंड का रंग निर्दिष्ट करता है। रंग का चयन करने के लिए एरो पर क्लिक करें।
	Border (बॉर्डर)	Specifies the color of the text bubble border. Click the arrow to select a color. टेक्स्ट बबल बॉर्डर का रंग निर्दिष्ट करता है। रंग का चयन करने के लिए एरो पर क्लिक करें।
Effect Settings (प्रभाव सेटिंग्स)	Effect (प्रभाव)	Specifies the effect you want to apply to your text. Each effect has different options that control its appearance. Drag the sliders to adjust the appearance of the text. वह प्रभाव निर्दिष्ट करता है जिसे आप अपने टेक्स्ट पर लागू करना चाहते हैं। प्रत्येक प्रभाव में अलग–अलग विकल्प होते हैं जो इसकी उपस्थिति को नियंत्रित करते हैं। टेक्स्ट की उपस्थिति को एडजस्ट करने के लिए स्लाइडर्स खींचें।
Drop Shadow Settings (छाया सेटिंग्स ड्रॉप करें)	Distance (डिस्टेंस)	Specifies the distance between the drop shadow and the text. The higher the value, the farther the shadow and the higher the text appears. ड्रॉप छाया और पाठ के बीच की दूरी को निर्दिष्ट करता है। उच्च मूल्य, छाया दूर है और उच्च टेक्स्ट दिखाई देता है।
	Blur (बलर)	Specifies the amount of blur applied to the drop shadow. Sharp shadows tend to seem less realistic than those with a slight blur. ड्रॉप छाया पर लागू धब्बा की मात्रा को निर्दिष्ट करता है। तीव्र धब्बा छाया की तुलना में कम यथार्थवादी लगते हैं।
	Opacity (ओपेसिटी)	Specifies the darkness of the drop shadow where it falls on the image. ड्रॉप छाया के अंधेरे को निर्दिष्ट करता है जहां यह छवि पर पड़ता है।
	Angle एंगल	Specifies the direction of the imaginary light source that creates the drop shadow. Drag the arrow to adjust the angle — note that this also adjusts the shading of the text bevel. काल्पनिक प्रकाश स्रोत की दिशा निर्दिष्ट करता है जो ड्रॉप छाया बनाता है। एंगल को समायोजित करने के लिए एरो खींचें – ध्यान दें कि यह पाठ बेवल के छायांकन को भी समायोजित करता है।

7. Do one of the following (निम्न में से एक करें):
   - Click Apply to add the text to your image, and keep the Text tool open so you can add more text. The Text tool creates a new, empty marquee, and you can return to step 3 in the list above.

अपनी छवि में टेक्स्ट जोड़ने के लिए लागू करें पर क्लिक करें, और टेक्स्ट उपकरण को खुला रखें ताकि आप अधिक टेक्स्ट जोड़ सकें। टेक्स्ट उपकरण एक नया, रिक्त मार्की बनाता है, और आप ऊपर की सूची में चरण 3 पर लौट सकते हैं।

- Click Done to add the text to your image, and leave the tool. If you still have an empty marquee open, it will be discarded.

  टेक्स्ट को अपनी छवि में जोड़ने के लिए, और उपकरण छोड़ें पर क्लिक करें। यदि आपके पास अभी भी एक खाली मार्की खुला है, तो इसे छोड़ दिया जाएगा।

- Click Cancel to discard your changes and leave the tool.

  अपने परिवर्तनों और उपकरण छोड़ने के लिए रद्द करें पर क्लिक करें।

6.1.8 Layers (लेयर्स)

You can use the layers pane to add effects and shapes to your photos in layers, perform photo manipulations, create composite images, and much more. Layers allow you to work on a single element of an image without disturbing others. Layers can be as transparent or opaque as you desire. This allows you to stack layers to achieve the level of visibility you want for the elements you add on each layer. You can also hide layers. You can use layers in conjunction with image effects and adjustment tools, drawing tools, text, and more. Effects and adjustments will be applied to the layer selected in the Layers pane. You can also create a blank image and layer other elements on top of it.

आप लेयर्स में अपनी तस्वीरों में प्रभाव और आकार जोड़ने के लिए लेयर्स फलक का उपयोग कर सकते हैं, फोटो जोड़तोड़ कर सकते हैं, समग्र चित्र बना सकते हैं, और बहुत कुछ। लेयर्स आपको दूसरों को परेशान किए बिना एक छवि के एक ही तत्व पर काम करने की अनुमति देती हैं। आपकी इच्छानुसार लेयर्स पारदर्शी या अपारदर्शी हो सकती हैं। यह आपको लेयर्स को स्टैक करने की अनुमति देता है ताकि आप उन तत्वों के लिए दृश्यता के स्तर को प्राप्त कर सकें जो प्रत्येक लेयर्स पर जोड़ते हैं। आप लेयर्स को भी छिपा सकते हैं। आप इमेज इफेक्ट्स और एडजस्टमेंट टूल्स, ड्राइंग टूल्स, टेक्स्ट और अधिक के साथ संयोजन में लेयर्स का उपयोग कर सकते हैं। प्रभाव और समायोजन लेयर्स फलक में चयनित लेयर्स पर लागू किया जाएगा। आप एक रिक्त छवि भी बना सकते हैं और उसके शीर्ष पर अन्य तत्वों को परत कर सकते हैं।

To Open the Layers Pane (लेयर्स फलक को खोलने के लिए):

1. With an image open, go to View menu and choose Layers.

   एक ओपन इमेज के साथ, दृश्य मेनू पर जाएं और लेयर्स चुनें।

2. In the Layers pane, you will see Layer 1 with your image on it. At this point, you have the option of editing the photo, or adding additional layers containing other photos or drawing elements, such as shapes. (Figure 6.5)

   ओपन इमेज में, आप उस पर अपनी छवि के साथ लेयर्स 1 देखेंगे। इस बिंदु पर, आपके पास फोटो को एडिट करने, या अन्य फोटो या आरेखण तत्वों जैसे अतिरिक्त लेयर्स को जोड़ने का विकल्प है, जैसे कि आकृतियाँ। (चित्र 6.5)

Figure 6.5: Layer pane (लेयर पैन)

To Add a Layer (लेयर जोड़ने के लिए):

1. Do one of the following (निम्नलिखित में से एक करें):
   - Press the Add Layer button at the bottom of the Layers pane.

     लेयर पैन के निचले भाग में जोड़ें लेयर बटन दबाएं।
   - Go to Layer and choose Add New Layer.

     लेयर पर जाएं और Add New Layer चुनें।
2. To edit a layer, select the layer in the Layers pane.

   एक लेयर को एडिट करने के लिए, लेयर पैन में लेयर का चयन करें।

To Set Layer Visibility (लेयर विजिबिलिटी सेट करने के लिए):

1. Select the Layer and press the Hide/Show Layer button.

   लेयर का चयन करें और छिपाएँ / दिखाएँ बटन दबाएँ।

To Delete a Layer (लेयर को हटाने के लिए):

1. Select the layer and press the Delete Layer button.

   लेयर सेलेक्ट करें और डिलीट लेयर बटन दबाएं।

To Duplicate a Layer (लेयर को डुप्लिकेट करने के लिए):

1. Select the layer you would like to duplicate and press the Duplicate button.

To Move a Layer (लेयर को स्थानांतरित करने के लिए):

1. In the Layers pane, select the layer and drag it up or down.
   लेयर फलक में, लेयर का चयन करें और इसे ऊपर या नीचे खींचें।

To Name a Layer (लेयर का नाम करने के लिए):

1. To rename a layer from "Layer 1", etc., select the layer and right-click.

   "लेयर 1" आदि से एक लेयर का नाम बदलने के लिए, लेयर का चयन करें और राइट–क्लिक करें।
2. Choose Rename Layer (नाम बदलें लेयर चुनें।).
3. In the Rename Layer dialog, enter a name for your layer and press OK. (नाम बदलें संवाद में, अपनी लेयर के लिए एक नाम दर्ज करें और ओके दबाएं।)

6.1.9 Brightness/ Contrast (ब्राइटनेस / कंट्रास्ट)

You can use the Light EQ™ tool to adjust areas in an image that are too dark or too light, without affecting other areas of the photo. You can also simultaneously lighten dark areas that are too dark, and darken areas that are too bright. Examples would be a photo of a person silhouetted against a bright background like the sea, or a Window. In fact, most photos taken on a dull day, or with a flash, can be improved in various ways with fine adjustments. You can save your settings as a preset for future use.

आप फोटो के अन्य क्षेत्रों को प्रभावित किए बिना एक छवि में क्षेत्रों को एडिट करने के लिए लाइट EQ™ उपकरण का उपयोग कर सकते हैं जो बहुत डार्क या बहुत हल्का है। आप एक साथ डार्क क्षेत्रों को भी हल्का कर सकते हैं जो बहुत अधिक डार्क हैं, और बहुत उज्ज्वल क्षेत्र हैं। उदाहरण समुद्र, या एक खिड़की की तरह एक उज्ज्वल पृष्ठभूमि के एक व्यक्ति की एक तस्वीर। वास्तव में, एक सुस्त दिन पर ली गई अधिकांश तस्वीरें, या फ्लैश के साथ, ठीक तरह से एडिटिंग के साथ विभिन्न तरीकों से सुधार किया जा सकता है। आप भविष्य में उपयोग के लिए पूर्व निर्धारित के रूप में अपनी सेटिंग्स को बचा सकते हैं।

There are three tabs each allows you to achieve results in different ways. In addition, there are several keyboard and mouse shortcuts that allow you to make adjustments on specific areas of the photo itself.

तीन टैब हैं जिनमें से प्रत्येक आपको अलग–अलग तरीकों से परिणाम प्राप्त करने की अनुमति देता है। इसके अलावा, कई कीबोर्ड और माउस शॉर्टकट हैं जो आपको फोटो के विशिष्ट क्षेत्रों पर समायोजन करने की अनुमति देते हैं।

Basic tab: Is for very quick and easy adjustments using three sliders. Photo Editor analyzes the photo and varies the adjustment throughout the image automatically. For example, darker images are brightened more. By clicking the Auto button, you can have Photo Editor fully analyze the photo and set the slider positions automatically. You can also click directly on an area of the image to generate automatic settings optimal for that area, (usually the subject of the photo).

बेसिक टैब: तीन स्लाइडर्स का उपयोग करके बहुत जल्दी और आसानी से एडिंग हो सकती है। फोटो एडिटर फोटो का विश्लेषण करता है और पूरी छवि में समायोजन को स्वचालित रूप से बदलता है। उदाहरण के लिए, गहरे रंग की छवियों को अधिक उज्ज्वल किया जाता है। ऑटो बटन पर क्लिक करके, आप फोटो एडिटर को पूरी तरह से फोटो का विश्लेषण कर सकते हैं और स्लाइडर को स्वचालित रूप से सेट कर सकते हैं। आप उस क्षेत्र के लिए स्वचालित सेटिंग्स इष्टतम उत्पन्न करने के लिए छवि के एक क्षेत्र पर सीधे क्लिक कर सकते हैं, (आमतौर पर फोटो का विषय)।

Standard tab: Works like a sound equalizer but with light. You can adjust the brightness and contrast of different tone bands (areas of relative brightness or darkness) of the image independently using a slider for each tone band. A graph shows the amount of brightening or darkening applied throughout the tonal range. The gray areas in the graph are suggested boundaries for adjustment to avoid clipping and loss of detail, and turn red to indicate where you have adjusted the sliders far enough to cause clipping.

स्टैण्डर्ड टैब: एक ध्वनि तुल्यकारक की तरह काम करता है लेकिन प्रकाश के साथ। आप प्रत्येक टोन बैंड के लिए स्लाइडर का उपयोग करके स्वतंत्र रूप से छवि के विभिन्न टोन बैंड (सापेक्ष चमक या अंधेरे के क्षेत्र) की चमक और कंट्रास्ट को एडिट कर सकते हैं। एक ग्राफ तानवाला रेंज भर में लागू ब्राइटनिंग या डार्कनिंग की मात्रा को दर्शाता है। ग्राफ में ग्रे क्षेत्रों को क्लिपिंग के नुकसान से बचने के लिए एडिट के लिए सीमाओं का सुझाव दिया जाता है, और यह इंगित करने के लिए लाल हो जाता है कि आपने स्लाइडर को क्लिपिंग के कारण काफी दूर एडिट किया है।

Advanced tab: Gives you ultimate control of the brightness and contrast in an image. Basic adjustment curves can be constructed using four sliders, and you can manually adjust the curves by clicking and dragging within the graph area or on the image itself.

एडवांस्ड टैब: आपको एक छवि में चमक और कंट्रास्ट का अंतिम नियंत्रण देता है। चार स्लाइडर्स का उपयोग करके बेसिक एडजस्टमेंट कर्व्स का निर्माण किया जा सकता है, और आप ग्राफ एरिया के भीतर या इमेज पर क्लिक करके और ड्रैग करके मैन्युअल रूप से कर्व्स को एडजस्ट कर सकते हैं।

Using the Basic Tab (बेसिक टैब का उपयोग करना)

To Add Light to Dark Areas (डार्क क्षेत्रें में प्रकाश जोड़ने के लिए):

1. Drag the Highlights slider to the right to add light to the dark parts of the photo.

फोटो के डार्क भागों में प्रकाश जोड़ने के लिए हाइलाइट स्लाइडर को दाईं ओर खींचें।

2. Adjust the settings using any of the controls in the Table 6.2.

   टेबल 6.2 में किसी भी नियंत्रण का उपयोग करके सेटिंग्स एडजस्ट करें।

To Darken Areas That Are Too Bright (क्षेत्रों को डार्क करने के लिए जो बहुत उज्ज्वल हैं):

1. Drag the Shadows slider to the right to lighten and return detail to areas that are too dark.

   शेडो स्लाइडर को हल्का करने के लिए दाईं ओर खींचें और उन क्षेत्रों पर विस्तार से लौटें जो बहुत डार्क हैं।

2. Adjust the settings using any of the controls in the Table 6.2.

   टेबल 6.2 में किसी भी नियंत्रण का उपयोग करके सेटिंग्स एडजस्ट करें।

To Adjust Midtones That Are Too Light or Dark:

Midtones को एडजस्ट करना जो बहुत हल्का या डार्क है:

1. Drag the Midtones slider to the right to lighten and return detail to areas that are too dark.

   Midtones स्लाइडर को हल्का करने के लिए दाईं ओर खींचें और उन क्षेत्रों को विस्तार से लौटाएं जो बहुत डार्क हैं।

2. Adjust the settings using any of the controls in the Table 6.2.

   टेबल 6.2 में किसी भी नियंत्रण का उपयोग करके सेटिंग्स एडजस्ट करें।

Table 6.2: Adjust the controls settings

(टेबल 6.2: नियंत्रण सेटिंग्स एडजस्ट करें)

Right-click on a slider एक स्लाइडर पर राइट–क्लिक करें	Right-click on a slider to reset it. इसे रीसेट करने के लिए एक स्लाइडर पर राइट–क्लिक करें।
Exposure Warning एक्सपोजर चेतावनी	Click the Exposure Warning to make any overexposed or underexposed areas visible. Overexposed pixels turn red, underexposed pixels turn green. You can also toggle Exposure Warning on and off momentarily by holding down the E key. किसी भी overexposed या अनपेक्षित क्षेत्रों को दृश्यमान बनाने के लिए एक्सपोजर चेतावनी पर क्लिक करें। ओवरएक्सपोज्ड पिक्सल्स लाल हो जाते हैं, अनएक्सपोज्ड पिक्सल्स हरे रंग में बदल जाते हैं। आप की को होल्ड करके एक्सपोजर वार्निंग को टॉगल कर सकते हैं।
Auto (ऑटो)	Click to allow the software to analyze the photo and apply optimal settings based on the amount of light and dark pixels in the photo. Darker photos are brightened more than photos that are already bright. सॉफ्टवेयर को फोटो का विश्लेषण करने और फोटो में प्रकाश और डार्क पिक्सेल की मात्रा के आधार पर इष्टतम सेटिंग्स लागू करने की अनुमति देने के लिए क्लिक करें। पहले से चमकीली तस्वीरों की तुलना में गहरे रंग की तस्वीरें अधिक रोशन की जाती हैं।
Done (डन)	Click to apply your changes and close the tool. अपने परिवर्तनों को लागू करने और उपकरण को बंद करने के लिए क्लिक करें।
Cancel (रद्द करें)	Click to discard all changes and close the tool. सभी परिवर्तनों को छोड़ने और उपकरण को बंद करने के लिए क्लिक करें।

6.1.10 Using the Standard Tab

(स्टैंडर्ड टैब का उपयोग करना)

The Standard tab has two sets of sliders. The top set is for brightening. The lower set is for darkening. The dark-to-light gradient on each slider indicates that you brighten that tone band when you move the slider up (top row of sliders) or darken that tone band when you move the slider down (bottom row).

स्टैंडर्ड टैब में स्लाइडर्स के दो सेट होते हैं। टॉप सेट ब्राइटनिंग के लिए है। बॉटम सेट डार्क करने के लिए है। प्रत्येक स्लाइडर पर डार्क–टू–लाइट ढाल इंगित करता है कि आप स्लाइडर को ऊपर ले जाने पर उस टोन बैंड को उज्ज्वल करते हैं (स्लाइडर की टॉप पंक्ति) या स्लाइडर को बॉटम ले जाने पर उस टोन बैंड को गर्व करते हैं (नीचे पंक्ति)।

Between the two sets of sliders are two horizontal bars graded from black to white. These bars indicate that sliders on the far left affect the dark tonal bands. The sliders on the right affect light tonal bands. Moving a slider changes the light in that particular tonal band. In the middle of the bands are two graphs that change as you adjust the sliders to represent the amount of darkening and lightening throughout the tonal range of the image. The two gray graphs show the maximum amount of brightening or darkening that you can apply before clipping begins. If you push a slider too far, the clipping is shown in bright pink.

स्लाइडर्स के दो सेट के बीच दो क्षैतिज पट्टियां होती हैं जिन्हें काले से सफेद रंग में वर्गीकृत किया जाता है। इन पट्टियों से संकेत मिलता है कि दूर बाईं ओर स्लाइडर्स अंधेरे तानवाला बैंड को प्रभावित करते हैं। दाईं ओर स्लाइडर हल्के तानवाला बैंड को प्रभावित करते हैं। स्लाइडर को स्थानांतरित करने से उस विशेष तानवाला बैंड में प्रकाश बदल जाता है। बैंड के बीच में दो रेखांकन हैं जो बदलते हैं जैसे कि आप स्लाइडर्स को एडजस्ट करते हैं ताकि छवि के टोनल रेंज में अंधेरा और हल्का हो। दो ग्रे रेखांकन ब्राइटनिंग या डार्कनिंग की अधिकतम मात्रा दिखाते हैं जिसे आप क्लिपिंग शुरू होने से पहले लागू कर सकते हैं। यदि आप एक स्लाइडर को बहुत दूर धकेलते हैं, तो क्लिपिंग को चमकदार गुलाबी रंग में दिखाया गया है।

To Use the Standard Tab
(स्टैण्डर्ड टैब का उपयोग करने के लिए):

1. Do one of the following (निम्नलिखित में से एक करें):
   - Drag the tone band sliders up or down depending on which light bands you want to adjust.
     टोन बैंड स्लाइडर्स को ऊपर या नीचे खींचें, जिसके आधार पर आप लाइट बैंड को एडजस्ट करना चाहते हैं।
   - Type the exact number into the number boxes or increment the numbers to make precise adjustments.
     संख्या बॉक्स में सटीक संख्या टाइप करें या सटीक एडजस्ट करने के लिए संख्या बढ़ाएँ।
   - Click the # Tone drop-down list to increase or decrease the number of tone band sliders.
     टोन बैंड स्लाइडर्स की संख्या बढ़ाने या घटाने के लिए # टोन ड्रॉप–डाउन सूची पर क्लिक करें।
   - Click (or press E) to see any overexposed or underexposed pixels.
     किसी भी overexposed या underexposed पिक्सल देखने के लिए (E की दबाएं) क्लिक करें।
   - Click the Auto button to apply settings automatically.
     स्वचालित रूप से सेटिंग्स लागू करने के लिए ऑटो बटन पर क्लिक करें।
   - Drag the Darkening slider to darken the light areas of the image.
     छवि के हल्के क्षेत्रों को काला करने के लिए डार्कनिंग स्लाइडर को खींचें।
   - Drag the Contrast slider to increase the contrast in the image.
     कंट्रास्ट स्लाइडर को छवि में कंट्रास्ट बढ़ाने के लिए ड्रैग करे।
   - Drag the Fill Light slider to lighten dark areas of the image.
     छवि के डार्क क्षेत्रों को हल्का करने के लिए भरण लाइट स्लाइडर खींचें।
   - Left-click and drag upwards to brighten the dark areas of the photo. Try to prevent clipping
     फोटो के डार्क क्षेत्रों को रोशन करने के लिए बायाँ–क्लिक करें और ऊपर की ओर खींचें। क्लिपिंग को रोकने की कोशिश करें।
   - Right-click and drag downwards to darken the bright areas of the photo. Try to prevent clipping.
     फोटो के चमकीले क्षेत्रों को डार्क करने के लिए राइट–क्लिक करें और नीचे की ओर ड्रैग करें। क्लिपिंग को रोकने की कोशिश करें।
2. Click Done to apply your settings and close the tool. or click Cancel to discard your changes and close the tool.
   अपनी सेटिंग्स लागू करने और उपकरण को बंद करने के लिए संपन्न पर क्लिक करें। या अपने परिवर्तनों को छोड़ने और उपकरण को बंद करने के लिए रद्द करें पर क्लिक करें।

6.1.11 Improve Colors and Tone
(कलर्स और टोन में सुधार करें)

You can use the Auto Levels tool to automatically correct the exposure levels of your images. Auto Levels makes the darkest image pixels darker, and the brightest pixels brighter.

आप अपनी छवियों के एक्सपोजर लेयर को स्वचालित रूप से ठीक करने के लिए ऑटो लेवल टूल का उपयोग कर सकते हैं। ऑटो लेवल सबसे डार्क इमेज पिक्सल्स को गहरा, और सबसे चमकदार पिक्सल्स को ब्राइट बनाता है।

To Automatically Correct an Image's Levels:
स्वचालित रूप से एक छवि के लेयर को ठीक करने के लिए:

1. Click Filter menu highlight Exposure/Lighting and select Auto Levels.
   फिल्टर मेनू हाइलाइट एक्सपोजर / लाइटिंग पर क्लिक करें और ऑटो स्तर चुनें।
2. On the Toolbar, click the Exposure/Lighting icon and choose Auto Levels from the menu.
   टूलबार पर, एक्सपोजर/लाइटिंग आइकन पर क्लिक करें और मेनू से ऑटो स्तर चुनें।
3. Select one of the following options:
   निम्न विकल्पों में से एक का चयन करें:
   - A.htness, and balances RGB channels.
     ऑटो कॉन्ट्रास्ट और रंग: आरजीबी चौनलों के रंग अंतर, चमक और संतुलन को एडजस्ट करता है।
   - **Auto Contrast:** Adjusts the color differences and brightness only.
     ऑटो कंट्रास्ट: केवल रंग के अंतर और चमक को एडजस्ट करता है।
   - **Auto Color:** Balances the RGB channels in the image, without changing the brightness or contrast.

ऑटो रंग: चमक या कंट्रास्ट को बदले बिना, छवि में आरजीबी चैनल को संतुलित करता है।

4. Use the Strength slider to fine tune the amount of exposure you want to apply.

   आप उपयोग करना चाहते हैं की राशि को ठीक करने के लिए स्ट्रेंथ स्लाइडर का उपयोग करें।

5. Click Exposure Warning to make overexposed and underexposed pixels visible. Overexposed pixels turn red, underexposed pixels turn green.

   ओवरएक्सपोज्ड और अनएक्सपोज्ड पिक्सल्स बनाने के लिए एक्सपोजर वार्निंग पर क्लिक करें। ओवरएक्सपोज्ड पिक्सल्स लाल हो जाते हैं, अनएक्सपोज्ड पिक्सल्स हरे रंग में बदल जाते हैं।

6. Do one of the following (निम्न में से एक करें):
   - Click Done to accept your changes and close the panel.

     अपने परिवर्तनों को स्वीकार करने और पैनल को बंद करने के लिए संपन्न पर क्लिक करें।
   - Click Cancel to discard your changes and close the panel.

     अपने परिवर्तनों को छोड़ने और पैनल को बंद करने के लिए रद्द करें पर क्लिक करें।
   - You can right-click a slider to reset to the default value.

     आप डिफॉल्ट मान पर रीसेट करने के लिए एक स्लाइडर पर राइट–क्लिक कर सकते हैं।

Adjusting Tone Curves (टोन कर्व एडजस्टमेंट)

You can use the Curves tool to change the tonal range of an image. Select the RGB color channel to adjust the entire range of the image, or select a specific color.

आप एक छवि की तानवाला श्रेणी को बदलने के लिए कर्व्स टूल का उपयोग कर सकते हैं। छवि की संपूर्ण श्रेणी को एडजस्ट करने के लिए RGB रंग चैनल का चयन करें, या किसी विशिष्ट रंग का चयन करें।

To Adjust the Brightness Curves in an Image:

एक छवि में ब्राइटनेस कर्व एडजस्ट करने के लिए:

1. Do one of the following (निम्नलिखित में से एक करें:):
   - Click Filter menu highlight Exposure/Lighting and choose Tone Curves.

     फिल्टर मेनू हाइलाइट एक्सपोजर / लाइटिंग पर क्लिक करें और टोन कर्व्स चुनें।
   - On the Toolbar, click the Exposure/Lighting icon and choose Tone Curves from the menu.

     टूलबार पर, एक्सपोजर / लाइटिंग आइकन पर क्लिक करें और मेनू से टोन वक्र चुनें।
2. Set the options as described below.

   नीचे दिए गए विकल्पों को सेट करें।
   - Click Apply to apply your changes.

     अपने परिवर्तनों को लागू करने के लिए लागू करें पर क्लिक करें।
   - Click Done to apply your changes and close the Curves tool.

     अपने परिवर्तनों को लागू करने के लिए पूर्ण क्लिक करें और घटता उपकरण बंद करें।
   - Click Cancel to discard all changes and close the tool.

     सभी परिवर्तनों को कैंसिल और उपकरण को बंद करने के लिए रद्द करें पर क्लिक करें।

6.1.12 Filters (फिल्टर)

You can use filters to clean up or retouch image or photos. To apply special art effects that gives an image the appearance of a sketch or impressionistic painting, or creates unique transformations using distortions and lighting effects. The filters provided by Photoshop CS6 appear in the Filter menu.

आप छवि या फोटो को साफ करने के लिए फिल्टर का उपयोग कर सकते हैं। विशेष कला प्रभावों को लागू करने के लिए जो एक छवि को एक स्केच या इंप्रेशनिस्ट पेंटिंग की उपस्थिति देता है, या विकृतियों और प्रकाश प्रभाव का उपयोग करके अद्वितीय परिवर्तन बनाता है। फोटोशॉप CS6 द्वारा प्रदान किए गए फिल्टर फिल्टर मेनू में दिखाई देते हैं।

To use a filter, choose the appropriate submenu command from the Filter menu. These guidelines can help in choosing filters:

फिल्टर का उपयोग करने के लिए, फिल्टर मेनू से उपयुक्त सबमेनू कमांड चुनें। ये दिशानिर्देश फिल्टर चुनने में मदद कर सकते हैं:

- Filters are applied to the active, visible layer or a selection.

  फिल्टर सक्रिय, दृश्य परत या एक चयन पर लागू होते हैं।
- For 8 bits per channel images, most filters can be applied through the Filter Gallery. All filters can be applied individually.

  प्रति चौनल छवियों पर 8 बिट्स के लिए, अधिकांश फिल्टर फिल्टर गैलरी के माध्यम से लागू किए जा सकते हैं। सभी फिल्टर व्यक्तिगत रूप से लागू किए जा सकते हैं।
- Filters cannot be applied to Bitmap-mode or indexed-color images.

  फिल्टर बिटमैप–मोड या अनुक्रमित–रंग छवियों पर लागू नहीं किया जा सकता है।
- Some filters work only on RGB images.

  कुछ फिल्टर केवल RGB छवियों पर काम करते हैं।
- All filters can be applied to 8-bit images.

  सभी फिल्टर 8–बिट छवियों पर लागू किए जा सकते हैं।
- The filters that can be applied to 16-bit images are: Liquify, Vanishing Point, Average Blur, Blur, Blur More, Box Blur, Gaussian Blur, Lens Blur, Motion Blur, Radial Blur, Surface Blur, Shape Blur, Lens Correction, Add Noise etc.

  16–बिट छवियों पर लागू किए जा सकने वाले फिल्टर हैं: लिक्विफाई, वैनिशिंग पॉइंट, एवरेज ब्लर, ब्लर मोर, बॉक्स ब्लर, गाऊसी ब्लर,

लेंस ब्लर, मोशन ब्लर, रेडियल ब्लर, सर्फेस ब्लर, शेप ब्लर, लेंस करेक्शन , शोर आदि जोड़ें।

- The following filters can be applied to 32-bit images: Average Blur, Box Blur, Gaussian Blur, Shape Blur, Surface Blur, Add Noise, Cloud 1, Smart Sharpen and Unsharp Mask.

  निम्नलिखित फिल्टर 32–बिट छवियों पर लागू किए जा सकते हैं: एवरेज ब्लर, बॉक्स ब्लर, गाऊसी ब्लर, शेप ब्लर, सर्फेस ब्लर, शोर, क्लाउड 1, स्मार्ट शार्पन और अनशर मास्क।

Conclusion (निष्कर्ष)

This chapter discussed with Photo Editor with different features of editing tools such as selection tools, text tools, layers, brightness/contrast, Improve colors and tone and filters.

इस अध्याय में फोटो एडिटर के साथ एडिटिंग टूल्स के विभिन्न फीचर्स जैसे सिलेक्शन टूल्स, टेक्स्ट टूल्स, लेयर्स, ब्राइटनेस / कॉन्ट्रास्ट, इम्प्रूविंग कलर्स टोन एंड फिल्टर्स की चर्चा की गई।

REVIEW QUESTIONS WITH ANSWERS (रिव्यू प्रश्न और उत्तर)

A. Multiple Choice Questions (बहुविकल्पीय प्रश्न)

1. Which of are following is the latest version of Photo editor?

   a. Version 7 b. Version 8
   c. Version 9 d. Version 10

   निम्नलिखित में से कौन सा फोटो एडिटर का नवीनतम संस्करण है?

   क. संस्करण 7 ख. संस्करण 8
   ग. संस्करण 9 घ. संस्करण 10

2. How many selection tools are available in photo editing?

   a. Two b. Three
   c. Four d. Five

   फोटो एडिट में कितने एडिटर उपकरण उपलब्ध हैं?

   क. दो ख. तीन
   ग. चार घ. पांच

3. Which tool is used to trace a freehand selection like a drawing with a pencil?

   a. Lasso tool b. Free hand
   c. Drawing tool d. Edit brush

   पेंसिल के साथ ड्राइंग की तरह एक फ्री हैंड चयन का पता लगाने के लिए किस टूल का उपयोग किया जाता है?

   क. लैस्सो टूल ख. फ्री हैंड
   ग. ड्राइंग टूल घ. एडिट ब्रश

4. Which tool is used to add formatted text to a Photo?

   a. Text tool b. Edit tool
   c. Image tool d. None of these

   फोटो में फॉर्मेटेड टेक्स्ट जोड़ने के लिए किस टूल का उपयोग किया जाता है?

   क. टेक्स्ट टूल ख. एडिट करना
   ग. छवि टूल घ. इनमें से कोई नहीं

5. Standard tab has ________ sets of sliders.

   a. Two b. Three
   c. Four d. Five

   स्टैन्डर्ड टैब में स्लाइडर्स के सेट हैं।

   क. दो ख. तीन
   ग. चार घ. पांच

B. State whether the following statements True or False. (निम्नलिखित कथन सही हैं या गलत)

1. Adjust color difference, brightness and balances RGB channels through auto contrast.
   रंग अंतर, चमक को एडजस्ट करें और ऑटो विपरीत के माध्यम से आरजीबी चैनल को संतुलित करता है।
2. Basic adjustment curves can be constructed using four slides.
   बेसिक एस घटता चार स्लाइड का उपयोग कर बनाया जा सकता है।
3. Rectangular selection Tools is a type of lasso tool.
   रेक्टेगुलर चयन टूल एक प्रकार का लासो टूल है।
4. Magic hand tool is also known as Magic Wand.
   मैजिक हैंड टूल को मैजिक वैंड के नाम से भी जाना जाता है।
5. The shortcut key of magic wand tool is W.
   मैजिक वैड उपकरण की शॉर्टकट की W है।

C. Fill in the blanks (रिक्त स्थान भरें)

a. Rectangular (रेक्टेगुलर)	b. Brush (ब्रश)
c. Elliptical (एलिप्टिकल)	d. Nib width (निब विड्थ)
e. Clear all brush (सभी ब्रश साफ करें)	

1. ________ is a type of selection tool.
   ________ एक प्रकार का चयन टूल है।
2. ________ is a basic photo editing tool.
   ________ एक बेसिक फोटो एडिटिंग टूल है।
3. ________ tool creates __shapes and paths.
   ________ टूल शेपस और पाथ बनाता है।
4. ________ strokes remove all brush strokes from the image.
   ________ स्ट्रोक छवि से सभी ब्रश स्ट्रोक निकालते हैं।
5. ________ adjust the size of the brush.
   ________ ब्रश के आकार को एडजस्ट करता है।

Answer/उत्तर

A.	1. d	2. d	3. b	4. a	5. a
B.	1. False	2. True	3. False	4. True	5. True
C.	1. c	2. b	3. a	4. e	5. d

7 Web Publishing and Browsing
(वेब पब्लिशिंग और ब्राउजिंग)

7.1 Introduction (परिचय)

Web Publishing is the process of publishing content on the internet. It includes creating and uploading websites, updating the associated web pages, and posting content to these web pages online. The content meant for web publishing can include text, videos, digital images, artwork and other forms of media. Publishers must possess a web server, a web publishing software, and the internet connection to carry out web publishing. And the web browser is a software application that allows people to access, retrieved and view information on the Internet.

वेब पब्लिशिंग इंटरनेट पर कंटेट प्रकाशित करने की प्रक्रिया है। इसमें वेबसाइट बनाना अपलोड करना, संबंधित वेब पेज को अपडेट करना और इन वेब पेज पर कंटेट पोस्ट करना शामिल है। वेब पब्लिशिंग के लिए कंटेट में टेक्स्ट, वीडियो, डिजिटल चित्र, कलाकृति और मीडिया के अन्य रूप शामिल हो सकते हैं। प्रकाशकों के पास वेब सर्वर, वेब पब्लिशिंग सॉफ्टवेयर और इंटरनेट प्रकाशन के लिए इंटरनेट कनेक्शन होना चाहिए। वेब ब्राउजर एक सॉफ्टवेयर एप्लिकेशन है जो लोगों को इंटरनेट पर जानकारी को एक्सेस करने, पुनर्प्राप्त करने और देखने की अनुमति देता है।

7.2 Overview of World Wide Web (वर्ल्ड वाइड वेब)

The World Wide Web (WWW) is the most popular and promising method of accessing the Internet. The WWW is an information system designed specifically for posting useful information which can be used with ease and with document interchange in mind. HTML (HyperText Markup Language) is developed for this purpose. HTML was based on a subset of the Standard Generalized Markup Language (SGML). To transfer HTML documents to remote sites, HTTP (HyperText Transfer Protocol) was devised. HTTP is used for interaction between computers on the internet. Any computer on the Internet that uses the HTTP protocol is called a web server, and any computer that can access that server is called a web client. The use of the client/server model and the HTTP allows different kinds of computers on the Internet to interact with each other. For example, a UNIX workstation may be the web server and a Windows PC (Personal Computer) may be the web client if both of them use the HTTP protocol for transmitting and receiving information.

The purpose of web browser is to connect to web servers, request documents, and then properly display those documents. Web browsers can allow you to upload/download files that are not meant to be displayed, and in some cases, it can allow you to send and retrieve e-mails. The main purpose at which web browsers are best is formatting and displaying the web pages. Each web pages is written in a language called HyperText Markup Language, popularly known as HTML. Users can navigate through a global network of resources at the click of a button. HyperText documents are linked together by keywords or graphical icons in the document. When a new word or idea is introduced, you can jump to another document containing complete information on the new topic. Readers see links as highlighted keywords or images and use these links to access additional documents or resources. A link is a special type of item in a hypertext document that connects one document to another and provides more information about the linked item.

वर्ल्ड वाइड वेब (WWW) इंटरनेट तक पहुंचने का सबसे लोकप्रिय और आशाजनक तरीका है। WWW एक सूचना प्रणाली है जिसे विशेष रूप से उपयोगी जानकारी पोस्ट करने के लिए डिजाइन किया गया है जिसे आसानी से और दस्तावेज इंटरचेंज को ध्यान में रखकर उपयोग किया जा सकता है। HTML (हाइपर टेक्स्ट मार्कअप लैंग्वेज) इस उद्देश्य के लिए विकसित की गई है। HTML मानक सामान्यीकृत मार्कअप लैंग्वेज (SGML) के सबसेट पर आधारित था। HTML दस्तावेजों को दूरस्थ साइट पर स्थानांतरित करने के लिए, HTTP (हाइपर टेक्स्ट ट्रांसफर प्रोटोकॉल) तैयार किया गया था। इंटरनेट पर कंप्यूटर के बीच बातचीत के लिए HTTP का उपयोग किया जाता है। इंटरनेट पर कोई भी कंप्यूटर जो HTTP प्रोटोकॉल का उपयोग करता है, उसे वेब सर्वर कहा जाता है, और कोई भी कंप्यूटर जो उस सर्वर तक पहुंच सकता है, उसे वेब क्लाइंट कहा जाता है। क्लाइंट / सर्वर मॉडल और HTTP का उपयोग इंटरनेट पर विभिन्न प्रकार के कंप्यूटरों को एक–दूसरे के साथ बातचीत करने की अनुमति देता है। उदाहरण के लिए, UNIX वर्कस्टेशन वेब सर्वर हो सकता है और एक विंडोज पीसी (पर्सनल कंप्यूटर) वेब क्लाइंट हो सकता है अगर वे दोनों सूचनाओं को प्रसारित करने और प्राप्त करने के लिए HTTP प्रोटोकॉल का उपयोग करते हैं।

वेब ब्राउजर का उद्देश्य वेब सर्वर से जुड़ना, दस्तावेजों का अनुरोध करना और फिर उन दस्तावेजों को ठीक से प्रदर्शित करना है। वेब ब्राउजर आपको उन फाइल्स को अपलोड / डाउनलोड करने की अनुमति दे सकते हैं जो प्रदर्शित होने के लिए नहीं हैं, और कुछ मामलों में, यह आपको ई–मेल भेजने और पुनः प्राप्त करने की अनुमति दे सकती है।

मुख्य उद्देश्य जिस पर वेब ब्राउजर सर्वश्रेष्ठ हैं, वेब पृष्ठों को प्रारूपित और प्रदर्शित कर रहा है। प्रत्येक वेब पेज हाइपरटेक्स्ट मार्कअप लैंग्वेज में लिखा जाता है, जिसे HTML के नाम से जाना जाता है। उपयोगकर्ता एक बटन के क्लिक पर संसाधनों के वैश्विक नेटवर्क के माध्यम से नेविगेट कर सकते हैं। हाइपर टेक्स्ट दस्तावेजों में कीवर्ड या ग्राफिकल आइकन द्वारा एक साथ जोड़ा जाता है। जब एक नया शब्द या विचार पेश किया जाता है, तो आप नए विषय पर पूरी जानकारी रखने वाले किसी अन्य दस्तावेज पर जा सकते हैं। पाठक लिंक को हाइलाइट किए गए कीवर्ड या छवियों के रूप में देखते हैं और अतिरिक्त लिंक या संसाधनों तक पहुंचने के लिए इन लिंक का उपयोग करते हैं। लिंक हाइपरटेक्स्ट दस्तावेज में एक विशेष प्रकार का आइटम है जो एक दस्तावेज को दूसरे से जोड़ता है और लिंक किए गए आइटम के बारे में अधिक जानकारी प्रदान करता है।

Using the web's hypertext facilities, you have the freedom to supply information to readers in powerfully innovative ways. Web publications, these days, use many of the web's graphical, interactive, and multimedia features. However, ways to publish on the web are changing continuously.

वेब की हाइपरटेक्स्ट सुविधाओं का उपयोग करके, आपको पाठकों को शक्तिशाली रूप से नवीन तरीकों से जानकारी की आपूर्ति करने की स्वतंत्रता है। वेब पब्लिशिंग, इन दिनों, वेब के कई ग्राफिकल, इंटरैक्टिव और मल्टीमीडिया विशेषताओं का उपयोग करते हैं। हालाँकि, वेब पर प्रकाशित होने के तरीके लगातार बदल रहे हैं।

7.3 SGML (Standard Generalized Markup Language (स्टैण्डर्ड जर्नलाइड मार्कअप लैंग्वेज))

HTML is developed as a subset of SGML, which is a high-level markup language. Like HTML, it defines different components of a document and describes formatting and hypertext links. HTML is much simpler than SGML and best suited for transmission over the Internet. SGML is not ideal for transmission across the internet for many types of computers, users and browser applications.

HTML को SGML के सबसेट के रूप में विकसित किया गया है, जो एक हाई लेवल मार्कअप लैंग्वेज है। HTML की तरह, यह एक दस्तावेज के विभिन्न घटकों को परिभाषित करता है और स्वरूपण और हाइपरटेक्स्ट लिंक का वर्णन करता है। HTML SGML की तुलना में बहुत सरल है और इंटरनेट पर प्रसारण के लिए सबसे उपयुक्त है। SGML कई प्रकार के कंप्यूटरों, उपयोगकर्ताओं और ब्राउजर अनुप्रयोगों के लिए इंटरनेट पर संचरण के लिए आदर्श नहीं है।

Web publishing technologies have influenced how documents are produced, stored and distributed. Documents are now increasingly available in electronic formats but the excess of formats has itself become a problem. The Standard Generalized Markup Language (SGML) was developed to provide a single interchange format and a sophisticated structuring format that would provide great capability for document processing. It is a technology that allows additional information to be added in electronic documents so that the value of documents is maximized. This includes the ability to manage, access, automate, and detect structural errors.

वेब पब्लिशिंग प्रौद्योगिकियों ने प्रभावित किया है कि दस्तावेज कैसे उत्पादित, संग्रहीत और वितरित किए जाते हैं। दस्तावेज अब इलेक्ट्रॉनिक स्वरूपों में उपलब्ध हैं लेकिन स्वरूपों की अधिकता स्वयं एक समस्या बन गई है। स्टैण्डर्ड जर्नलाइड मार्कअप लैंग्वेज (SGML) एकल इंटरचेंज प्रारूप और एक परिष्कृत संरचित प्रारूप प्रदान करने के लिए विकसित किया गया था जो दस्तावेज प्रसंस्करण के लिए क्षमता प्रदान करेगा। यह एक ऐसी तकनीक है जो इलेक्ट्रॉनिक दस्तावेजों में अतिरिक्त जानकारी को जोड़ने की अनुमति देती है ताकि दस्तावेजों के मूल्य को अधिकतम किया जा सके। इसमें संरचनात्मक त्रुटियों का प्रबंधन, उपयोग, स्वचालित और पता लगाने की क्षमता शामिल है।

SGML uses a structural markup which enables the description of structured information independent of how the information is processed. Every SGML-based document requires descriptions or a set of rules about structured information in a document. This description is called Document Type Definition (DTD) and the SGML language provides a standard syntax for expressing DTDs. Any information that are marked up or added into an SGML document must follow the descriptions in a DTD. In other words, DTDs defines the specifications for valid components/parts within documents and rules about how subparts are organized.

SGML एक स्ट्रक्चरल मार्कअप का उपयोग करता है जो संरचित जानकारी के विवरण को सक्षम करता है जो जानकारी को संसाधित करने से स्वतंत्र है। प्रत्येक SGML– आधारित दस्तावेज में किसी दस्तावेज में संरचित जानकारी के बारे में विवरण या नियमों के एक सेट की आवश्यकता होती है। इस विवरण को डॉक्यूमेंट टाइप डफिनेशन (DTD) कहा जाता है और SGML भाषा DTDs को व्यक्त करने के लिए एक मानक वाक्यविन्यास प्रदान करती है। कोई भी जानकारी जो SGML दस्तावेज में चिह्नित या जोड़ी गई है, उसे DTD में विवरण का पालन करना चाहिए। दूसरे शब्दों में, DTDs दस्तावेजों और नियमों के भीतर वैध घटकों / भागों के विनिर्देशों को परिभाषित करता है कि कैसे सबपार्ट आयोजित किए जाते हैं।

A DTD is the core element of SGML documents. The DTDs consist of the definitions about SGML markups (tags) allowed in a document. The definitions also include a formal description of the document and the relationship of the elements, such as chapters or footnotes within the document. A marked-up element, an "element", has a start tag <Q> , content, and an end tag </Q>. For example, a title might be marked with the title tag as <TITLE> Document Processing </ TITLE>. Markups can be for graphics, images, and other entities as well as text.

DTD SGML दस्तावेज का मूल तत्व है। DTDs SGML मार्कअप (टैग) के बारे में परिभाषाओं से मिलकर एक दस्तावेज में अनुमति देते हैं। परिभाषाओं में दस्तावेज का औपचारिक विवरण और तत्वों का रिलेशन भी शामिल है, जैसे कि दस्तावेज के भीतर अध्याय या फुटनोट्स। एक चिह्नित तत्व, एक "तत्व", एक स्टार्ट टैग <Q>, कंटेट और एक अंतिम टैग </Q> है। उदाहरण के लिए, शीर्षक <TITLE> दस्तावेज प्रसंस्करण </ TITLE> के रूप में चिह्नित किया जा सकता है। मार्कअप ग्राफिक्स, चित्र और अन्य संस्थाओं के साथ–साथ पाठ के लिए भी हो सकते हैं।

While the construction of a DTD and the markups of a document involves many considerations and can be extraordinarily complex, it is not unfair to think of an SGML document as consisting of three things. We believe this is a simple way to think about the SGML:

हालांकि DTD के निर्माण और एक दस्तावेज के मार्कअप में कई विचार शामिल हैं और असाधारण रूप से जटिल हो सकते हैं, तीन चीजों से मिलकर SGML दस्तावेज के बारे में सोचना अनुचित नहीं है। हमारा मानना है कि यह SGML के बारे में सोचने का एक सरल तरीका है:

a. **An SGML declaration** that specifies parameters that can be used to determine whether an SGML parser can interpret a document. For most users, SGML declarations are invisible.

   SGML डिक्लेरेशन जो मापदंडों को निर्दिष्ट करती है जिसका उपयोग यह निर्धारित करने के लिए किया जा सकता है कि क्या SGML पार्सर किसी दस्तावेज की व्याख्या कर सकता है। अधिकांश उपयोगकर्ताओं के लिए, SGML डिक्लेरेशन अदृश्य हैं।

b. **A DTD** contains definitions for allowable markups. In practice, it may be a referent to a location where a DTD source is located rather than prepended entire definitions. A DTD specifies a general model for document elements.

   DTD में स्वीकार्य मार्कअप की परिभाषाएँ हैं। व्यवहार में, यह उस स्थान के लिए एक संदर्भ हो सकता है जहां एक डीटीडी स्रोत पहले से तय की गई सभी परिभाषाओं के बजाय स्थित है। DTD दस्तावेज तत्वों के लिए एक सामान्य मॉडल निर्दिष्ट करता है।

c. **A document instance** consists of structured marked-up text, elements. It is easier to imagine that the contents of a document instance may change. A DTD is written such that an infinite number of document instances can be generated. In other words, one DTD could control a thousand documents that look different.

   दस्तावेज उदाहरण में स्ट्रकर्छ मार्कअप पाठ, तत्व होते हैं। यह कल्पना करना आसान है कि दस्तावेज उदाहरण की कंटेट बदल सकती है। DTD को ऐसे लिखा जाता है कि अनंत संख्या में दस्तावेज उदाहरण उत्पन्न किए जा सकते हैं। दूसरे शब्दों में, एक DTD एक हजार दस्तावेजों को नियंत्रित कर सकता है जो अलग दिखते हैं।

7.4 Web Hosting Basics (वेब होस्टिंग की मूल बातें)

Hosting is also known as Web hosting or Website hosting. Web hosting is a service that allows individuals and organizations to have a Website made available via the World Wide Web (WWW). Web hosts are usually based of a data center that contains servers used to store the data that makes up the client Websites.

होस्टिंग को वेब होस्टिंग या वेबसाइट होस्टिंग के रूप में भी जाना जाता है। वेब होस्टिंग एक ऐसी सेवा है जो व्यक्तियों और संगठनों को वर्ल्ड वाइड वेब (WWW) के माध्यम से एक वेबसाइट उपलब्ध कराने की अनुमति देती है। वेब होस्ट आमतौर पर एक डेटा सेंटर पर आधारित होता है, जिसमें क्लाइंट वेबसाइट्स बनाने वाले डेटा को स्टोर करने के लिए उपयोग किए जाने वाले सर्वर होते हैं।

At the most basic level, clients upload their website files to the host server via File Transfer Protocol (FTP) or a web interface that mimics FTP functions. Web hosts may own their own servers or may simply rent servers from other web hosts and resell the space. Most web-hosting services are shared, meaning that multiple websites owned by different clients share space on the same server. Dedicated hosting is also available, in which the client rents an entire server for itself that it has full remote control over, but this is generally much more expensive than shared hosting. Managed hosting is a slightly less expensive service that gives a client a dedicated server but only limited control over its function.

सबसे बुनियादी स्तर पर, क्लाइंट फाइल ट्रांसफर प्रोटोकॉल (FTP) या एफटीपी कार्यों की नकल करने वाले वेब इंटरफेस के माध्यम से अपनी वेबसाइट की फाइल्स को होस्ट सर्वर पर अपलोड करते हैं। वेब होस्ट अपने स्वयं के सर्वर के मालिक हो सकते हैं या अन्य वेब होस्ट से सर्वर किराए पर ले सकते हैं और स्थान को फिर से बेच सकते हैं। अधिकांश वेब–होस्टिंग सेवाओं को साझा किया जाता है, जिसका अर्थ है कि विभिन्न क्लाइंट्स के स्वामित्व वाली कई वेबसाइट एक ही सर्वर पर स्थान साझा करती हैं। डेडिकेटेड होस्टिंग भी उपलब्ध है, जिसमें ग्राहक अपने लिए एक संपूर्ण सर्वर किराए पर लेता है, जिस पर उसका पूर्ण रिमोट कंट्रोल होता है, लेकिन यह आम तौर पर मैनेज्ड होस्टिंग की तुलना में बहुत अधिक महंगा होता है। प्रबंधित होस्टिंग एक थोड़ी कम महंगी सेवा है जो एक ग्राहक को एक डेडिकेटेड सर्वर देती है लेकिन केवल अपने फंक्शन पर सीमित नियंत्रण।

A lot of people want to know how to host their website so here is the step-by-step tutorial for hosting your website. There are three basic requirements to host your website these are listed below.

बहुत सारे लोग यह जानना चाहते हैं कि उनकी वेबसाइट को कैसे होस्ट किया जाए, इसलिए यहां पर आपकी वेबसाइट की मेजबानी के लिए चरण–दर–चरण ट्यूटोरियल है। आपकी वेबसाइट को होस्ट करने के लिए तीन बुनियादी आवश्यकताएं हैं जो हैं।

a. Your website files (आपकी वेबसाइट फाइल्स)
b. A domain name (डोमेन नाम)

c. Hosting space to store your files (फाइल्स को संग्रहीत करने के लिए होस्टिंग स्थान)

d. A FTP client (FileZilla) (एक एफटीपी ग्राहक (फाइलजिला))

Now let us discuss step-by-step for the tutorial.

अब ट्यूटोरियल के चरण–दर–चरण पर चर्चा करते हैं:

Step 1: You need to buy a suitable domain name for your website which will be the primary URL of your website. You can buy a domain name from GoDaddy. GoDaddy is the internet domain name registrar and web hosting company which manages the reservation of the internet domain names. You also need a hosting space to store your website files and for that you can buy a paid hosting space or you can use some free Web hosting providers to host your files. To buy a paid hosting space for your Website you should get better support and flexibility. A paid web hosting space may cost you around $5 per month.

चरण 1: आपको अपनी वेबसाइट के लिए एक उपयुक्त डोमेन नाम खरीदने की आवश्यकता है जो आपकी वेबसाइट का प्राथमिक URL होगा। आप GoDaddy से एक डोमेन नाम खरीद सकते हैं। GoDaddy इंटरनेट डोमेन नाम रजिस्ट्रार और वेब होस्टिंग कंपनी है जो इंटरनेट डोमेन नामों के आरक्षण का प्रबंधन करती है। आपको अपनी वेबसाइट फाइल्स को संग्रहीत करने के लिए एक होस्टिंग स्थान की आवश्यकता है और इसके लिए आप एक भुगतान किया हुआ होस्टिंग स्थान खरीद सकते हैं या आप अपनी फाइल्स को होस्ट करने के लिए कुछ मुफ्त वेब होस्टिंग प्रदाताओं का उपयोग कर सकते हैं। अपनी वेबसाइट के लिए सशुल्क होस्टिंग स्थान खरीदने के लिए आपको बेहतर समर्थन और फ्लेक्सिबिलिटी मिलना चाहिए। एक भुगतान किया गया वेब होस्टिंग स्थान आपको लगभग ₹ 350 प्रति माह खर्च कर सकता है।

Step 2: After completing step one you have your website hosting space and your domain name. So you need to print your domain name to hosting space. For that you need know the hosting accounts name servers. You can ask it from your website hosting provider. After getting the name servers you need to go to your domain control panel. There you will get an option to manage DNS. If you are unable to find the DNS manager you can ask your domain providers. So, under DNS manager you need to submit the name servers provided by your website hosting provider. It may take up to 48 hours to point your domain name to your hosting space.

चरण 2: चरण एक को पूरा करने के बाद आपके पास अपनी वेबसाइट होस्टिंग स्थान और डोमेन नाम है। इसलिए आपको अपने डोमेन नाम को होस्टिंग स्पेस में प्रिंट करना होगा। इसके लिए आपको होस्टिंग अकाउंट्स नाम सर्वर की जानकारी होनी चाहिए। आप इसे अपने वेबसाइट होस्टिंग प्रदाता से पूछ सकते हैं। नाम सर्वर प्राप्त करने के बाद आपको अपने डोमेन कण्ट्रोल पैनल में जाने की आवश्यकता है। वहां आपको DNS को मैनेज करने का ऑप्शन मिलेगा। यदि आप DNS प्रबंधक खोजने में असमर्थ हैं, तो आप अपने डोमेन प्रदाताओं से पूछ सकते हैं। तो, DNS प्रबंधक के तहत आपको अपने वेबसाइट होस्टिंग प्रदाता द्वारा प्रदान किए गए नाम सर्वर को प्रस्तुत करना होगा। आपके डोमेन नाम को आपके होस्टिंग स्थान पर इंगित करने में 48 घंटे तक का समय लग सकता है।

Step 3: You need to prepare your website files at this step. If you know how to create a website then fine otherwise you can hire a website designer to create and design the website. If you already have the files, then you need to set up a FTP user in your hosting panel. You also need a FTP client to upload your files however most web hosting providers have their own program to upload files but it will be a lot easier to transfer your website files using a FTP client. The most popular FTP client is FileZilla. You can get it free from their website. Install FileZilla and login to your hosting space using your FTP login information. Using FileZilla you can drag and drop your file to your hosting space.

चरण 3: इस चरण में आपको अपनी वेबसाइट की फाइल्स तैयार करनी होंगी। अगर आपको पता है कि वेबसाइट कैसे बनाते हैं तो ठीक है अन्यथा आप वेबसाइट बनाने और डिजाइन करने के लिए वेबसाइट डिजाइनर को काम पर रख सकते हैं। यदि आपके पास पहले से ही फाइल्स हैं, तो आपको अपने होस्टिंग पैनल में एक FTP उपयोगकर्ता स्थापित करने की आवश्यकता है। आपको अपनी फाइलों को अपलोड करने के लिए एक FTP क्लाइंट की भी आवश्यकता होती है, हालाँकि अधिकांश वेब होस्टिंग प्रदाताओं के पास फाइल्स को अपलोड करने का अपना कार्यक्रम होता है, लेकिन FTP क्लाइंट का उपयोग करके अपनी वेबसाइट की फाइल्स को स्थानांतरित करना बहुत आसान होगा। सबसे लोकप्रिय FTP क्लाइंट फाइलजिला है। आप इसे उनकी वेबसाइट से निःशुल्क प्राप्त कर सकते हैं। FileZilla स्थापित करें और अपने एफटीपी लॉगिन जानकारी का उपयोग करके अपने होस्टिंग स्थान पर लॉगिन करें। FileZilla का उपयोग करके आप अपनी फाइल को अपने होस्टिंग स्थान पर खींच सकते हैं और छोड़ सकते हैं।

7.4.1 Hosting Types (होस्टिंग प्रकार)

Generally, there are three different types of web hosting: Shared hosting, Virtual Private Server (VPS), and Dedicated. While all types of hosting servers will act as a storage center for your website, they differ in the amount of storage capacity, control, technical knowledge requirement, server speed, and reliability.

आम तौर पर, तीन अलग–अलग प्रकार की वेब होस्टिंग होती हैं: शेयर्ड होस्टिंग, वर्चुअल प्राइवेट सर्वर (VPS), और डेडिकेटेड। हालांकि सभी प्रकार के होस्टिंग सर्वर आपकी वेबसाइट के लिए संग्रहण केंद्र के रूप में कार्य करेंगे, वे भंडारण क्षमता, नियंत्रण, तकनीकी ज्ञान की आवश्यकता, सर्वर गति और विश्वसनीयता की मात्रा में भिन्न होते हैं।

Shared hosting: With shared hosting, several web hosting customers share the same computer. All of the websites of all the different accounts are stored in the same drive, processed by the same CPU, and delivered by the same web server.

शेयर्ड होस्टिंग: शेयर्ड होस्टिंग के साथ, कई वेब होस्टिंग ग्राहक एक ही कंप्यूटर साझा करते हैं। सभी विभिन्न खातों की सभी वेबसाइट को एक ही ड्राइव में संग्रहीत किया जाता है, एक ही CPU द्वारा संसाधित किया जाता है, और एक ही वेब सर्वर द्वारा वितरित किया जाता है।

Virtual Dedicated Hosting: This type of hosting is better for medium size business. With virtual dedicated hosting, you will have a dedicated bandwidth and dedicated RAM for your site. You will be given a root ID and password to maintain your web server. This type of hosting is created on a single server, but it is managed in such a way that every user will have dedicated speed and bandwidth. This is bit more expensive but really good one for medium size business.

वर्चुअल डेडिकेटेड होस्टिंग: इस प्रकार की होस्टिंग मध्यम आकार के व्यवसाय के लिए बेहतर है। वर्चुअल समर्पित होस्टिंग के साथ, आपके पास अपनी साइट के लिए एक डेडिकेटेड बैंडविड्थ और समर्पित रैम होगा। आपको अपने वेब सर्वर को बनाए रखने के लिए एक रूट आईडी और पासवर्ड दिया जाएगा। इस प्रकार की होस्टिंग एक सर्वर पर बनाई जाती है, लेकिन इसे इस तरह से प्रबंधित किया जाता है कि प्रत्येक उपयोगकर्ता के पास समर्पित गति और बैंडविड्थ होगा। यह मध्यम आकार के व्यवसाय के लिए थोड़ा अधिक महंगा है लेकिन वास्तव में अच्छा है।

Dedicated Server Hosting: With dedicated server hosting, you have complete control over an entire server. This has many advantages, they are more expensive than virtual dedicated hosting and should be considered when you have a very high traffic requirement.

डेडिकेटेड सर्वर होस्टिंग: समर्पित सर्वर होस्टिंग के साथ, आपका संपूर्ण सर्वर पर पूर्ण नियंत्रण होता है। इसके कई फायदे हैं, वे वर्चुअल डेडिकेटेड होस्टिंग की तुलना में अधिक महंगे हैं और जब आपको बहुत अधिक ट्रैफिक की आवश्यकता होती है, तो इस पर विचार किया जाना चाहिए।

7.4.2 Basic Features of a Web Hosting (वेब होस्टिंग की मूल विशेषताएं)

The basic features that most of the website hosting provide: (मूल सुविधाएँ जो अधिकांश वेबसाइट होस्टिंग प्रदान करती हैं:)

Disc Space: Disk space means the amount of storage space provided to you by your web hosting provider. You need disk space to store your web files composed of text, images, video, audio, etc. disk space is measured in megabytes and a good hosting company will provide packages with differing amounts of space to cater to the needs of all sizes of websites- from smaller personal websites to larger company websites.

डिस्क स्पेस: डिस्क स्पेस का अर्थ है आपके वेब होस्टिंग प्रदाता द्वारा आपको दी गई स्टोरेज स्पेस की मात्रा। आपको पाठ, चित्र, वीडियो, ऑडियो, आदि से बनी अपनी वेब फाइल्स को संग्रहीत करने के लिए डिस्क स्थान की आवश्यकता होती है। डिस्क स्थान को मेगाबाइट में मापा जाता है और एक अच्छी होस्टिंग कंपनी सभी प्रकार की वेबसाइटों की आवश्यकताओं को पूरा करने के लिए अलग–अलग मात्रा में स्थान प्रदान करती है – छोटी व्यक्तिगत वेबसाइट से लेकर बड़ी कंपनी की वेबसाइट तक।

Monthly Traffic: A small or medium website will need between 1GB and 10GB of data transfer on a monthly basis. If you plan to keep a lot of audio and video on your website, then you need a plan with more data transfer capacity. Check different options based on your requirements. What are the other options available in case you cross the given data transfer limit. Your site should not be stopped in case you exceed given limit.

मासिक ट्रैफिक: छोटी या मध्यम वेबसाइट को मासिक आधार पर 1GB और 10GB डेटा ट्रांसफर की आवश्यकता होगी। यदि आप अपनी वेबसाइट पर बहुत सारे ऑडियो और वीडियो रखने की योजना बनाते हैं, तो आपको अधिक डेटा ट्रांसफर क्षमता वाली योजना की आवश्यकता है। अपनी आवश्यकताओं के आधार पर विभिन्न विकल्पों की जाँच करें। यदि आप दी गई डेटा अंतरण सीमा को पार करते हैं तो अन्य विकल्प क्या उपलब्ध हैं; यदि आपको दी गई सीमा से अधिक है तो आपकी साइट को बंद नहीं किया जाना चाहिए।

Bandwidth: Bandwidth means the amount of data that a website can transfer over a period of time. It determines the speed of your website. More bandwidth means more speed. The less bandwidth your site has, the slower it takes for it to load. Some hosting service providers provide unlimited bandwidth whereas some others have different prices based upon the amount you use. If your website has heavier pages like those with lots of images, videos etc. then you will need higher storage along with greater bandwidth.

बैंडविड्थ: बैंडविड्थ का मतलब उस डेटा की मात्रा है जो एक वेबसाइट समय के साथ स्थानांतरित कर सकती है। यह आपकी वेबसाइट की गति निर्धारित करता है। अधिक बैंडविड्थ का अर्थ है अधिक गति। आपकी साइट के पास कम बैंडविड्थ है, इसे लोड करने के लिए धीमा है। कुछ होस्टिंग सेवा प्रदाता असीमित बैंडविड्थ प्रदान करते हैं जबकि कुछ अन्य आपके द्वारा उपयोग की जाने वाली राशि के आधार पर अलग–अलग मूल्य हैं। यदि आपकी वेबसाइट में बहुत सारे चित्र, वीडियो आदि जैसे भारी पृष्ठ हैं, तो आपको अधिक बैंडविड्थ के साथ उच्च भंडारण की आवश्यकता होगी।

Connection Speed: Nowadays, most service providers allow very fast connection speed. So choose a service provider who is giving better connection speed in terms of bits per second. You can have a connection speed ranging from 64KB per second to 2.488GB per second.

कनेक्शन की गति: आजकल, अधिकांश सेवा प्रदाता बहुत तेज कनेक्शन गति की अनुमति देते हैं। तो एक सेवा प्रदाता चुनें जो प्रति सेकंड बिट्स के संदर्भ में बेहतर कनेक्शन गति दे रहा है। आपके पास एक कनेक्शन की गति 64KB प्रति सेकंड से 2.488GB प्रति सेकंड तक हो सकती है।

Email Accounts: Make sure you are going to get sufficient number of e-mail accounts. There are many other options available which come along with your e-mail account. Like, will you get IMAP, POP and E mail forwarding options available along with your e-mail facilities.

ईमेल खाते: सुनिश्चित करें कि आप पर्याप्त संख्या में ई–मेल खाते प्राप्त करने जा रहे हैं। कई अन्य विकल्प उपलब्ध हैं जो आपके ई–मेल खाते के साथ आते हैं। जैसे, क्या आपको अपनी ई–मेल सुविधाओं के साथ IMAP, POP और E मेल अग्रेषण विकल्प उपलब्ध होंगे।

E-mailing Support: Apart from having e-mail accounts, it is also very important that your web server should have a facility to send e-mails from back-end. In case your site visitors want to contact to you using a form, then you will be able to use that e-mailing facility to send e-mails to your designated account. In simple terms, you should make sure that the SMTP Server is setup and working on your web server.

ई-मेलिंग सपोर्ट: ई–मेल अकाउंट रखने के अलावा, यह भी बहुत महत्वपूर्ण है कि आपके वेब सर्वर में बैक–एंड से ई–मेल भेजने की सुविधा होनी चाहिए। यदि आपका साइट विजिटर आपसे फॉर्म का उपयोग करके आपसे संपर्क करना चाहता है, तो आप उस ई–मेलिंग सुविधा का उपयोग अपने निर्दिष्ट खाते में ई–मेल भेजने में कर पाएंगे। सरल शब्दों में, आपको यह सुनिश्चित करना चाहिए कि SMTP सर्वर सेटअप है और आपके वेब सर्वर पर काम कर रहा है।

Programming Services: The website hosting packages also let you create web pages with programming languages including HTML, PHP, ASP as well as databases. The best offers can be called those providing PHP language and MySQL database.

प्रोग्रामिंग सेवाएँ: वेबसाइट होस्टिंग पैकेज आपको HTML, PHP, ASP और साथ ही डेटाबेस सहित प्रोग्रामिंग भाषाओं के साथ वेब पेज बनाने की सुविधा देते हैं। सबसे अच्छा ऑफर PHP लैंग्वेज और MySQL डेटाबेस प्रदान करने वालों को कहा जा सकता है।

Databases: There are many databases available MySQL, Oracle, SQL Server, etc. You should choose your server based on your database requirement. If you are buying space on a shared server, then you need to verify how much space will be allocated for your database. Many ISPs do not give more than a limited space for databases. If your site needs a lot of database size, then you should go for a virtual dedicated server.

डेटाबेस: कई डेटाबेस उपलब्ध हैं MySQL, Oracle, SQL Server, आदि। आपको अपने डेटाबेस की आवश्यकता के आधार पर अपना सर्वर चुनना चाहिए। यदि आप एक शेयर्ड सर्वर पर स्थान खरीद रहे हैं, तो आपको यह सत्यापित करने की आवश्यकता है कि आपके डेटाबेस के लिए कितनी जगह आवंटित की जाएगी। कई आईएसपी डेटाबेस के लिए सीमित स्थान से अधिक नहीं देते हैं। यदि आपकी साइट को बहुत अधिक डेटाबेस आकार की आवश्यकता है, तो आपको एक वर्चुअल डेडिकेटेड सर्वर के लिए जाना चाहिए।

Uptime: Uptime means the percentage of time that a hosting server stays up or running. 99.99% uptime would mean that your website will go down only for about 8 hours in a year while 98% uptime would mean that your website may remain down for about 7.3 days in a year.

Uptime: Uptime का मतलब उस समय का प्रतिशत है जो एक होस्टिंग सर्वर ऊपर रहता है या चल रहा है। 99.99% अपटाइम का मतलब यह होगा कि आपकी वेबसाइट एक साल में केवल 8 घंटे के लिए नीचे जाएगी जबकि 98% अपटाइम का मतलब होगा कि आपकी वेबसाइट एक साल में लगभग 7.3 दिनों तक डाउन रह सकती है।

Backup & FTP: Make sure your Service Provider is giving you more ways of taking regular backup of your website. If your site is changing every day, then it becomes very important that you should take regular backup of your website.

बैकअप और FTP: सुनिश्चित करें कि आपका सेवा प्रदाता आपको अपनी वेबसाइट का नियमित बैकअप लेने के और तरीके दे रहा है। यदि आपकी साइट हर दिन बदल रही है, तो यह बहुत महत्वपूर्ण हो जाता है कि आपको अपनी वेबसाइट का नियमित बैकअप लेना चाहिए।

Control Panel: Make sure what type of facilities you will get to maintain your hosting account. Check if your service provider is providing you an easy-to-use Control Panel or some other similar tool. Using a Control Panel, you should be able to maintain basic operations related to your website such as logging your service request, your reboot request, or any other problem.

कण्ट्रोल पैनल: सुनिश्चित करें कि आपको अपने होस्टिंग अकाउंट को बनाए रखने के लिए किस प्रकार की सुविधाएं मिलेंगी। जांचें कि क्या आपका सेवा प्रदाता आपको एक आसान उपयोग कण्ट्रोल पैनल या कुछ अन्य समान उपकरण प्रदान कर रहा है। कण्ट्रोल पैनल का उपयोग करके, आपको अपनी वेबसाइट से संबंधित बुनियादी कार्यों जैसे कि आपके सेवा अनुरोध को लॉग करना, आपके रिबूट अनुरोध या किसी अन्य समस्या को बनाए रखने में सक्षम होना चाहिए।

Customer Service: This is one of the basic and most essential features that one should look for while selecting website hosting service. Customer support options like those provided through chat, phone and e-mail etc. are extremely useful in the event of any technical or other problems related to your website.

ग्राहक सेवा: यह उन मूल और सबसे आवश्यक विशेषताओं में से एक है, जिन्हें वेबसाइट होस्टिंग सेवा का चयन करते समय देखना चाहिए। ग्राहक सहायता विकल्प जैसे कि चैट, फोन और ई–मेल आदि के माध्यम से प्रदान किए गए, आपकी वेबसाइट से संबंधित किसी भी तकनीकी या अन्य समस्याओं की स्थिति में बेहद उपयोगी हैं।

ISP: To get your site, it is necessary to sign up with an Internet Service Provider (ISP). The Internet Service Provider is a company that offers internet access to individuals and businesses for a monthly or yearly fee. ISPs support one or more forms of internet access, ranging from traditional modem dial-up to DSL and cable modem broadband service to dedicated T1/T3 lines. In addition to internet connection, ISPs may also provide related services like website hosting and development, e-mail hosting, domain name registration, etc.

ISP: अपनी साइट प्राप्त करने के लिए, इंटरनेट सेवा प्रदाता (ISP) के साथ साइन अप करना आवश्यक है। इंटरनेट सेवा प्रदाता एक कंपनी है जो मासिक या वार्षिक शुल्क के लिए व्यक्तियों और व्यवसायों को इंटरनेट का उपयोग प्रदान करती है। आईएसपी इंटरनेट एक्सेस के एक या अधिक रूपों का समर्थन करते हैं, जिसमें पारंपरिक मॉडेम डायल–अप से लेकर डीएसएल और केबल मॉडेम ब्रॉडबैंड सेवा तक समर्पित T1 / T3 लाइन शामिल हैं। इंटरनेट कनेक्शन के अलावा, ISPs संबंधित सेवाएं भी प्रदान कर सकते हैं जैसे वेबसाइट होस्टिंग और विकास, ई–मेल होस्टिंग, डोमेन नाम पंजीकरण इत्यादि।

ISPs, offer have different types of Internet connections namely, dial up, cable and DSL (Digital Subscriber Line) broadband. Hardware, such as dial up modem or a wireless modem and router are usually provided by the company. When you register with an ISP for its services, an account is created and you are provided with the login details –username and password. You connect to the Internet via your account and this way the company keeps a watch on your online activities.

आईएसपी, ऑफर में अलग–अलग प्रकार के इंटरनेट कनेक्शन हैं, जैसे डायल अप, केबल और डीएसएल (डिजिटल सब्सक्राइबर लाइन) ब्रॉडबैंड। हार्डवेयर, जैसे डायल अप मॉडेम या एक वायरलेस मॉडेम और राउटर आमतौर पर कंपनी द्वारा प्रदान किए जाते हैं। जब आप इसकी सेवाओं के लिए आईएसपी के साथ पंजीकरण करते हैं, तो एक खाता बनाया जाता है और आपको लॉगिन विवरण–पासवर्ड और पासवर्ड प्रदान किया जाता है। आप अपने खाते के माध्यम से इंटरनेट से जुड़ते हैं और इस तरह कंपनी आपकी ऑनलाइन गतिविधियों पर नजर रखती है।

ISPs can be both regional, and national, servicing the entire country and they are connected with each other through Network Access Points (NAPs). ISPs are also referred to as Internet Access Providers.

आईएसपी पूरे देश की सेवा करने वाले क्षेत्रीय और राष्ट्रीय दोनों हो सकते हैं और वे नेटवर्क एक्सेस पॉइंट्स (NAPs) के माध्यम से एक दूसरे से जुड़े होते हैं। आईएसपी को इंटरनेट एक्सेस प्रोवाइडर के रूप में भी जाना जाता है।

Guide to Web Publishing on the Internet

इंटरनेट पर वेब पब्लिशिंग के लिए गाइड

One of the methods that you may use is CuteFTP from:

आपके द्वारा उपयोग किए जा सकने वाले तरीकों में से एक है:

ftp://ftp.cuteftp.com/pub/cuteftep/

First, you create the pages for the website, then choose File -> Save As HTML, enter the necessary folder name and click Save. Your web page designer such as FrontPage 2000, saves it as an HTML document in the folder you specified.

सबसे पहले, आप वेबसाइट के लिए पृष्ठ बनाते हैं, फिर फाइल चुनें –> HTML के रूप में सेव करें, आवश्यक फोल्डर नाम दर्ज करें और सेव करें पर क्लिक करें। आपका वेब पेज डिजाइनर जैसे कि फ्रंटपेज 2000, इसे आपके द्वारा निर्दिष्ट फोल्डर में HTML दस्तावेज के रूप में सेव करता है।

Now start CuteFTP software, that is easy to use and reliable. You then upload all the files from the folder to the folder on the internet web server that has reserved space for your site. It is a simple process that may take about 10 minutes.

अब Cute FTP सॉफ्टवेयर शुरू करें, जो उपयोग में आसान और विश्वसनीय है। फिर आप इंटरनेट वेब सर्वर पर फोल्डर से फोल्डर की सभी फाइल्स अपलोड करते हैं, जिसमें आपकी साइट के लिए स्थान आरक्षित होता है। यह एक सरल प्रक्रिया है जिसमें लगभग 10 मिनट लग सकते हैं।

7.5 Document Interchange Standards

(डॉक्यूमेंट इंटरचेंज स्टैण्डर्ड)

Every network and every computer in the networks exchange information according to certain rules called protocols. These different computers and different networks are united with the common thread of protocols to exchange their information over the network.

प्रत्येक नेटवर्क और नेटवर्क का प्रत्येक कंप्यूटर प्रोटोकॉल नामक कुछ नियमों के अनुसार सूचनाओं का आदान–प्रदान करता है। ये विभिन्न कंप्यूटर और विभिन्न नेटवर्क पर अपनी जानकारी का आदान–प्रदान करने के लिए प्रोटोकॉल के सामान्य धागे के साथ एकजुट होते हैं।

7.5.1 Connectionless and Connection-Oriented Protocols (कनेक्शन रहित और कनेक्शन-ओरिएंटेड प्रोटोकॉल)

With a connectionless protocol, clients connect to the server, make a request, get a response, and then disconnect. For the internet, HTTP is a connectionless protocol.

कनेक्शन रहित प्रोटोकॉल के साथ, क्लाइंट सर्वर से जुड़ते हैं, अनुरोध करते हैं, प्रतिक्रिया प्राप्त करते हैं और फिर डिस्कनेक्ट हो जाते हैं। इंटरनेट के लिए, HTTP एक कनेक्शन रहित प्रोटोकॉल है।

With a connection-oriented protocol, clients connect to the server, make a request, get a response, and then maintain the connection to handle future requests. An example of a connection-oriented protocol is File Transfer Protocol (FTP). When you connect to an FTP server, the connection remains open even after you download a file. The maintenance of this connection consumes system resources. A server with too many open connections quickly gets overloaded. Consequently, many FTP servers are configured to allow only 250 open connections at one time, so only 250 users can access the FTP server at a time.

कनेक्शन–ओरिएंटेड प्रोटोकॉल के साथ, क्लाइंट सर्वर से जुड़ते हैं, एक अनुरोध करते हैं, प्रतिक्रिया प्राप्त करते हैं, और फिर भविष्य के अनुरोधों को संभालने के लिए कनेक्शन बनाए रखते हैं। कनेक्शन–ओरिएंटेड प्रोटोकॉल का एक उदाहरण फाइल ट्रांसफर प्रोटोकॉल (एफटीपी) है। जब आप किसी FTP सर्वर से कनेक्ट करते हैं, तो फाइल डाउनलोड करने के बाद भी कनेक्शन खुला रहता है। इस कनेक्शन का रखरखाव सिस्टम संसाधनों की खपत करता है। बहुत सारे ओपन कनेक्शन वाला सर्वर जल्दी से ओवरलोड हो जाता है। नतीजतन, कई एफटीपी सर्वर एक समय में केवल 250 ओपन कनेक्शन की अनुमति देने के लिए कॉन्फिगर किए गए हैं, इसलिए एक समय में केवल 250 उपयोगकर्ता एफटीपी सर्वर तक पहुंच सकते हैं।

Difference between Connection-Oriented and Connectionless Protocol (कनेक्शन-ओरिएंटेड और कनेक्शन रहित प्रोटोकॉल के बीच अंतर)

Connectionless protocols differ from connection oriented protocols in the way requests and responses to requests are handled. HTTP is a connectionless protocol. When clients connect to the HTTP server being a connectionless protocol, they make a request, get a response, and then disconnect. Because the connection is not maintained, no system resources are used after the transaction is over.

कनेक्शन रहित प्रोटोकॉल कनेक्शन ओरिएंटेड प्रोटोकॉल से उस तरीके से भिन्न होते हैं जिस तरह से अनुरोधों और प्रतिक्रियाओं को नियंत्रित किया जाता है। HTTP एक कनेक्शन रहित प्रोटोकॉल है। जब क्लाइंट HTTP सर्वर से कनेक्शन रहित प्रोटोकॉल से जुड़ते हैं, तो वे एक अनुरोध करते हैं, एक प्रतिक्रिया प्राप्त करते हैं, और फिर डिस्कनेक्ट कर देते हैं। क्योंकि कनेक्शन बनाए नहीं रखा गया है, लेन–देन समाप्त होने के बाद किसी भी सिस्टम संसाधनों का उपयोग नहीं किया जाता है।

Consequently, HTTP servers are limited only by active connections and can generally handle thousands of transactions with low system overhead. The drawback of connectionless protocols is that when the same client requests more data, the connection must be re-established. To web users, this means a delay whenever they request more information.

नतीजतन, HTTP सर्वर केवल सक्रिय कनेक्शन द्वारा सीमित हैं और आमतौर पर कम सिस्टम ओवरहेड के साथ हजारों लेनदेन को संभाल सकते हैं। कनेक्शन रहित प्रोटोकॉल का दोष यह है कि जब एक ही ग्राहक अधिक डेटा का अनुरोध करता है, तो कनेक्शन को फिर से स्थापित किया जाना चाहिए। वेब उपयोगकर्ताओं के लिए, इसका मतलब है कि जब भी वे अधिक जानकारी का अनुरोध करते हैं तो देरी होती है।

7.5.2 Stateless and Stateful Protocols (स्टेटलेस और स्टेटफुल प्रोटोकॉल)

There are two kinds of protocols for the processed transactions on the internet. These are stateless and stateful protocols. In a stateless protocol, no information about a transaction is maintained after a transaction has been processed. In a stateful protocol, state information is kept even after a transaction has been processed.

इंटरनेट पर संसाधित लेनदेन के लिए दो प्रकार के प्रोटोकॉल हैं। ये स्टेटलेस और स्टेटफुल प्रोटोकॉल हैं। स्टेटलेस प्रोटोकॉल में, लेन–देन की प्रक्रिया के बाद कोई लेनदेन के बारे में कोई जानकारी नहीं रखी जाती है। स्टेटफुल प्रोटोकॉल में, लेनदेन की प्रक्रिया पूरी होने के बाद भी जानकारी रखी जाती है।

Servers using stateful protocols maintain the following information (स्टेटफुल प्रोटोकॉल का उपयोग करने वाले सर्वर निम्नलिखित जानकारी रखते हैं):

- Status of the connection (कनेक्शन की स्थिति)
- Processes running (प्रक्रियाएं चल रही हैं)
- Status of the processes running (चल रही प्रक्रियाओं की स्थिति)

Generally, this state information resides in the memory and consumes system resources. When a client breaks a connection with a server running a stateful protocol, the state information has to be cleaned up and is often logged as well.

आमतौर पर, स्टेट सूचना मेमोरी में रहता है और सिस्टम संसाधनों का उपभोग करता है। जब कोई क्लाइंट किसी स्टेटफुल प्रोटोकॉल को चलाने वाले सर्वर से संपर्क तोड़ता है, तो स्टेट की जानकारी को क्लीन करना पड़ता है और अक्सर लॉग–इन भी किया जाता है।

Difference between Stateless and Stateful Protocols (स्टेटलेस और स्टेटफुल प्रोटोकॉल के बीच अंतर)

Stateless protocols differ from stateful protocols in the way information about requests is maintained.

स्टेटलेस प्रोटोकॉल, स्टेटफुल प्रोटोकॉल से अलग है जिस तरह से अनुरोधों के बारे में जानकारी बनाए रखी जाती है।

HTTP is a stateless protocol. Stateless protocols are light because servers using them keep no information about completed transactions and processes. When a client breaks a connection with a server running a stateless protocol, no data has to be cleaned up or logged off. By not tracking state information, there is less overhead on the server, so it can generally handle transactions speedily.

HTTP एक स्टेटलेस प्रोटोकॉल है। स्टेटलेस प्रोटोकॉल हल्के होते हैं क्योंकि उनका उपयोग करने वाले सर्वर पूर्ण लेनदेन और प्रक्रियाओं के बारे में कोई जानकारी नहीं रखते हैं। जब कोई क्लाइंट किसी स्टेटलेस प्रोटोकॉल को चलाने वाले सर्वर से कनेक्शन तोड़ता है, तो किसी भी डेटा को साफ या लॉग इन नहीं करना पड़ता है। स्टेट की जानकारी पर नजर नहीं रखने से, सर्वर पर कम ओवरहेड होता है, इसलिए यह आम तौर पर तेजी से लेनदेन को संभाल सकता है।

With HTTP, you can transfer full-motion video sequences, stereo sound tracks, high-resolution images, and any other type of media. The standard that makes this possible is MIME (Multipurpose Internet Mail Extensions). HTTP uses MIME to identify the type of object being transferred across the internet.

HTTP के साथ, आप फुल–मोशन वीडियो सीक्वेंस, स्टीरियो साउंड ट्रैक्स, हाई–रिजॉल्यूशन इमेज और किसी अन्य प्रकार के मीडिया को ट्रांसफर कर सकते हैं। यह संभव बनाने वाला मानक MIME (मल्टीपर्ल्स इंटरनेट मेल एक्सटेंशन) है। HTTP, MIME का उपयोग इंटरनेट पर स्थानांतरित किए जा रहे ऑब्जेक्ट के प्रकार की पहचान करने के लिए करता है।

Object types are identified in a header field that comes before the actual data for the object. In HTTP, this header field is the content-type. By identifying the type of object in a header field, the client receiving the object can handle it appropriately.

ऑब्जेक्ट प्रकार एक हेडर फील्ड में पहचाने जाते हैं जो ऑब्जेक्ट के वास्तविक डेटा से पहले आता है। HTTP में, यह हेडर फील्ड कंटेंट है। हेडर फील्ड में ऑब्जेक्ट के प्रकार की पहचान करके, ऑब्जेक्ट प्राप्त करने वाला क्लाइंट इसे उचित रूप से संभाल सकता है।

7.6 Components of Web Publishing (वेब पब्लिशिंग के घटक)

After creating a website, to make your website available to everyone on the web, you need to publish it on the web server. You can either your own server to send your files to someone or use the web server of the ISP.

वेबसाइट बनाने के बाद, अपनी वेबसाइट को वेब पर सभी के लिए उपलब्ध कराने के लिए, आपको इसे वेब सर्वर पर पब्लिश करना होगा। आप अपनी फाइल्स को किसी को भेजने के लिए या आईएसपी के वेब सर्वर का उपयोग करने के लिए अपना खुद का सर्वर रख सकते हैं।

Web Browser (वेब ब्राउजर)

A web browser is a software package supplied free by Microsoft Corporation and many other companies. It is used to view pages as well as navigate the WWW. Browsers are also referred to as web clients.

वेब ब्राउजर एक सॉफ्टवेयर पैकेज है जो Microsoft Corporation और कई अन्य कंपनियों द्वारा मुफ्त दिया जाता है। इसका उपयोग पृष्ठों को देखने के साथ–साथ WWW को नेविगेट करने के लिए किया जाता है। ब्राउजरों को वेब क्लाइंट के रूप में भी जाना जाता है।

Web Cookies (वेब कूकीज)

Web cookies refers to a piece of information sent by a web server to a web browser that the browser software is expected to save and to send back to the server whenever the browser makes additional requests from the server. Web cookies (technically called Persistent Client State HTTP Cookies) allow a website to store information about you as well as to track your visits to it over a prolonged period of time. To accomplish this, the website stores information in a file in your PCs web browser. This information can then be checked by the website when you make future visits to the site.

वेब कुकीज एक वेब सर्वर द्वारा वेब ब्राउजर को भेजी जाने वाली सूचना के एक टुकड़े को संदर्भित करती है जिसे ब्राउजर सॉफ्टवेयर को सेव करने और सर्वर से अतिरिक्त अनुरोध करने पर सर्वर पर वापस भेजने की अपेक्षा की जाती है। वेब कुकीज (तकनीकी रूप से पर्सिस्टेंट क्लाइंट स्टेट HTTP कूकीज) एक वेबसाइट को आपके बारे में जानकारी संग्रहीत करने के साथ–साथ आपकी यात्राओं को लंबे समय तक ट्रैक करने की अनुमति देती है। इसे पूरा करने के लिए, वेबसाइट आपके पीसी वेब ब्राउजर में एक फाइल में जानकारी संग्रहीत करती है। यह जानकारी तब वेबसाइट द्वारा जांची जा सकती है जब आप भविष्य की साइट पर जाते हैं।

In this manner, cookies provide a level of audience tracking to the Web.

इस तरीके से, कुकीज वेब पर दर्शकों का एक स्तर प्रदान करती हैं।

Web Server (वेब सर्वर)

A Web server is a program that runs on a website and is responsible for replying to web browser requests for files. You need a web server to publish documents on the web.

वेब सर्वर एक प्रोग्राम है जो एक वेबसाइट पर चलता है और फाइल्स के लिए वेब ब्राउजर अनुरोधों का जवाब देने के लिए जिम्मेदार है। वेब पर दस्तावेज प्रकाशित करने के लिए आपको एक वेब सर्वर की आवश्यकता होती है।

7.7 Document Management (दस्तावेज मैनेजमेंट)

The action of identifying, acquiring, processing, storing, updating and distributing the document is called document management. It may include file organization, uploading, etc. These are described in the following sections:

दस्तावेज की पहचान, अधिग्रहण, प्रसंस्करण, भंडारण, अद्यतन और वितरण की कार्रवाई को दस्तावेज मैनेजमेंट कहा जाता है। इसमें फाइल संगठन, अपलोडिंग आदि शामिल हो सकते हैं, ये निम्नलिखित अनुभागों में वर्णित हैः

File Organization: When organizing the files on your site, keep files in separate folders. That way, the site is easier to update. The site maintains separate folders for images, HTML files, video, sound and CGI (Common Gateway Interface) scripts. The site has different folders name too; so, files related to the jobs section are arranged and put in a folder called jobs.

फाइल ऑरगनाइजेशनः अपनी साइट पर फाइलों को व्यवस्थित करते समय, फाइल्स को अलग फोल्डर में रखें। इस तरह, साइट को अपडेट करना आसान है। साइट छवियों, HTML फाइल्स, वीडियो, ध्वनि और CGI (कॉमन गेटवे इंटरफेस) स्क्रिप्ट के लिए अलग–अलग फोल्डर का रखरखाव करती है। साइट में अलग–अलग फोल्डर का नाम भी है; इसलिए, जॉब अनुभाग से संबंधित फाइल्स को व्यवस्थित किया जाता है और जॉब नामक फोल्डर में रखा जाता है।

Uploading: Uploading means transferring files from your computer to the internet server. When you are uploading files from your site, do not forget that you need to upload them in the correct file format. HTML and text files should be uploaded in ASCII (American Standard Code for Information Interchange) format, while images, CGI scripts, Flash files, sounds and video should all be uploaded in the binary format.

अपलोड करना: अपलोड करने का मतलब है अपने कंप्यूटर से इंटरनेट सर्वर पर फाइल ट्रांसफर करना। जब आप अपनी साइट से फाइल्स अपलोड कर रहे हैं, तो यह मत भूलो कि आपको उन्हें सही फाइल प्रारूप में अपलोड करने की आवश्यकता है। HTML और पाठ फाइल्स को ASCII (अमेरिकन स्टैण्डर्ड कोड फॉर इनफार्मेशन इंटरचेंज) प्रारूप में अपलोड किया जाना चाहिए, जबकि छवियों, CGI स्क्रिप्ट, फ्लैश फाइल्स, ध्वनियों और वीडियो सभी को द्विआधारी प्रारूप में अपलोड किया जाना चाहिए।

File Names: When you are naming the files for your site, stick to what is known as 8.3 file names, i.e., 8 characters for file name and 3 characters for extensions. Some people may still be looking at your site on older machines. Use the *.htm ending rather than *.html. You would like as many people as possible to see your website, so do not exclude those who cannot see long file names.

फाइल नाम: जब आप अपनी साइट के लिए फाइल्स का नाम कर रहे हैं, तो जिसे 3 फाइल नाम के रूप में जाना जाता है, अर्थात, फाइल नाम के लिए 8 वर्ण और एक्सटेंशन के लिए 3 वर्ण। कुछ लोग अभी भी पुरानी मशीन पर आपकी साइट को देख रहे होंगे। *A Html के बजाय *.htm का उपयोग करें। आप अपनी वेबसाइट को देखने के लिए अधिक से अधिक लोगों को पसंद करेंगे, इसलिए उन लोगों को एक्सलूड न करें जो लंबे फाइल नाम नहीं देख सकते हैं।

Backups: Whatever you do, be sure to back up your files on your website. Put them on to a Zip disk or CD (Compact Disk) and then store it away in a safe place. If you lose everything, at least you have a backup ready to upload the site again.

बैकअप: आप जो कुछ भी करते हैं, अपनी फाइल्स का अपनी वेबसाइट पर बैकअप लेना सुनिश्चित करें। उन्हें जिप डिस्क या सीडी (कॉम्पैक्ट डिस्क) पर रखें और फिर इसे सुरक्षित स्थान पर स्टोर करें। यदि आप सब कुछ खो देते हैं, तो कम से कम आपके पास साइट को फिर से अपलोड करने के लिए बैकअप तैयार है।

7.8 Web Page Design Consideration and Principles (वेब पेज डिजाइन विचार और सिद्धांत)

The following are some principles about web page design which will help you in designing an effective web page:

वेब पेज डिजाइन के बारे में कुछ सिद्धांत निम्नलिखित हैं जो आपको प्रभावी वेब पेज डिजाइन करने में मदद करेंगे:

- Present your web page in a way that users are impressed within the first few seconds after they arrive at the website.

  अपने वेब पेज को इस तरह से प्रस्तुत करें कि वेबसाइट पर आने के बाद पहले कुछ सेकंड के भीतर उपयोगकर्ता प्रभावित हों।
- The title of the page should be short, fascinating and descriptive.

  पृष्ठ का शीर्षक छोटा, आकर्षक और वर्णनात्मक होना चाहिए।
- Keep web pages fresh and updated. Remove any outdated information and add new information from time to time.

  वेब पेज को ताजा और अपडेट रखें। कोई भी पुरानी जानकारी निकालें और समय–समय पर नई जानकारी जोड़ें।
- Keep your Web pages focused. Don't show everything on one page. Use separate pages for separate topics.

  अपने वेब पेज को केंद्रित रखें। एक पृष्ठ पर सब कुछ न दिखाएं। अलग–अलग विषयों के लिए अलग–अलग पृष्ठों का उपयोग करें।
- Make sure buttons and other links behave as the viewers expect them to do.

  सुनिश्चित करें कि बटन और अन्य लिंक व्यवहार करें क्योंकि दर्शक उनसे उम्मीद करते हैं।
- Make sure that the website avoids such features that are not supported by all the browsers.

  सुनिश्चित करें कि वेबसाइट ऐसी सुविधाओं से बचती है जो सभी ब्राउजरों द्वारा समर्थित नहीं हैं।
- Use compressed images so that a web page gets quickly loaded.

  संकुचित चित्रों का उपयोग करें ताकि एक वेब पेज जल्दी से लोड हो जाए।
- Test your web page before publishing to make sure that every link and other features work properly.

  यह सुनिश्चित करने के लिए प्रकाशित करने से पहले अपने वेब पेज का परीक्षण करें कि हर लिंक और अन्य सुविधाएँ ठीक से काम करती हैं।

7.8.1 Planning your Website Design (अपनी वेबसाइट डिजाइन की योजना बनाना)

When you decide to have a website for your business or personal interest there are a number of things you have to consider before you start actually building your website. Website planning has various steps:

जब आप अपने व्यवसाय या व्यक्तिगत हित के लिए एक वेबसाइट रखने का निर्णय लेते हैं तो वास्तव में आपकी वेबसाइट बनाने से पहले आपको कई बातों पर विचार करना होगा। वेबसाइट योजना के विभिन्न चरण हैं:

- Creating goals for your site (अपनी साइट के लिए लक्ष्य बनाना)
- Organizing the site structure (साइट संरचना का आयोजन)

- Creating your design look (अपने डिजाइन बनाना)
- Designing the navigation scheme (नेविगेशन स्कीम को डिजाइन करना)
- Planning and gathering your assets (अपनी एसेट की योजना बनाना और इकट्ठा करना)

7.8.2 Creating Goals for your Site

(अपनी साइट के लिए गोल बनाना)

The first step is determining the goals of your website. Before even considering the practical aspects of creating a website, there are some important fundamental questions you need to ask yourself first. For example, what do you want to achieve through this website, and who exactly is this website for? Who's your target audience, and how do you best communicate with that audience? What information needs to be included, and how should that information be structured.

पहला कदम आपकी वेबसाइट के गोल को निर्धारित करना है। वेबसाइट बनाने के व्यावहारिक पहलुओं पर विचार करने से पहले, कुछ महत्वपूर्ण मौलिक प्रश्न हैं जो आपको पहले खुद से पूछने की जरूरत है। उदाहरण के लिए, आप इस वेबसाइट के माध्यम से क्या हासिल करना चाहते हैं, और वास्तव में यह वेबसाइट किसके लिए है? आपका लक्षित दर्शक कौन है, और आप उस दर्शकों के साथ सबसे अच्छा संवाद कैसे करते हैं? क्या जानकारी शामिल करने की आवश्यकता है, और उस जानकारी को कैसे संरचित किया जाना चाहिए।

Your website plan outlines the purpose and goals of your website. It should address the following issues.

आपकी वेबसाइट की योजना आपकी वेबसाइट के उद्देश्य और लक्ष्यों को रेखांकित करती है। इसे निम्नलिखित मुद्दों को संबोधित करना चाहिए।

Things to Consider (विचार करने के लिए बातें):

- Purpose of Website (वेबसाइट का उद्देश्य)
- Target audience (लक्षित दर्शक)
- Website content (वेबसाइट का कंटेट)
- Ways to bring in new visitors, repeat visitors (नए आगंतुकों को लाने के तरीके, आगंतुकों को दोहराना)
- Budget (बजट)
- Other costs such as ISP, domain name and registration, database information to make available online and search engine registration and optimization. (अन्य लागत जैसे आईएसपी, डोमेन नाम और रजिस्ट्रेशन, ऑनलाइन उपलब्ध कराने के लिए डेटाबेस की जानकारी और सर्च इंजन रजिस्ट्रेशन और अनुकूलन।)

Organizing the site structure (साइट स्ट्रक्चर का आयोजन)

The basic aims of your website, you need now to consider how the content (text, images, etc.) should be organized and structured. Probably the most important aspect of website structural design is how you breakdown the content into logical sections (Main Areas, Pages, Headers, Sub-Headers, Lists, etc. as shown in Figure 7.1). As a general rule, things should be kept short. You need to create a strong hierarchy for the site and breakdown content into small units.

आपकी वेबसाइट के मूल उद्देश्य, अब आपको यह विचार करने की आवश्यकता है कि कंटेंट (पाठ, चित्र आदि) को कैसे व्यवस्थित और संरचित किया जाना चाहिए। संभवतः वेबसाइट संरचनात्मक डिजाइन का सबसे महत्वपूर्ण पहलू यह है कि आप कंटेंट को तार्किक वर्गों (मुख्य क्षेत्र, पृष्ठ, हेडर, उप–हेडर, सूची, आदि) में कैसे तोड़ते हैं जैसा कि चित्र 7.1 में दिखाया गया है)। एक सामान्य नियम के रूप में, चीजों को छोटा रखा जाना चाहिए। आपको साइट के लिए एक मजबूत पदानुक्रम बनाने और छोटी इकाइयों में कंटेंट को अरेंज करने की आवश्यकता है।

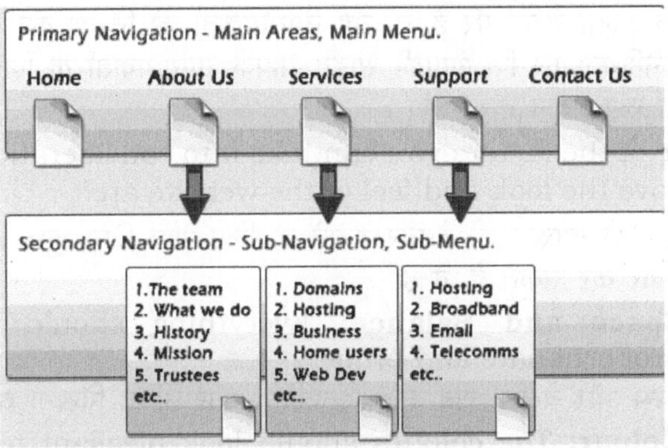

Primary Navigation - Main Areas, Main Menu.
Home | About Us | Services | Support | Contact Us
Secondary Navigation - Sub-Navigation, Sub-Menu.
1.The team 2. What we do 3. History 4. Mission 5. Trustees etc..
1. Domains 2. Hosting 3. Business 4. Home users 5. Web Dev etc..
1. Hosting 2. Broadband 3. Email 4. Telecomms etc..

Figure 7.1: Organize the site structure (साइट संरचना को व्यवस्थित करें)

It is a good idea to create a graphical flowchart/ sitemap for the site. This can help you visualize a logical hierarchy, and to see how easily information will be accessed. It will also help others to understand how your website is structured.

साइट के लिए एक ग्राफिकल फ्लोचार्ट / साइटमैप बनाना एक अच्छा विचार है। यह आपको एक तार्किक पदानुक्रम की कल्पना करने में मदद कर सकता है, और यह देखने के लिए कि कितनी आसानी से जानकारी तक पहुँचा जाएगा। यह दूसरों को यह समझने में भी मदद करेगा कि आपकी वेबसाइट कैसे संरचित है।

Creating your design look (अपने डिजाइन देखो बनाने)

You can save a lot of time later if you plan your design and layout before you begin working in Dreamweaver. You can simply create a mock-up drawing on paper of how you want the site layout to look and then follow it as you build your site; or you can create a composite drawing of your site using software, such as Macromedia FreeHand or Macromedia Fireworks.

यदि आप ड्रीमविवर में काम करना शुरू करने से पहले अपने डिजाइन और लेआउट की योजना बनाते हैं तो आप बहुत समय बचा सकते हैं। आप बस कागज पर एक मॉक–अप ड्राइंग बना सकते हैं कि आप कैसे साइट लेआउट को देखना चाहते हैं और फिर जैसे ही आप अपनी साइट

बनाते हैं, उसका पालन करें या आप Macromedia FreeHand या Macromedia Fireworks जैसे सॉफ्टवेयर का उपयोग करके अपनी साइट का एक समग्र चित्र बना सकते हैं।

Maintaining consistency in your page layout and design helps to ensure a good user experience. The user should be able to click through the pages in your site without getting confused. If all the pages have a different look, or the navigation is in a different place on each page, it might frustrate the user. Make sure your site provides a consistent look for your user.

आपके पृष्ठ लेआउट और डिजाइन में निरंतरता बनाए रखने से एक अच्छा उपयोगकर्ता अनुभव सुनिश्चित करने में मदद मिलती है। उपयोगकर्ता को भ्रमित किए बिना आपकी साइट के पृष्ठों पर क्लिक करने में सक्षम होना चाहिए। यदि सभी पृष्ठों का एक अलग रूप है, या नेविगेशन प्रत्येक पृष्ठ पर एक अलग स्थान पर है, तो यह उपयोगकर्ता को निराश कर सकता है। सुनिश्चित करें कि आपकी साइट आपके उपयोगकर्ता के लिए एक सुसंगत रूप प्रदान करती है।

Some of the factors you can take into consideration to improve the look and feel of the website are:

वेबसाइट के रंगरूप को बेहतर बनाने के लिए आप जिन कुछ कारकों पर विचार कर सकते हैं, वे हैं:

a. **Space and Balance:** Everything should look proportionate and proper.

   स्पेस और बेलेंस: सब कुछ आनुपातिक और उचित दिखना चाहिए।

b. **Colour:** The colours should look pleasant to the eyes.

   रंग: रंग आंखों को सुखद लगने चाहिए।

c. **Font Type and Size:** Typeface of the text and size of the text in the web pages should be comfortable to read and make the matter easy to understand.

   फॉन्ट प्रकार और आकार: वेब पेज में टेक्स्ट का टाइपफेस और टेक्स्ट का आकार पढ़ने के लिए आरामदायक होना चाहिए और समझने में आसान होना चाहिए।

d. **Textures:** Background graphics or textures can be annoying while reading text. So be very careful and selective.

   बनावट: बैकग्राउंड ग्राफिक्स या टेक्स्ट पढ़ते समय परेशान हो सकते हैं। इसलिए बहुत सावधान और चयनात्मक रहें।

e. **Shapes:** Shapes make a site distinct. Therefore, include pleasant shapes.

   आकृतियाँ: आकृतियाँ एक साइट को विशिष्ट बनाती हैं। इसलिए, सुखद आकृतियों को शामिल करें।

f. **Special Effects:** Animation can add to the personation and you may like to include them in the website design. But they add to the size of the site and, therefore, may cause delay while accessing through a browser with low-speed modems.

   विशेष प्रभाव: एनीमेशन व्यक्ति को जोड़ सकते हैं और आप उन्हें वेबसाइट डिजाइन में शामिल करना पसंद कर सकते हैं। लेकिन वे साइट के आकार में जोड़ते हैं और इसलिए, कम गति वाले मोडेम वाले ब्राउजर के माध्यम से प्रवेश करते समय देरी हो सकती है।

g. **Consistency:** Using a single colour scheme throughout is a good way to achieve consistency, like the Red Fort in Delhi has consistency of the colour of the stone used throughout the outer boundary wall of the fort.

   कंसिस्टेंसी: निरंतरता प्राप्त करने के लिए एक एकल रंग योजना का उपयोग करना एक अच्छा तरीका है, जैसे कि दिल्ली में लाल किले में किले की बाहरी सीमा की दीवार में प्रयुक्त पत्थर के रंग की कंसिस्टेंसी है।

h. **Variation:** When you visit Red Fort from inside, you would find many variations depending on the building you are visiting. The same holds true for website designing. Different pages may appear exclusive based on the type of message you plan to convey.

   विविधता: जब आप लाल किले को अंदर से देखते हैं, तो आप जिस भवन में जा रहे हैं, उसके आधार पर आपको कई विविधताएं मिलेंगी। वेबसाइट डिजाइनिंग के लिए भी यही सही है। आपके द्वारा बताए गए संदेश के प्रकार के आधार पर विभिन्न पृष्ठ अनन्य दिखाई दे सकते हैं।

Designing the navigation scheme (नेविगेशन स्कीम डिजाइन करना)

As you design your site, think about the experience you want your visitors to have. Think about how a visitor to your site will be able to move from one area to another. Navigation should be consistent throughout your site. If you place a navigation bar across the top of your home page, try to keep it there for all the linked pages.

जैसा कि आप अपनी साइट डिजाइन करते हैं, उस अनुभव के बारे में सोचें जो आप चाहते हैं कि आपके आगंतुक हों। इस बारे में सोचें कि आपकी साइट पर आने वाला आगंतुक एक क्षेत्र से दूसरे क्षेत्र में कैसे जा पाएगा। नेविगेशन आपकी साइट पर लगातार होना चाहिए। यदि आप अपने होम पेज के शीर्ष पर एक नेविगेशन बार रखते हैं, तो इसे सभी लिंक किए गए पृष्ठों के लिए रखने का प्रयास करें।

A major aspect of usability for a website is the need for people to be able to find what they want, and quickly. Logical, practical and sensible navigation is essential if your site is to succeed.

वेबसाइट के लिए प्रयोज्य का एक प्रमुख पहलू यह है कि लोग जो चाहते हैं, और जल्दी से पा सकें। यदि आपकी साइट को सफल होना है, तो लॉजिकल, प्रैक्टिकल और सेसिंबल नेविगेशन आवश्यक है।

Present clear, consistent, well-ordered navigation (main menus, primary links to pages), and include Subnavigation if necessary. Include search facilities too if you have a large site that include forums, blogs etc.

वर्तमान स्पष्ट, सुसंगत, सुव्यवस्थित नेविगेशन (मुख्य मेनू, पृष्ठों के प्राथमिक लिंक), और यदि आवश्यक हो तो उप–नेविगेशन शामिल करें। यदि आपके पास एक बड़ी साइट है जिसमें फोरम, ब्लॉग आदि शामिल हैं, तो सर्च सुविधाएं शामिल करें।

Planning and gathering your assets (अपनी एसेट्स की योजना बनाना और इकट्ठा करना)

Once you know what your design and layout will look like, you can create and gather the assets, such as images, text, or media. Make sure you have all of these items gathered and ready to go before you begin developing your site.

एक बार जब आप जान लेंगे कि आपका डिजाइन और लेआउट कैसा दिखेगा, तो आप एसेट्स बना सकते हैं और इकट्ठा कर सकते हैं, जैसे कि इमेज, टेक्स्ट या मीडिया। सुनिश्चित करें कि आपके पास इन सभी वस्तुओं को इकट्ठा किया है और अपनी साइट विकसित करने से पहले तैयार होने के लिए तैयार हैं।

If you are using images and graphics from a ClipArt site or someone else is creating them, make sure you collect them and put them in a folder on your site. If you are creating the assets yourself, make sure you create them all before you start development, including any images you need if you are using roll-overs. Then organize your assets so you can access them easily while creating your site.

यदि आप क्लिपआर्ट साइट से छवियों और ग्राफिक्स का उपयोग कर रहे हैं या कोई और उन्हें बना रहा है, तो सुनिश्चित करें कि आप उन्हें इकट्ठा करते हैं और उन्हें अपनी साइट पर एक फोल्डर में डालते हैं। यदि आप अपने आप एसेट्स बना रहे हैं, तो सुनिश्चित करें कि आप विकास शुरू करने से पहले उन सभी को बनाते हैं, यदि आपको रोल–ओवर का उपयोग कर रहे हैं, तो आपको किसी भी चित्र की आवश्यकता है। फिर अपनी एसेट्स व्यवस्थित करें ताकि आप अपनी साइट बनाते समय उन्हें आसानी से एक्सेस कर सकें।

Basic Website layout and structure (बेसिक वेबसाइट लेआउट और स्ट्रक्चर)

Your basic website structure should follow a logical pattern of organization. It easy for visitors to search for the information they are seeking and for search engines to index your website. Also, the basic layout of a website that is logically organized will be much easier to maintain and edit.

आपकी मूल वेबसाइट स्ट्रक्चर को संगठन के एक लॉजिकल पैटर्न का पालन करना चाहिए। आगंतुकों के लिए यह आसान है कि वे अपनी वेबसाइट को इंडेक्स करने के लिए जो जानकारी मांग रहे हैं और सर्च इंजन के लिए सर्च। साथ ही, एक वेबसाइट का मूल लेआउट जो लॉजिकल रूप से व्यवस्थित है, उसे बनाए रखना और संपादित करना बहुत आसान होगा।

The basic structure and layout of a Website (एक वेबसाइट की मूल संरचना और लेआउट)

The layout of your website should look as shown in Figure 7.2. The website basic divisions shown below reflect the linking network must use by web masters.

आपकी वेबसाइट का लेआउट चित्र 7.2 में दिखाया गया है। नीचे दी गई वेबसाइट के बुनियादी विभाजन लिंकिंग नेटवर्क को वेब मास्टर्स द्वारा उपयोग करना चाहिए।

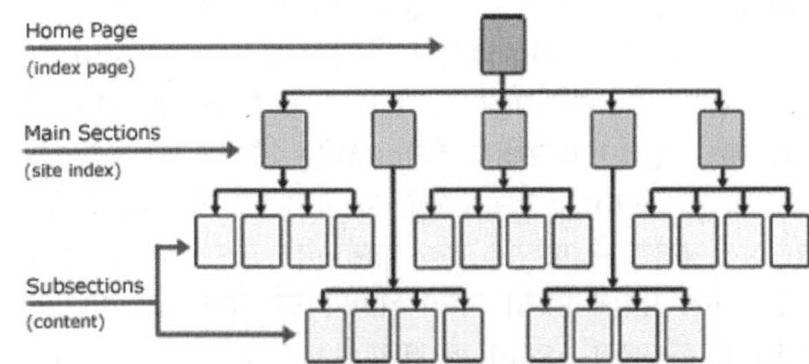

Figure 7.2: Basic of a Website layout (वेबसाइट लेआउट का मूल)

The basic divisions of a Website layout are as follows:

वेबसाइट लेआउट के मूल विभाजन निम्नानुसार हैं:

Home page: The home page is the first tier of website content and leads into the interior of the website. It links directly to the main sections of a site. In other words, from the home page links are introduced that access the internal website sections or main subject areas of a website.

होम पेज: होम पेज वेबसाइट कंटेंट का पहला टायर है और वेबसाइट के इंटीरियर में ले जाता है। यह सीधे एक साइट के मुख्य वर्गों से जोड़ता है। दूसरे शब्दों में, होम पेज से ऐसे लिंक पेश किए जाते हैं जो किसी वेबसाइट के आंतरिक वेबसाइट सेक्शन या मुख्य विषय क्षेत्रों तक पहुंचते हैं।

The homepage is first introduced to your website (Figure 7.3). As you go about designing your website it put a large part of your efforts into perfecting this home page. It is important that the home page clearly conveys the essence of what your website is all about.

होमपेज सबसे पहले आपकी वेबसाइट पर आता है (चित्र 7.3)। जैसा कि आप अपनी वेबसाइट को डिजाइन करने के बारे में जाते हैं, इसने आपके प्रयासों का एक बड़ा हिस्सा इस होम पेज को पूरा करने में डाल दिया। यह महत्वपूर्ण है कि होम पेज स्पष्ट रूप से आपकी वेबसाइट के सार के बारे में बताता है।

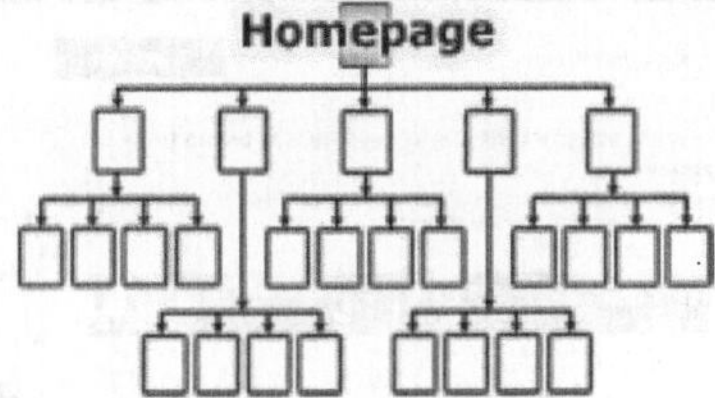

Figure 7.3: Home page (होम पेज)

Main Sections: The main sections or subject areas of a website should be identified in this second layer of content (Figure 7.4). Here is where the people visiting your website should be able to access more detailed information on the topic in which they are interested. This collection of documents should begin a logical progression of thought that leads deeper into the website content. From this level of data links should be provided that interface with the main body of the website's material or subsections.

मैन सेक्शन: वेबसाइट के मुख्य खंड या विषय क्षेत्रों को कंटेट की इस दूसरी परत में पहचाना जाना चाहिए (चित्र 7.4)। यह वह जगह है जहां आपकी वेबसाइट पर आने वाले लोगों को उस विषय पर अधिक विस्तृत जानकारी तक पहुंचने में सक्षम होना चाहिए जिसमें वे रुचि रखते हैं। दस्तावेजों के इस संग्रह में विचार की एक कंटेट प्रगति शुरू होनी चाहिए जो वेबसाइट कंटेट में गहराई तक जाती है। इस स्तर के डेटा लिंक से वह इंटरफेस प्रदान किया जाना चाहिए जो वेबसाइट की कंटेट या उप–अनुभागों के मुख्य निकाय के साथ है।

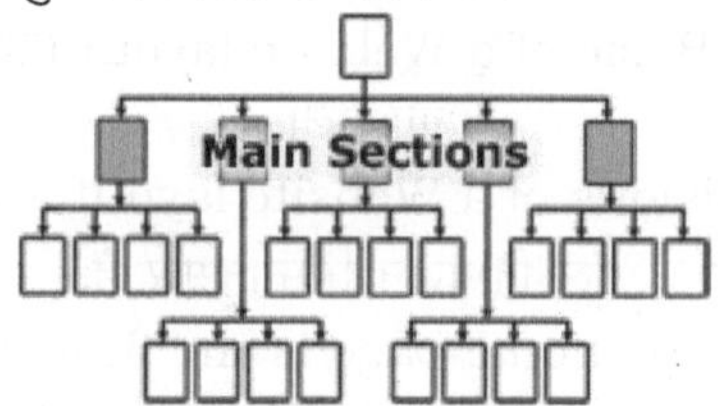

Figure 7.4: Main Sections (मैन सेक्शन)

Links coming from the home page should lead to the main sections of your website. In other words, your index page should provide links that interface with specific subject areas of website content.

होम पेज से आने वाले लिंक आपकी वेबसाइट के मुख्य वर्गों तक ले जाने चाहिए। दूसरे शब्दों में, आपके इंडेक्स पेज को वेबसाइट कंटेंट के विशिष्ट विषय क्षेत्रों के साथ इंटरफेस प्रदान करना चाहिए।

Subsections: Subsections should be placed in their proper categories and the content tied to the main sections of the website (Figure 7.5). This is where the main body or database of your website content resides.

सब-सेक्शन: उप–वर्गों को उनकी उचित श्रेणियों और वेबसाइट के मुख्य वर्गों से जुड़ी कंटेट में रखा जाना चाहिए (चित्र 7.5)। यह वह जगह है जहाँ आपकी वेबसाइट कंटेट का मुख्य निकाय या डेटाबेस रहता है।

Figure 7.5: Subsections (सब सेक्शन)

The subsections of a website are the areas in which a collection of supporting material for the website's main sections is accumulated. This is the heart and soul of your website. These basic divisions of a website should also be in a constant state of expansion.

वेबसाइट के सब सेक्शन वे क्षेत्र हैं जिनमें वेबसाइट के मुख्य वर्गों के लिए सहायक कंटेट का एक संग्रह जमा होता है। यह आपकी वेबसाइट का दिल और आत्मा है। एक वेबसाइट के ये बुनियादी विभाजन भी लगातार विस्तार की स्थिति में होने चाहिए।

7.8.3 The Website Design and Development Process (वेबसाइट डिजाइन और विकास प्रक्रिया)

There are numerous steps in the website design and development process. From gathering initial information, to the creation of your website, and maintenance, you need to keep your website up-to-date and current.

वेबसाइट डिजाइन और विकास प्रक्रिया में कई चरण हैं। प्रारंभिक जानकारी इकट्ठा करने से लेकर, आपकी वेबसाइट बनाने और रखरखाव तक, आपको अपनी वेबसाइट को अद्यतित और चालू रखना होगा।

The exact process will vary slightly from designer to designer, but the basics are the same, which are discussed below.

डिजाइनर से डिजाइनर तक सटीक प्रक्रिया थोड़ी भिन्न होगी, लेकिन मूल बातें समान हैं, जिनकी चर्चा नीचे की गई है।

- Information gathering (सूचनाएं एकत्र करना)
- Planning (योजना)
- Design (डिजाइन)
- Development (विकास)
- Testing and delivery (परीक्षण और वितरण)
- Maintenance (रखरखाव)

Information Gathering: The first step in designing a successful website is to gather information. It is actually the most important one, as it involves a solid understanding of the company it is created for. It involves a good understanding of you – what your business goals and dreams are, and how the web can be utilized to help you achieve those goals.

सूचना इकट्ठा करना: एक सफल वेबसाइट डिजाइन करने में पहला जानकारी इकट्ठा करना जरूरी है। यह वास्तव में सबसे महत्वपूर्ण है, क्योंकि इसमें उस कंपनी की जानकारी शामिल है जिसके लिए इसे बनाया गया है। इसमें आपकी अच्छी समझ शामिल है – आपके व्यावसायिक लक्ष्य और सपने क्या हैं, और उन लक्ष्यों को प्राप्त करने में आपकी मदद करने के लिए वेब का उपयोग कैसे किया जा सकता है।

Certain things to consider are (विचार करने योग्य कुछ बातें हैं):

Phase One (पहला चरण)

Purpose: What is the purpose of the site?

उद्देश्य: साइट का उद्देश्य क्या है?

Goals: What do you hope to accomplish by building this website? Two of the more common goals are either to make money or share information.

लक्ष्य: इस वेबसाइट के निर्माण से आपको क्या हासिल होने की उम्मीद है? अधिक सामान्य लक्ष्यों में से दो या तो पैसा बनाना या जानकारी

साझा करना है।

Target Audience: Is there a specific group of people that will help you reach your goals? It is helpful to picture the "ideal" person you want to visit your website.

लक्ष्य श्रोता: क्या लोगों का एक विशिष्ट समूह है जो आपको अपने लक्ष्यों तक पहुँचने में मदद करेगा? यह "आदर्श" व्यक्ति की तस्वीर बनाने में सहायक है जिसे आप अपनी वेबसाइट पर जाना चाहते हैं।

Content: What kind of information will the target audience be looking for on your site? Are they looking for specific information, a particular product or service, online ordering, etc.?

कंटेंट: लक्षित दर्शकों को आपकी साइट पर किस तरह की जानकारी मिलेगी? क्या वे विशिष्ट जानकारी, किसी विशेष उत्पाद या सेवा, ऑनलाइन ऑर्डरिंग आदि की तलाश कर रहे हैं?

Phase Two: Planning (दूसरा चरण: योजना)

Using the information gathered from Phase one, it is time to put together a plan for your website. This is the point where a site map is developed.

चरण एक से इकट्ठा की गई जानकारी का उपयोग करना, अपनी वेबसाइट के लिए एक साथ योजना बनाने का समय है। यह वह बिंदु है जहां एक साइट का नक्शा विकसित किया जाता है।

The site map is a list of all main topic areas of the site, as well as sub-topics, if applicable. This serves as a guide as to what content will be on the site, and is essential to developing a consistent, easy to understand navigational system. A good user interface creates an easy way to navigate website, and is the basis for this.

साइट मानचित्र साइट के सभी मुख्य विषय क्षेत्रों की सूची है, साथ ही यदि लागू हो तो उप–विषय भी। यह एक गाइड के रूप में कार्य करता है कि साइट पर क्या कंटेट होगा, और नेविगेशनल सिस्टम को समझने के लिए एक सुसंगत, आसान विकसित करने के लिए आवश्यक है। एक अच्छा उपयोगकर्ता इंटरफेस वेबसाइट नेविगेट करने का एक आसान तरीका बनाता है, और इसके लिए आधार है।

During the planning phase, your web designer will also help you decide what technologies should be implemented. Elements such as what CMS (Content Management System), such as WordPress.

नियोजन चरण के दौरान, आपका वेब डिजाइनर आपको यह तय करने में भी मदद करेगा कि किन तकनीकों को लागू किया जाना चाहिए। वर्डप्रेस जैसे सीएमएस (कंटेंट मैनेजमेंट सिस्टम) जैसे तत्व।

Phase Three: Design (तीन चरण: डिजाइन)

Drawing from the information gathered up to this point, it is time to determine the look and feel of your site. As part of the design phase, it is also important to incorporate elements, such as the company logo or colors to help strengthen the identity of your company on the website.

इस बिंदु तक एकत्रित जानकारी से आरेखण, यह आपकी साइट के रंगरूप को निर्धारित करने का समय है। डिजाइन चरण के हिस्से के रूप में, तत्वों को शामिल करना भी महत्वपूर्ण है, जैसे कि कंपनी का लोगो या रंग वेबसाइट पर आपकी कंपनी की पहचान को मजबूत करने में मदद करते हैं।

Your web designer will create one or more prototype designs for your website. This is typically a .jpg image of what the final design will look like. Either way, your designer should allow you to view your project throughout the design and development stages. The most important reason for this is that it gives you the opportunity to express your likes and dislikes on the site design.

आपका वेब डिजाइनर आपकी वेबसाइट के लिए एक या एक से अधिक प्रोटोटाइप डिजाइन बनाएगा। यह आम तौर पर एक .रचह छवि है जो अंतिम डिजाइन की तरह दिखेगी। किसी भी तरह से, आपके डिजाइनर को आपको पूरे डिजाइन और विकास चरणों में अपनी परियोजना को देखने की अनुमति देनी चाहिए। इसका सबसे महत्वपूर्ण कारण यह है कि यह आपको साइट डिजाइन पर अपनी पसंद और नापसंद व्यक्त करने का अवसर देता है।

In this phase, communication between both you and your designer is crucial to ensure that the final website will match your needs and requirement. It is important that you work closely with your designer, exchanging ideas, until you arrive at the final design for your website.

इस चरण में, आप और आपके डिजाइनर दोनों के बीच संचार यह सुनिश्चित करने के लिए महत्वपूर्ण है कि अंतिम वेबसाइट आपकी आवश्यकताओं और आवश्यकता से मेल खाएगी। यह महत्वपूर्ण है कि आप अपने डिजाइनर के साथ मिलकर काम करें, विचारों का आदान–प्रदान करें, जब तक कि आप अपनी वेबसाइट के लिए अंतिम डिजाइन पर न आ जाएं।

Phase Four: Development (चरण चार: विकास)

The developmental stage is the point where the website itself is created. At this time, your web designer will take all of the individual graphic elements from the prototype and use them to create the actual, functional site.

विकासात्मक चरण वह बिंदु है जहां वेबसाइट स्वयं बनाई जाती है। इस समय, आपका वेब डिजाइनर सभी व्यक्तिगत ग्राफिक तत्वों को प्रोटोटाइप से ले जाएगा और उनका उपयोग वास्तविक, कार्यात्मक साइट बनाने के लिए करेगा।

This is typically done by first developing the home page, followed by a "shell" for the interior pages. The shell serves as a template for the content pages of your site, as it contains the main navigational structure for the website. Once the shell has been created, your designer will take your content and distribute it throughout the site, in the appropriate areas.

यह आम तौर पर होम पेज को विकसित करने के द्वारा किया जाता है, इसके बाद आंतरिक पृष्ठों के लिए "शेल" होता है। शेल आपकी साइट के कंटेट पृष्ठों के लिए एक टेम्पलेट के रूप में कार्य करता है, क्योंकि इसमें वेबसाइट के लिए मुख्य नेविगेशनल संरचना शामिल है। शेल बन जाने के बाद, आपका डिजाइनर आपकी कंटेट को ले जाएगा और उसे उचित स्थानों पर, साइट पर वितरित करेगा।

Elements, such as CMS like, interactive contact forms, or e-commerce shopping carts are implemented and made functional during this phase, as well. This entire time, your designer should continue to make your inprogress website available to you for viewing, so that you can suggest any additional changes or corrections you would like to have done.

तत्व, जैसे कि सीएमएस जैसे, इंटरैक्टिव संपर्क फॉर्म, या ई–कॉमर्स शॉपिंग कार्ट को लागू किया जाता है और इस चरण के दौरान कार्यात्मक भी बनाया जाता है। यह पूरा समय, आपके डिजाइनर को आपकी इन–प्रोग्रेस वेबसाइट को देखने के लिए उपलब्ध कराना जारी रखना चाहिए, ताकि आप अपने द्वारा किए गए किसी भी अतिरिक्त बदलाव या सुधार का सुझाव दे सकें।

Phase Five: Testing and Delivery (पांच चरण: परीक्षण और वितरण)

Your web designer will attend to the final details and test your website. They will test things, such as the complete functionality of forms or other scripts, as well last testing for last minute compatibility issues (viewing differences between different web browsers), ensuring that your website is optimized to be viewed properly in the most recent browser versions.

आपका वेब डिजाइनर अंतिम विवरण में भाग लेगा और आपकी वेबसाइट का परीक्षण करेगा। वे चीजों का परीक्षण करेंगे, जैसे कि रूपों या अन्य लिपियों की पूर्ण कार्यक्षमता, साथ ही अंतिम मिनट संगतता मुद्दों के लिए अंतिम परीक्षण (विभिन्न वेब ब्राउजरों के बीच अंतर देखना), यह सुनिश्चित करना कि आपकी वेबसाइट को सबसे हाल के ब्राउजर संस्करणों में ठीक से देखा जाए।

A good web designer is one who is well-versed in current standards for website design and development. The basic technologies currently used are HTML and CSS (Cascading Style Sheets). As part of testing, your designer should check to be sure that all of the code written for your website validates. Valid code means that your site meets the current web development standards - this is helpful when checking for issues, such as cross-browser compatibility.

एक अच्छा वेब डिजाइनर वह है जो वेबसाइट डिजाइन और विकास के लिए वर्तमान मानकों में अच्छी तरह से वाकिफ है। वर्तमान में उपयोग की जाने वाली बुनियादी तकनीकों में HTML और CSS (कैस्केडिंग स्टाइल शीट्स) हैं। परीक्षण के भाग के रूप में, आपके डिजाइनर को यह सुनिश्चित करने के लिए जांचना चाहिए कि आपकी वेबसाइट के लिए लिखे गए सभी कोड मान्य हैं। वैध कोड का अर्थ है कि आपकी साइट वर्तमान वेब विकास मानकों को पूरा करती है – यह क्रॉस–ब्राउजर संगतता जैसे मुद्दों की जांच करते समय मददगार होती है।

Once you give your web designer final approval, it is time to deliver the site. An FTP (File Transfer Protocol) program is used to upload the website files to your server. Other final details include plug-in installation (for WordPress or other CMS-driven websites and SEO (Search Engine Optimization). SEO is the optimization of your website with elements, such as title, description and keyword tags which help your Website achieve higher rankings in the search engines. The previously mentioned code validation is something that plays a vital role in SEO, as well. There are many WordPress plug-ins available that further enhance the default WordPress functionality - many of them are directly related to improving your SEO, as well.

एक बार जब आप अपने वेब डिजाइनर को अंतिम स्वीकृति दे देते हैं, तो साइट को डिलीवर करने का समय आ जाता है। एफटीपी (फाइल ट्रांसफर प्रोटोकॉल) प्रोग्राम का उपयोग आपके सर्वर पर वेबसाइट फाइल्स को अपलोड करने के लिए किया जाता है। अन्य अंतिम विवरणों में प्लग–इन इंस्टॉलेशन (वर्डप्रेस या अन्य सीएमएस–चालित वेबसाइटों के लिए और एसईओ (सर्च इंजन ऑप्टिमाइजेशन) शामिल हैं।)

तत्वों के साथ आपकी वेबसाइट का अनुकूलन, जैसे शीर्षक, विवरण और कीवर्ड टैग जो आपकी वेबसाइट को सर्च इंजन में उच्च रैंकिंग प्राप्त करने में मदद करते हैं। पहले उल्लिखित कोड सत्यापन कुछ ऐसा है जो एसईओ में एक महत्वपूर्ण भूमिका निभाता है, साथ ही साथ। कई वर्डप्रेस प्लग–इन उपलब्ध हैं जो डिफॉल्ट वर्डप्रेस कार्यक्षमता को और बढ़ाते हैं – उनमें से कई सीधे आपके एसईओ में सुधार से संबंधित हैं, साथ ही साथ।

Phase Six: Maintenance: Many designers offer maintenance packages at reduced rates, based on how often you anticipate making changes or additions to your website. If you prefer to be more update your own content, there is something called a CMS, such as can be implemented to your website. This is something that would be decided upon during the planning stage.

A website determined by a CMS gives you the ability to edit the content areas of the website. You are given access to a back-end administrative area, where you can use an online text editor. You will be able to edit existing content and you can even add new pages and content yourself. Other maintenance type items include regular site backups, WordPress upgrades, additional plug-in installation, etc.

चरण छहः रखरखावः कई डिजाइनर आपको कम दरों पर रखरखाव पैकेज प्रदान करते हैं, इस आधार पर कि आप कितनी बार अपनी वेबसाइट में परिवर्तन या परिवर्धन करने का अनुमान लगाते हैं। यदि आप अपनी खुद की कंटेट को और अधिक अपडेट करना पसंद करते हैं, तो कुछ ऐसा है जिसे सीएमएस कहा जाता है, जैसे कि आपकी वेबसाइट पर लागू किया जा सकता है। यह कुछ ऐसा है जिस पर नियोजन चरण के दौरान निर्णय लिया जाएगा। सीएमएस द्वारा निर्धारित एक वेबसाइट आपको वेबसाइट के कंटेट क्षेत्रों को संपादित करने की क्षमता देती है। आपको एक बैक–एंड प्रशासनिक क्षेत्र में प्रवेश दिया जाता है, जहां आप ऑनलाइन

टेक्स्ट एडिटर का उपयोग कर सकते हैं। आप मौजूदा कंटेंट को संपादित करने में सक्षम होंगे और आप खुद भी नए पृष्ठ और कंटेंट जोड़ सकते हैं। अन्य रखरखाव प्रकार की वस्तुओं में नियमित रूप से साइट बैकअप, वर्डप्रेस अपग्रेड, अतिरिक्त प्लग–इन इंस्टॉलेशन आदि शामिल हैं।

7.8.4 How to Develop a Website? (वेबसाइट कैसे विकसित करें?)

The design and development of a website should be a thorough going and planned process. One of the most effective ways of doing this is to generate a website outline. The construction and maintenance of a website outline is imperative for the proper design and development of an efficient website. In this way, you can keep track of the physical data that comprises your site. In other words, a website outline helps you keep control of the growing database of files that accumulate as you develop your site.

वेबसाइट का डिजाइन और विकास एक पूरी तरह से चल रही और नियोजित प्रक्रिया होनी चाहिए। ऐसा करने के सबसे प्रभावी तरीकों में से एक वेबसाइट की रूपरेखा तैयार करना है। एक वेबसाइट की रूपरेखा का निर्माण और रखरखाव एक कुशल वेबसाइट के उचित डिजाइन और विकास के लिए जरूरी है। इस तरह, आप उन भौतिक डेटा पर नजर रख सकते हैं जिनमें आपकी साइट शामिल है। दूसरे शब्दों में, एक वेबसाइट की रूपरेखा आपको फाइल्स के बढ़ते डेटाबेस पर नियंत्रण रखने में मदद करती है जो आपकी साइट को विकसित करते समय जमा होते हैं।

1. **Organize your files:** Keep your website files organized on your hard drive just as you are presenting it on the internet. This simple step will save you hours of wasted effort as your website takes shape.

   अपनी फाइल्स को व्यवस्थित करें: अपनी वेबसाइट की फाइल्स को अपनी हार्ड ड्राइव पर उसी तरह व्यवस्थित रखें, जैसे आप इसे इंटरनेट पर प्रस्तुत कर रहे हैं। जैसे ही आपकी वेबसाइट आकार लेती है, यह सरल कदम आपको व्यर्थ प्रयास के घंटे बचाएगा।

2. **Create a root directory:** Keep files that link directly to your index page and files that are used repeatedly in your root directory. But do not overload this directory. Make use of sub folders, of content, that link to these main pages. Place only prime pages in your root directory.

   एक रूट डायरेक्टरी बनाएं: अपने इंडेक्स पेज पर उन फाइल्स को रखें जो आपके रूट डाइरेक्टरी में बार–बार इस्तेमाल होने वाली फाइल्स को लिंक करती हैं। लेकिन इस निर्देशिका को अधिभार न डालें। कंटेंट के उप फोल्डर का उपयोग करें, जो इन मुख्य पृष्ठों से लिंक करता है। अपनी मूल निर्देशिका में केवल मुख्य पृष्ठ रखें।

3. **Develop subdirectories:** Create a subdirectory of related pages or website sections. Keep all relevant information together in individual sub folders. This will help you and the search engines follow threads of thought and provide quick access to information for your visitors.

   उपनिर्देशिकाएँ विकसित करें: संबंधित पृष्ठों या वेबसाइट अनुभागों का एक उपनिर्देशिका बनाएँ। सभी प्रासंगिक जानकारी को अलग–अलग उप फोल्डर्स में एक साथ रखें। यह आपको और सर्च इंजन को विचारों के धागों का अनुसरण करने में मदद करेगा और आपके आगंतुकों के लिए जानकारी तक त्वरित पहुँच प्रदान करेगा।

4. **Plan for the expansion of your Website:** If you think a page on a particular theme will expand into a number of pages, create a subdirectory for it during the development phase.

   अपनी वेबसाइट के विस्तार के लिए योजना: यदि आपको लगता है कि किसी विशेष विषय पर एक पृष्ठ कई पृष्ठों में विस्तारित होगा, तो विकास के चरण के दौरान इसके लिए एक उपनिर्देशिका बनाएं।

5. **Organize your directory links:** Keep files that link to individual pages, of your root directory, in unique subdirectories. Do not put files from your root directory into subdirectories, keep them separate and link them to folders that contain related content.

   अपनी निर्देशिका लिंक को व्यवस्थित करें: अद्वितीय उपनिर्देशिकाओं में अपनी मूल निर्देशिका के लिए अलग–अलग पृष्ठों से लिंक रखने वाली फाइल्स को रखें। अपनी रूट डायरेक्टरी से फाइल को उपनिर्देशिकाओं में न डालें, उन्हें अलग रखें और उन्हें उन फोल्डरों से लिंक करें जिनमें संबंधित कंटेंट है।

6. **Use simple file names:** Name your subdirectories and files in an easy to identify manner. Make good use of your keywords when naming sub folders and files. This will unite the content of your website. All of your website's file names should tie together in a logical way.

   सरल फाइल नामों का उपयोग करें: अपनी उपनिर्देशिकाओं और फाइल्स को आसान तरीके से पहचानने के लिए नाम दें। उप–फोल्डर और फाइल्स का नामकरण करते समय अपने कीवर्ड का अच्छा उपयोग करें। यह आपकी वेबसाइट की सामग्री को एकजुट करेगा। आपकी वेबसाइट के सभी फाइल नाम लॉजिकल तरीके से एक साथ जुड़ने चाहिए।

7. **Develop and maintain permanent file addresses:** Do not change your subdirectory or file names, or HTML page addresses. Name and address are indexed and arranged in a manner that these can easily be maintained in the future. This will help to prevent broken links as your website grows.

   स्थायी फाइल पते विकसित और बनाए रखें: अपना उपनिर्देशिका या फाइल नाम, या HTML पृष्ठ पते न बदलें। नाम और पता अनुक्रमित किया जाता है और इसे इस तरह से व्यवस्थित किया जाता है कि भविष्य में इन्हें आसानी से बनाए रखा जा सके। आपकी वेबसाइट के बढ़ने पर यह टूटे हुए लिंक को रोकने में मदद करेगा।

8. If you do have to change an address after your website, then place a redirect page or link in the old location. This will help your visitors find the information they are seeking with a minimum of effort and direct new visitors and search engines to

the modified address.

यदि आपको अपनी वेबसाइट के बाद एक पता बदलना है, तो पुराने स्थान पर एक रीडायरेक्ट पेज या लिंक रखें। यह आपके आगंतुकों को उन सूचनाओं को खोजने में मदद करेगा जो वे न्यूनतम प्रयास के साथ मांग रहे हैं और नए आगंतुकों और सर्च इंजनों को संशोधित पते पर निर्देशित करें।

Some Important Points (कुछ महत्वपूर्ण पॉइंट)

You should remember that you have about fifty seconds to grab the attention of your website viewers. If you follow the under-mentioned tips, you will be able to grab the attention of your viewers or you may miss the opportunity.

आपको याद रखना चाहिए कि आपके पास अपने वेबसाइट दर्शकों का ध्यान खींचने के लिए लगभग पचास सेकंड हैं। यदि आप नीचे बताए गए सुझावों का पालन करते हैं, तो आप अपने दर्शकों का ध्यान आकर्षित करने में सक्षम होंगे या आप अवसर चूक सकते हैं।

1. Make the title of the website catchy, descriptive and accurate.
   वेबसाइट का शीर्षक आकर्षक, वर्णनात्मक और सटीक बनाएं।
2. Provide clues at the top of the home page about what the page contains. Do not force your viewer to scroll it down to find the clues.
   होम पेज के शीर्ष पर सुराग दें कि पेज क्या है। सुराग ढूंढने के लिए अपने दर्शक को स्क्रॉल करने के लिए मजबूर न करें।
3. If your web page is more than three "screen fulls", break it into two pages.
   यदि आपका वेब पेज तीन "स्क्रीन फुल" से अधिक है, तो इसे दो पृष्ठों में तोड़ दें।
4. Maintain a sense of balance. Do not let the images be small and large, widely varying in shapes.
   संतुलन की भावना बनाए रखें। छवियों को छोटे और बड़े, आकार में व्यापक रूप से भिन्न न होने दें।
5. Use text and link colors that complement and do not clash.
   पाठ और लिंक रंगों का उपयोग करें जो पूरक हैं और टकराव नहीं करते हैं।
6. If you have used a shape, like a button, it must act like a button to open and close.
   यदि आपने एक बटन की तरह एक आकृति का उपयोग किया है, तो इसे खोलने और बंद करने के लिए बटन की तरह कार्य करना चाहिए।
7. Make links descriptive but not like "Click Here!"
   लिंक को वर्णनात्मक बनाएं लेकिन "यहां क्लिक करें!"
8. Keep file names short and consistent.
   फाइल नाम संक्षिप्त और सुसंगत रखें।
9. Create a link to the e-mail address of the web Master.
   वेब मास्टर के ई–मेल पते का लिंक बनाएं।
10. Tell your viewer about the size of any down loadable file you include.
    अपने दर्शक को किसी भी डाउन लोड करने योग्य फाइल के आकार के बारे में बताएं जिसमें आप शामिल हैं।

7.9 Search Engines (सर्च इंजन)

Since the Internet is a vast collection of information, it is tedious to find specific information you actually need. Therefore, the search feature in a web browser, such as the Internet explorer provides an easy access to a special facility called search engine. Search engines scan the Internet for the words or topics you are looking for. A search engine is a program that searches through a database of web pages for particular information.

चूंकि इंटरनेट जानकारी का एक विशाल संग्रह है, इसलिए यह विशिष्ट जानकारी खोजने के लिए है जो आपको वास्तव में चाहिए। इसलिए, वेब ब्राउजर में सर्च सुविधा, जैसे कि इंटरनेट एक्सप्लोरर सर्च इंजन नामक एक विशेष सुविधा के लिए एक आसान पहुंच प्रदान करता है। सर्च इंजन उन शब्दों या विषयों के लिए इंटरनेट को स्कैन करता है जिन्हें आप खोज रहे हैं। एक सर्च इंजन एक प्रोग्राम है जो विशेष जानकारी के लिए वेब पेजों के डेटाबेस के माध्यम से खोज करता है।

Find Information using a Search Engine (सर्च इंजन का उपयोग करके जानकारी प्राप्त करें)

There are many search engines available on the web. The searching process is the same for all these search engines. Now you will describe the information searching process in Yahoo!.

वेब पर कई सर्च इंजन उपलब्ध हैं। इन सभी सर्च इंजनों के लिए खोज प्रक्रिया समान है। अब आप याहू में सूचना सर्च प्रक्रिया का वर्णन करेंगे।

1. Go to the Yahoo! Home page by logging on to www.yahoo.com as shown in Figure 7.6.
   याहू पर जाएं! होम पेज www.yahoo.com पर लॉग इन करके जैसा कि चित्र 7.6 में दिखाया गया है।

Figure 7.6: Yahoo! Home page and Query typed in the box (याहू! होम पेज और क्वेरी बॉक्स में टाइप की गई)

2. Type, the information to be searched for in the box provided for it and then click the search web

button as shown in Figure 7.6.

टाइप करें, इसके लिए प्रदान किए गए बॉक्स में खोज की जाने वाली जानकारी और फिर खोज वेब बटन पर क्लिक करें जैसा कि चित्र 7.6 में दिखाया गया है।

3. Within a few seconds, the search engine will display the available links to the web page as shown in Figure 7.7.

कुछ सेकंड के भीतर, सर्च इंजन वेब पेज पर उपलब्ध लिंक प्रदर्शित करेगा जैसा कि चित्र 7.7 में दिखाया गया है।

7.10 Meta-Search Engines (मेटा-सर्च इंजन)

Meta-search software sits on your computer and enables you to search through many internet search engines simultaneously and to view and use the results. You can browse through the results on your computer and click those pages that you want to visit.

मेटा–खोज सॉफ्टवेयर आपके कंप्यूटर पर बैठता है और आपको एक साथ कई इंटरनेट सर्च इंजनों के माध्यम से सर्च करने और परिणामों को देखने और उपयोग करने में सक्षम बनाता है। आप अपने कंप्यूटर पर परिणामों के माध्यम से ब्राउज कर सकते हैं और उन पृष्ठों पर क्लिक कर सकते हैं जिन्हें आप यात्रा करना चाहते हैं।

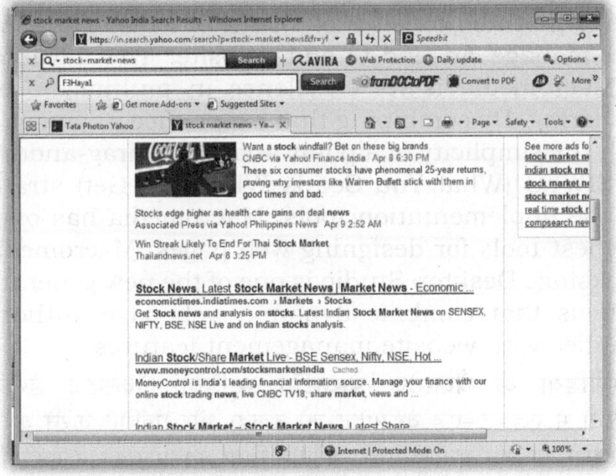

Figure 7.7: Result of Query (क्वेरी का परिणाम)

Meta-search engines do not create their own databases but make use of the databases of other search engines. They quickly process the user's search by invoking several individual search engines at once and return the results compiled into a convenient format.

मेटा–खोज इंजन अपने स्वयं के डेटाबेस नहीं बनाते हैं, लेकिन अन्य सर्च इंजन के डेटाबेस का उपयोग करते हैं। वे एक साथ कई व्यक्तिगत सर्च इंजनों को आमंत्रित करके उपयोगकर्ता की खोज को जल्दी से संसाधित करते हैं और एक सुविधाजनक प्रारूप में संकलित परिणामों को वापस करते हैं।

7.11 World Wide Web (WWW) (वर्ल्ड वाइड वेब)

The World Wide Web (WWW) is a network of online content that is formatted in HTML and accessed via HTTP. The term refers to all the interlinked HTML pages that can be accessed over the internet. The World Wide Web was originally designed in 1991 by Tim Berners Lee while he was a contractor at CERN.

वर्ल्ड वाइड वेब (WWW) ऑनलाइन कंटेट का एक नेटवर्क है जो HTML में स्वरूपित है और HTTP के माध्यम से एक्सेस किया जाता है। यह शब्द उन सभी इंटरलिंक्ड HTML पेजों को संदर्भित करता है जिन्हें इंटरनेट पर एक्सेस किया जा सकता है। वर्ल्ड वाइड वेब मूल रूप से टिम बर्नर्स ली द्वारा 1991 में डिजाइन किया गया था, जबकि वह सर्न में एक कांट्रेक्टर थे।

The World Wide Web is most often referred to as the web. The World Wide Web is what most people think of as the internet. It is all the web pages, pictures, videos and other online content that can be accessed via a web browser. The Internet is the underlying network connection that allows us to send e-mail and access the World Wide Web. The web was a collection of text-based sites hosted by organizations that were technically set up a web server. It has continued to evolve since the original design, and it now includes interactive (social) media and user-generated content that requires little but no technical skills.

वर्ल्ड वाइड वेब को अक्सर वेब के रूप में जाना जाता है। वर्ल्ड वाइड वेब वह है जो ज्यादातर लोग इंटरनेट के रूप में सोचते हैं। यह सभी वेब पेज, चित्र, वीडियो और अन्य ऑनलाइन कंटेट है जिसे वेब ब्राउजर के माध्यम से एक्सेस किया जा सकता है। इंटरनेट अंतर्निहित नेटवर्क कनेक्शन है जो हमें ई–मेल भेजने और वर्ल्ड वाइड वेब तक पहुंचने की अनुमति देता है। वेब संगठनों द्वारा होस्ट किए गए पाठ–आधारित साइट का एक संग्रह था जो तकनीकी रूप से एक वेब सर्वर स्थापित किया गया था। यह मूल डिजाइन के बाद से विकसित करना जारी रखा है, और इसमें अब इंटरैक्टिव (सोशल) मीडिया और उपयोगकर्ता–जनित कंटेट शामिल है, जिसके लिए बहुत कम लेकिन कोई तकनीकी कौशल की आवश्यकता नहीं है।

7.12 Web Browser (वेब ब्राउजर)

A browser or web browser is a program you use to view pages on net and navigate the World Wide Web. Browsers are sometimes referred to as web clients. A wide range of web browsers are available for every type of systems you can imagine, including graphical-user-interface, and text-only for dial-up UNIX connections. Most browsers are freeware. All you have to do is to get a browser downloaded from the internet.

एक ब्राउजर या वेब ब्राउजर एक प्रोग्राम है जिसका उपयोग आप नेट पर पृष्ठों को देखने और वर्ल्ड वाइड वेब को नेविगेट करने के लिए करते हैं। ब्राउजरों को कभी–कभी वेब क्लाइंट के रूप में संदर्भित किया जाता है। वेब ब्राउजर की एक विस्तृत श्रृंखला हर प्रकार के सिस्टम के लिए उपलब्ध है, जिसकी आप कल्पना कर सकते हैं, जिसमें ग्राफिकल–यूजर–इंटरफेस और टेक्स्ट–अप केवल डायल–अप यूनिक्स

कनेक्शन शामिल हैं। अधिकांश ब्राउजर फ्रीवेयर हैं। आपको बस इतना करना है कि इंटरनेट से एक ब्राउजर डाउनलोड करना है।

7.13 HTTP

The Hypertext Transfer Protocol (HTTP) is a set of rules for exchanging files (text, graphics, images, sound, video and other multimedia files) on the WWW. It is an access method to access web pages used on the internet. The HTTP generally works in combination with WWW.

हाइपरटेक्स्ट ट्रांसफर प्रोटोकॉल (HTTP) WWW पर फाइल्स (पाठ, ग्राफिक्स, चित्र, ध्वनि, वीडियो और अन्य मल्टीमीडिया फाइल्स) के आदान–प्रदान के लिए नियमों का एक समूह है। यह इंटरनेट पर उपयोग किए जाने वाले वेब पृष्ठों तक पहुंचने के लिए एक एक्सेस विधि है। HTTP आमतौर पर WWW के साथ संयोजन में काम करता है।

Your web browser is an HTTP client, sending requests to server machines. When the user enters a file request in the browser program by either opening a web file (typing in a URL) or clicking on a hypertext link, the browser builds an HTTP request and sends it to an HTTP program in the destination server machine, which receives the request and after any necessary processing returns the requested file.

आपका वेब ब्राउजर एक HTTP क्लाइंट है, जो सर्वर मशीनों के लिए अनुरोध भेज रहा है। जब उपयोगकर्ता किसी वेब फाइल को खोलने (या किसी URL में टाइप करना) या किसी हाइपरटेक्स्ट लिंक पर क्लिक करके ब्राउजर प्रोग्राम में एक फाइल अनुरोध दर्ज करता है, तो ब्राउजर एक HTTP अनुरोध बनाता है और इसे गंतव्य सर्वर मशीन में एक HTTP प्रोग्राम में भेजता है, जो अनुरोध प्राप्त करता है और किसी भी आवश्यक प्रसंस्करण के बाद अनुरोधित फाइल देता है।

7.14 Publishing Tools (पब्लिशिंग टूल)

There are a number of web publishing tools developed by various corporations. Some of the more popular ones are (विभिन्न निगमों द्वारा विकसित कई वेब पब्लिशिंग उपकरण हैं। कुछ अधिक लोकप्रिय हैं):

- Netscape Navigator Gold (नेटस्केप नेविगेटर गोल्ड)
- Macromedia's Backstage Desktop Studio (मैक्रोमेडिया का बैकस्टेज डेस्कटॉप स्टूडियो)
- Adobe's PageMill and SiteMill (एडोब के पेजमिल और साइटमिल)
- Other Web Publishing tools, such as HotDog, HoTMetal and WebEdit. (अन्य वेब पब्लिशिंग उपकरण, जैसे HotDog, HoTMetal और WebEdit ।)

Netscape Navigator Gold: Netscape Gold offers a visual editing environment that closely approximates that of a web page and at the same time adopts many of the concepts used by word processors and document publishing tools.

नेटस्केप नेविगेटर गोल्ड: नेटस्केप गोल्ड एक दृश्य संपादन वातावरण प्रदान करता है जो एक वेब पेज की बारीकी से पहचान करता है और एक ही समय में वर्ड प्रोसेसर और दस्तावेज प्रकाशन टूल द्वारा उपयोग की जाने वाली कई अवधारणाओं को अपनाता है।

Netscape Gold provides a web publishing environment that looks and feels like a web page.

नेटस्केप गोल्ड एक वेब प्रकाशन वातावरण प्रदान करता है जो वेब पेज की तरह दिखता है और महसूस करता है।

Netscape Gold generates true HTML code, but during the editing phase, this code is hidden from the user by the graphical interface. When creating complex web pages, you will need to understand the principles behind the HTML language and its various constructs. Using Templates and the Page Wizard, Netscape has reduced the amount of work you need to do when designing a web page.

नेटस्केप गोल्ड HTML कोड उत्पन्न करता है, लेकिन संपादन चरण के दौरान, यह कोड ग्राफिकल इंटरफेस द्वारा उपयोगकर्ता से छिपाया जाता है। जटिल वेब पेज बनाते समय, आपको HTML लैंग्वेज और इसके विभिन्न निर्माणों के पीछे के सिद्धांतों को समझना होगा। टेम्पलेट और पेज विजार्ड का उपयोग करते हुए, नेटस्केप ने वेब पेज डिजाइन करते समय आपके द्वारा किए जाने वाले काम की मात्रा को कम कर दिया है।

Macromedia's Backstage Desktop Studio: Backstage Desktop Studio consists of a suite of tools to assemble and manage an end-to-end website. The advantage of Macromedia is its excellence in multimedia web authoring. By combining that experience in imaginary with the simplicity of a point-and-click, drag-anddrop, WYSIWYG (What You See Is What You Get) strategy for the implementation tools, Macromedia has one of the best tools for designing web pages. Macromedia's Backstage Desktop Studio is one of the new generation of tools that combine dynamic web page authoring facilities with website management features.

मैक्रोमीडिया के बैकस्टेज डेस्कटॉप स्टूडियो: बैकस्टेज डेस्कटॉप स्टूडियो में एंड–टू–एंड वेबसाइट को इकट्ठा और प्रबंधित करने के लिए उपकरणों का एक सूट होता है। मल्टीमीडिया वेब संलेखन में मैक्रोमेडिया का लाभ इसकी उत्कृष्टता है। उस अनुभव को बिंदु–क्लिक की सरलता, ड्रैग–एंड–ड्रॉप, WYSIWYG (व्हाट यू सी यू व्हाट यू गेट) के संयोजन के साथ क्रियान्वयन टूल के लिए रणनीति बनाकर, मैक्रोमेडिया के पास वेब पेज को डिजाइन करने के लिए एक सबसे अच्छा उपकरण है। मैक्रोमीडिया के बैकस्टेज डेस्कटॉप स्टूडियो नई पीढ़ी के उपकरणों में से एक है जो वेबसाइट प्रबंधन सुविधाओं के साथ गतिशील वेब पेज संलेखन सुविधाओं को जोड़ती है।

Adobe PageMill and SiteMill: PageMill and SiteMill from Adobe feature a WYSIWYG interface, which makes operating them easy. At the same time, it incorporates typical Macintosh ease of use.

Adobe PageMill और SiteMill: Adobe से PageMill और SiteMill एक WYSIWYG इंटरफेस की सुविधा देते हैं, जो संचालन को आसान बनाता है। एक ही समय में, यह उपयोग की विशिष्ट

Macintosh आसानी को शामिल करता है।

SiteMill: SiteMill is the perfect choice for both managing and editing web pages on the server. It catalogues a website, checks each link, and displays all errors. Currently, both programs support HTML as well as Netscape plug-ins (a software component that adds a specific feature to an existing software application).

SiteMill: SiteMill सर्वर पर वेब पेजों के प्रबंधन और संपादन दोनों के लिए सही विकल्प है। यह एक वेबसाइट को सूचीबद्ध करता है, प्रत्येक लिंक की जांच करता है, और सभी त्रुटियों को प्रदर्शित करता है। वर्तमान में, दोनों प्रोग्राम HTML के साथ–साथ नेटस्केप प्लग–इन (एक सॉफ्टवेयर घटक जो एक मौजूदा सॉफ्टवेयर एप्लिकेशन के लिए एक विशिष्ट सुविधा जोड़ता है) का समर्थन करते हैं।

Using PageMill: PageMill is an excellent choice for creating web pages. It allows even a novice to create a web page complete with forms, graphics and formatting. PageMill can be operated in two separate modes:

PageMill का उपयोग करना: वेब पेज बनाने के लिए PageMill एक उत्कृष्ट विकल्प है। यह फॉर्म, ग्राफिक्स और फॉर्मेटिंग के साथ एक वेब पेज बनाने के लिए भी एक नौसिखिया की अनुमति देता है। PageMill के दो अलग–अलग मोड में संचालित किया जा सकता है:

Browse and **Edit**. **The Browse mode** is the default mode when you are opening a saved page. It shows a view of the page as though it were being served over the internet to your browser. The Edit mode is for creating and editing your page. You can toggle between the two modes by simply clicking the Browse/Edit icon at the screen's upper right corner. PageMill lets you easily create web pages that have forms, backgrounds, internal links, external links, images, image maps, and detailed text formatting.

ब्राउज करें और संपादित करें। जब आप किसी सहेजे गए पृष्ठ को खोल रहे हों तो ब्राउज मोड डिफॉल्ट मोड है। यह पृष्ठ का एक दृश्य दिखाता है जैसे कि इसे आपके ब्राउजर में इंटरनेट पर परोसा जा रहा हो। संपादन मोड आपके पेज को बनाने और संपादित करने के लिए है। आप स्क्रीन के ऊपरी दाएं कोने में बस ब्राउज करें / संपादन आइकन पर क्लिक करके दो मोड के बीच टॉगल कर सकते हैं। पेजमिल आपको आसानी से वेब पेज बनाने की सुविधा देता है, जिसमें फॉर्म, बैकग्राउंड, इंटरनल लिंक, एक्सटर्नल लिंक, इमेज, इमेज मैप और विस्तृत टेक्स्ट फॉर्मेटिंग होते हैं।

You can accomplish all of this without any knowledge of HTML. PageMill supports normal cut-and-paste operation. If the dragged or copied text is (Rich Text Format) RTF-formatted, the attributes and styles are preserved; otherwise, you have to reformat the text.

आप HTML के किसी भी ज्ञान के बिना यह सब पूरा कर सकते हैं। पेजमिल सामान्य कट–एंड–पेस्ट ऑपरेशन का समर्थन करता है। यदि ड्रैग या कॉपी किया गया टेक्स्ट (रिच टेक्स्ट फॉर्मेट) RTF–स्वरूपित है, तो विशेषताएँ और शैलियाँ संरक्षित हैं; अन्यथा, आपको टेक्स्ट को सुधारना होगा।

Other Web Publishing Tools (अन्य वेब पब्लिशिंग उपकरण)

There is a wide variety of web publishing tools. Many of these tools offer value for low price. These are described in the following subsections:

वेब प्रकाशन उपकरण की एक विस्तृत विविधता है। इनमें से कई उपकरण कम कीमत के लिए मूल्य प्रदान करते हैं। ये निम्नलिखित उपखंडों में वर्णित हैं:

GoLive: Adobe GoLive boasts drag-and-drop authoring features that will have you building your own site in no time. Although Adobe was one of the first big software developers to release a drag-and-drop web authoring package in the shape of PageMill, it did not offer a real contender until the release of GoLive. GoLive incorporates cutting-edge features.

GoLive: Adobe GoLive में ड्रैग–एंड–ड्रॉप संलेखन विशेषताएं हैं जो कुछ ही समय में आपकी अपनी साइट का निर्माण करेंगे। हालाँकि Adobe PageMill के आकार में ड्रैग–एंड–ड्रॉप वेब संलेखन पैकेज जारी करने वाले पहले बड़े सॉफ्टवेयर डेवलपर्स में से एक था, लेकिन इसने GoLive की रिलीज तक एक वास्तविक दावेदार की पेशकश नहीं की। GoLive में अत्याधुनिक सुविधाएँ शामिल हैं।

HotDog and HotDog Pro: HotDog supports HTML, Netscape extensions to HTML, and internet explorer extensions to HTML. When you have multiple documents open in the editor, you can switch between them quickly using tabs at the bottom of the editor Window. HotDog has a friendly interface.

HotDog और HotDog Pro: HotDog HTML का समर्थन करता है, HTML के लिए नेटस्केप एक्सटेंशन और HTML में इंटरनेट एक्सप्लोरर एक्सटेंशन। जब आपके पास संपादक में कई दस्तावेज खुले होते हैं, तो आप संपादक विंडो के नीचे टैब का उपयोग करके उनके बीच जल्दी से स्विच कर सकते हैं। हॉटडॉग में एक अनुकूल इंटरफेस है।

HotDog lets you preview your pages without having to save the page. Other features include an advanced correction system that automatically replaces text and file paths when you publish your pages. HotDog is designed for beginners and experts alike. You will know this immediately when you start HotDog. In addition to being able to insert many common tags into a page directly from the toolbar, HotDog has a dialog box for adding tags.

HotDog आपको पृष्ठ को सेव किए बिना अपने पृष्ठों का पूर्वावलोकन करने देता है। अन्य विशेषताओं में एक उन्नत सुधार प्रणाली शामिल है जो आपके पृष्ठों को प्रकाशित करते समय टेक्स्ट और फाइल पाथ को स्वचालित रूप से बदल देती है। हॉटडॉग को शुरुआती और विशेषज्ञों के लिए डिजाइन किया गया है। जब आप हॉटडॉग शुरू करेंगे तो आपको यह तुरंत पता चल जाएगा। टूलबार से सीधे एक पृष्ठ में कई सामान्य टैग सम्मिलित करने में सक्षम होने के अलावा, हॉटडॉग में टैग जोड़ने के लिए एक संवाद बॉक्स है।

Creating forms with HotDog is easy just click the Forms icon on the toolbar and HotDog displays a form builder. The form builder provides a friendly interface for selecting the type of element you want to add to a form.

हॉटडॉग के साथ फॉर्म बनाना आसान है बस टूलबार पर फॉर्म आइकन पर क्लिक करें और हॉटडॉग एक फॉर्म बिल्डर प्रदर्शित करता है। प्रपत्र बिल्डर उस प्रकार के तत्व का चयन करने के लिए एक अनुकूल इंटरफेस प्रदान करता है जिसे आप किसी प्रपत्र में जोड़ना चाहते हैं।

HotDog has other friendly tools for managing links, building tables and creating frames. With HotDog Pro, not only you can customize the toolbar, but also you can select the icons and labels for toolbar buttons. Another nice feature of HotDog Pro is the ability to define your own tags or tag sets that can be accessed via the menus.

हॉटडॉग में लिंक प्रबंधित करने, टेबल बनाने और फ्रेम बनाने के लिए अन्य अनुकूल उपकरण हैं। हॉटडॉग प्रो के साथ, आप न केवल टूलबार को अनुकूलित कर सकते हैं, बल्कि आप टूलबार बटन के लिए आइकन और लेबल भी चुन सकते हैं। हॉटडॉग प्रो की एक और अच्छी विशेषता यह है कि यह आपके स्वयं के टैग या टैग सेट को परिभाषित करने की क्षमता है जिसे मेनू के माध्यम से एक्सेस किया जा सकता है।

HoTMetaL and HoTMetaL Pro: HoTMetaL is an editor of SoftQuad Software, the specialized (Standard Generalized Markup Language) SGML editor. There are two editions of HoTMetaL. HoTMetaL is available free! What is even better is that SoftQuad has made a serious commitment to continue to develop and improve this freeware editor.

HoTMetaL और HoTMetaL Pro: HoTMetaL सॉफ्टक्वाड सॉफ्टवेयर का एक संपादक है, जो विशिष्ट (स्टैंडर्ड जनरल मार्कअप लैंग्वेज) SGML संपादक है। HoTMetaL के दो संस्करण हैं। HoTMetaL मुफ्त उपलब्ध है! इससे भी बेहतर यह है कि सॉफ्टवेयर ने इस फ्रीवेयर एडिटर को विकसित करने और बेहतर बनाने के लिए एक गंभीर प्रतिबद्धता बनाई है।

HotMetaL Pro supports features that put it in the same league as Microsoft FrontPage and Macromedia Backstage. Still, SoftQuad has the market experience to back its offerings with solid support and continual upgrades. Versions of this editor are available for Windows, Macintosh, Power Macintosh, and UNIX.

HotMetaL Pro ऐसी विशेषताओं का समर्थन करता है जो इसे Microsoft FrontPage और Macromedia Backstage के समान लीग में डालती हैं। फिर भी, सॉफ्टक्वाड के पास ठोस समर्थन और निरंतर उन्नयन के साथ अपने प्रसाद को वापस करने का बाजार का अनुभव है। इस संपादक के संस्करण Windows, Macintosh, Power Macintosh और UNIX के लिए उपलब्ध हैं।

HoTMetaL Pro is an advanced authoring system that supports the most current HTML specification and extensions. It supports HTML, Java, ActiveX, objects, scripts and even Shockwave. HoTMetaL Pro follows an integrated WYSIWYG and tag marker approach.

HoTMetaL प्रो एक उन्नत संलेखन प्रणाली है जो सबसे वर्तमान HTML विनिर्देश और एक्सटेंशन का समर्थन करती है। यह HTML, Java, ActiveX, ऑब्जेक्ट, स्क्रिप्ट और यहां तक कि Shockwave को सपोर्ट करता है। HoTMetaL Pro एक एकीकृत WYSIWYG और टैग मार्कर दृष्टिकोण का अनुसरण करता है।

Dreamweaver: In the space of two short years, Macromedia Dreamweaver has become the standard web authoring tool for creative designers. Now in its latest version, the package is still in a position to take advantage of future developments on the web. In the industry, e-business and e-commerce have become buzzwords and Dreamweaver acknowledges this with Roundtrip coded data import. The program can be customized for specific projects so that team members and clients alike can use the same package in the development cycle. Dreamweaver also prepares us for Web development with a core built around XML (eXtensible Markup Language), CSS (Cascading Style Sheet), the eXtensible Scripting Language (XSL) expected to go mainstream as browser support comes online. Dreamweaver lets you keep one eye on the future without forgetting what is important now.

ड्रीमविवर: दो छोटे वर्षों के अंतरिक्ष में, Macromedia Dreamweaver रचनात्मक डिजाइनरों के लिए मानक वेब संलेखन उपकरण बन गया है। अब इसके नवीनतम संस्करण में, पैकेज अभी भी वेब पर भविष्य के विकास का लाभ उठाने की स्थिति में है। उद्योग में, ई–व्यवसाय और ई–कॉमर्स buzzwords बन गए हैं और Dreamweaver ने Roundtrip कोडित डेटा आयात के साथ इसे स्वीकार किया है। कार्यक्रम को विशिष्ट परियोजनाओं के लिए अनुकूलित किया जा सकता है ताकि टीम के सदस्य और ग्राहक समान रूप से उसी चक्र का उपयोग विकास चक्र में कर सकें। Dreamweaver हमें XML (eXtensible Markup Language), CSS (कैस्केडिंग स्टाइल शीट), eXtensible Scripting Language (XSL) के आसपास बनाए गए कोर के साथ वेब विकास के लिए भी तैयार करता है, जो ब्राउजर के ऑनलाइन होने के साथ मुख्यधारा में जाने की उम्मीद करता है। ड्रीमविवर आपको भविष्य पर एक नजर रखने की सुविधा देता है कि आप अब क्या महत्वपूर्ण है।

Choosing the right software to build your own Website

(अपनी खुद की वेबसाइट बनाने के लिए सही सॉफ्टवेयर चुनना)

You have taken the decision to build your own website, but the next step is which software should you use to build and design website?

आपने खुद की वेबसाइट बनाने का निर्णय लिया है, लेकिन अगला कदम यह है कि वेबसाइट बनाने और डिजाइन करने के लिए आपको किस सॉफ्टवेयर का उपयोग करना चाहिए?

XsitePro is one of the most popular pieces of Web building software available on the market. Launched in 2004 it quickly became a firm favourite, with critical acclaim from hundreds of delighted customers. XsitePro recently released an upgrade to the original software, XsitePro Version 2.5.

XsitePro बाजार पर उपलब्ध वेब बिल्डिंग सॉफ्टवेयर सबसे लोकप्रिय है। 2004 में लॉन्च किया गया, यह जल्दी से सैकड़ों पसंदीदा ग्राहकों से महत्वपूर्ण

प्रशंसा के साथ एक फर्म पसंदीदा बन गया। XsitePro ने हाल ही में मूल सॉफ्टवेयर, XsitePro संस्करण 2.5 में अपग्रेड जारी किया है।

XsitePro Features (XsitePro की सुविधाएँ)

XsitePro has a wealth of features, with too many to list here. However, some of the best features are as follows:

XsitePro में यहाँ सूचीबद्ध करने के लिए बहुत सारी सुविधाओं हैं। हालांकि, कुछ सबसे अच्छी विशेषताएं इस प्रकार हैं:

a. **Simple and straight forward design interface:** The user has complete control over the design of the page so you can create a site which looks and functions just has you want it to.

   सिंपल और स्ट्रेट फॉरवर्ड डिजाइन इंटरफेस: उपयोगकर्ता का पेज के डिजाइन पर पूरा नियंत्रण होता है, ताकि आप एक ऐसी साइट बना सकें, जो आपको दिखे और जो कार्य करना चाहती है, उसे करें।

b. **Hundreds of website templates available:** If you want to create a professional website in a hurry, then you can choose from a catalog of website templates, all of which have been professionally created by XsitePro designers.

   सैकड़ों वेबसाइट टेम्पलेट उपलब्ध हैं: यदि आप जल्दी में एक पेशेवर वेबसाइट बनाना चाहते हैं, तो आप वेबसाइट टेम्पलेट में से एक कैटलॉग चुन सकते हैं, जो सभी एक्ससाइटप्रो डिजाइनरों द्वारा पेशेवर रूप से बनाए गए हैं।

c. **A well thought through, interactive layout:** You can create your website easily thanks to the simple and easy to follow layout.

   इंटरेक्टिव लेआउट के माधयम से एक अच्छी तरह से सोचा गया: आप अपनी वेबसाइट को लेआउट का पालन करने के लिए सरल और आसान के लिए आसानी से बना सकते हैं।

d. **Create unlimited Websites:** There is no limit to the number of websites you can create with XsitePro.

   अनलिमिटेड वेबसाइट बनाएं: आप एक्ससाइटप्रो के साथ कितनी भी वेबसाइट बना सकते हैं, उसकी कोई सीमा नहीं है।

e. **Scripts:** Scripts can be run on a number of pages. This allows you to track events on your pages and report factors, such as on the return, on investment, on your Web pages.

   स्क्रिप्ट: स्क्रिप्ट को कई पृष्ठों पर चलाया जा सकता है। यह आपको अपने पृष्ठों पर घटनाओं को ट्रैक करने और कारकों को रिपोर्ट करने की अनुमति देता है, जैसे कि रिटर्न पर, निवेश पर, अपने वेब पेज पर।

f. **No HTML coding required:** Perfect for the novice, XsitePro delivers a built-in WYSIWYG designer, meaning no coding is ever required.

   कोई HTML कोडिंग की आवश्यकता नहीं है: नौसिखिए के लिए बिल्कुल सही, XsitePro एक अंतर्निहित WYSIWYG डिजाइनर को बचाता है, जिसका अर्थ है कि कोई कोडिंग कभी भी आवश्यक नहीं है।

g. **Audio and Video in a few simple clicks:** Set your site apart from your competitors by adding an audio or video feature (or both), which can be added with a few clicks of your mouse.

   कुछ सरल क्लिक में अन्नडियो और वीडियो: अपनी साइट को अपने प्रतिद्वंद्वियों के अलावा एक ऑडियो या वीडियो सुविधा (या दोनों) जोड़कर सेट करें, जिसे आपके माउस के कुछ क्लिक के साथ जोड़ा जा सकता है।

h. **Easy linking:** Websites become more powerful when they have relevant links to other sites. With XsitePro you can create multipage directories of your links, with categories, sub categories, automatically generated screen shots and more.

   आसान लिंकिंग: वेबसाइट तब और अधिक शक्तिशाली हो जाती है जब उनके पास अन्य साइट के लिए प्रासंगिक लिंक होते हैं।

   XsitePro के साथ, आप श्रेणियों, उप श्रेणियों, स्वचालित रूप से उत्पन्न स्क्रीन शॉट्स और अधिक के साथ, अपने लिंक की बहु निर्देशिका बना सकते हैं।

i. **Use host and domain name of your choice:** XsitePro will work with any hosting account and domain name.

   अपनी पसंद के होस्ट और डोमेन नाम का उपयोग करें: XsitePro किसी भी होस्टिंग अकाउंट और डोमेन नाम के साथ काम करेगा।

j. **Ideal for sites of any size:** XsitePro can handle sites with small amounts of content, right up to sites with thousands of web pages.

   किसी भी आकार की साइट के लिए आदर्श: XsitePro हजारों वेब पेज वाली साइट के लिए, कम मात्रा में कंटेंट के साथ साइट को संभाल सकता है।

k. **Windows compatibility:** XsitePro works well with all versions of Windows 2000, plus Windows XP and Windows Vista (note, it is not Mac compatible).

   विंडोज संगतता: XsitePro विंडोज 2000 के सभी संस्करणों के साथ अच्छी तरह से काम करता है, साथ ही विंडोज एक्सपी और विंडोज विस्ट।

Adobe Dreamweaver

The newest version of Dreamweaver is Adobe Dreamweaver CS5, and there are four different solutions to choose from so you can buy the package that best meets your needs.

Dreamweaver का नवीनतम संस्करण Adobe Dreamweaver CS5 है, और इसमें से चुनने के लिए चार अलग–अलग समाधान हैं ताकि आप अपनी आवश्यकताओं को पूरा करने वाले पैकेज को खरीद सकें।

Features of Dreamweaver (ड्रीमविवर की विशेषताएं)

Live View: You can design your web pages under real world browser conditions with this new function. Simple code editing is required, and the effects of changes can be seen in real time.

लाइव दृश्य: आप इस नए फंक्शन के साथ वास्तविक वेब ब्राउजर शर्तों के तहत अपने वेब पेज डिजाइन कर सकते हैं। सरल कोड संपादन की आवश्यकता है, और परिवर्तनों का प्रभाव वास्तविक समय में देखा जा सकता है।

3D Transformation Tools: Bring your websites to life using the Flash Professional software.

3 डी परिवर्तन उपकरण: फ्लैश व्यावसायिक सॉफ्टवेयर का उपयोग करके अपनी वेबसाइट को लाइव करें।

Faster design tools: The Photoshop extended software allows you to exercise greater precision with images whilst making changes quickly.

तेज डिजाइन टूल: फोटोशॉप विस्तारित सॉफ्टवेयर आपको छवियों के साथ अधिक सटीक व्यायाम करने की अनुमति देता है, जबकि जल्दी से बदलाव कर रहा है।

Compatible with Windows and Mac operating systems, unlike XsitePro, which is only Windows compatible.

XsitePro के विपरीत, विंडोज और मैक ऑपरेटिंग सिस्टम के साथ संगत है, जो केवल विंडोज संगत है।

Microsoft Expression Web (formerly FrontPage) (Microsoft अभिव्यक्ति वेब (पूर्व में FrontPage))

Microsoft Expression Web, formerly Microsoft FrontPage, is another leading and well-respected software package which allows the user to create professional websites quickly and effectively. The most current version is Expression Web 3, and as with XsitePro and Dreamweaver, Microsoft claims that Expression Web 3 is suitable for all types of user. However, in reality Expression Web 3 is aimed at professional Web designers and developers and the user; must have an understanding of coding in order to have any degree of success.

Microsoft अभिव्यक्ति वेब, पूर्व में Microsoft FrontPage, एक और अग्रणी और अच्छी तरह से सम्मानित सॉफ्टवेयर पैकेज है जो उपयोगकर्ता को प्रोफेशनल वेबसाइट को जल्दी और प्रभावी रूप से बनाने की अनुमति देता है। सबसे वर्तमान संस्करण एक्सप्रेशन वेब 3 है, और एक्ससाइटप्रो और ड्रीमविवर के साथ, माइक्रोसॉफ्ट का दावा है कि एक्सप्रेशन वेब 3 सभी प्रकार के उपयोगकर्ता के लिए उपयुक्त है। हालांकि, वास्तविकता में अभिव्यक्ति वेब 3 का उद्देश्य पेशेवर वेब डिजाइनर और डेवलपर्स और उपयोगकर्ता है; सफलता की किसी भी डिग्री के लिए कोडिंग की समझ होनी चाहिए।

Microsoft Expression Web 3 is packed full of useful features, such as:

Microsoft अभिव्यक्ति वेब 3 उपयोगी सुविधाओं से भरा है, जैसे:

Professional Code Editor: This allows the user to debug effectively, as coding is color coded for HTML, JavaScript, CSS and PHP (Hypertext Preprocessor).

व्यावसायिक कोड संपादक: यह उपयोगकर्ता को प्रभावी ढंग से डीबग करने की अनुमति देता है, क्योंकि HTML, जावास्क्रिप्ट, सीएसएस और PHP (हाइपरटेक्स्ट प्रीप्रोसेसर) के लिए कोडिंग रंग कोडित है।

Professional Design Surface: Users can create an impressive design layout with a design surface which allows for easy manipulation of images, copy positioning, sizing and margins.

प्रोफेशनल डिजाइन सरुेस: उपयोगकर्ता एक डिजाइन सतह के साथ एक प्रभावशाली डिजाइन लेआउट बना सकते हैं जो छवियों के आसान हेरफेर, कॉपी पोजिशनिंग, साइजिंग और मार्जिन की अनुमति देता है।

See effects of changes in real time: Any changes can be viewed in a real time web browser, which can be viewed alongside the screen you are making the changes in.

वास्तविक समय में परिवर्तनों के प्रभाव देखें: किसी भी परिवर्तन को वास्तविक समय वेब ब्राउजर में देखा जा सकता है, जिसे आप उस स्क्रीन के साथ देख सकते हैं जिसमें आप परिवर्तन कर रहे हैं।

Ideal for building standards-based Websites: With Expression Web 3, professional developers and designers can easily take advantage of the best of dynamic web technologies to quickly and efficiently design, develop, and maintain standards-based websites with seamless integration with ASP.NET 3.5 (server-side Web application framework), ASP.NET AJAX (a set of extensions to ASP.NET developed by Microsoft for implementing Ajax) and Visual Studio 2008 (used to develop Websites, Web applications and Web services).

मानकों पर आधारित वेबसाइट के निर्माण के लिए आदर्श: अभिव्यक्ति वेब 3 के साथ, पेशेवर डेवलपर्स और डिजाइनर आसानी से ASP-NET 3-5 के साथ सहज एकीकरण के साथ मानकों और आधारित वेबसाइट को जल्दी और कुशलता से डिज़ाइन करने, विकसित करने और बनाए रखने के लिए गतिशील वेब प्रौद्योगिकियों का सबसे अच्छा लाभ उठा सकते हैं। (सर्वर–साइड वेब एप्लिकेशन फ्रेमवर्क), ASP.NET AJAX (Microsoft को Ajax लागू करने के लिए ASP-NET के लिए एक्सटेंशन का एक सेट) और विजुअल स्टूडियो 2008 (वेबसाइट, वेब एप्लिकेशन और वेब सेवाओं को विकसित करने के लिए उपयोग किया जाता है)।

Drag-and-Drop Controls: These controls simplify the process of adding rich media. Combined with advanced Photoshop the user has complete control over imported file layers.

ड्रैग-एंड-ड्रॉप नियंत्रण: ये नियंत्रण समृद्ध मीडिया को जोड़ने की प्रक्रिया को सरल बनाते हैं। उन्नत फोटोशॉप के साथ संयुक्त उपयोगकर्ता को आयातित फाइल परतों पर पूरा नियंत्रण है।

Conclusion (निष्कर्ष)

This chapter discussed with web Publishing and browsing. It is the process of publishing content on the internet. It includes creating and uploading websites, updating the associated web pages, and posting content to these web pages online. The next topics, beings with Standard Generalized Markup Language (SGML, is a language for defining markup languages. Next, we have discussed Web hosting basics. It is a service that allows organizations and individuals to post a website or web page onto the Internet. Then, we have documents interchange standards and components of Web Publishing. Next, we have discussed document management, web page design considerations and principles. Finally, we have discussed search and meta search engines, WWW, browser, HTTP and publishing tools.

इस अध्याय में वेब पब्लिशिंग और ब्राउजिंग की चर्चा की गई है। यह इंटरनेट पर कंटेंट प्रकाशित करने की प्रक्रिया है। इसमें वेबसाइट बनाना और अपलोड करना, संबंधित वेब पेज को अपडेट करना और इन वेब पेज पर कंटेंट पोस्ट करना शामिल है। अगले विषय, स्टैंडर्ड जर्नलाइज्ड मार्कअप लैंग्वेज (SGML) वाले प्राणी मार्कअप लैंग्वेज को परिभाषित करने के लिए एक भाषा है। आगे, हमने वेब होस्टिंग मूल बातें पर चर्चा की है। यह एक ऐसी सेवा है जो संगठनों और व्यक्तियों को इंटरनेट पर एक वेबसाइट या वेब पेज पोस्ट करने की अनुमति देती है। फिर, हमारे पास वेब पब्लिशिंग के दस्तावेज इंटरचेंज मानक और घटक हैं। अगला, हमने दस्तावेज प्रबंधन, वेब पेज डिजाइन विचार और सिद्धांतों पर चर्चा की है। आखिरकार, हमने सर्च और मेटा सर्च इंजन, WWW, ब्राउजर, HTTP और प्रकाशन टूल पर चर्चा की है।

REVIEW QUESTIONS WITH ANSWERS (रिव्यू प्रश्न और उत्तर)

A. Multiple Choice Questions (बहुविकल्पीय प्रश्न)

1. You should consider the following point seriously while designing a Web page:
   a. Identifying banners, logos, the desktop or client computer or similar devices
   b. Navigational elements, such as Nav bar, buttons or any text links to other pages
   c. Text of all types
   d. All of the above

   वेब पेज डिजाइन करते समय आपको निम्नलिखित बिंदु पर गंभीरता से विचार करना चाहिए:
   क. बैनर, लोगो, डेस्कटॉप या क्लाइंट कंप्यूटर या इसी तरह के उपकरणों की पहचान करना
   ख. नेविगेशनल तत्व, जैसे कि नव बार, बटन या अन्य पृष्ठों के टेक्स्ट लिंक
   ग. सभी प्रकार का टेक्स्ट घ. ऊपर के सभी

2. The factors you can take into consideration to improve the look and feel of the website are:
   a. Space and balance b. Colour
   c. Consistency d. All of the above

   वेबसाइट के रंगरूप को सुधारने के लिए आप जिन कारकों पर विचार कर सकते हैं, वे हैं:
   क. स्पेस और संतुलन ख. कंसिस्टेंसी
   ग. रंग घ. ऊपर के सभी

3. In order to establish a site, the following should be considered:
   a. Provide new information regularly
   b. Let your visitors register for e-mail notification of changes to the site
   c. Update existing information
   d. All of the above

   किसी साइट को स्थापित करने के लिए, निम्नलिखित पर विचार किया जाना चाहिए:
   क. नियमित रूप से नई जानकारी प्रदान करें
   ख. अपने आगंतुकों को साइट पर परिवर्तनों की ई–मेल सूचना के लिए पंजीकरण करने दें
   ग. मौजूदा जानकारी अपडेट करें
   घ. ऊपर के सभी

4. Host differs from desktop computers in that it can handle:
   a. Multiple connections b. Single connection
   c. No connection d. All of the above

   होस्ट डेस्कटॉप कंप्यूटर से अलग है जिसमें वह संभाल सकता है:
   क. कई कनेक्शन ख. एक कनेक्शन
   ग. कोई कनेक्शन नहीं घ. ऊपर के सभी

5. Acronym for SGML is
   a. Standalone Generalized Markup Language
   b. Standard Generalized Markup Language
   c. Standard Generalized Markup Language
   d. Standalone Generalized Markup Language

   क. स्टैंडअलोन सामान्यीकृत मार्कअप लैंग्वेज
   ख. मानक सामान्यीकृत मार्कअप लैंग्वेज
   ग. स्टैंडर्ड जर्नलाइज्ड मार्कअप लैंग्वेज
   घ. स्टैंडअलोन सामान्यीकृत मार्कअप लैंग्वेज

B. State whether the following statements True or False. (निम्नलिखित कथन सही हैं या गलत)

1. The Web pages of your website cannot be connected by hyperlinks.

   आपकी वेबसाइट के वेब पेज हाइपरलिंक्स द्वारा कनेक्ट नहीं किए जा सकते हैं।

2. You should include a lot of fancy graphics and sound clippings on your website so that it takes a lot of time for the visitor to access it.

   आपको अपनी वेबसाइट पर बहुत सारे फैंसी ग्राफिक्स और साउंड क्लिपिंग को शामिल करना चाहिए ताकि आगंतुक को इसे एक्सेस करने में बहुत समय लग जाए।

3. Your ISP does not play any role when you want to transfer files to a Web server.

   जब आप वेब सर्वर पर फाइल ट्रांसफर करना चाहते हैं तो आपका आईएसपी कोई भूमिका नहीं निभाता है।

4. UNIX has Daemon program that is usually invisible to the user, providing important system services.

   UNIX में डेमन प्रोग्राम है जो आमतौर पर उपयोगकर्ता के लिए अदृश्य है, जो महत्वपूर्ण सिस्टम सेवाएं प्रदान करता है।

5. A method to decrease the download time is to use a cable modem or take ISDN connection.

   डाउनलोड समय को कम करने का एक तरीका केबल मॉडेम का उपयोग करना या ISDN कनेक्शन लेना है।

C. Match the following: (निम्नलिखित का मिलान करें:)

1.	It is stateless protocol: यह स्टेटलेस प्रोटोकॉल है:	a.	Web designer वेब डिजाइनर
2.	Adobe SiteMill: एडोब साइटमिल:	b.	Meta-search engine मेटा–सर्च इंजन
3.	The tools search information on the internet: उपकरण इंटरनेट पर जानकारी खोजते हैं:	c.	HTTP एचटीटीपी
4.	Example of meta-search engine: मेटा–सर्च इंजन का उदाहरण:	d.	Document management दस्तावेज प्रबंधन
5.	The action of identifying, acquiring, processing, storing, updating and distributing the document is called: दस्तावेज की पहचान, अधिग्रहण, प्रसंस्करण, भंडारण, अद्यतन और वितरण की क्रिया को कहा जाता है:	e.	Dogpile

D. Fill in the blanks (रिक्त स्थान भरें)

a. Web browser (वेब ब्राउजर) b. Website (वेबसाइट)
c. Server (सर्वर) d. Web search engine (वेब सर्च इंजन)
e. HotDog (हॉटडॉग)

1. The data storage space accessed via the internet, usually used to host websites and data files is called________.
   इंटरनेट के माध्यम से एक्सेस डाटा स्टोरेज स्पेस, आमतौर पर वेबसाइट और डेटा फाइल्स को होस्ट करने के लिए उपयोग किया जाता है, जिसे ________ कहा जाता है।
2. The software which helps to view the websites is called________.
   सॉफ्टवेयर जो वेबसाइट को देखने में मदद करता है, उसे कहा जाता है ________ ________ ।
3. A ________ is a computer that performs actions for another computer.
   ________ एक कंप्यूटर है जो दूसरे कंप्यूटर के लिए क्रिया करता है।
4. A program that runs on a web server to process forms is called ________.
   किसी प्रोग्राम को प्रोसेस करने के लिए वेब सर्वर पर चलने वाले प्रोग्राम को ________ ________ कहा जाता है।
5. A ________ is a web-based tool that enables users to locate information on the World Wide Web.
   ________ एक वेब–आधारित उपकरण है जो उपयोगकर्ताओं को वर्ल्ड वाइड वेब पर जानकारी खोजने में सक्षम बनाता है।

Answer/उत्तर

A.	1. a	2. a	3. d	4. a	5. c
B.	1. False	2. False	3. False	4. True	5. True
C.	1. c	2. a	3. b	4. e	5. d
D.	1. e	2. a	3. c	4. b	5. d

SHORT ANSWER QUESTIONS (शॉर्ट प्रश्न और उत्तर)

1.(a) What are the features provided in web hosting? वेब होस्टिंग में क्या सुविधाएँ दी गई हैं?

Ans. 1. It provides either the single page hosting or there are other hosting methods that can be used for the premium sites.
   यह या तो एकल पृष्ठ होस्टिंग प्रदान करता है या अन्य होस्टिंग विधियाँ हैं जिनका उपयोग प्रीमियम साइट के लिए किया जा सकता है।
2. The web hosting provides database support and provides the use of the on-growing language.
   वेब होस्टिंग डेटाबेस का समर्थन प्रदान करता है और ऑन गोइंग लैंग्वेज का उपयोग प्रदान करता है।
3. It provides the platform for application development that can use the languages from PHP to Ruby, etc.
   यह अनुप्रयोग विकास के लिए मंच प्रदान करता है जो PHP से लेकर Ruby आदि लैंग्वेज का उपयोग कर सकता है।
4. The web hosting platform allows the users to write and install the scripts that can allow them to use a particular feature of that platform.
   वेब होस्टिंग प्लेटफॉर्म उपयोगकर्ताओं को उन स्क्रिप्ट को लिखने और स्थापित करने की अनुमति देता है जो उन्हें उस प्लेटफॉर्म की एक विशेष सुविधा का उपयोग करने की अनुमति दे सकती हैं।
5. Layers such as SSL (Secure Sockets Layer) or TLS (Transport layer security) used to provide more options of security for the websites.
   वेबसाइट के लिए सुरक्षा के अधिक विकल्प प्रदान करने के लिए एसएसएल (सिक्योर सॉकेट्स लेयर) या टीएलएस (ट्रांसपोर्ट लेयर सिक्योरिटी) जैसे परतें उपयोग की जाती हैं।

1.(b) What is Web Hosting? (वेब होस्टिंग क्या है?)

Ans. Web hosting is the act of renting space and bandwidth through a company so that we may publish our website online.
वेब होस्टिंग एक कंपनी के माध्यम से स्पेस और बैंडविड्थ को किराए पर लेने का कार्य है ताकि हम अपनी वेबसाइट को ऑनलाइन प्रकाशित कर सकें।

1.(c) What are the different types of hosting? (होस्टिंग के विभिन्न प्रकार क्या हैं?)

Ans. There are different types of hosting provided to upload and share their files using the web.

वेब का उपयोग करके अपनी फाइल्स को अपलोड और शेयर करने के लिए विभिन्न प्रकार की होस्टिंग प्रदान की जाती हैं।

a. **Free web hosting service:** It provides limited services and offers it to advertisements and other services with limitations.

निःशुल्क वेब होस्टिंग सेवा: यह सीमित सेवाएं प्रदान करती है और इसे विज्ञापनों और सीमाओं के साथ अन्य सेवाओं के लिए प्रदान करती है।

b. **Shared web hosting service:** where a server shares many websites all placed at one place having the range. The domains are shared with a common resource that is based on the server like RAM and CPU.

शेयर की गई वेब होस्टिंग सेवा: जहां एक सर्वर कई वेबसाइटों को साझा करता है, जो एक ही स्थान पर होती हैं। डोमेन एक सामान्य संसाधन के साथ शेयर किए जाते हैं जो रैम और सीपीयू जैसे सर्वर पर आधारित होता है।

c. **Reseller web hosting:** This is the web hosting that allows clients to provide web hosting to others.

पुनर्विक्रेता वेब होस्टिंग: यह वेब होस्टिंग है जो ग्राहकों को दूसरों को वेब होस्टिंग प्रदान करने की अनुमति देती है।

d. **Virtual Dedicated Server:** This is also known as also known as a Virtual Private Server (VPS). This provided the divided server resources in the virtual servers and the method that doesn't relate directly to the hardware.

वर्चुअल डेडिकेटेड सर्वर: इसे वर्चुअल प्राइवेट सर्वर (वीपीएस) के रूप में भी जाना जाता है। यह वर्चुअल सर्वर में विभाजित सर्वर संसाधन और वह विधि प्रदान करता है जो सीधे हार्डवेयर से संबंधित नहीं है।

e. **Home server:** This is a single machine server that can be thought as a personal server that is used to host one or more websites using the connection.

होम सर्वर: यह एक एकल मशीन सर्वर है जिसे व्यक्तिगत सर्वर के रूप में सोचा जा सकता है जिसका उपयोग कनेक्शन का उपयोग करके एक या अधिक वेबसाइटों को होस्ट करने के लिए किया जाता है।

2.(a) Difference between HTTP and HTML.

एचटीटीपी और एचटीएमएल के बीच अंतर।

Ans. HTML stands for HyperText Markup Language. It is a well-known markup language used to develop web pages. It has been around for a long time and is commonly used in webpage design. HTTP, on the other hand, stands for Hypertext Transfer Protocol. It is a means of data communication for the World Wide Web. It is an application protocol for distributed, collaborative, hypermedia information systems. HTTP is a TCP/IP-based protocol used for transferring webpages from servers to clients. HyperText Markup Language - the formatting language used to design webpages. HTTP just is a protocol use to transfer data on internet. HTML is a language to create a web page. HTTP is the code in a web address URL that specifies that you are looking for a common website. Basically this protocol establishes the standard that computers on the internet use to communicate and transfer data through web browsers.

HTML हाइपरटेक्स्ट मार्कअप लैंग्वेज के लिए है। यह वेब पृष्ठों को विकसित करने के लिए उपयोग की जाने वाली एक प्रसिद्ध मार्कअप भाषा है। यह लंबे समय से आसपास है और आमतौर पर वेबपेज डिजाइन में उपयोग किया जाता है। दूसरी ओर, HTTP हाइपरटेक्स्ट ट्रांसफर प्रोटोकॉल होता है। यह वर्ल्ड वाइड वेब के लिए डेटा संचार का एक साधन है। यह वितरित, सहयोगी, हाइपरमीडिया सूचना प्रणाली के लिए एक अनुप्रयोग प्रोटोकॉल है। HTTP एक टीसीपी / आईपी–आधारित प्रोटोकॉल का उपयोग सर्वर से क्लाइंट तक वेबपेज को स्थानांतरित करने के लिए किया जाता है। हाइपरटेक्स्ट मार्कअप लैंग्वेज – फॉर्मेटिंग लैंग्वेज का इस्तेमाल वेबपेज डिजाइन करने के लिए किया जाता है। HTTP सिर्फ इंटरनेट पर डेटा ट्रांसफर करने के लिए एक प्रोटोकॉल का उपयोग है। HTML एक वेब पेज बनाने के लिए एक लैंग्वेज है। HTTP एक वेब एड्रेस URL का कोड है जो यह निर्दिष्ट करता है कि आप एक सामान्य वेबसाइट की तलाश कर रहे हैं। मूल रूप से यह प्रोटोकॉल उस मानक को स्थापित करता है जिसे इंटरनेट पर कंप्यूटर वेब ब्राउजरों के माध्यम से डेटा संचार और स्थानांतरित करने के लिए उपयोग करते हैं।

HTML is the language of web pages. A Word document contains text and formatting code for example. The text code is the content and the formatting code tells word how to display the text on the screen / page. HTML is very similar. It contains the content (which is easily edited). It's the formatting code that determines how a web page's content will look in a browser.

HTML वेब पेजों की लैंग्वेज है। एक Word दस्तावेज में उदाहरण के लिए पाठ और स्वरूपण कोड होता है। पाठ कोड कंटेट है और स्वरूपण कोड शब्द को स्क्रीन / पृष्ठ पर पाठ को प्रदर्शित करने का तरीका बताता है। HTML बहुत समान है। इसमें कंटेट शामिल है (जो आसानी से संपादित होती है)। यह प्रारूपण कोड है जो यह निर्धारित करता है कि एक ब्राउजर में वेब पेज की कंटेट कैसे दिखाई देगी।

HTTP is the protocol that is used to request and deliver web page content (as files). When your browser requests a web page from a web server, it uses HTTP. But the owner of the web page uses FTP protocol to actually put the files on the web server (using the same address), or delete them from the server because there will be new files, or uploading new files. But both protocols use the same link (the internet).

HTTP वह प्रोटोकॉल है जिसका उपयोग वेब पेज की कंटेट (फाइल्स के रूप में) के अनुरोध और वितरण के लिए किया जाता है। जब आपका ब्राउजर किसी वेब सर्वर से वेब पेज का अनुरोध करता है, तो वह HTTP का उपयोग करता है। लेकिन वेब पेज के मालिक एफटीपी प्रोटोकॉल का

उपयोग वास्तव में वेब सर्वर (उसी पते का उपयोग करके) पर फाइल्स को अपलोड के लिए करते हैं, या उन्हें सर्वर से हटा देते हैं क्योंकि नई फाइल्स होंगी, या नई फाइल्स अपलोड होंगी। लेकिन दोनों प्रोटोकॉल एक ही लिंक (इंटरनेट) का उपयोग करते हैं।

2.(b) Difference between stateless protocol and stateful protocol.

स्टेटलेस प्रोटोकॉल और स्टेटफुल प्रोटोकॉल के बीच अंतर।

Ans. Stateless protocol: Stateless Protocol is a network protocol in which client send request to the server and server response back as per the given state. Examples of stateless protocol are HTTP (Hypertext Transfer Protocol), UDP (User Datagram Protocol) & DNS (Domain Name System). In Stateless, server restriction is not needed to keep the server information. In stateless, server and client are loosely coupled and can act independently. Server design is simple to implement. Server handles transactions in a very quicker way.

स्टेटलेस प्रोटोकॉल: स्टेटलेस प्रोटोकॉल एक नेटवर्क प्रोटोकॉल है जिसमें क्लाइंट सर्वर और सर्वर रिस्पॉन्स को दिए गए राज्य के अनुसार अनुरोध भेजते हैं। स्टेटलेस प्रोटोकॉल के उदाहरण HTTP (हाइपरटेक्स्ट ट्रांसफर प्रोटोकॉल), UDP (उपयोगकर्ता डेटाग्राम प्रोटोकॉल) और DNS (डोमेन नाम सिस्टम) हैं। स्टेटलेस में, सर्वर की जानकारी रखने के लिए सर्वर प्रतिबंध की आवश्यकता नहीं होती है। स्टेटलेस में, सर्वर और क्लाइंट शिथिल रूप से युग्मित होते हैं और स्वतंत्र रूप से कार्य कर सकते हैं। सर्वर डिजाइन लागू करने के लिए सरल है। सर्वर बहुत तेजी से लेनदेन को संभालता है।

Stateful protocol: Stateful Protocol is a network protocol in which if client send a request to the server then it expects some kind of response, in case of no response then it resend the request. Examples of stateful protocol is FTP and Telnet. In stateful, a server is required to maintain the current state and session information. Server design is comparatively complex and difficult to implement. Server is slow comparatively to stateless.

स्टेटफुल प्रोटोकॉल: स्टेटफुल प्रोटोकॉल एक नेटवर्क प्रोटोकॉल है, जिसमें अगर क्लाइंट सर्वर को रिक्वेस्ट भेजता है, तो उसे किसी तरह की प्रतिक्रिया की उम्मीद होती है, अगर कोई प्रतिक्रिया नहीं होती है तो वह रिक्वेस्ट को फिर से भेज देता है। स्टेटफुल प्रोटोकॉल के उदाहरण एफटीपी और टेलनेट हैं। स्टेट में, वर्तमान स्थिति और सत्र की जानकारी को बनाए रखने के लिए एक सर्वर की आवश्यकता होती है। सर्वर डिजाइन तुलनात्मक रूप से जटिल है और इसे लागू करना मुश्किल है। सर्वर की तुलना सांख्यिकीय रूप से धीमी है।

2.(c) What are the advantages and disadvantages of connectionless protocol?

कनेक्शनरहित प्रोटोकॉल के क्या फायदे और नुकसान हैं?

Ans. Advantages of connectionless protocol are as follows (कनेक्शन रहित प्रोटोकॉल के लाभ हैं):

a. It sends the packet without handshaking.
   यह पैकेट को बिना हैंडशेक किए भेजता है।
b. It is faster than connection-oriented protocol.
   यह कनेक्शन–उन्मुख प्रोटोकॉल से तेज है।
c. The header size of the packet is smaller as compared to the packets in connection-oriented services.
   कनेक्शन–उन्मुख सेवाओं में पैकेट की तुलना में पैकेट का हेडर आकार छोटा होता है।

Disadvantages of connectionless protocol are as follows:

कनेक्शन रहित प्रोटोकॉल के नुकसान इस प्रकार हैं:

a. It is not reliable and cannot ensure the data transmission to the destination.
   यह विश्वसनीय नहीं है और गंतव्य तक डेटा संचरण सुनिश्चित नहीं कर सकता है।
b. Packets decide the route while transmission based on the network congestion.
   पैकेट नेटवर्क की भीड़ के आधार पर संचरण करते समय मार्ग तय करते हैं।
c. It does not have a fixed path (इसका कोई निश्चित रास्ता नहीं है).
d. Different packets do not necessarily follow the same path.
   विभिन्न पैकेट आवश्यक रूप से एक ही पथ का पालन नहीं करते हैं।

3.(a) Where is the dedicated hosting service used?

डेडिकेडिट होस्टिंग सेवा कहाँ उपयोग की जाती है?

Ans. Dedicated hosting services allow the users to have their own space or their own web server.

डेडिकेडिट होस्टिंग सेवाएँ उपयोगकर्ताओं को अपना स्थान या अपना स्वयं का वेब सर्वर रखने की अनुमति देती हैं।

a. It can be handled by the user having the full control over the operating system and the resources it uses.
   इसे उपयोगकर्ता द्वारा ऑपरेटिंग सिस्टम पर पूर्ण नियंत्रण और इसके द्वारा उपयोग किए जाने वाले संसाधनों द्वारा नियंत्रित किया जा सकता है।
b. It does not allow the user to own the server but it is just another type of self-managed server.
   यह उपयोगकर्ता को सर्वर का मालिक नहीं होने देता है लेकिन यह एक अन्य प्रकार का स्व–प्रबंधित सर्वर है।
c. They are less costly and they allow better services than the shared ones due to the reliability.
   वे कम खर्चीले हैं और वे विश्वसनीयता के कारण साझा लोगों की तुलना में बेहतर सेवाओं की अनुमति देते हैं।
d. It requires lots of responsibility and maintenance to manage the resources and to provide the services to the dedicated servers.
   संसाधनों के प्रबंधन और समर्पित सर्वर को सेवाएं प्रदान करने के लिए बहुत सारी जिम्मेदारी और रखरखाव की आवश्यकता होती है।
e. It provides higher security as it is better than the

other servers like shared servers that compromise on security as it is shared between many.

यह उच्च सुरक्षा प्रदान करता है क्योंकि यह साझा सर्वर जैसे अन्य सर्वरों से बेहतर है जो सुरक्षा पर समझौता करते हैं क्योंकि यह कई लोगों के बीच साझा किया जाता है।

3.(b) What is the scope of web hosting services?
वेब होस्टिंग सेवाओं का दायरा क्या है?

Ans. Web hosting scope is higher due to the increase of the traffic when the web page of the website is accessed. The files are uploaded using the FTP (File Transfer Protocol) using the web hosting and its services. Web interface is being used for the deployment of the website using the web hosting services and techniques. ISPs (Internet Service Providers) provide the services to the clients that are from the organizations or on the individual basis and provide the hosting solutions. It provides personal website hosting free to deploy and use. It also allows the accessing to be performed of the websites that is having the higher expense.

वेबसाइट का वेब पेज एक्सेस होने पर ट्रैफिक के बढ़ने से वेब होस्टिंग का दायरा अधिक होता है। वेब होस्टिंग और उसकी सेवाओं का उपयोग करके FTP (फाइल ट्रांसफर प्रोटोकॉल) का उपयोग करके फाइल्स अपलोड की जाती हैं। वेब इंटरफेस का उपयोग वेब होस्टिंग सेवाओं और तकनीकों का उपयोग करके वेबसाइट की तैनाती के लिए किया जा रहा है। आईएसपी (इंटरनेट सेवा प्रदाता) उन ग्राहकों को सेवाएं प्रदान करते हैं जो संगठनों से या व्यक्तिगत आधार पर हैं और होस्टिंग समाधान प्रदान करते हैं। यह व्यक्तिगत वेबसाइट होस्टिंग प्रदान करता है जो निशुल्क और उपयोग में है। यह उन वेबसाइट तक भी पहुंचने की अनुमति देता है जो अधिक खर्च कर रहे हैं।

4.(a) Explain web Publishing. Write about any publishing tool.
वेब पब्लिशिंग को समझाइए। किसी भी पब्लिशिंग उपकरण के बारे में लिखें।

Ans. Web publishing tools are applications that are used to design and build websites for either the internet or an intranet. They range from simple text editors that can generate web application code through to highly sophisticated and feature-rich web authoring packages. Some web publishing tools must be installed on a workstation. Others are server-based and are accessed via a web-interface. Web publishing tools are also called web authoring tools.

वेब प्रकाशन उपकरण ऐसे अनुप्रयोग हैं जो इंटरनेट या इंट्रानेट के लिए वेबसाइट को डिजाइन करने और बनाने के लिए उपयोग किए जाते हैं। वे सरल पाठ संपादकों से लेकर उच्च परिष्कृत और सुविधा संपन्न वेब संलेखन पैकेजों के माध्यम से वेब एप्लिकेशन कोड उत्पन्न कर सकते हैं। कुछ वेब प्रकाशन उपकरण एक कार्य केंद्र पर स्थापित होने चाहिए। अन्य सर्वर आधारित हैं और वेब–इंटरफेस के माध्यम से एक्सेस किए जाते हैं। वेब पब्लिशिंग टूल्स को वेब ऑथरिंग टूल भी कहा जाता है।

This website provides an overview of current web publishing application software. It is intended for individuals and small business owners that wish to establish a new website or want to upgrade an existing site to one that is more attractive, functional and maintainable.

यह वेबसाइट वर्तमान वेब प्रकाशन एप्लिकेशन सॉफ्टवेयर का अवलोकन प्रदान करती है। यह उन व्यक्तियों और छोटे व्यवसाय के मालिकों के लिए अभिप्रेत है जो एक नई वेबसाइट स्थापित करना चाहते हैं या एक मौजूदा साइट को एक ऐसे व्यक्ति में अपग्रेड करना चाहते हैं जो अधिक आकर्षक, कार्यात्मक और बनाए रखने योग्य है।

We will need the following software before we begin creating our web pages.

अपने वेब पेज बनाने से पहले हमें निम्नलिखित सॉफ्टवेयर की आवश्यकता होगी।

FrontPage 2003 from Microsoft is one of the best web publishing tools on the market today. This sophisticated web authoring application provides an intuitive user interface. Although this web publishing tool is suitable for new web designers, it also provides advanced features that only professional web publishers would want to use. Because it is so simple to switch between the WYSIWYG (What You See Is What You Get) user interface and the "HTML Code" interface, one can easily view the HTML Code as pages are created. FrontPage also provides functionality to insert user-defined code into a page. This code is protected when changes are subsequently made using the WYSIWYG user interface.

Microsoft से FrontPage 2003 आज बाजार पर सबसे अच्छा वेब प्रकाशन उपकरण में से एक है। यह परिष्कृत वेब संलेखन अनुप्रयोग एक सहज उपयोगकर्ता इंटरफेस प्रदान करता है। हालाँकि यह वेब प्रकाशन उपकरण नए वेब डिजाइनरों के लिए उपयुक्त है, लेकिन यह उन्नत सुविधाएँ भी प्रदान करता है जो केवल पेशेवर वेब प्रकाशक उपयोग करना चाहते हैं। क्योंकि उपयोगकर्ता इंटरफेस और "HTML कोड" इंटरफेस के बीच WYSIWYG (आप जो देख रहे हैं, वह आपको मिल जाता है) के बीच स्विच करना कितना सरल है, पेज आसानी से बना सकते हैं। फ्रंटपेज एक पृष्ठ में उपयोगकर्ता–परिभाषित कोड डालने के लिए कार्यक्षमता भी प्रदान करता है। जब WYSIWYG उपयोगकर्ता इंटरफेस का उपयोग करके परिवर्तन बाद में किए जाते हैं तो यह कोड सुरक्षित होता है।

It has numerous features that enable software objects to be reused, thereby saving much development and maintenance effort. These features include support for shared borders, website "themes", "included" pages and system generated navigation bars and titles. It also provides XML capabilities that allow websites to interact with other websites over the internet. In addition to integrating with MS Access to provide data-driven functionality, FrontPage 2003 websites can also interface with SQL Server and XML databases and other databases using ODBC.

इसमें कई विशेषताएं हैं जो सॉफ्टवेयर ऑब्जेक्ट्स को पुनरू उपयोग करने में सक्षम बनाती हैं, जिससे बहुत अधिक विकास और रखरखाव का प्रयास होता है। इन विशेषताओं में साझा सीमाओं के लिए समर्थन, वेबसाइट "थीम", "शामिल" पृष्ठ और सिस्टम उत्पन्न नेविगेशन बार और शीर्षक शामिल हैं।

यह एक्सएमएल क्षमताओं को भी प्रदान करता है जो वेबसाइट को इंटरनेट पर अन्य वेबसाइट के साथ बातचीत करने की अनुमति देता है। डेटा–संचालित कार्यक्षमता प्रदान करने के लिए एमएस एक्सेस के साथ एकीकरण के अलावा, फ्रंटपेज 2003 वेबसाइट्स SQL सर्वर और XML डेटाबेस और अन्य डेटाबेसों के साथ ODBC का उपयोग करके भी इंटरफेस कर सकती हैं।

4.(b) Difference between connection oriented and connectionless protocol.

कनेक्शन उन्मुख और कनेक्शन रहित प्रोटोकॉल के बीच अंतर।

Ans. With a connectionless protocol, clients connect to the server, make a request, get a response, and then disconnect. For the Internet, HTTP is a connectionless protocol.

कनेक्शन रहित प्रोटोकॉल के साथ, क्लाइंट सर्वर से जुड़ते हैं, अनुरोध करते हैं, प्रतिक्रिया प्राप्त करते हैं, और फिर डिस्कनेक्ट हो जाते हैं। इंटरनेट के लिए, HTTP एक कनेक्शन रहित प्रोटोकॉल है।

With a connection-oriented protocol, clients connect to the server, make a request, get a response, and then maintain the connection to handle future requests. An example of a connection-oriented protocol is File Transfer Protocol (FTP). When we connect to an FTP server, the connection remains open after you download a file. The maintenance of this connection consumes system resources. A server with too many open connections quickly gets overloaded. Consequently, many FTP servers are configured to allow only 250 open connections at one time, so only 250 users can access the FTP server at once.

एक कनेक्शन–उन्मुख प्रोटोकॉल के साथ, क्लाइंट सर्वर से जुड़ते हैं, एक अनुरोध करते हैं, एक प्रतिक्रिया प्राप्त करते हैं, और फिर भविष्य के अनुरोधों को संभालने के लिए कनेक्शन बनाए रखते हैं। कनेक्शन–उन्मुख प्रोटोकॉल का एक उदाहरण फाइल स्थानांतरण प्रोटोकॉल (एफटीपी) है। जब हम किसी FTP सर्वर से कनेक्ट होते हैं, तो फाइल डाउनलोड करने के बाद कनेक्शन खुला रहता है। इस कनेक्शन का रखरखाव सिस्टम संसाधनों की खपत करता है। बहुत सारे ओपन कनेक्शन वाला सर्वर जल्दी से ओवरलोड हो जाता है। नतीजतन, कई एफटीपी सर्वर एक समय में केवल 250 खुले कनेक्शन की अनुमति देने के लिए कॉन्फिगर किए गए हैं, इसलिए केवल 250 उपयोगकर्ता एफटीपी सर्वर को एक बार में एक्सेस कर सकते हैं।

Connectionless protocols differ from connection-oriented protocols in the way requests and responses to requests are handled. HTTP is a connectionless protocol. When clients connect to the HTTP server being a connectionless protocol, they make a request, get a response, and then disconnect. Because the connection is not maintained, no system resources are used after the transaction is finished. Consequently, HTTP servers are limited only by active connections and can generally handle thousands of transactions with low system overhead.

कनेक्शन रहित प्रोटोकॉल कनेक्शन–उन्मुख प्रोटोकॉल से भिन्न होते हैं जिस तरह से अनुरोधों और प्रतिक्रियाओं के अनुरोधों को नियंत्रित किया जाता है। HTTP एक कनेक्शन रहित प्रोटोकॉल है। जब क्लाइंट HTTP सर्वर से कनेक्शन रहित प्रोटोकॉल से जुड़ते हैं, तो वे एक अनुरोध करते हैं, एक प्रतिक्रिया प्राप्त करते हैं, और फिर डिस्कनेक्ट कर देते हैं। क्योंकि कनेक्शन बनाए नहीं रखा गया है, लेनदेन समाप्त होने के बाद किसी भी सिस्टम संसाधनों का उपयोग नहीं किया जाता है। नतीजतन, HTTP सर्वर केवल सक्रिय कनेक्शन द्वारा सीमित हैं और आमतौर पर कम सिस्टम ओवरहेड के साथ हजारों लेनदेन को संभाल सकते हैं।

The drawback to connectionless protocols is that when the same client requests more data, the connection must be re-established. To web users, this means a delay whenever they request more information.

कनेक्शन रहित प्रोटोकॉल के नुकसान यह है कि जब एक ही ग्राहक अधिक डेटा का अनुरोध करता है, तो कनेक्शन को फिर से स्थापित किया जाना चाहिए। वेब उपयोगकर्ताओं के लिए, इसका मतलब है कि जब भी वे अधिक जानकारी का अनुरोध करते हैं तो देरी होती है।

5. (a) What is a cookie? How are they used on Internet?

कुकी क्या है? इंटरनेट पर उनका उपयोग कैसे किया जाता है?

Ans. A cookie is information that a web site puts on our hard disk so that is can remember something about us at a later time. Typically, a cookie records your preferences when using a particular site. Using the web's preferences when using a particular site. Using the Web's Hypertext Transfer Protocol (HTTP), each request for a web page is independent of all other requests. For this reasons, the web page server has no memory of what pages it has send to a user previously or anything about our previous visits. A cookie is a mechanism that allows the server to store its own information about a user on the user's own computer. We can view the cookies that have been stored on our hard disk. The location of the cookies depends on the browser. Internet explorer stores each cookie as a separate file under a Windows subdirectory.

कुकी वह सूचना है जो एक वेब साइट हमारी हार्ड डिस्क पर डालती है ताकि बाद में हमारे बारे में कुछ याद रख सके। आमतौर पर, किसी

विशेष साइट का उपयोग करते समय एक कुकी आपकी प्राथमिकताओं को दर्ज करती है। किसी विशेष साइट का उपयोग करते समय वेब की वरीयताओं का उपयोग करना। वेब के हाइपरटेक्स्ट ट्रांसफर प्रोटोकॉल (HTTP) का उपयोग करते हुए, वेब पेज के लिए प्रत्येक अनुरोध अन्य सभी अनुरोधों से स्वतंत्र है। इस कारण से, वेब पेज सर्वर को यह याद नहीं रहता है कि उसने पहले वाले उपयोगकर्ता को कौन से पृष्ठ भेजे हैं या हमारी पिछली यात्राओं के बारे में कुछ भी। कुकी एक तंत्र है जो सर्वर को उपयोगकर्ता के कंप्यूटर पर उपयोगकर्ता के बारे में अपनी जानकारी संग्रहीत करने की अनुमति देता है। हम उन कुकीज को देख सकते हैं जिन्हें हमारी हार्ड डिस्क पर संग्रहीत किया गया है। कुकीज का स्थान ब्राउजर पर निर्भर करता है। इंटरनेट एक्सप्लोरर प्रत्येक कुकी को एक विंडोज उपनिर्देशिका के तहत एक अलग फाइल के रूप में संग्रहीत करता है।

Cookies have been of concern for internet privacy, since they can be used for tracking the browsing of a user. HTTP cookies are used for user authentication, user tracking, and maintaining user-specific information (preferences, electronic shopping cart, ect). Cookies are also used to track users across a website. Third-party cookies also allows for tracking across multiple sites.

कुकीज इंटरनेट गोपनीयता के लिए चिंता का विषय रही हैं, क्योंकि उनका उपयोग किसी उपयोगकर्ता के ब्राउजिंग को ट्रैक करने के लिए किया जा सकता है। HTTP कुकीज का उपयोग उपयोगकर्ता प्रमाणीकरण, उपयोगकर्ता पर नजर रखने और उपयोगकर्ता–विशिष्ट जानकारी (वरीयताओं, इलेक्ट्रॉनिक शॉपिंग कार्ट) को बनाए रखने के लिए किया जाता है। कुकीज का उपयोग उपयोगकर्ताओं को एक वेबसाइट पर ट्रैक करने के लिए भी किया जाता है। तृतीय–पक्ष कुकीज भी कई साइटों पर नजर रखने की अनुमति देती है।

5. (b) What is CGI? Explain (CGI क्या है? इसके बारे में बताएं)।

Ans. The Common Gateway Interface (CGI) is a standard way for a web server to pass a web user's request to an application program and to receive data back to forward to the user. When the user requests a web page (for example, by clicking on a highlighted word or entering a website address), the server sends back the requested page. However, when a user fills out a form on a web page and sends it in, it usually needs to be processed by an application program. The web server typically passes the form information to a small application program that processes the data and may send back a confirmation message. This method or convention for passing data back and forth between the server and the application is called the Common Gateway Interface (CGI). It is part of the web's Hypertext Transfer Protocol (HTTP).

कॉमन गेटवे इंटरफेस (सीजीआई) एक वेब सर्वर के लिए एक एप्लीकेशन प्रोग्राम के लिए वेब उपयोगकर्ता के अनुरोध को पारित करने और उपयोगकर्ता को अग्रेषित करने के लिए डेटा वापस प्राप्त करने का एक मानक तरीका है। जब उपयोगकर्ता एक वेब पेज का अनुरोध करता है (उदाहरण के लिए, एक हाइलाइट किए गए शब्द पर क्लिक करके या एक वेबसाइट पता दर्ज करके), सर्वर अनुरोधित पृष्ठ को वापस भेजता है। हालांकि, जब कोई उपयोगकर्ता किसी वेब पेज पर एक फॉर्म भरता है और उसे इसमें भेजता है, तो इसे आमतौर पर एप्लिकेशन प्रोग्राम द्वारा संसाधित किया जाना चाहिए। वेब सर्वर आमतौर पर प्रपत्र जानकारी को एक छोटे अनुप्रयोग प्रोग्राम में भेजता है जो डेटा को संसाधित करता है और एक पुष्टिकरण संदेश वापस भेज सकता है। सर्वर और एप्लिकेशन के बीच डेटा को आगे और पीछे करने के लिए इस विधि या सम्मेलन को कॉमन गेटवे इंटरफेस (CGI) कहा जाता है। यह वेब के हाइपरटेक्स्ट ट्रांसफर प्रोटोकॉल (HTTP) का हिस्सा है।

If we are creating a website and want a CGI application to get control, you specify the name of the application in the Uniform Resource Locator (URL) that we code in an HTML file.

यदि हम एक वेबसाइट बना रहे हैं और एक CGI एप्लिकेशन को नियंत्रण प्राप्त करना चाहते हैं, तो आप यूनिफॉर्म रिसोर्स लोकेटर (URL) में एप्लिकेशन का नाम निर्दिष्ट करते हैं जिसे हम HTML फाइल में कोड करते हैं।

A programmer can write a CGI application in a number of different languages can write such as C, C++, Java, and PERL.

एक प्रोग्रामर कई भाषाओं में सीजीआई एप्लिकेशन लिख सकता है, जैसे C, C++, JAVA और PERL लिख सकते हैं।

5. (c) What is web hosting and web publishing?

वेब होस्टिंग और वेब प्रकाशन क्या है?

Ans. Creating a website and placing it on the web server is called web publishing. A website is a collection of HTML pages with the home page typically named INDEX.HTML. websites are designed using web authoring software which provides a graphical layout capability or by hand coding in HTML or both. It includes creating and uploading websites, updating webpages, and posting blogs online. The published contents may include text, images, videos, and other types of media.

वेबसाइट बनाना और उसे वेब सर्वर पर रखना वेब पब्लिशिंग कहलाता है। एक वेबसाइट HTML पेजों का एक संग्रह है, जिसका नाम आमतौर पर INDEX.HTML है। वेबसाइट वेब संलेखन सॉफ्टवेयर का उपयोग करके डिजाइन की गई हैं जो एक ग्राफिकल लेआउट क्षमता या HTML या दोनों में हाथ से कोडिंग प्रदान करती हैं। इसमें वेबसाइट बनाना और अपलोड करना, वेबपेज अपडेट करना और ऑनलाइन ब्लॉग पोस्ट करना शामिल है। प्रकाशित कंटेट में पाठ, चित्र, वीडियो और अन्य प्रकार के मीडिया शामिल हो सकते हैं।

Web hosting is the service that makes our website available to be viewed by others on the internet. A web host provides space on its server, so that other computers around the world can access our website by means of a network or modem. The users want to view our website, all they need to do is type our website address into their browser. Their computer will then connect to our server and our webpages will be delivered to them through the browser.

वेब होस्टिंग वह सेवा है जो हमारी वेबसाइट को इंटरनेट पर दूसरों द्वारा देखे जाने के लिए उपलब्ध कराती है। एक वेब होस्ट अपने सर्वर पर स्थान प्रदान करता है, ताकि दुनिया भर के अन्य कंप्यूटर नेटवर्क या मॉडेम के माध्यम से हमारी वेबसाइट तक पहुंच सकें। उपयोगकर्ता हमारी वेबसाइट देखना चाहते हैं, बस उन्हें हमारी वेबसाइट का पता अपने ब्राउजर में टाइप करना होगा। फिर उनका कंप्यूटर हमारे सर्वर से जुड़ जाएगा और हमारे वेबपेज ब्राउजर के माध्यम से उन तक पहुंचा दिए जाएंगे।

Most web hosting companies require that we own our domain name in order to host with them. If you do not have a domain name, the web hosting companies will help us purchase one.

अधिकांश वेब होस्टिंग कंपनियों को हमारे साथ होस्ट करने के लिए हमारे डोमेन नाम की आवश्यकता होती है। यदि आपके पास एक डोमेन नाम नहीं है, तो वेब होस्टिंग कंपनियां हमें एक खरीदने में मदद करेंगी।

The basic features of a web hosting plan include:

एक वेब होस्टिंग योजना की बुनियादी विशेषताओं में शामिल हैं:

- Disk space (डिस्क में जगह)
- Bandwidth or Data transfer (बैंडविड्थ या डेटा ट्रांसफर)
- E-mail accounts (ईमेल खाते)
- FTP access (एफटीपी पहुंच)

5. (d) What is WWW? Explain briefly with the help of WWW architecture.
WWW संक्षेप में बताएं।

Ans. The World Wide Web is the part of the internet that contains websites and webpages. It was invented in 1989 by Tim Berners-Lee at CERN, Geneva, Switzerland. It is basically a system of internet servers that support specially formatted documents. The documents are formatted in a markup language called HTML (HyperText Markup Language) that supports links to other documents as well as graphics, audio and video files.

वर्ल्ड वाइड वेब इंटरनेट का वह हिस्सा है जिसमें वेबसाइट और वेबपेज शामिल हैं। इसका आविष्कार 1989 में टिम बर्नर्स–ली ने सर्न, जिनेवा, स्विट्जरलैंड में किया था। यह मूल रूप से इंटरनेट सर्वरों की एक प्रणाली है जो विशेष रूप से स्वरूपित दस्तावेजों का समर्थन करती है। दस्तावेज HTML (हाइपरटेक्स्ट मार्कअप लैंग्वेज) नामक एक मार्कअप भाषा में प्रारूपित किए जाते हैं जो अन्य दस्तावेजों के साथ–साथ ग्राफिक्स, ऑडियो और वीडियो फाइल्स के लिंक का समर्थन करता है।

Architecture of WWW (WWW की वास्तुकला)

WWW is basically a distributed client-server service. It this, a client can access the services from a server using a browser. These services are usually distributed over many locations called sites or websites. From the user's point of view web consists of a vast worldwide collection of documents called web pages. Each web page can contain link to other pages anywhere in the world. By clicking on such link user can access another web page. Such a text or image that enables the user to link to another web page is the string of text that points to another web page is called hypertext. Hypermedia is enhanced form of a hyperlink which not only links to the other pages or other sections within the same page but can also link with various medium like sound, animation, movie clip etc. Hypermedia is grouping of different media like sound, graphics, animations and text in a single file. These hyperlinks are created with the help of specialized language called Hypertext Mark up Language (HTML). In order to access these web pages on different sites, each of these pages has a specific address called Uniform Resource Locator (URL).

WWW मूल रूप से एक वितरित क्लाइंट–सर्वर सेवा है। यह, एक क्लाइंट ब्राउजर का उपयोग करके सर्वर से सेवाओं तक पहुंच सकता है। इन सेवाओं को आमतौर पर कई स्थानों पर वितरित किया जाता है जिन्हें साइट या वेबसाइट कहा जाता है। उपयोगकर्ता के दृष्टिकोण से वेब में वेब पेज नामक दस्तावेजों का एक विशाल विश्वव्यापी संग्रह होता है। प्रत्येक वेब पेज में दुनिया के अन्य पृष्ठों के लिंक हो सकते हैं। ऐसे लिंक पर क्लिक करके उपयोगकर्ता दूसरे वेब पेज तक पहुंच सकता है। ऐसा टेक्स्ट या छवि जो उपयोगकर्ता को किसी अन्य वेब पेज से लिंक करने में सक्षम बनाता है, वह टेक्स्ट का स्ट्रिंग है जो किसी अन्य वेब पेज की ओर इशारा करता है जिसे हाइपरटेक्स्ट कहा जाता है। हाइपरमीडिया एक हाइपरलिंक का बढ़ा हुआ रूप है, जो न केवल एक ही पेज के भीतर अन्य पृष्ठों या अन्य वर्गों से लिंक करता है, बल्कि ध्वनि, एनीमेशन, मूवी क्लिप आदि जैसे विभिन्न माध्यमों से भी लिंक कर सकता है। हाइपरमीडिया ध्वनि, ग्राफिक्स, एनिमेशन जैसे विभिन्न मीडिया का समूह है। ये हाइपरलिंक हाइपरटेक्स्ट मार्क अप लैंग्वेज (HTML) नामक विशेष भाषा की मदद से बनाई गई हैं। इन वेब पेजों को विभिन्न साइटस पर एक्सेस करने के लिए, इन पृष्ठों में से प्रत्येक का एक विशिष्ट पता होता है, जिसे यूनिफॉर्म रिसोर्स लोकेटर (URL) कहा जाता है।

Sample Question Paper
(सैंपल प्रश्न पत्र)

A. Multiple Choice Questions (बहुविकल्पीय प्रश्न):

1.1 ______ tag is used to add columns to a table.

a. Definition list   b. Definition list term
c. Definition list description
d. None of the above

_________ टैग का उपयोग टेबल में कॉलम जोड़ने के लिए किया जाता है।

क. डेफिनिशन लिस्ट   ख. डेफिनिशन लिस्ट टर्म
ग. डेफिनिशन लिस्ट डिस्क्रिप्शन
घ. इनमे से कोई भी नहीं

1.2 Which of these tags are all <table> tags?

इनमें से कौन सा टैग सभी <table> टैग हैं?

a. <table><head><tfoot>   b. <table><tr><td>
c. <table><tr><tt>   d. <thead><body><tr>

1.3 Which of the following is legal HTML syntax?

निम्न में से कौन सा लीगल HTML सिंटेक्स है?

a. <FRAMESET COLS= "50%, 50%">
b. <FRAMESET ROW= "50%, 50%">
c. <FRAMESET COLUMNS= "50, 50">
d. <FRAME COLS= "50%, 50%">

1.4 A __________ can be inserted in HTML document which can act as a container for all the input elements.

a. Text field   b. Text area
c. Form   d. Command button

_________ को HTML दस्तावेज में इन्सर्ट किया जा सकता है जो सभी इनपुट तत्वों के लिए एक कंटेनर के रूप में कार्य कर सकता है।

क. टेक्स्ट फेल्ड   ख. टेक्स्ट एरिया
ग. फॉर्म   घ. कमांड बटन

1.5 How will you make all paragraph elements 'RED' in color?

आप सभी पैराग्राफ एलिमेंट को 'RED' कैसे बनाएंगे?

a. p.all {color: red;}   b. p.all {color: #990000;}
c. all.p {color: #998877;}   d. p {color: red;}

1.6 Which CSS property you will use if you want to add some margin between a DIV's border and its inner text?

a. Spacing   b. Margin
c. Padding   d. Inner-margin

यदि आप DIV की सीमा और उसके आंतरिक पाठ के बीच कुछ मार्जिन जोड़ना चाहते हैं तो आप कौन सी CSS प्रॉपर्टी का उपयोग करेंगे?

क. स्पेसिंग   ख. मार्जिन
ग. पैडिंग   घ. इनर मार्जिन

1.7 Which are the different value types in JavaScript?

a. boolean, integer, float, string, array, object and null
b. boolean, number, string, function, object and undefined
c. boolean, number, date, regexp, array and object
d. boolean, number, string, function, object, null and undefined

जावास्क्रिप्ट में विभिन्न वैल्यू टाइप कौन से हैं?

क. बूलियन, इन्टिजर, फ्लोट, स्ट्रिंग, ऐरे , ऑब्जेक्ट और नल
ख. बूलियन, नंबर, स्ट्रिंग, फंक्शन, ऑब्जेक्ट और अन्न–डिफाइंड
ग. बूलियन, नंबर, डेट, regexp, ऐरे और ऑब्जेक्ट
घ. बूलियन, नंबर, स्ट्रिंग, फंक्शन, ऑब्जेक्ट, नल और अन्न–डिफाइंड

1.8 What is the type of `null`, according to the `typeof` operator?

a. "undefined"   b. "object"
c. "array"   d. "null"

`टाइप ऑफ` ऑपरेटर के अनुसार `नल` का प्रकार क्या है?

क. "अन्न–डिफाइंड"   ख. "ऑब्जेक्ट"
ग. "array"   घ. "नल"

1.9 Which of the following types does NOT exist in javascript?

a. number   b. Boolean
c. object   d. Integer

जावास्क्रिप्ट में निम्नलिखित में से कौन सा प्रकार मौजूद नहीं है?

क. नंबर   ख. बूलियन
ग. ऑब्जेक्ट   घ. इन्टिजर

1.10 Which of the following is a way to add a new value to the end of an array?

निम्नलिखित में से कौन एक ऐरे के अंत में एक नया मान जोड़ने का तरीका है?

a. arr[value] = length;   b. arr.length = value;
c. arr[arr.length] = value;
d. arr[arr.length()] = value;

B. State whether the following Statements are True or False (निम्नलिखित कथन सही हैं या गलत।)

1. Src attibute of <frame> provides the URL to be displayed in the frame.
   <frame> का Src एट्रिब्यूट URL को दिखता है फ्रेम में।
2. <iframe> tag is used to create floating frames.
   <iframe> टैग का उपयोग फ्लोटिंग फ्रेम बनाने के लिए किया जाता है।
3. Target attribute is used to display link in another window.
   किसी अन्य विंडो में लिंक प्रदर्शित करने के लिए लक्ष्य विशेषता का उपयोग किया जाता है।
4. ng-app directive initializes an angular js application.
   एनजी–ऐप निर्देश एक एंगुलर जेएस अनुप्रयोग को इनिशियलाइज करता है।
5. Is Angular JS supports two-way binding?
   क्या Angular JS दो–तरफा बाइंडिंग का समर्थन करता है?

C. Match the following (निम्नलिखित का मिलान करें।)

[1×5=5]

1. Removing unwanted image areas) अनवांटेड इमेज एरियाज को हटाना	a. brightness ब्राइटनेस
2. You can make an image appear brighter or darker by adjusting its आप एक छवि को बृहत्तर या गहरे रंग को समायोजित करके बना सकते हैं	b. Client-side scripting क्लाइंट–साइड स्क्रिप्टिंग
3. वेब पेज को अधिक गतिशील और रेस्पॉन्सिव बनाने के लिए To make Web pages more dynamic and more responsive	c. ng-controller ng–कंट्रोलर
4. Attaches the controller of MVC to the view व्यू में MVC कंट्रोलर को जोड़ता है	d. Increase the distance between cell and content सेल और कंटेंट के बीच की दूरी बढ़ाएँ
5. HTML is a subset of HTML का एक सबसेट है	e. Cropping क्रॉपिंग
6. Add background color to your web page वेब पेज पर बैकग्राउंड का रंग जोड़ें	f. .class (.क्लास)
7. All normal webpages consists of सभी सामान्य वेब पेज शामिल हैं	g. <fieldse>
8. Increasing the cellpadding means सेलपैडिंग बढ़ाने का मतलब है	h. SGML
9. Which selectors selects any tag with an id attribute set चयनकर्ता किसी आईडी विशेषता सेट के साथ किसी भी टैग का चयन करते हैं	i. Head and body हेड और बॉडी
10. For grouping form controls we can use ग्रुपिंग कंट्रोलर के लिए हम उपयोग कर सकते हैं	j. <body bgcolor = "# FF000">
	k. <legend>

D. Fill in the blanks (रिक्त स्थान भरें।)

a. typeof (टाइप ऑफ) b. HTTPc. Align (अलाइन)
d. layout e (लेआउट)
c. Common gateway interface (कॉमन गेटवे इंटरफेस)
f. option (ऑप्शन) g. Selector (सिलेक्टर) h. Server (सर्वर)
i. box-sizing (बॉक्स– सिजिंग) j. border-collapse (बॉर्डर–कलपसे) k. border-spacing 4 (बॉर्डर–स्पेसिंग)

4.1 Styles specify formatting and page _________.
स्टाइल फोर्मत्तिंग और पृष्ठ ______________ निर्दिष्ट करती हैं

4.2 Web pages run server programs through a server feature called the _________.
वेब पेज एक सर्वर सुविधा के माध्यम से सर्वर प्रोग्राम चलाते हैं जिन्हें _________ कहा जाता है।

4.3 _____ attribute of <Table> specifies the horizontal alignment of row or column.
_____ की विशेषता <Table> पंक्ति या कॉलम के क्षैतिज संरेखण को निर्दिष्ट करती है।

4.4 Web page documents are stored on a ________ computer with special software. server,
वेब पेज दस्तावेजों को विशेष सॉफ्टवेयर के साथ ________ कंप्यूटर पर संग्रहीत किया जाता है।

4.5 A Web browser uses _________ to request a Web page from a Web server

वेब ब्राउजर एक वेब सर्वर से वेब पेज का अनुरोध करने के लिए _________ का उपयोग करता है।

4.6 The options of a select list are specified with the ___________ tag.

चुनिंदा लिस्ट के विकल्प ____________ टैग के साथ निर्दिष्ट किए जाते हैं।

4.7 The _______ operator returns a string that identifies the type of its operand.

_______ ऑपरेटर एक स्ट्रिंग देता है जो उसके ऑपरेंड के प्रकार की पहचान करता है।

4.8 The ________ is the link between the html document and the style. It specifies what elements are affected by the declaration.

________ HTML दस्तावेज और स्टाइल के बीच की कड़ी है। यह निर्दिष्ट करता है कि घोषणा से कौन से तत्व प्रभावित हैं।

4.9 __________ property defines whether table cell borders are connected or separate.

__________ प्रॉपर्टी परिभाषित करती है कि क्या टेबल सेल सीमाएं जुड़ी हुई हैं या अलग हैं।

4.10 The ________ property allows us to include the padding and border in an element's total width and height.

________ प्रॉपर्टी हमें तत्व की कुल चौड़ाई और ऊंचाई में पैडिंग और बॉर्डर को शामिल करने की अनुमति देता है।

E. Descriptive Questions with Answers

डिस्क्रिप्टिव प्रकार के प्रश्न और उत्तर

1. a. What is Website? What are different types of Websites?
   वेबसाइट क्या है? विभिन्न प्रकार की वेबसाइट के बारे में बताए?
   b. What is a Responsive Website?
   रेस्पॉन्सिव वेबसाइट क्या है?
   c. What is browser? Name any three browser.
   ब्राउजर क्या है? किसी भी तीन ब्राउजर का नाम बताए
2. a. What is the new Structural Elements in HTML5?
   HTML5 में नया स्ट्रक्चरल एलिमेंट क्या है?
   b. What is local storage in HTML5? How it is used?
   HTML5 में लोकल स्टोरेज क्या है? इसका उपयोग कैसे किया जाता है?
   c. What is the use of <fieldset>
   <fieldset> का उपयोग क्या है?
3. a. What is the use of providing web hosting services?
   वेब होस्टिंग सेवाएं प्रदान करने का क्या उपयोग है?
   b. Explain the different popup boxes JavaScript provides and state the major difference between them.
   विभिन्न प्रकार के पॉपअप बॉक्स के बारे में बताए जो जावास्क्रिप्ट प्रदान करता है और उनके बीच का प्रमुख अंतर बताए।
   c. Differentiate between<TH> and <Caption> tags.
   <TH> और <Caption> टैग के बीच अंतर बताए।
4. a. Why forms are used in Webpages>
   वेबपेज में फॉर्म का उपयोग क्यों किया जाता है?
   b. Differentiate between Get & Post methods of Form Tag.
   फॉर्म टैग के हमज और Post के तरीकों के बीच अंतर बताए ।
   c. What are the different types of hosting?
   होस्टिंग के विभिन्न प्रकार क्या हैं?
5. a. What are the techniques to use W3.CSS Framework?
   W3-CSS फ्रेमवर्क का उपयोग करने की तकनीकें क्या हैं?
   b. What is Angular JS? How does it work with HTML?
   एंगुलर जेएस क्या है? यह HTML के साथ कैसे काम करता है?
   c. Write Html code to divide browser window into two horizontal sections. Divide bottom section into two vertical sections.
   ब्राउजर विंडो को दो हॉरिजॉन्टल सेक्शन में विभाजित करने के लिए Html कोड लिखें। बॉटम सेक्शन को दो वर्टीकल सेक्शन में विभाजित करें।

Paper January 2021

भाग एक (PART ONE) सभी प्रश्नों के उत्तर दें (Answer all the Questions)

1. नीचे प्रत्येक प्रश्न के उत्तर के कई विकल्प दिए गए है। एक सबसे उपयुक्त विक्लप चुने और प्रश्न पत्र के साथ उपलब्ध कराए गए "ओएमआर" उत्तर पुस्तिका में दिए गए निर्देसज के अनुसार दर्ज करें। (Each question below gives a multiple choice of answers. Choose he most appropriate one and enter in the "OMR" answer sheet supplied with the question paper, following instruction therein. (1 x 10)

1.1 __________ टैग का उपयोग पैराग्राफ के आरभं को चिह्नित किया जाता है। (__________ tags is used to mark a beginning of paragraph.)

a. <TD> **b.**
 c. <p> **d.** <TR>

1.2 सबसे बड़ा शीर्षक के लिए सही एचटीएमएल टैग है: (Correct HTML tag for the largest heading is:)

a. <head> **b.** <h6>
c. <heading> **d.** <h1>

1.3 निम्नलिखित में से कौन सा एक कंटेनर है? (Which of the following is a container?)

a. <SELECT> **b.** <BODY>
c. <INPUT> **d.** (a) और (b) दोनों (Both (a) and (b))

1.4 वह विशेषता, जो वर्तमान दस्तावेज और HREF और URL के बीच संबंध को परिभाषित करती है: (The attribute, which define the relationship between current document and HREF and URL is:)

a. REL **b.** URL
c. REV **d.** उपरोक्त सभी (All of these)

1.5 <DT> टैग हमारे वेब पेज की एक पंक्ति को शामिल क़रने के लिए डिजाइन किया गया है लेकिन <DD> टैग एक __________ स्वीकार करेगा: (<DT> tag is designed to fit a single line of our web page but <DD> tag will accept a:)

a. टेक्स्ट की पंक्ति (line of text)
b. पूर्ण पैराग्राफ (full paragraph)
c. शब्द (word) **d.** अनुरोध (request)

1.6 करैक्टर एन्कोडिंग है: (Character encoding is:)

a. एक वर्ण में संख्याओं को दर्शाने के लिए प्रयोग की जाने वाली विधि (method used to represent numbers in a character)

b. एक संख्या में वर्ण का प्रतिनिधित्व करने के लिए प्रयोग की जाने वाली विधि (method used to represent character in a number)

c. एक प्रणाली जिसमें एक कोड होता है जो प्रत्येक वर्ण को एक पैटर्न या नेचुरल नंबर की सीक्वेंस या इलेक्ट्रिक पल्स डाटा ट्रांसमिट करने के लिए पेअर करता है (a system that consist of a code which pairs each character with a pattern, sequence of natural numbers or electrical pulse in order to transmit the data)

d. इनमे से कोई नहीं (None of these)

1.7 एच.टी.एम.एल. का पूर्ण रूप क्या है? (What is the full form of HTML?)

a. हाइफनेशन टेक्स्ट मार्कअप लैंग्वेज (Hyphenation text markup language)

b. हाइपर टेक्स्ट मार्कअप लैंग्वेज (Hyper text markup language)

c. हाइपर टेक्स्ट मार्किंग लैंग्वेज (Hyper text marking language)

d. हाइफनेशन टेक्स्ट मार्किंग लैंग्वेज (Hyphenation test marking language)

1.8 बेस URL को स्थापित करने के लिए एक बेहतर अप्रोच __________ उपयोग करना है: (A much better approach to establish the base URL is to use:)

a. बेस एलिमेंट (BASE element)
b. हेड एलिमेंट (HEAD element)
c. (a) और (b) दोनों (Both (a) and (b))
d. इनमे से कोई नहीं (None of these)

1.9 एक नई लिस्ट आइटम बनाने के लिए उपयोग किया जाने वाला टैग और इसमें एक हाइपरलिंक भी शामिल है: (The tag used to create a new list item and also include a hyperlink is:)

a. <LI> **b.** <DL> **c.** <DD> **d.** <UL>

1.10 ग्राफिक का कोई भी भाग जो दूसरे हॉट जोन में शामिल नहीं है, ________ का भाग माना जाता है: (Any part of the graphic that is not included in another hot zone is considered to be part of:)

a. rect **b.** point **c.** default **d.** polygon

2. नीचे दिया गया प्रत्येक विवरण या तो सही है अथवा गलत। एक सबसे उपयुक्त विक्लप चुने और उसे प्रश्न पत्र के साथ उपलब्ध कराए गए "ओएमआर" उतर पत्रिका में, उसमे दिए गए निर्देशों के अनुसार दर्ज करे। (Each statement below is either TRUE or False, Choose the most appropriate one and ENTER in the "OMR"

answer sheet supplied with the question paper, following instructions therein.) (1 x 10)

2.1 CSS का पूर्ण रूप कैस्केडिंग स्टाइल शीट्स है। (CSS stands for Cascading Style Sheets.)

2.2 CSS का उपयोग किसी भी प्रकार के XML दस्तावेज के साथ भी किया जा सकता है। (CSS can also be used with any kind of XML documents.)

2.3 एक CSS रूल सेट में एक सिलेक्टर और एक डिक्लेरेशन ब्लॉक होता है। (A CSS rule set contains a selector and a declaration block.)

2.4 CSS एलिमेंट सिलेक्टर में सी.इस.इस. के प्रकार हैं। (CSS Element Selector is types of selectors in CSS.)

2.5 यूनिवर्सल सिलेक्टर को वाइल्ड कार्ड करैक्टर के रूप में कभी नहीं किया जाता है। (The universal selector is never used as a wildcard character.)

2.6 विभिन्न शैली परिभाषाओं के साथ सभी तत्वों का चयन करने के लिए ग्रुपिंग सिलेक्टर का उपयोग किया जाता है। (The grouping selector is used to select all the elements with the different style definitions.)

2.7 आईडी सिलेक्टर एक विशिष्ट तत्व का चयन करने के लिए एक एच.टी.एम.एल. एलिमेंट की आईडी विशेषता का चयन करता है। (ID selector selects the id attribute of an HTML element to select a specific element.)

2.8 इनलाइन सीएसएस का उपयोग सीएसएस को कई लाइनों या एलिमेंट पर लागू करने के लिए किया जाता है। (Inline CSS is used to apply CSS on multiple lines or elements.)

2.9 इंटरनल स्टाइल शीट का उपयोग एक से अधिक दस्तावेजों के लिए कई स्टाइल को जोड़ने के लिए किया जाता है। (The internal style sheet is used to add multiple styles for more than one document.)

2.10 एक्सटर्नल स्टाइल शीट एक पूरी फाइल को बदलकर संपूर्ण वेब साइट के रूप को बदलने की सुविधा प्रदान करती है। (The external style sheet facilitates one to change the look of the entire web site by changing just one file.)

3. कॉलम X में दिए गए शब्दों और वाक्यांशों का मिलान निकटतम अर्थ/ शब्द/ फ्रांसेस कॉलम Y के साथ करें। अपना चयन, प्रश्नपत्र के साथ दी गई "ओएमआर" उत्तर पुस्तिका में दर्ज करें। (Match words and phrases in column X with the closest related meaning/word(s)/phrases in column Y. Enter your selection in the "OMR" answer sheet supplied with the question paper, following instructions therein.) (1 x 10)

	कॉलम X (Column X)		कॉलम Y (Column Y)
3.1	H1... H6	a.	.js extension
3.2	एक्सटर्नल जावास्क्रिप्ट फाइल (External JavaScript file)	b.	हेडिंग्स (Headings)
3.3	HTTP	c.	डबल फॉरवर्ड स्लेशेस (Double forward slashes)
3.4	जावास्क्रिप्ट सिंगल लाइन कमेंट (JavaScript Single line Comment)	d.	हाइपर टेक्स्ट ट्रांसफर प्रोटोकॉल (Hyper Text Transfer Protocol)
3.5	CSS	e.	कैस्केडिंग स्टाइल शीट (Cascading Style Sheet)
3.6	जावास्क्रिप्ट वेरिएबल (JavaScript variable)	f.	डायनामिक टाइप लैंग्वेज (Dynamic type language)
3.7	जावास्क्रिप्ट ग्लोबल वेरिएबल (JavaScript global variable)	g.	लोकल वेरिएबल एंड ग्लोबल वेरिएबल (Local Variable and Global Variable)
3.8	XML	h.	मल्टीप्ल एक्सप्रेशन से एक कोड निष्पिदि करना (To execute one code from multiple expressions)
3.9	जावास्क्रिप्ट (JavaScript)	i.	फंक्शन के बाहर घोषित करना (Declared outside the function)
3.10	जावास्क्रिप्ट स्विच स्टेटमेंट (JavaScript switch statement)	j.	एक्सटेंसिबल मार्कअप लैंग्वेज (Extensible Markup Language)
		k.	HTML
		l.	XML
		m.	डाटा डिपेंडेंसी (Data Dependency)

4. नीचे दिए गए सूची में किसी एक शब्द या वाक्यांश में से एक को भरने करने के लिए एक खाली स्थान है। निर्देश के अनुसार, प्रश्न पत्र से जुड़ी "ओएमआर" उत्तर पुस्तिका में अपनी पसंद दर्ज करें। (Each statement below has a blank space to fit one of the word(s) or phrase(s) in the list below. Enter your choice in the "OMR" answer sheet attached to the question paper, following instruction therein.) **(1 x 10)**

a. <PRE> फॉर्मटेड टेक्स्ट (<PRE> formatted text)
b. <TABLE> c. <HEAD>
d. इंटरफेसेस (Interfaces) e. Out does type
f. <OL>
g. HTML एक्सटेंशन (HTML extension)
h. छः (six) i. हैडर (Header)
j. <CAPTION> k. पांच (Five)
l. <Body> m. <Input>

4.1 __________ टैग एक संख्या/ क्रम लिस्ट बनाता है। (__________ Tag creates a number/order list.)

4.2 <TR>, <TD> और <TH> के लिए मुख्य कंटेनर __________ है। (Main container for <TR>, <TD> and <TH> is __________.)

4.3 <TEXT AREA> टैग के अंदर का टेक्स्ट __________ के रूप में कार्य करता है। (The text inside the <TEXT AREA> tag works like __________.)

4.4 <BASE> टैग केवल __________ के बीच प्रदर्शित होने के लिए डिजाइन किया गया है। (<BASE> tag is designed to appear only between __________.)

4.5 HTML में हमारे पास __________ शीर्षक लिखने के लिए हैडिंग टैग्स है। (In HTML we have __________ heading Tags for writing heading.)

4.6 ग्राफिक का कोई भी हिस्सा जो दूसरे गर्म क्षेत्र में शामिल नहीं है, उसे __________ का हिस्सा माना जाता है। (Any part of the graphic that is not included in another hot zone is considered to be part of __________.)

4.7 वह टैग जो आपको विवरण के भीतर अन्य एच.टी.एम.एल. टैग को रखने की अनुमति देता है, वह है __________। (The tag which allows you to rest other HTML tags within the description is __________.)

4.8 शब्द डॉक्यूमेंट नोड, नोडेलिस्ट, तत्व नोड आदि __________ हैं। (The word document Node, Nodelist, Element node etc. are __________.)

4.9 DTD के __________ के लिए टेम्पलेट बनाने के तरीके हैं। (DTD's are ways to create templates for __________.)

4.10 MIME टेक्स्ट फाइल को __________ के साथ सेव किया जाता है। (The MIME text file is saved with __________.)

भाग दो (PART TWO)

(किसी भी चार प्रश्नो के जवाब दें) (Answer any four questions)

5. a. एच टी एम एल क्या है? टैग से आपका क्या मतलब है? (What is HTML? What do you mean by tags?)

b. एप्लेट्स क्या हैं? (What are applets?)

c. XML दस्तावेज क्या है? XML का उपयोग विकास के लिए क्यों किया गया है? (What is well formed XML Document? Why XML has been used for development?) **(5 + 5 + 5)**

6. a. आप जावास्क्रिप्ट से आप क्या समझते हैं? जावास्क्रिप्ट के कुछ अनुप्रयोग दें। (What do you understand by JavaScript? Give some applications of JavaScript.)

b. जावास्क्रिप्ट ऑब्जेक्ट से आप क्या समझते हैं? जावास्क्रिप्ट ऑब्जेक्ट बनाने के तरीके बताएं? (What do you understand by JavaScript object? Explain the ways of creating JavaScript object?)

c. XML में नेस्टेड एलिमेंट क्या हैं? XQuery क्या है? (What are nested elements in XML? What is XQuery?) **(4 + 5 + 6)**

7. a. सी एस एस क्या है? सी एस एस के क्या फायदे हैं? (What is CSS. What are the advantages of CSS.)

b. सी एस एस सिलेक्टर क्या है? किसी भी तीन प्रकार की व्याख्या करें। (What is a CSS Selector? Explain any three types.) **(7 + 8)**

8. a. एच टी एम एल फ्रेज टैग क्या हैं? स्पष्ट कीजिए। (What are HTML Phrase tags? Explain.)

b. एच टी एम एल एलिमेंट को प्रभावित करने वाले 5 सीएसएस बैकग्राउंड प्रॉपर्टीज की व्याख्या करें। (Explain 5 CSS background properties that affect the HTML elements.) **(7 + 8)**

9. a. इनलाइन सीएसएस क्या है? उससे क्या असुविधाए होती हैं? (What is Inline CSS? What are the disadvantages?)

b. मार्की क्या है? टेक्स्ट के एक खंड को अलग करने के लिए कितने टैग का उपयोग किया जा सकता है? स्पैन टैग का उपयोग क्या है? (What is a marquee? How many tags can be used to separate a section of texts? What is the use of a span tag?) **(8 + 7)**

Solved Sample Paper 1

भाग एक (PART ONE)

1. नीचे प्रत्येक प्रश्न के उत्तर के कई विकल्प दिए गए है। एक सबसे उपयुक्त विक्लप चुने और प्रश्न पत्र के साथ उपलब्ध कराए गए "ओएमआर" उत्तर पुस्तिका में दिए गए निर्देसज के अनुसार दर्ज करें। (Each question below gives a multiple choice of answers. Choose he most appropriate one and enter in the "OMR" answer sheet supplied with the question paper, following instruction therein. (1 x 10)

1.1 सीएसएस में "फॉन्ट–आकार" के रूप को कहा जा सकता है: (In CSS what does "font-size" can be called as:_

a. सिलेक्टर (Selector)
b. रूल (Rule)
c. प्रॉपर्टी (Property)
d. प्रॉपर्टी–नाम (Property-Name)

1.2 टेबल में रौ को जोड़ने के लिए निम्न में से किस टैग का उपयोग किया जाता है? (Which of the following tag is used to add rows in the table?)

a. <td> और </td> (<td> and </td>)
b. <th> और </th> (<th> and </th>)
c. <tr> और </tr> (<tr> and </tr>)
d. उपर्युक्त कोई नहीं (None of the above)

1.3 HTML में मेल भेजने के लिए सही तरीका कौन सा है? (Which of the following is the correct way to send mail in HTML?)

a. <a href = "mailto: xy@y">
b. <a href = "xy@y">
c. <mail xy@y</mail>
d. <href=mail "xy@Y">

1.4 दि गई छवि के चारों ओर टेक्स्ट का एक ब्लॉक व्रैप करने के लिए, हम किस सीएसएस प्रॉपर्टी का उपयोग करेंगे? (If we want to wrap a block of text around an image, which CSS property will we use?)

a. व्रैप (wrap) b. पुश (push)
c. फ्लोट (float) d. अलाइन (align)

1.5 HTML टैग क्या है जिसके तहत कोई जावास्क्रिप्ट कोड लिख सकता है? (What is the HTML tag under which one can write the JavaScript code?)

a. <JavaScript> b. <script>
c. <scripted> d. <Js>

1.6 जावास्क्रिप्ट निम्नलिखित उद्देश्य के लिए बनाया गया है: (JavaScript is designed for following purpose:)

a. HTML पेज को स्टाइल करने के लिए (To style HTML pages)
b. सर्वर पर DB से संबंधित क्वेरी निष्पादित करने के लिए (To execute Query related to DB on server)
c. HTML पृष्ठों में इंट्रक्टिवित्य जोड़ने के लिए (To add interactivity to HTML pages)
d. ऊपर के सभी (All of the above)

1.7 ____________ कथन का उपयोग करके आप विशिष्ट कंडीशन के लिए परीक्षण करते हैं। (Using ____________ statement is how you test for specific condition.)

a. सेलेक्ट (Select) b. If
c. स्विच (Switch) d. For

1.8 सीएसएस में, स्टाइलिंग एलिमेंट ____________ द्वारा किया जा सकता है? (In CSS, styling elements can be done by?)

a. id b. क्लास (class)
c. tag d. ऊपर के सभी (All of the above)

1.9 HTML में अन–ओदेरेद या बुलेटेड लिस्ट के प्रकार क्या हैं? (What are the types of unordered or bulleted list in HTML?

a. डिस्क, स्क्वायर, ट्रायंगल (disc, square, triangle)
b. पोलीगोन, ट्रायंगल,सर्किल (polygon, triangle, circle)
c. डिस्क, सर्किल, स्क्वायर (disc, circle, square)
d. ऊपर के सभी (All of the above)

1.10 निम्नलिखित में से कौन सी सीएसएस प्रॉपर्टी बैकग्राउंड–पोजीशन प्रॉपर्टी के एक्स–कोआर्डिनेट को परिभाषित करती है? (Which of the following CSS property defines the x-coordinate of the background-position property?)

a. background-position-x
b. background-position-y
c. background-x-axis
d. background-y-axis

2. नीचे दिया गया प्रत्येक विवरण या तो सही है अथवा गलत। एक सबसे उपयुक्त विक्लप चुने और उसे प्रश्न पत्र के साथ उपलब्ध कराए गए "ओएमआर" उत्तर पत्रिका में, उसमे दिए गए निर्देशों के अनुसार दर्ज करे। (Each statement below is either TRUE or False, Choose the most appropriate one and ENTER in the "OMR" answer sheet supplied with the question paper, following instructions therein.) (1 x 10)

2.1 एक्सटर्नल जावास्क्रिप्ट फाइल में <script> टैग होना चाहिए। (The external JavaScript file must contain <script> tag.)

2.2 सीएसएस फाइल्स में एक्सटर्नल स्टाइलशीट संग्रहीत हैं। (External stylesheets are stored in CSS files.)

2.3 हम JS कोड को सीधे HTML के अंदर एम्बेड कर सकते हैं। (We can embed JS code inside HTML directly.)

2.4 सही स्थान निर्धारित करने के लिए शीर्ष, नीचे, बाएं और दाएं की स्थिति का उपयोग किया जाता है। (Positioning attributes top, bottom, left and right are used to determine the exact location.)

2.5 MAP टैग के भीतर, आप छवि के क्षेत्रों को निर्दिष्ट करने के लिए AREA टैग का उपयोग करते हैं जो हॉटस्पॉट के रूप में कार्य करेगा। (Within the MAP tag, you use the AREA tag to specify the areas of the image that will act as a hotspot.)

2.6 लिंक एलिमेंट को बॉडी सेक्शन के शीर्ष पर रखा जाना चाहिए। (The link element should be placed at the top of the body section.)

2.7 बॉक्स मॉडल केवल फ्लोटेड एलिमेंट पर लागू होता है। (The box model only applies to floated elements.)

2.8 स्विच के डिफॉल्ट स्टेटमेंट को हमेशा निष्पादित किया जाता है। (The default statement of a switch is always executed.)

2.9 एक एंकर के लिए एक लिंक बनाने के लिए, आप A टैग में HREF प्रॉपर्टी का उपयोग करते हैं। (To create a link to an anchor, you use the HREF property in A tag)

2.10 HTML में एक प्रोग्राम इंटरप्रेटर द्वारा प्रस्तुत और पढ़ा जा सकता है। (A program in HTML can be rendered and read by Interpreter.)

3. कॉलम X में दिए गए शब्दों और वाक्यांशों का मिलान निकटतम अर्थ/ शब्द/ फ्रांसेस कॉलम Y के साथ करें। अपना चयन, प्रश्नपत्र के साथ दी गई "ओएमआर" उत्तर पुस्तिका में दर्ज करें। (Match words and phrases in column X with the closest related meaning/word(s)/phrases in column Y. Enter your selection in the "OMR" answer sheet supplied with the question paper, following instructions therein.) (1 x 10)

	कॉलम X (Column X)		कॉलम Y (Column Y)
3.1	इसका उपयोग कार्ड के रूप में छवि बनाने के लिए किया जाता है। (It is used to create an image as a card.)	a.	एंगल (Angle)
3.2	HTML टैग्स का उपयोग दस्तावेज का वर्णन करने के लिए किया जाता है (HTML tags are used to describe document)	b.	सेल पैडिंग (Cell padding)
3.3	HTML में डिजाइन किए गए पेज को कहा जाता है: (Page designed in HTML is called as:)	c.	एक वेब पेज के भीतर एक वेब पेज प्रदर्शित करने के लिए। (To display a web page within a web page.)
3.4	HTML टैग को कोष्ठक से घिरा हुआ है (HTML tags are surrounded by brackets)	d.	हैडर (Header)
3.5	HTML टैग के ओपनिंग टैग को कहा जाता है (Opening tag of HTML tag is called as)	e.	रिक्वेस्ट –रिस्पांस प्रोटोकॉल (Request-Response Protocol)
3.6	एक एट्रिब्यूट प्रत्येक सेल के भीतर स्थान जोड़ती है। (An attribute add space within each cell.)	f.	W3-कार्ड (W3-card)
3.7	HTML में iframe का उपयोग (The use of iframe in HTML)	g.	रुट एलिमेंट (Root element)
3.8	टैग भीतर होना चाहिए (Tag must be within)	h.	वेब पेज (Web page)
3.9	HTTP	i.	कंटेंट (Content)
3.10	सभी XML दस्तावेज में बिल्कुल एक होना चाहिए (All XML document must contain exactly one)	j.	स्टार्टिंग टैग (Starting tag)
		k.	टाइटल (Title)

4. **नीचे दिए गए सूची में किसी एक शब्द या वाक्यांश में से एक को भरने करने के लिए एक खाली स्थान है। निर्देश के अनुसार, प्रश्न पत्र से जुड़ी ''ओएमआर'' उत्तर पुस्तिका में अपनी पसंद दर्ज करें। (Each statement below has a blank space to fit one of the word(s) or phrase(s) in the list below. Enter your choice in the "OMR" answer sheet attached to the question paper, following instruction therein.)** **(1 x 10)**

a. मार्जिन हाइट (Margin height)

b. CSS c. फ्रेमसेट (Frameset)

d. बेस, टारगेट (Base, Target)

e. ऐंपरसेंड, सेमीकोलन (Ampersand, semicolon)

f. Var g. <Script>

h. mailto

i. img और scr (Img and scr)

j. क्लाइंट–साइड (Client-side)

k. Src और alt (Src and alt)

4.1 ____________ ने टेक्स्ट, लिस्ट, बॉक्स, मार्जिन, बॉर्डर, रंग और बैकग्राउंड प्रॉपर्टी प्रस्तुत किए हैं। (____________ has introduced text, list, box, margin, border, color, and background properties.)

4.2 हम कीवर्ड के साथ जावास्क्रिप्ट में सभी प्रकार के ____________ घोषित कर सकते हैं। (We can declare all type of ____________ in JavaScript with the keyword.)

4.3 जावास्क्रिप्ट एन्टीटीएस ____________ से शुरू होती हैं और ____________ से समाप्त होती हैं। (JavaScript entities start with____________ and end with____________.

4.4 फ्रेम के एक समूह को ____________ कहा जाता है। (A group of frames is called a ____________.)

4.5 ____________ एट्रिब्यूट एक फ्रेम की कंटेंट और उस फ्रेम के ऊपरी और निचले किनारों के बीच की जगह को समायोजित करती है। (The ____________ attribute adjusts the space between the content of a frame and the top and bottom edges of that frame.)

4.6 किसी विशेष फ्रेम में लोड करने के लिए पेज पर सभी लिंक को बाध्य करने के लिए ____________ टैग और ____________ एट्रीब्यूटर का उपयोग करें। (Use the ____________ tag and ____________ attribute to force all the links on a page to load in a particular frame.)

4.7 img टैग के लिए ____________ एट्रिब्यूट पेअर आवश्यक है। (____________ pair of attribute is required for img tag.)

4.8 HTML में, अगर हमें ईमेल भेजने की आवश्यकता है, तो एंकर टैग की href एट्रिब्यूट ____________ कीवर्ड से शुरू होती है। (In HTML, if we need to send the email then href attribute of anchor tag starts with ____________ keyword.)

4.9 ____________ HTML टैग का एक विस्तार है जो किसी भी प्रकार के जावास्क्रिप्ट स्टेटमेंट को संलग्न कर सकता है। (____________ tag is an extension to HTML that can enclose any number of JavaScript statements.)

4.10____________ एक HTML पृष्ठ में एम्बेड किए गए जावास्क्रिप्ट स्टेटमेंट यूजर इवेंट जैसे कि माउस–क्लिक, इनपुट और पेज नेविगेशन से प्रतिक्रिया दे सकते हैं।(____________ JavaScript statements embedded in an HTML page can respond to user events such as mouse-click, from input, and page navigation.)

भाग दो (PART TWO)

(किसी भी चार प्रश्नो के जवाब दें) (Answer any four questions)

5. a. HTML एलिमेंट , एट्रिब्यूट और टैग में क्या अंतर है? (What is the difference between HTML elements, Attributes and tags?)

b. ब्लॉक–लेवल एलिमेंट और इनलाइन एलिमेंट के बीच अंतर क्या है? (What is the difference between a block-level element and an inline element?)

c. उल्लेख करें कि वेब पेज पर रेस्पॉन्सिव डिजाइन से आपका क्या अभिप्राय है? (Mention what do you mean by responsive design on a web page?)

6. a. निम्न टेबल लेआउट बनाने के लिए HTML कोड लिखें? (Write the HTML code for creating the following table layout?)

Serial No.	Product Name	Quantity	Total Price
1	Rice	2 Kg	500
2	Corn Flour	2 Kg	300
3	Marie Biscuits	2 pkt	20
4	Chilli Powder	200 gm	100
5	Mangoes	4 Kg	700

b. W3-CSS में विभिन्न टेबल क्लासेस क्या हैं? (What are the various table classes in W3.CSS?)

c. एंगुलर JS में कंट्रोलर क्या है? (What is a controller in Angular JS?)

7. a. कुछ सामान्य लिस्ट को नाम दें जो पृष्ठ को डिजाइन करते समय उपयोग की जाती हैं। (Name some common lists that are used when designing a page.)

b. क्लाइंट साइड स्क्रिप्टिंग के फायदे और नुकसान बताए। (Advantages and Disadvantages of Client Side Scripting.)

c. कैस्केडिंग का अर्थ क्या है? स्टाइल शीट कैस्केड कैसे करें? (What is the meaning of Cascading? How do style sheets cascade?)

8.

a. निम्नलिखित टर्म्स को समझाइए: (Explain the following terms:)

i. "==" और "===" में क्या अंतर है? (What is the difference between "==" and "==="?)

ii. जावास्क्रिप्ट में एक अन डिफाइंड वैल्यू क्या है? (What is an undefined value in JavaScript?)

iii. जावास्क्रिप्ट में विभिन्न प्रकार के एरर क्या हैं? (What are the different types of errors in JavaScript?)

b. i. CSS में Box Model का उपयोग क्या है? (What is the use of the Box Model in CSS?)

ii. CSS ओपेसिटी क्या है? (What is CSS Opacity?)

iii. छवि मैप क्या है? (What is an image map?)

c. i. CSS में नेविगेशन बार क्या हैं? (What are navigation bars in CSS?)

ii. CSS में रिलेटिव और अब्सोल्युट लिंक के बीच अंतर क्या हैं? (What are the differences between relative and absolute in CSS?)

9. किन्हीं तीन प्रश्नों के उत्तर। (Answers to any three questions.)

a. HTML फॉर्म क्या है? इसका सिंटेक्स लिखिए। (What is HTML Form? Write its syntax.)

b. HTML फॉर्म इनपुट टैग के साथ सबमिट बटन का उपयोग क्या है? (What is the use of the Submit button with HTML Form Input tag?)

c. HTML फ्रेमसेट एलिमेंट क्या है? What is HTML Frameset element?)

d.
 टैग <P> टैग से कैसे भिन्न है? (How is
 Tag different from <P> tag?)

c. विभिन्न फॉन्ट ऐट्रिब्यूट्स क्या उपलब्ध हैं? (What are the different font attributes available?)

ANSWERS TO PART ONE

A.	1.1 d	1.2 c	1.3 a	1.4 c
	1.5. b	1.6 d	1.7 b	1.8 d
	1.9 c	1.10 a		
B.	2.1 F	2.2 T	2.3 T	2.4 T
	2.5 T	2.6 F	2.7 F	2.8 F
	2.9 T	2.10 F		
C.	3.1 f	3.2 i	3.3 h	3.4 a
	3.5 j	3.6 b	3.7 c	3.8 d
	3.9 e	3.10 g		
D.	4.1 b	4.2 f	4.3 e	4.4 c
	4.5 a	4.6 d	4.7 k	4.8 h
	4.9 g	4.10 j		

ANSWERS TO PART TWO

5.

a. एचटीएमएल टैग

HTML एलिमेंट की शुरुआत और अंत को परिभाषित करने के लिए टैग का उपयोग किया जाता है। वे एक प्रारंभिक ब्रेकेट (<) से मिलकर बने होते हैं, इसके बाद एलिमेंट का नाम और फिर एक कोष्ठक (>) होता है। यदि टैग में एक एट्रिब्यूट का उपयोग किया जा रहा है, तो यह एलिमेंट के बाद शामिल किया जाएगा। HTML टाइटल टैग का एक उदाहरण <title> <title>।

HTML Tags

Tags are used to define the beginning and end of an HTML element. They consist of an opening bracket (<), followed by the name of the element and then a closing bracket (>). If an attribute is being used in the tag, it will be included after the element. An example of the HTML title tag <title> <title>.

HTML एलिमेंट

तत्व में ओपनिंग और क्लोजिंग दोनों टैग्स के साथ–साथ उन टैग्स के अंदर क्या है। इसमें आम तौर पर कुछ संरचनाएं होती हैं जिनका उपयोग संबंधित टैग को परिभाषित करने के लिए किया जाता है। HTML टाइटल एलिमेंट का एक उदाहरण।

<title>My Webpage</title>। इस उदाहरण में, HTML एलिमेंट "My Webpage" शीर्षक है जो ओपनिंग और क्लोजिंग टाइटल टैग के साथ पूरा होता है।

HTML Elements

The element consists of both the opening and closing tags as well as what's inside those tags. It normally consists of some structure that is used to define the respective tags. An example of the HTML title element.

<title>My Webpage</title>. In this example, the HTML element is a title of "My Webpage" complete with the opening and closing title tags

HTML ऐट्रिब्यूट्स

प्रॉपर्टी एक या अधिक HTML एलिमेंट के लिए एक प्रॉपर्टी को परिभाषित करने के लिए उपयोग किया जाता है। वे एलिमेंट के ओपनिंग टैग के भीतर पाए जाते हैं, जिसमें अक्सर ऐसे स्थान होते हैं जो मूल्य जोड़े द्वारा अलग किए जाते हैं। HTML Alt टेक्स्ट एट्रिब्यूट का एक उदाहरण:

<img src="Peacock-dancing.gif" alt="dancing outside the park">

HTML Attributes

Attributes are used to define a property for one or more HTML elements. They are found within the element's opening tag, often containing spaces that are separated by value pairs. An example, of the the HTML alt text attribute:

<img src="Peacock-dancing.gif" alt="dancing outside the park">

b. एक ब्लॉक–लेवल एलिमेंट को एक ब्लॉक के रूप में तैयार किया गया है, जो इसे उपलब्ध पूर्ण चौड़ाई को भरने के लिए फैला है, अर्थात इसके कंटेनर की चौड़ाई और हमेशा एक नई लाइन पर शुरू होगी। डिफॉल्ट रूप से ब्लॉक–स्तर वाले तत्वः <div>, <img>, <section>, <form>, <nav> है।

इनलाइन एलिमेंट ड्रा किये जाते हैं जहां वे डिफाइन होते हैं और केवल वही स्थान लेते हैं जिसकी पूरी जरूरत होती है। यह समझने का सबसे आसान तरीका है कि वे कैसे काम करते हैं, यह देखना है कि पृष्ठ पर पाठ कैसे फ्लो है। उन तत्वों के उदाहरण जो डिफॉल्ट रूप से इनलाइन हैं: <span>, <b>, <strong>, <a>, <input>।

A block-level element is drawn as a block that stretches to fill the full width available to it i.e, the width of its container and will always start on a new line. Elements that are block-level by default: <div>, <img>, <section>, <form>, <nav>.

Inline elements are drawn where they are defined and only take up space that is absolutely needed. The easiest way to understand how they work is to look at how text flows on a page. Examples of elements that are inline by default: <span>, <b>, <strong>, <a>, <input>.

c. रेस्पॉन्सिव डिजाइन एक इष्टतम देखने और बातचीत का अनुभव प्रदान करने के लिए साइट्स के निर्माण के लिए एक दृष्टिकोण है। यह सभी उपकरणों पर न्यूनतम स्क्रॉलिंग, पैनिंग और आकार बदलने के साथ साइट के आसान नेविगेशन पर ध्यान केंद्रित करता है। बूटस्ट्रैप रेस्पॉन्सिव वेब डिजाइन को विकसित करने के लिए उपयोग किया जाने वाला सबसे लोकप्रिय CSS, HTML और JS फ्रेमवर्क है।

Responsive design is an approach to building sites to provide an optimal viewing and interaction experience. It focuses on easy navigation of site with a minimum of scrolling, panning and resizing across all devices. Bootstrap is the most popular CSS, HTML and JS framework used for developing responsive web design.

6.

a.

```
<!DOCTYPE html>
    <html>
        <head>
            <style>
                table, th, td {
                border: 2px solid black;
                }
            </style>
        </head>
    <body>
        <table >
            <tr>
                <th> Serial No. </th> <th>
                Product Name </th> <th>
                Quantity </th> <th> Total Price
                </th> </tr>
            <tr>
                <td> 1 </td> <td>Rice</
                td> <td> 2 Kg </td> <td> 500
                </td> </tr>
            <tr> <td> 2 </td> <td> Corn Flour
            </td> <td> 2 Kg </td> <td> 300
            </td> </tr>
            <tr> <td> 3 </td> <td> Marie
            Biscuits </td> <td> 2 pkt </
            td> <td> 20 </td> </tr>
            <tr> <td> 4 </td> <td> Chilli Powder
            </td> <td> 200 gm </td> <td> 100
            </td> </tr>
        <tr> <td> 5 </td> <td>Mangoes</
        td> <td> 4 Kg</td> <td> 700 </
        td> </tr>
        </table>
    </body>
    </html>
```

b. W3.CSS में विभिन्न टेबल क्लासेज हैं।

w3-table: यह किसी भी बॉर्डर के बिना एक मूल टेबल का प्रतिनिधित्व करता है।

w3- striped: इसका उपयोग स्ट्रिपपड़ टेबल को प्रदर्शित करने के लिए किया जाता है।

w3-bordered: इसका उपयोग पंक्तियों में एक सीमा के साथ टेबल बनाने के लिए किया जाता है।

w3-card: इसका उपयोग कार्ड के रूप में टेबल बनाने के लिए किया जाता है।

There are various table classes in W3.CSS.

w3-table: It represents a basic table without any border.

w3-striped: It is used to display a stripped table.

w3-bordered: It is used to draw table with a border across rows.

w3-card: It is used to draws a table as a card.

c. कंट्रोलर एक जावास्क्रिप्ट फंक्शन है जो निर्दिष्ट दायरे से जुड़ा हुआ है। एंगुलर नए कंट्रोलर ऑब्जेक्ट को इंस्टेंट करता है और एक निर्भरता के रूप में नए दायरे को इंजेक्ट करता है। कंट्रोलर का उपयोग स्कोप ऑब्जेक्ट की प्रारंभिक अवस्था को सेट करने और ऑब्जेक्ट में बेहेवियर जोड़ने के लिए किया जा सकता है। कंट्रोलर

में कोड या स्थिति साझा करने के लिए एक कंट्रोलर का उपयोग नहीं किया जा सकता है, लेकिन इसके बजाय एंगुलर सेवा का उपयोग किया जा सकता है।

A controller is a JavaScript function that is bound to the specified scope. Angular instantiates the new controller object and injects the new scope as a dependency. A controller can be used to set up the initial state of the scope object and to add behavior to the object. A controller cannot be used to share code or state across controllers, but instead of that Angular service can be used.

7.

a. पेज डिजाइन करने के लिए कई सामान्य लिस्ट का उपयोग किया जाता है। आप निम्न लिस्ट प्रकारों में से किसी एक या कॉम्बिनेशन को चुन सकते हैंः

- o **ओर्डेरेद लिस्टः** ओर्डेरेद लिस्ट एक क्रमांकित प्रारूप में एलिमेंट्स को प्रदर्शित करती है। इसका प्रतिनिधित्व <ol> टैग द्वारा किया जाता है।
- o **अन–ओर्डेरेद लिस्टः** अन–ओर्डेरेद लिस्ट बुलेटेड प्रारूप में एलिमेंट को प्रदर्शित करती है। इसका प्रतिनिधित्व <ul> टैग द्वारा किया जाता है।
- o **डेफिनिशन लिस्टः** डेफिनेशन लिस्ट डिक्शनरी में एलिमेंट को डिक्शनरी फॉर्म की तरह प्रदर्शित करती है। वर्णन सूची को परिभाषित करने के लिए <dl>, <dt> और <dd> टैग का उपयोग किया जाता है।

There are many common lists used for design a page. You can choose any or a combination of the following list types:

- o **Ordered list:** The ordered list displays elements in a numbered format. It is represented by <ol> tag.
- o **Unordered list:** The unordered list displays elements in a bulleted format. It is represented by <ul> tag.
- o **Definition list:** The definition list displays elements in definition form like in a dictionary. The <dl>, <dt> and <dd> tags are used to define description list.

b. डेवलपर्स कई कारणों से क्लाइंट–साइड स्क्रिप्ट का उपयोग करने पर विचार कर सकते हैं, और उनका उपयोग न करने के कुछ वैध कारण हैं।

Developers might consider using client-side scripts for many reasons, and they migh have some valid reasons not to use them.

लाभ

क्लाइंट–साइड स्क्रिप्टिंग कई लाभ प्रदान करता हैः

1. यह उपयोगकर्ता के कार्यों का तुरंत जवाब देकर अधिक अन्तरक्रियाशीलता की अनुमति देता है।
2. क्लाइंट–साइड स्क्रिप्टिंग का उपयोग उपयोगकर्ताओं को सर्वर से अनुरोध भेजने के लिए किया जाता है, और सर्वर से डेटा को पुनः प्राप्त करने के लिए भी किया जाता है।
3. क्लाइंट साइड स्क्रिप्टिंग का उपयोग अनुप्रयोगों के लिए दूरस्थ सेवा प्रदान करने के लिए किया जाता है, जैसे कंटेंट वितरण, सॉफ्टवेयर रेगिस्ट्रशन ।
4. यदि उपयोगकर्ता के ब्राउजर स्क्रिप्ट का समर्थन नहीं करते हैं, तो इसे उदाहरण के लिए, भ्ज्डस् के साथ प्रतिस्थापित किया जा सकता है।

Advantages

Client-side scripting offers various advantages, including:

1. It allows for more interactivity by immediately responding to user's actions.
2. Client-side scripting is used to send users requests to the server, and also retrieve data from the server.
3. Client side scripting is used to provide remote service for applications, such as content delivery, software registration.
4. It can be substituted with alternative for example, HTML if user's browsers do not support scripts.

नुकसान

1. सभी ब्राउजर स्क्रिप्ट का समर्थन नहीं करते हैं, इसलिए, यदि कोई विकल्प प्रदान नहीं किया गया है, तो उपयोगकर्ता एरर का अनुभव कर सकते हैं।
2. ब्राउजर के विभिन्न संस्करण अलग–अलग प्रकार की स्क्रिप्ट का समर्थन करते हैं।
3. यदि अन्य संसाधन के माध्यम से स्क्रिप्ट पहले से उपलब्ध नहीं हैं, तो अधिक विकास समय और प्रयास की आवश्यकता हो सकती है।

Disadvantages

1. Not all browsers support scripts, so, users may experience errors if no alternatives have been provided.
2. Different versions of browser support different type support scripts differently.
3. More development time and effort might be required if the scripts are not already available through other resource.

c. CSS ने वेब–डेवलपमेंट में क्रांति ला दी और लोगों को वेबसाइट बनाने की प्रक्रिया का अनुभव हुआ। सीएसएस के अस्तित्व से पहले, तत्वों को एक इन–लाइन फैशन में स्टाइल करना पड़ता था या स्टाइल एक HTML पृष्ठ के प्रमुख भाग में लागू की जाती थी। सीएसएस की कैस्केडिंग प्रकृति के कारण इसे बदल दिया गया था। यहां सीएसएस कैस्केड के तीन प्रमुख तरीके दिए गए हैंः

एलिमेंटः एक ही सीएसएस स्टाइल को एक ही स्टाइल को प्राप्त करने के लिए कई तत्वों पर लागू किया जा सकता है।

मल्टीपल स्टाइल वन एलीमेंटः एक अनूठी शैली को प्राप्त करने के लिए कई शैलियों को एक विशेष एचटीएमएल तत्व पर लागू किया जा सकता है।

एकाधिक पृष्ठों के साथ एक ही स्टाइलः एक ही स्टाइल को विभिन्न HTML पृष्ठों पर पूरी तरह से लागू किया जा सकता है ताकि टेम्पलेट स्टाइल को बहुत जल्दी प्राप्त किया जा सके।

CSS brought about a revolution in web-development and how people perceive the process of building a website. Prior to the existence of CSS, elements had to be styled in an in-line fashion or the style were implemented in the head section of an HTML page. This was changed due to the cascading nature of CSS. Here are the three major ways CSS cascades:

Elements: The same CSS style can be applied to multiple elements to achieve the same style.

Multiple Style one Element: Multiple styles can be applied to a particular HTML element to achieve a unique style.

Same style with Multiple pages: The same styles can be applied to different HTML pages altogether to achieve a template styling very quickly.

8.

a. i. "==" केवल वैल्यू में समानता के लिए जाँच करता है जबकि "===" एक सख्त समानता परीक्षण है और यदि दोनों वेरिएबल के मान या प्रकार भिन्न हैं तो फालस रिटर्न देता है। तो, दूसरे विकल्प को ऑपरेंड्स के लिए समान होने के लिए मूल्य और प्रकार दोनों की आवश्यकता होती है।

"==" checks only for equality in value whereas "===" is a stricter equality test and returns false if either the value or the type of the two variables are different. So, the second option needs both the value and the type to be the same for the operands.

ii. अन–डिफाइंड वैल्यू का अर्थ हैः

कोड में प्रयुक्त वेरिएबल मौजूद नहीं है।

वेरिएबल को किसी भी मूल्य पर नहीं सौंपा गया है

प्रॉपर्टी मौजूद नहीं है

Undefined value means the:

Variable used in the code does not exist.

Variable is not assigned to any value

Property does not exist

iii. एरर के तीन प्रकार हैंः

लोड टाइम एररः गलत सिंटेक्स एरर जैसे वेब पेज को लोड करते समय आने वाली एरर लोड टाइम एरर के रूप में जाना जाता है और यह गतिशील रूप से एरर को उत्पन्न करता है।

रन टाइम एररः एरर जो HTML लैंग्वेज के अंदर कमांड के गलत इस्तेमाल के कारण आती हैं।

लॉजिकल एररः ये एरर हैं जो किसी फंक्शन पर किए गए गलत तर्क के कारण होती हैं।

There are three types of errors:

Load time errors: Errors which come up when loading a web page like improper syntax errors are known as Load time errors and it generates the errors dynamically.

Run time errors: Errors that come due to misuse of the command inside the HTML language.

Logical errors: These are errors that occur due to the wrong logic performed on a function.

b. i. CSS बॉक्स मॉडल एक बॉक्स है जो सभी HTML एलिमेंट को बांधता है और इसमें मार्जिन, बॉर्डर, पैडिंग और वास्तविक कंटेंट जैसी विशेषताएं शामिल हैं।

In CSS, the box model is a box that binds all the HTML elements and it includes features like margins, border, padding and the actual content.

ii. यह वह प्रॉपर्टी है जो किसी एलिमेंट की पारदर्शिता पर विस्तृत होता है। इस प्रॉपर्टी के द्वारा, हम उस छवि को पारदर्शी कर सकते हैं जो 0.0–1.0 से मान ले सकती है। यदि मान कम है, तो छवि अधिक पारदर्शी है। IE8 और ब्राउजर के पुराने संस्करण 0–100 से मान ले सकते हैं।

It is the property that elaborates on the transparency of an element. By this property, we can transparent the image that can take the values from 0.0-1.0. If the value is lower, then the image is more transparent. IE8 and earlier versions of the browser can take the value from 0-100.

iii. एक इमेज मैप का उपयोग एक ही इमेज का उपयोग करके कई अलग–अलग वेब पृष्ठों को जोड़ने के लिए किया जाता है। इसे <map> टैग द्वारा दर्शाया गया है। आप उन छवियों में आकृतियों को परिभाषित कर सकते हैं जिन्हें आप एक छवि मानचित्रण के भाग के रूप में शामिल करना चाहते हैं।

An image map is used for linking many different web pages using a single image. It is represented by <map> tag. You can define shapes in images that you want to include as part of an image mapping.

c. i. नेविगेशन बार का उपयोग करके हम एक साधारण HTML पेज को उपयोगकर्ता–विशिष्ट और अधिक गतिशील वेब पेज में बना सकते हैं। मूल रूप से, यह लिंक की एक सूची है, इसलिए <ul> और <li> एलिमेंट का उपयोग पूर्ण समझ में आता है।

उदहारण

ul{

```
list-style-type: none;
margins: 0;
padding: 0;
}
```

By using navigation bars we can make an ordinary HTML page into a user-specific and more dynamic web page. Basically, it is a list of links, hence use of <ul> and <li> elements makes the perfect sense.

For example,

```
ul{
list-style-type: none;
margins: 0;
padding: 0;
}
```

ii. रिलेटिव और अब्सॉल्यूटे के बीच मुख्य अंतर यह है कि "रिलेटिव" का उपयोग CSS में एक ही टैग के लिए किया जाता है और इसका मतलब है कि अगर हम बाईं ओर लिखते हैं: 10px तो बाईं ओर पैडिंग 10px में बदल जाएगी जबकि रिलेटिव पूरी तरह से नॉन स्थैतिक पैरेंट है ।

The main differences between relative and absolute is that "relative" is used for the same tag in CSS and it means that if we write the left:10px then the padding will shift to 10px in the left while absolute is totally relative to the non-static parent.

9.

a. किसी सर्वर पर डेटा पास करने के लिए HTML फॉर्म का उपयोग किया जाता है। एक फॉर्म में टेक्स्ट फील्ड, चेकबॉक्स, रेडियो–बटन, सबमिट बटन और बहुत कुछ जैसे इनपुट एलिमेंट हो सकते हैं। एक फॉर्म में चुनिंदा लिस्ट, टेक्स्ट एरिया, फील्डसेट, लेजेंड और लेबल एलिमेंट को भी शामिल किया जा सकता है।

HTML फॉर्म बनाने के लिए <फॉर्म> टैग का उपयोग किया जाता है:

. input elements

.

</form>

HTML forms are used to pass data to a server. A form can contain input elements like text fields, checkboxes, radio-buttons, submit buttons and more. A form can also contain selects lists, textarea, fieldset, legend, and label elements.

The <form> tag is used to create an HTML form:

<form>

. input elements

.

</form>

b. फरेमसेट एलिमेंट में एक या अधिक फरेम एलिमेंट होते हैं। प्रत्येक फरेम तत्व एक अलग दस्तावेज ले सकता है। फरेमसेट तत्व बताता है कि कितने कॉलम या रौस फरेमसेट में होंगी और उनमें से प्रत्येक पर कितने प्रतिशत/ पिक्सेल का स्थान होगा।

The frameset element holds one or more frame elements. Each frame element can hold a separate document. The frameset element states HOW MANY columns or rows there will be in the frameset, and how much percentage/pixels of space will occupy each of them.

c. लाइन ब्रेक टैग, <BR>, एक पैरा टैग के समान है, लेकिन यह थोड़ा अलग तरीके से व्यवहार करता है। यह वर्तमान पैराग्राफ के भीतर एक नई लाइन शुरू करता है, लेकिन यह एक नया पैराग्राफ शुरू नहीं करता है।

A line break tag, <BR>, is similar to a paragraph tag, but it behaves in a slightly different way. It starts a new line within the current paragraph, but it does not start a new paragraph.

d. उपलब्ध विभिन्न फॉन्ट एट्रिब्यूट में फॉन्ट–वैरिएंट, फॉन्ट–वेट, फॉन्ट–स्टाइल, फॉन्ट–फॅमिली, फॉन्ट आकार की रेखा–ऊंचाई, कैप्शन, आइकन और फॉन्ट–परिवार शामिल हैं।

The various font attributes available include font-variant, font-weight, font-style, font-family, line-height of font size, caption, icon and font-family.

Unsolved Sample Paper 1

भाग एक (PART ONE)

1. नीचे प्रत्येक प्रश्न के उत्तर के कई विकल्प दिए गए है। एक सबसे उपयुक्त विक्लप चुने और प्रश्न पत्र के साथ उपलब्ध कराए गए "ओएमआर" उत्तर पुस्तिका में दिए गए निर्देसज के अनुसार दर्ज करें। (Each question below gives a multiple choice of answers. Choose he most appropriate one and enter in the "OMR" answer sheet supplied with the question paper, following instruction therein. (1 x 10)

1.1 सीएसएस में "रंगः लाल" को क्या कहा जा सकता है: (In CSS what does "color:red" can be called as:

a. सिलेक्टर (Selector) **b.** रूल (Rule)
c. डिक्लेरेशन (Declaration)
d. उपर्युक्त कोई नहीं (None of the above)

1.2 निम्नलिखित में से किस एलिमेंट का उपयोग किसी एलिमेंट को विशिष्ट नाम प्रदान करने के लिए किया जाता है? (Which of the following attribute is used to provide a unique name to an element?)

a. क्लास (Class) b. ID
c. टाइप (Type) d. उपर्युक्त कोई नहीं (None of the above)

1.3 यदि हम किसी छवि के चारों ओर एक अच्छी दिखने वाली हरी बिंदीदार सीमा का उपयोग करना चाहते हैं, तो हम किस सीएसएस प्रॉपर्टी का उपयोग करेंगे? (If we want to use a nice looking green dotted border around an image, which CSS property will we use?)

a. border-color b. border-decoration
c. border-style d. border-line

1.4 निम्नलिखित में से कौन सा जावास्क्रिप्ट का उपयोग करके वार्निंग बॉक्स में "हैलो वर्ल्ड" प्रदर्शित करने के लिए सही वाक्यविन्यास है? (Which of the following is the correct syntax to display "Hello World" in an alert box using JavaScript?)

a. Alert-box("Hello World");
b. Confirm("Hello World");
c. Msgbox("Hello World");
d. alert("Hello World");

1.5 निम्नलिखित में से कौन सा जावास्क्रिप्ट का सबसे अच्छा वर्णन करता है? (Which of the following best describes JavaScript?)

a. लौ लेवल प्रोग्रामिंग लैंग्वेज (A low-level programming Language)
b. एक स्क्रिप्टिंग लैंग्वेज ब्राउजर में प्री–कंम्पाइलेड (A scripting language precompiled in the browser)
c. कंम्पाइलेड स्क्रिप्टिंग लैंग्वेज (A compiled scripting Language)
d. ऑब्जेक्ट ओरिएंटेड स्क्रिप्टिंग लैंग्वेज (An object-oriented scripting Language)

1.6 किसी भी पृष्ठ तत्व के लिए डिफॉल्ट है? (The default for any page element is?)

a. फिक्स्ड (Fixed) b. रिलेटिव (Relative)
c. अब्सोल्युट (Absolute) d. स्थैतिक (Static)

1.7 HTML टैग __________ एक HTML दस्तावेज के बारे में मेटाडेटा को परिभाषित करता है। (HTML tag __________ defines metadata about an HTML document.)

a. <meta> b. <link> c. <met> d. <data>

1.8 निम्नलिखित में से कौन सी सीएसएस प्रॉपर्टी में तैनात तत्वों का स्टैकिंग क्रम सेट है? (Which of the following CSS property sets the stacking order of positioned elements?)

a. x-index b. y-index
c. z-index d. ऊपर के सभी (All of the above)

1.9 बॉक्स मॉडल का कौन सा हिस्सा कंटेंट के आसपास के क्षेत्र को साफ करता है? (Which part of box model clears an area around the content?)

a. पैडिंग (Padding) b. बॉर्डर (Border)
c. मार्जिन (Margin) d. उपर्युक्त कोई नहीं (None of the above)

1.10 निम्नलिखित में से कौन सा ट्रू है? (Which of the following is true?)

a. आपको अपनी वेबसाइट फाइल्स को होस्ट करने के लिए एक सर्वर की आवश्यकता है। (You need a server to host your website files)
b. आपको अपनी वेबसाइट फाइल्स को होस्ट करने के लिए सर्वर की आवश्यकता नहीं है। (You don't need a server to host your website files.)
c. आप HTML का उपयोग किए बिना एक वेबसाइट बना सकते हैं। (You can create a website without using HTML)
d. आप बिना CMS के वेबसाइट नहीं बना सकते। (You cannot create a website without a CMS.)

2. नीचे दिया गया प्रत्येक विवरण या तो सही है अथवा गलत। एक सबसे उपयुक्त विक्लप चुने और उसे प्रश्न पत्र के साथ उपलब्ध कराए गए "ओएमआर" उत्तर पत्रिका में, उसमे दिए गए निर्देशों के अनुसार दर्ज करे। (Each statement below is either TRUE or False, Choose the most appropriate one and ENTER in the "OMR" answer sheet supplied with the question paper, following instructions therein.) (1 x 10)

2.1 आपको अपने कंप्यूटर पर वेब पेज में बदलावों को सत्यापित करने के लिए इंटरनेट से कनेक्ट होने की आवश्यकता नहीं है। (You do not have to connect to the internet to verify changes to a Web pages on your computer.)

2.2 आप इनलाइन छवि को हाइपरटेक्स्ट लिंक के रूप में नामित नहीं कर सकते। (You cannot designate an inline image as a hypertext link.)

2.3 क्या केवल एक सीएसएस प्रॉपर्टी का उपयोग करके फॉन्ट–वेट , फॉन्ट–फेस और फॉन्ट–आकार की घोषणा करना संभव है? (Is it possible to declare font-weight, font-face & font-size by using only one CSS property?)

2.4 HTML <list> टैग का उपयोग कई विकल्पों के साथ ड्रॉप डाउन सूची बनाने के लिए किया जाता है। (HTML <list> tag is used to create a drop down list with multiple options.)

2.5 स्पैन एलिमेंट एक ब्लॉक लेवल एलिमेंट है। (The span element is a block-level element.)

2.6 HTML टैग केस सेंसिटिव हैं। (HTML tags are case sensitive.)

2.7 HTML के सभी संस्करणों द्वारा मान्यता प्राप्त 256 रंग नाम हैं। There are 256 color names recognized by all versions of HTML.)

2.8 इनलाइन एलिमेंट को आम तौर पर एक नई लाइन शुरू किए बिना प्रदर्शित किया जाता है। (Inline elements are normally displayed without starting a new line.)

2.9 फ्रेम बॉर्डर को पूरी तरह से ब्राउजर के बहुमत से बंद करने के लिए, फ्रेमबॉर्डर = "0" को ओपनिंग फ्रेमसेट टैग में जोड़ें। (To turn the frame borders completely off in the majority of browsers, add frameborder="0" to the opening frameset tag.)

2.10 टेबल में कैप्शन जोड़ने के लिए, आप ओपनिंग टेबल टैग में कैप्शन एट्रिब्यूट का उपयोग करते हैं। (To add a caption to a table, you use the caption attribute in the opening table tag.)

3. कॉलम X में दिए गए शब्दों और वाक्यांशों का मिलान निकटतम अर्थ/ शब्द/ फ्रांसेस कॉलम Y के साथ करें। अपना चयन, प्रश्नपत्र के साथ दी गई "ओएमआर" उत्तर पुस्तिका में दर्ज करें। (Match words and phrases in column X with the closest related meaning/word(s)/phrases in column Y. Enter your selection in the "OMR" answer sheet supplied with the question paper, following instructions therein.) **(1 x 10)**

कॉलम X (Column X)		कॉलम Y (Column Y)	
3.1	वेरिएबल की घोषणा को प्रतीक द्वारा अलग किया जाता है (Declaration of variables are separated by symbol)	a.	पैडिंग (Padding)
3.2	यह टेबल को बिना बॉर्डर का प्रतिनिधित्व करता है (It represents a basic table without and Border)	b.	इनेबल और डिसएबल ऑप्शन (To enable or disable option)
3.3	हॉटस्पॉट है: (Hotspot refers to)	c.	होस्टिंग (Hosting)
3.4	प्रॉपर्टी निर्दिष्ट करने की अनुमति देती है कि किसी एलिमेंट और उसके बॉर्डर के बीच कितनी जगह दिखाई देती है (The property allows specifying how much space appears between the content of an element and its Border)	d.	टेबल हैडर (Table header)
3.5	वेब पेज एडिटर एक सिद्धांत पर काम करता है (Web page editors works on a principle)	e.	टेक्स्ट–डेकोरेशन:ओवेर्लिने (Text-decoration:overline)
3.6	चेक बॉक्स का उपयोग किया जाता है (Check boxes are used)	f.	मेटा–सर्च इंजन (Meta-search engine)
3.7	अपने html कोड को एक मशीन से सर्वर पर स्थानांतरित करने के रूप में जाना जाता है (Transferring your html code from one machine to server is known as)	g.	कॉमा (Comma)
3.8	<Th> टैग में, th का अर्थ है (In the <th> tag, th stands for)	h.	Dogpile
3.9	सीएसएस प्रॉपर्टी टेक्स्ट पर एक पंक्ति देने के लिए उपयोग किया जाता है। (CSS property used to give a line over the TEXT)	i.	WYSIWYG
3.10	मेटा–सर्च इंजन का उदाहरण: (Example of meta-search engine)	j.	वाई–फाई के उपयोग से इंटरनेट का उपयोग (Region with internet access using Wi-Fi)
		k.	W3-टेबल (W3-table)

4. नीचे दिए गए सूची में किसी एक शब्द या वाक्यांश में से एक को भरने करने के लिए एक खाली स्थान है। निर्देश के अनुसार, प्रश्न पत्र से जुड़ी "ओएमआर" उत्तर पुस्तिका में अपनी पसंद दर्ज करें। (Each statement below has a blank space to fit one of the word(s) or phrase(s) in the list below. Enter your choice in the "OMR" answer sheet attached to the question paper, following instruction therein.) **(1 x 10)**

a. Cols b. टैग्स (Tags)

c. Alt एट्रिब्यूट (Alt attribute)

d. एलिमेंट सिलेक्टर (Element selector)

e. पोर्टेबल (Portable)

f. बॉर्डर –रेडियस(border-radius)

g. सबलाइम टेक्स्ट (Sublime Text)

h. बूटस्ट्रैप (Bootstrap) i. Src

j. एम्बेड (Embed)

4.1 फ्रेम टैग की __________ विशेषता ब्राउजर को उस फ्रेम में लोड करने के लिए HTML पेज बताती है। (The __________ attribute of the frame tag tells the browser which HTML page to load into that frame.)

4.2 __________ विशेषता औसत चरित्र चौड़ाई के आधार पर टेक्स्ट एरिया की दृश्यमान चौड़ाई की पहचान करती है। (The __________ attribute identifies the visible width of a text area based on an average character width.)

4.3 रिलेटिव पथ आपके हाइपरटेक्स्ट लिंक को __________ बनाता है। (Relative path makes your hypertext links __________.)

4.4 __________ HTML कोड हैं जो दस्तावेज कंटेंट की उपस्थिति को नियंत्रित करते हैं। (__________ are the HTML codes that control the appearance of the document contents.)

4.5 __________ नाम से HTML एलिमेंट का चयन करता है। (__________ selects the HTML element by name.)

4.6 यदि चित्र प्रदर्शित नहीं किया जा सकता है, तो __________ एक छवि के लिए एक वैकल्पिक पाठ निर्दिष्ट करता है। (If the image cannot be displayed, then __________ specifies an alternate text for an image.)

4.7 __________ रेस्पॉन्सिव और मोबाइल–प्रथम वेबसाइट को विकसित करने के लिए सबसे लोकप्रिय सीएसएस फ्रेमवर्क है। (__________ is the most popular CSS framework for developing responsive and mobile-first websites.)

4.8 छवि में गोल कोनों को जोड़ने के लिए __________ प्रॉपर्टी का उपयोग करें। (Use the __________ property to add rounded corners to an image.)

4.9 __________ टैग का उपयोग एक वीडियो या ऑडियो का HTML दस्तावेज में शामिल करने के लिए किया जाता है। (An __________ tag is used for including a video or audio in an HTML document.)

4.10 __________ पायथन एप्लिकेशन प्रोग्रामिंग इंटरफेस के साथ एक क्रॉस–प्लेटफॉर्म स्रोत कोड एडिटर है। (__________ is a cross-platform source code editor with a Python application programming interface.)

भाग दो (PART TWO)

(किसी भी चार प्रश्नो के जवाब दें) (Answer any four questions)

5. a. स्थैतिक पेज और डायनामिक वेब पेज के बीच अंतर करें। (Differentiate between static page and dynamic web page.)

b. इमेज में टेक्स्ट का उपयोग करने का उद्देश्य क्या है? (What is the purpose of using alternative texts in images?)

c. एक्सटर्नल स्टाइल शीट्स के क्या लाभ और नुकसान हैं? (What benefits and demerits do External Style Sheets have?)

6. a. HTML में रूपों को परिभाषित करें। फॉर्म प्रदर्शित करने के लिए, फॉर्म बनाने के लिए HTML कोड लिखें। (Define forms in HTML. To Display the form, write the HTML code to create a form.)

Name:

Enter Name

Email:

Enter email

Password:

Enter Password

Submit

b. दिए गए CSS कोड का क्या प्रभाव होगा? {box-sizing: border-box;} (What effect would this piece of CSS code have? {box-sizing: border-box;})

c. एंगुलर एक्सप्रेशन और जावास्क्रिप्ट एक्सप्रेशन के बीच मुख्य अंतर को स्पष्ट करें (Explain the key difference between angular expressions and JavaScript expressions)

7. a. टेबल क्या है? टेबल बनाने के लिए मूल आदेश क्या हैं? (What is table? What are the basic commands for creating a table?)

   b. आप एक ही पृष्ठ के साथ सेक्शंस के लिंक कैसे बनाते हैं? (How do you create links to sections with the same page?)

   c. W3.CSS इमेज क्लास के उपयोग क्या हैं? (What are the uses of W3.CSS image classes?)

8. a. निम्नलिखित टर्म्स को समझाइए: (Explain the following terms:)

   i. अलर्ट बॉक्स और कन्फर्मेशन बॉक्स में क्या अंतर है? (What is the difference between an alert box and a confirmation box?)

   ii. BGCOLOR को NAVY, हेडर 1 <H1> टेक्स्ट "टेक्स्ट उदाहरण के साथ आकार, रंग और फॉन्ट फेस" को व्हाइट, टेक्स्ट फॉन्ट साइज 20, कलर "पर्पल" और फॉन्ट फेस "एरियल" के रूप में सेट करने के लिए html कोड लिखें। (Write the html codes to set the BGCOLOR as NAVY, header 1 <H1> text "Text Example with size, color and font face" as White, text font size as 20, color "purple" and font face "Arial".)

   iii. एक वेब पेज में इमेज कैसे इन्सर्ट की जा सकती है? (How can an image be inserted in a Web Page?)

   b. **i.** <A> टैग में विशेषता HREF का उपयोग करने का उद्देश्य क्या है? (What is the purpose of using the attribute HREF in tag <A>?)

   ii. किसी लिस्ट में TYPE एट्रिब्यूट का उपयोग क्या है? (What is the use of TYPE attribute in a list?)

   iii. HTML पेज के तीन संरचनात्मक टैग का नाम और उनमें से किसी एक के उपयोग की व्याख्या करें। (Name the three structural tags of HTML page and explain the usage of any one of them.)

   c. **i.** आईडी और क्लास के उपयोग में क्या अंतर है? (What is the difference between the usage of an ID and a Class?)

   ii. सेक्शंस के एक अनुभाग को अलग करने के लिए उपयोग किए जाने वाले टैग क्या हैं? What are the tags used to separate a section of texts?)

   iii. CSS में बॉक्स–शैडो का उपयोग क्या है? (What is the use of box-shadow in CSS?)

9. किन्हीं तीन प्रश्नों के उत्तर दीजिए। (Answers to any three questions.)

   a. <? DOCTYPE HTML> टैग को HTML टैग माना जाता है? (Is the <!DOCTYPE html> tag considered as a HTML tag?)

   b. ALINK से आप क्या समझते हैं? एक उदाहरण से समझाएं। (What do you understand by ALINK? Explain with an example.)

   c. SELECT टैग का उद्देश्य क्या है? (What is the purpose of SELECT tag?)

   d. HTML में कौन सी इकाइयाँ हैं? (What are the entities in HTML?)

   c. निम्नलिखित के लिए HTML कोड विकसित करें: (Develop HTML code for the following:)

   A. पिक्चर पर हाइपरलिंक कैसे बनाएं? (How to make a hyperlink on a picture?)

   B. दूसरे वेबपेज का लिंक कैसे बनायें? (How to make a link to another Webpage?)

   C. एक वेबपेज पर कई कलर टेक्स्ट कैसे जोड़ें? How to add multiple color text to a webpage?)

   D. एक छवि के लिए HTML में एक नई विंडो बनाना। Creating a new window in HTML for a single image.)

MCQ & Practical Assignment – 1

Multiple Choice Questions

1. HTTP is ________ Protocol.
   a. Application b. Physical
   c. Data link d. Transport layer
2. Which of the following is correct to write "Hello World" on the web page?
   a. Printf("Hello World")
   b. Print("Hello World")
   c. Document.write("Hello World")
   d. None of the above
3. Which of the following is the correct syntax for referring the external style sheet?
   a. <style src = example.css>
   b. <style src = "example.css" >
   c. <stylesheet> example.css </stylesheet>
   d. <link rel="stylesheet" type="text/css" href="example.css">
4. If we want to wrap a block of text around an image, which css property will we use?
   a. Wrap b. Push
   c. Float d. Align
5. How many columns are there in the basic grid of a W3 css.
   a. 17 b. 12
   c. 16 d. 10
6. ________ property sets the font size of text
   a. Size b. Text
   c. Font-size d. Text-size
7. The HTML attribute used to define the internal stylesheet is:-
   a. <style> b. style
   c. <link> d. <script>
8. What type of CSS is generally recommended for designing large web pages?
   a. Inline b. Internal
   c. External d. None of the above
9. How can we select an element with a specific ID in CSS?
   a. # b. .
   c. ^ d. None of the above
10. In the below code, in what order will the margins be added?
    P {
    Margin: 25px 50 px 75px 100px;
    }
    a. Top, Right, Bottom, Left
    b. Top, Left, Bottom, Rigt
    c. Top, Bottom, Right, Left
    d. Right, Left, Top, Bottom
11. Which of the following property is used as the shorthand property for the padding properties?
    a. Padding-left b. Padding-right
    c. Padding d. All of the above
12. The CSS property used to make the text bold is:-
    a. Style: bold b. weight: bold
    c. Font: bold d. Font-weight: bold
13. The CSS property used to specify the transparency of an element is:-
    a. Opacity b. filter
    c. visibility d. overlay
14. What is the latest version of CSS?
    a. CSS 1 b. CSS 2 c. CSS 3 d. CSS 4
15. Which is the correct CSS syntax?
    a. {body;color:blue}
    b. {body:color=black(bodly}
    c. Body {color:blue}
    d. Body:color=black
16. How do you display hyperlinks without an underline?
    a. a {text-decoration:no underline}
    b. A {decoration:no underline}
    c. a {text-decoration:none}
    d. A {underline:none}
17. DNS translates ________
    a. The domain name as IP address
    b. IP address as a domain name
    c. Both (a) and (b) are true
    d. The domain name as physical address
18. Which tag is used to list items with bullets?
    a. <bullet>...</bullet> b. <list>...</list>
    c. <ul>...</ul> d. <ol>...</ol>

19. How to define a link that should open in a new page in HTML?
    a. <a href = "https://bpbonline.com" target = "blank">Click Here</a>
    b. <a href = "https://bpbonline.com" target ="_blank">Click Here</a>
    c. <a href = "https://bpbonline.com" target = "#blank">Click Here</a>
    d. <a href = "https://bpbonline.com" target = "@blank">Click Here</a>
20. Which of the following is not an example of electronic mark up?
    a. HTML b. LaText
    c. PostScript d. None of the above
21. Markup languages are not used for which of the following?
    a. Playlists b. Content syndication
    c. User interfaces d. None of the above
22. HTML is a subset of __________.
    a. SGMD b. SGML
    c. SGMH d. None of the above
23. What type of software is Notepad?
    a. Photo editing b. System software
    c. Text editor d. None of the above
24. Which of the following is incorrect for HTML5 markup construct?
    a. Start tags: <section>
    b. End tags: </section>
    c. <img src="Fly.jpeg">Nature<img>
    d. None of the above
25. In Notepad if the page orientation is in horizontal then they are in
    a. A landscape b. Portrait
    c. Both d. None of the above
26. If a sentence is flowing out of screen in notepad then which option is not active?
    a. Wordwarp b. Orientation
    c. Alignment d. All of these
27. What is the zooming scale range in Notepad?
    a. 100
    b. 200
    c. 300
    d. Zooming scale option is not available in notepad
28. Which of the following is a two sided tag?
    a. DT b. LI c. DD d. DL
29. To create a link to an anchor, you use the __________ property in A tag.
    a. Name b. Tag c. Link d. Href
30. To program the behavior of web pages, the language is used.
    a. HTML b. CSS
    c. XML d. JavaScript
31. The value set by default in the TARGET attribute is
    a. _blank b. _parent
    c. _self d. _top
32. The syntax of style attribute of HTML is
    a. <tagname style="property:>
    b. <tagname style="property:value;">
    c. <style="value;">
    d. <style="property;">
33. In a web address, the name of a document or address is defined by the
    a. Filename b. Domain name
    c. Port d. Prefix
34. An article in HTML5 can be defined through the tag
    a. <title> b. <header>
    c. <caption> d. <article>
35. Element used as a container for other HTML element is known as
    a. <id> b. <div>
    c. <class> d. <span>
36. In HTML, a specific style for a special element can be defined by the attribute
    a. <style> b. <header>
    c. <id> d. <special>
37. In HTML, the unvisited links are specified in color
    a. Purple b. Red
    c. Blue d. Green
38. Web browsers makes request of pages from web servers by using a
    a. URL b. Server
    c. Client d. Medium
39. Can we define the text direction via css property?
    a. True b. False
40. Is it possible to declare font-weight, font-face & font-size by using ONLY ONE css property?
    a. True b. False
41. HTML tags are case sensitive.
    a. True b. False

42. The version of HTML that does not require the <br> to be closed is HTML 7
    a. True b. False
43. Microsoft Edge, Safari Browsers support the features of HTML5.
    a. True b. False
44. Storing a value in a variable is called variable declaration.
    a. True b. False
45. Comparing two JavaScript objects always returns?
    a. True b. False
46. Angular JS provides reusable components.
    a. True b. False
47. Text, radio, checkbox, etc. are the controls used to collect user inputs.
    a. True b. False
48. <input type="email"> is used for entering a number.
    a. True b. False
49. Default range control is 100-200.
    a. True b. False
50. <input type="week"> defines the control for entering a week.
    a. True b. False
51. How do you make a list that lists its items with squares?
    a. List-type: square
    b. type: square
    c. Type:2
    d. List-style-type: square
52. What tag is used to display the numbered list?
    a. <OL></OL> b. <DL></DL>
    c. <UL> </UL> d. <LI></LI>
53. Which tag creates a check box for a form in HTML?
    a. <checkbox>
    b. <input type="checkbox">
    c. <input=checkbox>
    d. <input checkbox>
54. What do i need to get onto the Internet?
    a. Computer b. Modem
    c. Browser d. All of the above
55. Which of the following is an attribute of <Table> tag?
    a. SRC b. LINK
    c. CELL PADDING d. IMG
56. What is the use of Forms in HTML?
    a. To display contents of email
    b. To display animation effect
    c. To collect user's input
    d. None of the above
57. JavaScript allows you to work with ______ primitive data types.
    a. 1 b. 2 c. 3 d. 4
58. Variables are declared with the ________ keyword.
    a. This b. Int
    c. Var d. new
59. Which of the following true about JavaScript variable?
    a. JavaScript variable names are case-sensitive
    b. JavaScript variable names should not start with a numeral
    c. You should not use any of the JavaScript reserved keywords as a variable name
    d. All of the above
60. Which of the following are JavaScript reserved words?
    a. enum b. long
    c. Finally d. All of the above
61. To find the length of a string, use the built-in ______ property.
    a. Size b. Length
    c. Area d. Strlen
62. Which operator is known as the equality operator, which checks whether its two operators are "equal"?
    a. = b. = = c. = = = c. &&
63. Which operator will return false if two value are equal?
    a. ! b. !=
    c. !== d. All of the above
64. Which of the following methods is used to access HTML elements using JavaScript?
    a. getElementbyid()
    b. getElementsByClassName()
    c. Both (a) and (b)
    d. None of the above
65. Which of the following methods can be used to display data in some form using JavaScript?
    a. Document.write() b. Console.log()
    c. Window.alert() d. All of the above

66. What will be the output of the following code.
Pirnt(typeof(NAN));
a. Object b. Number
c. String d. None of the above

67. Which JavaScript method is used to write into an alert box?
a. Window.alertHTML()
b. Window.alert()
c. Window.alertBox()
d. Window.alertContent()

68. When we write <img src="img.png">, what does "img.png" imply?
a. Element b. Attribute
c. Value d. Operator

69. HTML uses ________?
a. User-defined tags
b. Predefined tags
c. Fixed tags defined by the language
d. Tags for links only.

70. The HTML standard which does not require double quotes around the values of an attribute is called __________?
a. HTML 1 b. HTML 3
c. HTML 5 d. HTML 7

71. The HTML document contains a root tag called _________.
a. Head b. Title c. Body d. HTML

72. Which tag is used to display pre-formatted text?
a. <pre>....</pre>
b. <prefor>....</prefor>
c. <p>....</p>
d. <pre-format>...</pre-format>

73. Which element has very similar properties to the DIV element?
a. Strong b. Span
c. Table d. All of the above

74. Which of the following properties defines the spacing between letters?
a. Space b. Line-height
c. Letter-spacing d. None of the above

75. In the below code, in what order will the margins be added?
P
{ margin: 25px, 50px, 75px, 100px;}
a. Top, right, bottom, left
b. Top, left, bottom, right
c. Top, bottom, right, left
d. Right, left, top, bottom

76. Which of the following are valid ways to represent a color in CSS?
a. A valid color name b. RGB values
c. HEX value d. All of the above

77. We can make rounded border around elements using which CSS element?
a. Border-collapse b. Border-round
c. Border-radius d. None of these

78. How can we set the maximum width of the element content box using CSS?
a. Height property b. Max-height property
c. Max-width property d. None of the above

79. Which CSS property is used to specify different border styles?
a. Border-style b. Border
c. Both (a) and (b) d. None of the above

80. Which of the following property specifies the look and design of an outline?
a. Outline-style b. Outline
c. Outline-font d. None of the above

81. Which of the following are valid CSS position property values?
a. Static b. Relative
c. Fixed d. All of the above

82. Setting an inline-block in CSS requires which of the following properties?
a. Display b. Color
c. Block d. None of the above

83. Which of the following are parts of the CSS box model?
a. Margins b. Borders
c. Padding d. All of the above

84. What will be width of the div element given below?
Div {
Width: 310 px;
Padding: 20 px;
Border: 5px solid blue;
Margin: 0;
}
a. 310 px b. 350 px
c. 360 px d. None of the above

85. Which of the following CSS property specifies the type of list item marker?
    a. List b. List-style-type
    c. Ul d. ol
86. Which of the following properties is used to align text in CSS?
    a. Text-align b. Text-alignment
    c. Text d. Text-position
87. Which of the following is used to share data between controller and view in AngularJS?
    a. Using Model b. Using Services
    c. Using Factory d. Using $Scope
88. In a CSS file, there is a CSS rule for paragraphs tags- what does p can be called?
    a. Selector b. Attribute
    c. Property d. Tag
89. What does vlink attribute mean?
    a. Visited link b. Virtual link
    c. Very good link d. Active link
90. Which is the correct to create an Arabic numeral list?
    a. <ul type="1?> b. <ol type="1?>
    c. <il type="1?> d. <li type="1?>
91. Choose the correct syntax for writing AngularJS dexpression.
    a. [expression] b. {{expressions}}
    c. {{{expressions}}} d. {expressions}
92. Choose the reactor which is used to bind the application data to the HTML view in AngularJS.
    a. Ng-bind directive b. Ng-model directive
    c. Ng-init directive d. Ng-app directive
93. Choose the advantage of Angular JS among the following.
    a. It provides reusable components
    b. It uses dependency injection and makes use of separation of concerns
    c. It is unit-testable
    d. All of the above
94. The symbol that identifies that href attribute as the name of a Name anchor rather than an address or filename is
    a. "&" b. "$" c. "#" d. "!"
95. The purpose of mark is to
    a. Add hypertext capabilities
    b. Enhance the document
    c. Both (a) and (b)
    d. None of the above
96. Example of picture editing software is:
    a. MS paint b. Photoshop
    c. Sound Recorder d. None of the above
97. Which of the following is false?
    a. Type and Name are the attributes of the Input tag
    b. SCR is a must if UNPUT TYPE is image
    c. POST allows the content of the forms to be passed one element at a time
    d. GET allows accepting one element at a time
98. The components of multimedia are:
    a. Text, pictures, video, sound
    b. Text pictures, animation
    c. Text, pictures, video, animation, sound
    d. None of the above
99. The Web relies on the following mechanisms to make it resource readily available.
    a. A uniform naming scheme
    b. Protocols
    c. Hypertext
    d. All of the above
100. Which of the following is not a framework?
    a. jQuery b. .NET
    c. JavaScript d. None of the above

Answers to Multiple Choice Questions

1.	a	2.	c	3.	d	4.	c	5.	b
6.	c	7.	a	8.	c	9.	a	10.	a
11.	c	12.	d	13.	a	14.	a	15.	c
16.	c	17.	a	18.	c	19.	b	20.	d
21.	d	22.	b	23.	c	24.	d	25.	a
26.	a	27.	d	28.	d	29.	d	30.	d
31.	c	32.	b	33.	a	34.	d	35.	b
36.	c	37.	c	38.	a	39.	a	40.	a
41.	b	42.	b	43.	a	44.	b	45.	b
46.	a	47.	a	48.	b	49.	b	50.	b
51.	d	52.	a	53.	b	54.	d	55.	c
56.	c	57.	c	58.	c	59.	d	60.	d
61.	b	62.	b	63.	b	64.	c	65.	d
66.	b	67.	b	68.	c	69.	c	70.	c
71.	d	72.	a	73.	b	74.	c	75.	a

76.	d	77.	cc	78.	c	79.	a	80.	a
81.	d	82.	a	83.	d	84.	c	85.	b
86.	a	87.	b	88.	a	89.	a	90.	b
91.	b	92.	a	93.	d	94.	c	95.	c
96.	b	97.	d	98.	c	99.	b	100.	c

Sample Practical Questions with Answers

1. **Create an HTML file (e.g. first_page.html) that specifies a page that contains a heading and two paragraphs of text. As the texts in the heading and paragraphs you can use any texts you like**

Answer

1. Type the following program in Notepad as shown in Figure 1.

```
<!DOCTYPE html>
<html>
<head>
<title> First program </title>
</head>
<body>
<h1>CSS - Framework</h1>
<p>W3CSS is one of the most famous used CSS framework for in-built responsive Websites. It is based on plain CSS that makes it fast. It does not use any additional library.</p>

<p>W3CSS is a CSS developed by w3schools.com. It is a modern CSS frame with built-in responsiveness. It supports responsive mobile design by default. and it is smaller and faster than similar CSS frameworks.</
p>
</body>
</html>
```

Figure 1: Type the program code in the notepad

2. After you complete the program, click the File menu and choose Save As.
3. The Save As dialog box appears, type the name of the file in the File name: list box and give it as First_page.html.
4. Now, choose the location where you save the file and open it in the web browser. The output of the above program as shown in Figure 2.

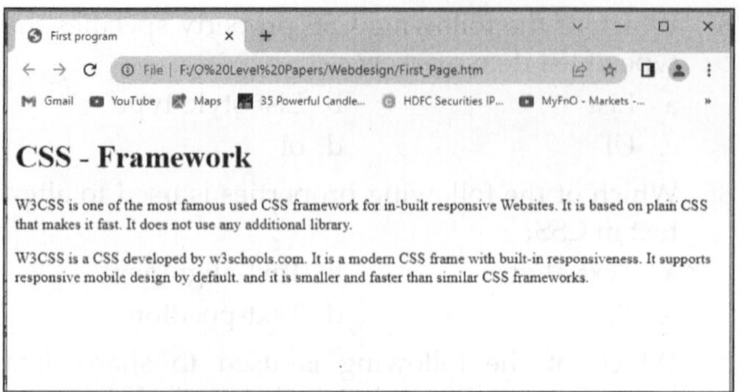

Figure 2: Output of the above program

2. **Write a HTML program to design a form which should allow to enter your personal data**

   (Hint: make use of text field, password field, e-mail, lists, radio buttons, checkboxes, submit button)

Answer

1. Type the program to design a form in the Notepad as shown in Figure 3.

```
<!DOCTYPE html>
<html>
<head>
<title> HTML Form </title>
</head>
<body>
<form>
        Enter your First Name:<input type ="text"
        name="firstname"/><br/>

        Enter your Last Name:<input type ="text"
        name="lastname"/><br/>
        <br>
        Enter your Password:<input
        type="password"
        name="password"/><br/>
        Gender:<input type="radio" name="gender"
        value ="male"/>Male
            <input type ="radio" name="gender"
            value ="female"/>Female<br/>
Your Hobbies:<br>
<input type ="checkbox" name="reading"
value="reading"/>Reading
<input type ="checkbox" name="ListeningMusic"
value="ListeningMusic"/>ListeningMusic
<input type ="checkbox" name="Travelling"
value="Travelling"/>Travelling
```

Contd...

```
<input type ="checkbox" name="Singing"
value="Singing"/>Singing

<br><br>
<label for ="email"> Enter your Email:</label>
<input type="email" id="email" name="email"/>
<br/>

<lavel for="Qualifications">Select your
Qualifications:</label>
<select name="Qualifications" id="Qualifications">
<option value="Class11">Class11</option>
<option value="Class12">Class12</option>
<option value="Graduation">Graduation</option>
<option value="Post Graduation">Post
Graduation</option>
</select><br/>
<br>
<br>
<input type="Submit" value="Submit">
</form>
</body>
</html>
```

Figure 3: Enter the html form program personal data in notepad

5. Click the Save option, type the name of the file in the File name: list box and give it as Pract2.html.
6. Now, choose the location where you save the file and open it in the web browser. The output of the above program as shown in Figure 4.
7. You enter the following details as shown in Figure 4.

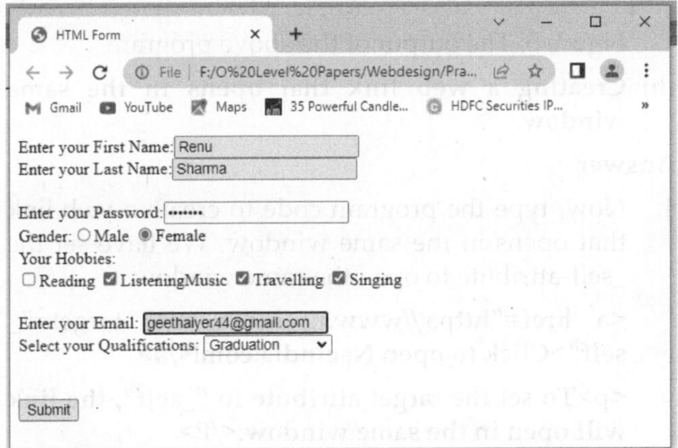

Figure 4: The above output program code of html form

3. **Write html code to generate following output.**
   a. Coffee b. Tea c. Black Tea
   d. Green Tea e. Milk

Answer

1. To use ordered list or numbered list to generate output.
2. Type the program in the Notepad as shown in Figure 5.

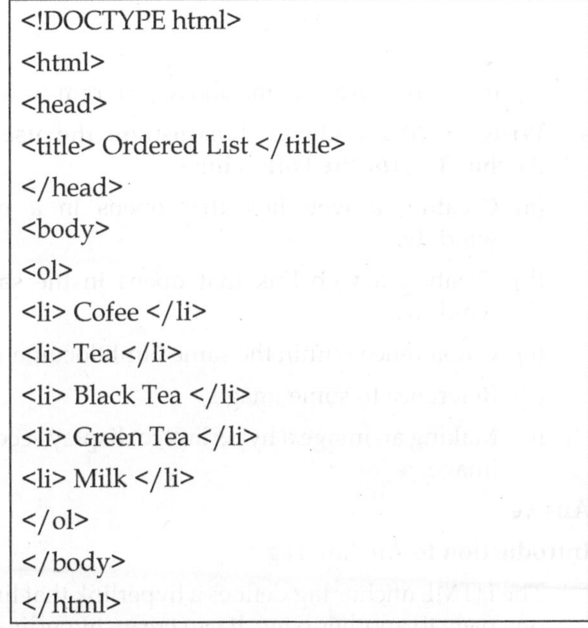

```
<!DOCTYPE html>
<html>
<head>
<title> Ordered List </title>
</head>
<body>
<ol>
<li> Cofee </li>
<li> Tea </li>
<li> Black Tea </li>
<li> Green Tea </li>
<li> Milk </li>
</ol>
</body>
</html>
```

Figure 5: Type the program in the Notepad

3. File menu and choose Save As. The Save As dialog box appears, type the name of the file in the File name: list box.
4. Choose the file location and then right click the file name and click Open as shown in Figure 4. The output of the above program code as shown in Figure 5.

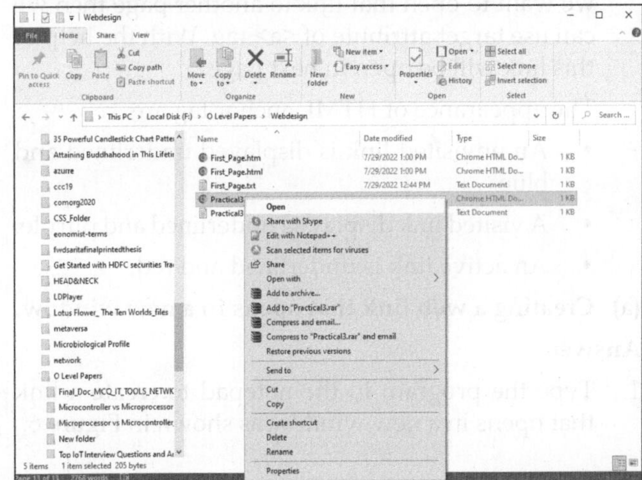

Figure 4: Select the location of saved file to open

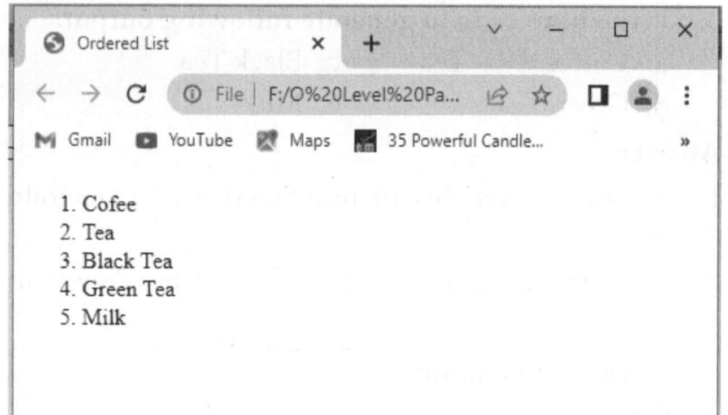

Figure 5: The output of the above program code

4. Write HTML Code to demonstrate the use of Anchor Tag for the Following:-

(a) Creating a web link that opens in a new window.

(b) Creating a web link that opens in the same window.

(c) C Reference within the same html document.

(d) Reference to some image.

(e) Making an image a hyperlink to display second image

Answer

Introduction to Anchor Tag

The HTML anchor tag defines a hyperlink that links one page to another page. It can create hyperlink to other web page as well as files, location, or any URL. The "href" attribute is the most important attribute of the HTML a tag which links to destination page or URL.

The syntax of HTML anchor tag is given below.

<a href = "..........."> Link Text </a>

Specify a location for Link using target attribute. If we want to open that link to another page then we can use target attribute of <a> tag. With the help of this link will be open in next page.

The appearance of HTML anchor tag are:

- An unvisited link is displayed underlined and blue.
- A visited link displayed underlined and purple.
- An active link is underlined and red.

(a) Creating a web link that opens in a new window.

Answer

1. Type the program in the notepad to create a link that opens in a new window as shown in Figure 6.

```
<!DOCTYPE html>
<html>
<head>
<title>Anchor Tag</title>
</head>
<body>
<h1> The <a> target attribute</h1>
<a href="https://www.google.com" target="_
blank">Click to open Google.com!</a>
<p>To set the target attribute to "_blank", the link
will open in a new window tab.</P>
</body>
</html
```

Figure 6: Type the program in the notepad to create a link that opens in a new window

2. Click the Save option to save the file as Pract4.html.
3. Choose the file location and then right click the file name and click Open as shown in Figure 5. Click the link it will open in a new window tab.

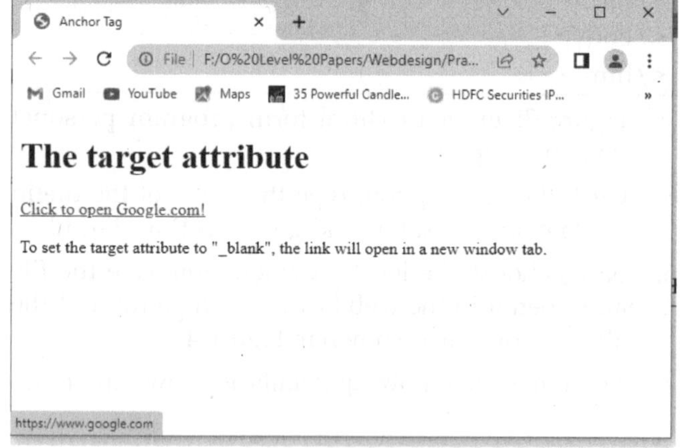

Figure 5: The output of the above program

(b) Creating a web link that opens in the same window.

Answer

4. Now, type the program code to create a web link that opens in the same window. We have set the _self-attribute to open the same window.

<a href="https://www.nseindia.com" target="_self">Click to open Nseindia.com!</a>

<p>To set the target attribute to "_self", the link will open in the same window.</P>

5. After type this code, click the Save button to save the file.

6. Choose the file location and then right click the file name and click Open as shown in Figure 5. Click the link it will open in the same to window of nseindia.com website.
7. Noticed that the above two links are in blue color. It indicates we have visited the link. Otherwise it show in Purple color.

(c) Reference within the same html document.

Answer

1. Now, type the program code to give reference within the same html document. We have create heading as <h2>…</h2>.

   <h2>Website</h2>

   Just below we have create paragraph tag to give introduction to Website under heading2.
2. Then we create heading as <h3>…</h3>.

   <h3>Web Server<h3>

   Just below we have create paragraph tag to give introduction about to Web server under heading3.
3. Give reference for the link to create anchor tag for html document. Before heading 2, type the anchor tag for the link as **<a href="#Web Server">Click to go to Web server</a>**. Here, we create hyperlink for Web server to go the particular section of same page of html.
4. After in <h3> heading set id attribute for reference to Web server when you click the link to go the Web server.

   <h3 id="Web Server">Web Server</h3>
5. Save the file and open the file in Web browser.
6. Now click the link (**Click to go the Web Server**). It will go to the Web Server section as shown in Figure 6.

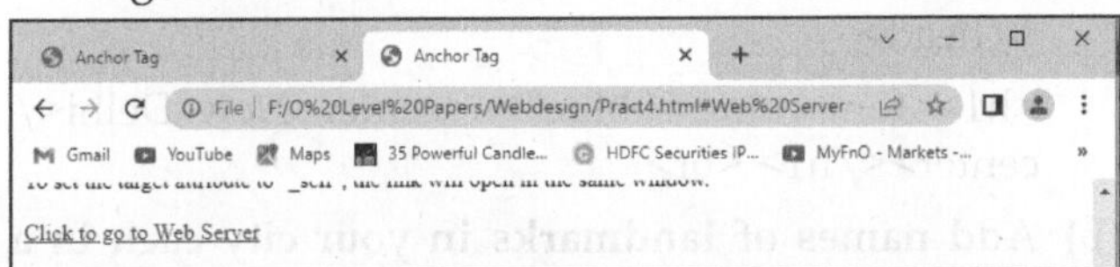

Figure 6: Click the link Click to go to Web Server

7. In Figure 7 shows the reference given in html file go to the particular section.

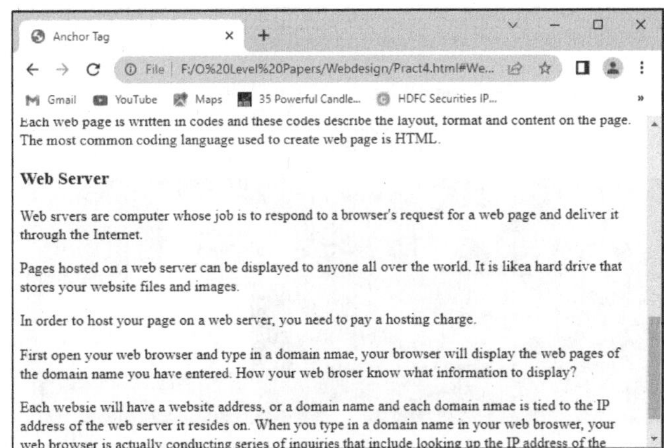

Figure 7: The given reference go to Web server section

(d) Reference to some image.

Answer

8. Create an image tag for reference to image create anchor tag.
9. Type <a href="https://www.bpbonline.com">

   For image tag
10. Type **<img border="2" alt="BPB" src="download.jpg "width="100" height="100"> </a>**
11. Select the image file where you save the file and type in the src="download.jpg" to set the path of the image file.
12. Click and Save the file and open in the Web browser window.
13. In Figure 8, click the image icon it opens the Bpb publication website as shown in Figure 9.

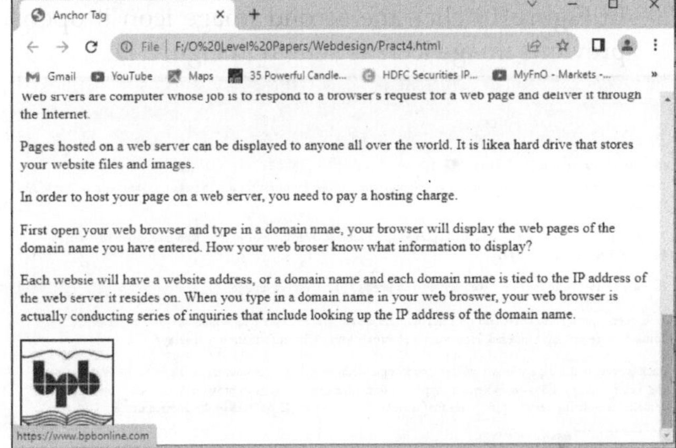

Figure 8: Click on the image icon

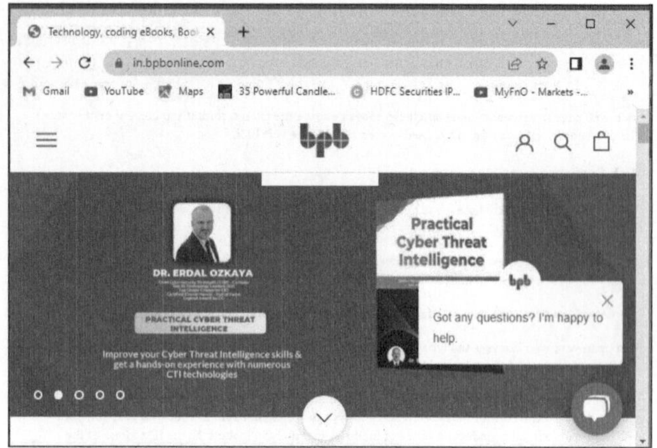

Figure 9: Bpb website window opens

(e) Making an image a hyperlink to display second image

Answer

14. Create an image hyperlink to display second image.
15. Type <a href="download.jpg">.

    For image tag
16. Type **<img border="1" alt="Another Image" src= "Bookstore.jpg "width="100" height="100"> </a>**
17. Create another image to display another image when you click the link.

    type **src="Bookstore.jpg"**. Here, we have to set as hyperlink as Bpb logo (i.e. download.jpg).
18. Select the image file where you save the file location and to set the path of the image file.
19. Click and Save the file and open in the Web browser window.
20. In Figure 10 click the second image icon it opens previous image icon as shown in Figure 11.

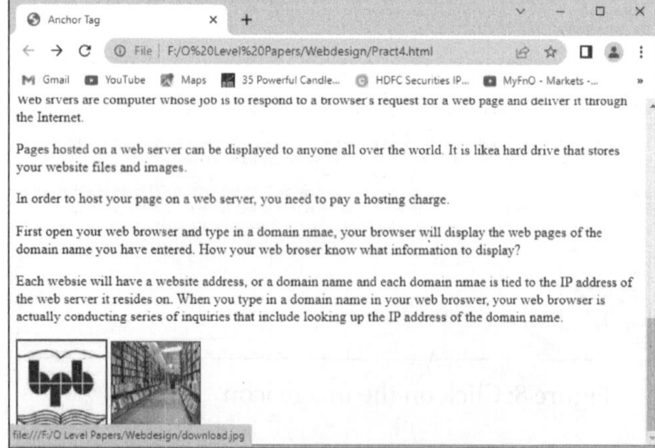

Figure 10: Click the second image icon

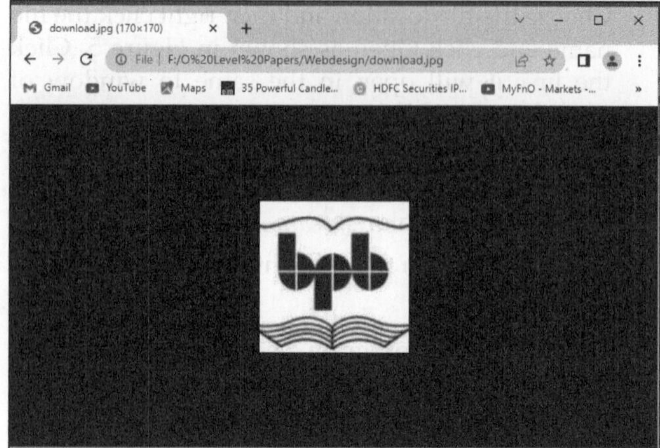

Figure 11: It opens the previous image

5. Create an html page with following specifications

(a) Title should be about my City. Place your City name at the top of the page in large text and in blue color.

(b) Add names of landmarks in your city each in a different color, style and typeface.

(c) One of the landmark, your college name should be blinking.

(d) Add scrolling text with a message of your choice

Answer

(a) Title should be about my City. Place your City name at the top of the page in large text and in blue color.

1. Open the file in the Notepad.
2. Type the following program code as

   <!DOCTYPE html>.

   <html>

   <head>

   <title>About my city</title>

   </head>

   <h1><font color ="blue"> <center>New Delhi</center></h1>

(b) Add names of landmarks in your city each in a different color, style and typeface.

3. To add names of landmark type the following code as:

   <font size ="12" face"Arial" color="red"> <b>Landmarks</b></font>

   <font size="10" face="Times New Roman" color="Green"> <b>Lotus Temple</b> </font>

```
<font size="11" face="Arial Narrow" color="Orange"> <b>India Gate<b> </font> <br>
<font size="9" face="calibri" color="pink"> <b>Qutab Minar<b> </font> <br>
```

(c) One of the landmark, your college name should be blinking.

4. To add landmark of college names type the following code as:

```
<font size="6" face=Century Gothic" color="Brown"> <b><mark>Indraprastha Institute of Information Technology, State university of New Delhi</mark> </b> </font><br>
<font size="8" face="Verdana" color="Blue"> <b> Qutub Minar </b> </font> <br>
```

(d) Add scrolling text with a message of your choice

In html we have not allow marquee tag so we have create a mark tag.

```
<marquee> <font size="12" face="calibri" color="red"> New Delhi is the capital of India. </font> </marquee>
</body>
</html>
```

5. Click the Save option to save the file for example, here we type Pract5.html in a desired location.
6. Open the file and run it in the Web browser as shown in Figure 12.

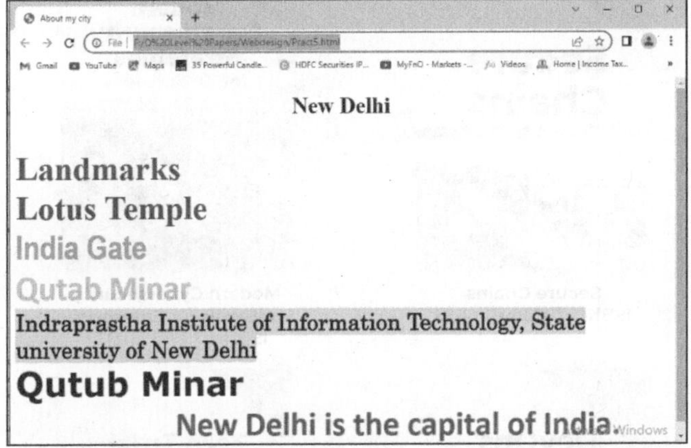

Figure 12: Output of the above program in the web browser

6. **Create an html page with 7 separate lines in different colors. State color of each line in its text.**

Answer

1. Open the Notepad and type the following program code as shown in Figure 13.

```
<!DOCTYP html>
<head>
<title>Seven Coloured Lines </title>
</head>
<body>
<fontsize="8"face="Ca=libri"color="Blue"><b>This is Blue Color Line</b></font><br>
<font size ="8" face="arial" color="red"><b>This is Red Color Line.</b></font><br>
<font size ="8" face="Times New Roman" color="Orange"><b>This is Orange Color Line.</b></font><br>
<font size ="8" face="verdana" color="Green"><b>This is Green Color Line.</b></font><br>
<font size ="8" face="Boot Antiqua" color="Pink"><b>This is Pink Color Line.</b></font><br>
<font size ="8" face="Arial Narrow" color="Dark Brown"><b>This is dark Brown Color Line.</b></font><br>
<font size ="8" face="Century Gothic" color="Black"><b>This is Black Color Line.</b></font>
</body>
</html>
```

Figure 13: Type the program code in the Notepad

2. Click the Save option to save the file as Pract6.html.
3. Choose the file location and then right click the file name and click Open as shown in Figure 14.

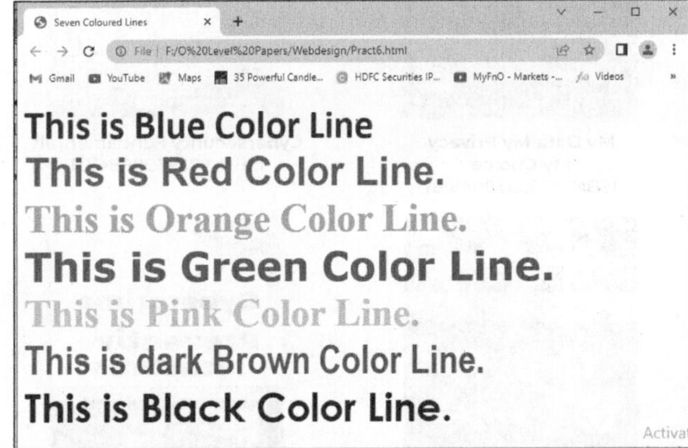

Figure 14: Output of the above program and run it in the Web browser

7. **Create an html page containing the polynomial expression as follows:**

   $a_0 + a_1 x + a_2 x^2 + a_3 x^3$

Answer

1. Open the Notepad and type the following program containing the polynomial expression as shown in Figure 15.
2. Here we use the superscript and subscript tag and use to small tag for power.

```
<!DOCTYPE html>
<html>
<head>
<title>The polynomial expression</title>
</head>
<body bgcolor = "Yellow">
<font size ="8">a<sub><small>0</small></sub> + a<sub><small>1</small></sub>x+a<sub><small>2</small></sub>x<sup><small>2</small></sup>+a<sub><small>3</small></sub>x<sup><small>3</small><sup></font>
```

Contd...

```
</body>
</html>
```

Figure 15: Type the polynomial expression code in the Notepad

3. Click the Save option to save the file as Pract7.html.
4. Choose the file location and then right click the file name and click Open as shown in Figure 16.

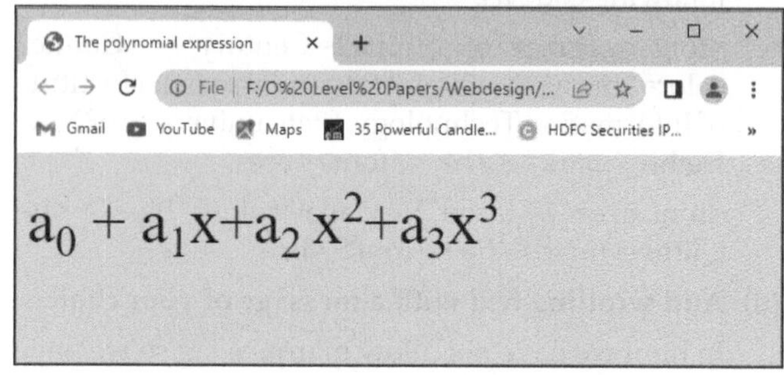

Figure 16: Output of the above program

MCQ & Practical Assignment – 2

Multiple Choice Questions

1. Which of the following is the container for <tr>,<th>, and <td>?
   a. <data> b. <table>
   c. <group> d. All of the above
2. Which element is used for or styling HTML 5 layout?
   a. CSS b. Jquery
   c. JavaScript d. PHP
3. Which of the following is not an attribute of <form> tag.
   a. Action b. Method
   c. CName d. URL
4. The tag which allows some web server search engine to search your web page.
   a. <search> b. <ISINDEX>
   c. <HEAD> d. <LINK>
5. Which element was not removed by HTML5?
   a. <Strike> b. <center>
   c. <small> d. <brg>
6. If we want to place text around an image, which CSS property should we use>
   a. Push b. Float
   c. Align d. Wrap
7. Which organization defines web standards?
   a. Apple inc.
   b. IBM corporation
   c. World Wide Web Consortium
   d. Microsoft corporation
8. Which of the following is a way of embedding client side JavaScript code, within HTML documents?
   a. From JavaScript : encoding
   b. External file specified by the src attribute of a 'Script' tag
   c. Both (a) and (b)
   d. None of the mentioned
9. AOT stands for _________.
   a. Angular Object Templates
   b. Ahead of Time compilation
   c. Both (a) and (b)
   d. None of the above
10. On which of the types of components can a custom derivative be created?
    a. Attribute
    b. Element directives
    c. CSS
    d. All of the above
11. What does javascript code appear inline within an HTML file?
    a. Between the `script' tag
    b. Outside the `script' tag
    c. Between or outside the `script' tag
    d. None of the mentioned
12. What is the code for getting the current time?
    a. Now = newDate();
    b. Var now = new Date();
    c. Var now = Date();
    d. Var now = new Date(current);
13. What is the code to start displaying the time when document loads?
    a. Onload = displayTime;
    b. Window = displayTime;
    c. Window.onload = displayTime;
    d. Window.onload = start;
14. One of the main advantage of using src attribute is:
    a. It becomes self-cached;
    b. It makes the HTML file modular;
    c. It restricts manipulation in the html file
    d. It simplifies the HTML files
15. What will be done if more than one page requires a file of javascript code?
    a. Download that many times
    b. Retrieves from the browser cache
    c. Must be reexecuted
    d. None of the mentioned
16. What is the default value of the type attribute?
    a. Text/css b. Text/javascript
    c. Text d. XML
17. The word `document' mainly refers to:-
    a. Dynamic information
    b. Static information
    c. Both dynamic & Static information
    d. None of the mentioned

18. Which object is the main entry point to all client-side javascript features of APIs?
    a. Standard b. Location
    c. Window d. Position
19. <UL>... </UL> tag is used to ________.
    a. Display the numbered list
    b. Underline the text
    c. Display the bulleted list
    d. Bold the text
20. Which tag is used to display the numbered list?
    a. <OL></OL> b. <DL></DL>
    c. <UL></UL> d. <LI></LI>
21. Among the following, on which architectural pattern in AngularJS basaed?
    a. Decorator pattern
    b. Observer pattern
    c. MVVM architecture pattern
    d. MVC architecture pattern
22. <TD>....</TD> tag is used for _________.
    a. Table heading b. Table records
    c. Table row d. None of the above
23. Which is true to change the text color to red?
    a. <body bgcolor=red> b. <body text=red>
    c. <body color=red> d. None of the above
24. What it <tt> tag in HTML?
    a. It renders font as truetype text font style
    b. It renders fonts as truncate text font style
    c. It renders font as teletype text front style
    d. None of the above
25. Choose the correct HTML tag to left-align the content of a cell.
    a. <tdleft>
    b. <td leftalign>
    c. <td valign = "left">
    d. <td align= "left">
26. This tool is used to select the part of the image having defined edges.
    a. Magic Wand b. Magnetic Lasso
    c. Marquee d. None of these
27. Which of the following is not a valid image format?
    a. Tiff b. Gif c. Mpeg d. jpeg
28. Shortcut key for eyedropper tools is:
    a. L b. E c. I d. K
29. Which key is pressed while using the Clone tool?
    a. Shift b. Ctrl c. Alt d. Tab
30. Which key is used to remove the selection on the image?
    a. Ctrl + D b. Ctrl + V
    c. Ctrl + I d. Ctrl + C
31. Notepad++ is a ________ software.
    a. Open source b. Shareware
    c. Trialware d. Paid
32. Which of the following is used to read and render HTML pages?
    a. Web network b. Web server
    c. Web browser d. Web matrix
33. Table data or cells in HTML tables are defined by?
    a. <th> tag b. <t data>
    c. <td> tag d. <tr> tag
34. Which attribute is used to make a link which open in a new window tab?
    a. Src="blank" b. Target="_self"
    c. Alt="_blank" d. Target="_blank"
35. Which of the following attributes specifies the name of the image file?
    a. Font b. SRC c. Size d. Color
36. Which web publishing tool developed by Microsoft.
    a. Navigator b. Hot metal
    c. Front page d. Pagemill
37. Which of the following tag is used to embed css in htmt page?
    a. <CSS> b. <Style>
    c. <!DOCTYPE html> d. <Script>
38. Which attribute specifies a unique alpha numeric identifier to be associated with an element?
    a. Type b. Article c. Id d. class
39. Is it possible to insert a table within another table?
    a. True b. False
40. The image and hyperlink both cannot be includes in a table in HTML.
    a. True b. False
41. A disabled input field value is sent to the server on form submit.
    a. True b. False
42. CSS cannot control the layout of multiple web pages all at once.
    a. True b. False
43. Selector indicates the HTML element you want to style.
    a. True b. False

44. There are four methods of implementing styling information to an HTML document.
    a. True b. False
45. Text-align property is used to control the vertical alignment of any block-level text.
    a. True b. False
46. The universal selector is used as wildcard character.
    a. True b. False
47. <UL> tag defines a numbered list.
    a. True b. False
48. Items can be created in definition list with <dt> and <dd> tags
    a. True b. False
49. Alt attribute specifies extra information about clickable area.
    a. True b. False
50. The <iframe> tag creates an inline frame.
    a. True b. False
51. Which shortcut key is used for "Find Next" function in Notepad+?
    a. F1 b. F3
    c. F5 d. F2
52. Which element is used to get the highlighted text in HTML5?
    a. <mark> b. <highlight>
    c. <b> d. <u>
53. Which one performs the same function as <b> tag?
    a.
 b. <blockquote>
    c. <strong> d. <em>
54. Which HTML tag is used for YouTube videos?
    a. <samp> b. <iframe>
    c. <small> d. <frame>
55. Which of the following is not a newly added tag in HTML5?
    a. Article b. Frameset
    c. Audio d. Nav
56. Which of the following is not a JavaScript data type?
    a. Number type b. Null type
    c. Undefined type d. All of the mentioned
57. W3-striped class is used for ______
    a. To display a striped table
    b. To display the table only
    c. To display the table without border
    d. None of the above
58. Which window object method is used to display message in a dialog box?
    a. Alert() b. Prompt()
    c. Message() d. None of the above
59. How to pick a document element based on the value of its id attribute?
    a. getElementsById()
    b. getElementById()
    c. Both getElementsById() and getElementById()
    d. None of the above
60. What are the properties supporting CSS styles for a document element?
    a. Style and font
    b. Style and ClassName
    c. Size and Style
    d. ClassName and font
61. How we write "Hello World" in an alertbox?
    a. Alertbox(Hello World)
    b. msgBox(Hello World)
    c. Msg(Hello World)
    d. Alert(Hello World)
62. Which of the following event occurs when the user clicks on an HTML element?
    a. Onmouse click
    b. Onmouse oer
    c. Onclick
    d. None of the above
63. Which of the following attribute is used to specify the character encoding used in an external script file?
    a. Text b. Type
    c. Charset d. character
64. Which of the following operator contain javascript that assigns a value to a variable based on some condition?
    a. Assignment operator
    b. Bitwise operator
    c. Conditional operator
    d. Logical operator
65. ________ is a collection of controls in HTML.
    a. Form b. Field
    c. Table d. Frame
66. HTML allows us to create three different kinds of ________.
    a. Functions b. Events
    c. Files d. Lists

67. Identify the class which does not belong to W 3.
a. W3-container b. W3-border
c. Class d. W3-red
68. Which of the following is not a framework?
a. .NET b. JavaScript
c. Bootstrap d. Cocoa JS
69. How many columns are there in the basic grid of W3-css.
a. 11 b. 15 c. 12 d. 9
70. The w3-container class adds a ________ px left and right padding to any HTML element.
a. 15 b. 24 c. 16 d. 9
71. No ___________ is required while building a website with w3.css.
a. HTML b. CSS
c. jQuery d. W3.CSS properties
72. Once an email is sent, the message is broken into pieces called _________.
a. Digits b. Process
c. Packets d. Bytes
73. What is the purpose of line-height?
a. Set the height of the html hr tag
b. To vertical align text in an html element
c. Set the height for each line of text in an html element
d. All of these
74. HTML is the method where ordinary text can be converted into
a. ASCII text b. EBCDIC text
c. Hypertext d. None of the above
75. OLE stands for
a. Object-level embedding
b. Object linking and embedding
c. Object-level extraction
d. None of the above
76. SLIP stands for
a. Serial line internet protocol
b. Selected line inputs provider
c. Selected line input process
d. Serial line input process
77. What is the use of Web Font in HTML?
a. It is the core font that is use to develop Web Pages.
b. It enables to use fonts over the Web without installation
c. It is the special font that developed by Microsoft Corp
d. All of the above
78. What is the usage of alt value in <img> tag?
a. Alternative text for an image
b. Alternative source of an image
c. Caption of an image
d. All of above
79. The _________ attribute adds space within each cell.
a. Cell Spacing b. Cell padding
c. Width d. Align
80. Head tag is used for?
a. Writing style
b. Writing JavaScript
c. Including CSS, JS files
d. All of these
81. Some tag enclose the text. Those tags are known as:
a. Couple tags b. Single tags
c. Double tags d. Pair tags
82. In HTML document the tags
a. Should be written in upper case
b. Should be written in lower case
c. Should be written in proper case
d. Can be written in both upper and lowercase
83. Which tag allows you to add a row in a table?
a. <td> and </td> b. <cr> and </cr>
c. <th> and </th> d. <tr> and </tr>
84. Which attribute can be used with Body tag to set background color green?
a. Backround="green" b. bgcolor="green"
c. Vlink="green" d. None of above
85. Which attribute you will use TD tag to merge two cells horizontally?
a. Merge=colspan2 b. Rowspan=2
c. Colspan=2 d. Merge=row2
86. JavaScript can be written
a. Directly into JS file and included into HTML
b. Directly on the server page
c. Directly into HTML pages
d. Directly into the CSS file
87. A proper scripting language is a
a. High level programming language
b. Assembly level programming language
c. Machine level programming language
d. Low level programming language

88. Choose the correct HTML element to define important text
    a. <strong> b. <i>
    c. <b> d. <important>
89. Which character is used to indicate an end tag?
    a. * b. < c. / d. ^
90. Which of these elements are all <table> elements?
    a. <thead> <body> <tr>
    b. <table> <tr> <tt>
    c. <table> <head><tfoot>
    d. <table> <tr> <td>
91. How many different types of selectors in CSS?
    a. 3 b. 4 c. 5 d. 6
92. ______ selects the HTML element by name.
    a. Universal selector b. Element selector
    c. Group selector d. Class selector
93. ID written with the?
    a. . b. $ c. @ d. #
94. Which of the following is the correct syntax for referring the external style sheet?
    a. <style src=example.css>
    b. <style src="example.css">
    c. <link rel="stylesheet" type="text/css" href="practical.css">
    d. <stylesheet> example.css </stylesheet>
95. The CSS property used to control the element's font-size is:
    a. Text-style b. Text-size
    c. Font-size d. None of the above
96. Which of the following is the correct syntax to make the background-color of all paragraph elements to yellow?
    a. P {background-color:yellow;}
    b. P {background-color"#yellow;}
    c. all {background-color : yellow;}
    d. All p{background-color: #yellow;}
97. The CSS property used to specify the transparency of an element is:
    a. Visibility b. Filter
    c. Opacity d. Overlay
98. Which of the following is used to specify the subscript of text using CSS?
    a. Vertical-align:sub
    b. Vertical-align:super
    c. Vertical-align:subscript
    d. None of the above
99. Class name can be started with a number?
    a. Yes
    b. No
    c. It depends on class
    d. It depends on element
100. Forms are created by the attributes
    a. Action and Method b. Value and Method
    c. Method and Target d. Action and Target

Answers to Multiple Choice Questions

1.	b	2.	a	3.	d	4.	b	5.	c
6.	b	7.	c	8.	b	9.	b	10.	d
11.	a	12.	b	13.	c	14.	d	15.	b
16.	b	17.	b	18.	c	19.	c	20.	a
21.	c	22.	b	23.	b	24.	c	25.	d
26.	b	27.	c	28.	c	29.	c	30.	a
31.	a	32.	c	33.	c	34.	d	35.	b
36.	c	37.	d	38.	c	39.	a	40.	b
41.	b	42.	b	43.	a	44.	a	45.	b
46.	a	47.	b	48.	a	49.	a	50.	a
51.	b	52.	a	53.	c	54.	b	55.	b
56.	d	57.	a	58.	a	59.	b	60.	b
61.	d	62.	c	63.	c	64.	c	65.	a
66.	d	67.	c	68.	b	69.	c	70.	c
71.	c	72.	c	73.	c	74.	c	75.	c
76.	a	77.	b	78.	b	79.	b	80.	d
81.	d	82.	d	83.	d	84.	b	85.	c
86.	a	87.	a	88.	a	89.	c	90.	d
91.	c	92.	b	93.	d	94.	c	95.	c
96.	a	97.	c	98.	a	99.	b	100.	a

Sample Practical Questions with Answers

1. Write a HTML code to generate following output

First Frame: Name and address		
Second frame Bulleted list of qualifications	Third frame Links to favourite sites	
Fourth frame Scrolling message	Fifth frame Blinking reminders	Sixth Frame Image

Answer

Introduction to Frame

HTML frames are used to divide your browser window into multiple sections where each section can load a separate HTML document. A collection of frames in the browser window is known as a frameset. The window is divided into frames in a similar way the tables are organized: into rows and columns.

Creating Frames

To use frames on a page we use <frameset> tag instead of <body> tag. The <frameset> tag defines, how to divide the window into frames. The **rows** attribute of <frameset> tag defines horizontal frames and **cols** attribute defines vertical frames. Each frame is indicated by <frame> tag and it defines which HTML document shall open into the frame.

1. To create output in Browser window we have to divide rows and columns into three parts (i.e. Row 1, Row 2 and Row 3) and then we create frames.
2. In Second frame further we create two columns. (i.e column 1 and Column 2)
3. In Third frame we create three columns. (i.e. Column 1, Column 2 and Column 3)
4. To open each frame we create different html files.
5. To create Frist Frame 1, we have to create First html file (i.e. Name and Address).
6. Enter the following code in the Notepad+

```
<!DOCTYPE html>
<html>
<head>
</head>
<body bgcolor="Orange">
<p> <font size="8"><b>Neha Mantri, New Delhi</b></font></p>
</body>
</html>
```

7. Click the file menu and choose save as Frame1.html.
8. In second frame, we have to create html Bulleted list of qualifications.

   Enter the following code in the Notepad+.

```
<!DOCTYPE html>
<html>
<head>
</head>
<body bgcolor="pink">
<p><font size="9"><b>Qualifications</b></font></p>
<ul>
<li><font size="6">Higher secondary</font></li>
<li><font size="6">Senior Secondary</font></li>
<li><font size="6">Graduation</font></li>
<li><font size="6">Post Graduation</font></li>
<li><font size="6">P.H.D.</font></li>
</ul>
</body>
</html>
```

9. Click the file menu and choose save as Frame2.html.
10. In Third frame, we have to create html file Links of favourite sites.

```
<!DOCTYPE html>
<html>
<head>
</head>
<body bgcolor="pink">
<h2><a href="https://www.bpbonline.com">BPB Publications</a></h2>
<h2><a href="https://www.Yahoo.com">Yahoo.com!</a></h2>
</body>
</html>
```

11. Click the file menu and choose save as Frame3.html.
12. In Fourth frame we have to create html file Scrolling message.

```
<!DOCTYPE html>
<html>
<head>
</head>
<body bgcolor="pink">
<marquee><font size="19" color="Blue"><b> M2-R5 Practical</b></font></marquee>
</body>
</html>
```

13. Click the file menu and choose save as Frame4. html.
14. In Fifth frame we have to create Blinking reminders. In HTML blinking tag is obsolete. Instead, we use Mark tag to highlight the text.

```
<!DOCTYPE html>
<html>
<head>
</head>
<body bgcolor="pink">
<h1><mark><font size="9" color="yellow">Web Design and Publishing</font></mark></h1>
</body>
</html>
```

15. Click the file menu and choose save as Frame5. html.
16. In sixth frame we have to create Image html file.

```
<!DOCTYPE html>
<html>
<head>
</head>
<body bgcolor="pink">
<img src="Flower.jpg" alt="flower" width="80%" height="80%">
</body>
</html>
```

17. Click the file menu and choose save as Frame6. html.
18. Now create the Main Frame to insert the files in html document.

```
<!DOCTYPE html>
<html>
<head>
<title>HTML Frames</title>
</head>
<frameset rows="20%,40%,40%">
<frame name ="top" src="Frame1.html"/>
<frameset cols="50%,50%">
<frame name ="left" src="Frame2.html"/>
<frame name ="right" src="Frame3.html"/>
</frameset>
<frameset cols="*,*,*">
<frame name ="left" src="Frame4.html" />
<frame name ="center" src="Frame5.html"/>
<frame name ="right" src="Frame6.html" />
</frameset>

<noframes>
<body>Your Browser does not support frames.</body>
</noframes>
</frameset>
</body>
</html> <
```

19. Click the file menu and choose save as Mainframe. html.
20. Choose the file where you save the file, right click and select open.
21. The output of the above program code appears in the browser as shown in Figure 1. The first frame1. html in the first row shows Name and Address. The second frame name frame2.html as Bulleted list as Qualifications. The Third frame name Frame3.html shows as Links as favourite sites. The fourth frame name Frame4.html shows as Scrolling message. The Fifth frame name Frame5.html shows as to highlighting the text. The Sixth frame name Frame6.html in the third rows of 3rd column shows as Image.

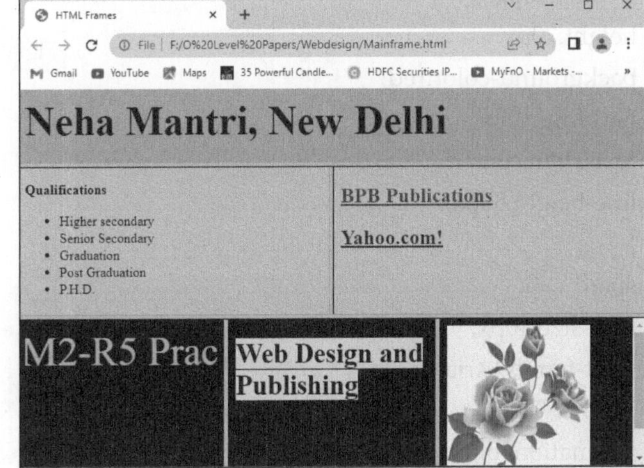

Figure 1: Output of the above program

2. **Create an html page with red background with a message "warning" in large size blinking. Add scrolling text "read the message" below it.**

Answer

In this practical we will learn how to create a blink text effect using CSS. And then we create a sample span for blinking text effect to we use CSS3 animation and key frames property to blink the text. CSS3 allow animation of HTML elements without using any script. To create a blinking text effect use CSS and key frame. Use CSS animation to specifying some key frame for the blinking text animation.

You can use CSS3 animation property to create a blinking background color only a few lines of HTML and CSS code. Blinking text with HTML and CSS you can adjust the values key frame you can achieve the blink effect.

1. Create html page with red background to display with warning text message with Large size and also blinking effect and under create a text to add scrolling text read the message.
2. Create an html code in the Notepad+ as shown in Figure 2.

```
<!DOCTYPE html>
<html>
<head>
<title>Warning Message</title>
<style>
.blink{
width:220px;
height:70px;
background-color:red;
padding:10px;
text-align:center;
line-height:50px;
}
span{
font-size:40px;
font-family:Arial;
color:White;
animation: blink 2s linear infinite;
}

@keyframes blink{
```

Contd...

```
0%{opacity:0;}
50%{opacity:.5;}
100%{opacity: 1;}
}
</span>
</style>
</head>
<body>
<div class="blink">
<span>Warning</span>
</div><br>
<marquee width="30%"><h2>Read the message</
    h2></marquee>
</body>
</html>
```

Figure 2: Type the following code in html page

3. Click the File menu and choose Save. The Save dialog box appears, give the file as Pract9.html in the File name: text box and click Save.
4. Open the file location and run in the browser window as shown in Figure 3.

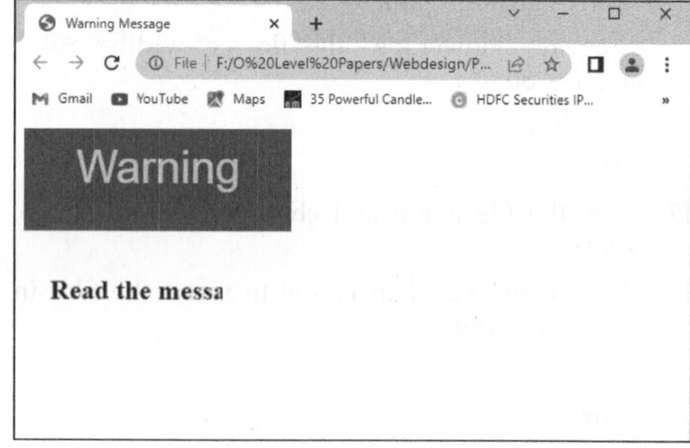

Figure 3: Output of the above program code open in browser window

3. **Write a HTML page to print Hello world in bold & Italic Form.**

Answer

1. Create an html program code in the Notepad+ as shown in Figure 4.

```
<!DOCTYPE html>
<html>
<head>
```

Contd...

```
<title>Bold & Italic Effects</title>
</head>
<body>
<h2><b>Hello World</b></h2>
<h2><i>Hello World</i></h2>
</body>
</html>
```

Figure 4: Type the program code in the notepad+

2. After finished this code, click the File menu and choose Save. The Save dialog box appears, give the file as Pract10.html in the File name: text box and click Save.
3. Open the file location and run in the browser window as shown in Figure 5.

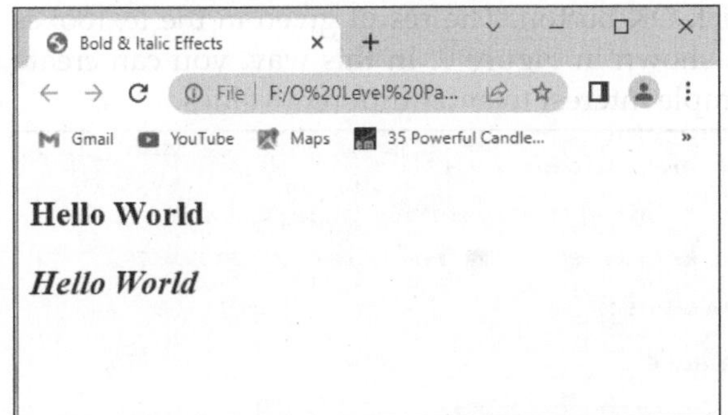

Figure 5: Output of the above program in browser window

4. Design a HTML page to display a picture. The picture should be removed from the screen after a mouse click on the picture.

Answer

1. Create a program code in Notepad+ as shown in Figure 6.

```
<!DOCTYPE html>
<html>
<head>
<title>Removing Picture</title>
</head>
<body>
<p><b>Click on this image</b></p>
<img src="Lotus.jpg" onclick="remove_image()"
id="img"/>
<script>
function remove_image()
```

Contd...

```
{
document.getElementById("img").remove();
}
</script>
</body>
</html>
```

Figure 6: Type the program in the Notepad+

2. After finished this code, click the File menu and choose Save. The Save dialog box appears, give the file as Pract11.html in the File name: text box and click Save.
3. Open the file location and run in the browser window as shown in Figure 7.
4. The picture get removed from the screen after a mouse click on the picture.

Figure 7: Output of the above program and open in the browser window

5. Create a HTML Document with JavaScript code that has three Textboxes and a button. The details should be accepted using textboxes are principal, rate of interest, and duration in years. When user clicks the OK Button a message box appears showing the simple interest of principal amount.

Answer

1. In html create a JavaScript code to create three textboxes and button. The details of textboxes are:
   - Principal
   - Rate of interest and
   - Duration in Years
2. If user clicks the OK button a message box appears showing the simple interest of principal amount.

3. Write a program code in Notepad+ as shown in Figure 8.

```
<!DOCTYPE html>
<html>
<head>
<title>Simple Interest Method Calculator</title>
</head>
```

4. To create text boxes and button, type the following code as follow:

```
<body>
Principal Amount:<input id="p"></br></br>
Rate of Interest:<input id="r"></br></br>
No. of Years:<input id="n"></br></br>
```

5. To create button use the button tag with onclick attribute to call function of simple interest calculate.

```
<button onclick="cal()">OK</button>
```

6. To create the final result, create a paragraph tag type the code:

```
<p id="result"></p>
</body>
```

7. Inside script tag to embed javascript code in the html document.

```
<script>
function cal()
{
p=document.getElementById("p").value;
n=document.getElementById("r").value;
r=document.getElementById("n").value;
result=document.getElementById("result");
result.innerHTML="The Simple Interest is:" +
(p*n*r/100);
}
</script>
</body>
</html>
```

8. After finished this code, click the File menu and choose Save. The Save dialog box appears, give the file as Pract12.html in the File name: text box and click Save.
9. Open the file location and run in the browser window as shown in Figure 8.

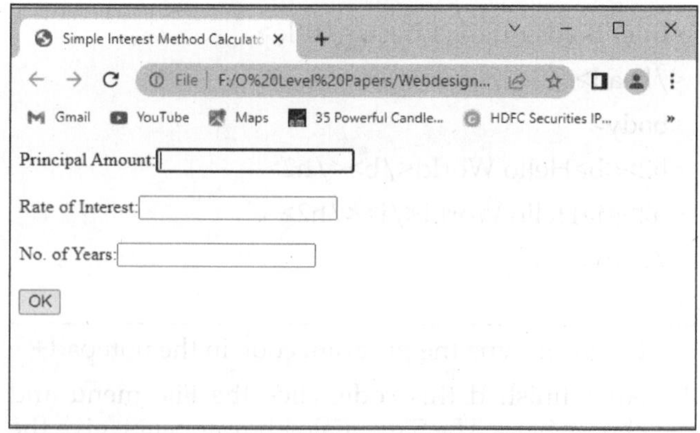

Figure 8: The output of the above program in the browser window

10. Now, enter the value in the Principal Amount as 5000, Rate of interest as 6% and No of years as 3 and click OK button. The result given in the textboxes as shown in Figure 9. In this way, you can create simple interest to enter different values.

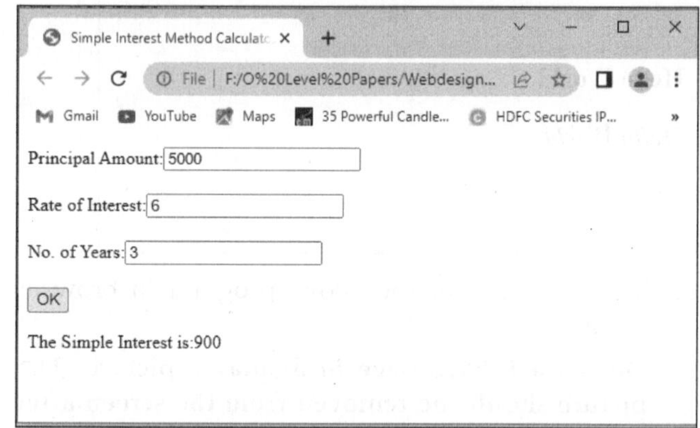

Figure 9: Simple Interest Calculation Method in the browser window

6. **Write a HTML Script to insert a hyperlink. Create a hyperlink in html which when clicked links to www.google.com in a new window.**

Answer

1. To use anchor tag, create a hyperlink to clicked links to open www.google.com in a new window.
2. Create a program code in the Notepad+ as shown in Figure 10.

```
<!DOCTYPE html>
<html>
<head>
<title>Creating Hyperlink</ title>
</ head>
```

Contd...

```
<body>
<a href="https://www.google.com" target="_
blank">Click on this Link</a>
</body>
</html>
```

Figure 10: Type the code in the Notepad+

3. After finished this code, click the File menu and choose Save. The Save dialog box appears, give the file as Pract13.html in the File name: text box and click Save.
4. Open the file location and run in the browser window as shown in Figure 11.
5. Click on this Link. It opens a new window of www.google.com website page as shown in Figure 12.

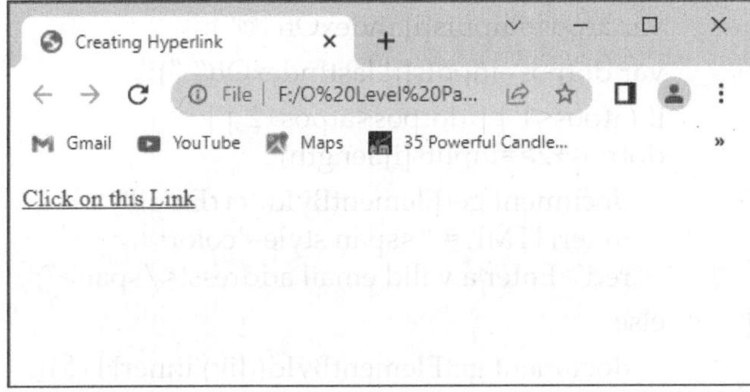

Figure 11: The output of the above program code open in the browser window

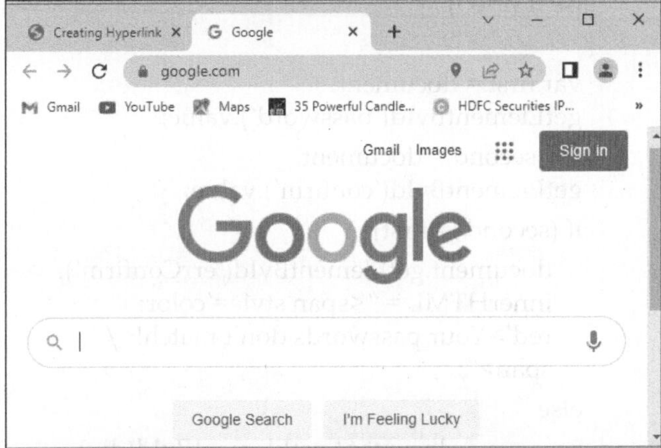

Figure 12: Google website opens in new window

7. Create a HTML file which displays three images at LEFT, RIGHT and CENTER respectively in the browser.

Answer

1. To create an html file to display three images at left, right and center in the browser window.
2. Create an html code in the Notepad+ as shown in Figure 13.

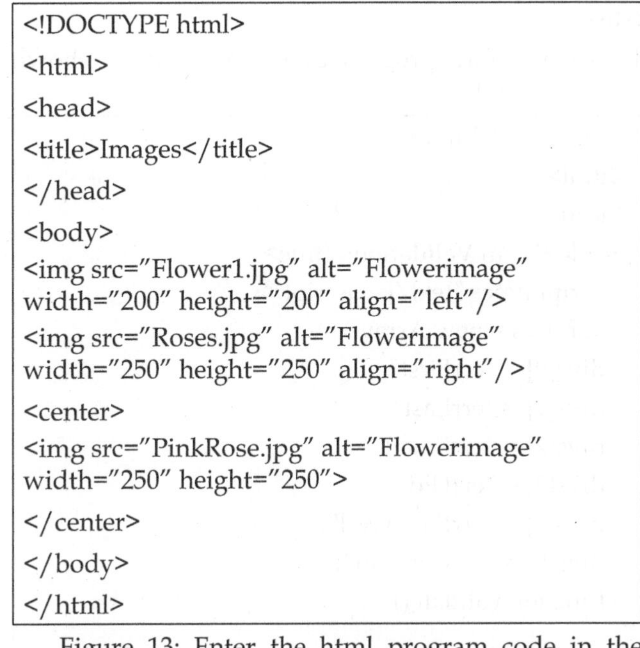

```
<!DOCTYPE html>
<html>
<head>
<title>Images</title>
</head>
<body>
<img src="Flower1.jpg" alt="Flowerimage"
width="200" height="200" align="left"/>
<img src="Roses.jpg" alt="Flowerimage"
width="250" height="250" align="right"/>
<center>
<img src="PinkRose.jpg" alt="Flowerimage"
width="250" height="250">
</center>
</body>
</html>
```

Figure 13: Enter the html program code in the Notepad+

3. After finished this code, click the File menu and choose Save. The Save dialog box appears, give the file as Pract14.html in the File name: text box and click Save.
4. Open the file location and run in the browser window as shown in Figure 14 .

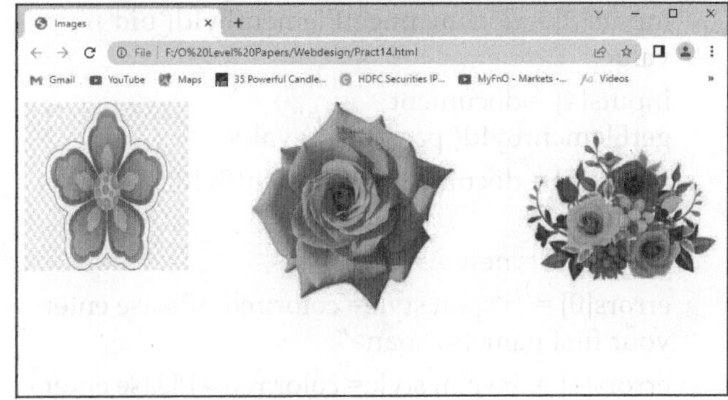

Figure 14: The result of the above program code in the browser window

8. Create a sample form program that collects the first name, last name, email, user id, password and confirms password from the user. All the inputs are mandatory and email address entered should be in correct format. Also, the values entered in the password and confirm password textboxes should be the same. After validating using JavaScript, in

output display proper error messages in red color just next to the textbox where there is an error.

Answer

1. Create a form program code in Notepad+ as shown in Figure 15.

```
<!DOCTYPE html>
<html>
<head>
 <title>Form Validation</title>
 <script type="text/javascript">
  var divs = new Array();
  divs[0] = "errFirst";
  divs[1] = "errLast";
  divs[2] = "errEmail";
  divs[3] = "errUid";
  divs[4] = "errPassword";
  divs[5] = "errConfirm";
  function validate()
     {
   var inputs = new Array();
   inputs[0] = document.getElementById('first').
   value;
   inputs[1] = document.getElementById('last').
   value;
   inputs[2] = document.getElementById('email').
   value;
   inputs[3] = document.getElementById('uid').
   value;
   inputs[4] = document.
   getElementById('password').value;
   inputs[5] = document.getElementById('confirm').
   value;
   var errors = new Array();
   errors[0] = "<span style='color:red'>Please enter
   your first name!</span>";
   errors[1] = "<span style='color:red'>Please enter
   your last name!</span>";
   errors[2] = "<span style='color:red'>Please enter
   your email!</span>";
   errors[3] = "<span style='color:red'>Please enter
   your user id!</span>";
   errors[4] = "<span style='color:red'>Please enter
   your password!</span>";
  errors[5] = "<span style='color:red'>Please
  confirm your password!</span>";
```

Contd...

```
for (i in inputs)
{
 var errMessage = errors[i];
errors[5] = "<span style='color:red'>Please
confirm your password!</span>";
for (i in inputs)
{
 var errMessage = errors[i];
 var div = divs[i];
 if (inputs[i] == "")
    document.getElementById(div).innerHTML
    = errMessage;
 else if (i==2)
 {
  var atpos=inputs[i].indexOf("@");
  var dotpos=inputs[i].lastIndexOf(".");
  if (atpos<1 || dotpos<atpos+2 ||
  dotpos+2>=inputs[i].length)
    document.getElementById('errEmail').
    innerHTML = "<span style='color:
    red'>Enter a valid email address!</span>";
  else
    document.getElementById(div).innerHTML
    = "OK!";
 }
 else if (i==5)
 {
  var first = document.
  getElementById('password').value;
  var second = document.
  getElementById('confirm').value;
  if (second != first)
    document.getElementById('errConfirm').
    innerHTML = "<span style='color:
    red'>Your passwords don't match!</
    span>";
  else
           document.getElementById(div).
           innerHTML = "OK!";
 }
 else
    document.getElementById(div).innerHTML
    = "OK!";
}
}
```

Contd...

```
    function finalValidate()
    {
     var count = 0;
     for(i=0;i<6;i++)
     {
      var div = divs[i];
      if(document.getElementById(div).
      innerHTML == "OK!")
      count = count + 1;
     }
     if(count == 6)
        document.getElementById("errFinal").
        innerHTML = "All the data you entered is
        correct!!!";
    }
  </script>
</head>
<body>
      <table id="table1">
   <tr>
    <td>First Name*:</td>
    <td><input type="text" id="first"
    onkeyup="validate();" /></td>
    <td><div id="errFirst"></div></td>
   </tr>
   <tr>
    <td>Last Name*:</td>
    <td><input type="text" id="last"
    onkeyup="validate();"/></td>
    <td><div id="errLast"></div></td>
   </tr>
   <tr>
    <td>Email*:</td>
    <td><input type="text" id="email"
    onkeyup="validate();"/></td>
    <td><div id="errEmail"></div></td>
   </tr>
   <tr>
    <td>User Id*:</td>
    <td><input type="text" id="uid"
    onkeyup="validate();"/></td>
    <td><div id="errUid"></div></td>
   </tr>
   <tr>
```

Contd...

```
    <td>Password*:</td>
    <td><input type="password" id="password"
    onkeyup="validate();"/></td>
    <td><div id="errPassword"></div></td>
   </tr>
   <tr>
    <td>Confirm Password*:</td>
    <td><input type="password" id="confirm"
    onkeyup="validate();"/></td>
    <td><div id="errConfirm"></div></td>
   </tr>
   <tr>
    <td><input type="button" id="create"
    value="Submit" onclick="validate();finalVali
    date();"/></td>
    <td><div id="errFinal"></div></td>
<tr>
<td><input type="button" id="Reset" value="Reset"
onclick="validate();finalValidate();"/></td>
<td><div id="errFinal"></div></td>
 </tr>
</tr>
</table>
</body>
</html>
```

Figure 15: Type the program code in the Notepad

2. After finished this code, click the File menu and choose Save. The Save dialog box appears, give the file as Pract25.html in the File name: text box and click Save.
3. Open the file location and run in the browser window as shown in Figure 16.

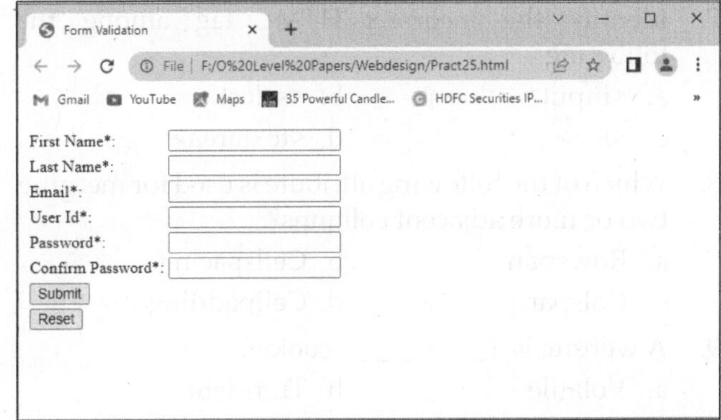

Figure 16: The result of the above program code in the browser window

MCQ & Practical Assignment – 3

Multiple Choice Questions

1. The <font> tag is similar to ________.
   a. <BIG> tag
   b. <SMALL> tag
   c. <Marquee> tag
   d. <BIG> and <Small> tag
2. The HTML and HTTP standard are defined by __________.
   a. Web client b. Internet Association
   c. WWW consortium d. WWW
3. The tag used to add images to the HTML document is ________.
   a. <Font> b. <HR>
   c. <H1> d. <IMG>
4. The _______ passes the information given by the user to a specified program.
   a. User b. Programmer
   c. Web server d. Browser
5. Why were cookies designed?
   a. For server-side programming
   b. For client-side programming
   c. Both (a) and (b)
   d. None of the above
6. What are variables used in JavaScript programs?
   a. Varying randomly
   b. Storing numbers, dates, and other values
   c. Used as header files
   d. None of the above
7. Identify the incorrect HTML tag among the following.
   a. <input> b. <select>
   c. <list> d. <textarea>
8. Which of the following attribute is used for merging two or more adjacent columns?
   a. Rowspan b. Cellspacing
   c. Colspan d. Cellpadding
9. A website is a _________ cookie.
   a. Volatile b. Transient
   c. Intransient d. Non-volatile
10. When is the body tag used?
    a. After FORM tag b. After title tag
    c. After EM tag d. After Head tag
11. The MIME text file is saved with which of the following extension?
    a. THM extension b. HTML extension
    c. HTM extension d. None of the above
12. Identified among the following which creates push button.
    a. Reset b. Checkbox
    c. Input d. Radio
13. What is the effect of the <b> tag?
    a. It converts the text within it to a bold tag
    b. It is used to write black-colored font
    c. It is used to change the font size
    d. None of the above
14. What are the attributes used to change the size of an image?
    a. Big and Small b. Width and height
    c. Top and Bottom d. None of the above
15. Which HTML element is used to define description data?
    a. \<li> b. \<ol>
    c. \<dd> d. \<dl>
16. Identify the function in JavaScript which is used to send messages to users requesting for text input?
    a. Alert() b. Prompt()
    c. Display() d. Getinput()
17. Identify the total standard color names that HTML supports.
    a. 30 b. 70 c. 140 d. 120
18. What is the usage of alt value in <img> tag?
    a. Alternative text for an image
    b. Alternative source of an image
    c. Caption of an image
    d. All of the above
19. How to set a picture as a background webpage?
    a. <body background="bgimage.gif">
    b. <body background image = "bgimage.gif"
    c. <background="bgimage.gif">
    d. <background image="bgimage.gif">

20. Which of the following is not an example of browser?
    a. Netscape Navigator b. Microsoft Bing
    c. Mozila Firefox d. Opera
21. Basic fundamental block is called as ________.
    a. HTML tag b. HTML body
    c. HTML attribute d. HTML element
22. Title tag is nested within the __________ tag.
    a. Body b. Head
    c. List d. table
23. Default font size of a HTML is _________.
    a. 2 b. 4 c. 6 d. 3
24. ________ property defines the space between cells in a table.
    a. border b. Border-spacing
    c. Border-style d. None of the above
25. Which of the following CSS property specifies whether the labels for an element list items are positioned inside or outside the box defined by the listed item?
    a. Line-style b. List-position
    c. List-style-position d. All of the above
26. Which of the following property is used to control the space between the border and content in a table?
    a. Border b. Margin
    c. Padding d. resize
27. P {line-height: 150%;}. What type of selector is used in this case?
    a. Class Selectors b. Element selectors
    c. Id selectors d. None of the above
28. By applying an _______ a style can be applied to just a single tag.
    a. Class rule b. Element rule
    c. Id rule d. None of the mentioned
29. P {strong {background-color: yellow;}
    a. Strong have yellow background
    b. Strong element within a p element have a yellow background
    c. Both p and strong have yellow background
    d. None of the mentioned
30. Which of the following selectors selects any tag with an id attribute set?
    a. E#id b. .class c. #id d. *
31. HSL color value stands for _________.
    a. Hex, Saturation and Lightness
    b. Hex, Solid and Lightness
    c. Hue, solid and Lightness
    d. Hue, Saturation and Lightness
32. Which CSS property sets the opacity for the whole element?
    a. Alpha b. Opacity-value
    c. Opacity d. Background-opacity
33. AngularJS is perfect for ________.
    a. Create single page applications
    b. Creating a desktop application
    c. Create web services
    d. None of these
34. AngularJS is a __________.
    a. HTML framework
    b. .Net framework
    c. Javascript framework
    d. Oracle framework
35. Who developed AngularJS?
    a. Jesse James Garrett b. Douglas Crockford
    c. Misko Hevery d. Brendan Eich
36. Which is the correct syntax to write an AngularJS expression using the ng-bind directive?
    a. ng-bind="expression"
    b. ng-bing={expression}
    c. Ng-bindd={"expression"}
    d. Ng-bind="{{expression}}
37. An AngularJS module defines as __________.
    a. Expression b. Application
    c. Element d. None of the above
38. Valid IP address for a computer is 130.1.1.1.
    a. True b. False
39. Client sends the request in the form of URLs to the server.
    a. True b. False
40. All {background-color:yellow;} to make the background-color of all paragraph element to yellow.
    a. True b. False
41. CSS stands for Cascading Styles sheets
    a. True b. False
42. text-shadow is the CSS property is used to add shadows to the text.
    a. True b. False

43. Like all tags, the <img> requires a closing tag.
    a. True b. False
44. To add a caption to a table, you use the caption attribute in the opening table tag.
    a. True b. False
45. A group of frames is called a frameset.
    a. True b. false
46. Radio buttons are small, round buttons that enable users to select a single option from a list of choices.
    a. True b. False
47. The rows attribute identifies the visible width of a text area based on an average character width.
    a. True b. False
48. The a:vlink select enables you to change the color of the links on your page after someone has clicked them.
    a. True b. False
49. Is it the best way to include H1 heading only one time in the web page.
    a. True b. False
50. Src attribute specifies the URL of the linked resource.
    a. True b. False
51. JavaScript is the programming language of the ________.
    a. Desktop b. Mobile
    c. Web d. Server
52. Which symbol is used separate javascript statements?
    a. Comma (,) b. Colon(☺
    c. Hyphen(_) d. Semicolon(;)
53. JavaScript ignores?
    a. Newlines b. Tabs
    c. Spaces d. All of the above
54. Which JavaScript method is used to access an HTML element by id?
    a. getElementById()
    b. getElemnet(id)
    c. getElementById(id)
    d. elementByid(id)
55. Which property is used to define the HTML content to an HTML element with a specific id?
    a. innerText b. innerContent
    c. elementText d. innerHTML
56. Which JavaScript method is used to write HTML output?
    a. document.write()
    b. Document.output()
    c. Console.log()
    d. Document.writeHTML()
57. Which javascript method is used to write into an alert box?
    a. Window.alertHTML()
    b. Window.alert()
    c. Window.alertBox()
    d. Window.alertContent()
58. Which is the correct syntax to create a module?
    a. var variable_name = angular.module("app_name",[]);
    b. var = angular.module("app_name",[]);
    c. var variable_name = angular.module("app_name",);
    d. Var = angular.module("app-name", {});
59. In the below given statement, "myApp" parameter refers to ________.
    a. A javascript code in which the application will run
    b. A JSON file
    c. An HTML element in which the application will run
    d. SQL queries
60. Which prefix is used with the AngularJS directives?
    a. Ag- b. Ng-
    c. Aj- d. All of the above
61. Which directive initializes an AngularJS applications?
    a. Ng-app b. Ng-init
    c. Ng-model d. Ng-application
62. Which directive initialized application data?
    a. Ng-app b. Ng-init
    c. Ng-model d. Ng-application
63. An element is composed of ________.
    a. Opening tag, closing tag
    b. Opening tag, content, closing tag
    c. Opening tag, content
    d. Content, closing tag
64. In CSS what does "color:red" can be called as
    a. Selector b. Rule
    c. Declaration d. None of the above

65. In CSS what does "font-size" can be called as
    a. Selector b. Rule
    c. Property d. Property-Name
66. Which of the following property is used as the shorthand property of margin properties?
    a. Margin-right b. Margin-left
    c. Margin d. None of the above
67. The CSS property used to make the rounded borders, or rounded corners around an element is ________.
    a. Border-radius b. Border-collapse
    c. Border-spacing d. None of the above
68. On Internet, which version of the Internet Protocol is the most widely used
    a. IPv1 b. IPv2 c. IPv6 d. IPv4
69. Which directive repeats an HTML element?
    a. Ng-repeats b. Ng-iterate
    c. Ng-model d. Ng-repeat
70. Which directive defines the application controller?
    a. Ng-control b. Ng-controller
    c. Ng-NewController d. None of the above
71. Which method of $location service is used to get the URL without base prefix?
    a. url() b. Url()
    c. WebUrl() d. absUrl()
72. Which AngularJS directive is used to define AngularJS code that will be executed when the element is being clicked?
    a. Ng-click b. Ng-mouseOver
    c. Ng-mouseClick d. Ng-mouse
73. Which is the correct JavaScript statement to display "Hello World!" into an alert box?
    a. Alert("Hello World!");
    b. Alert('Hello World!');
    c. Alert(text:'Hello World!');
    d. Both (a) and (b)
74. What is the user of this JavaScript statement?
    <button onclick="window.print()">Submit</button>
    a. It will write "Submit" on the current window
    b. It will print the content of the current page
    c. It will write the content of the current page in the browser console
    d. None of the above
75. Which HTML tag would be used to display power in expression (A+B)2?
    a. <SUP> b. <SUB>
    c. <B> d. <P>
76. In HTML, uniform resource identifier is used to:
    a. To create a frame document
    b. To create a image map in the webpage.
    c. To customize the image in the webpage
    d. To identify a name or a resource on the internet
77. CSS is an acronym for:
    a. Cascading Style sheet
    b. Constume style sheet
    c. Cascading system style
    d. None of the above
78. What is the use of Forms in HTML?
    a. To display contents of email
    b. To display animation effect
    c. To collect user's input
    d. None of the above
79. What is the use of iframe in HTML?
    a. To display a web page within a web page
    b. To display a web page with animation effect
    c. To display a web page without browser
    d. All of the above
80. Which HTML tag will use to scroll a text in web page?
    a. <marquee>…</marquee>
    b. <scroll>…</scroll>
    c. <round>…</round>
    d. <go>…</go>
81. What is empty elements in HTML?
    a. An elements with no tag
    b. An elements with no type
    c. An elements with no content
    d. An elements with no comment
82. What does the DOCTYPE declaration defines in HTML?
    a. It defines the document property
    b. It defines the document type
    c. It defines the document size
    d. It defines the document style
83. The use of <EMBED> tag is:
    a. It displays server information
    b. It puts a server plugin in the page

c. It puts a browser plugin in the page
d. It displays sounds and movies in the page

84. The uses of <mar> tag is:
a. To display movies in the page
b. To highlight parts of the text
c. To underline parts of the text
d. To display graphics in the page

85. What is Cell padding in HTML?
a. It specifies the space between the cell content and its borders.
b. It specifies the space between the cell content and its headings.
c. It specifies the space between the cell content and its formatting.
d. It specifies the space between the cell content and its descriptions.

86. In HTML an iframe is used to:
a. Display a link within a link
b. Display a table within a table
c. Display a picture within a picture
d. Display a web page within a web page

87. The <head> element is a container for ________.
a. Links b. webpages
c. Metadata d. Pictures

88. The function setcookie() is used to ________.
a. Enable or disable cookie support
b. Declare cookie variables
c. Store data in cookie variables
d. Clear data from cookie variables

89. Which JavaScript method is used to get a number as a string?
a. toString() b. intToString()
c. parseInteger() d. All of the above

90. Which JavaScript operator is used to determine the type of a variable?
a. typeof b. TypeOf
c. typeOf d. sizeof

91. Which CSS function performs a calculation to be used as the property value?
a. sum() b. add()
c. calc() d. addition()

92. Which CSS function uses the largest value?
a. large() b. maximum()
c. max_value() d. max()

93. Among the following CSS properties, which property is not a shorthand property?
a. Background b. Padding
c. Display d. border

94. A ________ is used to define a special state of an element.
a. Pseudo-tag b. Pseudo-id
c. Pseudo-class d. Pseudo-element

95. The ________ property specifies the type of positioning method used for an element.
a. Align b. Float
c. Position d. padding

96. Which of the following selector selects the element that is the first child of its parent that is of its type?
a. :last-child b. ::first-line
c. :first-of-type d. ::first-letter

97. Which of the following property adds padding to the top of an element?
a. Top b. Height
c. Padding-top d. Padding-height

98. The ________ attributed lets you turn off scrolling in a frame.
a. Scrollbar b. Scrolling
c. Offscroll d. None of the above

99. Which inline function embeds an independent html document into current document?
a. <div> b. <span>
c. <form> d. <iframe>

100. Which of the following is a tag used
a. <frame> b. <nogrames>
c. <frameset> d. All of the above

Answers to Multiple Choice Questions

1.	d	2.	c	3.	d	4.	c	5.	a
6.	b	7.	c	8.	c	9.	b	10.	d
11.	b	12.	a	13.	a	14.	b	15.	c
16.	b	17.	c	18.	a	19.	a	20.	b
21.	a	22.	b	23.	d	24.	b	25.	c
26.	c	27.	b	28.	c	29.	b	30.	c
31.	d	32.	c	33.	a	34.	c	35.	c
36.	a	37.	b	38.	a	39.	a	40.	b
41.	b	42.	a	43.	b	44.	b	45.	a
46.	a	47.	b	48.	a	49.	a	50.	b
51.	c	52.	d	53.	d	54.	c	55.	d

56.	a	57.	b	58.	a	59.	c	60.	b
61.	a	62.	b	63.	b	64.	c	65.	d
66.	c	67.	a	68.	d	69.	d	70.	b
71.	a	72.	a	73.	d	74.	b	75.	a
76.	d	77.	a	78.	c	79.	a	80.	a
81.	c	82.	b	83.	c	84.	b	85.	a
86.	d	87.	c	88.	c	89.	a	90.	a
91.	c	92.	d	93.	c	94.	c	95.	c
96.	c	97.	c	98.	b	99.	d	100.	c

Sample Practical Questions with Answers

1. **Create table with ROWSPAN and COLSPAN attribute of TABLE in HTML(Prepare timetable of your class). Include CELLSPACING & CELL PADDING.**

Answer

Steps to create a Table

1. Create a <html> tag.
2. Create a table using the tags <table></table>
3. Create rows in the table using <tr>. This is the row tag </tr>
4. Insert the data into rows using <td> Table Data </td> tags.
5. Close the table tag.
6. Close the html tag </html>
7. Now, you can also add the styling elements such as font color, background color, image etc.
   - In the table to add attributes that are added:
   - Align: It aligns left, right, center
   - Border: to set the border of a table.
   - Bgcolor: to sets the background color for a cell or whole table.
   - Colspan: To set the number of columns to be spanned.
   - Rowspan: To set the number of rows to be spanned.
   - Cellspacing: It creates space between the cells.
   - Cellpadding: It creates space within the cells.
   - Background: To sets the table background with an image.
   - Width: To set width of the table.
   - Height: To set height of the table.
8. Open the Notepad+ and type the following program code of table as shown in Figure 1.

```
<!DOCTYPE html>
<html>

<body>
<h1 align="center">Time Table</h1>
<table border="5" cellspacing="1" cellpadding="1"
align="center">
<tr>
 <td align="center" height="60"
 width="100"><br>
 <b>Day/Period</b></br>
 </td>
 <td align="center" height="60"
 width="100">
```

Figure 1: Type the table html code in the Notepad+

```
 <b>I<br>9:30-10:20</b>
 </td>
 <td align="center" height="60"
 width="100">
 <b>II<br>10:20-11:10</b>
 </td>
 <td align="center" height="60"
 width="100">
 <b>III<br>11:10-12:00</b>
 </td>
 <td align="center" height="60"
 width="100">
 <b><br>12:00-12:40</b>
 </td>
 <td align="center" height="60"
 width="100">
 <b>IV<br>12:40-1:30</b>
 </td>
 <td align="center" height="60"
 width="100">
 <b>V<br>1:30-2:20</b>
 </td>
```

Contd...

```
<td align="center" height="60"
width="100">
<b>VI<br>2:20-3:10</b>
</td>
<td align="center" height="60"
width="100">
<b>VII<br>3:10-4:00</b>
</td>
</tr>
<tr>
<td align="center" height="50">
<b>Monday</b></td>
<td colspan="2" align="center" height="50">LAB</
td>
<td align="center" height="50">Maths</td>
<td rowspan="6" align="center" height="50">
<h2>L<br>U<br>N<br>C<br>H</h2>
</td>
<td align="center" height="50">Physics</td>
<td colspan="2" align="center"
height="50">LAB</td>
<td align="center" height="50">Physics</td>
</tr>
<tr>
<td align="center" height="50">
<b>Tuesday</b>
</td>
<td colspan="3" align="center"
height="50">LAB
</td>
<td align="center" height="50">Maths</td>
<td align="center" height="50">Chemistry</td>
<td align="center" height="50">English</td>
<td align="center" height="50">Sports</td>
</tr>
<tr>
<td align="center" height="50">
<b>Wednesday</b>
</td>
<td align="center" height="50">English</td>
```

Contd...

```
<td align="center" height="50">Hindi</td>
<td align="center" height="50">Maths</td>
<td align="center" height="50">Sports</td>
<td colspan="3" align="center"
height="50">LAB
</td>
</tr>
<tr>
<td align="center" height="50">
<b>Thursday</b>
</td>
<td align="center" height="50">Chemistry</td>
<td align="center" height="50">English</td>
<td align="center" height="50">Physics</td>
<td colspan="3" align="center"
height="50">LAB
</td>
<td align="center" height="50">Maths</td>
</tr>
<tr>
<td align="center" height="50">
<b>Friday</b>
</td>
<td align="center" height="50">Physics</td>
<td colspan="2" align="center" height="50">LAB
</td>
<td align="center" height="50">Chemistry</td>
<td align="center" height="50">Maths</td>
<td align="center" height="50">English</td>
<td align="center" height="50">Hindi</td
</tr>
<tr>
<td align="center" height="50">
<b>Saturday</b>
</td>
<td colspan="2" align="center" height="50">
SEMINAR
</td>
<td align="center" height="50">English</td>
<td align="center" height="50">Sports</td>
```

Contd...

```
  <td align="center" height="50">Physics</td>
  <td align="center" height="50">Chemistry</td>
  <td align="center" height="50">Maths</td>
</tr>
</table>
</body>
</html>
```

9. After finished this code, click the File menu and choose Save. The Save dialog box appears, give the file as Pract15.html in the File name: text box and click Save.
10. Open the file location and run in the browser window as shown in Figure 2.

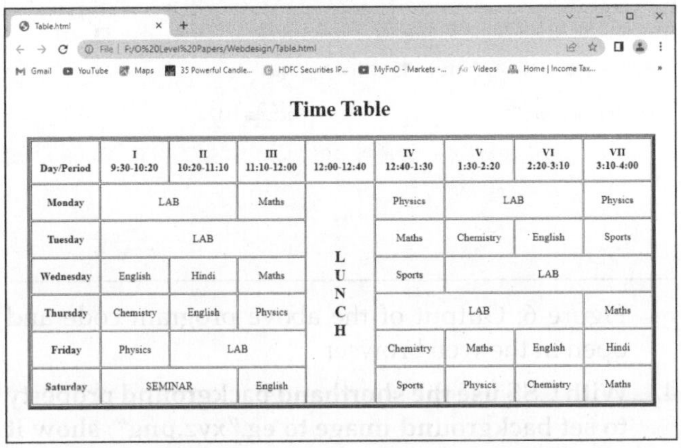

Table.html

F:/O%20Level%20Papers/Webdesign/Table.html

Gmail YouTube Maps 35 Powerful Candle... HDFC Securities IP... MyFnO - Markets -... Videos Home | Income Tax...

Time Table

Day/Period	I 9:30-10:20	II 10:20-11:10	III 11:10-12:00	12:00-12:40	IV 12:40-1:30	V 1:30-2:20	VI 2:20-3:10	VII 3:10-4:00
Monday	LAB		Maths	L U N C H	Physics	LAB		Physics
Tuesday	LAB				Maths	Chemistry	English	Sports
Wednesday	English	Hindi	Maths		Sports	LAB		
Thursday	Chemistry	English	Physics		LAB			Maths
Friday	Physics	LAB			Chemistry	Maths	English	Hindi
Saturday	SEMINAR		English		Sports	Physics	Chemistry	Maths

Figure 2: Output of the above program code and open in the web browser

2. **Write a program in JavaScript to generate series of prime numbers.**

Answers

1. Open the Notepad+ and type the program code to generate series of prime numbers as shown in Figure 3.

```
<head>
<title>JavaScript to print prime Numbers</title>
<script>
function Prime()
{
var i, j=0;
```

Contd...

```
limit=document.getElementById('limit').value;

for (i=1;i<=limit;i++)
{
c=0;
for (j=1;j<=i;j++)
{
if(i%j==0)
{
c++;
}
}
if(c==2)
{
document.getElementById('result').insertAdjacent
HTML('beforeend',i + '<br>');
}
}
}
</script>
</head>
<body>
<h3>Print Prime Numbers </h3>
Enter the Limit:<input type="number" name="limit"
id="limit" min="0" style="width:100px;"/> 
<input type="Submit" value="Print Prime Numbers"
onclick="Prime()" name="print"/>
<div id="result"></div>
</body>
</html>
```

Figure 3: Type the program code in the Notepad+ to generate series of prime numbers

2. After finished this code, click the File menu and choose Save. The Save dialog box appears, give the file as Pract18.html in the File name: text box and click Save.
3. Open the file location and run in the browser window as shown in Figure 4. For example, type the number in the Enter the limit: text box say, 18 and click Print Prime Numbers button you will see the result as shown in Figure 4.

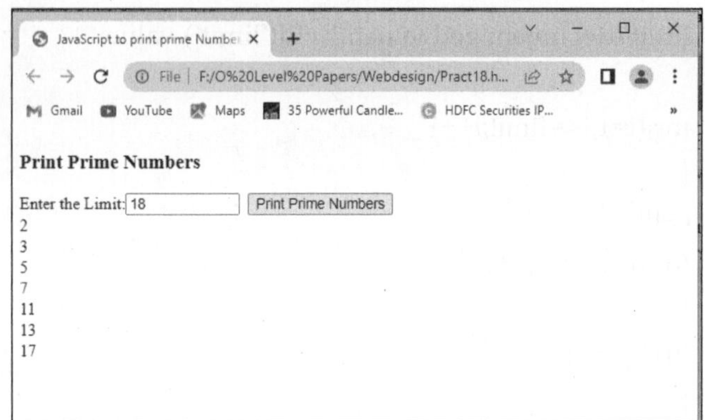

Figure 4: Output of the above program code and open in the web browser

3. Write a program in Java Script to print factorial.

Answer

1. Open the Notepad+ and type the program code to print factorial as shown in Figure 5.

```
!DOCTYPE html>
<html>
<head>
<title>Print Factorial</title>
<script>
function fact()
{
(contd…)
var i,no,fact1;
fact1=1;
no=Number(document.getElementById("num").
value);
for(i=1;i<=no;i++)
{
fact1 = fact1 *i;
}
document.getElementById("answer").value=fact1;
}
</script>
</head>
<body>
Enter the number:<input id="num">
<button onclick="fact()">Factorial</button>
<input id="answer">
```

Contd...

```
</body>
</html>
```

Figure 5: Type the program code in the Notepad+ to print factorial of given number

2. After finished this code, click the File menu and choose Save. The Save dialog box appears, give the file as Pract16.html in the File name: text box and click Save.
3. Open the file location and run in the browser window as shown in Figure 6. For example, type the number in the Enter the number: text box say, 5 and click Factorial button you will see the result as shown in Figure 6.

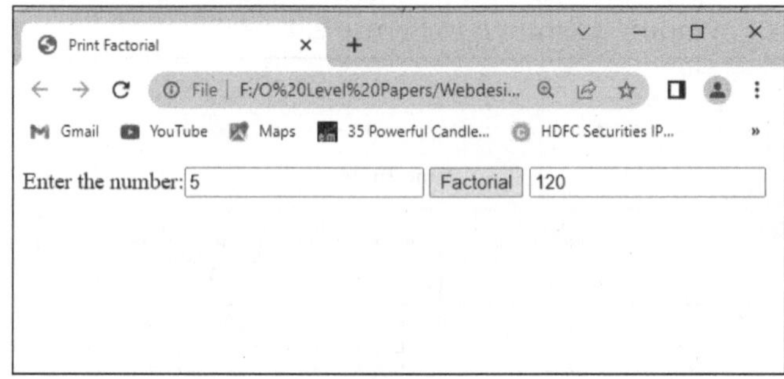

Figure 6: Output of the above program code and open in the web browser

4. With CSS use the shorthand background property to set background image to eg."xyz.png", show it once, in the top right corner.

Answer

1. To use CSS use the shorthand background property to set background image and show it once, in the top right corner.
2. Open the Notepad+ and type the program code as shown in Figure 7.

```
<!DOCTYPE html>
<html>
(Contd…)
<head>
<title>CSS Background Shorthand Property</title>
<style>
body
{
background :yellow url("Lotus.jpg") no-repeat right
top;
```

Contd...

```
margin-right: 200px;
}
</style>
</head>
<body>
<h2>Background Property</h2>
<p>The background shorthand property is a way to specify the values of multiple CSS background properties in a single declaration.</p>

<p>Here, the background image is only shown once, and it is also positioned in the top-right corner.</P>

<p>We have also added a right margin, so that the text will not write over the background image.</p>
</body>
</html>
```

Figure 7: Type the program code in the Notepad+ to

3. After finished this code, click the File menu and choose Save. The Save dialog box appears, give the file as Pract17.html in the File name: text box and click Save.
4. Open the file location and run in the browser window as shown in Figure 8.

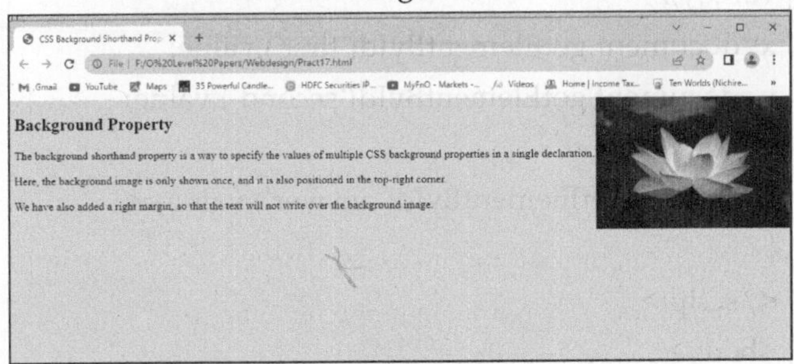

Figure 8: Output of the above program code and open in the web browser

5. **Write a JavaScript program to display the current day and time in the following format.**

   Sample Output: Today is: Tuesday

   Current time is: 10 PM: 30:38

Answer

The task is to print the system's current day and time in the following format (Time in hours, minutes and milliseconds).

Declaring a JavaScript date: In JavaScript Date objects are based on a time value that is the number of milliseconds since 1 January, 1970 UTC. You can declare a date in the following ways:

New Date();

New Date(value);

New Date(dateString);

New Date(year, month [, day[, hour[, minutes[, seconds[, milliseconds]]]]]);

- To use getDay() function to create an array of days in a week. It returns a number of day like 0 for Sunday, 1 for Monday and so on). Convert it into AM or PM using ternary operator.
- To use getHours() method to get the hour value between 0 to 23. It returns an integer value. Minutes and milliseconds were printed using getMinutes() and getMilliseconds() functions respectively.
- The getMinutes() method is used to get the minutes in the specified date according to local time. The value returned by getMinutes() is an integer between 0 and 59.
- The getSeconds() method is used to get the seconds in the specified date according to local time. The value returned by getSeconds() is an integer between 0 and 59.
- AM and PM : AM stands for 'ante meridiem', which means 'before noon' in Latin, while PM stands for 'post meridiem', which means 'after noon' in Latin.
- 12-Hour Periods : Nowadays most clocks are 12-hour clocks and they divide the 24 hours in a day into two 12-hour periods.

1. Open the Notepad+ and type the program code as shown in Figure 9.

```
<!DOCTYPE html>
<html>
<head>
<title>Print current day and time</title>
</head>
<body>
<script type="text/javascript">
    var myDate = new Date();
    var myDay = myDate.getDay()
```

Contd...

```
// Array of days.
  var weekday = ['Sunday', 'Monday',
  'Tuesday','Wednesday', 'Thursday', 'Friday',
  'Saturday'];
  document.write("Today is : " +
   weekday[myDay]);
  document.write("<br/>");
// get hour value.
  var hours = myDate.getHours();
  var ampm = hours >= 12 ? 'PM' : 'AM';
  hours = hours % 12;
  hours = hours ? hours : 12;
  var minutes = myDate.getMinutes();
  minutes = minutes < 10 ? '0' + minutes : minutes;
  var myTime = hours + "   " + ampm + " : " +
  minutes +
   " : " + myDate.getMilliseconds();
  document.write("\tCurrent time is : " + myTime);
</script>
</body>
</html>
```

Figure 9: Type the program code in the Notepad+ to display current Day and Time

2. After finished this code, click the File menu and choose Save. The Save dialog box appears, give the file as Pract19.html in the File name: text box and click Save.
3. Open the file location and run in the browser window as shown in Figure 10.

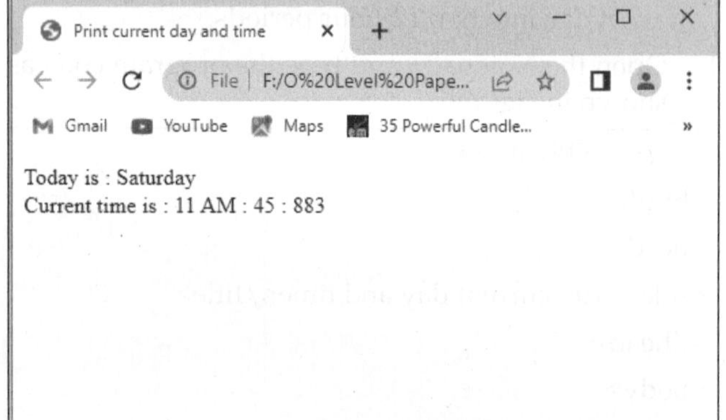

Figure 10: Output of the above program code and open in the web browser

6. **Write a program to sum and multiply of two numbers using JavaScript.**

Answer

1. Open the Notepad+ and type the program code to sum and multiply of two numbers using JavaScript as shown in Figure 11.

```
<!DOCTYPE html>
<html>
<head>
<title>To Add and Multiply two numbers</title>
</head>
<script>
function add()
{
var x,y,z;
x=document.getElementById('first').value;
y=document.getElementById('second').value;
z=x+y;
document.getElementById('answer').value=z;
}
function Mul()
{
var x,y,z;
x=document.getElementById('first').value;
y=document.getElementById('second').value;
z=x*y;
document.getElementById('answer').value=z;
}
</script>
<body>
Enter the First Number:<input id="first"> </br></
   br>
Enter the Second Number:<input id="second"> </
   br></br>
<button onclick="add()">Add</button>
<button onclick="Mul()">Multiply</button>
<input id="answer">
</body>
</html>
```

Figure 11: Type the program code in the Notepad+ to add and multiply of two numbers

2. After finished this code, click the File menu and choose Save. The Save dialog box appears, give the file as Pract20.html in the File name: text box and click Save.
3. Open the file location and run in the browser window as shown in Figure 12. For example, enter the first number say, 7 and then enter the second number say, 3. Next click Add button to get result as shown in Figure 12.

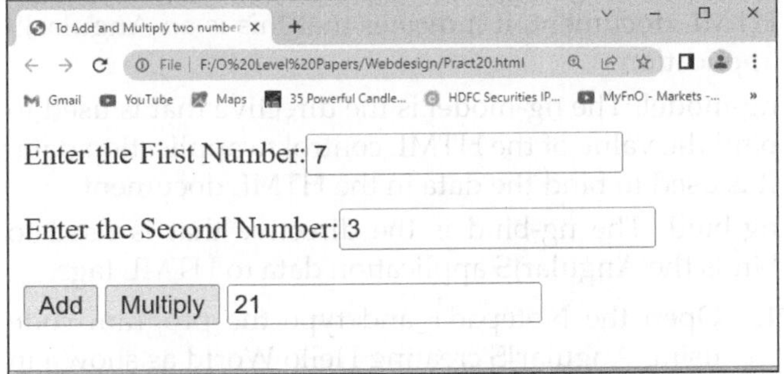

Figure 12: Output of the above program code and open in the web browser

7. Write a program to redirect, popup and print function in JavaScript.

Answer

1. Open the Notepad+ and type the program code to redirect, popup and print function using JavaScript as shown in Figure 13.

```
<!DOCTYPE html>
<html>
<head>
<title>Redirect, Popup and Print</title>
</head>
<body>
<button type="Submit" name="Submit" onclick="
R()">Page Redirect</button>
<button type="Submit" name="Submit" onclick="
p()">Page Print</button></br></br></br>
<button type="alert" name="alert" onclick="
alertpopup()">Alert</button>
<button type="Prompt" name="Prompt" onclick="
promptpopup()">Prompt</button>
<button type="Confirm" name="Confirm" onclick="
confirmpopup()">Confirm</button>
```

Contd...

```
<script type="text/javaScript">

function R()
{
window.open("Pract14.html", "_self")
}
function p()
{
window.print();
}
function alertpopup()
{
alert("This is alertpopup, it is output dialogue box")
}
function promptpopup()
{
var st=prompt("Enter any string:")
alert(st);
}
function confirmpopup()
{
var c = confirm("Do you wish to Continue")
if (c==true)
alert("You pressed OK button")
else
alert("You pressed Cancel button")
}
</script>
</body>
</html>
```

Figure 13: Type the program in the Notepad+

2. After finished this code, click the File menu and choose Save. The Save dialog box appears, give the file as Pract21.html in the File name: text box and click Save.
3. Open the file location and run in the browser window as shown in Figure 14. For example, if you click the Page Redirect, it opens the previous pract14.html file as shown in Figure 15.

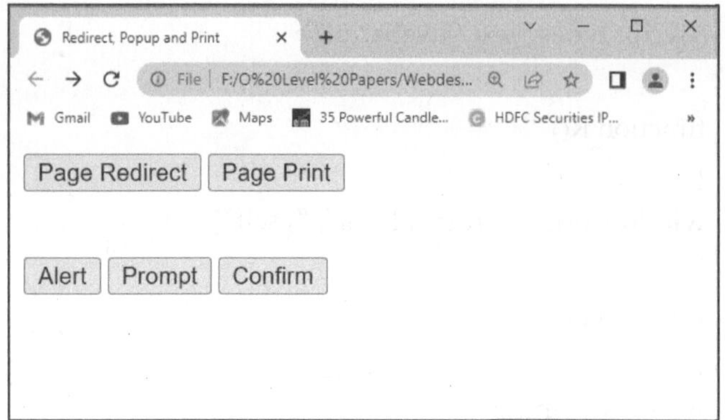

Figure 14: Output of the above program code and open in the web browser

Figure 15: Click the Page Redirect it opens pract14.html file

4. Click the backward button, Next click Page Print, it opens page print dialog box to print the html file.
5. Click Alter button, it opens the alert popup dialogue box opens. Click OK
6. Click Prompt button, it opens enter any string: text box, for example enter the name say, Hi, Satish Jain and then click OK button, it appears as shown in Figure 16.
7. Click Confirm button, it opens and says do you wish to continue, if you click OK, you pressed OK button. Else, if you click Cancel, it appears, you pressed Cancel button.

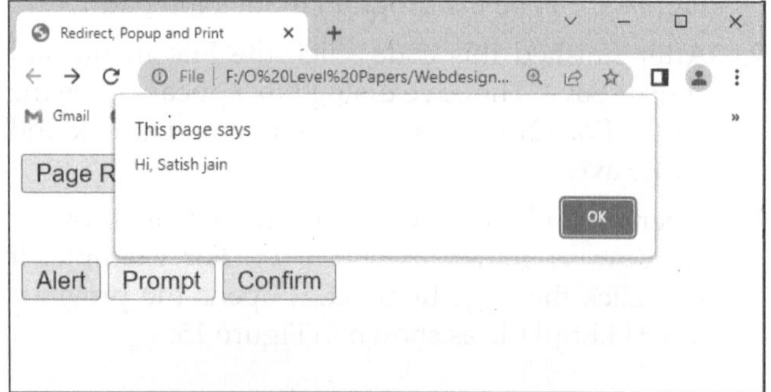

Figure 16: String popup message

8. Create your first "Hello world" application in AngularJS.

Answer

Application using Angular JS, before creating Hello world let us discuss the parts of an AngularJS application.

It consists of following three parts:

ng-app: The ng-app is the directive that is used to define the AngularJS application. By placing this in the HTML document, it indicates that this is an AngularJS application.

ng-model: The ng-model is the directive that is used to bind the value of the HTML control to application data. It is used to bind the data in the HTML document.

ng-bind: The ng-bind is the directive that is used to binds the AngularJS application data to HTML tags.

1. Open the Notepad+ and type the program code using AngularJS creating Hello World as shown in Figure 17.

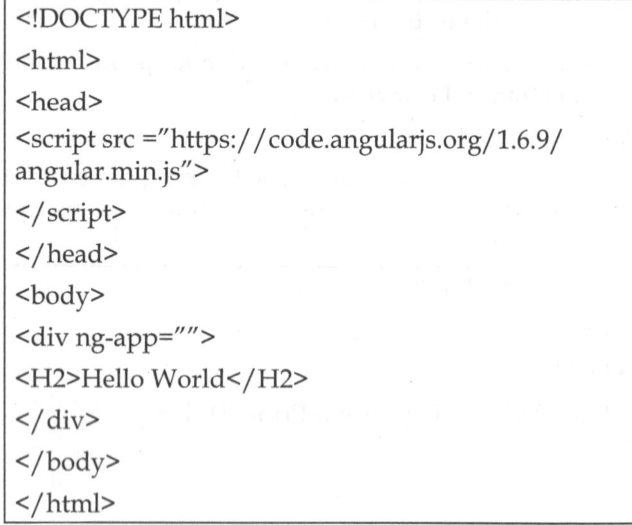

```
<!DOCTYPE html>
<html>
<head>
<script src ="https://code.angularjs.org/1.6.9/
angular.min.js">
</script>
</head>
<body>
<div ng-app="">
<H2>Hello World</H2>
</div>
</body>
</html>
```

Figure 17: Type the program in Notepad+

2. After finished this code, click the File menu and choose Save. The Save dialog box appears, give the file as Pract22.html in the File name: text box and click Save.
3. Open the file location and run in the browser window as shown in Figure 18. So, we create Hello World program in AngularJS.

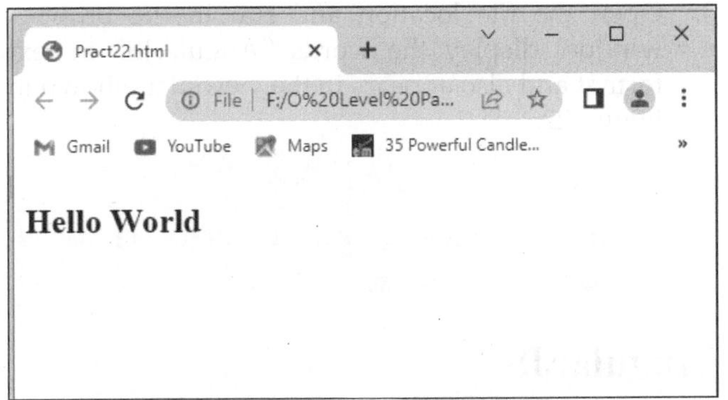

Figure 18: Output of the above program code and open in the web browser

9. HTML page which has a title of "Event Registration" and has references to important libraries such as Bootstrap, Jquery and Angular.

Answer

1. Open the Notepad+ and type the program code in html such as tile of "Event Registration" and has reference to important libraries like Bootstrap, jquery and Anguarl as shown in Figure 19.

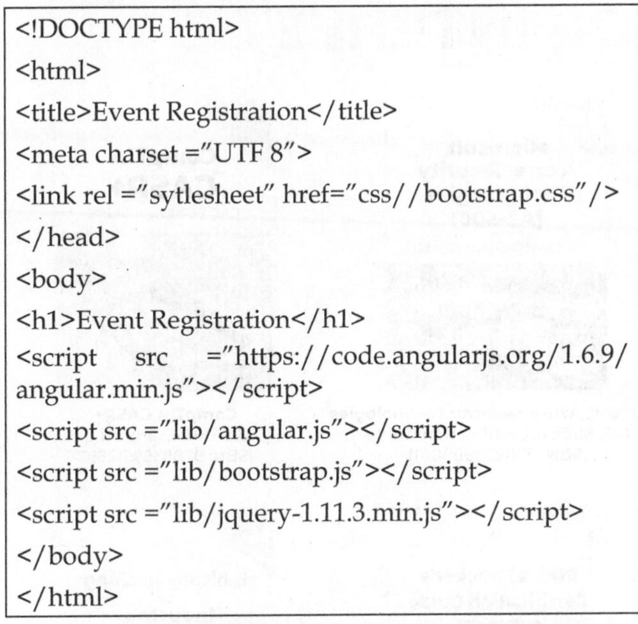

```
<!DOCTYPE html>
<html>
<title>Event Registration</title>
<meta charset ="UTF 8">
<link rel ="sytlesheet" href="css//bootstrap.css"/>
</head>
<body>
<h1>Event Registration</h1>
<script src ="https://code.angularjs.org/1.6.9/
angular.min.js"></script>
<script src ="lib/angular.js"></script>
<script src ="lib/bootstrap.js"></script>
<script src ="lib/jquery-1.11.3.min.js"></script>
</body>
</html>
```

Figure 19: Type the program code in Notepad+

2. After finished this code, click the File menu and choose Save. The Save dialog box appears, give the file as Pract23.html in the File name: text box and click Save.
3. Open the file location and run in the browser window as Event Registration as shown in Figure 20.

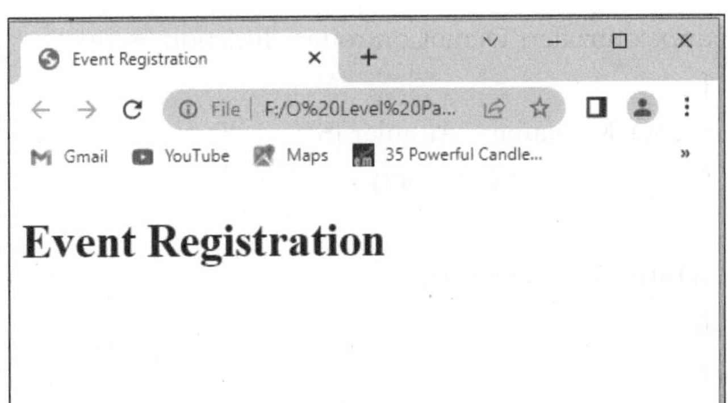

Figure 20: Output of the above program code and open in the web browser

10. Write a code to display the words "AngularJS" in both text format and in a text box when the page is viewed in the browser.

Answer

1. Open the Notepad+ and type the program code to display the words "AngularJS" in both text format and in a text box when the page is viewed in the browser as shown in Figure 21.

```
<!DOCTYPE html>
<html>
<head>
<title>Event Registration</title>
<meta charset ="UTF 8">
<link rel ="sytlesheet" href="css//bootstrap.css"/>
</head>
<body ng-app ="DemoApp">
<h1>Event Registration</h1>
<script src ="https://code.angularjs.org/1.6.9/
angular.min.js"></script>
<script src ="lib/angular.js"></script>
<script src ="lib/bootstrap.js"></script>
<script src ="lib/jquery-1.11.3.min.js"></script>
<div ng-app ="DemoApp" ng-controller="
DemoController">
Enter your Name: <input type="text" ng-model="
MyName"><br><br>
The name is {{MyName}}
</div>
<script>
var app = angular.module('DemoApp',[]);
```

Contd...

```
app.controller('DemoController', function($scope)
{
$scope.MyName="Angular.JS";
$scope.mname=function()
{
return $scope.mname;
};
}
);
</script>
</body>
</html>
```

Figure 21: Type the program code in Notepad++

2. After finished this code, click the File menu and choose Save. The Save dialog box appears, give the file as Pract24.html in the File name: text box and click Save.
3. Open the file location and run in the browser window display the words "AngularJS" in text format and also appears in the viewed as shown in Figure 22.

Figure 22: Output of the above program code and open in the web browser

OTHER TITLES OF INTEREST

Data Structures & Algorithms Implementation **Through C**
ISBN: 9789386551948

A Quick Reference to **Data Structures** & **Computer Algorithms**
ISBN: 9789388176583

Learn **Vue.js 2.0** in **7 Days**
ISBN: 9789388511865

Big Data & **Hadoop** – 2nd Edition
ISBN: 9789355516664

Big Data Hadoop Interview Guide
ISBN: 9789389898323

Hands-on **Data Virtualization** with **Polybase**
ISBN: 9789390684410

Data Analytics with **Google Cloud Platform**
ISBN: 9789389423631

RDBMS In-Depth
ISBN: 9788194837701

Introduction to **Digital Marketing 101**
ISBN: 9789389328189

Artificial Intelligence & **Deep Learning** for **Decision Makers**
ISBN: 9789389328684

Demystifying **Artificial Intelligence**
ISBN: 9789389898705

Artificial Intelligence for All
ISBN: 9789389328509

Artificial Intelligence for **Managers**
ISBN: 9789389898385

Artificial Intelligence Meets Augmented Reality
ISBN: 9789388511339

Artificial Intelligence Ethics & **International Law**
ISBN: 9789388511629

Artificial Intelligence & Deep Learning for Decision Makers
ISBN: 9789389328684

आर्टिफिशियल इंटेलिजेंस
ISBN: 9789389328301

Intelligent Reliability Analysis Using **MATLAB** & **AI**
ISBN: 9789390684656

Getting Started with **Chatbots**
ISBN: 9789388511896

AI & ML - Powering the Agents of Automation
ISBN: 9789388511636

OTHER TITLES OF INTEREST

Core Java Made Simple
ISBN: 9789386551979

Java for **Web Development**
ISBN: 9789355511430

Java 8 to **21**
ISBN: 9789355513922

Let Us Java –
6th Edition
ISBN: 9789355513151

Java Professional
Interview Guide
ISBN: 9789391030056

100+ Solutions in **Java**
– 2nd Edition
ISBN: 9789355515711

MASTERING HTML, CSS & **JavaScript**
Web Publishing
ISBN: 9788183335157

Selenium with **Java**
A Beginners Guide
ISBN: 9789391392680

Web Development Toolkit
for **Java Developers**
ISBN: 9789355510341

Java Programming
Simplified
ISBN: 9789389845143

Building Modern Web Applications with **Jakarta EE, NoSQL Databases and Microservices**
ISBN: 9789389423341

Jakarta EE
for **Java Developers**
ISBN: 9789355510082

Mastering Java
Persistence API (JPA)
ISBN: 9789355511263

Starting with Android
ISBN: 9789386551955

Android for Beginners
ISBN: 9789388176231

Fundamentals of **Android**
App Development
ISBN: 9789389845204

Hands-on **Application**
Development using **Spring Boot**
ISBN: 9789391030223

Web Designing and **Development**
Training Guide
ISBN: 9788183335799

IT Interview Guide
for **Freshers**
ISBN: 9789388511599

Hands-on **Pipeline as**
Code with **Jenkins**
ISBN: 9789389898606